Das

Das Master Key System

Inspired Mind Verlag

CHARLES F. HAANEL
HELMAR RUDOLPH

Das
Master Key
System

Der Weg zum bewußten Leben
Die Originalübersetzung — Kommentiert. Erläutert. Ergänzt.

Das Master Key System

Der Weg zum bewußten Leben

Von Charles Francis Haanel & Helmar Rudolph

Aus dem Original „The Master Key System" von 1912, 1916, 1919
Übersetzt, kommentiert und ergänzt von Helmar Rudolph
Mitarbeit: Roland Schröter
Lektorat: Dr. Jürgen Birkenbach, Sonja Bloch
Umschlaggestaltung & Layout: Helmar Rudolph

2. Auflage, April 2017
Revision 1.0.0

ISBN: 978-3-945688-16-8

Inspired Mind ist ein Imprint der SüdOst Service GmbH
© 2017 JAH Holding, Inc.

Weitere Informationen und Unterstützung:
www.MrMasterKey.com
www.facebook.com/mrmasterkey
www.twitter.com/mrmasterkey
www.youtube.com/mrmasterkey
www.instagram.com/mr.masterkey

Die deutsche Nationalbibliothek — CIP — Einheitsaufnahme
Die deutsche Nationalbibliothek verzeichnet diese Publikation in der Deutschen Nationalbibliografie; detaillierte Daten sind im Internet unter http://dnb.d-nb.de abrufbar.

Hinweis: Der Inhalt dieses Buches hilft Dir dabei, Dein wahres Potenzial nicht nur zu entdecken, sondern auch zu nutzen. Es werden Dir im Master Key System machtvolle Informationen vermittelt, die dieses Buch erläutert. Das Durcharbeiten des Buches ersetzt aber keine qualifizierte ärztliche oder therapeutische Beratung und Betreuung. Bei gesundheitlichen Störungen wende Dich bitte zuerst an einen qualifizierten Therapeuten.

Die gesamte Bandbreite der Theorie und Praxis eines jeden Systems der Metaphysik besteht aus dem Wissen um die Wahrheit bezüglich Dir selbst und der Welt, in der Du lebst; aus dem Wissen, daß man Harmonie denken muß, wenn man Harmonie ausdrücken will; daß man Gesundheit denken muß, wenn man Gesundheit ausdrücken will, und daß man Überfluß denken muß, wenn man Überfluß ausdrücken will. Um dies zu tun, mußt Du die Hinweise deiner Sinne umkehren.

Der »Master Key« gründet auf absoluter wissenschaftlicher Wahrheit und wird die im Individuum schlummernden Fähig-keiten zur Entfaltung bringen. Er lehrt, diese Fähigkeiten in kraftvolle Handlungen umzusetzen, die persönliche Effektivität zu steigern, sowie zusätzliche Energie, Scharfsinn, Lebenskraft und geistige Beweglichkeit herbeizuführen. Der Studierende, der ein Verständnis dieser hier dargestellten geistigen Gesetze erlangt, wird in den Besitz einer Fähigkeit kommen, mit der er Resultate erzielen kann, von denen er vorher nicht einmal zu träumen wagte und deren Belohnung kaum in Worte zu fassen ist.

— CHARLES F. HAANEL

Inhalt

Anmerkungen von Helmar Rudolph 8

Über Charles F. Haanel 13

Tipps für ein erfolgreiches Studium 15

Vorwort 17

1 - Ein Bewußtsein, eine Kraft 43

2 - Eine Methode zum Finden der Wahrheit 71

3 - Gedanken werden zu Dingen 97

4 - Das wahre „Ich" 119

5 - Das Bewußtsein als Zentrum allen Seins 143

6 - Durch Aufmerksamkeit zum Erfolg 165

7 - Die Macht der Vorstellungskraft 187

8 - Der Wert wahrhaften Denkens 211

9 - Die Tat als Blüte des Gedankens 237

10 - Das Leben im Einklang mit natürlichen Gesetzen 267

11 - Induktives Denken 289

12 - Wissen, Wagen, Wollen, Schweigen 315

13 - Das Gesetz von Ursache und Wirkung 337

14 - Die Disziplin des Denkens 361

15 - Die bewußte Zusammenarbeit mit der Allmacht 385

16 - Das Erschaffen wissenschaftlich wahrer Ideale 407

17 - Durch Konzentration zu intuitiver Wahrnehmung 433

18 - Das Gesetz der Anziehung 459

19 - Die Entwicklung der Lebenskraft 479

20 - Das Denken als wirkliche Aufgabe des Lebens 501

21 - Große Gedanken als Geheimnis des Erfolges 525

22 - Neues Denken, neuer Mensch 549

23 - Das Geldbewußtsein im Dienste der Menschheit 573

24 - Die Wahrheit, die Dich frei macht 597

Glossar 623

Weitere Angebote aus dem Verlag 633

Anmerkungen von Helmar Rudolph

Als ich 2007 zum ersten Mal auf das Master Key System stieß, brauchte es nicht lange, bis ich mir seiner Bedeutung klar wurde. Da spielte es keine Rolle, daß es bereits 1912 veröffentlicht wurde. Der Inhalt ging direkt am sonst zweifelnden und analysierenden Verstand vorbei und berührte eine Stelle tief in mir, die darauf nur zu warten schien. Weder in der Schule noch in den folgenden Jahren fühlte sich etwas so stimmig an und war gleichzeitig so praktisch.

Daraus entstand spontan der Entschluß, diese wunderbare Lehre ins Deutsche zu übersetzen. Was aus purer Begeisterung begann, bedurfte aber sowohl inhaltlich als auch vom Format her einer Überarbeitung. Die Gründe dafür waren wie folgt:

Da sich mein Verständnis dessen, was Charles Haanel mit dem Master Key System zum Ausdruck bringen wollte, in der Zwischenzeit stark erweiterte und vertiefte, kam ich nicht umhin, die Übersetzung entsprechend anzupassen. Ich habe das Vorwort des Originals von 1916 mit dem einer späteren Ausgabe ergänzt, zahlreiche Bilder und Illustrationen hinzugefügt, Worte und Passagen hervorgehoben, Zitate ausgewählt und gesondert dargestellt. Darüber hinaus habe ich noch dort, wo Haanel die Bibel zitiert, die Quelle kenntlich gemacht.

Eine weitere Änderung ist die Umstellung der Schreibweise auf die alte deutsche Rechtschreibung. Da mir durch diese Arbeit erst auffiel, wie genau und ausdrucksstark die deutsche Sprache ist, hielt ich es für angemessen, die entsprechenden Änderungen vorzunehmen. Ich hoffe, sie sagen auch denen zu, die in ihrer Sprache kein ‚ß' einsetzen.

Das bringt uns unweigerlich dazu, was sich Dir in den nächsten Monaten offenbaren wird. Dieses Werk kann in seiner Bedeutung für die individuelle wie auch gemeinschaftliche Entwicklung der Menschheit gar nicht hoch genug geschätzt werden. Vielleicht zum ersten Mal überhaupt wird uns auf eine logisch nachvollziehbare und verständliche Weise dargelegt, wie der schöpferische Prozeß funktioniert. Es wird uns erklärt, wie der Mensch durch seine bewußten Denkvorgänge vom aufrichtigen Wunsch zum garantierten Erfolg kommt – und dadurch vom Glauben zum Wissen. All das geschieht aber nicht durch eine übergroße menschliche Anstrengung, sondern durch das Erkennen seines wahren, göttlichen Wesenskerns. Wenn dieser seitens des Individuums nicht erkannt wird, kann er von ihm auch nicht in Anspruch genommen werden. Und das, wonach nicht verlangt wird – still oder mit Nachdruck – wird sich auch nicht verwirklichen.

Um etwas zu verlangen, bedarf es Selbstbewußtsein, Selbsterkenntnis und Selbstbefähigung. Es dreht sich ausschließlich um Dich. Wenn Du dann erkennst, daß Du nur ein Kanal bist, durch den sich das Göttliche Ausdruck verschaffen möchte, dann fällt auch das selbstherrliche Ego ab, und Du wirst zu einem bewußten Diener unter Dienern.

Beim Master Key System dreht es sich unter anderem um die Wahrheit. Diese gilt es zu erkennen und zu verwirklichen. Wo Wahrheit besteht, kann es keinen Fehler geben. Wer das verstanden hat, dem mangelt es nichts mehr, weil alles im Überfluß vorhanden ist. Alles entsteht durch geistige Inanspruchnahme – unsere eigene oder die anderer Menschen oder Wesenheiten.

Der Mensch erkennt erneut sein göttliches Erbe und besinnt sich darauf. Dafür müssen unweigerlich Gedankenformen aufgegeben werden, die niederen Ebenen anhaften. Mit ‚Gott‘ bezeichnen wir das Absolute, Allgegenwärtige und Allmächtige – das unfehlbare, leitende Prinzip der Schöpfung; das, was sich im unendlich Kleinen genau so wie im unendlich Großen Ausdruck verschafft. Ebenso verhält es sich mit der Wahrheit; auch diese ist unfehlbar. Sie währt ewig und ist auch noch dort gültig, wo das beschränkte Verständnis oder die fehlende Vernunft des Menschen den Schöpfungsabläufen in ihrer Komplexität und ihrem Umfang nicht mehr folgen können.

Das Studium zielt darauf ab, durch stete Konzentration die intuitiven Fähigkeiten – die Eingebung – zu erwecken und zu entwickeln. Das führt dazu, daß der Student immer weniger von den Launen und Unabwägbarkeiten des Lebens abhängig ist und sich zunehmend auf sein inneres Wissen verläßt – seine innere Stimme, sein Bauchgefühl.

Wenn Du Dein Unterbewußtsein durch richtiges Denken entsprechend programmierst, stellt sich eine Souveränität und Leichtigkeit ein, die mit kaum etwas vergleichbar ist. Dinge geschehen wie von selbst, und Du siehst das Leben in einem neuen Licht. All das bedarf Disziplin und Beharrlichkeit, Ausdauer und Geduld. Daher ist das Master Key System auch kein Buch im ursprünglichen Sinne, sondern eine Lehre, die Dich für mindestens sechs Monate beschäftigen wird. Sie wird Dich dann aber ein Leben lang begleiten und begeistern.

Es bedarf geistiger Arbeit und dem zuvor genannten Abwenden von niederen Gedankenebenen. Es ist somit kein ,Quick-Fix' für ein unterentwickeltes Ego oder selbstsüchtige Wünsche. Das Ziel des Studiums ist, eine höhere Bewußtseinsstufe zu erreichen und dieser im täglichen Leben Ausdruck zu verleihen. Es geht dabei um Liebe, Harmonie, Schönheit, Vollkommenheit und Fülle – für alle, durch alle.

Wir sind nicht allein hier. Wir alle sind Teil einer Hierarchie von Wesenheiten, die sich ebenso wie wir entwickeln. Die Entwicklungsrichtung ist dabei vorgegeben: vom Primitiven zum Erhabenen. Wenn wir in der Entwicklung unseres Bewußtseins fehlschlagen, behindern wir nicht nur die Wesenheiten unterhalb von uns, sondern auch die oberhalb von uns – und damit die gesamte Schöpfung. Daher ist es offensichtlich, daß unsere Verantwortung weit über uns als Lebewesen hinausgeht.

Zu allen Zeiten wandelten Meister auf Erden, die den Menschen daran erinnerten, welch großartiges Potenzial in ihm steckt, doch diese wurden oft mißverstanden. Nun aber haben wir erneut die Gelegenheit, nicht nur die heiligen Schriften von damals mit neuen Augen zu lesen, sondern auch auf anderen Wegen zu erkennen, daß der Mensch zu einem neuen Bewußtsein kommen soll – dem Christusbewußtsein. In der Tat sind wir die, auf die wir gewartet haben. Folgendes gilt es dabei zu beachten, und Teile davon werden auch im Master Key System behandelt:

1. Es gibt nur ein Prinzip – ein Bewußtsein – und somit eine Einheit von Wesen. Alles ist verwandt; alles ist verbunden. Trennung ist Illusion. Widerstand richtet sich gegen sich selbst.

2. Es gibt drei Körperfunktionen oder Ausrichtungen auf das Universelle hin: körperlich, seelisch/mental und geistig. Alle drei gilt es zu harmonisieren und bei der Schöpfung bewußt einzusetzen.

3. Es gibt sieben an der Wirbelsäule angeordnete Energiezentren, Chakras (Sanskrit: Rad) genannt, die kosmische Energie für das Individuum herunter transformieren und nutzbar machen. Diese finden sich in den sieben Planeten wieder, sowie in Farben, Tönen, Tarot Karten, Schüsslersalzen, Tierkreiszeichen, in Hormondrüsen, alchimistischen Vorgängen etc. Nutze sie zur Harmonisierung Deines Wesens und somit deines Lebens.

4. Schließlich gibt es noch 12 Disziplinen, die sich auf den drei zuvor genannten Ebenen ,entsprechend' darstellen. Auf der Ebene der Seele sind es Fasten, Studieren, Meditation, Gebet, Unterordnung, Dienst, Abgeschiedenheit, Einfachheit, Verehrung, Leitung, Bekennen und Zelebrieren. Auf der Ebene des Geistes sind es die 12 astrologischen Tierkreiszeichen.

Das drückt sich durch die Zahlenreihe 1 • 3 • 7 • 12 aus. Wann immer sie auftaucht, halte kurze inne und erinnere Dich. Mehr dazu findest Du auch in Charles Haanels Büchern ,Ein Buch über Dich' und ,Die erstaunlichen Geheimnisse der Yogis' sowie der Rosenkreuzer Literatur.

Möge sich für Dich von nun an in prächtiger Fülle all das offenbaren, worauf Du Dein Augenmerk richtest. Mögest Du den Schlüssel des Lebens weise einsetzen, ausschließlich Gutes, Schönes und Liebevolles erschaffen und zu einem bewußten Mitschöpfer werden. Mögest Du vor allen Dingen Freude haben und frohen Herzens selbst die herausforderndsten Aufgaben mit zunehmender Leichtigkeit meistern.

— HELMAR RUDOLPH

Über Charles F. Haanel

Charles Francis Haanel wurde am 22. Mai 1866 als Sohn deutsch-stämmiger Eltern in Ann Arbor, Michigan, USA, geboren. Sein Leben verbrachte er in St. Louis, Missouri. Dort war er als erfolgreicher Geschäftsmann und Direktor der *Commercial Continental Company* tätig, bevor er sich schließlich dem Schreiben widmete und insgesamt fünf Bücher verfaßte.

Davon war *The Master Key System* (1912,1916,1919) war das erste, gefolgt von *Mental Chemistry* (1922), *New Psychology* (1924), *A Book About You* (1927) und – in Zusammenarbeit mit Victor Simon Perera – *The Amazing Secrets of the Yogi* (1937).

Charles F. Haanel verfügte über ein äußerst umfangreiches Wissensspektrum. Zahlreiche Titel wurden ihm zuteil, u.a. eine Ehrendoktorwürde vom *National Electronic Institute*. Er war Doktor der Psychologie, Metaphysik, vom *College of Divine Metaphysics*, sowie Doktor der Medizin vom *Universal College* in Dupleix, Indien.

Er war Mitglied in diversen Verbänden und Gemeinschaften, u.a. dem *London College für Psychotherapie*; Mitglied bei der *Autorenliga von Amerika*; der *Amerikanischen Gesellschaft für Psychische Forschung*; Mitglied bei den Rosenkreuzern; der *Amerikanischen Gesellschaft für Suggestivtherapie*; der *Wissenschaftsliga von Amerika*; Pi Gamma Mu Bruderschaft; spekulativer Maurer im **32. Meistergrad** (Ritter und Prinz des königlichen Geheimnisses) des **AASR** (Alter u. Angenommener Schottischer Ritus), Keystone Lodge No. 243, A.F. & A.M.

Charles Haanel wurde am 27. November 1949 im Alter von 83 Jahren zu höherem Dienst in die ewige Loge abberufen und verließ seinen Körper, welcher auf dem Bellefontaine Friedhof in St. Louis beigesetzt ist.

Tipps für ein erfolgreiches Studium

Nimm Dir ausreichend Zeit und Ruhe zum Lesen und für die Übungen. Mache nie etwas in Hast oder Eile.

Die Übungen sind das A & O des Master Key Systems. Ohne diese ist es eine tolle Bereicherung Deines Intellekts, mehr aber auch nicht. Die Übungen verleihen Dir neue Fähigkeiten, nämlich die der Körper- und Gedankenkontrolle und -entspannung; der Visualisierung und Konzentration. Erst dadurch kannst Du Deine Realität neu gestalten.

Schau, daß Du immer im selben Zimmer, auf demselben Stuhl und in dieselbe Richtung übst. Das schafft eine Routine, die auch Deinem Körper zu verstehen gibt, daß jetzt Zeit zum Üben ist.

Es mag nicht jede Passage auf Anhieb ins Gesamtbild passen. Das ist vollkommen normal, vor allem dann, wenn Dir die Thematik noch neu ist. Manche Zusammenhänge ergeben sich erst durch das wiederholte Lesen vergangener Kapitel. Meine - über die Webseite verfügbaren - Kommentare und Anmerkungen werden Dir in dieser Hinsicht eine große Hilfe sein.

Dein Verstand mag mit dem in Kapitel 2 erwähnten Gegenargument zunächst Probleme haben. Das ist aber nur deshalb der Fall, weil diese Vorgehensweise ungewohnt ist. Sie ist aber nicht nur sehr einfach, sondern auch äußerst wirksam. Mit der Zeit wird sie Dir viel Freude bereiten, da zu unmittelbaren Lösungen von Problemen führt.

Bei allem Neuen, das Du angehst, ganz gleich wie fern oder unmöglich es scheinen mag, bekräftige immer wieder, daß Du gut genug bist, Du nur das Beste verdient hast und Du es auch erreichen wirst. Der Boden muß gründlich vorbereitet werden.

Rufe Dir immer wieder ins Gedächtnis, daß Denken schöpferisch ist und daß nirgends geschrieben steht, wie oder was Du denken mußt. Dadurch kannst Du Dein Leben in die von Dir gewünschte Richtung lenken. Die Resultate sprechen für sich.

Versuche ein Vertrauen dafür zu entwickeln, daß die Schöpfung Gesetzmäßigkeiten unterliegt und Dir das zum Vorteil ist.

Falls Deine Umgebung Deinen neuen Anstrengungen und Interessen ablehnend gegenüber steht, suche Dir einen ruhigen Ort (vielleicht sogar in der Natur), wo Du ungestört lesen und üben kannst. Richte zwischendurch immer wieder Deine Aufmerksamkeit auf etwas in der Natur und erfreue Dich der Vielfalt der Schöpfung. Dadurch entwickelst Du ein Bewußtsein auch für kleine Dinge, vor allem aber eine Wertschätzung für den Überfluß, an dem auch Du im Begriff bist teilzuhaben.

Das Studium soll Dir Freude bereiten. Überhaupt geht es darum, durch dieses neue Verständnis Deiner selbst, Deiner Fähigkeiten und Rolle im Leben zu einer Wertschätzung von allem zu kommen, was besteht. Auch das scheinbar Schlechte oder Negative hat eine Daseinsberechtigung, was aber nicht bedeutet, daß Du es Dir zu eigen machen oder behalten sollst. Es geht hier um Transformation, Transzendenz und Transmutation – um das Erschaffen von etwas Neuem aus dem Raum der universellen Substanz.

Es geht beim Studium um das Erkennen der Wahrheit. Das Resultat dessen ist eine Entwicklung von Wertschätzung und Dankbarkeit. Diese führen zu Harmonie und Glückseligkeit. Halte Dir das stets vor Augen, denn es ist die Wahrheit, die Dich frei macht - frei von Depression, Sorge, Mangel, Trauer, Schmerz, Angst und Furcht.

Schaffe Dir jeden Morgen ein geistiges Bild des Tages, so wie Du ihn gerne hättest. Rufe Dir jeden Abend den Tag noch einmal ins Gedächtnis und gib Dank für all das Schöne, das diesen Tag passiert ist.

Schaffe Dir immer wieder Momente der Ekstase, der reinen Freude über Geschehnisse oder einfach nur neue Erkenntnisse. Das erhöht Deine Lebensqualität enorm und schützt Dich gleichzeitig vor negativen äußeren Einflüssen.

Denke stets große Gedanken, denn Dein Dienst am anderen ist auch ein Dienst an Dir selbst – zum Wohle aller Beteiligten.

Vorwort

I

Bevor irgendeine Umgebung erschaffen werden kann, ganz gleich ob gelungen oder auch nicht, ist eine Form von Handlung erforderlich. Bevor Handlung möglich ist, muß es Gedanken in irgendeiner Form geben – entweder bewußt oder unterbewußt. Da Denken das Produkt des Geistes ist, wird es offensichtlich, daß der Geist das schöpferische Zentrum ist, aus dem jegliche Handlung hervorgeht.

Es wird nicht davon ausgegangen, daß eines der vererbten Gesetze, welche die moderne Geschäftswelt gegenwärtig regeln, durch eine gleichwertige Kraft aufgehoben oder widerrufen werden kann. Es ist aber selbstverständlich, daß ein höheres Gesetz ein niederes überwinden kann. Das Leben eines Baumes führt dazu, daß die Säfte nach oben steigen, aber nicht durch das Aufheben des Gesetzes der Gravitation, sondern **durch das Überwinden** desselben.

Um Umstände zu steuern, ist das Wissen bestimmter wissenschaftlicher Prinzipien erforderlich. Solch ein Wissen ist ein überaus wertvolles Gut. **Es kann schrittweise erlangt werden**, und so schnell wie es erlernt wurde, kann es auch in die Praxis umgesetzt werden. Macht über äußere Umstände ist ein Ertrag; Gesundheit, Harmonie und Wohlstand sind Posten auf seiner Bilanz. Es bedarf lediglich des Ernteaufwands seiner großartigen Ressourcen.

Der Naturwissenschaftler, der einen Großteil seiner Zeit damit verbringt, sichtbare Erscheinungen zu beobachten, erschafft ständig neue Kraft in dem Teil seines Gehirns, der für den Akt der Beobachtung zuständig ist. Als Ergebnis dessen wird er zunehmend fähig und geschickt in dem, was er sieht, und kann in einem Augenblick eine unendlich größere Anzahl von Details wahrnehmen als sein nicht beobachtender Freund. Er hat diese Leichtigkeit durch das Trainieren seines Gehirns erlangt. Er hat bewußt die Wahl getroffen, seine Denkfähigkeit in Bezug auf seine Beobachtung zu erweitern, so daß er diese spezielle Fähigkeit mit zunehmender Aufmerksamkeit und Konzentration wieder und wieder

Die großartige Macht des Bewußtseins macht es erforderlich, daß jegliche geistige Anstrengung ein moralisches Ende nach sich zieht.

trainiert hat. Nun haben wir als Ergebnis einen Mann, der gelernt hat, weitaus besser zu beobachten als seine Kollegen. Auf der anderen Seite kann man der zarten Gehirnmasse auch durch stoische Untätigkeit erlauben, zu verhärten und zu erstarren, bis das gesamte Leben karg und erfolglos ist.

Jeder Gedanke hat die Neigung, sich zu materialisieren. Unsere Wünsche sind eine Gedankensaat mit der Neigung zu sprießen und zu wachsen und zu blühen und Früchte zu tragen. Jeden Tag säen wir diese Saat. Wie sieht dann die Ernte aus? Jeder von uns ist heute das Ergebnis seines vergangenen Denkens. Später werden wir das Ergebnis dessen sein, was wir jetzt denken. Wir erschaffen unseren eigenen Charakter, unsere Persönlichkeit und Umgebung durch die Gedanken, die wir hervorrufen oder hegen. Gedanken suchen nach ihrem eigenen. Das Gesetz der geistigen Anziehung ist in genauer Übereinstimmung mit dem Gesetz der atomaren Zugehörigkeit. Geistige Ströme sind genau so wirklich wie elektrische, magnetische oder Wärmeströmungen. Wir ziehen die Ströme an, mit denen wir in Einklang sind. Doch wählen wir auch diejenigen aus, die unserem Erfolg dienlich sind? Das ist die alles entscheidende Frage.

Wege des geringsten Widerstandes werden durch beständige geistige Handlungen geformt. Die Aktivität des Gehirns reagiert in dem besonderen Bereich, der im Gehirn gebraucht wird. Die ruhenden Kräfte des Bewußtseins werden durch dauerhafte Übung entwickelt. Jegliche Form seiner Aktivitäten wird durch Übung vervollkommnet. Übungen für die Entwicklung des Bewußtseins präsentieren eine Vielzahl von Motiven, die in Betracht gezogen werden können. Sie umfassen **die Entwicklung der wahrnehmenden Fähigkeiten**, die Kultivierung der Emotionen, die Beschleunigung der Vorstellungskraft, die symmetrische Entfaltung der intuitiven Fähigkeiten, welche ohne in der Lage zu sein, einen Grund anzugeben, Wahlmöglichkeiten ausschließt oder vorantreibt. Schlußendlich kann die Kraft des Bewußtseins auch durch die Entwicklung des moralischen Charakters kultiviert werden.

„Der großartigste Mensch," sagte Seneca, *„ist derjenige, der die richtige Wahl mit unbezwingbarer Entschlossenheit trifft."* Die größte Kraft des Bewußtseins hängt somit vom Training seiner moralischen Kanäle ab und macht es erforderlich, daß jede bewußte geistige Anstrengung ein moralisches Ende (im Sinne von ,sittlich') nach sich zieht. Ein entwickeltes, moralisches Bewußtsein ändert die Beweggründe von Motiven ab und erhöht die Kraft und Nachhaltigkeit von Handlungen. Daraus ergibt sich, daß ein wohl entwickelter symmetrischer Charakter gute körperliche, mentale und moralische Gesundheit erforderlich macht und daß diese Kombination Initiative, Macht, widerstandslose Kraft und gezwungenermaßen Erfolg entstehen läßt.

Man wird feststellen, daß die Natur stets bestrebt ist, in allen Dingen Harmonie auszudrücken; daß sie auf ewig versucht, eine harmonische Lösung für jede Unstimmigkeit, Wunde und Schwierigkeit herbeizuführen. Wenn somit das Denken harmonisch ist, beginnt die Natur damit, die materiellen Umstände herbeizuführen, deren Besitz notwendig ist, um eine harmonische Umgebung entstehen zu lassen.

Wenn wir verstehen, daß das Bewußtsein die großartige schöpferische Kraft ist, was alles wird dann möglich werden? **Mit dem Wunsch als der großartigen schöpferischen Energie**, ist es dann so schwer zu sehen, warum der Wunsch in unserem Leben und unserem Schicksal (im Sinne von Zukunft) kultiviert, kontrolliert und gesteuert werden sollte? Männer und Frauen mit starkem Willen, die andere Menschen in ihrer Umgebung – aber auch solche weit entfernt – beherrschen, strahlen wirklich machtvolle Ströme aus, die bei Kontakt mit dem Bewußtsein anderer Menschen dazu führen, daß die Wünsche der letzteren in Übereinstimmung mit dem Bewußtsein solch eines starken Individuums sind. Großartige Meister besitzen diese Macht in einem herausragenden Ausmaß. Ihr Einfluß wird nah und fern spürbar, und sie sichern sich dadurch die Erfüllung ihrer Wünsche, daß sie andere ,willens' machen, in Übereinstimmung damit zu handeln. Auf diese Art und Weise können Menschen mit starkem Wunsch und ausgeprägter Vorstellungskraft einen machtvollen Einfluß auf das Bewußtsein anderer ausüben – und tun es auch, so daß letztere auf den erwünschten Weg geführt werden. Diese magnetischen Personen ziehen an, verlocken und fesseln. Sie sind gefühlsbetont und erobern den Willen anderer.

Kein Mensch wurde jemals ohne diese in ihm vererbte Kraft – sich selbst zu helfen – geboren. Die Persönlichkeit, die ihre eigenen intellektuellen und moralischen Eroberungskräfte versteht, wird sich gewiß zu behaupten wissen. Es ist diese Wahrheit, nach der sich eine ausgehungerte Welt heutzutage sehnt. Die Möglichkeit, diesen schlummernden intellektuellen Mut, der klar unterscheiden kann, sowie diesen moralischen Mut, der Großartiges unternimmt, zu behaupten, steht jedem Wesen offen. In jedem menschlichen Wesen existiert somit eine göttliche Macht und Kraft.

Wir sprechen von der Sonne als ‚aufgehend‘ und ‚untergehend‘, obwohl wir wissen, daß es schlichtweg eine Bewegungserscheinung ist. Unseren Sinnen zufolge steht die Erde scheinbar still, obwohl wir wissen, daß sie sich mit großer Geschwindigkeit um sich selbst dreht. Wir sprechen von einer Glocke als ‚Klangkörper‘, und dennoch wissen wir, daß die Glocke lediglich Schwingungen in der Luft erzeugen kann. Wenn diese Schwingungen mit einer Rate von 16 Wellen pro Sekunde kommen, verursachen sie im Bewußtsein einen Ton. Dem Verstand ist es möglich, Schwingungen bis zu einer Rate von 38.000/s zu hören. Wenn die Anzahl darüber hinausgeht, wird alles wieder still. Somit wissen wir, daß der Ton nicht in der Glocke existiert, sondern in unserem eigenen Bewußtsein.

Wir sprechen und denken von der Sonne als ‚Licht spendend‘, obwohl wir wissen, daß sie lediglich Energie ausstrahlt, die im Äther Schwingungen mit einer Rate von 405-790 Billionen pro Sekunde (405-790 THz, oder 4.05 e+14, d.h. eine 4 mit 14 Nullen dahinter) produziert und das erzeugt, was wir Lichtwellen nennen, so daß das, was wir Licht nennen, schlichtweg ein Bewegungsmodus ist. Somit ist das einzige Licht, das existiert, eine in unserem Bewußtsein erzeugte

Wir können nur das erhalten, was wir geben, und wir können nur denjenigen geben, die auch in der Lage sind, zu empfangen.

Empfindung ist, die durch die Bewegung jener Wellen entstanden ist.
Wenn sich die Anzahl der Schwingungen erhöht, ändert das Licht seine
Farbe – jede Veränderung hervorgerufen durch kürzere und schnellere
Schwingungen. Obwohl wir somit von der Rose als rot, dem Gras als
grün oder dem Himmel als blau sprechen, wissen wir, daß diese Farben
nur in unserem Bewußtsein existieren und daß die von uns erfahrenen
Empfindungen das Ergebnis einer bestimmten Schwingungsrate sind.
Wenn diese Schwingungen auf weniger als 405 Billionen pro Sekunde
reduziert werden, kommen sie uns nicht länger als Licht vor, sondern
wir erleben die Empfindung von Wärme.

So kamen wir also zum Wissen, daß Erscheinungen für uns nur in
unserem Bewußtsein bestehen. Selbst Zeit und Raum wurden vernichtet,
da Zeit nur die Erfahrung von Folgen ist und Vergangenheit und
Zukunft nicht bestehen, außer als gedankliches Konstrukt mit Bezug
auf die Gegenwart. Letzten Endes wissen wir somit, daß es nur ein
Prinzip gibt, das alles Bestehende steuert und kontrolliert. Jedes Atom
ist auf ewig bewahrt; was immer irgendwo abgegeben wird, muß
erzwungenermaßen woanders empfangen werden. Es kann nicht
verschwinden, und es besteht nur deshalb, um gebraucht zu werden.
Es kann nur dahin gehen, wo es angezogen und somit gebraucht wird.
Wir können nur das empfangen, was wir geben, und wir können nur
denen geben, die auch empfangen können, und es bleibt uns überlassen,
die Wachstumsrate und den Grad an Harmonie zu bestimmen, den wir
ausdrücken werden.

Die Gesetze, unter denen wir leben, wurden nur zu unserem Vorteil
entworfen. Diese Gesetze sind unveränderlich, und wir können ihrem
Wirken nicht entkommen. Alle großartigen, ewigen Kräfte verrichten
ihr Werk in der Stille, aber es liegt in unserer Macht, uns in Einklang
mit ihnen einzufinden und somit ein verhältnismäßig friedvolles und
glückliches Leben zu leben.

Schwierigkeiten, Unstimmigkeiten und Hindernisse zeigen, daß wir
es entweder ablehnen, das loszulassen, was wir nicht länger brauchen,
oder ablehnen, das anzunehmen, was uns dienlich wäre. Wachstum
wird durch einen Austausch des Alten durch das Neue erreicht, des
Guten durch das Bessere. Es ist eine bedingte oder gegenseitige Tat, in

der jeder von uns eine vollständige Gedankeneinheit darstellt. Diese Vollständigkeit ermöglicht es uns, nur das zu empfangen, was wir geben. Wir können das, was uns fehlt, nicht erhalten, wenn wir zäh an dem festhalten, was wir zuvor erhalten haben.

Das Gesetz der Anziehung funktioniert, um uns nur das zu bringen, was zu unserem Vorteil ist. Wir sind somit bewußt in der Lage, unsere Umstände zu kontrollieren, während wir den Sinn dessen entdecken, was wir anziehen. Wir können jeder Erfahrung nur das abgewinnen, was wir für unser weiteres Wachstum benötigen. Unsere Fähigkeit, das zu tun, bestimmt den Grad an Harmonie oder Glückseligkeit, den wir erreichen werden.

Die Fähigkeit, nur das herauszuziehen, was wir für unser Wachstum brauchen, steigt kontinuierlich an, während wir höheren Ebenen und weiteren Visionen entgegen streben. Je ausgeprägter unser Vermögen, zu wissen, was wir wollen, desto sicherer werden wir, ihre Anwesenheit (die der Allmacht) zu bemerken, sie anzuziehen und aufzunehmen. Nichts wird uns erreichen, außer das, was wir für unser Wachstum benötigen. Alle Umstände und Erfahrungen, die zu uns kommen, tun das zu unserem eigenen Nutzen. Schwierigkeiten und Hindernisse werden weiter zu uns kommen, bis wir ihre Weisheit aufgenommen und von ihnen das Wichtigste für unser weiteres Wachstum erworben haben. Daß wir ernten, was wir säen, ist mathematisch exakt. Wir erlangen dauerhafte Stärke genau in dem Ausmaß der zum Überwinden der Schwierigkeiten erforderlichen Anstrengungen.

Die unerbittlichen Erfordernisse des Wachstums verlangen von uns, daß wir die größte Art von Anziehung auf das ausüben, was in vollkommener Übereinstimmung mit uns ist. Unsere größte Glückseligkeit wird am besten dadurch erreicht, daß wir ein Verständnis dieser Natürlichen Gesetze erlangen und bewußt mit ihnen zusammenarbeiten.

Unsere Gedankenkräfte sind oft durch lähmende Vorstellungen geknebelt, die durch das grobe Denken der eigenen Rasse zu uns gekommen sind und welche wir ohne jegliches Hinterfragen annehmen und daraufhin handeln. Eindrücke von Angst, Sorge, Behinderung oder Minderwertigkeit (Unterlegenheit) werden uns täglich vermittelt.

Wachstum wird durch einen Austausch des Alten durch das Neue erreicht, des Guten durch das Bessere.

Diese liefern ausreichend Gründe, warum Menschen so wenig erreichen – warum das Leben der Masse so ertraglos ist, wenn es doch all die Zeit über Möglichkeiten in ihnen selber gab, die nur der befreienden Berührung der Wertschätzung und der gesunden Ambition bedurften, um zu wahrer Größe entwickelt zu werden.

Frauen, wohl viel mehr als Männer, wurden diesen Umständen ausgesetzt. Das ist wahr, weil sie eine feinere Empfindsamkeit haben, welche sie für die Gedankenschwingungen anderer empfänglicher macht, und weil die Flut negativer und unterdrückerischer Gedanken stärker auf sie ausgerichtet war.

All das wird nun aber überwunden. Florence Nightingale überwand es, als sie auf der Krim Halbinsel zu Höhen zarter Sympathie und ausführender Fähigkeit aufstieg, die unter Frauen bis dato unbekannt waren. Clara Barton, Oberhaupt des Roten Kreuzes, überwand es, als sie eine ähnliche Arbeit innerhalb der Armeen der Unionstruppen verrichtete. Jenny Lind überwand es, als sie ihrer Fähigkeit Ausdruck verlieh, enorme finanzielle Erträge zu verwalten, während sie gleichzeitig ihren leidenschaftlichen Wunsch befriedigte und in den musikalischen Künsten ganz oben mitspielte; und so gibt es eine lange Reihe von Sängerinnen, Philanthropen, Autoren und Schauspielern, die bewiesen haben, daß sie in der Lage sind, die höchsten Ränge in Literatur, Drama, Kunst und gesellschaftlichen Belangen zu erreichen.

Frauen wie auch Männer beginnen nun, für sich selbst zu denken. Sie sind zu einem gewissen Grad ihrer Möglichkeiten bewußt geworden. Sie verlangen, daß wenn das Leben noch irgendwelche Geheimnisse verbirgt, diese offengelegt werden. Zu keiner vorherigen Zeit hat der Einfluß und die Macht des Gedankens so viel aufmerksame und unterscheidende Untersuchung erhalten.

Es ist der Geist, der die Umgebung überwindet und so auch jedes andere Hindernis, das sich den Menschen in den Weg stellt.

Während einige wenige Seher die großartige Tatsache erfaßt haben, daß Bewußtsein die universelle Substanz ist, die Grundlage aller Dinge, so hat diese lebenswichtige Wahrheit niemals zuvor das allgemeine Bewußtsein durchdrungen. Viele Geister sind nur dabei, dieser wunderbaren Wahrheit einen deutlichen Ausdruck zu verleihen. Die moderne Wissenschaft hat uns gelehrt, daß Licht und Ton schlichtweg verschiedenartige Bewegungsmodi sind, und das wiederum mag zu einer Entdeckung von Kräften innerhalb des Menschen führen, die bis zu dieser Offenbarung nicht empfangen werden konnten.

Ein neues Zeitalter ist angebrochen, und nun, in seinem Licht stehend, sieht der Mensch ein wenig mehr von der Weite der Bedeutung seines Lebens – etwas von seiner Großartigkeit. Innerhalb dieses Lebens liegt die Saat unendlicher Wirksamkeit. Man fühlt sich überzeugt, daß des Menschen Fähigkeit, zu erlangen, nicht gemessen werden kann; daß Grenzen auf seinem Marsch nach vorn undenkbar sind. Auf dieser Höhe stehend stellt er fest, daß er neue Kraft aus der unendlichen Energie schöpfen kann, deren Teil er selbst ist.

II

Manche Menschen scheinen Erfolg, Macht, Wohlstand und Errungenschaften mit sehr wenig bewußter Anstrengung anzuziehen. Andere bewältigen diese Dinge nur mit großen Schwierigkeiten. Wieder andere schaffen es gar nicht, ihre Ambitionen, Wünsche und Ideale zu erreichen. Warum ist das so? Warum sollen manche ihr Ziel so einfach erreichen, andere mit Schwierigkeiten und andere wiederum gar nicht? Der Grund kann nicht im Körperlichen liegen, sonst wären die körperlich perfekten Menschen auch die erfolgreichsten. Der Unterschied muß somit geistig (mental) sein – er muß im Bewußtsein liegen. Dementsprechend muß das Bewußtsein die schöpferische Kraft sein – der einzig wahre Unterschied zwischen den Menschen. Es ist also der Geist, der die Umgebung überwindet und so auch jedes andere Hindernis, das sich den Menschen in den Weg stellt.

Es ist die Verwirklichung dieser internen Qualität mittels der schöpferischen Macht des Gedankens, was uns großartige Führer wie Alexander, Napoleon, Cromwell, Marlborough und Washington gegeben hat; Industriekapitäne wie Carnegie, Morgan, Rockefeller und Leverhulme; Erfinder wie Stephenson, Morse, Marconi, Edison, Tesla und eine Vielzahl anderer. Wenn der einzige Unterschied zwischen den Menschen in ihrer Fähigkeit liegt, zu denken, ihre Gedanken zu benutzen, zu kontrollieren und zu entwickeln – wenn das Geheimnis allen Erfolges, aller Macht und allem Erreichen die schöpferische Kraft des Bewußtseins, die Macht des Gedankens, ist – so sollte die Fähigkeit, wahrhaftig zu denken, das übergeordnete Ziel eines jeden Menschen werden.

Wenn die schöpferische Kraft des Geistes (oder Bewußtsein, beide sind synonym. Anm. d. Ü.) gänzlich verstanden wird, werden seine Auswirkungen als wundervoll betrachtet. Solche Ergebnisse können aber nicht ohne die richtige Anwendung, Fleiß und Konzentration herbeigeführt werden. Der Student wird herausfinden, daß die Gesetze der mentalen und spirituellen Welt genauso dauerhaft und unfehlbar sind wie die der materiellen Welt. Um die erwünschten Resultate zu erzielen, ist es somit notwendig, das Gesetz zu kennen und sich ihm zu fügen. Ein exaktes Beachten des Gesetzes wird die erwünschten Resultate mit unveränderlicher Genauigkeit herbeiführen. Der Student, der lernt, daß alle Kraft von innen kommt, daß er nur deshalb schwach ist, weil er sich von äußerer Hilfe abhängig gemacht hat, und der sich ohne zu zögern auf seine eigenen Gedanken stürzt, korrigiert sich umgehend, steht aufrecht, nimmt eine dominante Haltung ein und bewirkt Wunder.

Wissenschaftler teilen uns mit, daß wir in einem allgegenwärtigen Äther leben. Dieser ist formlos, aus sich selbst bestehend, ist aber anpassungsfähig und formt sich durch uns, in uns und um uns herum, gemäß unserer Worte und Gedanken. Wir setzen ihn durch das, was wir denken, in Bewegung. Das, was sich anschließend für uns darstellt, ist das, was wir gedacht oder geäußert haben.

Sol Luckman schrieb in seinem Buch „Conscious Healing" (ISBN-13: 978-1591138433) zum Begriff ‚Äther': „Den alten Griechen war die [Torsions-] Energie sehr wohl bekannt. Sie nannten sie „Aether" und verstanden, daß sie für das universelle Erschaffen direkt verantwortlich ist.

In den 50er Jahren hat der russische Wissenschaftler Nicolai Kozyrev diese Leben spendende Energie über jeden Zweifel erhaben bewiesen und zeigte auf, daß sie wie die Zeit, einer Muschelschale ähnlich, in einer heiligen geometrischen Spirale verläuft. Diese wurde Phi, der goldene Schnitt, oder auch Fibonacci-Folge (1,1,2,3,5,8,13,21,34,55,...) genannt. Westliche Wissenschaftler kehren zu der Idee des Äthers zurück, wenn sie von ‚Nullpunktenergie' oder ‚Vakuumpotential' sprechen.

Dieser Durchbruch in der Temporalen Physik des Teilraums beweist, daß Torsionsenergie die gesamte multidimensionale Galaxie durchdringt und nicht nur auf Bewußtsein reagiert, sondern Bewußtsein selbst ist, das sich in der und durch die Zeit erfährt."

Gedanken unterliegen Gesetzmäßigkeiten. Der Grund, warum wir nicht mehr Vertrauen gezeigt haben, liegt in unserem fehlenden Verständnis. Wir haben nicht verstanden, daß alles in genauer Übereinstimmung mit endgültigen Gesetzen funktioniert. Das Gesetz des Denkens ist so endgültig wie das Gesetz der Mathematik, das Gesetz der Chemie oder das Gesetz der Elektrizität oder Erdanziehung. Wenn wir zu verstehen beginnen, daß Glückseligkeit, Gesundheit, Erfolg, Wohlstand und jeder andere Umstand oder jede andere Umgebung Ergebnisse sind und daß diese Ergebnisse durch rechtmäßiges (wahrhaftiges) Denken erschaffen worden sind, entweder bewußt oder unbewußt, dann wird uns die Bedeutung eines funktionierenden Wissens derjenigen Gesetze bewußt werden, die das Denken steuern und regeln.

Diejenigen, die zu einer bewußten Wahrnehmung der Gedankenkräfte kommen, finden sich im Besitz des Besten, was das Leben zu bieten hat. Nachhaltige Dinge einer höheren Ordnung werden ihr Eigentum, und diese großartigen Wirklichkeiten sind derart gestaltet, daß sie zu greifbaren Teilen des persönlichen Lebens werden. Diese Menschen verwirklichen eine Welt größerer Kraft und halten diese Kraft stets in Bewegung. Diese Kraft ist unerschöpflich, uneingeschränkt und trägt sie somit von Sieg zu Sieg. Hindernisse, die unüberwindbar scheinen, werden überwunden. Feinde werden zu Freunden, Umstände werden bewältigt, Elemente umgeformt und das Schicksal besiegt.

Das Angebot des Guten ist unerschöpflich, und die Nachfrage kann sich aus all dem zusammensetzen, was wir uns wünschen. Das ist das geistige Gesetz von Angebot und Nachfrage.

Unsere Umstände und Umgebung werden durch unsere Gedanken geformt. Vielleicht haben wir diese unbewußt erschaffen. Sollten sie nicht zu unser Zufriedenheit sein, besteht Abhilfe im bewußten Ändern unserer Geisteshaltung, um dann die Umstände gemäß dieser neuen Geisteshaltung angepaßt zu erleben. Das hat nichts Fremdes oder Übernatürliches an sich; es ist lediglich das Gesetz des Seins. Die Gedanken, die im Verstand Wurzeln schlagen, werden gewiß eine Frucht ihrer eigenen Art hervorbringen. Der großartigste Schmied kann keine „Trauben von Dornen ernten", oder „Feigen von Disteln". Um unsere Umstände zu verbessern, müssen wir uns zunächst selbst verbessern. Unsere Gedanken und Wünsche müssen die ersten sein, die Verbesserungen aufzeigen.

Der Gesetze der geistigen Welt gegenüber unwissend zu sein, ist wie ein Kind, das mit Feuer spielt, oder ein Mann, der mit gewaltigen Chemikalien hantiert, ohne aber das Wissen um ihre Natur und Beziehung zueinander zu haben. Das ist allgemeingültig, da das Bewußtsein die einzige großartige Ursache ist, die alle Umstände im Leben von Männern und Frauen erschafft.

Vorausgesetzt, daß Du mit all dem, was hier dargelegt wurde, übereinstimmst, und die meisten werden keinen Einwand haben, zu dem, was hier gesagt wurde, bleibt es aber dennoch offen, dieses Gesetz zu einer praktischen Anwendung zu bringen.

Um einen Vorteil aus diesem Gesetz zu ziehen und in harmonische Beziehung mit ihm zu treten, damit sich auch ein Nutzen in unserem Leben darstellen kann, ist es notwendig, dafür Sorge zu tragen, daß alle Bedingungen eingehalten werden, damit dieses Gesetz reibungslos funktionieren kann. Wir kennen vielleicht die Gesetze der Elektrizität und verfügen über die richtigen Mechanismen, die Lampen, die Kabel, die Schalter und mögen sogar wissen, wie Elektrizität produziert werden kann, wenn aber die Verbindungen nicht hergestellt werden, können wir den Schalter bis zum Sankt-Nimmerleins-Tag umlegen, ohne daß das Licht angehen wird. So verhält es sich auch mit dem Gesetz der Anziehung – und es wirkt stets und überall. Etwas wird kontinuierlich erschaffen; etwas tritt in Erscheinung; etwas ändert sich stets. Um aber einen Vorteil aus diesem Vorgang zu ziehen, ist es ebenso notwendig, daß man sich an das Gesetz hält, so wie im Falle der Elektrizität oder Erdanziehung.

Geist ist schöpferisch und funktioniert durch das Gesetz der Anziehung. Es ist nicht an uns, andere dahingehend zu beeinflussen, daß sie das tun, was wir denken, daß sie tun sollten. Jedes Individuum hat ein Recht, für sich selbst zu entscheiden. Davon abgesehen würden wir dem Gesetz der Gewalt unterliegen, welches in seiner Natur zerstörerisch ist und somit das Gegenteil vom Gesetz der Anziehung. Etwas Nachdenken wird Dich überzeugen, daß alle großartigen Naturgesetze in der Stille

27

Überfluß hängt somit von der Anerkennung der Gesetze des Fülle ab, sowie der Tatsache, daß der Geist nicht nur der Schöpfer ist, sondern der einzige Schöpfer von allem ist, was existiert.

wirken und daß das ihnen zugrunde liegende Prinzip das Gesetz der Anziehung ist. Es sind nur die zerstörerischen Prozesse wie Erdbeben und Katastrophen, die Gewalt einsetzen. Nichts Gutes wird jemals auf diese Art und Weise erreicht werden.

Um erfolgreich zu sein, muß die Aufmerksamkeit ausnahmslos auf die schöpferische Ebene ausgerichtet werden; sie darf niemals versuchen, etwas zu entziehen. Du hast nicht den Wunsch, anderen etwas wegzunehmen; Du willst etwas für Dich selbst erschaffen, und das, was Du für Dich selbst willst, gönnst Du auch jedem anderen.

Du weißt, daß es nicht nötig ist, dem einen zu nehmen, um dem anderen zu geben, sondern daß das Angebot für alle reichhaltig ist. Das Lagerhaus der Natur für Wohlstand ist unerschöpflich, und sollte es auch nur irgendwo einen Mangel an Angebot geben, dann lediglich deshalb, weil die Verteilungskanäle derzeit noch unvollkommen sind.

Überfluß ist ein Naturgesetz des Universums. Der Beweis dieses Gesetzes ist eindeutig; wir sehen es in jedem Bereich. Überall ist die Natur ausschweifend, verschwenderisch, extravagant. Nirgendwo in der Schöpfung kann Sparsamkeit beobachtet werden. Überfluß zeigt sich in allem. Die Millionen und Millionen von Bäumen, Blumen, Pflanzen und Tieren, sowie das gigantische Schema der Zeugung, in dem der Vorgang des Erschaffens und Wiedererschaffens seit ewig andauert, zeigen all die Ausschweife, mit denen die Natur Vorkehrungen für den Menschen geschaffen hat. Es ist offensichtlich, daß es einen Überfluß für alle gibt, aber ebenso offensichtlich ist es, daß viele dabei versagen, an diesem Überfluß teilzuhaben; sie sind noch nicht zur Anerkennung der Allgegenwart der Substanz gekommen und daß das Bewußtsein das aktive Prinzip ist, durch das wir mit den von uns erwünschten Dingen in Bezug stehen.

Es ist erwiesen, daß derjenige, der es unterläßt, den wundervollen Fortschritt dieser letzten und großartigsten Wissenschaft vollständig zu untersuchen und den Nutzen daraus zu ziehen, bald genau so weit zurückfallen wird wie derjenige, der sich weigert, den Nutzen für die Menschheit anzuerkennen und zu akzeptieren, der sich aus den Gesetzen der Elektrizität ergeben hat.

Natürlich schafft das Bewußtsein sowohl negative als auch vorteilhafte Bedingungen, und wenn wir uns bewußt oder unbewußt jegliche Art von Mangel, Beschränkung und Unstimmigkeit vorstellen, dann erschaffen wir uns diese Bedingungen; das ist genau das, was viele unbewußt die ganze Zeit über tun.

Dieses Gesetz, wie auch jedes andere Gesetz, macht keinen Halt vor Personen, sondern ist in steter Bewegung und bringt jedem Individuum unermüdlich das, was es erschaffen hat; in anderen Worten: "Was immer der Mensch sät, wird er auch ernten."

Überfluß hängt somit von der Anerkennung der Gesetze des Fülle ab, sowie der Tatsache, daß der Geist nicht nur der Schöpfer ist, sondern der einzige Schöpfer von allem ist, was existiert. Gewiß kann nichts erschaffen werden, bevor man nicht weiß, daß es erschaffen werden kann und man die dazu entsprechenden Anstrengungen unternimmt. Es gibt heutzutage in der Welt nicht mehr Elektrizität als vor 50 Jahren, aber bis jemand das Gesetz erkannt hat, durch das man sie nutzbar machen konnte, zogen wir daraus auch keinen Nutzen. Jetzt, wo das Gesetz verstanden wird, erhellt es praktisch die gesamte Welt. Genau so ist es mit dem Gesetz der Fülle: Nur diejenigen, die es anerkennen und sich in Einklang mit ihm befinden, haben einen Nutzen davon.

Die Anerkennung des Gesetzes der Fülle entwickelt bestimmte mentale und moralische Qualitäten, unter ihnen Mut, Loyalität, Takt, Scharfsinn, Individualität und Kreativität. Sie sind allesamt Denkweisen, und da alles Denken schöpferisch ist, verwirklichen sie sich in objektiven Umständen, die mit dem geistigen Umstand in Übereinstimmung stehen. Das ist erzwungenermaßen wahr, da Denken die Fähigkeit des Individuums ist, auf das Universelle Bewußtsein einzuwirken und es zur Darstellung zu bringen. Das ist der Vorgang, durch den das Individuum zu einem

Jede Handlung, die nicht in Einklang mit der Wahrheit ist, ob durch Ignoranz oder Vorsatz, entzieht einem den Boden unter den Füßen und führt zu Unstimmigkeit, Verlust und Verwirrung.

Kanal der Unterscheidung des Universellen wird. Jeder Gedanke ist eine Ursache, und jeder Umstand ist eine Wirkung.

Dieses Prinzip stattet das Individuum mit scheinbar übersinnlichen Fähigkeiten aus, unter ihnen – durch das Schaffen und Anerkennen von Gelegenheiten – die Herrschaft über äußere Umstände. Dieses Schaffen von Gelegenheiten bedingt das Bestehen oder Erschaffen der erforderlichen Qualitäten oder Talente – allesamt Gedankenkräfte. Diese resultieren in einem Bewußtsein für Macht, welches auch zukünftige Ereignisse nicht aus der Ruhe bringen kann. Es ist diese Organisation des Sieges oder Erfolges innerhalb des Verstandes – dieses innere Machtbewußtsein – welches die antwortende, harmonische Handlung darstellt, durch die wir mit den gesuchten Gegenständen und Zielen in Bezug stehen. Das ist das Gesetz der Anziehung in Aktion. Dieses Gesetz, welches allem zu eigen ist, kann durch jedermann angewandt werden, der über eine ausreichende Kenntnis seines Wirkens verfügt.

Mut ist jene Kraft des Bewußtseins, die sich in der Liebe zur geistigen Auseinandersetzung darstellt. Es ist ein nobles und erhabenes Gefühl und gleichermaßen ausgestattet, zu befehligen, wie auch zu gehorchen. Beides bedarf Mut. Der Mut hat oft die Neigung sich zu verstecken. Es gibt Männer und Frauen, die scheinbar nur bestehen, um das zu tun, was anderen gefällt. Wenn die Zeit gekommen ist und der schlummernde Wille enthüllt wird, finden wir unter dem Samthandschuh eine eiserne Faust – und laß Dich nicht täuschen: Wahrer Mut ist kühl, ruhig und gefaßt und ist niemals tollkühn, streitsüchtig, widernatürlich oder bösartig.

Anhäufung ist die Kraft, einen Teil des Angebots, das wir ständig empfangen, aufzubewahren, so daß wir in einer Position sind, in der wir einen Vorteil aus den größeren Gelegenheiten ziehen können, die dann zu uns kommen werden, wenn wir für sie bereit sind. Denn es wurde gesagt: „Demjenigen, der hat, wird gegeben werden." Alle erfolgreichen Geschäftsleute haben diese Qualität entwickelt. James J. Hill, der ein Erbe von über 52 Millionen Dollar hinterließ, sagte einmal: *„Wenn Du wissen willst, ob Dir ein erfolgreiches oder erfolgloses Leben bevorsteht, kannst Du es leicht herausfinden. Der Test ist einfach und unschlagbar: Bist Du in der Lage, Geld zu sparen? Wenn nicht: vergiß es! Du wirst verlieren. Du magst das nicht glauben, aber Du wirst so sicher verlieren wie Du lebst. Die Saat des Erfolges ist nicht in Dir."* Das hört sich gut an, und jeder, der die Biographie von James J. Hill kennt, weiß, daß er seine 50 Millionen Dollar durch die exakten Methoden erlangt hat, die wir hier dargelegt haben. Zunächst begann er mit nichts; er mußte seine Vorstellungskraft benutzen, um die ernormen Eisenbahnen zu idealisieren, die er über die westlichen Prärien projizierte. Dann mußte er zu der Anerkennung des Gesetzes der Anziehung kommen, um die Mittel und Wege zu ihrer Verwirklichung zu erlangen. Ohne ein Befolgen dieser Schritte hätte er nie auch nur etwas zum Sparen gehabt.

Anhäufung führt zu Momentum; je mehr Du anhäufst, desto mehr wünschst Du Dir, und je mehr Du Dir wünschst, desto mehr häufst Du an, so daß nach kurzer Zeit durch das Wirken von Aktion und Reaktion ein Momentum entsteht, das unaufhaltbar ist. Es darf aber zu keiner Zeit mit Egoismus, Geiz oder Kargheit verwechselt werden; sie sind allesamt Perversionen und werden jeglichen wahren Fortschritt unmöglich machen.

Kreativität ist der schöpferische Instinkt des Bewußtseins. Es wird schnell erkannt werden, daß jeder erfolgreiche Geschäftsmann in der Lage sein muß, zu planen, zu entwickeln und zu erschaffen. In der Geschäftswelt wird das geläufig mit Initiative bezeichnet. Es reicht nicht aus, auf ausgetretenen Pfaden zu wandeln. Neue Ideen müssen entwickelt werden, neue Wege, um Dinge zu tun. Die Kreativität stellt sich in dem Erbauen, Gestalten, Planen, Erfinden, Entdecken und Verbessern dar. Sie ist eine überaus wertvolle Qualität und muß stets ermutigt und entwickelt werden. Jedes Individuum besitzt sie zu einem bestimmten Grad, denn sie ist ein Zentrum des Bewußtseins in dieser Unendlichen und Ewigen Energie, aus der alle Dinge entstehen.

Wasser stellt sich in drei Aggregatzuständen dar: als Eis, als Wasser und als Dampf, immer in der gleichen Zusammensetzung; der einzige Unterschied liegt in der Temperatur. Doch niemand würde versuchen, eine Maschine mit Eis anzutreiben. Verwandle es in Dampf, und es kann die Aufgabe mit Leichtigkeit bewältigen. So verhält es sich auch mit Deiner Energie: Wenn Du sie auf der schöpferischen Ebene zum Ausdruck bringen willst, mußt Du damit anfangen, das Eis mit dem Feuer deiner Vorstellungskraft zu schmelzen. Du wirst feststellen, daß du mehr Eis schmelzen wirst, je stärker das Feuer ist, umso kräftiger werden Deine Gedanken und es wird Dir leichter fallen, Deine Wünsche zu verwirklichen.

Scharfsinn ist die Fähigkeit, natürliche Gesetze wahrzunehmen und mit ihnen zusammenzuarbeiten. Wahrer Scharfsinn vermeidet Spielereien und Täuschung genauso, wie er Lepra vermeiden würde. Er ist das Produkt tiefer Erkenntnis, welche Dich dazu befähigt, ins Herz der Dinge vorzustoßen und zu verstehen, wie Ursachen in Bewegung gesetzt werden, welche unweigerlich erfolgreiche Umstände erschaffen.

Takt ist ein sehr feinfühliger und gleichzeitig sehr wichtiger Faktor, was geschäftlichen Erfolg betrifft. Er ist der Eingebung sehr ähnlich. Um Takt zu besitzen, muß man ein feines Gespür haben und instinktiv wissen, was zu sagen oder zu tun ist. Um taktvoll zu sein, muß man Mitgefühl und Verständnis besitzen. Ein Verständnis, das so selten ist, da alle Menschen sehen und hören und fühlen, aber nur die wenigsten ,verstehen'. Takt befähigt Dich vorherzusehen, was geschehen wird, sowie das Ergebnis dieser Handlungen zu berechnen. Takt befähigt auch, zu spüren, wenn wir uns in der Gegenwart von körperlicher, geistiger und moralischer Reinheit befinden, da diese heutzutage als Preis des Erfolges ausnahmslos verlangt werden.

Loyalität ist eine der stärksten Bindungen, die Menschen von Stärke und Charakter zusammenhalten. Sie ist etwas, was niemals straffrei gebrochen

Individualität kostet sich mehr
in dem Entfalten der inneren Kraft aus,
als in der Unterwürfigkeit von Schwächlingen.

werden kann. Einem Menschen, der lieber seine rechte Hand verliert als einen Freund zu verraten, wird es niemals an Freunden mangeln. Der Mensch, der in stiller Wache, wenn nötig bis zu seinem Tod, neben dem Altar des Vertrauens oder der Freundschaft derjenigen steht, die ihm Einlaß gewährt haben, wird sich mit einem Strom kosmischer Kraft verbunden sehen, welcher ausschließlich wünschenswerte Umstände anzieht. Es ist unvorstellbar, daß solch eine Person jemals auf Mangel irgendeiner Art stoßen wird.

Individualität ist die Kraft, unsere eigenen schlummernden Möglichkeiten zu entfalten, uns selbst ein Gesetz zu sein, am Bestreben mehr als am Ziel interessiert zu sein. Starke Menschen geben nichts auf die Masse von Nachahmern, die ihnen selbstgefällig folgen. Sie ziehen keinerlei Zufriedenheit daraus, große Massen anzuführen oder aus dem lauten Beifall des Mobs. Das vergnügt nur die unbedeutenden Naturen und minderwertigen Geister. Individualität kostet sich mehr in dem Entfalten der inneren Kraft aus, als in der Unterwürfigkeit von Schwächlingen.

Individualität ist eine wahre Kraft, die in allem vererbt ist, und die Entwicklung und der konsequente Ausdruck dieser Kraft befähigt Dich, Verantwortung für die eigene Richtung zu übernehmen, anstatt einem von sich selbst eingenommenen Leithammel hinterherzurennen.

Wahrheit ist die zwingende Bedingung allen Wohlbefindens. Sicher zu sein, die Wahrheit zu kennen und mit Vertrauen zu ihr zu stehen, bietet eine Zufriedenheit, die mit nichts anderem vergleichbar ist. Wahrheit ist die zugrundeliegende Eigenschaft, der Umstand, der jeder Geschäfts- oder gesellschaftlichen Beziehung vorangeht. Die Wahrheit ist der einzig solide Grund in einer Welt von Konflikt, Zweifel und Gefahr.

Jede Handlung, die nicht in Einklang mit der Wahrheit ist, ob durch Ignoranz oder Vorsatz, entzieht einem den Boden unter den Füßen und führt zu Unstimmigkeit, unvermeidbarem Verlust und Verwirrung. Der bescheidenste Intellekt ist in der Lage, das Ergebnis einer wahren Tat genau vorherzusagen. Das mächtigste, tiefgründigste und durchdringendste Bewußtsein verliert sich aber hoffnungslos auf seinem Weg und kann sich keine Vorstellung der Resultate machen, wenn es von den wahrhaftigen Prinzipien abweicht.

33

Diejenigen, die in sich selbst die erforderlichen Elemente wahren Erfolges etabliert haben, haben Vertrauen aufgebaut, haben den Sieg organisiert, und es bedarf diese Schritte lediglich von Zeit zu Zeit auszuführen, dort wo die neu erweckte Gedankenkraft sie anleitet. Genau darin liegt das magische Geheimnis aller Macht und Kraft.

Weniger als zehn Prozent unserer geistigen Vorgänge sind bewußt; die anderen 90 Prozent sind unterbewußt oder unbewußt, so daß diejenigen, die sich zwecks eines Ergebnisses allein auf ihren bewußten Verstand verlassen, weniger als zehn Prozent effizient sind. Diejenigen, die nennenswerte Ergebnisse erzielen, sind befähigt, Vorteile aus diesem größeren Lagerhaus geistigen Wohlstands zu ziehen. Es ist in dieser gewaltigen Domäne des Unterbewußtseins, wo großartige Wahrheiten versteckt liegen, und es ist hier, daß der Gedanke die schöpferische Kraft findet, die Kraft, dem Objekt zu entsprechen, das Sichtbare aus dem Unsichtbaren hervorzubringen.

Diejenigen, denen die Gesetze der Elektrizität bekannt sind, verstehen das Prinzip, daß Elektrizität immer von einer höheren zu einer niedrigeren Potenz fließen muß, und können somit jegliche Anwendung dieser Kraft ausüben, wie sie es erwünschen. Diejenigen, denen dieses Gesetz unbekannt ist, können nichts bewirken. Ebenso verhält es sich mit dem Gesetz, das die Geistige Welt regelt. Diejenigen, die verstehen, daß Geist alle Dinge durchdringt, daß er allgegenwärtig ist und auf jede Nachfrage reagiert, können das Gesetz benutzen und die Zustände, Umstände und Umgebung kontrollieren; der Desinformierte kann es nicht benutzen, weil er es nicht kennt.

Die Frucht dieses Wissens ist gegebenermaßen wie ein Geschenk der Götter; es ist die Wahrheit, die den Menschen frei macht, und nicht nur frei von jeglichem Mangel oder Beschränkung, sondern frei von Trauer, Sorge und Kummer. Ist es nicht wunderbar zu erkennen, daß

Der ‚Master Key‘ versieht uns mit Initiative, Drang zu Sinn und Zweck, Weisheit in Entscheidungen, intelligenter Sympathie und dem vollständigen Genuß des Lebens auf seinen höheren Ebenen.

Die Wahrheit ist der einzig solide Grund
in einer Welt von Konflikt, Zweifel und Gefahr.

dieses Gesetz keine Person bevorzugt; daß es keinen Unterschied macht, welche Denkgewohnheiten man hegt – der Weg wurde bereits geebnet.

Mit der Erkenntnis, daß diese geistige Kraft jede andere bestehende Kraft kontrolliert und leitet; daß sie kultiviert und entwickelt werden kann; daß ihren Aktivitäten keinerlei Beschränkungen auferlegt werden können, wird es offensichtlich, daß es die großartigste Tatsche der Welt ist; die Abhilfe jeglichen Mißstands; die Lösung eines jeden Problems; die Erfüllung eines jeden Wunsches. In der Tat: Daß sie des Schöpfers prachtvollste Bereitstellung für die Befreiung der Menschheit ist.

III

Der wissenschaftliche Geist beherrscht nun jegliche Art von Unternehmung; die Beziehung von Ursache und Wirkung wird nicht länger ignoriert.

Die Entdeckung dieses Bereiches von Gesetzen prägte eine Epoche menschlichen Fortschritts. Sie hat das Element von Ungewißheit und Willkür aus dem Leben der Menschen entfernt und es durch Gesetz, Verständnis und Gewißheit ersetzt.

Die Menschen verstehen nun, daß es für jedes Ergebnis eine entsprechende und genaue Ursache gibt, so daß – wenn ein bestimmtes Ergebnis erwünscht ist – sie sich um die Umstände bemühen, durch die allein dieses Ergebnis erzielt werden kann.

Die Grundlage, auf der jegliches Gesetz beruht, wurde durch **Induktives Denken** entdeckt. Dieses besteht darin, Einzelfälle miteinander zu vergleichen, bis ein gemeinsamer Nenner erkannt wird, der aus allen Einzelfällen hervorgeht.

Es ist diese Lernmethode, der die zivilisierten Nationen den größeren Teil ihres Wohlstands und den wertvolleren Teil ihres Wissens verdanken. Sie hat das Leben verlängert, Schmerz gelindert, Flüsse überspannt, die Nacht zum Tag gemacht, unser Blickfeld erweitert, Bewegung beschleunigt, Distanz verringert, Umgang miteinander erleichtert und den Menschen befähigt, ins Meer hinab zu tauchen und sich in die Lüfte zu erheben. Wen wundert es dann, daß die Menschen bemüht waren, den Segen dieser Lernmethode auf ihre eigene Denkweise auszuweiten. Als es dann offensichtlich wurde, daß bestimmte Resultate einer besonderen Denkweise folgten, bedurfte es lediglich der Klassifizierung dieser Resultate.

Diese Methode ist **wissenschaftlich**, und es ist die einzige Methode, durch die es uns erlaubt ist, das Ausmaß an Freiheit und Freisein zu bewahren, das wir mittlerweile als unantastbares Recht ansehen. Die Menschen sind zu Hause und in der Welt nur dann sicher, wenn nationale Bereitschaft so viel bedeutet wie: Zunehmender Überfluß an Gesundheit, erhöhte Effizienz im öffentlichen und privaten Geschäftsleben jeglicher Art sowie kontinuierliche Fortschritte in der Wissenschaft und Kunst des Zusammenarbeitens. Dazu gehört auch das immer stärker werdende Bestreben, individuell und auch kollektiv diese und alle anderen Aspekte nationaler Entwicklung auf ein emporstrebendes Leben auszurichten und sie um dieses drehen zu lassen. Dafür liefern Wissenschaft, Kunst und Ethik sowohl die Steuerung als auch die maßgebenden Motive.

Der ‚Master Key‘ gründet auf absoluter wissenschaftlicher Wahrheit und wird die im Individuum schlummernden Möglichkeiten entfalten. Er lehrt, wie diese in **kraftvolle Handlungen** umgesetzt werden können, um die dem Menschen zur Verfügung stehenden Fähigkeiten zu erhöhen, welche dann zusätzliche Energie, Scharfsinn, Lebenskraft und geistige Beweglichkeit bereitstellen. Der Student, der ein Verständnis dieser geistigen Gesetze erlangt, kommt in den Besitz einer Fähigkeit, bis dato unvorstellbare Ergebnisse zu erzielen, die eine Belohnung mit sich bringen, welche kaum in Worte gefaßt werden kann.

Der ‚Master Key‘ erklärt den korrekten Einsatz sowohl empfänglicher als auch aktiver Elemente mentaler Natur und schult den Studenten im **Erkennen von Möglichkeiten**; er stärkt die Willenskraft und das

Die Wahrheit ist der einzig solide Grund in einer Welt von Konflikt, Zweifel und Gefahr.

Urteilsvermögen, lehrt die Kultivierung und den **bestmöglichen Einsatz der Vorstellungskraft**, des Wunsches, der Emotionen und der intuitiven Fähigkeiten. Er versieht uns mit Initiative, Drang zu Sinn und Zweck, Weisheit in Entscheidungen, intelligenter Sympathie und dem vollständigen Genuß des Lebens auf seinen höheren Ebenen.

Der ‚Master Key‘ lehrt den Gebrauch von Geisteskraft – wahrer Geisteskraft, nicht den irgendeines Ersatzes oder irgendwelcher Abarten. Er hat nichts mit (Bühnen-) Hypnose, Magie oder den mehr oder weniger faszinierenden Täuschungen zu tun, durch die viele Menschen meinen, daß sie etwas kostenlos erhalten können.

Der ‚Master Key‘ kultiviert und entwickelt das Verständnis, welches Dich dazu befähigt, Deinen Körper und somit deine Gesundheit zu kontrollieren. Er verbessert und stärkt das Gedächtnis. Er entwickelt Erkenntnis. Die Art von Erkenntnis, die so selten ist; eine Art, die das unterscheidende Merkmal eines jeden erfolgreichen Geschäftsmannes ist. Eine Art, die den Menschen befähigt, sowohl Möglichkeiten als auch Schwierigkeiten in gleich welcher Situation zu erkennen. Die Art, die Menschen befähigt, Chancen in ihrer Umgebung zu erkennen, da Tausende dabei fehlschlagen, zum Greifen nahe Möglichkeiten zu erfassen, während sie mit Situationen beschäftigt sind, die unter keinen Umständen eine nennenswerte Rendite abwerfen.

Der ‚Master Key‘ entwickelt Geisteskraft, was bedeutet, daß andere sofort erkennen, daß sie es mit einer machtvollen Person zu tun haben – einer Person mit Charakter – so daß sie das tun wollen, was Du willst. Das bedeutet, daß Du Menschen und Dinge anziehst; daß Du von anderen als ‚glücklich‘ bezeichnet wirst; daß ‚gute Dinge‘ deines Weges kommen; daß Du zu einem Verständnis über die grundlegenden Gesetze der Natur gekommen bist und Dich in Einklang mit ihnen befindest; daß Du das Gesetz der Anziehung verstehst, die natürlichen Gesetze des Wachstums und die psychologischen Gesetze, auf denen alle Vorteile der gesellschaftlichen und geschäftlichen Welt beruhen.

Geisteskraft ist Schöpferkraft; sie gibt Dir die Fähigkeit, etwas für Dich selbst zu erschaffen. Damit ist aber nicht die Fähigkeit gemeint, anderen etwas wegzunehmen. Die Natur handelt nie so. Die Natur läßt zwei Grashalme wachsen, wo vorher nur einer wuchs, und die Geisteskraft versetzt den Menschen in die Lage, gleiches zu tun.

Der ‚Master Key‘ entwickelt **Erkenntnis und Scharfsinn**, zunehmende Unabhängigkeit, die Fähigkeit und Neigung, anderen behilflich zu sein. Er zerstört Mißtrauen, Depression, Angst, Melancholie und jegliche Form von Beschränkung und Schwäche, einschließlich Schmerz und Krankheit. Er weckt versteckte Talente, liefert Initiative, Kraft, Energie, Vitalität; er weckt eine Wertschätzung für das Schöne in Kunst, Literatur und Wissenschaft.

Er hat das Leben von Tausenden von Männern und Frauen verändert, indem er ungewisse und unklare Methoden durch **genaue Prinzipien** ersetzt hat – und Prinzipien für die Grundlage, auf der ein jedes effizientes System beruht, geschaffen hat.

Elbert Gary, der Vorsitzende der *United States Steel Corporation*, sagte einmal: *„Die Dienste von Beratern, Ausbildern und Effizienzexperten im erfolgreichen Management sind unabdingbar für die meisten bedeutenden Unternehmen, aber ich betrachte die Anerkennung und Aneignung wahrer Prinzipien als unverhältnismäßig wichtiger.”*

Der ‚Master Key‘ lehrt diese wahren Prinzipien und schlägt Methoden vor, sie praktisch umzusetzen. Dadurch unterscheidet er sich von jeder anderen Lehrmethode. Er lehrt, daß der einzig mögliche Wert, den man einem jeden Prinzip anhängen kann, in seiner **Anwendung** liegt. Viele lesen ihr ganzes Leben lang Bücher, belegen Heimstudienkurse oder besuchen Vorlesungen, ohne aber jemals irgendeinen Fortschritt dabei zu erzielen, den Wert dieser Prinzipien auch aufzuzeigen. Der

Die gesamte Welt befindet sich am Anfang eines neuen Bewußtseins, einer neuen Kraft und einer neuen Verwirklichung der Reichtümer in unserem Inneren.

‚Master Key' schlägt Methoden vor, wodurch die gelehrten Prinzipien angewendet und in die tägliche Praxis umgesetzt werden können.

Es vollzieht sich ein Wandel in der Welt des Denkens. Dieser Wandel macht sich still unter uns bemerkbar und ist wichtiger als jener, dem sich die Welt seit dem Fall des Heidentums unterzogen hat.

Die gegenwärtige Revolution in den Meinungen aller Klassen von Menschen – die höchsten und kultiviertesten aller Menschen ebenso wie die der Arbeiterklasse – ist einmalig in der Weltgeschichte. Die Wissenschaft hat solch umfangreiche Entdeckungen gemacht; hat eine Unendlichkeit von Quellen entdeckt; hat so enorme Möglichkeiten und unerwartete Kräfte freigesetzt, daß Wissenschaftler mehr und mehr zögern, bestimmte Theorien als definitiv und über jeden Zweifel erhaben anzusehen, oder aber andere Theorien als absurd oder unmöglich abzutun. So ist eine neue Zivilisation im Begriff, geboren zu werden; Bräuche, Glaubensbekenntnisse und Grausamkeit vergehen; **Vision, Vertrauen und Dienst** treten an ihre Stelle. Die Menschheit legt die Fesseln der Tradition ab, und während der Unrat des Materialismus zerstört wird, wird das Denken befreit und die Wahrheit erhebt sich in ihrer ganzen Pracht vor einer erstaunten Menschenmenge.

Die gesamte Welt befindet sich am Anfang eines neuen Bewußtseins, einer neuen Kraft und einer neuen Verwirklichung der Reichtümer in unserem Inneren. Das letzte Jahrhundert sah den bewundernswertesten materiellen Fortschritt in der Geschichte der Menschheit. Das gegenwärtige Jahrhundert wird den größten Fortschritt der geistigen und spirituellen Kräfte hervorbringen.

Die Physik hat Materie in Moleküle aufgelöst, Moleküle in Atome, Atome in Energie, und es wurde Sir Ambrose Fleming in einer Rede vor der *Royal Institution* überlassen, diese Energie in Bewußtsein aufzulösen. Er sprach: „*In ihrer letztendlichen Essenz mag Energie für uns immer unverständlich bleiben, mit der Ausnahme der Darstellung des direkten Wirkens dessen, was wir als Bewußtsein oder Willen bezeichnen.*"

Laß uns sehen, welche die stärksten Kräfte in der Natur sind: In der Welt der Mineralien ist alles solide und fixiert. In der Welt der Tiere

Jeder Mensch, der mit dem Wissen um die im ‚Master Key‘ vorhandenen Möglichkeiten ausgestattet ist, hat gegenüber der Masse einen unvorstellbaren Vorteil.

und Pflanzen unterliegt alles einem beständigen Wandel, sich immer ändernd, immer erschaffend und wieder erschaffend. In der Atmosphäre finden wir Hitze, Licht und Energie. Jedes Reich wird auf seiner Reise vom Sichtbaren zum Unsichtbaren feinstofflicher und somit geistiger – vom Grobstofflichen zum Feinstofflichen, vom niedrigen Potenzial zum hohen Potenzial. Wenn wir das Unsichtbare erreichen, finden wir Energie in ihrer reinsten und flüchtigsten Form.

Da die stärksten Kräfte der Natur die unsichtbaren sind, stellen wir fest, daß auch die stärksten Kräfte des Menschen seine unsichtbaren sind. Es sind seine geistigen Kräfte, und die einzige Art und Weise, durch die sich geistige Energie darstellen kann, ist durch den Vorgang, den wir Denken nennen. Denken ist die einzige Aktivität, die der Geist besitzt, und der Gedanke ist das einzige Produkt des Denkens.

Addition und Subtraktion sind dementsprechend geistige Transaktionen; Urteilen ist ein geistiger Vorgang; Ideen sind geistige Schöpfungen; Fragen sind geistige Suchscheinwerfer, und Logik, Argument und Philosophie sind geistige Werkzeuge.

Jeder Gedanke aktiviert ein bestimmtes körperliches Gewebe, Teile des Gehirns, der Nerven oder Muskeln. Das bewirkt eine tatsächliche körperliche Veränderung im Aufbau des Gewebes. Dementsprechend ist es lediglich notwendig, eine gewisse Anzahl von Gedanken zu einem Thema zu hegen, um einen vollständigen Wandel im körperlichen Aufbau des Menschen herbeizuführen.

Das ist der Vorgang, durch den aus Versagen Erfolg wird. Gedanken von Mut, Kraft, Inspiration und Harmonie ersetzen Gedanken von Versagen, Verzweiflung, Mangel, Beschränkung und Unstimmigkeit. Während diese Gedanken Wurzeln fassen, verändert sich das körperliche Gewebe, und der Mensch sieht das Leben in neuem Licht. Alte Dinge sind vergangen; alle Dinge sind neu; er ist wiedergeboren – dieses Mal aus dem Geiste. Sein Leben hat eine neue Bedeutung gewonnen; er ist wiederhergestellt und erfüllt mit Freude, Zuversicht, Hoffnung und Energie. Er sieht **Chancen zum Erfolg**, denen er bis dato blind gegenüber war. Er erkennt **Möglichkeiten**, die zuvor keinerlei Bedeutung für ihn hatten. Die **Gedanken des Erfolges**, mit denen er durchtränkt wurde, strahlen an diejenigen aus, die ihn umgeben, und sie wiederum helfen ihm, vorwärts und aufwärts zu streben. Er zieht **neue und erfolgreiche Partner** an, und das wiederum ändert seine Umgebung, so daß durch die einfache Übung des Denkens der Mensch nicht nur sich selbst ändert, sondern auch seine Umgebung, seine Umstände und seine Bedingungen.

Du wirst sehen – Du mußt sehen, daß wir uns am Beginn eines neuen Tages befinden; daß die Möglichkeiten so wundervoll, so faszinierend und so unbegrenzt sind, daß sie fast schon verblüffend erscheinen. Vor nicht allzu langer Zeit hätte ein Mann mit einem Flugzeug oder selbst nur einem Maschinengewehr eine ganze Armee ausgelöscht, die lediglich mit den Waffen ihrer Zeit ausgestattet war. So ist es auch in der Gegenwart: Jeder Mensch, der mit dem Wissen um die im ‚Master Key' vorhandenen Möglichkeiten ausgestattet ist, hat gegenüber der Masse einen **unvorstellbaren Vorteil**.

1

Ein Bewußtsein, eine Kraft

Es ist mir eine Ehre, Dir hiermit den ersten Teil des ‚Master Key' Systems zu präsentieren. Willst Du mehr Macht in Dein Leben bringen? Dann erlange ein Bewußtsein für Macht. Mehr Glück? Dann erlange ein Bewußtsein für Glück. Lebe den Geist dieser Dinge, bis sie zu Recht Dein werden. Es wird dann unmöglich sein, sie von Dir fernzuhalten. Die Dinge der Welt fügen sich einer Kraft im Menschen, durch die er über sie bestimmt.

Du mußt diese Kraft nicht erwerben; Du besitzt sie bereits. Du willst sie aber verstehen; Du willst sie nutzen; Du willst sie kontrollieren; Du willst Dich mit ihr durchtränken, so daß Du voranschreiten und die Welt vor Dir her tragen kannst.

Tagein, tagaus, während Du an Fahrt gewinnst, während sich Deine Eingebung vertieft, während sich Deine Pläne herauskristallisieren, während Du ein Verständnis erlangst, kommst Du zu der Überzeugung, daß diese Welt kein Haufen toter Steine und Holz ist, sondern eine lebendige Sache! Sie besteht aus den schlagenden Herzen der Menschheit. Sie ist ein Wesen von Leben und Schönheit.

Es ist offensichtlich, daß ein Verständnis vonnöten ist, um mit einem Material dieser Art zu arbeiten. Diejenigen aber, die dieses Verständnis

‚Lebe den Geist' bedeutet, sich diese Dinge ins Bewußtsein zu holen und dort so sehr in ihnen aufzugehen, bis sie durch stete Wiederholung zu einer vorherrschenden Geisteshaltung geworden sind. Alles, was somit in den Raum des Unterbewußtseins abgegeben wurde, wird dort erschaffen, ohne daß sich der Verstand noch damit befaßt.

aufbringen, werden von einem neuen Licht erleuchtet werden – einer neuen Kraft und Macht. Sie gewinnen Tag für Tag an Vertrauen und wachsender Macht und Kraft; sie verwirklichen ihre Hoffnungen, und ihre Träume werden wahr; das Leben hat dann eine tiefere, vollere und klarere Bedeutung als je zuvor. Und nun: Teil Eins.

EIN BEWUSSTSEIN, EINE KRAFT

1. Daß ‚viel‘ zu ‚noch mehr‘ führt, stimmt auf jeglicher Ebene der Existenz; daß Verlust zu noch mehr Verlust führt, ist ebenso wahr.

2. Geist ist schöpferisch, und die Bedingungen, die Umgebung und all die Erfahrungen im Leben sind das Resultat unserer angewöhnten und vorherrschenden Geisteshaltung.

3. Die Geisteshaltung hängt somit davon ab, was wir denken. Demnach hängt das Geheimnis aller Macht, allen Erlangens und allen Besitzes von unserer Denkweise ab.

4. Das ist wahr, denn wir müssen erst ‚sein‘, bevor wir ‚tun‘ können, und wir können nur in dem Ausmaß ‚tun‘, zu dem wir ‚sind‘, und was wir ‚sind‘, hängt davon ab, was wir ‚denken‘.

5. Wir können keine Kräfte ausdrücken, die wir nicht besitzen. Der einzige Weg, durch den wir uns diese Kraft zu eigen machen können, ist der, sich ihrer bewußt zu werden. Wir können uns der Kraft niemals bewußt werden, bis wir lernen, daß alle Kraft von innen kommt.

Geist ist schöpferisch, und die Bedingungen, die Umgebung und all die Erfahrungen im Leben sind das Resultat unserer vorherrschenden Geisteshaltung.

6.   Es gibt eine innere Welt; eine Welt von Gedanken, Gefühlen und Kraft; von Licht und Leben und Schönheit, und obgleich unsichtbar, sind ihre Kräfte dennoch mächtig.

7.   Die innere Welt wird vom Geist (engl. „Mind", in diesem Zusammenhang „Unterbewußtsein") regiert. Wenn wir diese Welt entdecken, werden wir die Lösung eines jeden Problems finden, die Ursache jeder Wirkung. Da die innere Welt unserer Kontrolle unterliegt, werden wir auch all die Gesetze von Kraft und Besitz finden, die ebenso unserer Kontrolle unterliegen.

8.   Die äußere Welt ist ein Abbild der inneren Welt. Außen erscheint das, was innen gefunden wurde. In der inneren Welt kann unendliche Weisheit, unendliche Kraft und unendliches Angebot von allem Notwendigen gefunden werden, auf Verwirklichung, Entwicklung und Ausdruck wartend. Wenn wir diese Möglichkeiten in der inneren Welt erkennen, werden sie in der äußeren Welt Gestalt annehmen.

9.   Harmonie in der inneren Welt wird in der äußeren Welt durch harmonische Bedingungen, eine annehmbare Umgebung und das Beste von allem dargestellt. Es ist die Grundlage von Gesundheit und ein wesentlicher Bestandteil von allem Großen, jeglicher Macht, jeglichem Erstreben, jeglichem Erlangen und jeglichem Erfolg.

10.   Harmonie in der inneren Welt bedeutet die Fähigkeit, unsere Gedanken zu steuern und für uns selbst zu bestimmen, wie sich jegliche Erfahrung auf uns auswirken soll.

11.   Harmonie in der inneren Welt resultiert in Optimismus und Wohlstand. Innerer Wohlstand führt zu äußerem Wohlstand.

12.   Die äußere Welt spiegelt die Umstände und die Bedingungen unseres inneren Bewußtseins wider.

13.   Wenn wir Weisheit in der inneren Welt finden, werden wir das Verständnis erlangen, die erstaunlichen Möglichkeiten zu erkennen, die der inneren Welt zuteil sind, und uns wird die

Gedankensteuerung bedeutet, sich dessen bewußt zu werden, was Einlaß sucht. Es bedarf dazu vor allem am Anfang stete Aufmerksamkeit und Gewahrsein, da das meiste davon von außen kommt und nicht Dein Eigenes ist.

Harmonie in der inneren Welt resultiert in Optimismus und Wohlstand; innerer Wohlstand führt zu äußerem Wohlstand.

Kraft gegeben, diese Möglichkeiten in der äußeren Welt zu verwirklichen.

14. Während wir uns der Weisheit der inneren Welt bewußt werden, machen wir uns diese Weisheit geistig zu eigen. Durch diese geistige Aneignung kommen wir in den Besitz der erforderlichen Kraft und Weisheit, um die wesentlichen Elemente zu verwirklichen, die für unsere vollständige und harmonische Entwicklung notwendig sind.

15. Die innere Welt ist die praktische Welt, in der die mächtigen Männer und Frauen Mut, Hoffnung, Begeisterung, Zuversicht, Vertrauen und Treue entwickeln und durch die ihnen die feine Intelligenz gegeben wird, die Vision zu erkennen, sowie das praktische Geschick, diese Vision auch zu verwirklichen.

16. Leben bedeutet Entwicklung, nicht Zuwachs. Was durch die äußere Welt zu uns kommt, besitzen wir bereits in der inneren Welt.

17. Jeglicher Besitz basiert auf Bewußtsein. Jeglicher Zuwachs ist das Resultat eines sich anhäufenden Bewußtseins. Jeglicher Verlust ist das Resultat eines sich zerstreuenden Bewußtseins.

18. Geistige Stärke ist von Harmonie abhängig; Unstimmigkeit bedeutet Verwirrung. Dementsprechend muß sich derjenige, der Macht zu erwerben sucht, in Einklang mit natürlichem (oder kosmischem) Gesetz einfinden.

19. Wir sind mit der äußeren Welt durch den objektiven Verstand verbunden. Das Gehirn ist das Organ dieses Verstandes, und das zerebrospinale System der Nerven bringt uns in bewußte Kommunikation mit jedem Teil des Körpers. Dieses

Nervensystem antwortet auf jeden Reiz von Licht, Hitze, Geruch, Ton oder Geschmack.

20.   Wenn der Verstand korrekt denkt; wenn er die Wahrheit versteht; wenn die Gedanken, die durch das zerebrospinale Nervensystem des Körpers geschickt werden, konstruktiv sind, dann sind die Empfindungen angenehm und stimmig.

21.   Das Ergebnis davon ist, daß wir Stärke, Vitalität und all die aufbauenden Kräfte in unseren Körper einbauen. Es geschieht aber durch denselben objektiven Verstand, daß alle Not, Krankheit, Mangel, Beschränkung und jegliche Form von Unstimmigkeit Zugang zu unserem Leben finden. Es ist demnach durch den objektiven Verstand, verursacht durch falsches Denken, daß wir Bezug zu den zerstörerischen Kräften finden.

22.   Wir sind mit der inneren Welt durch das Unterbewußtsein verbunden. Der Solarplexus ist das Organ dieser Form von Bewußtsein. Das sympathische Nervensystem herrscht über alle subjektiven Reize wie Freude, Angst, Liebe, Emotionen, Atmung, Vorstellungskraft und alle anderen un(ter)bewußten Phänomene. Es ist durch dieses Unterbewußtsein, daß wir mit dem ‚Universellen Bewußtsein' verbunden sind und mit den unendlichen, schöpferischen Kräften des Universums in Beziehung gebracht werden.

23.   Es ist das Abstimmen dieser beiden Zentren unseres Seins und das Verständnis ihrer Funktionen, die das großartige Geheimnis des Lebens ausmachen. Mit diesem Wissen können wir den objektiven

Der Verstand ist der Ort, wo der ursprüngliche Gedanke insofern entsteht, daß er dort gemäß der Fähigkeit, ihn zu interpretieren, von der Person auf eine bestimmte Art und Weise registriert wird. Verwirklicht wird hingegen im Unterbewußtsein, woraufhin dieser ursprüngliche Gedanke vom zerebrospinalen Nervensystem wieder in fühlbare Impulse umgewandelt wird. Ein komplexer Kreislauf der Schöpfung schließt sich dadurch wieder.

Jeglicher Zuwachs ist das Resultat
eines sich anhäufenden Bewußtseins.
Jeglicher Verlust ist das Resultat
eines sich zerstreuenden Bewußtseins.

und subjektiven Verstand zu einer bewußten Zusammenarbeit bringen und somit das Endliche und das Unendliche aufeinander abstimmen. Unsere Zukunft unterliegt vollkommen unserer Kontrolle; sie unterliegt nicht dem Schicksal einer willkürlichen und ungewissen Macht im Außen.

...welches manche Gott, Allah, Brahma, Manitou, Die Macht, Das Nullpunktfeld, Äther oder Universelles Bewußtsein nennen. Es ist der menschliche Versuch, das Allgegenwärtige, Allmächtige, Allwissende zu beschreiben, im Wissen, daß es gar nicht beschrieben werden kann, da alles Beschriebene relativ ist, das Allgegenwärtige hingegen absolut.

24. Es herrscht völlige Übereinstimmung darüber, daß es lediglich **ein Prinzip** oder Bewußtsein gibt, welches das gesamte Universum durchdringt, allen Raum erfüllt und grundsätzlich an jedem Punkt seines Daseins gleichartig ist. Es ist allmächtig, allwissend und allgegenwärtig. Alle Gedanken und Dinge sind ihm zu eigen. Es ist alles in Allem.

25. Es gibt lediglich ein Bewußtsein im Universum, das denken kann, und wenn es denkt, werden seine Gedanken zu objektiven Dingen. Da dieses Bewußtsein allgegenwärtig ist, muß es in jedem Individuum vorhanden sein. Jedes Individuum muß eine Darstellung dieses allmächtigen, allwissenden und allgegenwärtigen Bewußtseins sein.

26. Da es nur ein Bewußtsein im Universum gibt, das denken kann, folgt schlußendlich daraus, daß Dein Bewußtsein mit dem Universellen Bewußtsein identisch ist, oder in anderen Worten: **Alles Bewußtsein ist ein Bewußtsein**. Aus dieser Schlußfolgerung gibt es kein Entkommen.

27. Das Bewußtsein, welches sich auf Deine Gehirnzellen auswirkt, ist dasselbe Bewußtsein, das sich auf die Gehirnzellen eines jeden anderen Individuums auswirkt. Jedes Individuum ist nichts anderes als die Individualisierung des Allgegenwärtigen – des Kosmischen Bewußtseins.

28. Das Universelle Bewußtsein ist statische oder potentielle Energie; es ist einfach nur. Es kann sich nur durch das Individuum verwirklichen, und das Individuum kann sich nur durch das Allgegenwärtige verwirklichen – sie sind eins.

Jeder Gedanke ist eine Ursache, jeder Zustand eine Wirkung. Aus diesem Grunde mußt Du Deine Gedanken kontrollieren, damit Du nur wünschenswerte Zustände herbeiführst.

29. Die Fähigkeit des Individuums, zu denken, ist seine Fähigkeit, auf das Allgegenwärtige einzuwirken und es in Form auszudrücken. Das menschliche Bewußtsein besteht lediglich in der Fähigkeit, zu denken. Bewußtsein an sich wird als subtile Form statischer Energie angesehen, aus der die ‚Gedanken' genannten Aktivitäten hervorgehen – die dynamische Phase des Bewußtseins. Bewußtsein ist statische Energie; Gedanken sind dynamische Energie – die zwei Phasen ein und derselben Sache. Gedanken sind also die schwingende Kraft, die durch die Umwandlung statischen Bewußtseins in dynamisches Bewußtsein entsteht.

30. Da die Summe aller Eigenschaften im Universellen Bewußtsein – seines Zeichens allmächtig, allwissend und allgegenwärtig – enthalten ist, müssen diese Eigenschaften auch zu jeder Zeit in ihrer potentiellen Form in jedem Individuum vorhanden sein. Dementsprechend, wenn ein Individuum denkt, wird der Gedanke durch seine Natur dazu gezwungen, sich als Objekt oder Zustand zu verkörpern, der mit dem Ursprung übereinstimmt.

31. Jeder Gedanke ist somit eine Ursache, jeder Zustand eine Wirkung. Aus diesem Grunde ist es unabdingbar, daß Du Deine Gedanken kontrollierst, damit Du nur wünschenswerte Zustände herbeiführst.

32. Alle Kraft kommt von innen und unterliegt vollständig Deiner Kontrolle. Sie kommt durch das genaue Wissen und das freiwillige Anwenden genau bestimmter Prinzipien.

33. Es sollte offensichtlich sein: Wenn Du ein solides Verständnis dieses Gesetzes erworben hast und in der Lage bist, Deine Gedankenprozesse zu kontrollieren, kannst Du sie auf jeden

Umstand anwenden. In anderen Worten: Du wirst in die bewußte Zusammenarbeit mit dem Allmächtigen Gesetz gekommen sein, welches die absolute Grundlage aller Dinge ist.

34. Das Universelle Bewußtsein ist das Lebensprinzip eines jeden existierenden Atoms. Jedes Atom strebt ständig danach, neues Leben zu erschaffen. Sie alle sind intelligent und darauf ausgerichtet, den Zweck zu erfüllen, für den sie erschaffen wurden.

35. Die Mehrheit der Menschheit lebt in der äußeren Welt. Wenige haben die innere Welt gefunden, und dennoch ist es diese innere Welt, welche die äußere Welt zum Ausdruck bringt. Sie ist somit schöpferisch, und all das, was Du in der äußeren Welt findest, wurde von Dir in der inneren Welt erschaffen.

36. Dieses System bringt Dich zu einer **Verwirklichung von Macht**, die Du Dein Eigen nennen kannst, so Du das Verhältnis zwischen der inneren und äußeren Welt verstehst. Die innere Welt ist die Ursache, die äußere Welt ihre Auswirkung. Um die Auswirkung zu ändern, mußt Du ihre Ursache ändern.

37. Du wirst sofort einsehen, daß dieses eine radikal neue und andere Idee ist. Die meisten Menschen versuchen, die Wirkung zu ändern, indem sie sich mit ihr befassen. Sie sehen nicht, daß sie einfach nur eine Form von Not durch eine andere ersetzen. Um Unstimmigkeit zu beseitigen, müssen wir die Ursache beseitigen, und diese Ursache kann nur in der inneren Welt gefunden werden.

Beachte: Jede Form von Widerstand führt zu noch mehr Widerstand. Wem oder was Widerstand geleistet wird, das bleibt bestehen und wird sogar noch stärker. Die Lösung besteht darin, geistig neue und dem Alten entgegengesetzte Ursachen zu setzen, anstatt sich mit dem Unerwünschten zu befassen und ihm somit noch mehr Energie und Lebenskraft zuzuführen.

Die innere Welt ist die Ursache, die äußere Welt ihre Auswirkung. Um die Auswirkung zu ändern, mußt Du ihre Ursache ändern.

38. Jegliches Wachstum kommt von innen. Der Beweis dafür ist überall in der Natur ersichtlich. Jede Pflanze, jedes Tier, jedes menschliche Wesen ist ein lebendiges Zeugnis dieses großartigen Gesetzes, und der Fehler vergangener Zeitalter liegt darin, die Kraft oder Macht im Außen zu suchen.

39. Die innere Welt ist die universelle Versorgungsquelle, die äußere Welt der Auslaß in den Strom. Unsere Fähigkeit, empfänglich zu sein, hängt von der Anerkennung dieser universellen Quelle ab, dieser unendlichen Energie, deren Auslaß das Individuum ist und welches dadurch mit jedem anderen Individuum eins ist.

40. Anerkennung ist ein geistiger Vorgang. Geistige Handlung ist somit das Einwirken des Individuums auf das Universelle Bewußtsein. Da das Universelle Bewußtsein die Intelligenz ist, die allen Raum erfüllt und alle lebendigen Dinge belebt, sind geistige Aktion und Reaktion das Gesetz von Ursache und Wirkung. Das Prinzip der Verursachung herrscht aber nicht im Individuum, sondern im Universellen Bewußtsein. Es ist keine objektive Fähigkeit, sondern ein subjektiver Vorgang, und die Resultate zeigen sich in einer endlosen Bandbreite von Zuständen und Erfahrungen.

41. Um Leben auszudrücken, muß es Bewußtsein geben; nichts kann ohne Bewußtsein bestehen. Alles Bestehende ist eine Manifestation dieser einen grundlegenden Substanz, durch die alle Dinge entstanden sind und unaufhörlich wiedererschaffen werden.

42. Wir leben in einem unergründlichen Meer plastischer Bewußtseinssubstanz. Diese Substanz ist seit jeher lebendig und aktiv. Sie ist in höchstem Maße empfänglich. Sie nimmt Form an gemäß geistiger Nachfrage. Denken bildet die Form oder Matrix, aus der die Substanz hervorgeht.

43. Bedenke, daß es **allein die Anwendung** ist, in der der Wert liegt, und daß ein praktisches Verständnis dieses Gesetzes Armut durch Fülle ersetzt, Ignoranz durch Weisheit, Unstimmigkeit durch

Harmonie und Tyrannei durch Freiheit. Von einem materiellen und sozialen Standpunkt aus gesehen kann es keine größere Segnung geben als diese.

44. Nun wende Dein Wissen an: Wähle einen Raum, in dem Du allein und ungestört sein kannst. Sitze aufrecht, komfortabel, aber nicht zu lässig. Lasse Deinen Gedanken freien Lauf, sei aber für 15-30 Minuten absolut still. Tue das für drei bis vier Tage oder gar eine Woche, bis Du **vollkommene Kontrolle über Dein körperliches Wesen** erlangt hast.

45. Viele werden es sehr schwierig finden; andere werden es mit Leichtigkeit meistern, aber es ist unerläßlich, volle Kontrolle über den Körper zu erlangen, damit man voranschreiten kann. Nächste Woche gibt es dann Anweisungen für den nächsten Schritt. In der Zwischenzeit aber muß dieser hier beherrscht werden.

„Pflege Deinen Verstand mit großartigen Gedanken;
ans Heldenhafte zu glauben erschafft Helden."
— BENJAMIN DISRAELI

FRAGEN UND ANTWORTEN

1. *Was ist die äußere Welt im Verhältnis zur inneren Welt?*
   Die äußere Welt ist ein Abbild der inneren Welt.

2. *Wovon hängt jeglicher Besitz ab?*
   Jeglicher Besitz hängt von Bewußtsein ab.

3. *Wie steht das Individuum mit der objektiven Welt in Verbindung?*
   Das Individuum steht durch den objektiven Verstand mit der objektiven Welt in Verbindung; das Gehirn ist das Organ dieses Verstandes.

4. *Wie steht das Individuum mit dem Universellen Bewußtsein in Verbindung?*
   Es steht mit dem Universellen Bewußtsein durch das Unterbewußtsein in Verbindung; der Solarplexus ist das Organ dieser Form von Bewußtsein.

5. *Was ist das Universelle Bewußtsein?*
   Das Universelle Bewußtsein ist das Lebensprinzip eines jeden bestehenden Atoms.

6. *Wie kann das Individuum auf das Universelle einwirken?*
   Die Fähigkeit, zu denken, ist die Fähigkeit, auf das Universelle einzuwirken und es zur Manifestation zu bringen.

7. *Was ist das Resultat dieser Aktion und Interaktion?*
   Das Resultat dieser Aktion und Interaktion ist Ursache und Wirkung. Jeder Gedanke ist eine Ursache, jeder Zustand eine Wirkung.

8. *Wie kann man sich harmonische und wünschenswerte Zustände sichern?*
   Harmonische und wünschenswerte Zustände können durch wahrhaftes Denken gesichert werden.

53

9. *Was ist die Ursache aller Unstimmigkeit, aller Disharmonie,*
   allen Mangels und aller Beschränkung?
   Unstimmigkeit, Disharmonie, Mangel und Beschränkung sind
   das Ergebnis falschen Denkens.

10. *Was ist die Quelle aller Macht?*
    Die Quelle aller Macht ist die innere Welt, die universelle
    Versorgungsquelle und die unendliche Energie, für die jedes
    Individuum ein Auslaß ist.

1

Ein Bewußtsein, eine Kraft

Du stehst am Anfang einer fantastischen Reise. Eine Reise in die Tiefen Deines Selbst, dem Ort, an dem Du Deine wahre Macht und Kraft findest; dort, wo das Individuelle auf das Universelle trifft – auf die Allmacht!

Wie Du weißt, war das Master Key System ursprünglich ein Fernlehrgang über 24 Wochen. Für jedes Kapitel hast Du eine Woche Zeit, um ihn zu verstehen, zu verinnerlichen und durch die Übung(en) zu neuen Fähigkeiten zu gelangen. Solltest Du für ein Kapitel länger als eine Woche brauchen, ist das völlig in Ordnung. Am Anfang ist es besonders wichtig, die Inhalte gründlich aufzunehmen, denn vieles ist neu, Charles Haanels Schreibstil komprimiert, mit Tiefe und manch versteckter Bedeutung versehen. Diese aber erläutere ich auf den folgenden Seiten.

Wenn Du Dich auf dieses Studium gewissenhaft und mit der notwendigen Disziplin einläßt, wirst Du reichhaltig belohnt werden. Jedes Mal gewinnst Du neue Erkenntnisse, vertiefen sich Deine Einsichten, verbessert sich Dein Verständnis und erhöht sich Dein Tatendrang.

Du wirst durch das Lernen und Anwenden und durch die Übungen erkennen, wie Dein Energieniveau stetig zunimmt. Du wirst Dir Deiner Sprache immer bewußter werden. Du wirst Deiner Worte gewahr und setzt sie *‚entsprechend‘*

ein, anstatt wie bisher aus der Gewohnheit und Programmierung heraus zu agieren. Allein daraus ergeben sich viele Veränderungen in Deinem Leben.

Stell Dir für einen Moment vor, Du verminderst Deine Reizbarkeit und bist nun ruhig und gelassen. Das wird sich unweigerlich in einer ruhigeren Sprache ausdrücken. Andere Menschen werden das sofort erkennen und diese Eigenschaft in Dir zu schätzen beginnen. Deine Besonnenheit und Überlegenheit führt dann dazu, daß andere Deinen Rat suchen, anstatt sich durch Deine Reizbarkeit von Dir fernzuhalten. Du siehst anhand dieses einfachen Beispiels, welch weitreichende Auswirkungen eine kleine Veränderung im Charakter nach sich zieht.

Du erkennst mit dem Master Key System, wer Du wirklich bist und welche Möglichkeiten der Entfaltung sich Dir bieten. Das, verbunden mit dem Tatendrang und dem höheren Energieniveau, führt dazu, daß Du nicht mehr aufzuhalten bist. Auch wenn es sich primär um Bewußtseinsentwicklung handelt, ist das Resultat in den meisten Fällen eine neue und konsequentere Handlungsweise. Du ersetzt das Alte durch das Neue, und das findet nur durch neue Handlungen statt.

Lies Dir jedes Kapitel mindestens einmal pro Tag durch. Das sollte ca. 30-40 Minuten dauern. Ebenso viel Zeit benötigst Du für die jeweilige Übung. Somit beträgt Dein täglicher Zeitbedarf eine gute Stunde. Die brauchst Du, um entsprechende Gedanken- und Handlungsimpulse zu setzen, die zu einem angenehmeren Leben führen.

In Kapitel 1 geht es darum, die Beziehung zwischen Deiner inneren und äußeren Welt zu verstehen. Es gilt, sich diese Beziehung mehr und mehr zunutze zu machen – zum eigenen Wohle und dem aller anderen. Wir alle sind in einer Welt der Trennung – der Dualität – aufgewachsen. Ohne diese gäbe es nichts, was beschrieben werden könnte, weil es nur ‚eins‘ gibt. Es ist entweder das eine oder das andere, aber niemals beides. Nun aber öffnen wir uns einem neuen Wissen und kommen zu einer neuen Bewußtheit. In dieser erkennen wir nicht nur, daß es einer genauen Betrachtung und Analyse beider Seiten bedarf, einer Transformation und Reinigung, um dann die Essenz daraus zu destillieren. Es ist der Weg des Neophyten hin zur Meisterschaft. Es ist der menschliche Entwicklungsprozeß, der sich dem Primitiven ab und dem

Erhabenen zuwendet. Dort gibt es dann nur noch Liebe und Verbundenheit, die uns individuell wie auch kollektiv voran bringt. Das ist das neue Zeitalter.

Wir stellen fest, daß es außerhalb unseres Bewußtseins *für uns selbst* absolut nichts gibt. Einstein sagte einmal: *„Ich hoffe, der Mond existiert auch noch, wenn ich nicht hinschaue."* Er existiert natürlich, doch nur für die, die auch ein Bewußtsein dafür haben und ihn somit auf die eine oder andere Art wahrnehmen. Daraus folgt, daß sich unsere Realität aus unserem Inneren ergibt. Rein technisch entsteht unsere Realität in einem Steuerungskomplex im Gehirn, den wir Hypothalamus nennen. Dieser steuert direkt die wichtigsten endokrinen Drüsen, die für die Ausschüttung von Hormonen – und dadurch unsere Gefühlslage – zuständig sind. Charles Haanel sagt ja auch, daß wir erst *sein* müssen, bevor wir *haben* können, und dieses *sein* ist unsere Fähigkeit, zu denken und Neues aufzunehmen. Somit spiegelt unsere Wahrnehmung (Achtung, Wortbedeutung!) das wider, was wir im Inneren bereits sind, denn ohne eine entsprechende Aufnahme- und Interpretationsfähigkeit würden wir auch nichts wahrnehmen. Ein Beispiel dafür sind hochfrequente Wellen, die wir weder sehen noch hören können – es gibt sie aber dennoch.

Das alles führt letztlich dazu, daß mit diesem Verständnis der Realitätsgestaltung das Klagen über äußere Umstände aufhört. Wenn Du für sie nicht empfänglich wärst, würdest Du sie gar nicht erst registrieren, oder nur so schwach, daß sie in Dir keine Reaktion auslösen würden. Das ist – gleich zu Beginn – sehr wichtig zu verstehen.

ÜBUNG

Falls Du zunächst Probleme mit der Kontrolle über Deinen Körper haben solltest, ist das vollkommen in Ordnung. Gib einfach Dein Bestes und bleib für die Zeit der Übung so still sitzen, wie es Dir möglich ist. Laß Deine Gedanken einfach wertfrei und losgelöst kreisen. Stoppe sie nicht, denn hier geht es ausschließlich darum, eine Grundlage der Körperkontrolle zu schaffen. Es ist unabdingbar, daß Du diese Übung meisterst, denn für die kommenden sechs Monate wirst Du während der Übungen durchweg stillsitzen müssen. Körperkontrolle ist dazu die absolute Grundlage.

Wann weißt Du, daß Du den Körper kontrollieren kannst? Bedenke, daß es hier nicht um die Fähigkeiten eines Yogi geht, sondern darum, sich seines Körpers bewußt zu werden. Auch dieser untergeht während des Studiums kontinuierlich Veränderungen, da Du u.a. Deine Nahrung und Deine sportlichen Aktivitäten Deinem neuen Wesen und Deinen höheren Zielen anpassen wirst. Dazu noch ein Zitat aus Kapitel 1:

„Wir können keine Kräfte zum Ausdruck bringen, die wir nicht besitzen. Der einzige Weg, mit dem wir uns Macht sichern können, ist der, uns der Macht bewußt zu werden, und wir können uns niemals unserer Macht bewußt werden, bis wir erkennen, daß alle Macht und Kraft von innen kommt."

Das – und erinnere Dich immer daran – ist der Schlüssel zum Erfolg. Du wirst lernen, zu einem bewußten Kanal zu werden, durch den sich das Universelle ausdrückt. *Wie* dieser Ausdruck dann aussieht, das entscheidest allein *Du* durch Deine Gedanken, die sich – wenn stetig unterhalten – mit der Zeit zu Deiner vorherrschenden Geisteshaltung entwickeln und so in den Bereich des Unterbewußtseins einsinken.

Deine Macht und Kraft kommt also durch *Übung*, durch Anwendung, und die entsteht durch Deine *geistige Inanspruchnahme*. Dadurch schaffst Du Dir jedes Mal aufs Neue Deine Realität. Merke Dir das gut, denn Dein Außen spiegelt Dir lediglich Dein Innen wider, womit es im Außen auch niemanden gibt, der für Dich die Verantwortung übernimmt. Auch gibt es niemanden der bestimmt, wie Dein Leben aussehen soll – es sei denn, Du läßt es zu.

AUFGABEN

1. Schreibe hier stichwortartig die Veränderungen auf, die Du in dieser Woche in Deinem Bewußtsein erkannt hast. (Beispiel: negative Gedanken, bestimmte Verhaltens- oder Ausdrucksweisen.)

   ....
   ....
   ....
   ....

2. Schreibe die 3 wichtigsten Dinge auf, was Du in diesem Teil gelernt hast.
   1. ....
   2. ....
   3. ....

3. Schreibe auf, wie Du das neu gewonnene Wissen von nun an in Deinem
    Leben anwenden wirst.

    ....

    ....

    ....

    ....

4. Kreuze an, welche der untenstehenden Taten oder Handlungen Du diese
    Woche unternommen hast oder welche eingetreten sind:
    ☐   Eine andere Person hat ihr Verhalten mir gegenüber geändert.
    ☐   Ich habe einer anderen Person gegenüber bewußt mein Verhalten
        geändert.
    ☐   Ich bin in einer unerwünschten Situation gelassen geblieben,.
    ☐   Ich habe eine "Kleinigkeit" in meiner Umgebung bewußter wahr-
        genommen.
    ☐   Ich habe mir vor einer Entscheidung überlegt, welches Resultat
        daraus entstehen würde.
    ☐   Ich habe ein mir gewöhnliches Objekt/Thema mal mit ganz ande-
        ren Augen betrachtet.
    ☐   Eine neue Person ist in mein Leben eingetreten, mit der ich mich
        gut verstehe.
    ☐   Jemand hat mir unerwartet etwas geschenkt.
    ☐   Ich habe ein Tier / eine Pflanze gestreichelt und/oder mit ihm/ihr
        gesprochen.
    ☐   Ich habe bewußt auf meine Atmung geachtet.
    ☐   Ich habe bewußt einem anderen Menschen eine unerwartete Freu-
        de gemacht.
    ☐   Ich habe vor dem Schlafengehen einen Dank für den vergangenen
        Tag ausgesprochen.

5. Schreibe auf, was Du Dir sehnlichst im Leben wünschst. Mache es
    einfach und nicht zu ausführlich.

    ....

    ....

    ....

    ....

6. Kreuze an, wie sehr Du durch Dein verändertes Denken und Handeln diesem Wunsch nähergekommen bist:
   - ☐ Wunsch wurde erfüllt.
   - ☐ Sehr viel näher gekommen.
   - ☐ Etwas näher gekommen.
   - ☐ Trete noch auf der Stelle.

7. Schreibe auf, welche Hindernisse Dir Deines Erachtens nach immer noch im Wege stehen und wie Du sie zu beseitigen hegst. (Lege Dir diesen Teil die nächste Woche erneut vor.)

....

....

....

8. Schreibe auf, wem oder was Du diese Woche dankbar warst. (Tipp: Mache es Dir zur Angewohnheit, vor dem Schlafengehen den Tag noch einmal Revue passieren zu lassen und Dir der Dinge bewußt zu werden, für die Du dankbar sein kannst. So schläft es sich schön ein.)

....

....

....

9. Bewerte hier auf einer Skala von 1 – 10, wie Du Dich diese Woche gefühlt hast:
   Dein Selbstwert: _____
   Dein Energieniveau: _____
   Dein Glücksgefühl: _____
   Deine Tatkraft: _____
   Deine Gesundheit: _____
   Dein Reichtum: _____

LITERATURHINWEIS

Wenn Dir das MKS anfänglich zu schwer erscheint, gibt es von Robin Sharma ein tolles Buch: *„Der Mönch, der seinen Ferrari verkaufte"*. Das liest sich einfach und ist – wie ich es gerne sage – vollkommen „MKS-konform".

Ⓦ Ein hervorragendes Buch ist auch Josef Haids *„Lebensrichtig"*, welches gerade wieder neu aufgelegt wurde. Das eignet sich auch prima für Familie, Freunde oder Kollegen, die mit der Thematik nichts am Hut haben, dem aber dennoch ein wenig offen gegenüberstehen.

Ⓦ Neale Donald Walschs *„Gespräche mit Gott"* sind eine hervorragende Einführung in die Materie. Vor allem deuten sie auf die Macht und Kraft hin, die wirklich in uns steckt.

TIPP

💬 Affirmationen wie „Es geht mir jeden Tag in jeglicher Hinsicht besser und besser" o.ä. sind dazu da, Dein Denken umzulenken und Dir bewußt zu machen, daß Du Dich in die richtige Richtung bewegst. Nur mit der Affirmation ist es allerdings nicht getan, denn ihr müssen klare und harmonische Worte und Taten folgen. Sie ist aber für den Anfang unabdingbar, lenkt sie Dich doch in eine bisher unbekannte und bewußte Richtung.

DU HAST DIESEN TEIL GEMEISTERT...

▪ wenn Du verstanden hast, daß es keine Trennung zwischen Dir und Deiner Außenwelt gibt und daß die innere Welt die der Macht und Kraft ist.

▪ wenn Du in allem, was Du im Außen beobachtest, einen Teil von Dir selbst erkennst und so zu einer Wertfreiheit kommst, welche Dir in Zukunft den Weg zu den zahlreichen Geheimnissen des Lebens öffnet.

▪ wenn Du verstanden hast, daß Übung notwendig ist, um neue Fähigkeiten zu erlangen, und in der Lage bist, Deinen Körper zu einem gewissen Ausmaß zu kontrollieren.

KOMMENTAR

Ein Bewußtsein für etwas zu entwickeln, bedeutet, sich mit der entsprechenden Sache eingehend zu befassen. Das geschieht primär durch eine bestimmte Absicht und entsprechender Aufmerksamkeit. Um generell Fähigkeiten zu entwickeln, ist Übung notwendig — wiederholtes Studieren, geistiges Erkennen, gefühlsbetontes Einstimmen und physische Anwendung. Wenn Charles Haanel sagt, daß Du diese Kraft bereits besitzt und sie nicht extra erwerben mußt, weist das auf Deinen geistigen Kern und auf das alles durchdringende Bewußtsein hin, welches auch Dich mit einschließt.

Mit einem zunehmenden Verständnis über die schöpferischen Prozesse wachsen dann Mut und Vertrauen in Dir heran, um neue Projekte oder Aufgaben anzugehen und erfolgreich zu vollenden. Diese bescheren Dir nicht nur Wohlstand, sondern auch Zufriedenheit und Genugtuung. Sie bereiten Dir und anderen Menschen Freude – das Endziel allen Bestrebens. Nun aber zu den einzelnen Punkten:

1. Das ist so, weil Geist schöpferisch ist und mehr seinesgleichen an sich zieht, bis im Falle eines Nichtgefallens eine gedankliche Umkehr stattfindet.

2. Es ist nicht das, was wir nur ab und zu mal denken, sondern das, was vorherrscht. Gewöhnlich herrscht das vor, worüber Du Dir keine Gedanken mehr machen mußt. Einzelne Gedanken sind energetisch viel zu schwach, um sich auszuwirken. Sie müssen gebündelt und verstärkt werden, um wirkungsvoll zu sein – wie Sonnenstrahlen durch eine Lupe.

3. Gedanken zu haben ist nicht dasselbe wie zu denken. Später lernst Du, daß Denken systematisch, konstruktiv und bewußt angeleitet werden muß. ‚Konstruktiv‘ steht für eine Umsetzung oder Umwandlung in praktische Werte, da alleiniges Denken in der Praxis noch nichts bewirkt und Wissen sich von selbst nicht anwendet.

4. Ohne eine bestimmte Fähigkeit ist es Dir unmöglich, diese zum Ausdruck zu bringen. Du mußt durch Übung erst ‚stark‘ werden, um Stärke zum Ausdruck zu bringen. Eine rein intellektuelle Beschäftigung ist auf dieser Ebene sicherlich zufriedenstellend und erfreulich, aber im Leben ist Wissen erst dann von Nutzen, wenn es zur praktischen Anwendung kommt.

5. Der erste Satz wird Dir noch viele Male ins Auge fallen. Oft wünscht man sich etwas und fragt sich, warum es sich nicht erfüllt. Die Antwort darauf steckt in diesem Satz. Über die kommenden sechs Monate wirst Du Dir durch systematische Übungen genau diese Kraft aneignen und sie dann zum Ausdruck bringen können.

6. Es gilt an dieser Stelle gleich zu verinnerlichen, daß die innere Welt für Deine fünf Sinne unsichtbar ist. Es ist die Welt der Bilder und Gedanken, der Vorstellungskraft, der Visualisierung und Idealisierung. Es ist letztlich die Welt, in der geschöpft wird – wo Neues erschaffen wird.

7. Geist und Bewußtsein sind synonym. Sie drücken das Körperlose aus, das, was nicht angefaßt oder gemessen werden kann. Es ist als solches bis zu dem Moment, wo Du es in Anspruch nimmst – es direkt

,ansprichst' und Dich in Verbindung mit der angesprochenen Sache begibst – reines Potenzial.

8. Die äußere Welt muß zwangsläufig ein Abbild der inneren Welt sein. Das, was Du als äußere Welt siehst und wahrnimmst, kommt durch Deine Sinneswahrnehmung zu Dir. Es ist Deine Empfindsamkeit und Deine Interpretation der Dinge, die über die Qualität Deines Lebens bestimmen. Deine Interpretation hängt von vielerlei Faktoren ab. Familiäre, soziale, gesellschaftliche, kulturelle und wirtschaftliche Einflüsse haben Dich geprägt, oft ohne daß Du Dir dieser Informationen bewußt warst und in der Lage, sie zu analysieren. Bedenke gleich zu Beginn Deines Studiums, daß nirgends geschrieben steht, was Du denken mußt. Du hast immer die Wahl, Dinge im Außen wortwörtlich ,mit anderen Augen' zu betrachten, indem Du eine andere Sichtweise, einen anderen Blickpunkt oder Blickwinkel einnimmst.

Byron Katie, die in den USA populär ist, stellt ihren Klienten immer die folgenden vier Fragen:

1. ,Ist es wahr?'
2. ,Weißt Du wirklich, daß es wahr ist?'
3. ,Wie reagierst Du – was geschieht – wenn Du diesen Gedanken glaubst?'
4. ,Wer wärst Du ohne diesen Gedanken?'

Diese Fragen solltest auch Du Dir in vermeintlichen Konfliktsituationen immer wieder stellen.

Dr. John Demartini, ein amerikanischer Chiropraktiker, Autor und Inspirational Speaker, ,kollabiert' seine Klienten dadurch, daß er sie z.B. darauf aufmerksam macht, daß alles, was sie an einer Person vermissen, von einer anderen Person in ihrem Leben bereitgestellt wird oder daß alles, was sie an einer anderen Person nicht mögen, sie selbst in irgendeiner Form darstellen. Er will darauf hinaus, daß alles zum jetzigen Moment bereits vorhanden ist und daß ,der andere' gar nicht so anders ist, wie man meint.

Im Master Key System wirst Du lernen, Dich selbst zu erkennen. Es geht hier weniger um das eigene Kollabieren und Hinterfragen, sondern um das Erkennen der Wahrheit und daß diese von Dir ausgedrückt werden muß, um mehr von ihr zu erhalten. Zur Wahrheit gehören Wohlstand, Liebe und Gesundheit – alles Dinge, von denen viele Menschen mehr im Leben wünschen. Diese mußt Du Dir zuerst in der inneren Welt schaffen und schätzen lernen, um sie in der äußeren Welt wahrnehmen und ,nutzen' zu können.

9. Du lernst im Verlauf des Studiums, Dir ein Bewußtsein für Harmonie zu schaffen. In der Tat gibt es in einem späteren Kapitel eine gesonderte Übung dafür. Das heißt nicht, daß von nun an alles in Deinem Leben harmonisch läuft. Es heißt vielmehr, daß Du immer mehr in der Lage bist, widrige Umstände in harmonische umzuwandeln. Auch wenn erstere dazu da sind, daß Du hinzulernst und emporstrebst, dürfen sie zwangsläufig nicht überhand nehmen, denn ansonsten zerstören sie Dich als Wesen. Es geht darum, zu einer Verhaltenssicherheit zu kommen. Diese findet nicht im Verstand statt, sondern

entspringt instinktiv und intuitiv dem Unterbewußtsein.

10. Voraussetzungen für diese Harmonie in der inneren Welt sind Körper- und Gedankenkontrolle sowie Entspannung. Sie sind das Thema der Übungen der ersten vier Kapitel, daher sind diese auch so wichtig.

11. Durch Dein Befassen mit einer bestimmten Sache entwickelst Du ein Bewußtsein dafür. Das führt anschließend zu einer Empfindsamkeit für erworbene Qualitäten und zu einem direkten Nutzen. Das ist in etwa so wie eine neue Sprache. Kennst Du sie nicht, hast Du auch keinen Nutzen davon – sie ist einfach nur eine Schwingung, die auf Dein Ohr trifft, deren Bedeutung Du aber nicht verstehen kannst. Durch das Befassen mit einer Sache entwickelst Du ein Bewußtsein dafür. So ist es Dir möglich, Dinge durch Deine Sinneswahrnehmung zu registrieren und zu entschlüsseln. So wie der Ton einer Hundepfeife für den Menschen unhörbar ist, weil er außerhalb des von ihm wahrgenommenen Frequenzbereiches liegt, bist Du auch für andere Schwingungen unempfänglich, es sei denn, Du stellst Dich gedanklich darauf ein.

12. Erinnere Dich hier an das oben genannte: Es ist Deine Empfindsamkeit, die Dich Dinge auf eine bestimmte Weise interpretieren läßt. Es ist nirgends vorgeschrieben, wie es sein muß. Du bist – wie wir alle – ein Produkt vielfältiger Konditionierungen und bislang nicht wirklich Deine eigenständige Schöpfung. Es ist also überaus wichtig, sich bewußt zu machen, daß im Unterbewußtsein Programme automatisch ablaufen. Du bist Dir daher nicht gewahr, was Du gewohnheitsmäßig auslebst. Du wirst Dir ihrer aber immer bewußter werden und sie harmonisch auflösen können. So schaffst Du Raum für Neues, für die Erfüllung der Wünsche und das Leben auf höheren Ebenen.

13. Erst innen, dann außen. Hier verweist Charles Haanel auf die Kraft, die Dir durch Deine innere Welt in der äußeren Welt zuteil wird.

14. Sich etwas geistig zu eigen zu machen bedeutet nichts anderes, als durch eine bestimmte Absicht die Aufmerksamkeit auf etwas zu lenken. Dadurch erkennt man Details und schließlich Muster und wird sich der Sache bewußt.

15. Intelligenz insofern, daß diese Menschen wissen, daß sie für sich zunächst ein Bild dessen erstellen müssen, was sie verwirklichen wollen. Das tun sie in der Stille, in der Abgeschiedenheit. Sie lassen sich – anders als die Masse – von keinem hineinreden. Sie entwickeln klare Pläne und – wichtig! – schreiben diese nieder, ändern sie, passen sie an, lassen aber nicht von der ursprünglichen Vision ab und erzielen so Erfolge. Erfolg ist kein Zufall, sondern ein systematischer Prozeß mit bestimmten Komponenten und Aspekten, die es zu beachten und zu befolgen gilt.

16. Oft wird gefragt: ‚Was habe ich getan, daß ich so eine ‚schlechte‘ Begebenheit angezogen habe?‘ Die Ursache dafür mag mit dem Verstand niemals komplett geklärt oder nachvollzogen werden, aber es liegt an Dir, die Qualität von ‚schlecht‘ auf ‚gut‘ zu setzen und zu prüfen, was du daraus lernen

kannst. Das ist wahre Transformation. Wahre Meisterschaft bedeutet auch, sich bewußt auf etwas einzustellen, anstatt sich mit der Auswirkung selbst zu befassen, denn diese hat sich ja bereits ausgewirkt. Erst auf einer viel höheren Ebene wird Dir die Möglichkeit gegeben, dieses Erlebnis direkt zu beeinflussen. Dort wird sie sich gar nicht erst negativ oder ‚schlecht' auf Dich auswirken. Das ist nicht mehr notwendig.

17. Hier befindet sich ein erster Hinweis auf die Macht der Konzentration, der Bündelung und Anhäufung von Gedanken. In den folgenden Wochen wird darauf noch intensiver eingegangen.

18. Das ist so, weil dieses ‚Gesetz' uns Bestimmtheit und Gewißheit gibt. Wir können im wahrsten Sinne des Wortes ‚darauf bauen'. Harmonie in der Musik ist identisch mit ‚Einklang'. Wenn kein Einklang vorhanden ist, schwingt alles durcheinander und es ist keine klare Linie, kein System ersichtlich – daher ‚Verwirrung'.

19. Charles Haanel erstellt hier eine direkte Verbindung zwischen dem Physischen und Metaphysischen. Er schlägt hier – wie auch in den folgenden Punkten – eine logisch nachvollziehbare Brücke zwischen unserem Geist und unserem Körper.

20. Sehr wichtig ist hier die Aussage bezüglich des Verstehens der Wahrheit. Wahrheit ist das, was Prinzip und Bestand hat. Unwahrheit ist das, was kein Prinzip hat und mit der Zeit in sich zusammenfällt. Während das eine ‚richtig' (recht, rechtens, gerecht, ausgerichtet, strukturiert, geordnet, in Ordnung, proportional und schön) ist, ist das andere ‚falsch' (Falle, fehlerhaft, fehlend, unordentlich, unstrukturiert, chaotisch und unschön).

21. Nirgendwo steht geschrieben, wie oder was Du denken mußt. Das obliegt allein Dir. Du entscheidest, welcher Art und Qualität von Gedanken Du Einlaß gewährst und welche Du abweist.

22. Das ist extrem wichtig zu verstehen, denn hieraus geht hervor, daß Verwirklichung oder Manifestation grundsätzlich unterbewußt ist. Sie findet außerhalb des sinnesgesteuerten, objektiven Verstandes statt. Dieser aber spielt im wahrsten Sinne des Wortes eine entscheidende Rolle beim Bestimmen dessen, was an das Unterbewußtsein weitergeleitet werden soll. Dort wird es zur lebendigen Wahrheit. Auch hier wird die Brücke zwischen dem Physischen und dem Metaphysischen, also die Brücke zwischen Solarplexus und dem Unterbewußtsein erstellt.

23. Hier erfährst Du, daß die Grundlage der Schöpfung Gesetzen unterliegt. Im Master Key System erlernst Du diese Gesetze und wie Du Dich mit ihnen in Einklang bringst.

24. Das ist das, was wir gewöhnlich als ‚Gott' bezeichnen, was überall gegenwärtig ist, über alles Wissen verfügt und alle Macht beinhaltet, aber reines, geistiges Potenzial ist und somit weder urteilt noch Vorzüge verteilt. Im Master Key System geht es darum, uns dieser kosmischen Intelligenz anzupassen und uns in Einklang mit ihr zu bringen.

25. Hieraus geht hervor, daß es keine Trennung zwischen uns (dem Individuum) und dem Unendlichen gibt. Das wiederum gibt Mut, sich gedanklich neu auszurichten, wenn die gegenwärtige Wirklichkeit ‚zu Wünschen‘ übrig läßt. Hier übrigens ein weiterer Vermerk auf die Genauigkeit der deutschen Sprache. Eine Sache, die Du durch Dein Studium garantiert lernen und schätzen wirst, ist Sprache. Dein verbaler Ausdruck wird immer bewußter und immer genauer. So bist Du auch immer mehr in der Lage genau zu kommunizieren, was Du Dir wünschst und wie andere Menschen Dir behilflich sein können.

26. Daraus ergibt sich, daß es keinen ‚Anderen‘ gibt. Das hat fundamentale Auswirkungen auf das Betrachten und Einschätzen der äußeren Welt. Mit der Zeit erkennt man in jedem Anderen einen Teil von sich selbst. Es ginge auch gar nicht anders, denn wenn man selbst keine Empfindsamkeit für eine bestimmte Energie oder Qualität hätte, würde man sie im Außen – wie oben bereits erwähnt – auch gar nicht ‚wahrnehmen‘ können. Beispiel: Erzähle mal einem Hund was von Steuererklärungen oder einer Katze was von Algebra.

27. Wir alle sind Teile eines nichtkörperlichen Ganzen, eines Gedankens, einer Idee. Jeder von uns ‚tickt‘ anders, hat einen anderen Aufbau, andere Erfahrungen, andere Vererbungen. Jeder von uns greift aber durch seine geistige Inanspruchnahme auf dieselbe Quelle zu. Das meint Haanel damit, wenn er sagt, daß *das Bewußtsein, welches sich auf Deine Gehirnzellen auswirkt, dasselbe Bewußtsein ist, welches sich auf die Gehirnzellen eines jeden anderen Individuums auswirkt.‘*

28. Das ist wichtig zu verstehen: Wir Menschen leben hauptsächlich durch unsere Sinneswahrnehmung. Wir nehmen an, daß das die Realität und somit unveränderbar ist. Das, was wir durch unsere Sinne wahrnehmen, ist aber nur eine Auswirkung bestimmter Verursachungsketten. Nun können wir aber sowohl neue Ursachen in Bewegung setzen als auch unsere Empfänglichkeit für diese Dinge ändern. Auch das geschieht durch reine geistige Inanspruchnahme.

Wenn Haanel von statischer oder potentieller Energie spricht, verweist er auf den Kern der Dinge – auf den Kern der Schöpfung. Wenn Du erkennst, daß alles einen geistigen, also nichtkörperlichen oder materiellen Ursprung hat, dann ist es nur noch ein kleiner Schritt, zu erkennen, daß alles, worauf Du Deine Aufmerksamkeit richtest, durch einen wissenschaftlichen Vorgang verwirklicht werden kann. Mittels Deines Verstandes zapfst Du dieses Universelle Bewußtsein an – Du stellst damit die Frage. Da alles auf Schwingungen beruht und alles Schwingung ist, antwortet das Universelle Bewußtsein in einem exakten Ausmaß auf Deine Fragen – das ist Gesetz!

29. Bewußtsein ist die Quelle jeglicher Existenz, und Gedanken setzen dieses Bewußtsein in Bewegung und bringen es zur äußeren Darstellung.

30. Hier liegt das Augenmerk auf *‚der mit dem Ursprung übereinstimmt‘*. Das ist ein Verweis auf das Hermetische Prinzip

der Entsprechung. Es ist gleichermaßen unsere Chance, denn Du erkennst eine direkte Verbindung zwischen Ursache und Wirkung. So entsteht Gewißheit, aus der Du mutig planen und furchtlos durchführen kannst, da Du schon weißt, wie das Ergebnis aussehen wird: Es *entspricht* der Qualität Deiner ursprünglichen Gedanken.

31. Gedankenkontrolle ist unabdingbar. Ohne diese ist es nicht nur möglich, sondern unvermeidbar, daß sich die Gedanken anderer Menschen oder Institutionen in Dir festsetzen und dort zu keimen beginnen. Dann bekommst Du, was andere Dir *zugedacht* haben, und das ist das, was sie wollten und nicht, was Du wolltest. Auch das ist prinzipiell in Ordnung. Du kannst es aber jederzeit abstellen, wenn Dir die Auswirkungen nicht gefallen.

32. Sehr wichtig: Die Kraft kommt deshalb von innen, weil sie dort erschaffen wird. Außen nimmst Du nur die Auswirkungen der Kraft wahr. Der Athlet wurde durch Training stark – er hat diese Kraft im Innen entwickelt und kann sie nun im Außen darstellen.

    Auch hier verweist Haanel auf die genauen (hermetischen) Prinzipien, die es zu erlernen, verstehen und anzuwenden gilt. Das, was Prinzip hat, ist verläßlich; es hilft Dir dabei, ein wohl gelebtes Leben zum Ausdruck zu bringen.

33. Es geht beim Master Key System zu Beginn um diese Kontrolle der Gedankenprozesse. Die Übung von Kapitel 2 läßt Dich das im Detail erfahren. Viele Menschen sind sich nicht gewahr, was alles an Gedanken durch ihren Kopf schwirrt. Mit dem Master Key System wirst Du befähigt, Dir Deiner Gedanken gewahr zu werden und sie abzubremsen, letztendlich sogar abzuschalten, wenn Du erkennst, daß sie Dir nicht dienlich sind.

34. Das bedeutet nichts anderes, als daß das Universelle Bewußtsein in jeder einzelnen Zelle Deines Körpers vorhanden und dazu bestimmt ist, Leben auszudrücken. So lange diese Körperzellen aber falsch angewiesen (informiert) werden, drückt sich das auf den verschiedenen Ebenen durch Unwohlsein, Mangel, Beschränkung und Krankheit aus. Diese sind Fingerzeige Gottes, daß etwas ,nicht stimmt' und es Handlungsbedarf gibt.

35. Die äußere Welt ist die Welt der Erscheinungen, die Welt der Wirkungen. Es macht wenig Sinn, sich über das zu beklagen, was sich bereits ,ausgewirkt' hat. Vielmehr ist es angebracht, im Inneren neue Ursachen zu setzen, damit auch diese *entsprechende* Auswirkungen nach sich ziehen.

36. Du mußt all das, was Du in der äußeren Welt verwirklicht sehen willst, zunächst in der inneren Welt erschaffen – mittels Deiner Gedanken. Du benutzt Phantasie – Deine Vorstellungskraft – um Dir neue geistige Bilder zu schaffen. Diese werden dann mit Details versehen und nehmen dadurch Form an. Der nächste Schritt ist das Erleben dieser Bilder (Dinge, Situationen etc.). Dadurch erhalten sie Lebenskraft. Dieses Gefühl ist synonym mit „so tun als ob", oder „fake it, til you make it." Dein Gehirn kann nicht unterscheiden, ob Du es Dir nur vorstellst oder ob es wirklich

geschieht. Bedenke: Es bedarf Zeit und Aufwand, sich diese geistigen Bilder zu erschaffen. Nur ab und zu mal an etwas zu denken, bewirkt im Außen rein gar nichts.

37. Das ist ein ganz wichtiger Satz, denn darum geht es im Master Key System. Du wirst Dich nicht länger über äußere Umstände beklagen, sondern im Innen neue Ursachen setzen. Du wirst Verantwortung für Dein eigenes Leben übernehmen und sie nicht mehr anderen Menschen in die Schuhe schieben. Du befähigst und ermächtigst Dich dadurch selbst. Das ist mit Geld kaum zu bezahlen, so wichtig ist es für Dich und Dein Leben.

38. Du erkennst hier umgehend, daß das Studium des Master Key Systems allein mit Dir und Deinen Fähigkeiten zu tun hat und nichts mit irgendwelchen Institutionen oder blinden Glaubensbekenntnissen. Du befaßt Dich über mindestens sechs Monate mit Dir selbst und erweckst die Macht und Kraft, die als reines Potenzial bereits in Dir vorhanden ist und jederzeit auf Deine geistige *In-Anspruch-nahme* wartet.

39. Anerkennung folgt Erlaubnis. Wie oben bereits erwähnt, mußt Du Dir die Erlaubnis zur Veränderung geben – Dich ihr öffnen. Wenn Deine Gedanken nicht derart ausgerichtet sind, kann auch nichts Neues in Dein Leben eintreten.

40. Hier bringt Charles Haanel zum Ausdruck, daß im Universellen bereits alles vorhanden ist. Du bist lediglich derjenige, der durch sein Bewußtsein genau den Aspekt des unendlichen Potentials zum Ausdruck bringt, der Deinem Bewußtsein *entspricht*.

Der eine schafft Reichtum, der andere Armut – je nachdem, was die eigene oder fremdbestimmte Absicht ist, worauf die Aufmerksamkeit fällt und was sich anschließend entsprechend verwirklicht.

41. Leben beruht auf Gesetzmäßigkeiten, auf Ordnung, Struktur, Proportion, welche allesamt durch Bewußtsein erschaffen wurden. Wir Menschen nennen das heilige Geometrie (siehe Goldener Schnitt und Fibonacci im Anhang) und erkennen sie überall: Angefangen von Pyramiden, über Sonnenblumen und Ananas, bis hin zum Tierreich und schließlich zu uns. Überall finden wir dieselben mathematischen Verhältnisse, mit denen die Schöpfung arbeitet; überall finden wir Gesetzmäßigkeiten.

42. Nachfrage impliziert Anerkennung. Anerkennung führt so zu noch mehr Nachfrage, noch mehr Befassen mit einer bestimmten Sache: Das entwickelt schließlich eine Eigendynamik, die durch zunehmende Macht und Kraft des Einzelnen charakterisiert wird.

43. Das Verständnis dieses Abschnitts ist absolut grundlegend. Das Wissen muß angewandt werden, denn von selbst wird sich das nicht umsetzen. Der Mensch lernt durch Übung und Wiederholung. Es heißt nicht umsonst: ‚Übung macht den Meister‘.

44. Es geht bei dieser Übung primär darum, stillzusitzen. Das kannst Du auch im Halbliegen machen, wobei es im Sitzen schwieriger ist, sich nicht zu bewegen, da im Halbliegen weniger Muskeln zum Einsatz kommen und diese bereits entspannt sind.

Diese Übung gilt es zu meistern, weil Körperkontrolle die absolute Grundlage all dessen ist, was in den kommenden Wochen noch folgt. Daher gilt es diese Übung so lange durchzuführen, bis man wirklich still sitzen kann.

45. Als ich diese Anleitung erstellt habe, kam in einer Unterhaltung mit einer Freundin immer wieder die Frage auf: ‚*Was sagt man den Leuten, was sie machen sollen, damit sich ihr Leben ändert?*‘ Meine Antwort war stets: ‚*Stillsitzen und ruhig sein!*‘ Du mußt erst einmal mit dem aufhören, was Du bislang getan, gefühlt und gesagt hast. Dazu bedarf es – in Anlehnung an das Material von Tony Robbins – dreierlei Dinge:

1. Eine Änderung in der Körperhaltung (Physiologie).
2. Ein neues Ausrichten der Aufmerksamkeit (Fokus).
3. Ein neues Gefühl (Emotionen).

Deswegen begibst Du Dich in die Stille. Ohne Stille und Körperkontrolle fehlt einem die Grundlage, auf der man mit neuen Gedanken – zu denen dann auch Erkenntnisse zählen – aufbauen könnte. Daher ist Körperkontrolle absolut grundlegend, um auch nur irgendeinen Fortschritt zu erzielen. Wer keine Kontrolle über seinen Körper besitzt, kann sein Leben nicht ändern.

So einfach ist es. Ohne die daraus resultierende Stille kann sich kein Gewahrsein für die eigenen Gedankenvorgänge ergeben. Diese kann man dann weder abbremsen bzw. stoppen noch durch neue ersetzen, da man gar nicht erkennt, welche Qualität sie haben und somit auch nicht in der Lage ist, neue Ursachen zu setzen. Du erkennst hier auf Anhieb, wie wichtig es ist, daß man sich regelmäßig Zeit nimmt, um wirklich ‚abzuschalten‘, zu reflektieren, tief durchzuatmen und sich das Geschehen einmal aus der Distanz anzuschauen. Normal ist ja, daß der Mensch „in der Sache“ gefangen bist, anstatt sich zum neutralen Beobachter zu erheben und dadurch eine ganz andere Perspektive zu bekommen. Diese neue Perspektive ist es doch erst, die einem einen anderen Blick auf eine Sache gibt. Aus diesem Blick heraus erkennt man viel leichter, was man tut und warum man es tut. Im Anschluß daran hat man eine bewußte Wahl, die nun zunehmend auf das Positive, Lebensrichtige und Harmonische fällt.

2

Eine Methode
zum Finden der Wahrheit

Unsere Schwierigkeiten bestehen größtenteils aufgrund verwirrter Ideen und der Ignoranz unserer wahren Interessen. Die Hauptaufgabe ist es, die Naturgesetze zu entdecken, denen wir uns dann anpassen werden. Klares Denken und moralische Erkenntnis sind somit von unschätzbarem Wert. Alle Vorgänge, selbst die des Denkens, basieren auf einer soliden Grundlage.

Je ausgeprägter die Sensibilität, desto schärfer das Urteilsvermögen, desto delikater der Geschmack, desto edler die moralischen Gefühle, desto feiner die Intelligenz, desto höher das Streben, desto reiner und intensiver sind die Genüsse, welche die Existenz hervorbringt. Daraus folgt, daß das Studium des Besten, was je in der Welt erdacht wurde, höchste Freude bereitet.

Die Kräfte, Gebräuche und Möglichkeiten des Bewußtseins sind unter diesem neuen Gesichtspunkt unvergleichbar wunderbarer als ausschweifende Errungenschaften oder Träume materiellen Fortschritts.

Gedanken sind Energie. Aktive Gedanken sind aktive Energie. Konzentrierte Gedanken sind konzentrierte Energie. Gedanken, die auf einen bestimmten Zweck konzentriert werden, werden zu Macht und Kraft. Das ist die Macht, die von denen benutzt wird, die nicht an eine ‚Schönheit von Armut' glauben oder an eine ‚Tugend der Selbstverleugnung'. Sie betrachten das als Geschwätz von Schwächlingen.

Die Fähigkeit, diese Macht zu empfangen und darzustellen, hängt von der Fähigkeit ab, diese seit jeher im Menschen weilende, unendliche Energie **anzuerkennen**, die unaufhörlich seinen Körper und sein Bewußtsein erschafft und wiedererschafft und jeden Moment bereit ist, sich durch ihn auf welch erforderliche Weise auch immer darzustellen. Die Darstellung des äußeren Lebens des Individuums wird dann in einem genauen Verhältnis zur Anerkennung dieser Wahrheit stehen.

Teil Zwei erklärt eine Methode, durch die diese Wahrheit erreicht werden kann.

EINE METHODE ZUM FINDEN DER WAHRHEIT

1.   Die Handlungen des Verstandes werden durch zwei parallele Aktivitäten geschaffen: die eine bewußt, die andere unterbewußt. Professor Davidson sagte: *„Derjenige, der meint, die gesamte Bandbreite geistiger Aktivitäten durch das Licht seines eigenen bewußten Verstandes zu erklären, ist nicht ungleich jemandem, der versucht, das Universum mit einer Taschenlampe auszuleuchten."*

2.   Die logischen Abläufe des Unterbewußtseins gehen mit einer Gewißheit und Regelmäßigkeit voran, die unmöglich wäre, wenn es dort die Möglichkeit eines Fehlers gäbe. Unser Unterbewußtsein ist so geschaffen, daß es uns auf die wichtigsten Grundlagen der Wahrnehmung vorbereitet, während wir von der eigentlichen Vorgehensweise nicht die geringste Vorstellung haben.

3.   Die unterbewußte Seele arbeitet wie ein wohlmeinender Fremder und schafft Vorräte zu unserem Nutzen und schüttet nur die reife Frucht in unseren Schoß. Somit zeigt die Analyse der Denkvorgänge, daß das Unterbewußtsein die Bühne der wichtigsten geistigen Phänomene ist.

4.	Es ist durch dieses Unterbewußtsein, daß Shakespeare nahezu mühelos großartige Wahrheiten vernommen hat, die dem bewußten Verstand seiner Schüler verborgen blieben; daß Phidias Marmor und Bronze geformt, Raphael Madonnen gemalt und Beethoven Symphonien komponiert hat.

5.	Leichtigkeit und Perfektion hängen gänzlich von dem Grad ab, an dem wir aufhören, von unserem (Wach-)Bewußtsein abhängig zu sein. Das Klavier zu spielen, Schlittschuhlaufen, auf der Tastatur zu schreiben, geschickte Geschäftsabwicklungen, sie alle hängen zu ihrer perfekten Durchführung von den Vorgängen des Unterbewußtseins ab. Das Wunder, ein großartiges Klavierstück zu spielen, währenddessen aber noch eine lebhafte Unterhaltung zu führen, zeigt die Größe unserer unterbewußten Kräfte.

6.	Wir sind uns alle bewußt, wie abhängig wir vom Unterbewußtsein sind, und je großartiger, nobler und brillanter unsere Gedanken, desto offensichtlicher wird es uns, daß der Ursprung außerhalb unseres gelehrten Verstandes liegt. Wir finden uns ausgestattet mit Takt, Instinkt, einem Sinn für das Schöne in Kunst und Musik, dessen Ursprung oder Aufenthaltsort wir uns aber völlig unbewußt sind.

7.	Der Wert des Unterbewußtseins ist enorm: Es inspiriert uns; es warnt uns; es liefert uns Namen, Fakten und Szenen aus dem Lagerhaus des Gedächtnisses. Es leitet unsere Gedanken und Geschmacksrichtungen und erfüllt so schwierige Aufgaben, daß kein bewußter Verstand, selbst wenn er die Kapazität dafür hätte, auch nur die Kraft dazu besäße.

Leichtigkeit und Perfektion hängen gänzlich von dem Grad ab, an dem wir aufhören, von unserem (Wach-) Bewußtsein abhängig zu sein.

8. Wir können reden, wie wir wollen; wir können den Arm heben, wann immer wir wollen; wir können durch unsere Augen und Ohren jedem Thema nach Gutdünken Aufmerksamkeit schenken. Auf der anderen Seite können wir weder den Herzschlag stoppen noch den Blutkreislauf; noch das Wachstum unserer Gestalt; noch die Bildung von Nerven und Muskelgewebe; noch das Wachstum von Knochen und noch vieler anderer, lebenswichtiger Vorgänge.

Es wurde aber mittlerweile wissenschaftlich nachgewiesen, daß wir über unser Denken die Qualität dieser Vorgänge sehr wohl beeinflussen und in eine von uns erwünschte Richtung lenken können. Genau das ist ja das zentrale Thema dieser Lehre.

9. Wenn wir diese beiden Handlungsweisen miteinander vergleichen: Die eine bestimmt durch das Wollen zu einer bestimmten Zeit, die andere in majestätischer, rhythmischer Art voranschreitend, keiner Abweichung unterliegend, jedoch in jedem Moment gleichbleibend, dann können wir nur in Bewunderung der letzteren sein und nach der Aufklärung dieses Geheimnisses fragen. Wir sehen umgehend, daß es sich hier um die lebenswichtigen Vorgänge unseres körperlichen Lebens handelt. Somit können wir den Rückschluß nicht vermeiden, daß all diese überaus wichtigen Funktionen bewußt von der mit Schwankungen und Veränderungen behafteten Domäne des äußeren Willens ferngehalten werden und der Leitung einer dauerhaften und verläßlichen Macht in uns unterstellt sind.

10. Von diesen beiden Kräften wurde die äußere und sich wechselnde ‚Bewußtsein‘ oder ‚Objektiver Verstand‘ genannt (der sich mit äußeren Objekten befaßt). Die innere Kraft wurde ‚Unterbewußtsein‘ oder ‚Subjektiver Verstand‘ genannt, und neben ihrer Arbeit auf der geistigen Ebene steuert sie die regulativen Funktionen, die das körperliche Leben überhaupt erst möglich machen.

11. Es ist unabdingbar, ein klares Verständnis ihrer jeweiligen Funktionen auf der geistigen Ebene zu haben, wie auch gewisser anderer, grundlegender Prinzipien. Über die fünf Sinne wahrnehmend und handelnd, befaßt sich der bewußte Verstand mit den Eindrücken und Objekten des äußeren Lebens.

12. Er besitzt die Fähigkeit der Unterscheidung und trägt die Verantwortung der Auswahl. Er besitzt die Kraft des Urteilsvermögens

– ob induktiv, deduktiv, analytisch oder syllogistisch – und diese Kraft kann zu einem hohen Maße entwickelt werden. Er ist der Sitz des Willens, mit all den Energien, die aus ihm herausfließen.

13. Er kann nicht nur andere beeinflussen, er kann auch das Unterbewußtsein steuern. Auf diese Art und Weise wird der bewußte Verstand zu einem verantwortungsvollen Herrscher und Hüter über das Unterbewußtsein. Es ist diese hochgradige Funktion, welche die Umstände Deines Lebens komplett umwandeln kann.

14. Es ist oft wahr, daß uns Zustände wie Angst, Sorge, Armut, Krankheit, Disharmonie und Böses aller Art aufgrund falscher Vorschläge dominieren, welche vom unbewachten Unterbewußtsein akzeptiert wurden. All das kann von einem trainierten Verstand gänzlich verhindert werden, und zwar durch aufmerksame, vorbeugende Handlungen. Er kann wahrhaft ‚der Wächter vor dem Tor‘ der großartigen unterbewußten Domäne genannt werden.

15. Ein Autor hat den Hauptunterschied zwischen diesen beiden Phasen des Bewußtseins so ausgedrückt: „*Verstand ist begründender Wille. Unterbewußtsein ist instinktives Verlangen – es ist das Ergebnis von vorangegangenem, begründendem Willen.*"

16. Das Unterbewußtsein zieht **gerechte und genaue Schlüsse** aus den Vorgaben externer Quellen. Wo die Vorgabe wahr ist, kommt das Unterbewußtsein zu einer fehlerlosen Schlußfolgerung. Wo aber die Vorgabe oder der Vorschlag fehlerhaft ist, fällt die gesamte Struktur zusammen. **Das Unterbewußtsein schaltet sich nicht in den Vorgang der Beweisführung ein.** Es verläßt sich auf das Bewußtsein, den ‚Wächter vor dem Tor‘, um es vor falschen Eindrücken zu bewahren.

17. Alle Vorschläge als wahr annehmend, geht das Unterbewußtsein in der umfangreichen Domäne seines enormen Wirkungsbereiches umgehend darauf ein. Das Bewußtsein kann entweder Wahrheit oder Fehler vorschlagen. Wenn es Letzteres ist, dann auf Kosten einer weitreichenden Gefahr für das gesamte Wesen.

Induktiv: vom Spezifischen zum Allgemeinen; ein Vergleichen individueller Fälle mit dem Ziel, zu einer verallgemeinernden Schlußfolgerung zu kommen.

Deduktiv: vom Allgemeinen zum Spezifischen.

Analytisch: implizites Verstehen, z.B. „Alle Junggesellen sind unverheiratet."

Syllogistisch: ein Typ logischer Argumente, z.B. „Alle Männer sind sterblich. Alle Griechen sind Männer. Daher sind alle Griechen sterblich."

18.   Das Bewußtsein sollte zu jeder wachen Stunde aufmerksam sein. Wenn der ‚Wächter vor dem Tor' außer Dienst oder nicht achtsam oder sein ruhiges Urteilsvermögen unter den verschiedensten Umständen außer Kraft gesetzt ist, dann ist das Unterbewußtsein ungeschützt und somit offen für Vorschläge jeglichen Ursprungs. Während der wilden Aufregung einer Panik, eines Anfalls von Angst, auf den Impuls eines verantwortungslosen Mobs hin, oder während ungezügelter Leidenschaft, sind die Bedingungen am gefährlichsten. Das Unterbewußtsein ist dann offen gegenüber Vorschlägen von Angst, Haß, Eigensinnigkeit, Gier, Selbstabwertung und anderen negativen Kräften, die durch umgebende Personen oder Umstände entstanden sind. Das Ergebnis ist für gewöhnlich in höchstem Maße ungesund, mit Auswirkungen, welche die Notlage auf lange Zeit bestehen lassen können. Deshalb ist es überaus wichtig, das Unterbewußtsein vor falschen Eindrücken zu bewahren.

19.   Das Unterbewußtsein wird durch Eingebung wahrgenommen. Seine Vorgänge sind folglich sehr schnell. Es wartet nicht auf die langsamen Methoden der bewußten Beweisführung. In der Tat kann es sie gar nicht einsetzen.

20.   Das Unterbewußtsein ruht nie, erholt sich nie, ebenso wenig wie Dein Herz oder Blut. Es wurde herausgefunden, daß das schlichte Vorgeben bestimmter zu erreichender Dinge Kräfte im Unterbewußtsein in freisetzt, die zu dem erwünschten Ergebnis führen. Hiermit gibt es dann eine Kraft, die uns **mit der Allmacht in Verbindung bringt**. Darin liegt ein tiefgreifendes Prinzip, welches unser aufrichtiges Studium verdient.

21.   Die Verfahrensweise dieses Gesetzes ist interessant. Diejenigen, die es in die Tat umsetzen, werden feststellen, daß, wenn sie auf eine Person treffen, mit der sie ein schwieriges Gespräch erwarten, jemand bereits da war und die angeblichen Schwierigkeiten aus der Weg geräumt hat; daß alles anders ist; daß alles harmonisch ist. Sie stellen fest, daß, wenn sich ein schwieriges Geschäftsproblem aufzeigt, sie es sich leisten können, die Entscheidung zu vertagen, und irgendetwas schlägt dann die richtige Lösung vor; alles ist

feinsäuberlich angeordnet. In der Tat stellen diejenigen fest, die gelernt haben, dem Unterbewußtsein zu vertrauen, daß ihnen unendliche Ressourcen zur Verfügung stehen.

22.   Das Unterbewußtsein ist der Sitz unserer Prinzipien und unserer Sehnsüchte. Es ist die Quelle unserer künstlerischen und gönnerhaften Ideale. Diese Instinkte und angeborenen Prinzipien können nur mithilfe eines durchdachten und schrittweisen Unterminierungsprozesses außer Kraft gesetzt werden.

23.   **Das Unterbewußtsein kann nicht kontrovers argumentieren.** Dementsprechend, wenn es falsche Vorschläge angenommen hat, besteht eine sichere Methode, diese zu überwinden, in einem **starken, oft wiederholten Gegenargument**. Diesen muß das Unterbewußtsein akzeptieren. Somit bildet es neue und gesunde Gewohnheiten des Denkens und Lebens, da es der Sitz der Gewohnheiten ist. Was wir regelmäßig wiederholen, wird mechanisch. Es ist nicht länger ein Denkvorgang, sondern hat tiefe Furchen durch das Unterbewußtsein gezogen. Das ist für uns von Vorteil, wenn die Gewohnheit ganzheitlich und richtig ist. Wenn sie schadhaft und falsch ist, liegt die Lösung in der **Anerkennung der Allmacht des Unterbewußtseins** und dem Vorschlag gegenwärtiger, vorhandener Freiheit. Das Unterbewußtsein, schöpferisch wie es ist und eins mit dem Göttlichen Ursprung, wird sofort die vorgeschlagene Freiheit erschaffen.

Das ist ein von der Natur erschaffener Sicherheitsmechanismus, denn ansonsten würde sich durch den ungeübten Verstand alles sofort verwirklichen, woran man denkt. Das würde unweigerlich zu einem Chaos führen. Daher ist diese Kraft nur denen überlassen, die ausschließlich reine, wohlwollende und liebevolle Gedanken denken, welche in Übereinstimmung mit universellem Gesetz sind.

24.   Um es zusammenzufassen: Die normalen Funktionen des Unterbewußtseins auf der körperlichen Seite drehen sich um die regulären und lebenswichtigen Abläufe. Dazu gehört das Bewahren des Lebens und die Wiederherstellung der Gesundheit, aber auch die Pflege des Nachwuchses, was den instinktiven Wunsch beinhaltet, alles Leben zu bewahren und Zustände allgemein zu verbessern.

25.   Auf der mentalen Seite ist es das Lagerhaus des Gedächtnisses; es beherbergt wunderbare Gedankenboten, die **ungehindert von Raum und Zeit** ans Werk gehen. Es ist die Quelle praktischer

Initiative und der aufbauenden Kräfte des Lebens; es ist der Sitz der Gewohnheiten.

26. Auf der geistigen Seite ist es die Quelle der Ideale, des Strebens, der Vorstellungskraft, und es ist der Kanal, durch den wir unsere Göttliche Quelle erkennen. Gleichermaßen kommen wir durch die Anerkennung dieser Göttlichkeit zu einem Verständnis der eigentlichen Quelle dieser Kraft.

27. Einige von uns werden fragen: „Warum kann das Unterbewußt-sein Zustände ändern?" Die Antwort lautet: Weil das Unterbe-wußtsein Teil des Universellen Bewußtseins ist, und **ein Teil muß in Art und Qualität gleich sein wie das Ganze**; der Unterschied ist lediglich ein gradueller. Das Ganze – wie wir wissen – ist schöpferisch. In der Tat ist es der einzige Schöpfer schlechthin. Somit stellen wir fest, daß Bewußtsein schöpferisch ist, und weil das Denken die einzige Aktivität ist, die der Verstand besitzt, muß der Gedanke ebenso schöpferisch sein.

28. Wir werden aber feststellen, daß es einen Riesenunterschied zwischen ‚einfach nur denken' und dem bewußten, systematischen und aufbauenden Steuern unseres Denkens gibt. Wenn wir das tun, bringen wir unser Bewußtsein in Einklang mit dem Universellen Bewußtsein. Wir kommen in Einklang mit dem Unendlichen; wir setzen die mächtigste bestehende Macht in Bewegung – die schöpferische Kraft des Universellen Bewußtseins. Dieses, wie auch alles andere, unterliegt einem natürlichen Gesetz, und dieses Gesetz ist ‚*das Gesetz der Anziehung*'. Es besagt, daß Bewußtsein schöpferisch ist und daß es automatisch mit dem Objekt in Wechselbeziehung steht, welches es zur Darstellung bringt.

29. Letzte Woche habe ich Dir eine Übung gegeben, mit dem Zweck des Erlangens der Kontrolle über Deinen physischen Körper. Wenn Dir das gelungen ist, bist Du bereit für den nächsten Schritt. Dieses Mal wirst Du damit beginnen, **Deine Gedanken zu kontrollieren**. Nimm immer denselben Raum, denselben Stuhl und – wenn möglich – dieselbe Position ein. In manchen Fällen mag es nicht möglich sein, denselben Raum zu benutzen; mache

dann einfach das Beste aus der Dir zur Verfügung stehenden Situation. Sei nun – wie schon zuvor – vollkommen still, aber hindere alle Gedanken (in ihrem Fluß). Das wird Dir Kontrolle über jegliche Gedanken von Sorge, Ärger und Angst geben und Dich befähigen, nur die Art von Gedanken zu hegen, die Du Dir auch wünschst. Führe dies so lange durch, bis Du völlige Meisterschaft darin erlangt hast.

30.   Du wirst das für nicht länger als ein paar Momente umsetzen können, aber die Übung ist wertvoll, da sie eine praktische Demonstration der großen Anzahl von Gedanken ist, die ständig Zugang zu Deiner geistigen Welt suchen.

31.   Nächste Woche wirst Du Anweisungen für eine Übung erhalten, die etwas interessanter ist; zunächst mußt Du aber diese hier meistern.

Es geht hier nicht darum, jeden einzelnen Gedanken zu analysieren, sondern sich ihrer einfach nur gewahr zu werden und sie dadurch abzubremsen. Ohne dieses Gewahrwerden kann es zu keiner Gedankenkontrolle kommen, und ohne die wird es Dir nicht möglich sein, unerwünschte und lebenswidrige Gedanken auszusortieren.

FRAGEN UND ANTWORTEN

11. *Was sind die zwei Modi geistiger Aktivität?*
Bewußt und unterbewußt.

12. *Wovon hängen Leichtigkeit und Perfektion ab?*
Leichtigkeit und Perfektion hängen gänzlich von dem Grad ab, an dem wir aufhören, von unserem Verstand abhängig zu sein.

13. *Was ist der Wert des Unterbewußtseins?*
Er ist enorm. Es leitet uns, warnt uns, steuert die lebenswichtigen Vorgänge und ist der Sitz des Gedächtnisses.

14. *Welche Funktionen gehören zum Verstand?*
Er hat die Fähigkeit der Unterscheidung; er hat die Kraft des Urteilens; er ist der Sitz des Willens, und er kann auf das Unterbewußtsein einwirken.

15. *Wie wurde der Unterschied zwischen dem Verstand und dem Unterbewußtsein ausgedrückt?*
„Verstand ist begründender Wille. Unterbewußtsein ist instinktives Verlangen – es ist das Ergebnis von vorangegangenem, begründendem Willen."

16. *Welche Methode ist notwendig, um das Unterbewußtsein zu beeinflussen?*
Gib geistig vor, was von Dir gewollt ist.

17. *Was wird das Ergebnis sein?*
Wenn der Wunsch im Einklang mit der Vorwärtsbewegung des Ganzen ist, werden Kräfte in Bewegung gesetzt, die das Ergebnis herbeiführen.

18. *Was ist das Ergebnis des Wirkens dieses Gesetzes?*
Unsere Umgebung spiegelt Umstände wider, die im Zusammenhang mit unser vorherrschenden Geisteshaltung stehen.

19. *Wie heißt dieses Gesetz?*
    Das Gesetz der Anziehung.

20. *Wie wird das Gesetz ausgedrückt?*
    Denken ist eine schöpferische Energie und wird automatisch
    in Wechselbeziehung zu dem Objekt stehen und es zur
    Darstellung bringen.

> *„Ursache und Wirkung sind so absolut und*
> *unabweichbar im versteckten Raum des Gedankens*
> *wie in der Welt sichtbarer und materieller Dinge.*
> *Geist ist der Meisterweber,*
> *sowohl der inneren Kleider des Charakters*
> *als auch der äußeren Kleider der Umstände.“*
> — JAMES ALLEN

2

Eine Methode zum Finden der Wahrheit

Die Wahrheit ist das, was Prinzip hat. Die Wahrheit ist das, was Bestand hat, auch über unsere menschliche Existenz hinaus. Charles Haanel geht später noch einmal im Detail darauf ein, aber Geist ist das einzig beständige Prinzip, während Materie kontinuierlichem Wandel unterworfen ist.

Wir alle kennen die verzweifelnde Aussage: ‚*Das kann doch nicht wahr sein!*‘, und richtig, das ist es auch nicht. Die Methode, die Wahrheit zu finden, besteht in dem starken, oft wiederholten Gegenargument, welches das Unterbewußtsein akzeptieren *muß*. Das ist eine von Dir bewußt eingesetzte Geisteshandlung, um Dich gedanklich umzuorientieren.

Ein Beispiel: Du nimmst auf Deinem Bankkonto einen niedrigen Kontostand wahr, der aufgrund vergangen Denkens eingetreten ist. Bisher hättest Du gesagt: ‚*Ich habe kein Geld auf dem Konto.*‘ Das ist ein schöpferischer Akt und entspricht gegenwärtig auch Deiner gelebten Realität. Wenn Du das ändern willst, dann besteht das Gegenargument darin, daß Du sagst: ‚*Ich bin dankbar, daß ich stets genug Geld zur Verfügung habe.*‘ Das ist es ja, was Du verwirklicht haben möchtest. Das funktioniert aber nur dann, wenn Du es Dir auch so vorstellst, einfühlst und entsprechend handelst. Die Vorstellung allein reicht natürlich nicht aus. Es müssen Pläne entworfen werden, die zu mehr Geld führen. Du weißt zu Beginn noch nicht, wie sich das Geld vermehrt, aber Du weißt, daß es sich vermehrt (oder besser gesagt, vermehren wird), denn davon hast Du dir ja ein geistiges Bild geschaffen. Dieses gilt es immer mehr zu stärken und zu verstärken, damit es sich verwirklichen kann. Der Plan, den du dann machst, leitet den Wachstumsprozeß von „wenig Geld" zu „viel Geld" ein.

Der Gegenvorschlag verwirrt den Verstand zu Beginn ganz gehörig, denn er ist ein solches Vorgehen nicht gewohnt. Vor allem aber verwirrt ihn das gleichzeitige Vorhandensein zweier Qualitäten. Mit der Zeit aber wird es Dir immer leichter fallen, diese gedanklichen Korrekturen einfließen zu lassen. So ermächtigst Du Dich schrittweise und erlangst ganz andere Fähigkeiten des Ausdrucks.

Du kannst von dem einen nur dann mehr haben, wenn Du auch Deine Aufmerksamkeit darauf lenkst. Es ist sinnlos und kontraproduktiv, sich mit dem Problem weiterhin herumzuschlagen; Du mußt gedanklich zum anderen Pol rüber, denn nur von der Energie jeder Seite willst Du mehr haben.

Je öfter Du dieses Gegenargument einsetzt, desto bewußter wirst Du Dir dieses anderen Pols, oder ‚der Qualität' dessen. Wenn es Dir anfänglich unglaubwürdig erscheint zu sagen, *Ich habe genug Geld auf meinem Konto'*, dann kannst Du die Affirmation auch so gestalten:

Von Tag zu Tag kommt immer mehr Geld auf mein Konto, weil ich meine Aufmerksamkeit und meine Energie und meinen Tatendrang darauf richte, Dienste am Mitmenschen zu verrichten, deren Resultat dann in mehr Geld auf meinem Konto Ausdruck findet.

Du siehst, etwas lang, aber dennoch glaubwürdig. Gleich vorweg: Vom (positiven) Denken allein bekommst Du nicht mehr Geld auf Dein Konto. Du mußt schon was dafür tun – und Du *wirst* auch was dafür tun!

Du lernst, daß ein Gedanke, der sich auf ein bestimmtes Ziel konzentriert, zu Macht und Kraft wird. In Punkt 5 erklärte Charles Haanel, daß Leichtigkeit und Perfektion gänzlich von dem Grad abhängig sind, an Du aufhörst, Dich auf den Verstand zu verlassen. Das ist ein besonders wichtiger Punkt, denn obwohl sich das gesamte Master Key System darum dreht, bewußt und lebensrichtig zu denken, geht es letztendlich darum, die Gedanken so zu konzentrieren und zur Gewohnheit zu formen, daß sie dem Unterbewußtsein aufgeprägt und dadurch automatisch werden. Dann mußt Du Dir im wahrsten Sinne des Wortes keine Gedanken mehr darüber machen, denn es ist zu einem Teil von Dir geworden. Du handelst zunehmend intuitiv – d.h. aus der Eingebung heraus. Du hast es dann nicht mehr (im Kopf), sondern bist es (im Bauch und Herzen). So gestaltet sich Deine Realität gänzlich anders, denn nun verwirklicht es sich ohne bewußte Anstrengung Deinerseits: Mehr führt zu noch mehr.

Das alles deutet schon auf die Macht des Unterbewußtseins hin, welches zwar nicht logisch denken kann, aber die Verbindung des Individuums zum Universellen darstellt. Damit man überhaupt lernen kann, muß das Unterbewußtsein für systematisches, bewußtes und konstruktives Denken offen sein. Das zu erlernen und zu verinnerlichen ist Aufgabe dieses Kapitels.

ÜBUNG

Du lernst in dieser Woche, Dir Deiner Gedanken gewahr zu werden und sie abzubremsen, um sie anschließend zu kontrollieren. Das ist der Sinn des Studiums: Denn wenn Du keine neuen Gedanken denkst, können sich auch keine neuen – und vor allem dem Gegenwärtigen entgegengesetzte – Umstände darstellen. Somit mußt Du Dir erst einmal gewahr werden, was Du überhaupt so an Gedanken in Dir trägst.

In jeder Sekunde gehen uns etliche Gedanken durch den Kopf. In den meisten Fällen bist Du Dir ihrer aber gar nicht bewußt. Diese Übung hilft Dir, zu einem Gewahrsein über Deine Gedanken zu kommen. Erst dann bist Du in der Lage, unerwünschte durch erwünschte Gedanken zu ersetzen.

Das Meistern von Kapitel 2 bereitet Dich dann auf die folgenden Kapitel vor, in denen es darum geht, sowohl körperlich als auch geistig zu entspannen – vollständig loszulassen. Erst die Kontrolle, dann die Entspannung. Übe fleißig weiter, achte auf Deine sportlichen Aktivitäten und Deine Ernährung. Das Lernen neuen Materials ist viel einfacher, wenn der Körper zwecks Selbsterhaltung nicht gleichzeitig gegen etwas ankämpfen oder etwas wieder aufbauen muß, sondern harmonisch und kraftvoll in Gemeinschaft mit Dir und Deinen Gedanken funktioniert.

AUFGABEN

1. Schreibe hier stichwortartig die Male auf, wo Du Dich im Moment gefangen und Deinen Gedanken bewußt in die entgegengesetzte Richtung gelenkt hast.

    ....

    ....

    ....

    ....

    ....

    ....

2. Bewerte hier auf einer Skala von 1 – 10, wie Du Dich diese Woche gefühlt hast:

	Vorwoche	Jetzt
Dein Selbstwert:	_____	_____
Dein Energieniveau:	_____	_____
Dein Glücksgefühl:	_____	_____
Deine Tatkraft:	_____	_____
Deine Gesundheit:	_____	_____
Dein Reichtum:	_____	_____

3. Schreibe die 3 wichtigsten Dinge auf, die Du von diesem Teil gelernt hast, insbesondere was die Funktion des Unterbewußtseins anbelangt.

    1. ....

    2. ....

    3. ....

4. Schreibe auf, welche bisher "ungünstigen" Situationen Du jetzt bewußter angehen und somit zu einem anderen Ergebnis bringen willst.

    ....

    ....

    ....

    ....

    ....

5. Kreuze an, welche der untenstehenden Taten oder Handlungen Du diese
    Woche unternommen hast oder welche eingetreten sind:

    ☐ Eine andere Person hat ihr Verhalten mir gegenüber geändert.

    ☐ Ich bin in einer unerwünschten Situation gelassen geblieben,.

    ☐ Ich bin mir zunehmend bewußt über meine Fähigkeit, meine Ge-
      danken aktiv zu steuern.

    ☐ Ich habe mir vor einer Entscheidung überlegt, welches Resultat
      daraus entstehen würde.

    ☐ Ich habe mir Ereignisse aus meiner Vergangenheit noch einmal ins
      Bewußtsein geholt.

    ☐ Ich konnte dadurch neue Erkenntnisse erlangen, die ich als hilf-
      reich betrachte.

    ☐ Ich habe bewußt auf meinen Atem geachtet.

    ☐ Ich habe fange mich mehr und mehr "im Moment" und beobachte
      mich beim Denken.

    ☐ Ich habe bewußt einem anderen Menschen eine unerwartete Freu-
      de gemacht.

    ☐ Ich habe vor dem Schlafengehen einen Dank für den vergangenen
      Tag ausgesprochen.

    ☐ Ich fühle mich beim Aufstehen energiegeladen und optimistisch
      und gehe den Tag mit einem breiten Grinsen an.

    ☐ Ich habe diese Woche __ Zeilen angekreuzt. Das sind __ mehr/we-
      niger als letzte Woche.

6. Schreibe Dir einen neuen Wunsch auf, den Du Dir noch nicht erfüllt
    hast.

    ....

7. Kreuze an, wie sehr Du durch Dein verändertes Denken und Handeln
    diesem Wunsch näher gekommen bist:

    ☐ Wunsch wurde erfüllt.

    ☐ Sehr viel näher gekommen.

    ☐ Etwas näher gekommen.

    ☐ Trete noch auf der Stelle.

8. Schreibe auf, welche Hindernisse Dir immer noch im Wege stehen und
    wie Du sie zu beseitigen hegst. (Lege Dir diesen Teil die nächste Woche
    erneut vor. Lies Dir den Teil der Vorwoche noch einmal durch.)

....

....

....

....

9. Schreibe auf, in welchen Situationen Du noch unbedacht negative Emotionen zum Ausdruck bringst. Tipp: Versuche, vollkommen unvoreingenommen etwas tiefer zu schauen, um herauszufinden, was die zugrundeliegende Ursache sein könnte.

....

....

10. Schreibe auf, wie Du Dich fühlst, wenn Du diese Emotionen ausgedrückt hast.

....

....

....

11. Schreibe auf, was sich Deines Erachtens nach ändern würde, wenn Du stattdessen eine positive Emotion ausdrückst. Wie würdest Du Dich dann in diesem speziellen Fall fühlen?

....

....

12. Kreuze an, wie sehr Du Dich auf das Lernmaterial des nächsten Teils freust.
    - ☐ Ich kann es gar nicht mehr abwarten!
    - ☐ Ich freue mich sehr!
    - ☐ Ich kann es kaum in Worte fassen.
    - ☐ Ja, ja, ja.. ich will MEHR davon!!

LITERATURHINWEIS

Ⓦ Prentice Mulfords „*Unfug vom Leben und vom Sterben*" (Fischer Verlag) ist ein ausgezeichnetes, hartes aber humorvolles Werk voller neuer Einsichten und Erkenntnisse. Sehr zu empfehlen, auch als Begleitlesematerial. Selbiges gilt für sein Buch „*Die Möglichkeit des Unmöglichen*".

TIPP

💬 Gegenvorschläge oder Gegenargumente sind unabdingbare Bestandteile der Wahrheitsfindung. Es reicht aber nicht aus, diese nur ein oder zweimal zu machen, sondern sie müssen sich tief einprägen. Das geht nur durch Wiederholung. Mache es Dir aber nicht schwer, wenn es anfänglich nicht so klappt und Du Dich immer wieder in den negativen Auswirkungen siehst. Werde Dir dann einfach nur bewußt, daß Du Dich auf einer Reise befindest, wo das Ziel nicht gleich am ersten Tag erreicht wird. Mache einfach weiter und sei Dir gewiß, daß es mit der Zeit immer einfacher, immer leichter wird.

DU HAST DIESEN TEIL GEMEISTERT...

- wenn Du verstanden und verinnerlicht hast, daß das Unterbewußtsein keine Fehler macht und welche Rolle es im Schöpfungsprozeß spielt.
- wenn Du Dir der Bedeutung des starken, oft wiederholten Gegenarguments (Punkt 23) so sehr bewußt geworden, daß Du es von nun an immer mehr einsetzt, wenn sich Dir „im Außen" etwas Unerwünschtes oder Unharmonisches präsentiert.
- wenn Du in der Lage bist, Dir in der Stille Deiner Gedanken gewahr zu werden, sie in ihrer Qualität zu erkennen und somit schrittweise Kontrolle über sie erlangst.

KOMMENTAR

Die Naturgesetze, von denen Charles Haanel spricht, sind die sieben Hermetischen Prinzipien, auf die er im Verlauf des Studiums noch im Detail eingeht, ohne sie aber namentlich der Hermetik zuzuordnen. Diese Prinzipien sind:

1. Geistigkeit
2. Entsprechung
3. Schwingung
4. Polarität
5. Rhythmus
6. Ursache und Wirkung
7. Geschlecht

Auf diesen beruht die gesamte Schöpfung – auch Deine! Wenn Du diese Prinzipien verstehst und praktisch anwendest, erlangst Du Meisterschaft über Dein Leben. Du bist dadurch in der Lage, Situationen bewußt zu steuern und nicht nur gewohnheitsmäßig – also un(ter)bewußt – zu reagieren.

Mit *Unendlicher Energie* ist das Bewußtsein gemeint, aus dem alles hervorgeht und welches bereits als reines Potenzial besteht, nur darauf wartend, von einem Individuum in Anspruch genommen zu werden. Einfacher ausgedrückt: Wo keine Frage gestellt wird, gibt es auch keine Antwort. Das Angebot ergibt sich aus der Nachfrage. Das bedeutet, daß aller Reichtum, alle Gesundheit und alle Liebe bereits als Potenzial vorhanden ist, aber nur zu dem kommt und sich für den verwirklicht, der auch den Anspruch darauf erhebt.

Später lernst Du noch, was die Wahrheit ist und daß diese Wahrheit ewig währt. Sie hat Prinzip; sie hat Bestand; Du kannst Dich auf sie verlassen. Genau diese Verläßlichkeit ist Deine Chance, denn so werden Elemente von Zufall, Laune, Schicksal oder höherer Fügung aus dem Weg geräumt und durch logisch nachvollziehbare Vorgänge ersetzt. Wisse: Das Master Key System beruht auf wissenschaftlicher Basis. Das ist es, was es so machtvoll und nützlich macht. Dein Verständnis und Deine Anwendung des in dieser Lehre vermittelten Wissens wird Dich zu einem Leben auf höheren Ebenen führen, ein Leben, das Du Dir bewußt selbst gestaltest.

1. Dieser Punkt ist sehr wichtig zu verstehen, denn unsere Sinneswahrnehmung ist über das zerebrospinale Nervensystem untrennbar mit unserem Verstand verbunden. Da die meisten Vorgänge aber unterbewußt ablaufen, ist auch der größte Teil der Schöpfung unserer bewußten Wahrnehmung entzogen. Ein Unterfangen, die gesamte Schöpfung verstandesmäßig zu erklären, ist zum Scheitern verurteilt. Durch systematisches Üben können wir die Domäne des Unterbewußten allerdings direkt beeinflussen und Zugriff auf die sogenannten ‚Wunder des Lebens‘ erlangen. Es gelingt aber nicht auf Anhieb, sondern durch Beharrlichkeit, Disziplin und das bewußte Einsetzen aufbauender Denkvorgänge.

2. Gut aufgepaßt: Das Unterbewußtsein führt lediglich aus, es argumentiert nicht! All das, was von Dir als Gedanke oder – verstärkt – als Gefühl unterhalten und gehegt wird, wird vom Unterbewußtsein aufgenommen und umgesetzt. Daraus ergibt sich dann Deine Realität – Dein Leben. Wenn Dir das auf irgendeine Weise nicht gefällt, kannst Du Dir die Tatsache, daß das Unterbewußtsein nicht argumentiert, zunutze machen und es mit neuen, lebensrichtigen Informationen (Gedanken

und Gefühlen) versehen, welche dort zuverlässig umgesetzt werden.

3. Mit ‚Bühne der wichtigsten geistigen Phänomene' meint Haanel, daß in der Domäne des Unterbewußtseins Personen, Orte oder Umstände keine Rolle spielen. Allein das vermittelte Gefühl zählt, und Personen, Orte und Umstände sind lediglich Hilfsmittel, um dieses Gefühl zu erreichen und aufrecht zu erhalten. Tun sie das nicht mehr, gibt es rein technisch keine Resonanz (Widerhall) mehr, keine Verstärkung von gleichartigen Schwingungen und somit keine Lebenskraft. Wir orientieren uns dann um und suchen uns neue Hilfsmittel, die uns dabei dienlich sind, das Gefühl von Freude, Harmonie und Glückseligkeit zu erlangen. Das erklärt auch, warum wir uns neue Lebenspartner suchen, umziehen oder uns anderen Themen zuwenden, wie gegenwärtig dem Master Key System.

4. Das ist in etwa wie Laufen oder Fahrradfahren. Leichtigkeit entsteht nicht durch ständiges Denken an etwas, sondern dadurch, daß es aus unserem Wachbewußtsein raus ist, sich in der Domäne des Unterbewußtseins eingepflanzt hat und dort zuverlässig und mit Leichtigkeit wirkt. Dazu später noch viel mehr, wenn es um Konzentration geht, denn durch Konzentration beeinflußt Du Dein Unterbewußtsein.

5. Nichts, was in unserem Leben gut und ‚wie geschmiert' funktioniert, tut das, weil wir groß darüber nachdenken. Alle lebenswichtigen Prozesse laufen unterbewußt ab. Über den Verstand nehmen wir lediglich die Auswirkungen wahr, aber der Verstand hat auf die Schöpfung direkt keinen Einfluß. Es ist das Unterbewußtsein, welches mit dem Großen Ganzen verbunden ist. Der Verstand ist lediglich dazu da, Dich in Einklang mit dem Großen Ganzen zu bringen. Der Rest geschieht dann automatisch und wohlwollend, weil es Gesetzmäßigkeiten unterliegt.

6. Darum geht es hier genau: Du orientierst Dich um. Du entwickelst Fähigkeiten, die eine bestimmte Qualität haben. Takt, Instinkt, einen Sinn fürs Schöne, Erhabene und Wohlwollende, und das nicht nur für Dich selbst, sondern auch für Deine Mitmenschen. Es ist ein Schritt vom ‚ich' zum ‚wir'.

7. Die letzte Aussage ist von großer Bedeutung. Der bewußte Verstand kann gar nicht nachvollziehen, was auf der schöpferischen Ebene alles abläuft. Du kannst Dich schrittweise nähern, und es mag Dir Befriedigung verschaffen, aber bedenke, daß Du, sobald Du Deine Aufmerksamkeit auf eine Sache richtest, unzähliger anderer Sachen nicht bewußt wirst, weil Du dort nicht vorhanden bist. Das läßt sich im täglichen Leben übrigens auch schön auf Nachrichten übertragen. Während Du meinst, daß eine Nachricht wichtig ist, entgehen Dir gleichzeitig unzählige andere. Morgen ist dann wieder etwas Neues dran, und so geht es fröhlich weiter, weshalb so wichtig ist zu entscheiden, womit man sich befaßt, denn das wird unweigerlich zu dem, was wir Leben nennen.

8. Stoppen können wir diese Vorgänge nicht, aber wir können sie beeinflussen, da die

dazu benötigten Zellen Intelligenz besitzen und auf unsere Anweisungen reagieren. Erinnere Dich daran, daß Geistigkeit das erste Hermetische Prinzip ist. Das heißt, daß die geistigen Schwingungen die höchsten sind, die es gibt, und daß dadurch andere Formen beeinflußt werden können. In der Tat erinnerst Du das die ganze Zeit über, nur halt unbewußt. Mit diesem neuen Wissen wird Dir ein Zepter der Macht in die Hand gelegt, mit dem Du Dein Leben in genau die Richtung steuern kannst, die Du bewußt durch Deine Absicht, Aufmerksamkeit und Beharrlichkeit vorgibst.

9. Hier finden wir wieder einen Verweis auf die unendliche Macht in uns. Während der Verstand eine bestimmte und überaus wichtige Aufgabe hat, findet die Verwirklichung mit einer verblüffenden Verläßlichkeit im Unterbewußtsein statt. Daher zielt das Master Key System Studium darauf ab, durch Wiederholung neue Gedankenprozesse zur Gewohnheit werden zu lassen, dann automatisch und schließlich unterbewußt. Die Saat, die Du gesät hast, ist dann aufgegangen und hat sich für Dich verwirklicht.

10. Das Unterbewußtsein hat eine Dualfunktion. Einerseits Leben – Gesundheit – auszudrücken, andererseits aus der Domäne des Geistigen – des Unendlichen und Vollkommenen – all das Material anzuziehen, welchem es bedarf, um Leben auszudrücken.

11. Mit den gewissen ‚anderen grundlegenden Prinzipien‘ meint Haanel die 6 weiteren Hermetischen Prinzipien.

12. Für Dich als Studenten bedeutet das, daß Du zunächst einmal die wichtige Rolle des Verstandes erkennst und ihn dann entsprechend einsetzt. In der Praxis wird sich das dadurch zeigen, daß Du das, was sich Dir im Außen präsentiert, mit anderen Augen betrachtest. Du nimmst eine Beobachterrolle ein – für Dich selbst wie auch für andere. Du wirst immer bewußter entscheiden, mit welchen Menschen Du Zeit verbringst oder welchen Informationen oder Situationen Du Dich aussetzt. Metaphysisch ausgedrückt bedeutet das, daß Du Dich von nun an bewußt mit Menschen, Orten oder Umständen in Resonanz einfindest, während es bis dato eher gewohnheitsmäßig und automatisch vorgegeben wurde.

13. Lies Dir diesen Abschnitt noch einmal genau durch. Mithilfe des bewußten Verstandes kannst Du Deine Lebensumstände komplett drehen. Es ist ein Hinweis auf die Dir jederzeit zur Verfügung stehende schöpferische Macht des Gedankens, denn zu keiner Zeit ist irgendwo geschrieben, wie oder was Du denken mußt. Das entscheidest Du ganz allein, oder es wird für Dich entschieden. Im letzteren Fall bekommst Du dann aber das, was andere Dir zugedacht haben, und das ist das, was sie für sich wollen und nicht unbedingt das, was Du für Dich willst.

14. Du erkennst, daß es hier um Training geht, nicht um das bloße Aufnehmen von Wissen. Es geht darum, Deinen Wächter vor dem Tor so zu schulen, daß er keine lebenswidrigen Informationen mehr ans Unterbewußtsein weiterleitet. Es geht darum, so lange bewußt zu filtern, bis

auch dieser Vorgang zur Gewohnheit geworden ist, dann automatisch und dann zu Dir selbst. An dem Punkt ist das, was Du anfänglich immer wieder gedacht hast, zu einem Teil von Dir geworden, über den Du Dir keine Gedanken mehr machen mußt. Wende dieses Wissen bei Deinem täglichen Medien- und Produktkonsum an, aber auch bei den Menschen, mit denen Du Dich umgibst.

15. Wenn etwas für Dich unterbewußt geworden ist, verlangst Du es instinktiv und begründest es nicht mehr willentlich. Es geschieht dann ‚wie von selbst‘.

16. Die gesamte Struktur fällt deswegen zusammen, weil mit Fehlern behaftete Gedanken oder Konstrukte kein Prinzip haben, keinen Bestand, keine Struktur und keine Integrität. Sie besitzen keine aus sich selbst heraus bestehende Stärke und Substanz. Das ist sehr wichtig zu verstehen, denn es geht beim Master Key System Studium darum, zu erkennen, was die Wahrheit ist – was Prinzip hat. Diese Wahrheit gilt es dann so oft wie nur möglich bewußt (gedanklich, verbal und durch Gefühle und Handlungen) auszudrücken, bis auch sie Einlaß in die Domäne des Unterbewußtseins gefunden hat.

17. Das Unterbewußtsein ist schöpferisch. Es fragt nicht mehr nach, wenn Du etwas Fehlerhaftes weitergeleitet hast. Es setzt auch das um. Fehler definieren sich dadurch, daß sie im wahrsten Sinne des Wortes unberechenbar sind. Das steht aber der Ordnung und Struktur des Lebens gegenüber. Somit führen Fehler zur Zerstö-

rung von Leben, wenn sie durch Gedanken aufrechterhalten werden.

18. Ein sehr passendes Beispiel hier ist Fernsehen. Wenn Du fern siehst, nimmst Du die Gedankenformen anderer Menschen auf. Bei Nachrichten nimmst Du oftmals auch die Gefühle anderer Menschen in weit von Dir entfernten Gebieten auf, fragst Dich aber nicht, ob Dir das auch wirklich dienlich ist. In den meisten Fällen wird die Antwort ein klares ‚Nein‘ sein, weshalb Du mit großer Wahrscheinlichkeit mit der Zeit u.a. Deinen TV Konsum drastisch einschränken wirst, ohne ihn aber nur ansatzweise zu vermissen.

Eigene Gedanken denkst Du in der Stille, in der Abgeschiedenheit, die Du mehr und mehr aufsuchen wirst – fernab jeglicher Einflüsse anderer Menschen. Dort kommst Du zu neuen Einsichten und Erkenntnissen, die Du dann konsequent in die Tat umsetzt.

19. ‚Das Unterbewußtsein vernimmt (erkennt, empfindet) durch Eingebung.‘ Die langsamen Methoden des Objektiven Verstandes sind für das Unterbewußtsein nicht von Nutzen. Genau deshalb zielt das Master Key System Studium auch darauf ab, Deine Eingebung zu schulen. Du stellst dadurch eine direkte und vor allem schnelle Verbindung zwischen Dir und der Schöpfung her. So erlangst Du eine Verhaltenssicherheit, die Dir in allen Situationen zur Seite steht.

20. Das ist das ‚Dschinn Prinzip‘, ‚Aladins Wunderlampe‘, ‚Dein Wunsch ist mir Befehl‘. Es gibt hier keinerlei Einschrän-

kungen, was Du Dir vorstellen kannst – was Du dem Unterbewußtsein befehligen kannst. Je ausgebildeter Deine Vorstellungskraft, desto grandioser und umfangreicher die Bilder, die Du Dir im Geiste schaffst und anschließend im Außen durch konsequente Handlungen verwirklichst.

21. Das ist das Vertrauen, das sich für die Menschen entwickelt, die um ihr Unterbewußtsein und deren Macht wissen. Da gibt es keine Hektik oder Streß, sondern der gesamte Vorgang ist geprägt von Wissen, Einsicht, Souveränität, Gelassenheit und innerer Ruhe, aus der dann wieder intelligente Entscheidungen hervortreten. Es ist das Merkmal eines Menschen, der intuitiv die richtigen Entscheidungen trifft, ohne groß analysieren zu müssen.

22. Es ist genau dieser Unterminierungsprozeß, der durch äußere Kanäle, u.a. die Medien, sowie familiäre, kulturelle und religiöse Einflüsse stattfindet, ohne daß er erkannt wird. So kann er auch nicht abgestellt werden. Daher heißt es, hier ganz besondere Vorsicht walten zu lassen und Gewohntes grundsätzlich zu hinterfragen, vor allem dann, wenn sich Dinge nicht gut anfühlen.

23. Der starke, oft wiederholte Gegenvorschlag ist ein Grundpfeiler des Master Key Systems und ein Thema, daß Dich auf absehbare Zeit begleiten wird. Dieser Gegenvorschlag ist es, der immer wieder unterbreitet werden muß, wenn man sich dabei ertappt, daß man etwas ‚Schlechtes‘ denkt, ausspricht oder schlecht handelt. Das Wiederholen schafft neue Gewohnheiten; mit der Zeit fällt es einem immer

einfacher, das Neue (‚Gute‘) zu denken, womit man das Alte (‚Schlechte‘) schrittweise aber konsequent und dauerhaft hinter sich läßt. Das ist die geistige Arbeit, die es zu verrichten gilt – die Arbeit an sich selbst, den eigenen Gedanken und Gewohnheiten.

24. ‚… alles Leben zu bewahren und Zustände allgemein zu verbessern.‘ Es ist genau dieser Grund, warum Du mit dem Master Key System lernst, was es mit dem Unterbewußtsein auf sich hat und wie Du Dir seine Eigenschaften zunutze machen kannst: Leben bewahren und Zustände verbessern! Laß Dir das mal richtig auf der Zunge zergehen!

25. ‚Sitz der Gewohnheiten‘. Auf Deutsch heißt das: Das Ergebnis von Übung und Wiederholung; etwas immer wieder tun, bis es zur Gewohnheit geworden ist.

26. Es gilt, unsere eigene Göttlichkeit – unsere Schöpferkraft – zu erkennen und in Anspruch zu nehmen. Durch unsere Ideale, unser Streben und unsere Vorstellungskraft können wir neue Umstände herbeiführen. In der Tat tun wir das seit jeher, aber nun leben wir es bewußt und systematisch und auf unserem eigenen Willen beruhend, anstatt das still weiterzuführen, was uns andere – Achtung! – *vor-gesehen* oder *zu-gedacht* haben.

27. Aufgepaßt! Der Unterschied ist lediglich ein gradueller. Das Unterbewußtsein und das Universelle Bewußtsein sind gleich in Art und Qualität, weil es die Rolle des Universellen Bewußtseins ist, Leben auszudrücken. So stehen Dir über das

Unterbewußtsein unendliche Ressourcen zur Verfügung – sie müssen halt nur in Anspruch genommen werden. Die Inanspruchnahme kann durch Dich, aber – wie oben erwähnt – auch durch andere geschehen.

28. Eigentlich ist es nicht schwer zu verstehen, aber es ist genau dieser Aspekt des *Bewußtseins*, der uns in Einklang mit dem Universellen Bewußtsein bringt. Da die Schöpfung Gesetzmäßigkeiten unterliegt, bedeutet das, daß hier Struktur, Ordnung und System eine Rolle spielen. Wenn Du als Individuum nun auch diese Komponenten mit einbeziehst, wird sich Deine Realität *ent-sprechend* darstellen. Schlichtes Denken – oder eher: Gedanken haben – macht Platz für einen systematischen, kontrollierten und aufbauenden Vorgang. Es ist ja Dein Ziel, mehr Reichtum, mehr Liebe und mehr Gesundheit in Deinem Leben zu integrieren. Das sind allesamt aufbauende, sprich konstruktive Vorgänge, die Dich von weniger zu mehr führen.

29. Bei den Übungen gilt es zu beachten, daß sie systematisch aufeinander aufbauen. Ohne die Körperkontrolle im ersten Kapitel ist keine Gedankenkontrolle oder -abbremsung in diesem Kapitel möglich. Deine Fähigkeit, die Gedanken zu steuern, führt nächste Woche dazu, bestimmte gedankliche Anweisungen zu geben, womit auch dort der systematische Vorgang nochmals deutlich wird.

Es geht bei dieser Übung nicht darum, die Gedanken abzustellen, sondern sich ihrer gewahr zu werden und in gewisser Hinsicht abzubremsen. Du sollst dadurch erkennen lernen, wie viele Gedanken in jedem Augenblick Zugang zu Dir suchen – Gedanken, die, wenn sie nicht von Dir kontrolliert und gegebenenfalls abgewiesen werden, ans Unterbewußtsein weitergeleitet werden und dort keiner weiteren Bewertung unterzogen werden.

30. Betrachte die Gedanken hier genau, denn viele sind einfach nur Konditionierung. Du kannst sie als zusätzliche Übung aufnehmen. Einfach nur die Worte als Tondatei aufnehmen oder sie aufschreiben. Dann hinterfrage, wo sie herkommen, ob sie Deine sind und ob sie Dir dienlich sind. Diese Übung wirst Du im täglichen Leben auf die Schnelle immer öfter durchführen, denn nur so bist Du in der Lage, die Gedanken geistig ‚zu durchkreuzen‘ und sie dadurch zu hindern, sich in Dir festsetzen.

31. Meisterschaft impliziert Erfolg. Meisterschaft bedeutet, von einem Erfolg zum anderen zu schreiten; Dinge zu erkennen, sie entsprechend einzuordnen oder zu absolvieren, um dann ‚den Deckel drauf zu machen‘ und sich mit dem nächsten zu befassen. Erfolg bedeutet auch immer Abschluß und Vollendung.

3

Gedanken werden zu Dingen

Du hast herausgefunden, daß das Individuum auf das Universelle einwirken kann und daß das Ergebnis dieser Aktion und Interaktion Ursache und Wirkung ist. Gedanken sind somit die Ursache, und die Erfahrungen, die Du im Leben machst, sind die Wirkung.

Beseitige somit jegliche Möglichkeit, Dich über momentane oder vergangene Umstände zu beschweren, denn es liegt bei Dir, sie zu ändern und zu dem zu machen, wie Du sie gerne hättest.

Richte Deine Anstrengungen auf die Vergegenwärtigung der Dir stets zur Verfügung stehenden geistigen Quelle, aus der alle wahre und dauerhafte Macht und Kraft entsteht.

Praktiziere dies gewissenhaft, bis Du Dir der Tatsache bewußt wirst, daß es hierbei kein Versagen im Erreichen eines jeden Ziels im Leben gibt, wenn Du Dir nur Deiner Macht bewußt wirst und Dein Ziel beharrlich im Auge behältst. Geistige Kräfte stehen immer bereit, sich einem zweckgebundenen Willen hinzugeben, in dem Bestreben, Gedanken und Wünsche in Taten, Ereignisse und Umstände umzusetzen.

Während am Anfang jede Lebensfunktion und jede Handlung das Ergebnis von bewußtem Denken ist, werden angewöhnte Vorgehensweisen automatisiert, und der Gedanke, der sie steuert, sinkt in den Bereich des Unterbewußtseins. Dennoch ist er genauso intelligent wie zuvor. Es ist notwendig, daß er automatisch oder unterbewußt wird, damit sich der selbstbewußte Geist anderen Dingen zuwenden kann. Die neuen Details werden zu gegebener Zeit auch wieder zur Gewohnheit werden, dann automatisch und schließlich unterbewußt, damit der Verstand auch von diesem Detail befreit wird und sich fortgeschrittenen Aktivitäten widmen kann.

Wenn Dir das klar ist, wirst Du eine Kraftquelle gefunden haben, die es Dir erlaubt, mit jeder Situation im Leben klarzukommen.

GEDANKEN WERDEN ZU DINGEN

1. Die erforderliche Interaktion zwischen dem Verstand und dem Unterbewußtsein verlangt eine ähnliche Interaktion zwischen den entsprechenden Nervensystemen. Richter Thomas Troward erklärt die wunderschöne Methode, mit der sich diese Interaktion darstellt. Er sagt: „Das zerebrospinale System ist das Organ des Verstandes und das sympathische ist das Organ des Unterbewußtseins. Das zerebrospinale ist der Kanal, durch den wir eine bewußte Wahrnehmung der physischen Sinne erhalten und Kontrolle über unsere Körperbewegungen ausüben." Dieses Nervensystem hat sein Zentrum im Gehirn.

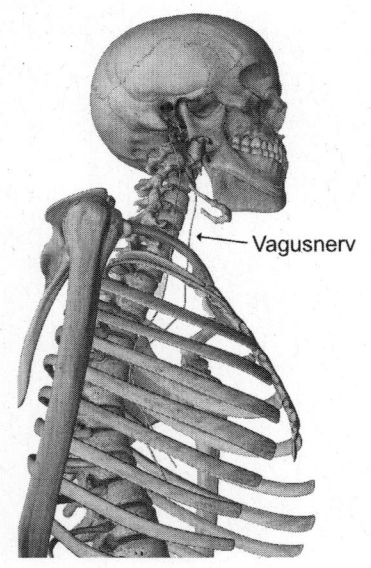

← Vagusnerv

2. Das Sympathische System hat sein Zentrum in der ganglionären Masse auf der Rückseite des Magens, bekannt unter dem Namen **Solarplexus.** Es ist der Kanal derjenigen geistigen Vorgänge, die unbewußt die lebenswichtigen Funktionen des Körpers unterstützen.

3. Die Verbindung zwischen den beiden Systemen wird durch den **Vagusnerv** (Abb. links) bewerkstelligt, der vom Hirnstamm als Teil des Willkürlichen Systems zum Thorax verläuft, in das Herz und die Lunge abzweigt, schließlich das Zwerchfell durchstößt, dabei seine äußere Hülle verliert und mit den Nerven des Sympathischen Systems eins wird. Somit stellt er das Bindeglied

zwischen den zweien her und **läßt den Menschen zu einer ,Einheit' werden.**

4. Wir haben festgestellt, daß jeder Gedanke vom Gehirn empfangen wird, welches das Organ des bewußten Verstandes ist. Dort wird er unseren Urteilskräften ausgesetzt. Wenn der Verstand damit zufrieden ist, daß der Gedanke wahr ist, wird er zum Solarplexus geschickt, dem Gehirn des Unterbewußtseins, dort anschließend zu ,Fleisch', und tritt in unserer Welt als Wirklichkeit auf. Er ist dann keinem weiteren Argument ausgesetzt. **Das Unterbewußtsein kann nicht argumentieren; es führt lediglich aus.** Es akzeptiert die Schlußfolgerungen des bewußten Verstandes als endgültig.

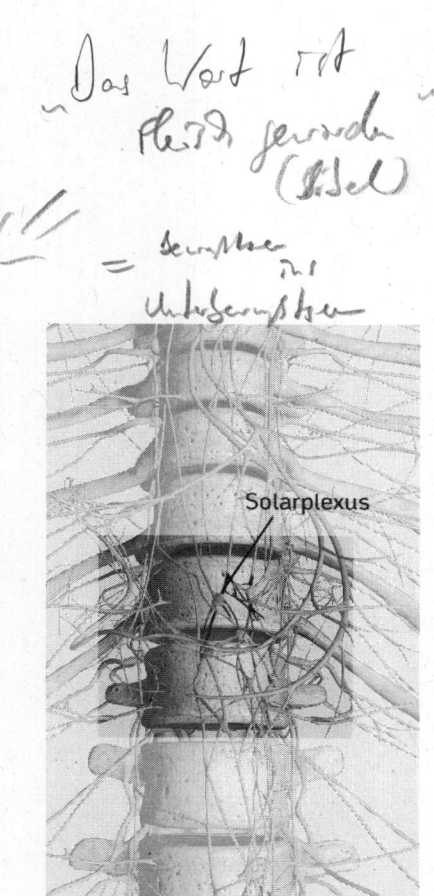

Solarplexus

5. Der **Solarplexus** (Abb. rechts) wurde mit der Sonne des Körpers verglichen, denn es ist der zentrale Verteilungspunkt der Energie, die der Körper ständig generiert. Diese Energie ist eine sehr reelle Energie, und die Sonne ist eine sehr reelle Sonne. Die Energie wird durch sehr reelle Nerven auf alle Teile des Körpers verteilt und dann an die den Körper umgebende Atmosphäre abgegeben.

6. Wenn diese Energie stark genug ist, wird die Person als ,attraktiv' bezeichnet; man sagt, sie sei persönlich anziehend. Solch eine Person kann immense Macht zum Guten einsetzen. Ihre Präsenz allein wirkt sich beruhigend auf die unsteten Geister aus, mit denen sie in Kontakt kommt.

7. Wenn der Solarplexus aktiv ist und Leben, Energie und Vitalität auf jeden Teil des Körpers abstrahlt, auch auf die Personen, die sie (die Person) antrifft, dann sind die Gefühle angenehm, der Körper voller Gesundheit, und all diejenigen, die mit ihr in Kontakt kommen, erleben ein angenehmes Gefühl.

8. Wenn es irgendwelche Störungen in der Abstrahlung gibt, sind die Gefühle unangenehm und der Energie- und Lebensfluß zu irgendeinem Teil des Körpers unterbrochen. Das ist die Ursache jeglicher Krankheit der menschlichen Rasse, ob körperlich, mental oder geistig.

Je mehr Energie wir ausstrahlen,
desto schneller sind wir in der Lage,
unerwünschte Umstände in Quellen
von Genuß und Profit umzuwandeln.

9. Körperlich, weil die Körpersonne den Körperteilen nicht länger ausreichend Energie bereitstellen kann; mental, weil das Bewußtsein vom Unterbewußtsein für die zur Unterstützung seiner Gedanken notwendigen Lebenskraft abhängig ist, und geistig, weil die Verbindung zwischen dem Unterbewußtsein und dem Universellen Bewußtsein unterbrochen wurde.

10. Der Solarplexus ist der Punkt, an dem der Teil das Ganze trifft; wo das Endliche unendlich wird; wo das Ungeschaffene geschaffen wird; wo das Universelle individualisiert wird; wo das Unsichtbare sichtbar wird. Es ist der Punkt, an dem Leben in Erscheinung tritt, und es gibt keinerlei Beschränkungen in der Menge an Leben, die ein Individuum durch dieses Sonnenzentrum erzeugen kann.

11. Dieses Energiezentrum ist allmächtig, weil es der Kontaktpunkt mit allem Leben und aller Intelligenz ist. Es kann all das erreichen, was immer ihm zu erreichen aufgetragen wurde. Darin liegt auch die Macht des Bewußtseins, denn das Unterbewußtsein kann und wird solche vom Bewußtsein vorgeschlagenen Pläne und Ideen ausführen.

12. Bewußtes Denken ist somit der Herrscher über dieses Sonnenzentrum, von dem das Leben und die Energie des gesamten Körpers ausgeht. Die Qualität unserer Gedanken bestimmt über die Qualität der Gedanken, die diese Sonne ausstrahlt. Der Charakter unserer Gedanken, die unser Bewußtsein hegt, entscheidet über den Charakter der Gedanken, den diese Sonne ausstrahlt. Die Natur der Gedanken, die unser Bewußtsein hegt, entscheidet über die Natur der Gedanken, die diese Sonne

ausstrahlt, und all das bestimmt schlußendlich die Natur der Erfahrung, die daraus entsteht.

13. Es ist somit bewiesen, daß wir nur unser Licht scheinen lassen müssen. Je mehr Energie wir ausstrahlen, desto schneller sind wir in der Lage, unerwünschte Umstände in Quellen von Genuß und Gewinn umzuwandeln. Nun stellt sich die wichtige Frage, wie man dieses Licht scheinen lassen kann – wie man diese Energie erschaffen kann.

14. Denken im Einklang vergrößert den Solarplexus; Widerstandsdenken läßt ihn schrumpfen. Angenehmes Denken vergrößert ihn; unangenehmes Denken läßt ihn schrumpfen. Gedanken des Mutes, der Macht, des Vertrauens und der Hoffnung produzieren einen **entsprechenden Zustand**. Der Erzfeind des Solarplexus, der auf jeden Fall zerstört werden muß, bevor überhaupt irgendein Licht scheinen kann, ist die Angst. Dieser Feind muß vollkommen zerstört werden. Er muß vernichtet werden. Er muß für immer ausgeschlossen werden. Er ist die Wolke, die die Sonne verdeckt und ewigen Verdruß schafft.

Denken im Einklang
(Gottes Ordnung, wollen)

'Entsprechung' ist eines der sieben hermetischen Prinzipien und wird durch das Axiom, „Wie oben, so unten" oder „Wie innen, so außen" ausgedrückt. Für uns bedeutet das folgendes: Einerseits wissen wir bereits zu Beginn, wie das Ende aussehen wird – wir können uns auf die gesetzmäßige Schöpfung verlassen. Andererseits finden wir stets Hilfe auf einer größeren oder höheren Ebene, wo das, was wir hier auf Erden zu erreichen versuchen, bereits erreicht wurde. Es bedarf dafür aber einer sorgfältigen Beobachtung. Wichtig in diesem Zusammenhang zu verstehen ist auch, daß es sich bei der Entsprechung (auch Analogie genannt) auch um Gleichnisse handelt, nicht etwa um exakte Kopien des Großen im Kleinen.

15. Es ist dieser persönliche Teufel, der dazu führt, daß der Mensch Vergangenheit, Gegenwart und Zukunft fürchtet; daß er sich selbst fürchtet, seine Freunde und Feinde, alles und jeden fürchtet. Wenn Angst effektiv und vollständig zerstört ist, wird Dein Licht scheinen, die Wolken werden sich auflösen, und Du wirst die Quelle der Kraft, der Energie und des Lebens gefunden haben.

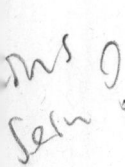

16. Wenn Du feststellst, daß Du mit der Unendlichen Macht wirklich eins bist, und wenn Du durch eine praktische Demonstration Deiner Fähigkeiten aufzeigen kannst, daß Du jeden widrigen Umstand durch die Kraft Deiner Gedanken bewältigen kannst,

Wenn Du feststellst, daß Du jeden widrigen Umstand durch die Kraft Deiner Gedanken bewältigen kannst, dann hast Du nichts mehr zu befürchten.

dann hast Du nichts mehr zu befürchten. Angst wird zerstört und Du in den Besitz Deines Geburtsrechts gekommen sein.

17. Es ist unsere Geisteshaltung dem Leben gegenüber, welche die Erfahrungen bestimmt, auf die wir treffen. Wenn wir nichts erwarten, werden wir nichts erhalten. Wenn wir viel erwarten, werden wir den größeren Teil erhalten. Die Welt ist nur hart, wenn wir es nicht schaffen, uns zu behaupten. Die Kritik der Welt ist nur für diejenigen bitter, die sich keinen Platz für ihre Ideen schaffen können. Es ist die Angst vor dieser Kritik, die dazu führt, daß viele Ideen das Licht der Welt gar nicht erst erblicken.

18. Doch der Mensch, der weiß, daß er einen Solarplexus besitzt, wird weder Angst noch etwas anderes fürchten. Er wird zu beschäftigt sein, Mut, Vertrauen und Macht auszustrahlen. Durch seine geistige Haltung wird er den Erfolg vorwegnehmen. Er wird Hindernisse in Stücke schlagen und über den Abgrund des Zweifels und des Zögerns springen, den Angst einst in seinen Weg legte.

19. Das Wissen unserer Fähigkeit, bewußt Gesundheit, Stärke und Harmonie auszustrahlen, bringt uns zu der Erkenntnis, daß es nichts zu befürchten gibt, da wir in Verbindung mit der Unendlichen Macht stehen.

20. Dieses Wissen kann nur durch die **praktische Anwendung** dieser Informationen erlangt werden. Wir lernen durch Anwendung; allein das Training macht den Athleten stark.

21. Da die folgende Aussage von großer Bedeutung ist, werde ich sie auf verschiedenste Weise ausdrücken, so daß Dir ihre Wichtigkeit nicht entgehen kann. Wenn Du religiös geneigt bist, würde ich sagen, daß Du Dein Licht scheinen lassen kannst. Wenn Dein Geist mehr den Körperwissenschaften zugeneigt ist, dann würde ich sagen, daß Du Deinen Solarplexus erwecken kannst; oder, wenn Du eine strikt wissenschaftliche Auslegung bevorzugst, dann würde ich sagen, daß Du Dein Unterbewußtsein beeinflussen kannst.

Konzentriere Dich geistig
auf das gewünschte Objekt;
wenn Du Dich konzentrierst,
beeindruckst Du das Unterbewußtsein.

22. Ich habe Dir bereits gesagt, was das Ergebnis dieser Beeinflussung sein wird. Es ist jedoch die Methode, an der Du nun interessiert bist. Du hast bereits gelernt, daß das Unterbewußtsein intelligent und schöpferisch ist und dem Willen des Verstandes antwortet. Was ist dann der natürlichste Weg, den gewünschten Eindruck zu machen? **Konzentriere Dich geistig auf das gewünschte Objekt; wenn Du Dich konzentrierst, beeindruckst Du das Unterbewußtsein.**

23. Das ist nicht der einzige Weg, aber ein einfacher und effektiver, der direkteste Weg und konsequenterweise derjenige, durch den die besten Resultate erzielt werden. Es ist die Methode, die solch großartige Ergebnisse in Erscheinung treten läßt, daß viele meinen, hier fänden Wunder statt.

24. Es ist die Methode, durch die jeder große Erfinder, Finanzier und Staatsmann befähigt wurde, die feinen und unsichtbaren Kräfte des Wunsches, des Vertrauens und der Zuversicht in wirkliche, greifbare, konkrete Tatsachen der objektiven Welt umzuwandeln.

25. Das Unterbewußtsein ist Teil des Universellen Bewußtseins. Das Universelle ist das schöpferische Prinzip des Universums – ein Teil muß gleich in Art und Qualität sein wie das Ganze. Das bedeutet, daß diese schöpferische Energie vollkommen unbegrenzt ist. Sie ist nicht an irgendwelche vorherigen Fälle gebunden und hat somit kein bereits bestehendes Muster, auf die sein schöpferisches Prinzip passen muß.

26. Wir haben herausgefunden, daß das Unterbewußtsein auf unseren bewußten Willen reagiert, was bedeutet, daß die **uneingeschränkte,**

schöpferische Kraft des Universellen Bewußtseins der Steuerung des Verstandes des Individuums unterliegt.

> Der Grund dafür liegt darin, daß wenn Du es wüßtest, Du Dich bereits auf dem Weg dorthin befinden würdest. Somit bleibt Dir zu Beginn nichts anderes übrig, als das Endresultat anzugeben und Dich auf das Universelle zu verlassen, Dir die Wege und Methoden aufzuzeigen, denen Du dann zu folgen hast.

27. Wenn wir dieses Prinzip gemäß der in den folgenden Lektionen überreichten Übungen **praktisch anwenden**, sollten wir uns daran erinnern, daß es nicht notwendig ist, die Methode zu umreißen, durch die das Unterbewußtsein die gewünschten Ergebnisse herbeischafft. Das Endliche kann das Unendliche nicht informieren. Du sollst lediglich sagen, was Du wünschst, jedoch nicht, wie Du es erlangen wirst.

28. Du bist der Kanal, durch den das Unterscheidungslose unterschieden wird, und diese Unterscheidung wird durch Inanspruchnahme erreicht. Es bedarf nur der **Anerkennung**, um die Ursachen in Bewegung zu setzen, welche die Ergebnisse gemäß Deines Wunsches herbeiführen. Das wiederum wird erreicht, weil das Universelle nur durch das Individuum und das Individuum nur durch das Universelle tätig werden kann – sie sind eins.

29. Für die Aufgabe dieser Woche bitte ich Dich, einen Schritt weiterzugehen. Ich will nicht nur, daß Du ganz still sitzt und alle Gedanken so weit wie möglich abstellst, sondern auch, daß Du Dich entspannst, Dich geistig fallen und die Muskeln ihre normale Stellung einnehmen läßt. Das wird jeglichen Druck von den Nerven nehmen und die Anspannung entfernen, die so häufig körperliche Erschöpfung hervorruft.

30. **Körperliche Entspannung** ist eine willkürliche Übung des Willens und wird von großem Wert sein, da es dem Blut ermöglicht, frei zu und vom Gehirn und im Körper zu zirkulieren.

Das Endliche kann das Unendliche nicht informieren.
Du sollst lediglich sagen, was Du Dir wünschst,
jedoch nicht, wie Du es erlangen wirst.

31. Spannung führt zu geistiger Unruhe und abnormer geistiger Tätigkeit. Es produziert Sorge, Ärger, Furcht und Ängstlichkeit. Entspannung ist demnach eine absolute Notwendigkeit, damit die geistigen Fähigkeiten ihre größte Freiheit ausüben können.

32. Führe diese Übung so gründlich und vollständig wie nur möglich aus; bestimmte im Geiste, daß Du jeden Muskel und jeden Nerv entspannen wirst, bis Du ruhig und friedvoll mit Dir und der Welt bist.

33. Der Solarplexus wird dann funktionstüchtig und Du vom Ergebnis überrascht sein.

34.
35.

> *Die Vision schreitet der Verwirklichung immer*
> *voran und bestimmt sie dadurch auch.*
> — LILIAN WHITING

FRAGEN UND ANTWORTEN

21. *Welches Nervensystem ist das Organ des Verstandes?*
Das zerebrospinale.

22. *Welches Nervensystem ist das Organ des Unterbewußtsein?*
Das sympathische.

23. *Welcher ist der zentrale Verteilungspunkt der vom Körper generierten Energie?*
Der Solarplexus.

24. *Wie kann diese Verteilung unterbrochen werden?*
Durch sich widersetzende, kritische und unharmonische Gedanken, besonders aber durch Angst.

25. *Was ist das Resultat solcher Unterbrechungen?*
Jegliches Übel, von dem die menschliche Rasse befallen ist.

26. *Wie kann diese Energie kontrolliert und gesteuert werden?*
Durch bewußtes Denken.

27. *Wie kann Angst vollständig eliminiert werden?*
Durch ein Verstehen und die Anerkennung der wahren Quelle aller Macht.

28. *Was bestimmt die Erfahrungen, die wir im Leben machen?*
Unsere vorherrschende Geisteshaltung.

29. *Wie können wir den Solarplexus erwecken?*
Konzentriere Dich geistig auf die Umstände, die Du in Deinem Leben verwirklicht sehen willst.

30. *Was ist das schöpferische Prinzip des Universums?*
Das Universelle Bewußtsein.

3

Gedanken werden zu Dingen

Jetzt wissen wir, daß es nur ein Bewußtsein – eine Kraft – gibt und lernen daraus, daß diese(s) über harmonisches, systematisches, bewußtes und konstruktives Denken dazu bewegt werden kann, sich in Form auszudrücken – Gedanken werden zu Dingen.

In Kapitel 3 lernst Du, daß sowohl der bewußte Verstand als auch das Unterbewußtsein speziellen Organen des Körpers zugeordnet werden können: Dem Gehirn und dem Solarplexus (auch Sonnengeflecht genannt).

Qualität, Charakter und Natur der von Dir gehegten Gedanken entscheiden schlußendlich über die Verwirklichung – Deine Realität. Somit schiebst Du keinem Menschen und keiner äußeren Kraft die Verantwortung zu, sondern übernimmst diese selbst und erschaffst Dich mittels der Macht Deiner Gedanken neu – Du wirst zu einem bewußten Mitschöpfer.

Daß es nichts zu befürchten gibt, weil Du mit der Unendlichen Macht 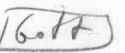 verbunden bist – das auch gar nicht anders geht – lernst Du genauso wie bewußt Gesundheit, Stärke und Harmonie auszustrahlen. Das wiederum erreichst Du durch bewußtes Denken, welches mit der Zeit zur Gewohnheit wird, dann automatisch und schließlich unterbewußt. Du bist zu jedem Zeitpunkt Herr Deiner Gedanken, und eine erhöhte Aufmerksamkeit (und somit Bewußtseinserweiterung) erlaubt es Dir, Dich im Moment zu fangen, frisch zu entscheiden und eine vollkommen neue Verursachungskette in Bewegung zu setzen.

Mir hilft es, wertfrei und in der Lage zu sein, mich immer öfter in Momenten negativer Gedanken zu ertappen. Dann schalte ich sie mittels eines starken Gegenarguments sofort um. Ich vergewissere mich also der Wahrheit, denn mein wahres Ich – und das kommt in Kapitel 4 – ist spiritueller Natur und kann nichts außer perfekt sein. Ich lächle und freue mich, daß mir die negativen Gedanken geholfen haben, mich neu zu (in-)formieren und das Negative in etwas Positives zu verwandeln. Das ist ein sehr befreiender Akt, denn mittels dieser Selbstkontrolle kann man im Handumdrehen jeder negativen Gedankensituation entkommen. Versuche es einmal: Du wirst sehen, wie wohltuend die Resultate sind.

Noch einmal: Wir als Individuen sind der Kanal, durch den sich das Große Ganze ausdrückt, weil es selbst nur statische, potentielle und vollkommen wertfreie Energie ist. Es ist unsere Inanspruchnahme, die dazu führt, daß wir mehr haben werden in unserem Leben, dieses ‚mehr' dann aber wieder zum Wohle anderer Menschen einsetzen.

ÜBUNG

Die Übung dieser Woche beschäftigt sich mit der körperlichen Entspannung, jeden Muskel und alle Nerven bewußt dazu zu bekommen, den Widerstand aufzugeben. Dabei ist es natürlich hilfreich zu wissen, welche Muskeln und Nerven man überhaupt hat, deshalb auch mein Verweis in der letzten Woche auf erweiterte sportliche Aktivitäten. Das Aufgeben von Widerstand aktiviert den Solarplexus, und das ist es, was Du Dir zur Gewohnheit machen willst. Damit strahlst Du über ihn Energie ab, wodurch sich andere Menschen zunehmend zu Dir hingezogen fühlen.

AUFGABEN

1. Schreibe hier noch einmal auf, wie der bewußte Verstand mit dem Unterbewußtsein in Verbindung steht und welcher Körperteil für Deine "magnetische Präsenz" verantwortlich ist.

....

....

3 - Gedanken werden zu Dingen

2. Bewerte hier auf einer Skala von 1 – 10, wie Du Dich diese Woche gefühlt hast:

	Vorwoche	Jetzt
Dein Selbstwert:	_____	_____
Dein Energieniveau:	_____	_____
Dein Glücksgefühl:	_____	_____
Deine Tatkraft:	_____	_____
Deine Gesundheit:	_____	_____
Dein Reichtum:	_____	_____

3. Schreibe die 3 wichtigsten Dinge auf, die Du von diesem Teil gelernt hast, insbesondere was die körperliche und geistige Entspannung anbelangt.

   1. ....
   2. ....
   3. ....

4. Schreibe auf, welche Handlungen Du unternommen hast, um momentanen oder vergangenen Umständen negativer Art zu begegnen, sie aufzulösen und durch positive Gegenvorschläge zu ersetzen.

   ....

   ....

   ....

   ....

5. Kreuze an, welche der untenstehenden Taten oder Handlungen Du diese Woche unternommen hast oder welche eingetreten sind:

   ☐ Eine andere Person hat ihr Verhalten mir gegenüber geändert.

   ☐ Ich bin in einer unerwünschten Situation gelassener geblieben.

   ☐ Ich bin mir zunehmend bewußt über meine Fähigkeit, meine Gedanken aktiv zu steuern.

   ☐ Ich habe mir vor einer Entscheidung überlegt, welches Resultat daraus entstehen würde.

   ☐ Ich habe mir Ereignisse aus meiner Vergangenheit noch einmal bewußt gemacht, ohne sie zu bewerten.

- ☐ Ich konnte dadurch neue Erkenntnisse erlangen, die ich als hilfreich betrachte.
- ☐ Ich habe bewußt auf meinen Atem geachtet und im Anschluß mehrere lange, tiefe Atemzüge gemacht.
- ☐ Ich habe fange mich mehr und mehr "im Moment" und analysiere meine Handlungsweise.
- ☐ Ich habe bewußt einem anderen Menschen eine unerwartete Freude gemacht.
- ☐ Ich habe vor dem Schlafengehen einen Dank für den vergangenen Tag ausgesprochen.
- ☐ Ich fühle mich morgens beim Aufstehen energiegeladen und optimistisch und mache einige Leibesübungen, die meinen emotionalen Zustand noch weiter anheben.
- ☐ Ich habe diese Woche __ Zeilen angekreuzt. Das sind __ mehr/weniger als letzte Woche.

6. Schreibe eine Sache auf, die Du kommende Woche mit besonderer Aufmerksamkeit besehen wirst, um letztere noch intensiver zu schulen.

....

7. Schreibe auf, in welchen Situationen Du bewußt positive Emotionen zum Ausdruck gebracht hast, wo Du vorher noch anders reagiert hättest.

....

....

8. Schreibe auf, wie Du Dich fühlst, wenn Du diese Emotionen ausgedrückt hast.

....

....

....

9. Schreibe auf, was sich nach der Übung in Dir geändert hat? Wie hat es sich angefühlt, sich total zu entspannen?

....

....

....

....

10. Kreuze an, wie sehr Du Dich auf das Lernmaterial des nächsten Teils freust:
   ☐ Ich kann es gar nicht mehr abwarten!
   ☐ Ich freue mich sehr!
   ☐ Ich kann es kaum in Worte fassen.
   ☐ Ja, ich will MEHR davon!

LITERATURHINWEIS

🅦 Bruce Liptons „*Intelligente Zellen*" zeigt auf, daß wir mit unseren Gedanken unsere Gene steuern. Zu dem Buch gibt es separat auch eine DVD mit einem Vortrag von ihm.

DU HAST DIESEN TEIL GEMEISTERT...

☐ wenn Du verstanden hast, welche Funktion der Solarplexus erfüllt und Du in der Lage bist, ihn bewußt zum Strahlen zu bringen.

☐ wenn Du verstanden hast, daß Gedanken keine Dinge sind, aber zu Dingen werden, wenn man sie lange genug unterhält und durch die entsprechenden Gefühle mit Lebenskraft versieht.

☐ wenn Du verinnerlicht hast, daß das bewußte Denken der Herrscher über den Solarplexus ist.

☐ wenn Du Dich auf eigene Anweisung hin körperlich entspannen kannst, so daß Du Dich richtig wohl fühlst. (Achte dabei auch auf eine tiefe, rhythmische Zwerchfellatmung.)

KOMMENTAR

Es ist von großer Bedeutung, zu verstehen, daß all das, worüber man sich Gedanken macht, die Domäne des (Wach-)Bewußtseins noch nicht verlassen hat und im Unterbewußtsein noch nicht umgesetzt wird. Es muß so lange bewußt praktiziert werden, bis das Unterbewußtsein übernimmt. Dann aber geschehen Dinge wie von selbst und es bedarf keiner gedanklichen Anstrengung mehr. Natürlich müssen und werden dazu immer noch bestimmte Dinge getan, aber es muß über sie nicht mehr nachgedacht werden – und das im wahrsten Sinne des Wortes.

Das Wollen, Wünschen und Erwarten des Verstandes bedeutet, noch getrennt zu sein – Du bist noch nicht eins mit dem Objekt Deiner Begierde. Das lernst Du aber im Verlauf Deines Studiums, insbesondere durch die Übungen der zweiten Hälfte.

1. Dieser und die folgenden Punkte sind von großer Bedeutung, da sie erklären, welche Verbindung zwischen geistigen, feinstofflichen und dem grobstofflichen, ‚realen‘ Bereich besteht. Dadurch wird deutlich, welche Auswirkungen Gedanken auf unsere Realität haben. Wenn sie auch das Außen selbst nur in geringem Maß beeinflussen, findet eine direkte Beeinflussung auf der menschlichen Ebene statt, und zwar in Form von Gefühlen. Charles Haanel erklärt in Kapitel 15, wie Gedanken nach Worten greifen, um sich Ausdruck zu verschaffen. Daß Wort und Gefühl in den meisten Fällen nahezu zeitgleich stattfinden, ist Dir sicherlich nicht neu.

2. Dem Solarplexus und seiner Wirkung wurde von westlicher Seite kaum Beachtung geschenkt, da seine Funktionsweise mit herkömmlichen Geräten nicht meßbar war. Das ist übrigens ein gutes Beispiel dafür, wie sich in diese Richtung kein Bewußtsein ausbilden konnte, weil ihm keine Aufmerksamkeit geschenkt wurde. Nun aber wissen wir über die Chakralehre, welche Funktion ihm inne ist, und wir können dieses Bewußtsein zu unserem Nutzen einsetzen. Ich hoffe, die Abbildungen vom Vagusnerv und dem Solarplexus haben dir geholfen, diese beiden so wichtigen Elemente noch besser zu veranschaulichen. Quelle: *Complete Anatomy (MacOS) - 3D4Human.com*

3. Für mich war dieser Satz eine regelrechte Offenbarung, denn zum ersten Mal wurde mir die körperliche Verbindung zwischen dem Verstand und dem Unterbewußtsein deutlich – die Verbindung zwischen der physischen Welt und ihrem Schöpfer. So wurde vieles, was ich vorher im Bereich des Glaubens oder der Esoterik angesiedelt hatte, auf eine wissenschaftliche und mir nachvollziehbare Basis gestellt. Vor allem machte der ganze Prozeß nun auch Sinn, da über den Vagusnerv das Bindeglied identifiziert wurde.

4. Hier ist es wichtig, zu verstehen, daß das Unterbewußtsein nicht argumentiert, sondern lediglich ausführt. Deshalb ist es so wichtig, nur lebensrichtige Signale und Informationen weiterzuleiten.

5. Weil es so bedeutsam ist, hier gleich noch einmal zur Erinnerung: Der Solarplexus ist der Ort, wo sich das Spirituelle und das Materielle treffen. Die Energien, die hier an die endokrinen Drüsen weitergeleitet werden, führen über Hormonausschüt-

tungen zu unmittelbaren Erlebnissen sowohl auf körperlicher als auch emotionaler Ebene. Hier möchte ich auf Baird Spaldings Buch ‚*Leben und Lehren der Meister im Fernen Osten*' Band 3, Kapitel 3 und 5 verweisen. Dort wird beschrieben, wie der ‚Gottesmensch' alle 7 Zentren (Chakras) seines Körpers in ihren Schwingungen erhöht und aus dem Solarplexus einen Strahl reinen weißen Lichts aussendet, der reine Liebe, reine Gottesenergie ist. Dieser Strahl heilt nicht nur, sondern zerstört alles Böse, wenn er von der Gegenseite nicht wohlwollend aufgenommen wird. Diesem Aspekt kann in unserem Leben nicht genug Aufmerksamkeit geschenkt werden. Das Studium des Master Key Systems soll dazu führen, das Christusbewußtsein in Dir zu erwecken – das 'ICH BIN', den Christus, den Gottessohn, den Sohn der Sonne, des Leben spendenden Prinzips! Das geht jedoch nicht ohne die eigene Läuterung und die Erhöhung Deiner eigenen Schwingungen. Schau, daß Du zu diesem Thema weiterführende Literatur aufsuchst und Dich dort entsprechend weiterbildest.

6. Aufgrund der zur Verfügung stehenden Lebenskraft verfügt solch eine Person auch über ein hohes Maß an Selbstkontrolle. Eine Person, die nicht über entsprechende Lebenskraft verfügt, hat auch keine wirkliche Kontrolle über sich selbst. Sie ist und bleibt so lange schwach und in einer Opferrolle, bis sie erkennt, daß die Lebenskraft in ihr latent vorhanden ist und von ihr geweckt werden muß.

7. Das erklärt auch, warum wir, wenn wir voller Energie sind, Bäume ausreißen können, d.h. nach außen streben, während wir uns, wenn es uns schlecht geht, zurückziehen und nach innen verkriechen. Kraft und Macht hat immer was Gebendes, etwas Ausdehnendes, etwas Anhäufendes.

8. Hier kommt es zu einer Störung der Harmonie, der Ordnung und der Abläufe im System. Diese Störungen äußern sich auf körperlicher Ebene durch Nervensignale, denen Du Aufmerksamkeit schenken solltest. Das System sagt Dir dadurch: „Achtung, hier muß eingeschritten werden; hier stimmt etwas nicht." Das Wort ‚*stimmen*' ist äußerst klar in seiner Bedeutung. Stimme, stimmig, Harmonie, Ordnung usw.

9. Du erkennst hier auf Anhieb, daß die Funktionen des Solarplexus alle Bereiche Deiner Existenz berühren. Deshalb ist es so wichtig, den Solarplexus zu aktivieren und zum Strahlen zu bringen – siehe oben! Da diese Energie auch an Deine Umgebung abgegeben wird, geht das auch an anderen Menschen nicht spurlos vorüber.

10. Da die Sonne auch rein visuell das Zentrum unseres Lebens ist, ist es nicht schwer zu verstehen, daß der Solarplexus ebenso das Zentrum unseres Körpers darstellt. ‚*Wie oben, so unten*' lautet die alte hermetische Maxime.

11. Das Augenmerk liegt hier auf ‚*kann und wird*'. Das bedeutet, es hat das Vermögen, es zu tun und in gewisser Hinsicht auch das Verlangen, daher das ‚*wird*'. Wenn wir uns unseres Solarplexus bewußt werden und ihn konsequent nutzen um Energie abzustrahlen, haben wir eine weitere Stufe in unserer menschlichen Entwicklung

erreicht. Durch diese Selbsterkenntnis, Selbstbefähigung und Selbstverwirklichung machen wir den Weg frei, der schließlich ins Herz führt. Dafür müssen wir zunächst den Solarplexus meistern, um die Tür zum Herzen zu öffnen.

12. Bewußtes Denken, das im Einklang mit der Vorwärtsbewegung des Großen Ganzen ist – also mit dem Lebensprinzip des Universums – führt zu harmonischen Gedanken, Worten und Taten. Sie alle haben entsprechende Auswirkungen auf das, was Du Dein Leben nennst.

13. Mit ‚je mehr Energie' ist gemeint, Deine Schwingungsrate zu erhöhen. Du mußt höhere, erhabenere Gedanken denken und diese verwirklichen. Du wirst später lernen, daß eine höhere Schwingungsrate eine niedrigere regelt, kontrolliert, ändert oder auch zerstört. Daraus ergibt sich, daß die feinstofflichen Energien die machtvollen sind, denn sie setzen sich über die grobstofflichen hinweg.

14. Wie Du bereits in Kapitel 2 gelernt hast, ist Angst etwas, was nicht der Wahrheit entspricht – sie hat kein Prinzip. Sie ist nur scheinbar mächtig, kann aber durch das Scheinen Deines eigenen Lichts unschädlich gemacht werden – siehe auch die Erläuterungen zu Punkt 5. Es ist wiederum Deine eigene Inanspruchnahme, Dein Erkennen Deiner wahren Natur und der damit verbundenen Macht, die diese Angst auslöscht.

15. Angst hat vor allem die Eigenschaft, daß sie einen im Außen nach Lösungen suchen läßt. Oft wendet man sich sogar

den Personen oder Institutionen zu, die überhaupt erst dafür gesorgt haben, daß die Angst entstanden ist, um anschließend verbreitet zu werden. Hier ist höchste Aufmerksamkeit gefragt. Auf der anderen Seite führt das Studium dazu, daß Du Dir immer mehr vertraust, anstatt Dich von anderen beeinflussen zu lassen. Wenn Du aus irgendeinem Grund gegenwärtig noch ängstlich bist, wirst Du dieses Empfinden zunehmend durch Erkenntnis, Mut, Tatendrang und Lebensfreude ersetzen. Freue Dich schon einmal darauf!

16. Du wirst im weiteren Verlauf noch lernen, daß sich jeder negative Zustand dadurch auszeichnet, daß es ihm an Lebenskraft mangelt. So verhält es sich auch mit der Angst. Sie zeichnet sich durch eine Abwesenheit an Mut und Stärke aus. Sobald Dein Fokus auf diese beiden Dinge fällt, vergeht die Angst schrittweise aber sicher von selbst. Sie muß auch nicht gesondert bekämpft werden, denn das würde ihr die zum Überleben notwendige Aufmerksamkeit und Energie schenken.

17. Deine Erwartungshaltung ist nichts anderes als Deine Inanspruchnahme. Du begibst Dich in geistige Verbindung mit dem, was Du zu verwirklichen suchst. Es ist nur eine Frage der Zeit, bis sich Dein Wunsch verwirklicht, denn der schöpferische Prozeß unterliegt Gesetzen und nicht Launen oder Zufall.

18. Wenn Haanel von ‚beschäftigt sein' spricht, weist auch das auf eine bewußte Handlung hin, eine Aktivität. Das zeigt, daß es sich bei dem Ganzen nicht um eine schlichte Ansammlung von Wissen handelt, sondern

[handschriftliche Notiz am oberen Rand: Ohne abschließende Handlung kann keine Verwandlung geistiger Bilder (Realität) entstehen]

um eine praktische Umwandlung in greifbare Werte. Das bedeutet, daß die Erkenntnis dessen, was der Solarplexus darstellt, dazu führt, daß man ,*mutig plant und furchtlos ausführt*‘, wie Haanel es in einem späteren Kapitel nennt. Ohne eine abschließende Handlung kann keine Verwirklichung geistiger Bilder entstehen. Das muß Dir vollkommen klar sein.

19. ,*In Verbindung mit der unendlichen Macht*‘ stehst Du eben durch den Vagusnerv, der das Gehirn mit dem Solarplexus verbindet.

20. Auch wenn Du nicht beim ersten Mal gleich erfolgreich sein wirst, ist das dennoch kein Grund zur vorzeitigen Aufgabe. Mache einfach weiter. Haanel schreibt später noch, daß uns jegliche Anstrengung hoch ange-rechnet wird. Auch das gilt es sich immer wieder ins Bewußtsein zu rufen.

21. Hieraus geht hauptsächlich hervor, daß Du eine wahre Macht und Kraft besitzt, sie aber gebrauchen mußt, um aus ihr einen Nutzen zu ziehen. ,*Gebrauch ist die Bedingung*‘, schreibt Haanel später.

22. Das steht im oft krassen Gegensatz zu Deiner momentanen Vorgehensweise, die sich dadurch auszeichnet, daß Du erklärst, was Du nicht haben willst. Da das Universum aber keine Verneinung kennt (weil es eben nur das kennt, was es erschaffen hat, nicht aber das, was es noch nicht erschaffen hat), fällt auch bei der Verneinung die Aufmerksamkeit auf das Thema selbst und verstärkt es. Alles, was Du bewußt (!) ablehnst, ziehst Du verstärkt in Dein Leben. Das gilt es zu erkennen, denn nur dann kannst Du Dich gedanklich in eine andere Richtung bewegen, in der eine grundlegend andere Qualität vorherrscht. Energie folgt Aufmerksamkeit, ganz gleich in welche Richtung, wobei aber nur eine Richtung lebensrichtig ist, während die andere dadurch charakterisiert wird, daß sie fehler-, also mangelbehaftet ist und auf Dauer nicht bestehen kann.

23. Sich geistig auf das gewünschte Objekt zu konzentrieren bedeutet, Abstand von dem Unerwünschten zu nehmen. Dadurch wird eine neue Ursache in Bewegung gesetzt. Wie Du im Verlauf des Studiums noch lernen wirst, führt das zu entsprechenden Auswirkungen. Das geschieht durch das Hermetische Prinzip der Entsprechung in Verbindung mit den sechs weiteren Prinzipien. Im Klartext: Bei Dir findet eine gedankliche Umorientierung statt, denn nur dadurch ist es möglich, daß sich neue Umstände einstellen können.

Deine Sinne werden auf absehbare Zeit aber noch die Resultate Deines alten Denkens vorspiegeln. Du mußt lernen, sie in gewisser Hinsicht zu ignorieren, also bewußt altes Gedankengut als uner-wünscht anzusehen und es durch neue Gedanken zu ersetzen. Das schließt übri-gens mit ein, daß man die Ursache der gegenwärtigen Auswirkung erkennt und sie durch liebevolles Loslassen im wahrsten Sinne des Wortes ,entkräftet‘. Gleichzeitig bejaht und bekräftigt man aber das Neue, welches sich ebenso im Unterbewußtsein niederlassen wird. Es gibt ja niemanden außer Dich, der darüber entscheidet. Alles geschieht gesetzmäßig! Das ist das eigentlich Wunderbare daran, denn wie Du noch lernen wirst, kannst Du Dich darauf

[handschriftliche Notiz am unteren Rand: liebevolles loslassen!]

verlassen. Diese Gewißheit führt zu neuem Mut und Tatendrang und so zu den ersten konkreten Schritten in ein neues Leben.

24. Führe Dir diesen Satz noch einmal zu Gemüte, denn aus ihm geht hervor, wie man sich Macht und Kraft sichert. Diese Erfinder, Finanziers und Staatsmänner sind ja auch aus Fleisch und Blut. Sie aber wußten etwas, was Dir jetzt durch das Master Key System vermittelt wird. Sie wußten um die schöpferische Macht der Gedanken. Du kannst auch davon ausgehen, daß sie sich mit ihresgleichen umgeben haben, um diesen Gedanken noch mehr Form und Gestalt zu geben. Das bedeutet automatisch, daß sie sich von den niederen Gedanken-, Gefühls- und Handlungsebenen ferngehalten haben, denn sonst hätten sich auch diese für sich und ihre Umgebung manifestiert.

25. Vollkommen unbegrenzte schöpferische Energie.

26. Genau deshalb ist es so wichtig, seine Gedanken unter Kontrolle zu haben, denn all das, was wir nicht selbst bewußt steuern, wird von anderen gesteuert. Das ist bekanntlich das, was sie wollen und nicht unbedingt das, was wir selbst wollen oder erwünschen.

27. Es ist das Endresultat, worauf Du Dich gedanklich ausrichten sollst und nicht der Weg dorthin. Das ginge auch nicht, denn wüßtest Du bereits den Weg, würdest Du ihn bereits eingeschlagen haben. Dieser aber ergibt sich durch Dein Einfinden in der Stille, durch Gedankenkonzentration,

durch Visualisierung. Genaueres dazu wird Dir in den Kapiteln 5ff vermittelt.

28. ‚An-er-kennung' ist hierbei ein schönes deutsches Wort, ausdrucksstark und genau. Anerkennung führt durch ‚In-Anspruch-nahme' zur ‚An-eignung' und ‚Bewußt-werdung'. Du siehst, wie all diese Teile miteinander verknüpft sind und wie wunderbar klar und ausdrucksstark die deutsche Sprache ist.

29. Nach der Körperkontrolle in Kapitel 1 und der Gedankenkontrolle in Kapitel 2 geht es nun um körperliche Entspannung. Das ist eine gedankliche Anweisung, für die Du körperliche Kontrolle benötigst. Es ist diese körperliche Entspannung, die ein unabdingbarer Teil der folgenden Kapitel ist, denn Du wirst nicht in der Lage sein zu visualisieren und Dich zu konzentrieren, wenn Du körperlich angespannt bist. Daher gilt es auch diese Übung zu meistern.

30. Körperliche Entspannung hat auch viel mit Atmung zu tun. Achte deshalb vor allem in Situationen, in denen Du Gefahr läufst, hektisch und unüberlegt zu werden, darauf, einige Male tief, langsam und rhythmisch ein- und auszuatmen. Das nimmt umgehend die Spannung und läßt Dich wieder ‚normal' werden.

31. Das Wort Spannung macht schon deutlich, daß es sich hierbei um eine Situation handelt, bei der es zwei Pole gibt: Den, an dem Du Dich momentan aufhältst, und den, der diesem gegenüber gesetzt und in aller Wahrscheinlichkeit auch erwünscht ist. Wenn Du Dich dort befän-

dest, wärest Du im Einklang – alles wäre harmonisch. So aber gibt es eine Distanz zwischen Dir und dem Idealzustand, was bedeutet, daß Du diese Distanz verringern mußt. Anhaltende Spannung steht neuen Gedanken und somit neuen Realitäten im Wege. Harmonie impliziert immer einen ausgeglichenen und keinen angespannten Zustand.

32.   Dieser innere Friede ist mit kaum etwas vergleichbar. Er ist die Basis für jegliche Art von Entscheidung. Er verhindert, daß Du überhastet in eine Richtung schreitest, es dann später aber bereust. Dieser Friede versetzt Dich auch in die Lage, selbst in Extremsituationen stets besonnen zu handeln und auch dann noch zu lieben und mitzufühlen, wo andere schon längst ‚auf dem Kriegspfad' wären.

33.   Du siehst, daß es keines allzu großen Aufwandes bedarf, den Solarplexus funktionieren zu lassen. Entspannung führt zur freien Blutzirkulation und dem Aktivieren des Solarplexus und zum bewußten Ausstrahlen von Leben spendender Energie an alle Körperteile.

4

Das wahre „Ich"

Hiermit überreiche ich Dir Teil Vier. Er wird Dir zeigen, warum das, was Du denkst, tust oder fühlst, ein Zeichen dessen ist, was Du bist.

Gedanken sind Energie, und Energie ist Macht und Kraft. Weil alle in der Welt bekannten Religionen, Wissenschaften und Philosophien auf der Darstellung dieser Energie gründen, anstatt auf der Energie selbst, war die Welt auf die Wirkungen beschränkt, während die Ursachen ignoriert oder schlichtweg mißverstanden wurden.

Aus diesem Grund haben wir Gott und den Teufel in der Religion, positiv und negativ in der Wissenschaft, und gut und böse in der Philosophie.

Der ‚Master Key' kehrt diesen Vorgang um; er ist **nur an der Ursache interessiert**, und die von Studenten erhaltenen Briefe erzählen eine wunderbare Geschichte. Sie zeigen zweifelsfrei auf, daß sie die Ursache finden, durch die sie Gesundheit, Harmonie und Überfluß herbeiführen, oder was sie sonst zu ihrem Wohlbefinden und ihrem Glück benötigen.

Das Leben ist ausdrucksstark, und es ist unser Anliegen, uns harmonisch und konstruktiv auszudrücken. Trauer, Mißstand, Unglück, Krankheit und Armut sind keine Bedürfnisse, und wir sollten sie ständig – ohne Unterlaß – eliminieren.

Der Vorgang des Eliminierens besteht darin, sich über Beschränkungen jeglicher Art hinwegzusetzen. Derjenige, der seinen Gedanken gestärkt und gereinigt hat, muß sich nicht vor Krankheitserregern fürchten, und der, der zu einem Verständnis des Gesetzes der Fülle gekommen ist, wird sich umgehend zur Quelle der Versorgung begeben.

Deshalb werden Schicksal, Glück und höhere Fügung genau so gelenkt, wie der Kapitän sein Schiff oder der Lokführer seinen Zug lenkt.

DAS WAHRE 'ICH'

1. Dein ‚Ich‘ ist nicht Dein physischer Körper; dieser ist lediglich ein **Hilfsmittel**, welches vom ‚Ich‘ zur Durchführung seiner Aufgabe genutzt wird. Das ‚Ich‘ kann nicht der Verstand sein, da der Verstand lediglich ein Hilfsmittel ist, welches vom ‚Ich‘ zum Denken, Urteilen und Planen genutzt wird.

2. Das ‚Ich‘ muß etwas sein, was sowohl den Körper als auch Verstand steuert; etwas, das bestimmt, was sie zu tun haben und wie sie sich verhalten sollen. Wenn Du zur Wahrnehmung der wahren Natur des ‚Ich‘ kommst, wirst Du in den Genuß einer Empfindung von Macht kommen, die Dir bis dato vollkommen unbekannt war.

3. Deine Persönlichkeit besteht aus unzähligen individuellen Eigenschaften, Besonderheiten, Gewohnheiten und Charakterzügen. Diese sind das Resultat **vorheriger Denkweisen**, aber sie haben nichts mit dem wahren ‚Ich‘ zu tun.

4. Wenn Du sagst : ‚Ich denke‘, dann sagt das ‚Ich‘ dem Verstand, was er denken soll. Wenn Du sagst: ‚Ich gehe‘, dann sagt das ‚Ich‘ dem physischen Körper, wohin er gehen soll. Die wahre Natur des ‚Ich‘ ist geistig und der Ursprung der realen Kraft, die zu Männern und Frauen gleichsam kommt, wenn sie sich ihrer wahren Natur bewußt werden.

5. Die großartigste und wundersamste Kraft, die diesem ‚Ich‘ gegeben wurde, ist die Kraft, zu denken, aber nur wenige Menschen wissen,

wie man konstruktiv oder wahrhaftig denkt. Somit erzielen sie auch nur durchschnittliche Resultate. Die meisten Menschen erlauben es ihren Gedanken, auf selbstsüchtigen Vorhaben zu weilen – das unausweichliche Ergebnis eines kindlichen Gemüts. Wenn das Bewußtsein erwachsen wird, versteht es, daß der Keim der Niederlage in jedem selbstsüchtigen Gedanken steckt.

6. Der trainierte Verstand weiß, daß jede Transaktion jeder Person zugute kommen muß, die damit in Berührung kommt, und daß sich jeglicher Versuch, von der Schwäche, Ignoranz oder dem Bedürfnis anderer zu profitieren, unweigerlich zu seinem Nachteil auswirkt.

7. Das geschieht, weil das Individuum ein Teil des Universellen ist. Ein Teil kann nicht einen anderen Teil gegen sich aufbringen; im Gegenteil: Das Wohlbefinden eines jeden Teils hängt von der Anerkennung des Gesamtinteresses ab.

8. Diejenigen, die dieses Prinzip erkennen, haben einen großen Vorteil im Leben. Sie verschleißen nicht; sie können wandernde Gedanken durch Können eliminieren; sie können sich bereitwillig in größten Ausmaß auf jedes Thema konzentrieren; sie verschwenden weder Zeit noch Geld mit Objekten, die für sie keinen möglichen Nutzen haben.

9. Wenn Du diese Dinge nicht tun kannst, dann nur deshalb, weil Du bisher nicht die notwendigen Anstrengungen unternommen hast. **Jetzt ist die Zeit, diese Anstrengungen zu unternehmen.** Das Ergebnis wird in einem genauen Verhältnis zu den von Dir unternommenen Anstrengungen stehen. Eine der **stärksten Bekräftigungen**, die Du zum Zweck der Willensstärkung und Verwirklichung Deiner Macht und Kraft einsetzen kannst, ist: *„Ich kann sein, was ich zu sein erwille."* (Das Verb ‚erwille' leitet sich aus dem Original ‚will to be' ab, was bedeutet, daß etwas durch eine bewußte Willensentscheidung ins Leben gerufen wurde. Das Augenmerk liegt somit auf dem schöpferischen Prozeß, anstatt auf der bloßen Äußerung bezüglich vorhandener Wahlmöglichkeiten seitens des Individuums. Anm. d. Ü.)

Wenn Du Dich entschieden hast, etwas zu tun, tue es. Lasse nichts und niemanden dazwischen kommen.

10. Jedes Mal, wenn Du das wiederholst, bedenke, was dieses ‚Ich' ist. Versuche, zu einem gründlichen Verständnis der wahren Natur des ‚Ich' zu kommen. Wenn Du das schaffst, wirst Du unschlagbar sein, vorausgesetzt, Deine Ziele und Absichten sind konstruktiv und somit in Einklang mit den gestalterischen (schöpferischen) Prinzipien des Universums.

11. Wenn Du von dieser Affirmation Gebrauch machst, dann mit Nachdruck: morgens und abends und so oft während des Tages, wie Du Dich daran erinnerst. Mache damit weiter, bis sie ein Teil von Dir wird; schaffe die Gewohnheit.

12. Wenn Du es nicht tust, dann fange auch gar nicht erst damit an, denn die moderne Psychologie sagt uns, daß, wenn wir etwas anfangen, es aber nicht vollenden oder uns den Vorsatz machen und uns nicht an ihn halten, wir uns eine Gewohnheit des Versagens aneignen – vollkommenen, schändlichen Versagens. Wenn Du eine Sache nicht machen willst, fange gar nicht erst an; wenn Du anfängst, vollende sie, selbst wenn der Himmel über Dir zusammenbrechen sollte. Wenn Du Dich entschieden hast, etwas zu tun, tue es. Lasse nichts und niemanden dazwischen kommen. Das ‚Ich' hat es bestimmt; die Sache ist erledigt; die Form ist gegossen; es gibt kein Argument mehr dagegen.

13. Wenn Du diese Idee mit kleinen, kontrollierbaren Dingen beginnend durchführst, die Anstrengungen dann Schritt für Schritt verstärkst, aber auf keinen Fall dem ‚Ich' erlaubst, überredet zu werden, wirst Du feststellen, daß Du Dich schlußendlich **selbst beherrschen** kannst. Viele Männer und Frauen haben zu ihrem Verdruß festgestellt, daß es einfacher ist, ein Königreich zu beherrschen, als sich selbst.

14. Wenn Du aber gelernt hast, Dich zu beherrschen, hast Du die ‚innere Welt' gefunden, welche die ‚äußere Welt' steuert. Du bist unwiderstehlich geworden; Männer und Frauen antworten auf jeden Deiner Wünsche ohne große Anstrengung Deinerseits.

15. Das ist nicht so fremd oder unmöglich, wie es erscheint, wenn Du Dich nur daran erinnerst, daß die ‚innere Welt' von dem ‚Ich' gesteuert wird, und daß dieses ‚Ich' ein Teil oder eins mit dem Unendlichen ‚Ich' ist, das die Universelle Energie oder das Bewußtsein darstellt und von uns für gewöhnlich ‚Gott' genannt wird.

16. Das ist nicht nur ein Ausdruck oder eine Theorie zum Zweck der Bestätigung oder Etablierung einer Idee, sondern eine Tatsache, die von dem besten religiösen und wissenschaftlichen Gedankengut akzeptiert wurde.

17. Herbert Spender sagte einmal: „Neben all den Geheimnissen, die uns umgeben, ist nichts gewisser, als daß wir uns in Gegenwart einer Unendlichen und Ewigen Energie befinden, aus der alle Dinge entstehen."

18. Lyman Abbott, in einer Ansprache vor den Absolventen der Bangor Theological Seminary, sagte: „Wir sind im Begriff, Gott als im Menschen weilend anzusehen, anstatt von außen auf den Menschen einwirkend."

19. In ihrer Suche macht die Wissenschaft kleine Fortschritte, hört dann aber auf. Sie findet zwar die ewige, unendliche Energie, aber erst die Religion findet die Macht hinter dieser Energie und ortet sie im Menschen. Das ist aber keinesfalls eine neue Entdeckung. Die Bibel sagt genau das, und die Sprache ist so einfach wie überzeugend: „**Weißt Du nicht, daß Du der Tempel des lebendigen Gottes bist?**" Hier ist dann das Geheimnis der wundervollen schöpferischen Kräfte der ‚inneren Welt'.

20. Hier findet sich das Geheimnis der Macht und die Beherrschung derselben. Sie anzuerkennen bedeutet nicht, auf etwas zu verzich-

Da es eine Unendliche Energie und eine Unendliche Intelligenz gibt, besteht sie genau aus diesem Grund in uns selbst. Wir rufen sie durch unsere geistige Inanspruchnahme in Existenz – unser Frage stellen, unsere Nachfrage, unser Gebet oder unsere Meditation. Wenn wir es nicht sind, die diesen Anspruch erheben, sind es unweigerlich andere, aber dann bekommen wir das, was sie uns ‚zugedacht' haben, und das ist immer das Ihrige, niemals das Unsrige.

Je mehr wir geben, desto mehr werden wir empfangen.
Wir müssen zu einem Kanal werden,
durch den das Universelle Taten ausdrücken kann.

ten. **Selbstverleugnung führt nicht zum Ziel.** Wir können nicht geben, ohne zu nehmen. Wir können nicht hilfsbereit sein, ohne daß wir stark sind. Das Unendliche ist nicht bankrott, und wir, die diese Unendliche Kraft verkörpern, sollten auch nicht bankrott sein. Wenn wir wünschen, anderen einen Dienst zu erweisen, müssen wir Kraft und noch mehr Kraft haben, aber um sie zu erhalten, müssen wir sie geben – wir müssen im Dienst stehen.

21. Je mehr wir geben, desto mehr werden wir empfangen. Wir müssen zu einem Kanal werden, durch den das Universelle Taten ausdrücken kann. Das Universelle ist ständig darauf bedacht, sich Ausdruck zu verschaffen, im Dienst zu stehen, und es sucht die Kanäle, durch die es die großartigsten Taten vollbringen kann; wo es am meisten Gutes vollbringen kann; wo es im größten Dienst der Menschheit stehen kann.

22. Das Universelle kann sich solange nicht durch Dich ausdrücken, wie Du mit Deinen eigenen Plänen beschäftigt bist, Deinem eigenen Ansinnen. Besänftige Deine Sinne; suche die Eingebung; richte die geistige Aktivität nach innen; verweile in dem Bewußtsein Deiner Einheit mit der Allmacht – ‚stille Wasser sind tief.‘ Denke über die vielfältigen Möglichkeiten nach, auf die Du durch die Allgegenwärtigkeit dieser Macht Zugriff hast.

23. Visualisiere die Ereignisse, Umstände und Zustände, die diese geistigen Verbindungen hilfreich zur Darstellung bringen können. Erkenne die Tatsache, daß die Essenz und Seele allen Lebens geistig und daß das Spirituelle das Wahre ist, denn es ist das Leben von allem, was es gibt. Wenn das (erdengebundene) Bewußtsein geht, geht damit das (irdische) Leben; das rein Physische ist tot; es hat aufgehört zu bestehen.

24. Diese geistigen Tätigkeiten drehen sich um die innere Welt, um die Welt der Ursache. Die sich daraus ergebenden Bedingungen und Umstände sind die Wirkung. Somit wirst Du zum Schöpfer. Das ist wichtige Arbeit, und je höher, weitreichender, großartiger und nobler die Ideale sind, die Du Dir vorstellen kannst, **desto wichtiger wird die eigentliche Handlung.**

25. Zu viel Arbeit, zu viel Spiel oder körperliche Überaktivität jeglicher Art schafft Zustände geistiger Apathie und Stillstand. Diese machen es unmöglich, die wichtige Arbeit zu verrichten, die in der Verwirklichung bewußter Macht endet. Wir sollten deshalb oft die Stille aufsuchen. **In der Ruhe liegt die Kraft.** Es ist in der Stille, daß wir uns entspannen können. Wenn wir entspannt sind, können wir denken, und Denken ist das Geheimnis allen Erlangens.

26. Denken ist eine Art der Bewegung und wird durch das Gesetz der Schwingung getragen, so wie auch Licht oder Elektrizität. Es wird ihm Lebenskraft gegeben über die Emotionen, durch das Gesetz der Liebe; es nimmt durch das Gesetz des Wachstums Form und Gestalt an; es ist das Produkt des spirituellen ‚Ich', daher auch seine göttliche, geistige und schöpferische Natur.

27. Dadurch wird offensichtlich, daß zum Ausdruck von Macht, Überfluß und jedem anderen aufbauenden Zweck **die Emotionen in Anspruch genommen** werden müssen, um dem Gedanken Gefühl zu verleihen, damit er Form annehmen kann. Wie kann dieser Zweck erfüllt werden? Wie können wir das Vertrauen, den Mut und das Gefühl entwickeln, welches in Vollendung resultiert?

28. Die Antwort lautet: **durch Übung.** Geistige Kraft wird auf dieselbe Art und Weise gesichert, durch die auch körperliche Kraft gesichert wird – durch Übung. Wir denken etwas, zunächst vielleicht mit Schwierigkeiten. Wir denken dieselbe Sache erneut, und es wird dieses Mal einfacher. Wir denken wieder und wieder; so wird es zur Gewohnheit. Wir denken weiterhin dasselbe, und schließlich wird es automatisch. Wir können uns nicht anders helfen, als uns weiterhin damit zu befassen. Wir sind nun

Das Gesetz (oder Prinzip) der Schwingung ist das dritte Prinzip der Hermetik. Geistigkeit und Entsprechung sind die ersten, die Haanel in den vorigen Kapiteln bereits behandelt hat.

Das Gesetz der Liebe wird durch zwei Einheiten charakterisiert, die zwecks Aufrechterhaltung ihrer gemeinsamen Eigenschaften oder Neigungen eine Anziehung aufeinander ausüben.

zuversichtlich über das, was wir denken. Es besteht kein Zweifel mehr. Wir sind sicher – wir wissen!

29. Letzte Woche habe ich Dich gebeten, zu entspannen – körperlich loszulassen. Diese Woche bitte ich Dich, **gedanklich loszulassen**. Wenn Du die Übung der letzten Woche fünfzehn oder zwanzig Minuten am Tag gemäß der Anleitung durchgeführt hast, wirst Du Dich jetzt zweifelsohne körperlich entspannen können. Jeder, der dazu bewußt nicht sogleich und vollständig in der Lage ist, ist noch nicht ein Meister seiner selbst. Er hat die Freiheit noch nicht erlangt; er ist noch Sklave der Umstände. Ich nehme aber an, daß Du die Übung gemeistert hast und bereit bist, den nächsten Schritt zu unternehmen – zur gedanklichen Freiheit.

30. Diese Woche, nachdem Du die gewohnte Position eingenommen hast, entferne durch vollständiges geistiges Loslassen jegliche Anspannung; laß dann gedanklich alle widerstrebenden Umstände fallen, wie z.B. Haß, Ärger, Sorge, Eifersucht, Neid, Trauer, Schwierigkeiten oder Enttäuschung jeglicher Art.

31. Du magst sagen, daß Du diese Dinge nicht ‚fallen lassen‘ kannst, aber Du kannst es; Du kannst es geistig so bestimmen, durch **freiwillige Absicht** und durch **Beharrlichkeit**.

32. Der Grund, warum manche das nicht können, liegt darin, daß sie es sich erlauben, von ihren Emotionen anstatt vom Intellekt gesteuert zu werden. Doch nur diejenigen, die sich durch den Intellekt leiten lassen, werden siegreich sein. Darin wirst Du nicht gleich beim ersten Mal erfolgreich sein, aber Übung macht den Meister – hier sowie auch bei allen anderen Dingen. Du mußt erfolgreich die negativen und zerstörerischen Gedanken ablehnen, eliminieren und vollkommen zerstören, denn sie sind die Saat, die andauernd sprießt und sich in unharmonischen Umständen jeglicher Art und Beschreibung darstellt.

Nichts ist wahrer, als daß die Qualität unserer Gedanken gewisse Darstellungen in unserem äußeren Leben hervorruft. Das ist das Gesetz, aus dem es kein Entrinnen gibt. Und es ist dieses Gesetz, dieser Zusammenhang zwischen Gedanke und Manifestation, welcher seit Urzeiten Menschen dazu geführt hat, an eine besondere Vorsehung zu glauben.
— WILMANS

FRAGEN UND ANTWORTEN

31. *Was ist Denken?*
Denken ist geistige Energie.

32. *Wie wird der Gedanke übertragen?*
Durch das Gesetz der Schwingung.

33. *Durch was wird ihm Lebenskraft gegeben?*
Durch das Gesetz der Liebe.

34. *Wodurch nimmt er Form an?*
Durch das Gesetz des Wachstums.

35. *Was ist das Geheimnis seiner schöpferischen Kraft?*
Es ist eine geistige Aktivität.

36. *Wie können wir das Vertrauen, den Mut und die Begeisterungsfähigkeit entwickeln, die dann in dem Erreichen resultiert?*
Durch die Anerkennung unserer geistigen Natur.

37. *Was ist das Geheimnis der Macht?*
Dienst.

38. *Warum ist das so?*
Weil wir erhalten, was wir geben.

39. *Was ist die Ruhe?*
Eine körperliche Ruhe.

40. *Was für einen Wert hat sie?*
Es ist der erste Schritt zur Selbstkontrolle, zur Selbstbeherrschung.

4

Das wahre „Ich"

Herzlichen Glückwunsch, denn nach diesem Kapitel bist Du schon mindestens einen Monat dabei. Das ist eine tolle Leistung, sind doch die ersten 4 Wochen die schwierigsten. In Kapitel 4 wirst Du zu tiefgreifenden Erkenntnissen über Deine wahre Natur kommen. Studiere dieses Kapitel deshalb besonders sorgfältig und aufmerksam, insbesondere was die Übung anbelangt.

In diesem Kapitel geht es um das wahre ‚Ich'. Dieses ist weder Dein Körper noch Dein Verstand. Du *bist* sie nicht, sondern sie sind *von* Dir! Beide sind Hilfsmittel zur Ausführung von Vorgängen, die das repräsentieren, was Du Dein Leben nennst. Verstehst Du? Du benutzt Deinen Verstand, um Dich mittels Gedanken, Worten und Handlungen auszudrücken. Das bedeutet, daß all das, was Du im Außen wahrnimmst, Teil von Dir ist, weil Du dafür aufnahmefähig bist; sonst würdest Du es gar nicht registrieren. Wie ausgeprägt dieser Teil allerdings ist, das entscheidest Du zu einem großen Teil selbst. Wenn nicht, dann sind es andere, die darüber entscheiden, aber entschieden wird auf jeden Fall.

Das wahre ‚Ich' ist also spiritueller Natur – ihm stehen unendliche Möglichkeiten zur Verfügung. Da im geistigen Raum Gleiches Gleiches anzieht, hängt unser Wohlergehen von der Berücksichtigung des Gesamtinteresses ab. Das heißt nichts anderes, als daß wir a) nicht selbstsüchtig handeln sollen und b) uns nicht gegen das Außen oder eine Person auflehnen sollen. Widerstand

– das weißt Du aus Kapitel 1 – erzeugt noch mehr Widerstand, und das kann Dir nur dann dienlich sein, wenn er kurzfristig und konstruktiv ist, um etwas zu überwinden.

Das, was wir erhalten, steht in direkter Verbindung zu unserer Anstrengung. Positiv zu denken ist schön, aber nur ein Anfang. Mit dem Erkennen unseres wahren ‚Ich' lösen sich viele Knoten, denn damit einher geht ein direkter Energiefluß, der sich aus dem Universellen in Dich ergießt – vielleicht der erste wahre Schritt zur Erleuchtung. Bisher hast Du Dich ja eher bedeckt gehalten, während sich durch Deine geistige Inanspruchnahme nun alle Tore öffnen.

Selbstverleugnung führt nicht zum Ziel, denn Leben will sich auf vielfältige Art ausdrücken. Wir sind ein Kanal, durch den das geschieht. Das mit dem Kanal sollte folgendermaßen verstanden werden: Durch unsere Anerkennung öffnet sich ein Energie- und somit Informationsfluß. Es muß also nichts erschaffen werden, denn im Universellen ist es bereits vorhanden, aber halt nur als Potenzial. Wenn wir das nicht anerkennen und uns nicht verfügbar machen, daran teilzuhaben, wie soll sich unser Leben dann verbessern? Das Wissen um Deine Verbindung zum Universellen und dem Mechanismus – auch Denken genannt – diesen Kanal zum Fließen zu bringen, das gehört zum Master Key, dem Universalschlüssel, der dir alle Türen, Tore und Schleusen öffnet. Einmal offen – und ohne Widerstand – fließt es von ganz allein.

Wir lernen, daß wir um so mehr erhalten, je mehr wir geben. Deshalb ist es so wichtig, hohe, erhabene, noble und großartige Gedanken und Ideale zu hegen. Die dazu benötigte Kraft kommt durch Ruhe und Besinnung, denn nur in der Stille können wir wirklich denken; sind wir in der Lage, uns zu konzentrieren, d.h. unsere Gedanken zu bündeln und eins zu werden mit unserem Gedankenobjekt. Das kommt aber in späteren Kapiteln noch einmal detailliert zur Sprache.

Es ist das Gefühl, das dem Gedanken Lebenskraft verleiht, und dieses Fühlen kommt nur durch Übung. Dieses Fühlen ist so wichtig, weil dadurch neue neuronale Verbindungen im Gehirn geschaffen werden, die sich dann in der Wirklichkeit Ausdruck verschaffen, so wie Dich z.B. eine traurige Nachricht weinen läßt. Durch die Übungen setzen wir eine Verursachungskette in Bewegung. Deren Resultat: Gewohnheit –> Automatisierung –> Sein. Erst wenn wir sind und nicht mehr über etwas nachdenken müssen, haben wir Meisterschaft

4 ~ Das wahre „Ich"

erlangt. Dazu müssen wir aber geistig loslassen und unsere negativen, Energie raubenden Gedanken und Gefühle abstellen und durch positive, aufbauende ersetzen – lebenswidrige durch lebensrichtige.

Es ist letztlich der Verstand, der uns leitet. Wenn wir uns von unseren Gefühlen leiten lassen, bei denen wir nicht immer wissen, wie sie entstanden sind, kann es dazu kommen, daß sie uns irreführen. Gefühle werden vom Verstand bewußt mit dem Ziel eingesetzt, den Gedanken zu stärken und ihm Lebenskraft zu verleihen. Hier sei noch einmal daran erinnert, daß es der Hypothalamus ist, der die endokrinen Drüsen direkt steuert, welche für das verantwortlich sind, was wir unsere Gefühlslage nennen.

An dieser Stelle sei aber bereits erwähnt, daß es das Ziel des Studiums ist, daß Du Dich mehr und mehr auf Deine Intuition („Eingebung") verläßt, anstatt Dir über alles Gedanken zu machen. Du schulst Dich dahingehend, daß Dir die Intuition Dein Leben zunehmend vereinfacht.

ÜBUNG

Die Übung dieser Woche dreht sich um das geistige Loslassen, um vollkommene gedankliche Entspannung. Jegliche negative Emotionen wie Haß, Ärger, Neid, Eifersucht, Trauer, Mißgunst, Enttäuschung und Schwierigkeiten existieren nicht außerhalb unseres Verstandes. Diese Tatsache erlaubt es uns, durch eine bewußte gedankliche Anweisung eine Trennung von ihnen herbeizuführen. Wir besitzen einen freien Willen, und es ist unsere Beharrlichkeit, die uns zum Ziel führt.

Geistiges Loslassen bedarf Körperkontrolle, Gedankenkontrolle und körperlicher Entspannung. Es bedarf auch Deines Verständnisses, daß Dein wahres ‚Ich' geistiger Natur und unbegrenzt ist. Diese Unbegrenztheit führt dann zur bewußten Inanspruchnahme dessen, was Du zu verwirklichen suchst. Genau dafür bedarf es des geistigen Loslassens, der totalen gedanklichen Entspannung. Diese gilt es zu üben, bis Du auch darin Meisterschaft erlangt hast.

AUFGABEN

1. Schreibe hier stichwortartig auf, wie sich das Unterscheiden zwischen Ursache und Wirkung in dieser Woche in Deinem Leben dargestellt hat.

....
....
....
....
....
....

2. Bewerte hier auf einer Skala von 1 – 10, wie Du Dich diese Woche gefühlt hast:

	Vorwoche	Jetzt
Dein Selbstwert:	_____	_____
Dein Energieniveau:	_____	_____
Dein Glücksgefühl:	_____	_____
Deine Tatkraft:	_____	_____
Deine Gesundheit:	_____	_____
Dein Reichtum:	_____	_____

3. Schreibe die 3 wichtigsten Dinge auf, die Du von diesem Teil gelernt hast, aber auch, wie sich Dein Wissen über Deine Verbundenheit mit dem Universellen körperlich und seelisch anfühlt.

1. ....
2. ....
3. ....

4. Schreibe auf, wie sich das Verständnis des wahren "Ich" von nun an in Deinem Leben zeigen wird.

....
....
....
....
....

5. Schreibe 3 Dinge auf, die Du mittels der Affirmation "Ich kann sein, was ich sein will" in Dein Leben zu ziehen gedenkst.

1. ....
2. ....
3. ....

6. Kreuze an, welche der untenstehenden Taten oder Handlungen Du diese Woche unternommen hast oder welche eingetreten sind:

- ☐ Eine andere Person hat ihr Verhalten mir gegenüber geändert.
- ☐ Ich bin einer unerwünschten Situation gelassener geblieben.
- ☐ Ich habe eine "Kleinigkeit" in meiner Umgebung bewußter wahrgenommen.
- ☐ Ich habe mir vor einer Entscheidung überlegt, welches Resultat daraus entstehen würde.
- ☐ Ich habe ein gewöhnliches Objekt/Thema mal mit ganz anderen Augen betrachtet.
- ☐ Eine neue Person ist in mein Leben eingetreten, mit der ich mich gut verstehe.
- ☐ Jemand hat mir unerwartet etwas geschenkt.
- ☐ Ich habe ein Tier / eine Pflanze gestreichelt und/oder mit ihm/ihr gesprochen.
- ☐ Ich achte bewußt auf meinen Atem und habe immer mehr bewußt tief geatmet.
- ☐ Ich habe bewußt meine Aufmerksamkeit auf das Große Ganze gerichtet und mich als Teil davon gesehen.
- ☐ Ich habe vor dem Schlafengehen einen Dank für den vergangenen Tag ausgesprochen.

7. Schreibe auf, warum das Wohlergehen eines jeden Teils davon abhängt, inwieweit das Gesamtinteresse berücksichtigt wird.

....

....

....

....

....

8. Schreibe auf, warum es so wichtig ist, eine angefangene Sache zu Ende zu führen.

....

....

9. Ich habe diese Woche ____ Mal bewußt meine Sinne gestillt, um zu neuen Einsichten und Erkenntnissen zu kommen.

10. Kreuze an, wie sehr Du Dich auf das Lernmaterial des nächsten Teils freust:

☐ Ich kann es gar nicht mehr abwarten!

☐ Ich freue mich sehr!

☐ Ich kann es kaum in Worte fassen.

☐ Ja, ich will MEHR davon!

LITERATURHINWEIS

Ⓦ MKS Student Michael Klenke empfiehlt „*Kahuna Magie*" von Max Freedom Long als ergänzende Lektüre.

DU HAST DIESEN TEIL GEMEISTERT...

🗋 wenn Du verstanden hast, warum Du ausschließlich an Ursachen interessiert sein solltest.

🗋 wenn Du verstanden hast, daß Du ein Bewußtsein mit einem Körper und einem Verstand bist.

🗋 wenn Du Dich im Vergleich zu den Vorwochen immer besser beherrschen und Deine Aufmerksamkeit nach innen richten kannst.

🗋 wenn Du wirklich verstanden hast, daß dem Gedanken Handlung folgen muß, um auch nur irgendeine Veränderung hervorzurufen.

🗋 wenn Du in der Lage bist, geistig zu entspannen, alte Gedanken loszulassen und ihnen keine Bedeutung mehr zu schenken.

🗋 wenn Du Deine Physiologie, Deinen Fokus und Deine Emotionen auf Abruf ändern kannst, wenn Du einer unerwünschten Situation gegenüberstehst.

🗋 wenn Du verstanden hast, daß Du (nicht nur geistig) geben mußt, um etwas zu erhalten.

KOMMENTAR

Wenn Haanel im Verlauf dieser Einführung schreibt, daß der Vorgang der Eliminierung darin besteht, sich über Beschränkungen jeglicher Art hinwegzusetzen, dann wird klar, daß mit dem darüber hinwegsetzen nicht gemeint ist, sich *ad infinitum* damit zu befassen, sondern Kontrolle über sie zu erlangen und sich gedanklich und energetisch umzuorientieren. Das Alte und Unerwünschte verschwindet dann ganz von allein.

1. Dieser und die folgenden Sätze gehören zu den wichtigsten im gesamten Master Key System. Hier geht es um ein Erkennen dessen, wer wir wirklich sind. Durch unsere Erziehung und Sozialisierung haben sich viele Menschen hauptsächlich mit ihrem Körper identifiziert. Nun aber ändert sich diese Ansicht, denn wir lernen, daß sowohl Körper als auch Verstand nur Hilfsmittel sind. Das wahre ,Ich' wird als eigentliches Steuerelement identifiziert, und darin liegt das Geheimnis allen Erlangens. Da dieses wahre ,Ich' geistiger Natur ist, stehen ihm unendliche Ressourcen zur Verfügung, die nur auf Inanspruchnahme warten.

2. Das bedeutet in der Praxis, daß Du nach Deiner Anerkennung dieses wahren ,Ich' lediglich die anderen Techniken wie Idealisierung, Visualisierung und Konzentration einsetzen mußt, um etwas aus dem Raum des Potentials, des Unsichtbaren, in den Raum der Wirklichkeit zu holen. Grenzen gibt es dabei praktisch nur die, die Du Dir selbst auferlegst.

3. Sie haben deshalb nichts mit dem ,Ich' zu tun, weil sie Dir durch Deine Lebensumstände zuteil wurden. Dein wahres ,Ich' aber ist perfekt und vollkommen und nicht diesen von Menschen erschaffenen Konstrukten unterworfen.

4. Dein ,Ich' kannst Du auch als Dein Höheres Selbst bezeichnen. Es ist Deine wahre Identität. Es ist die Summe Deiner bisherigen Erfahrungen über die Äonen hinweg. Diese Erfahrungen entscheiden darüber, wie sich Dein Leben gestaltet. Wenn Du ihren geistigen Ursprung anerkennst und Dir zunutze machst, wirst Du feststellen, daß sich Dein Leben immer wohlwollender und harmonischer darstellt. Vor allem kommst Du dadurch aus der Trennung heraus, die fälschlicherweise durch Deine Sinneswahrnehmung und Dein mangelndes Verständnis Deiner selbst entstanden ist. Wenn Du für all das, was Du über Deine Sinne interpretierst, Verantwortung übernimmst, gibt es auch keinen ,anderen' mehr. Es ist alles Dein eigenes. Es sind alles nur Konstrukte Deines eigenen Bewußtseins. Das ist ein großer Schritt in Richtung Befreiung und Meisterschaft. Es stärkt Dich und läßt Dich nicht mehr in einer möglichen Opferrolle verharren, aus der heraus verurteilt oder verantwortlich gemacht wird.

5. Mit dem Master Key System lernst Du nicht nur technisch und inhaltlich richtig und auch viel größer zu denken, sondern auch im Sinne Deiner Mitmenschen und über den Eigennutz hinaus. Zuvor wurde uns vor allem im westlichen Kulturkreis vermittelt, daß wir selbst im Mittelpunkt stehen. Nun aber lernen wir, daß all das, was uns nützt, auch allen anderen nützen muß – daß Selbstsucht zur sicheren Niederlage führt, weil es ein Auflehnen gegen die Naturgesetze bedeutet.

6. Allein diese Aussage wird sich – von Dir im täglichen Leben angewandt – äußerst positiv auf Dein weiteres Leben auswirken, wie auch auf das Leben Deiner Mitmenschen. Das Gemeine an Programmierungen und Konditionierungen ist, daß sie unterbewußt sind und nur als Auswirkung vom Verstand registriert werden, von ihm aber zunächst nicht in ihrer Ausführung gehindert werden. So äußerst Du automatisch Dinge, an denen Dir nachher auffällt, daß sie entweder nicht wahr waren oder sich zum Nachteil anderer ausgewirkt haben. Nur durch Deine Bewußtwerdung erlangst Du schrittweise Kontrolle über solche Verhaltensweisen und wandelst sie ins Gegenteil um.

7. Wenn Du als Individuum Dein Augenmerk wieder mehr auf das Gesamtinteresse richtest, ist das eine Ursache, die entsprechende Auswirkungen hat. Das heißt nichts anderes, als daß das Gesamtinteresse auch seine Aufmerksamkeit auf Dich richtet. Dadurch verbessert sich unweigerlich Deine Lebensqualität.

   Erkennst Du, wie dieses System schrittweise zu einem kollektiven Anheben aller Wesenheiten auf dem Planeten führt? Wir alle haben eine Verantwortung, die weit über uns als Lebewesen hinausgeht. Wenn wir in unserer eigenen Entwicklung fehlschlagen, behindern wir dadurch nicht nur die Ebenen unterhalb von uns, sondern auch die oberhalb von uns, denn die gibt es sehr wohl.

8. Durch bewußtes, systematisches und konstruktives Denken wird der Nutzen für sich und alle Beteiligten erkannt. Auch

hier kommt wieder die Stille ins Spiel, denn nur in ihr ist es möglich, die Gedanken zu bündeln und auf ein bestimmtes Ziel auszurichten. Dort wirst Du Dir des Themas schrittweise bewußt. Es nimmt in Deiner Vorstellungskraft mehr und mehr Form an, und es ergeben sich Wege und Möglichkeiten, die Idee auch zu verwirklichen.

Hier ist Aufmerksamkeit geboten, denn mit dem Verstand kannst Du den schöpferischen Prozeß nicht verstehen und nachvollziehen. Deine Offenheit aber ist es, die Dich auf neue Gelegenheiten aufmerksam macht, die Deinem Ziel dienlich sind. So führt der ursprüngliche Gedanke, stetig im Bewußtsein gehalten, schrittweise dazu, daß er verstärkt wird und so in der äußeren Welt Form annehmen kann.

9. Obwohl es anfangs schon erwähnt wurde, wird hier noch einmal verdeutlicht, daß es beim Master Key System nicht darum geht, lediglich das intellektuelle Verständnis zu erweitern und zu verbessern, sondern darum, die Idee dann auch in praktische Werte umzusetzen. Dieser Schritt muß vollzogen werden, denn wie sonst soll sich etwas in der 3. Dimension darstellen? Es beginnt also alles mit einem Gedanken in Deinem Bewußtsein, führt dann aber dazu, daß Du tatkräftig wirst, und wenn Du in die Handlung übergehst, ist das Resultat praktisch garantiert.

10. Das ist äußerst wichtig zu verstehen, denn es ist dieses Wissen um Dein wahres ‚Ich‘, das Dir Kräfte zuteil werden läßt, die Du Dir vor kurzem nicht einmal ansatzweise zugestanden hättest. Haanel sprach im

Vorwort ja von einer ‚*herausragenden Persönlichkeit*‘. Diese kann sich in Dir nur dann entwickeln, wenn Du Dir bewußt bist, wer Du bist und welch ungeahntes Potenzial in Dir ruht.

11. Gewohnheiten zu schaffen ist das A & O. Du hast bereits gelernt, daß Verwirklichung hauptsächlich unterbewußt ist und wachbewußt dann als Auswirkung wahrgenommen wird. Eine Sache kann aber nur dann unterbewußt werden, wenn sie oft genug wiederholt wurde und so ‚*tiefe Furchen*‘ ins Unterbewußtsein gegraben hat. Dazu mußt Du sie stets wiederholen, denn Wiederholung schafft Gewohnheiten, schafft neue Automatismen und führt letztlich dazu, daß ein bestimmtes Thema den Bereich des Gedankens verlassen hat und im Unterbewußtsein zuverlässig in die Realität umgesetzt wird.

12. Vorzeitige Aufgabe ist ein Grund, warum viele Menschen ihre Lebenssituation nicht nachhaltig verändern. Mit diesem Satz macht Charles Haanel klar und deutlich, daß, was Du Dir vorgenommen hast, bis zum Ende durchführst und Dich von nichts und niemandem ablenken oder abbringen läßt. Das schließt übrigens auch Dein Master Key System Studium mit ein, welches Du erfolgreich beenden wirst, um den entsprechenden Nutzen für Dich und Deine Mitmenschen daraus zu ziehen.

13. Es wird Dir nicht neu sein, daß Veränderungen schrittweise vor sich gehen; daß es keine Quantensprünge gibt, es sei denn, man ist für sie bereit. Was hier aber zum Ausdruck gebracht wird, ist folgendes: Setze Dir ein kleines Ziel, wie z.B. die berühmte Parkplatzsuche. Finde immer wieder und schnell einen Parkplatz und lasse Dich ermutigen, Deine Sicht größeren Dingen zuzuwenden. Vollende auch das und wende Deine Sicht wiederum Größerem zu. So befähigst Du Dich zunehmend und wirst dadurch stärker und machtvoller.

14. Wisse, daß die innere Welt die der Gedanken ist, der stillen Gedankenkonzentration, ausgerichtet auf ein bestimmtes Ziel. Haanel spricht später von der Vorstellungskraft als Deine Werkstatt, in der Du neue Dinge erträumst und somit erschaffst. Die Vorstellungskraft ist übrigens die Kraft, Dir etwas *vor-zu-stellen*. Vor Deinem geistigen Auge baut sich zunächst ein grob umrissenes Bild auf, welchem Du mehr und mehr Detail gibst und schließlich durch Deine Gefühle dann Lebenskraft. Mehr dazu in Kapitel 5.

15. Machtvolle Menschen wissen um ihr ‚Ich‘. Sie sind sich bewußt, daß ihnen unendliche Ressourcen zur Verfügung stehen. Sie sichern sich diese durch geistige Inanspruchnahme, durch Mut und Zuversicht. Vor allem, und das wird später noch klar, denken sie ihre eigenen Gedanken und lassen sich von niemandem etwas *vor-schreiben*.

16. Das bedeutet, daß auch Du Dir diese Tatsache zunutze machen kannst. Du kannst natürlich ebenso wählen, diese universellen Weisheiten zu ignorieren. Wisse aber, daß Macht und Kraft durch Anerkennung dieser Gesetzmäßigkeiten kommen, und Anerkennung ist das Gegenteil von Ignoranz.

17. Das ist die Allmacht, die allgegen-wärtig und allwissend ist. Sie ist also ein Gedankenkonstrukt, welches wir uns geschaffen haben, um eine Quelle oder einen Ursprung für etwas zu definieren. Da unseren Gedanken und somit unserer Vorstellungskraft keinerlei Grenzen gesetzt sind, können wir uns auch alles vorstellen. Das, was wir uns dann aber vorstellen, muß zwangsläufig im Einklang mit den universellen Gesetzmäßigkeiten sein, um Bestand zu haben, auch damit wir uns darauf verlassen können, um Gewißheit zu erlangen. Du siehst, daß sich hier der Kreis schließt, denn unser in-Einklang-bringen ist eine intelligente Entscheidung, die zu weiteren intelligenten Entscheidungen führt und dadurch zum Fortbestand des Lebens.

18. Daß Gott im Menschen weilt, mag für manche eine neue Idee sein, aber man kommt nicht umhin, sie zu akzeptieren. Wenn ‚Gott' allgegenwärtig ist, muß Er auch in Dir sein. Er kann per Definition nicht außerhalb von Dir sein. Natürlich ist diese Intelligenz auch woanders vorhanden – daher auch die Allgegenwärtigkeit – aber sie ist dadurch nicht aus Dir verschwunden. Wenn Du zu dem Punkt kommst, an dem Du diese Präsenz in Dir akzeptierst und darüber hinaus noch verstehst, welche Aufgabe sie hat, wirst Du von Mut und Tatendrang, von Freude und Überschwang erfüllt werden, und jeglicher Glaube an Mangel und Beschränkung wird von Dir weichen. Das ist wörtlich zu nehmen.

19. Ja, Du bist der Tempel des lebendigen Gottes. Da das Allgegenwärtige per Defi-nition keinen Gegenpol hat und somit absolut ist, ist es auch nicht wirklich beschreibbar, denn wir können nur Unter-schiede beschreiben: Oben/unten, leicht/schwer, fern/nah, kalt/warm. Wenn aber kein Unterschied beschrieben werden kann, ist auch die Beschreibung unmög-lich. Daher bedarf das Göttliche des Individuums, um sich zu erleben und zu erfahren. Du bist, wir alle sind diese Indivi-duen, durch die sich das Göttliche erfährt. Mit dem Master Key System kommst Du zu einem vollkommen neuen Verständnis Deiner selbst und der damit verbundenen ungeahnten Möglichkeiten, die Du nun verstärkt in Anspruch nimmst.

20. Leider ist es im spirituellen Bereich immer noch weit verbreitet, materielle Dinge abzulehnen. Diese Unsitte kann nur durch ein Unverständnis erklärt werden, denn die Allmacht Gottes bedeutet auch, daß diese Intelligenz in allen materiellen Dingen zum Ausdruck kommt. Je höher oder feiner Deine Intelligenz, desto mehr wird das in Produkten oder Dienstleistungen zum Ausdruck kommen, denn Du bist bestrebt, Dein Leben stetig zu verbessern. Das bedeutet eine Zunahme an Qualität, nicht unbedingt Quantität. In der Tat wirst Du Dein Leben höchstwahrscheinlich verein-fachen, Dich aber mehr und mehr mit den schönen Dingen des Lebens umgeben.

21. Daß Du zuerst geben mußt, um schließlich zu empfangen, mag Dir zunächst fremd erscheinen, aber dahinter steckt Sinn und Methode. Geben bedeutet erst einmal nichts anderes, als sich geistig mit etwas zu befassen. Das heißt, Du gibst Deine Aufmerksamkeit, um Dir bestimmter Themen bewußt zu werden. Anschließend

geht es z.B. beim Thema Reichtum darum, andere Menschen zu bereichern, denn dieser Gedanke kehrt dann wieder zu Dir zurück, nämlich dadurch, daß andere Menschen Dich bereichern wollen.

Du magst nun wissen wollen, wie das auf die zutrifft, die in Fabriken oder Großraumbüros für andere schuften, am Ende aber nicht wirklich etwas übrig haben. Die Erklärung dafür ist denkbar einfach: Sie machen sich keine Gedanken über die schöpferischen Gesetze. Sie folgen lediglich Anweisungen. Sie führen das aus, was andere ihnen zugedacht haben. Es gilt nun vor allem für sie, bisherige Denkweisen und Glaubenssätze zu hinterfragen und durch neue zu ersetzen – solche, die denen entgegenstehen, die sie bisher gehegt haben oder über die sie sich bislang keine Gedanken gemacht haben, und die sich somit zwangsläufig verwirklichen.

22. Wenn dieser Punkt unverständlich ist, hilft es folgendes zu erkennen: Haanel will darauf hinaus – und erwähnt es später noch einmal – daß das Universelle nicht eigennützig und selbstsüchtig handelt, sondern alles im Überfluß zur Verfügung stellt. Das geschieht durch das Prinzip der Geistigkeit, denn Geist ist schöpferisch, und die einzige Fähigkeit, die das ‚Ich‘ besitzt, ist die des Denkens. Wenn Deine Taten bisher darauf ausgerichtet waren, Dich selbst zu bereichern, dann leite eine Umkehr in Gedanken, Worten und Taten ein. Dein Denken, Reden und Handeln muß nun so ausgerichtet sein, daß es allen Beteiligten zunutze kommt. Dadurch vermehrst Du Dinge. Du bist im Einklang mit den Naturgesetzen. Das führt

zu einer Schwingungsverstärkung, welche die Dinge auch für Dich multipliziert. Ein amerikanischer Talkshow Host sagte einmal: ‚*Dein Einkommen entspricht dem Durchschnitt Deiner fünf besten Freunde.*‘ Verweile ein wenig auf diesem Satz und bringe ihn in Zusammenhang mit dem zuvor erwähnten.

23. Auch wenn das Physische dann technisch tot ist, so ist es dennoch nicht weg. Es wird zerfallen und von anderen Organismen verwertet werden. Dadurch kann auf vielfältigen Ebenen wieder neues Leben entstehen. Auch dadurch wird klar, daß wir von der Schöpfung nicht getrennt sind, sondern ein integraler Teil. Ergo: Ich bin nicht mein Körper; mein Körper ist von mir! Ich bin nicht mein Verstand; mein Verstand ist von mir!

24. Diese Aussage mag Dich zu einer vollständigen Neuausrichtung Deiner Tätigkeiten bringen. Noble Gedanken müssen sich zwangsläufig in noblen Taten ausdrücken, und es ist gerade diese erhabene Denkweise, die Dir ein Leben auf höheren Ebenen beschert, da Du Dich zunehmend mit Menschen verbindest und austauschst, die so ähnlich denken und handeln wie Du. Allein dadurch ergeben sich viele neue Möglichkeiten der Beschäftigung und des Ausdrucks.

25. Das häufige Aufsuchen der Stille wird sich bei weiterem Studium fast wie von selbst ergeben. Du wirst feststellen, daß Du Dich immer mehr von ‚Sendern‘ fernhältst, deren Signale Dir nicht gut tun. Das gibt Dir Zeit für Dich. Dieser Vorgang ist ein

ganz natürlicher – er ergibt sich ohne irgendwelche Mühe Deinerseits.

26. Hier ist es wichtig zu erkennen, daß es die Gefühle sind, die dem Gedanken Lebenskraft verleihen. Darauf wird später noch einmal im Detail eingegangen. Es erklärt aber auch, warum sich nicht jeder Gedanke verwirklicht. Das Gefühl ist rein technisch eine Heruntertransformation von der geistigen auf die körperliche Ebene, dort, wo für uns Leben zum Ausdruck kommt. Wenn sich dort etwas nicht verwirklicht, liegt der Grund also darin, daß keine Gefühle vorhanden sind, die dieses Gedankenkonstrukt auf der körperlichen Ebene zum Ausdruck bringen könnten. Es fehlt die Verbindung. Gefühle sind Verbindung. Sie sind das Erleben. Sie sind letztlich das Leben, die Empfindung, die Interpretation der von unserem Verstand aufgenommenen Nervenimpulse.

27. Sehr wichtig: All das, was Du Dir vorstellst, mußt Du letztendlich auch fühlen, damit es Wirklichkeit wird. Der Schlüssel dazu ist ‚Freude'. Sie löst die angenehmen Gefühle in Dir aus, welche dann zum Entstehen der Lebenskraft führen. Das ist sehr wichtig zu verstehen, denn viele Menschen haben mich gefragt, was es mit dem Gefühl auf sich hat, oder wie man sich in eine Sache oder ein Ideal hineinfühlen kann. Es ist die Freude! Diese kannst du völlig grundlos oder jederzeit in Dir hervorrufen – so wie ein kleines Kind.

28. In diesem einzigen Abschnitt steht so viel an Bedeutung drin. Du mußt etwas wiederholen, damit es zur Gewohnheit wird und schließlich zu Dir. Durch Wiederholung bekommst Du Gewißheit. In dem Wort Gewißheit steckt nicht nur ‚gewiß' drin, sondern auch ‚Wissen'. Du kommst also durch Wiederholung vom Glauben, daß etwas möglich ist und sich für Dich verwirklichen kann, zum Wissen, daß es geschehen ist. Das macht den schöpferischen Prozeß transparent und für jedermann verständlich und nachvollziehbar.

29. Die ersten drei Wochen wurdest Du auf diese Übung konsequent vorbereitet. Es ist für Dich unabdingbar, daß Du alte Gedanken und Verhaltensweisen losläßt – Du verabschiedest Dich von ihnen und ersetzt sie durch neue. Das geht aber nur dann, wenn Du in der Lage bist, Dich gedanklich zu entspannen, also bestimmte Gedanken eben nicht mehr zu denken. Das geht dann am einfachsten, wenn man sie durch andere ersetzt. Da sich negative Gedanken durch Anspannung äußern, weißt Du, daß Du sie durch positive ersetzt hast, wenn Du entspannt und in der Ruhe bist.

Hier gilt es Meisterschaft über sein körperliches und gedankliches Wesen zu erlangen. Das Ausmaß sei Deinen eigenen Bedürfnissen und Verlangen entsprechend; wisse aber, daß es hier primär darum geht, Gedankenstille zu erlangen, nicht nur um Platz für neue, aufbauende Gedanken zu schaffen, sondern eben auch durch die Stille in Kontakt mit der Allmacht zu treten. Dadurch erhältst Du dann die entsprechenden Informationen, die Dir auf Deinem neuen Weg weiterhelfen.

30. Erinnere Dich an dieser Stelle an das vorige Kapitel, wo es um den Solarplexus

ging. Durch ruhiges und tiefes Atmen entspannst Du Dich körperlich. Erst das erlaubt es Dir, auch Deine Gedanken zu entspannen. Die Emotionen, von denen Charles Haanel hier spricht, sind allesamt dem Sympathischen System zuzuordnen. Daher stehen hier körperliche Entspannung und das Wissen um die Funktion des Solarplexus an erster Stelle.

31. Deine geistige Bestimmung ist Deine Inanspruchnahme; Deine Absicht bestimmt dann Deine Aufmerksamkeit, welcher ja bekanntlich Energie folgt. Die Beharrlichkeit ist die Wiederholung und die Disziplin, die Dich vom Glauben zum Wissen, vom Ungewissen zur Gewißheit führt.

32. Ein grundlegender Punkt! Es ist unabdingbar, daß Du Deine Emotionen steuerst, anstatt Dich weiterhin von dem antreiben und bestimmen zu lassen, was man Dir durch vielfältige Einflüsse eingeprägt und eingetrichtert hat, insbesondere in den ersten fünf Jahren Deines Lebens.

Derjenige, der seine Emotionen steuert, ist Herr über sein eigenes Leben, während der andere ein Spielball ist. Letzterer sieht sich als Opfer, ohnmächtig – ohne Macht! – und somit blind für die unzähligen Möglichkeiten des Verbesserns von Umständen und Dingen, die ihm genau in dem Moment auffallen würden, wenn er sich fängt und beginnt, sich selbst kritisch zu beobachten. Achte daher bitte immer mehr auf Deine Emotionen und frage Dich, was sie hervorruft und ob sie in diesem Moment wirklich angebracht sind. Das ist ein bedeutsamer Schritt in Richtung Selbsterkenntnis und Selbstbeherrschung!

5

Das Bewußtsein
als Zentrum allen Seins

Hiermit überreiche ich Dir Teil Fünf. Nachdem Du diesen Teil gründlich studiert hast, wirst Du sehen, daß jede denkbare Kraft, jedes Objekt oder jede Tatsache das Ergebnis von Bewußtsein in Bewegung ist.

Bewußtsein in Bewegung bedeutet Denken, und Denken ist schöpferisch. Die Menschen denken jetzt wie nie zuvor.

Somit ist dieses Zeitalter das schöpferische Zeitalter, und die Welt verteilt die schönsten Preise an die Denker. Materie ist kraftlos, passiv und fix. Bewußtsein ist Kraft, Energie und Macht. Bewußtsein formt und steuert Materie. Jegliche Form, welche die Materie annimmt, ist nichts anderes als ein Ausdruck eines vorherigen Gedankens.

Aber Denken drückt sich nicht auf geheimnisvolle Weise aus; es beachtet **natürliche Gesetzmäßigkeiten**; es setzt natürliche Kräfte in Bewegung; es setzt natürliche Energien frei. Es verwirklicht sich in Deinem Verhalten und Deinen Handlungen, und diese wiederum haben einen Einfluß auf Deine Freunde und Bekannte – und schlußendlich auf Deine gesamte Umgebung.

Du kannst Gedanken erschaffen, und da sie schöpferisch sind, werden sie für Dich die Dinge erschaffen, die Du Dir wünschst.

DAS BEWUSSTSEIN ALS ZENTRUM ALLEN SEINS

1. Mindestens 90% unseres geistigen Lebens ist unterbewußt, so daß diejenigen, die keinen Gebrauch von dieser geistigen Kraft machen, starken Einschränkungen unterliegen.

2. Das Unterbewußtsein kann und wird jedes Problem für uns lösen, wenn wir nur wissen, wie wir es steuern können. Die unterbewußten Vorgänge sind stets am Wirken. Die alleinige Frage ist die, ob wir lediglich passive Empfänger dieser Vorgänge sind oder ob wir diese Arbeit bewußt steuern sollten. Haben wir eine Vorstellung des zu erreichenden Ziels, der zu vermeidenden Gefahren, oder sollen wir einfach nur dahintreiben?

3. Wir haben herausgefunden, daß das Bewußtsein jeden Teil des physischen Körpers durchdringt und stets bereit ist, von der objektiven oder vorherrschenden Seite des Bewußtseins geleitet oder beeinflußt zu werden.

4. Das Bewußtsein, das den Körper durchdringt, ist größtenteils das Ergebnis von Vererbung, welche wiederum schlichtweg das Ergebnis der Umgebungen aller vorangegangenen Generationen ist, die auf die empfindsamen und sich immer in Bewegung befindenden Lebenskräfte eingewirkt haben. Ein Verständnis dieser Tatsache wird uns befähigen, unsere **Autorität** einzusetzen, sollten wir feststellen, daß sich ein unerwünschter Charakterzug verwirklicht hat.

5. Wir können bewußt all die wünschenswerten Charakterzüge einsetzen, mit denen wir ausgestattet sind. Außerdem können wir die unerwünschten unterdrücken und daran hindern, daß sie sich verwirklichen.

6. Noch einmal: Dieses Bewußtsein, das unseren physischen Körper durchdringt, ist nicht ausschließlich das Ergebnis vererbter Nei-

Das Gesetz der Anziehung bringt uns nicht die Dinge, die uns gefallen sollten, oder die Dinge, die wir uns wünschen, sondern es bringt uns ‚unser Eigenes'.

gungen, sondern auch das Ergebnis der häuslichen, geschäftlichen und sozialen Umgebung, durch die Tausende von Eindrücken, Ideen, Vorurteile und ähnliche Gedanken empfangen wurden. Vieles davon wurde von anderen empfangen, als Ergebnis von Meinungen, Vorschlägen oder Aussagen. Vieles davon ist das Ergebnis unseres eigenen Denkens, aber fast alles wurde mit nur wenig oder keinerlei Überprüfung und Abwägung übernommen.

7. Die Idee schien glaubhaft, das Bewußtsein hat sie empfangen, ans Unterbewußtsein weitergeleitet, wo sie vom Sympathischen System aufgenommen, weitergeleitet und in unseren physischen Körper eingebettet wurde – *,das Wort ist zu Fleisch geworden.'*

8. Dies ist dann die ewige Art und Weise, auf die wir uns kontinuierlich erschaffen und wiedererschaffen. Wir sind heute das Ergebnis unseres vergangenen Denkens, und wir werden zukünftig zu dem, was wir heute denken. Das Gesetz der Anziehung bringt uns nicht die Dinge, die uns gefallen sollten, die wir uns wünschen oder die ein anderer hat, sondern es bringt uns ‚unser Eigenes' – die Dinge, die wir durch unsere Gedankenvorgänge erschaffen haben, ob bewußt oder unbewußt. Unglücklicherweise erschaffen viele von uns diese Dinge unbewußt.

9. Wenn jemand von uns sich ein Haus bauen würde, wie sorgsam wären wir bezüglich der Pläne? Wie würden wir jedes einzelne Detail studieren? Wie würden wir das Material untersuchen und nur das Beste auswählen! Dennoch, wie nachlässig sind wir, wenn es darum geht, unser eigenes geistiges Haus zu bauen, welches unendlich viel wichtiger ist als das physische Haus, da all das, was in unser Leben eintritt, vom Charakter des Materials abhängig ist, welches wir zum Bau dieses geistigen Hauses verwenden.

10. Welche Eigenschaft hat dieses Material? Wir haben erkannt, daß es das Ergebnis der Eindrücke ist, die wir in der Vergangenheit angesammelt und in unserer unterbewußten Mentalität gespeichert haben. Wenn es Eindrücke von Angst, Sorge, Kummer oder Ängstlichkeit gewesen sind, wenn wir kleinmütig, negativ oder zweifelnd waren, dann wird die Struktur des Gewebes, welches wir heute weben, aus dem selben negativen Material sein. Anstatt wertvoll zu sein, wird es verschimmelt und vergammelt sein und uns nur noch mehr schwere Arbeit, Sorge und Ängstlichkeit einbringen. Wir werden für immer damit beschäftigt sein, es zu reparieren oder zumindest nach außen hin freundlich erscheinen zu lassen.

Das findet gewöhnlich in der Stille statt. Mache eine Gewohnheit daraus, so daß Du über die Art des Materials bestimmen kannst, welches Du zum Bauen Deines geistigen Hauses benötigst.

11. Wenn wir aber nichts als mutige Gedanken abgespeichert haben; wenn wir optimistisch und positiv waren und ohne Umschweife jegliche Art negativer Gedanken auf den Müllhaufen geworfen haben; es abgelehnt haben, damit etwas zu tun zu haben; damit in Verbindung gebracht oder auf irgendeine Art damit gleichgesetzt zu werden, was ist dann das Ergebnis? Unser geistiges Material ist nun von allerbester Qualität. Wir können nun jegliche Art von Stoff weben. Wir können jede erwünschte Farbe verwenden. Wir wissen, daß die Struktur stark ist, das Material solide, daß es nicht ausbleichen wird, und bezüglich der Zukunft haben wir weder Angst noch Furcht. Es gibt nichts abzudecken – kein Flickwerk, das versteckt werden müßte.

12. All das sind psychologische Tatsachen; es gibt keine Theorie oder Vermutung über diese Denkvorgänge. Sie sind nicht geheim. In der Tat sind sie so einfach, daß jeder sie verstehen kann. Was aber zu erledigen gilt, ist **geistiger Hausputz** und dieses Haus jeden Tag zu reinigen und somit sauber zu halten. Geistige, moralische

Geistige, moralische und körperliche Reinheit sind unabdingbar, wenn wir auch nur irgendeine Art von Fortschritt erzielen wollen.

und körperliche Reinheit sind unabdingbar, wenn wir auch nur irgendeine Art von Fortschritt erzielen wollen.

13. Wenn dieser geistige Hausputz vollbracht ist, wird das übriggebliebene Material dazu geeignet sein, die von uns gewünschten Ideale oder geistigen Bilder auch Wirklichkeit werden zu lassen.

14. Ein großartiges Anwesen wartet auf einen neuen Eigentümer. Seine weiten Felder, mit Ernte im Überfluß, rauschenden Bächen und gutem Holz, breiten sich aus, so weit das Auge reicht. Es ist ein Gutshaus, freundlich und geräumig, mit seltenen Malereien, einer gut ausgestatteten Bibliothek, schönen Vorhängen und allem erdenklichen Komfort und Luxus. Alles, was der Besitzer zu tun hat, ist Anspruch auf sein Erbe zu erheben, Besitz zu ergreifen und das Gut zu benutzen. Er muß es gebrauchen; er darf es nicht verfallen lassen, denn **Gebrauch ist die Bedingung**, unter der er es besitzt. Es zu vernachlässigen bedeutet, den Besitz zu verlieren.

15. Im Bereich von Geist und Spirit, im Bereich praktischer Macht, gehört Dir dieses Anwesen. Du bist der Erbe! Du kannst Deinen Anspruch geltend machen und dieses Reich besitzen und gebrauchen. Macht über die Umstände ist eine der Früchte. Gesundheit, Harmonie und Wohlstand sind Aktivposten auf der Bilanz. Sie bieten Dir Ruhe und Frieden. Die Kosten belaufen sich lediglich auf die Arbeit des Studiums und das Ernten seiner großartigen Rohstoffe. Es verlangt Dir keine Opfer ab, außer dem Verlust Deiner Beschränkungen, Deiner Unterwürfigkeit und Deiner Schwäche. Es kleidet Dich in Ehre und legt Dir ein Zepter in die Hand.

16. Um dieses Anwesen zu erwerben, sind drei Vorgänge unabdingbar: Du mußt es **aufrichtig wünschen**. Du mußt Deinen **Anspruch geltend machen**. Du mußt davon **Besitz ergreifen**.

1. Aufrichtig wünschen – Fragen!
2. Anspruch geltend machen – Antworten!
3. Besitz ergreifen – Empfangen!

17. Du mußt zugeben, daß das keine schweren Bedingungen sind.

18. Du bist vertraut mit dem Thema der Vererbung. Darwin, Huxley, Haeckel sowie andere Wissenschaftler haben Berge von

Beweisen erbracht, daß Vererbung auf einen Schritt für Schritt ablaufenden Prozeß zurückzuführen ist, der an unveränderliche Gesetzmäßigkeiten gebunden ist. Es ist dieser kontinuierlich voranschreitende Ablauf, der dem Menschen seine aufrechte Haltung gibt, seine Bewegungskraft, die Verdauungsorgane, die Blutzirkulation, Nervenkraft, Muskelkraft, Knochenstruktur und eine Vielzahl anderer Fähigkeiten auf der körperlichen Seite. Darüber hinaus gibt es aber noch viel beeindruckendere Tatsachen bezüglich der Vererbung von Geisteskraft. Sie alle machen das aus, was man ,deine menschliche Vererbung' nennen kann.

19.   Es gibt aber eine Vererbung, die von den Wissenschaftlern noch nicht eingeordnet wurde. Sie liegt unterhalb und vor all ihrer Forschung. An einem Punkt, wo sie in ihrer Verzweiflung die Hände über dem Kopf zusammenschlagen und sagen, daß sie nicht erklären können, was sie da sehen, genau da ist diese göttliche Vererbung in vollem Schwung anzutreffen.

20.   Es ist eine wohlgesonnene Kraft, die diese Urschöpfung verordnet. Sie steigt herab aus dem Göttlichen, direkt in jedes erschaffene Wesen. Sie erschafft Leben, etwas, was der Wissenschaftler nicht geschafft hat und auch nie schaffen wird. Sie steht zuoberst, unnahbar, über allen anderen Kräften. Keine menschliche Vererbung kann sich ihr nähern. Keine menschliche Vererbung kann sich mit ihr messen.

21.   Das unendliche Leben fließt durch Dich; Du bist es. Die Eingänge, die es nutzt, sind nichts anderes als die Fähigkeiten, die Dein Bewußtsein ausmachen. Diesen Eingang offen zu halten, ist das Geheimnis der Macht. Ist es nicht der Mühe wert, diese Anstrengung zu unternehmen?

22.   Die großartige Tatsache ist die, daß die Quelle allen Lebens und aller Macht aus dem Inneren kommt. Personen, Umstände und Ereignisse mögen uns Bedürfnisse und Möglichkeiten vorschlagen, aber die Erkenntnis, Stärke und Kraft, um diese Bedürfnisse zu befriedigen, wird im Inneren gefunden.

Aller Besitz ist das Ergebnis
eines Wohlstandsbewußtseins.
Das ist der Zauberstab, der Dich befähigt,
die Idee zu empfangen.

23. Vermeide Nachahmungen. Erschaffe eine unüberwindliche Grundlage für Deinen Verstand, aufbauend auf den Kräften, die direkt aus der Unendlichen Quelle fließen, dem Universellen Bewußtsein, dessen Abbild und Ähnlichkeit Du bist.

24. Diejenigen, die in den Besitz ihres Erbes (im Sinne Deines göttlichen Ursprungs und der damit einhergehenden Fähigkeiten, Anm. d. Ü.) kommen, sind nie wieder dieselben. Sie sind in Besitz einer Empfindung von Macht gekommen, die sie nie erträumt hätten. Sie können nie wieder schüchtern, schwach, wechselhaft oder ängstlich sein. Sie sind **untrennbar mit der Allmacht verbunden**. Etwas in ihnen hat sie erregt; sie haben plötzlich erkannt, daß sie eine ungeheure, verborgene Fähigkeit haben, derer sie sich bislang vollkommen unbewußt waren.

25. Diese Kraft kommt von innen, aber wir können sie nicht empfangen, es sei denn, wir geben sie. Gebrauch ist die Bedingung, die diesem Erbe unterliegt. Jeder einzelne von uns ist der Kanal, durch den die allmächtige Kraft auf unterschiedliche Weise in Form ausgedrückt wird. Solange wir nicht geben, bleibt dieser Kanal verschlossen, und solange können wir auch nicht empfangen. Das ist wahr auf jeglicher Ebene der Existenz, in jedem Bestreben und in allen Bereichen des Lebens. Je mehr wir geben, desto mehr erhalten wir. Der Athlet, der sich wünscht, stark zu werden, muß Gebrauch von seiner Stärke machen, und je mehr er gibt, um so mehr wird er erhalten. Der Finanzier, der sich wünscht, mehr Geld zu machen, muß erst Gebrauch von dem Geld machen, das er hat, denn nur durch den Gebrauch kann er mehr erhalten.

26. Der Händler, der nicht dafür sorgt, daß seine Ware verkauft wird, wird bald keine Ware mehr bestellen können. Die Firma, die versagt, effizienten Dienst zu leisten, wird bald keine Kunden mehr haben. Der Anwalt, der versagt, Resultate zu erbringen, wird bald keine Klienten mehr haben; und so ist es überall. Macht ist abhängig von der richtigen Anwendung der sich bereits in unserem Besitz befindlichen Macht. Was in jedem Bestreben wahr ist, in jeder Lebenserfahrung, ist auch wahr für die Macht, von der jede andere uns Menschen bekannte Macht abstammt – geistige Macht. Nimm das Bewußtsein weg, und was bleibt übrig? Nichts.

27. Weil es nur Bewußtsein gibt, hängt vom Erkennen dieser Tatsache Deine Fähigkeit ab, Macht und Kraft darzustellen – ganz gleich ob körperlich, mental oder geistig.

28. Aller Besitz ist das Ergebnis einer sich anhäufenden Geistes-haltung, oder eines Wohlstandsbewußtseins. Das ist der Zauberstab, der Dich befähigt, die Idee zu empfangen. Es (das Wohlstandsbewußtsein, Anm. d. Ü.) wird Pläne ausarbeiten, die Du auszuführen hast, und Du wirst genauso viel Freude in der Ausführung finden, wie auch im Erlangen und Erreichen.

29. Gehe jetzt in Dein Zimmer, nimm denselben Platz ein, dieselbe Position, und wähle im Bewußtsein einen Ort aus, an den Du angenehme Erinnerungen hast. Zeichne Dir im Bewußtsein ein vollständiges Bild davon; sieh die Gebäude, die Landschaft, die Bäume, Freunde, Beziehungen – alles zusammen. Zunächst wirst Du an alles Mögliche unter der Sonne denken, außer dem Ideal, auf daß Du Dich zu konzentrieren wünschst. Laß Dich dadurch aber nicht entmutigen. Beharrlichkeit wird gewinnen, aber Beharrlichkeit erwartet von Dir, daß Du diese Übung jeden Tag ohne Fehl ausübst.

FRAGEN UND ANTWORTEN

41. *Welcher Teil unseres geistigen Lebens ist unbewußt?*
Mindestens 90%.

42. *Wird dieses riesige geistige Speicherhaus allgemein genutzt?*
Nein.

43. *Warum nicht?*
Nur wenige verstehen oder schätzen die Tatsache, daß es eine Aktivität ist, die sie bewußt steuern können.

44. *Woher hat das Bewußtsein seine steuernden Tendenzen erhalten?*
Aus der Vererbung – was bedeutet, daß es das Ergebnis aller Umgebungen aller vergangenen Generationen ist.

45. *Was bringt uns das Gesetz der Anziehung?*
Unser ‚Eigenes‘.

46. *Was ist unser ‚Eigenes‘?*
Zum einen, was wir ererbt haben, plus dem Ergebnis unseres vergangenen Denkens, sowohl bewußt als auch unterbewußt.

47. *Woraus besteht das Material, aus dem unser geistiges Haus besteht?*
Aus den Gedanken, die wir hegen.

48. *Was ist das Geheimnis der Macht?*
Alles Leben und alle Macht kommt von innen.

49. *Woher stammt es?*
Von dem wahrhaften Gebrauch der sich bereits in unserem Besitz befindlichen Macht.

50. *Wovon hängt der Besitz dieser Macht ab?*
Von der Anerkennung der Allgegenwärtigkeit der Allmacht.

5

Das Bewußtsein
als Zentrum allen Seins

In diesem Kapitel lernen wir, daß wir über das Durchsetzungsvermögen des bewußten Verstandes das (Unter-)Bewußtsein anweisen und beeinflussen können.

Wir lernen, daß wir das Resultat vorherigen Denkens sind, daß wir von Außen beeinflußt wurden, ohne aber diese Feststellungen, Meinungen und Annahmen einer vorherigen Prüfung unterzogen zu haben. Wir lernen auch, daß wir zu dem *werden*, was wir *heute* denken. Zudem bringt uns das Gesetz der Anziehung nicht das, was wir uns wünschen, sondern das, was wir bereits sind. Andernfalls könnten wir es im Außen gar nicht über unsere Sinne wahrnehmen – das nur noch einmal zur Erinnerung.

Charles Haanel ermahnt uns, beim Bau unseres geistigen Hauses genau so sorgfältig vorzugehen wie beim Bau eines normalen Hauses. Warum sollten wir es auch anders machen? Es sei denn, wir wollen sowohl in einer geistigen als auch materiellen Bruchbude leben, die der leiseste Windstoß umbläst. Wir müssen genau prüfen, welche Materialien benutzt werden. Somit wird uns klar, daß physische, geistige und moralische Reinheit absolut unerläßlich sind, um eine Grundlage zu schaffen, die uns ein Gespür für Macht und Kraft gibt und Schüchternheit, Ängstlichkeit und Verzagen beseitigt. Eine starke Aussage, aber der Wahrheit entsprechend. Wie oft ertappst Du Dich bei negativen Gedanken oder Äußerungen, bei unkontrollierten Gefühlsausbrüchen oder einfach nur saloppen Sprüchen über andere Personen wie Sport- oder Entertainment Stars, Politiker, oder Freunde oder Bekannte? Auch dessen solltest Du Dir bewußt werden, denn jeder Gedanke hat eine bestimmte Schwingung, die mit gleichartigen Schwingungen in Resonanz geht.

Zum Schluß lernen wir, daß aller Besitz das Resultat einer ansammelnden Haltung des Bewußtseins ist, eines Reichtumbewußtseins. Du verstehst, was damit gemeint ist, oder? Eine ansammelnde Haltung des Bewußtseins, das heißt mehr von dem, wovon es vorher wenig gab. Heute hast Du mehr als gestern. Daß dieser Reichtum Deine eigenen Bedürfnisse sehr schnell abdeckt, ist vollkommen klar, und den Überschuß kannst Du dann an andere Menschen weitergeben und ihnen dienen, ganz gleich ob es mit Geld oder Liebe oder was auch immer ist.

Nachdem wir in den ersten 4 Wochen damit beschäftigt waren, uns selbst und unsere Rolle und Position innerhalb des ‚Großen Ganzen' zu erkennen, uns geistig und körperlich erst zu kontrollieren und dann zu entspannen, lernen wir nun in diesem Kapitel, alle Details wohlbedacht auszuwählen, damit das, was wir auf unser nunmehr starkes Fundament stellen, ebenso prächtig und langlebig ist.

Unsere Verbindung mit der Allmacht befähigt uns, zunehmend Stärke, Mut, Zuversicht und Vertrauen auszudrücken, weil wir schrittweise den Mechanismus entdecken und uns zunutze machen, der dem Ganzen zugrunde liegt. Das ist ein bedeutender Schritt nach vorne und für viele der Anfang dieses neuen ‚Ichs'. Genieße es schon einmal in diesem Ausmaß. Es wird aber noch viel besser!

ÜBUNG

Es geht hier darum, sich an ein Ereignis aus der Vergangenheit zu erinnern, welches Dir angenehm erscheint. Das fällt Dir leichter, denn irgendwie haben wir eine Programmierung, welche die negativen Dinge ausblendet – eine Art Überlebensinstinkt vielleicht. Also, verbringe die Übung damit, dieses Ereignis mit Deinem geistigen Auge zu sehen und es mit Details zu schmücken. Das ist die erste in einer Reihe von Visualisierungsübungen, die zunehmend umfangreicher werden und unersetzlich sind, weil das, was Du Dir im Leben wünschst und woran Du bisher vielleicht nur ab und zu mal gedacht hast, nun mit mehr Aufmerksamkeit versehen wird und sich automatisch die Chancen einer Verwirklichung erhöhen. Wie gesagt: Es ist lediglich der Anfang.

An dieser Stelle ist es auch wichtig zu verstehen, daß Dich ein angenehmes Bild aus der Vergangenheit in einen Zustand der Dankbarkeit versetzt. Diese läßt Charles Haanel im gesamten Buch unerwähnt und überläßt es so den Studenten, aus eigener Kraft zu dieser Erkenntnis zu kommen. Anerkennung (Wertschätzung) und Dankbarkeit sind Gefühle, die Du in Deinem Leben in jeder Situation hervorrufen willst. Sie machen das Leben im wahrsten Sinne des Wortes lebenswert.

AUFGABEN

1. Schreibe hier stichwortartig auf, wie sich Deine Bewußtseinserweiterung in der letzten Woche unzweifelhaft dargestellt hat.

2. Beantworte Dir so oft wie möglich die folgenden Fragen:

   ✓ Was habe ich heute gemacht?
   ✓ Was kann ich daran verbessern?
   ✓ Wer kann mir dabei helfen?
   ✓ Wann werde ich es vollenden?

3. Schreibe die 3 wichtigsten Dinge auf, die Du von diesem Teil gelernt hast
   1.
   2.
   3.

4. Schreibe auf, wie es sich anfühlt, außerhalb der Meinung eines anderen Menschen zu stehen und sie unparteiisch aus der Distanz zu beobachten.

....

....

....

....

5. Schreibe auf, wie sich die Erkenntnis Deiner Beziehung zu Deiner häuslichen, geschäftlichen und sozialen Umgebung aufzeigt und welchen Nutzen Du daraus ziehst.

....

....

....

....

6. Kreuze an, welche der untenstehenden Taten oder Handlungen Du diese Woche unternommen hast oder welche eingetreten sind:

☐ Eine andere Person hat ihr Verhalten mir gegenüber geändert.

☐ Ich bin einer unerwünschten Situation gelassen geblieben.

☐ Ich habe mir vor einer Entscheidung überlegt, welches Resultat daraus entstehen würde.

☐ Ich habe die Meinung eines anderen Menschen als diese erkannt und nicht mit mir assoziiert.

☐ Ich habe wiederholt bewußt Anweisungen an mein Unterbewußtsein geschickt.

☐ Ich habe einem anderen Menschen eine unerwartete Freude gemacht.

☐ Mein Atem ist tiefer, gleichmäßiger und ruhiger geworden.

☐ Ich bin mir meiner Einheit mit dem Universellen besonders bewußt geworden.

☐ Mein Ess- und Trinkverhalten habe ich meiner neuen Denkweise angepaßt. Ich bevorzuge vegetarische Ernährung.

☐ Ich habe auch meine körperliche Ertüchtigung meiner geistigen angepaßt.

☐ Ich zeige im Stillen, aber auch öffentlich meine zunehmende Dankbarkeit.

7. Schreibe auf, was ‚Reichtumsbewußtsein' für Dich speziell bedeutet und wie es sich in den letzten Wochen für Dich bereits im Außen gezeigt hat.

....

....

....

8. Schreibe auf, was es für Dich bedeutet, mit der Allmacht verbunden zu sein, z.B. wie es sich in Deinem täglichen Leben zeigt.

....

....

....

9. Schreibe auf, warum viele trotz andauerndem Wünschen nicht die entsprechenden Ergebnisse herbeiführen und wie Du genau das vermeiden wirst.

....

....

....

....

DU HAST DIESEN TEIL GEMEISTERT...

- wenn Dir klar ist, daß Denken natürlichen Gesetzmäßigkeiten unterliegt, mit denen Du im Laufe des Studiums noch mehr in Kontakt kommst.
- wenn Du verstanden hast, daß der Großteil Deines Lebens unterbewußt abläuft, das aber Deine Chance zur zuverlässigen Veränderung ist.
- wenn Du es vorgenommen hast, Dein geistiges Haus immer wieder einer Reinigung zu unterziehen und nur bestes Gedankengut zu hegen und Dich dabei von niemandem abbringen lässt.
- wenn Du verstanden und wirklich verinnerlicht hast, daß Du Dein Erbe antreten – deinen Anspruch geltend machen – mußt.
- wenn Du verstanden hast, daß dieser Anspruch eines starken und ausgeprägten Selbstbewußtseins und einer soliden körperlichen Verfassung bedarf, da es mit harter geistiger Arbeit und den entsprechenden Taten verbunden ist.

■ wenn Du in der Lage bist, in der Stille Bilder aus der Vergangenheit, an die Du angenehme Erinnerungen hast, vor dein geistiges Auge zu holen und sie dort mit Details zu versehen, d.h. Deine Vorstellungskraft schrittweise ausbaust und stärkst.

NOTIZEN

KOMMENTAR

Achte während dieses Entwicklungs- und Werdungsprozesses stets darauf, mit was Du Dich gewöhnlich befaßt. Das mögen Personen sein, aber auch Informationskanäle. Beginne damit, alles einer genauen Analyse zu unterziehen, damit Du für Dich entscheiden kannst, ob es Dir auch wirklich dienlich ist. Wenn nicht, nimm Abstand davon, denn diese Energien beeinflussen Deine Gedankenwelt und Deinen Gemütszustand, wenn Du Dich nicht auf irgendeine Weise dagegen schützt. Oftmals besteht dieser Schutz genau darin, ihnen die Aufmerksamkeit und somit die Energie zu entziehen und auf das Gegenteil zu richten.

1. Überlege, ob das nicht die allgemeine Behauptung erklärt, daß wir nur 10% unserer Hirnkapazität nutzen. Sind es nicht die 90% Bauchhirn, die wir bislang außer acht gelassen haben und mit dem Master Key System nun immer stärker nutzen?

2. Wir treiben also dahin, wenn wir die Macht des Unterbewußtseins ignorieren. Großes wird letzten Endes nur mittels des Unterbewußtseins erreicht, weil es viel mehr Kapazität hat und in der Durchführung auch keine Fehler macht. Sich allein auf den Verstand zu verlassen, ist sicherlich ein guter Anfang. Es darf dann aber nicht dabei bleiben.

3. Erinnere Dich daran, daß das objektive Bewußtsein, also der bewußte Verstand, das Unterbewußtsein anleitet und daß seitens des letzteren keine Beweisfindung stattfindet. Du bestimmst also durch Deine Gedanken, die zu Deiner vorherrschenden Geisteshaltung werden, Deine objektive Realität.

4. ‚Verständnis dieser Tatsache‘ bezieht sich auf ‚die empfindsamen und sich immer in Bewegung befindenden Lebenskräfte‘. Für Dich bedeutet das, daß Du Dinge durch Deine geistige Inanspruchnahme, durch Deine Befehle ändern kannst – daß Du die Macht und Kraft in der Hand hältst, Dein Leben so zu gestalten, wie Du es möchtest.

5. Hier gilt es zu verstehen, daß die Unterdrückung mehr ein Ersetzen ist. Wenn Du etwas unterdrückst, gibst Du ihm noch mehr Aufmerksamkeit, wohingegen die Lösung darin liegt, schlechte Gewohnheiten durch gute zu ersetzen.

6. Es ist eine Deiner Aufgaben im Leben, Dir dieser Eindrücke bewußt zu werden. Dafür müssen sie nicht bis ins kleinste Detail analysiert werden. Eine Gewahrwerdung reicht meist vollkommen aus. Sollten Dir bestimmte Prägungen nicht gefallen, mußt Du Dich gedanklich umorientieren, um Neues herbeizuführen.

    An dieser Stelle soll auch erwähnt werden, daß es bei diesem Gewahrwerdungsprozeß nicht darum geht, andere für ihr Verhalten verantwortlich zu machen. Es geht darum, das zu erkennen, was man ist, und daß Du es ändern kannst, wenn Du es willst. Vergangenes ist vergangen. Daran kannst Du nichts mehr ändern. Du kannst aber sehr wohl daraus lernen und vielleicht auch erkennen, warum andere Personen oder Institutionen das getan haben, was Dir jetzt aufstößt oder mißfällt.

7. Der Wächter vor dem Tor war aus verschiedensten Gründen nicht aktiv und konnte nicht verhindern, daß die Informationen ans Unterbewußtsein weitergeleitet

159

wurden. Ein kleiner Hinweis: Auch wenn es am Anfang des Studiums verstärkt um den Verstand geht, bleibt es im Verlauf nicht dabei, weil dieser Verstand nur eine sehr beschränkte Auffassungsgabe, Verarbeitungs- und Lagerfähigkeit besitzt. Es geht darum, durch ein höheres Bewußtsein in einen Zustand zu kommen, in dem man sich aufgrund beharrlicher Praxis zunehmend auf seine Eingebung (Intuition) verlassen kann.

8. Hier erklärt Charles Haanel das Gesetz der Anziehung und weist darauf hin, daß wir unser Eigenes bekommen, was grundsätzlich ja auch Sinn macht. Wenn Du verstehst, daß Du Dinge durch bewußte Gedankensteuerung und Wiederholung ändern kannst, erkennst Du Deine Chance. Das Gesetz der Anziehung ist zwar fix und unabänderlich in seinem Wirken, nicht aber in seiner Qualität, denn es paßt sich Deinen Schwingungen an und schickt Dir mehr von dem zurück, was Du ausgesendet hast.

Du kannst rein technisch nur mit dem in Resonanz gehen, was Du aussendest. Das ist es, was sich für Dich verstärkt und verwirklicht. Das ist das Gesetz der Anziehung. Vom Denken aus betrachtet bedeutet das, daß sich nicht das, was Du nur ab und zu mal denkst, verwirklicht, sondern das, was Du solange gedacht hast, bis es unterbewußt geworden ist und worüber Du Dir nun darüber keine Gedanken mehr machen mußt. Du machst Dir nun auch keine Gedanken mehr über das Lesen oder Essen oder Autofahren. Diese Vorgänge laufen allesamt unterbewußt ab und haben auf diese Weise im Verstand Platz für Neues geschaffen.

9. Es ist unvermeidbar, daß sich Deine erhöhte Aufmerksamkeit zu einem großen Teil auf ,Dein eigenes Haus' ausrichtet. Du wirst Dich in etlichen Bereichen stärken und reinigen. Du wirst sorgfältiger bezüglich Deiner Gedanken, der Personen, mit denen Du Dich befaßt, mit Deinem Medienkonsum, und vor allem hinterfragst Du Dich und andere Geschehnisse immer mehr. Das, gepaart mit guter Ernährung und sportlicher Betätigung, führt dazu, daß Du in der Lage bist, immer größere Gedanken zu denken. Ob Du sie dann auch umsetzt, das liegt an Deiner Motivation, Deiner Passion und Deinem Willen, das gesetzte Ziel auch zu erreichen.

10. Hier gilt zu beachten, daß wir die ersten fünf Jahre unseres Lebens lediglich Empfänger waren und dadurch geformt wurden. Auch wenn sich dann ein Verstand bildete, sitzen viele dieser Programmierungen noch so tief in uns drin, daß wir sie bewußt gar nicht mehr registrieren, sondern lediglich ausleben – natürlich mit den entsprechenden Resultaten.

Durch das Studium wirst Du Dir dieser Tatsachen bewußt und kannst sie dadurch kontrollieren und ändern. Das ist wahre Selbsterkenntnis und -bestimmung.

11. Mut, Optimismus, Positivität... es gilt stets erhabene Gedanken zu denken – Meistergedanken! Das hat nur bedingt was mit positivem Denken zu tun, welches nichts anderes besagt, als daß Du derjenige bist, der die Impulse gibt, anstatt negativ und empfänglich zu sein und die Impulse anderer aufzunehmen und umzusetzen.

12. Geistige, moralische und körperliche Reinheit wird für viele Menschen bedeuten, daß sie ihr Leben recht drastisch umkrempeln.

Geistige Reinheit bedeutet Gedankenhygiene durch Gedankenkontrolle. Sie bedeutet auch, sich von Menschen fernzuhalten, die nichts Konstruktives beizutragen haben und sich beklagen, wehleiden und jammern.

Moralische Reinheit bedeutet primär, zu erkennen, daß Selbstsucht zur Niederlage führt, und daß die Gedanken stets zum höchsten Wohle aller ausgerichtet sind.

Körperliche Reinheit mag für Dich bedeuten, Deine Ernährungsgewohnheiten zu analysieren und den neuen Zielen entsprechend anzupassen. Sie mag auch erhöhte oder wechselnde sportliche Aktivität beinhalten, oder auch ein Wechsel im Lebensumfeld, wenn der Ort, an dem Du jetzt lebst, toxisch ist.

13. Aus diesem Abschnitt geht hervor, daß es Wiederholung bedarf, um das geistige Haus reinzuhalten. Aus den kommenden Abschnitten geht dann hervor, daß es keine Beschränkungen gibt; daß alles Schöne bereits im Überfluß existiert, aber von uns auch gebraucht werden muß.

14. Es ist bereits alles vorbereitet. Alles ist da. Das unendliche Potenzial kann sich Dir auf welche Art und Weise auch immer offenbaren. Es muß jedoch von Dir erkannt und genutzt werden. Das ist es, was Charles Haanel zum Ausdruck bringen will. Nichts muß wirklich erworben oder erarbeitet werden. Es bedarf lediglich der Anerkennung. Das setzt Ursachen in Bewegung, welche das von Dir erwünschte Objekt näher an Dich heranbringen. Das darf aber zu keiner Zeit durch Zweifel unterminiert werden. Hier mußt Du gut aufpassen: Wenn Du von Natur aus skeptisch bist und Dinge generell anzweifelst – also das Gegenteil von leichtgläubig bist – dann werden sich diese Eigenschaften automatisch darstellen. Es fällt Dir dann erst später auf, daß und wenn es geschehen ist. Dann aber haben sie bereits ihre Wirkung erzielt, und das Ideal wurde von seinem Sockel geholt. Bedenke, daß diese schöpferischen Vorgänge sehr subtil und meist kaum mehr wahrnehmbar sind, gerade weil sie als unterbewußte Prozesse vom Verstand längst nicht mehr registriert werden.

15. Laß Deine Unterwürfigkeit, Deine Beschränkungen und Deine Schwäche fallen und ersetze sie durch Mut, Grenzenlosigkeit und Macht und Kraft, die Dir durch Anerkennung und Gebrauch zur Verfügung stehen.

16. Esther Hicks schrieb dazu: *„Du mußt fragen, antworten und empfangen."* Dein Wunsch ist die Frage. Das schwingungstechnische Wirken des Universums ist die Antwort; diesbezüglich mußt Du nichts tun. Das Empfangen ist Deine Fähigkeit, für die verschiedenen Verwirklichungskanäle des Universellen Bewußtseins offen zu sein, da Dein Verstand niemals alle Möglichkeiten und Arten und Weisen umfassen und begreifen kann, auf die sich etwas verwirklichen kann.

17. Sie sind nicht schwer, aber Du mußt Dich darauf einstellen und Dich dafür öffnen, daß all dieses Gute zu Dir kommen kann. Menschen, die mit Sprüchen wie ‚Das

161

schaffst Du nie!' oder ‚Wer glaubst Du, wer Du bist?' oder feineren Formen der Unterminierung des Selbst aufgewachsen sind, haben oft Probleme damit. Ihnen fehlt jeglicher Bezug zum Überfluß und der Fülle; aber auch das kann und wird bereinigt werden.

18. Der schrittweise ablaufende Prozeß ist ein Sicherheitsmechanismus der Schöpfung, weil es durch die Abstufungen immer wieder Korrekturen vornehmen kann. Wenn alles auf Anhieb entstehen würde, gäbe es bei den vielfältigen Einflüssen keine Möglichkeit des Einschreitens. Daher gilt es auch dieser schrittweisen Entwicklung zu huldigen und sie wertzuschätzen.

19. Diese göttliche Vererbung siehst Du auch durch die sieben Hermetischen Prinzipien, auf die Du Dich verlassen kannst. Da im geistigen Bereich Gleiches auf Gleiches reagiert und das Geistige dem Materiellen immer vorangeht, liegt hier der Schlüssel zum Erlangen aller Gesundheit und aller Liebe.

20. Diese göttliche Vererbung hat nicht einmal ansatzweise etwas Böses, Schlechtes oder Negatives an sich. Es ist das, was allem Leben einhaucht und dazu führt, daß Dinge bestehen und Wesen sich erfahren können. Wenn Du Dir dessen bewußt wirst, wird es Dir ein Leichtes sein, Dich darauf einzustellen, d.h. im Einklang damit zu sein. Da auch hier das Prinzip der Entsprechung wirksam ist, bedarf es auch keiner weiteren Erklärung, daß die Auswirkungen auf Dich allesamt positiv und wohlwollend sind. Das mußt Du aber zuerst erkennen.

21. Anders ausgedrückt bedeutet das, daß je unterentwickelter Dein Bewußtsein ist, desto geringer ist Deine Fähigkeit, Leben auszudrücken und vor allem auch Deine Umgebung zu kontrollieren. Je höher und entwickelter Dein Bewußtsein ist, desto mehr Einfluß hast Du auf Deine Umgebung, und das schließt auch Menschen mit ein, die für Dich oder mit Dir arbeiten.

22. Daher kann Dir auch niemand diese Arbeit abnehmen. Es ist Deine Reise zu Deinem neuen Selbst. Es ist Deine Entdeckungstour. Es geht um Selbstbefähigung und das – wie Du in Kapitel 3 gelernt hast – durch die bewußte Aktivierung Deines Solarplexus.

23. In diesem Punkt wird nochmals klar, um was es sich hier handelt. Du bist das Abbild und die Ähnlichkeit Gottes. Lasse Dir diese Worte auf der Zunge zergehen. Durch Anerkennung dieser Tatsache erschließen sich Dir Möglichkeiten, die Du vor kurzem noch für unmöglich gehalten hättest, die nun aber durch Deine zunehmende Befähigung in den Bereich des Glaubhaften und somit des Machbaren gelangen.

24. Ich würde sagen, daß diese Passage genau das ausdrückt, was mit Dir passiert, wenn sich in Dir das Verständnis um den Master Key geformt hat. In wenigen Worten wird hier das zusammengefaßt, was auf Dich wartet, und es ist alles nicht nur gut, sondern genial. Erinnere Dich aber, daß Du es bist, der sich Deiner eigenen Genialität bewußt wird. Sie wird Dir nicht von außen zugetragen.

25. Zur Erinnerung: Wir geben grundsätzlich dadurch, daß wir uns ein Bewußtsein für

etwas schaffen, nämlich durch unsere Absicht und der ihr folgenden Aufmerksamkeit. Dann geben wir dadurch, daß unser Ideal allen zugute kommt und nicht selbstsüchtig ist. Dann lassen wir anderen geistig Wohlstand, Gesundheit und Liebe zukommen. Wir sehen sie also genau so und nicht anders. Dadurch formt sich dann unser eigenes Bewußtsein, unsere eigene Realität, denn während wir unsere Aufmerksamkeit auf diese Qualitäten richten, können wir sie gleichzeitig nicht auf ihre Gegenteile richten. Das ist Gesetz! Durch stete Wiederholung (u.a. durch Affirmationen – verbale Bejahungen und Bekräftigungen) prägen wir uns dann diese Qualitäten ein; die anderen vermindern sich dadurch automatisch.

26. *,Nimm das Bewußtsein weg, und was bleibt übrig? Nichts.'* Verweile noch ein wenig auf diesem Satz, denn er macht klar, daß Bewußtsein die wahre Macht und Kraft ist. Das Master Key System befähigt Dich, Dein Bewußtsein durch Beobachtung, Idealisierung, Visualisierung und Konzentration auszuweiten und so in den Genuß von Dingen zu kommen, die Dir sonst verwehrt blieben.

27. Immer wieder geht es um das Erkennen. Deine Fähigkeit, die spirituelle Ebene zu verstehen, versetzt Dich in die Lage, sie auch bewußt in Anspruch zu nehmen. Das bedingt sich in gewisser Hinsicht gegenseitig, denn mit Deiner Inanspruchnahme wächst auch Dein Verständnis, was wiederum zu mehr Inanspruchnahme führt. So nimmt Deine Macht und Kraft stetig zu.

28. Anhäufung bedeutet, daß Du offen und bereit bist, Neues (einer bestimmten Qualität) zu empfangen, und so auch die Idee, welches das Wohlstandsbewußtsein Dir liefert. Diese Idee gilt es dann in praktische Werte umzusetzen: Durch mutiges Planen und furchtloses Durchführen.

29. Haanels Verweis auf dasselbe Zimmer, denselben Platz und dieselbe Position hat Sinn und Methode. Es ist erwiesen, daß wir uns dadurch eine Routine erschaffen, die dem Körper sagt: Nun ist es Zeit zum Lernen. Wir stellen uns darauf ein, und die Routine ist nichts anderes als die Wiederholung, die Gewohnheit schafft und Dinge für Dich leichter werden läßt.

Die Übung von Kapitel 5 ist die erste, bei der die Vorstellungskraft geschult wird. Die Übungen der nächsten Wochen stellen zunehmend höhere Ansprüche an Deine Vorstellungskraft, was Dich schlußendlich in die Lage versetzt, Dir auch wirklich alles vorzustellen. Mittels des entsprechenden Vorganges wirst Du befähigt werden, diese im Geiste erschaffenen Bilder auch zu verwirklichen.

6

Durch Aufmerksamkeit zum Erfolg

Es ist mir eine Ehre, Dir hiermit Teil Sechs zu überreichen. Dieser Teil wird Dir ein ausgezeichnetes Verständnis des wundervollsten Mechanismus geben, der jemals erschaffen wurde. Ein Mechanismus, durch den Du – für Dich selbst – Gesundheit, Stärke, Erfolg, Wohlstand oder jeden anderen gewünschten Umstand erschaffen kannst. Bedürfnisse sind Nachfragen; Nachfragen erschaffen Handlungen; Handlungen führen zu Ergebnissen. Der Vorgang der Evolution baut kontinuierlich unser Morgen aus unserem Heute. Individuelle Entwicklung, genauso wie universelle Entwicklung, muß **stufenweise ablaufen**, mit einer sich immer erhöhenden Kapazität und einem immer größeren Volumen.

Das Wissen, daß wir uns die moralischen Dornen zuziehen und uns an jeder Kreuzung verfangen, wenn wir die Rechte anderer verletzen, sollte uns als Hinweis dienen, daß Erfolg vom höchstmöglichen moralischen Ideal abhängig ist, und das wiederum bedeutet: „Das höchste Wohl für die größte Menge."

Bestreben, Wünsche und harmonische Beziehungen, die beständig gepflegt werden, führen zu Ergebnissen. Das größte Hindernis dabei sind fehlerhafte und fixe Ideen.

Um mit der ewigen Wahrheit im Einklang zu sein, müssen wir in uns Gelassenheit und innere Harmonie besitzen. Um Intelligenz zu erhalten, muß der Empfänger auf der gleichen Frequenz sein wie der Sender.

Der Gedanke ist ein Produkt des Bewußtseins, und Bewußtsein ist schöpferisch. Das bedeutet nicht, daß sich das Universelle mit seiner Vorgehensweise uns oder unseren Ideen anpaßt. Es bedeutet hingegen, daß wir in eine harmonische Beziehung mit dem Universellen treten können, und wenn wir das erreicht haben, können wir nach allem fragen, worauf wir ein Anrecht haben, und der Weg wird uns geebnet werden.

DURCH AUFMERKSAMKEIT ZUM ERFOLG

1. Das Universelle Bewußtsein ist so wunderbar, daß seine nützlichen Kräfte, Möglichkeiten und seine unendlichen, schöpferischen Wirkungen nur schwer begreifbar sind.

2. Wir haben herausgefunden, daß dieses Bewußtsein nicht nur alle Intelligenz, sondern auch alle Substanz ist. Wie kann es sich dann in Form aufteilen? Wie können wir uns das Ergebnis sichern, das wir uns wünschen?

3. Frage einen Elektriker, was die Wirkung der Elektrizität ist, und er wird antworten, daß *„Elektrizität eine Form von Bewegung ist, und die Wirkung ist von dem Mechanismus abhängig, an den sie angeschlossen ist.“* Von diesem Mechanismus hängt es ab, ob wir Wärme, Licht, Elektrizität, Musik oder jegliche andere, wunderbare Darstellung von Stärke haben, die dieser lebendigen Kraft abgewonnen wurde.

4. Welche Wirkung kann durch Denken erzielt werden? Die Antwort lautet, daß Denken Bewußtsein in Bewegung ist (wie Wind bewegte Luft ist) und seine Wirkung vollkommen von dem 'Mechanismus abhängig ist, an den es angeschlossen wird'.

5. Hier ist also das Geheimnis aller geistigen Macht: sie hängt von dem Mechanismus ab, an den wir sie anschließen.

6. Was ist das für ein Mechanismus? Du weißt etwas über den Mechanismus, der von Edison, Bell, Marconi oder anderen Genies der Elektrotechnik erfunden wurde, durch den Ort, Raum und Zeit zur bloßen Redewendung wurden, aber hast Du jemals innegehalten, um zu überlegen, daß der Mechanismus, der Dir zur Umwandlung der universellen, allgegenwärtigen, potentiellen Kraft überreicht wurde, von einem noch viel größeren Erfinder als Edison erschaffen wurde?

7. Wir haben uns daran gewöhnt, die Mechanismen der Werkzeuge zu untersuchen, mit denen wir die Felder bearbeiten, und wir versuchen, ein Verständnis für die Mechanismen des Automobils zu entwickeln, das wir fahren. Die meisten von uns sind jedoch damit zufrieden, in völliger Ignoranz dem größten Mechanismus überhaupt gegenüber zu verweilen – dem des menschlichen Gehirns.

8. Laß uns die Wunder dieses Mechanismus näher untersuchen. Vielleicht erhalten wir dadurch ein besseres Verständnis der vielen Wirkungen, deren Ursache er zugrunde liegt.

9. Zunächst gibt es die großartige geistige Welt, in der wir leben, uns bewegen und unser Wesen haben. Diese Welt ist allmächtig, allwissend und allgegenwärtig. Sie antwortet auf unsere Wünsche im direkten Verhältnis zu unserer Absicht und unserem Vertrauen. Die Absicht muß in Übereinstimmung mit dem Gesetz unseres Wesens sein. Das bedeutet, daß sie schöpferisch oder konstruktiv sein muß. Unser Glaube muß stark genug sein, um einen Fluß ausreichender Stärke zu erschaffen, damit unsere Absicht zur Darstellung gebracht werden kann. „Wie Du glaubst, so wird Dir geschehen", trägt den Stempel wissenschaftlicher Untersuchungen.

10. Die Wirkungen, die in der äußeren Welt erschaffen werden, sind das Ergebnis und die Reaktion des Einwirkens des Individuellen auf das Universelle. Das ist der Vorgang, den wir Denken nennen. Das Gehirn ist das Organ, durch den dieser Vorgang vollbracht wird. Erschaffe Dir ein gutes Bild von diesem Wunder! Liebst Du Musik, Blumen, Literatur, oder fühlst Du Dich inspiriert

167

Unser Glaube muß stark genug sein,
um einen Fluß ausreichender Stärke zu erschaffen,
damit unsere Absicht zur Darstellung gebracht werden kann.

durch die Gedanken alter oder moderner Genies? Bedenke, daß jede Schönheit, auf die Du reagierst, eines entsprechenden Bezugspunktes in Deinem Gehirn bedarf, bevor Du sie überhaupt schätzen kannst.

11. Es gibt im Speicherhaus der Natur keine einzige Fähigkeit und kein einziges Prinzip, das vom Gehirn nicht ausgedrückt werden kann. Das Gehirn ist eine **embryonale Welt** und somit bereit, sich zu entwickeln, solange ein Bedarf dafür besteht. Wenn Du verstehen kannst, daß es sich hierbei um eine wissenschaftliche Wahrheit handelt und um eines der wundervollsten Gesetze der Natur, wird es Dir leichter fallen, ein Verständnis des Mechanismus zu entwickeln, durch den diese außerordentlichen Ergebnisse erzielt werden können.

12. Das Nervensystem wurde mit einem elektrischen Schaltkreis verglichen, mit einer Batterie von Zellen, in denen die Kraft entsteht, und weißer Masse mit isolierten Drähten, durch die der Strom fließt. Es geschieht durch diese Kanäle, daß jeder Impuls oder jeder Wunsch durch den Mechanismus getragen wird.

13. Das Rückenmark ist der große Motor und Sinneskanal, durch den die Nachrichten vom und zum Gehirn transportiert werden. Dann haben wir noch das Blut, das durch Venen und Arterien fließt und unsere Energie und Stärke erneuert – diese perfekt angeordnete Struktur, auf der der gesamte physische Körper beruht. Schlußendlich ist da noch die empfindliche und wunderschöne Haut, die den ganzen Mechanismus in einen Mantel von Schönheit hüllt.

14. Das ist dann der „Tempel des lebendigen Gottes". Dem individuellen 'Ich' wurde die Steuerung übergeben, und von dem Verständnis dieses unter unserer Kontrolle befindlichen Mechanismus hängt schlußendlich das Ergebnis ab.

15. Jeder Gedanke setzt Gehirnzellen in Bewegung. Zunächst wird die Substanz, auf die der Gedanke ausgerichtet ist, nicht reagieren, aber wenn der Gedanke ausreichend verfeinert und konzentriert ist, gibt die Substanz schließlich nach und führt zu einem perfekten Ausdruck.

16. Diese Beeinflussung des Bewußtseins kann auf jeden Teil des Körpers ausgerichtet werden und die Zerstörung jeglicher unerwünschter Wirkung herbeiführen.

17. Eine perfekte Auffassung und ein perfektes Verständnis der die geistige Welt regelnden Gesetze ist **in der Geschäftswelt von unschätzbarem Wert**, da es die Kräfte des Urteilsvermögens entwickelt, sowie ein klareres Verständnis und die Wertschätzung von Tatsachen hervorruft.

18. Der Mensch, der nach innen anstatt nach außen schaut, kann nicht darin fehlschlagen, Gebrauch von diesen mächtigen Kräften zu machen, die schlußendlich den Kurs seines Lebens bestimmen und ihn so in Resonanz mit all dem bringen, was das Beste, Stärkste und Wünschenswerteste ist.

19. Aufmerksamkeit oder Konzentration sind wahrscheinlich die wichtigsten Elemente in der Entwicklung einer Bewußtseinskultur. Die Möglichkeiten der Aufmerksamkeit, wenn sie richtig geleitet werden, sind so erstaunlich, daß sie dem Anfänger als kaum glaubhaft erscheinen. Die Kultivierung der Aufmerksamkeit ist die entscheidende Eigenschaft erfolgreicher Männer und Frauen; es ist die höchste persönliche Errungenschaft, die erworben werden kann.

20. Die Macht der Aufmerksamkeit kann besser verstanden werden, wenn man sie mit einer Lupe vergleicht, durch die Sonnenstrahlen

Aufmerksamkeit oder Konzentration
sind wahrscheinlich die wichtigsten Elemente
in der Entwicklung einer Bewußtseinskultur.

gebündelt werden. Solange die Lupe verschoben wird und die Strahlen wahllos umherspringen, besitzen diese keine besondere Stärke. Hält man die Lupe aber vollkommen still und richtet die Strahlen für eine Zeitlang auf eine bestimmte Stelle, wird die Wirkung sofort ersichtlich.

21. So ist es auch mit der Kraft der Gedanken. Erlaube Deiner Kraft, sich durch unkonzentrierte Gedanken zu zerstreuen, und kein Ergebnis wird sich einstellen. Bündele diese Kraft aber durch Aufmerksamkeit und Konzentration für längere Zeit auf ein einziges Ziel, und nichts wird unmöglich.

22. Eine sehr einfache Abhilfe für eine komplexe Situation, würden manche sagen. In Ordnung! Versuche es, Du, der keinerlei Erfahrung im Konzentrieren der Gedanken auf ein bestimmtes Ziel oder auf ein bestimmtes Objekt hat. Wähle ein einzelnes Objekt aus und lenke Deine Aufmerksamkeit für nur 10 Minuten darauf. Du kannst es nicht. Das Bewußtsein wird ein Dutzend Mal abwandern, und es wird notwendig sein, es zum ursprünglichen Ziel zurückzubringen. Jedes Mal wird die Wirkung verpufft sein. Am Ende der 10 Minuten wirst Du nichts erreicht haben, denn Du warst nicht in der Lage, Deinen Gedanken stetig auf dieses eine Ziel auszurichten.

23. Durch Aufmerksamkeit wirst Du schlußendlich aber in der Lage sein, jedes Hindernis zu überwinden, das sich Dir in den Weg stellt. Der einzige Weg, diese wundervolle Kraft zu erhalten, ist durch Übung. Übung macht perfekt – hier, wie auch bei allem anderen.

In der Stille bist Du weniger abgelenkt. Das ist dem Gewahrwerden Deiner Gedanken zuträglich, aber auch dem Gewahrwerden der Dir zur Verfügung stehenden, unendlichen Möglichkeiten.

24. Um die Kraft der Aufmerksamkeit zu kultivieren, lege in denselben Raum ein Foto Deiner Person vor Dich; setze Dich auf Deinen Stuhl und in dieselbe Position wie zuvor. Untersuche es für mindestens 10 Minuten sehr genau. Bemerke den Ausdruck der Augen, die Form der Gesichtszüge, die Kleidung, die Art und Weise, wie das Haar angelegt ist. In der Tat, bemerke achtsam jedes einzelne Detail, das Du auf dem Foto entdeckst. Nun decke es zu, schließe Deine Augen und versuche, es mental zu sehen. Wenn Du jedes Detail perfekt erkennen kannst und ein gutes geistiges Bild des Fotos machen kannst, ist Dir zu gratulieren. Wenn nicht, wiederhole den Vorgang, bis Du es kannst.

25. Dieser Schritt war lediglich dem Zwecke dienlich, den Boden vorzubereiten. Nächste Woche werden wir bereit sein, die Saat zu säen.

26. Es ist durch diese Übungen, daß Du schließlich in der Lage sein wirst, Deine geistigen Launen, Deine Einstellung und Dein Bewußtsein zu steuern.

27. Große Finanziers lernen, sich mehr und mehr von der Masse abzuschotten, damit sie mehr Zeit zum Planen, Denken und dem Erschaffen der richtigen geistigen Einstellung haben.

28. Erfolgreiche Geschäftsleute zeigen immer wieder die Tatsache auf, daß es sich lohnt, mit den Gedanken anderer erfolgreicher Geschäftsleute in Kontakt zu bleiben.

29. Eine einzige Idee mag Millionen von Dollar wert sein, aber diese Ideen können nur zu denjenigen kommen, die dafür offen sind; die bereit sind, sie zu empfangen; die eine erfolgreiche Geisteshaltung erlangt haben.

30. Die Menschen lernen, sich in Einklang mit dem Universellen Bewußtsein einzufinden; sie lernen die Einheit aller Dinge; sie lernen die einfachen Methoden und Prinzipien des Denkens, und das verändert die Umstände und vervielfältigt die Ergebnisse.

Wenn Geld für Dich ein Thema ist, dann bedarf es der Anwendung derselben Prinzipien. Wenn Du erfolgreich werden willst, mußt Du Dich dort aufhalten, wo sich erfolgreiche Menschen aufhalten, ganz gleich, was für eine Art von Erfolg Du anstrebst. Es handelt sich hier um ein energetisches Konstrukt. Ideen sind Energie, und wenn Du Ideen zum Reichwerden benötigst, suche die Menschen, Orte oder Umstände auf, die Erfolg für Dich bedeuten. Sie sind Wegbereiter für Dein neues Leben.

Denken ist der Vorgang,
durch den wir den Geist der Macht aufnehmen können
und das Ergebnis in unserem inneren Bewußtsein halten,
bis es Teil unseres gewöhnlichen Bewußtseins wird.

31. Sie stellen fest, daß Umstände und Umgebungen den Neigungen mentalen und spirituellen Fortschritts folgen. Sie stellen fest, daß auf Wachstum Wissen folgt. Taten folgen der Eingebung. Möglichkeiten folgen der Wahrnehmung – immer zuerst das Geistige, dann die Umwandlung in die unendlichen und grenzenlosen Möglichkeiten des Erreichens.

32. Da das Individuum lediglich ein **Kanal** für die Unterscheidung des Universellen ist, sind die Möglichkeiten notwendigerweise unerschöpflich.

33. Denken ist der Vorgang, durch den wir den Geist der Macht aufnehmen können und das Ergebnis in unserem inneren Bewußtsein halten, bis es Teil unseres gewöhnlichen Bewußtseins wird. Die Methode des Erreichens dieses Ergebnisses durch das **beharrliche Anwenden einiger fundamentaler Prinzipien**, wie in diesem System erklärt, ist der Master Key, der uns Zugang zum dem Lagerhaus der Universellen Wahrheit verschafft.

34. Die beiden größten Quellen menschlichen Leids sind gegenwärtig körperliche Krankheit und geistige Ängstlichkeit. Sie können auf das Verletzen gewisser natürlicher Gesetze zurückgeführt werden. Das beruht zweifelsohne auf der Tatsache, daß sich das Wissen bis jetzt in den Händen einiger weniger befand, aber die Wolken der Dunkelheit, die sich über die Jahrhunderte angesammelt haben, lösen sich nun auf und mit ihnen vieles von dem Elend, welches unvollständigem Wissen anhaftete.

FRAGEN UND ANTWORTEN

51. *Nenne einige der Effekte, die durch Elektrizität produziert werden können?*
Hitze, Licht, Elektrizität, Musik.

52. *Wovon hängen diese Effekte ab?*
Von dem Mechanismus, an den sie angeschlossen sind.

53. *Was ist das Ergebnis der Aktion und Interaktion des Individuellen Bewußtseins auf das Universelle Bewußtsein?*
Die Umstände und Erfahrungen, auf die wir treffen.

54. *Wie können diese Umstände geändert werden?*
Indem man den Mechanismus ändert, durch den sich das Universelle in Form ausdrückt.

55. *Wie nennt sich dieser Mechanismus?*
Das Gehirn.

56. *Wie kann dieses neu organisiert werden?*
Durch den Vorgang, den wir Denken nennen. Gedanken erschaffen Gehirnzellen, und diese Zellen antworten auf die entsprechenden Gedanken im Universellen.

57. *Welchen Wert hat die Kraft der Konzentration?*
Sie ist die höchste persönliche Leistung, die erreicht werden kann, und sie ist das herausragende Merkmal erfolgreicher Männer oder Frauen.

58. *Wie kann man es erlangen?*
Indem man die Übungen dieses Systems vertrauensvoll durchführt.

59. *Warum ist das so wichtig?*
Weil es uns befähigt, unsere Gedanken zu steuern, und da Gedanken Ursachen sind, müssen Umstände die Wirkungen sein. Wenn wir die Ursache steuern können, können wir auch die Wirkung steuern.

173

60. *Was verändert die Umstände und vervielfältigt*
die Ergebnisse in der objektiven Welt?
Der Mensch lernt die grundlegenden Methoden
des schöpferischen Denkens.

Daß ein Mensch sich ändern kann, sich verbessern
kann, sich wiederherstellen kann, seine Umgebung
steuern kann und sein eigenes Schicksal
beherrschen kann, ist die Schlußfolgerung eines
jeden Geistes, der sich der Macht wahrhaftigen
Denkens in bestärkenden Taten bewußt ist.
— LARSEN

6

Durch Aufmerksamkeit zum Erfolg

Diese Woche geht es um Aufmerksamkeit und Konzentration. Beide sind von absolut zentraler Bedeutung, weil Aufmerksamkeit Energie nach sich zieht und gleichbedeutend mit ‚Bewußtseinserweiterung‘ ist. Konzentration bedeutet, sich auf ein bestimmtes Ziel ‚einzuschießen‘ und ihm die volle Aufmerksamkeit zu schenken, was bedeutet, daß wir automatisch zur selben Zeit andere Angelegenheiten ausschließen.

Noch einmal: Wenn sich ein beharrlicher Gedankengang auf eine Sache richtet, schließen wir automatisch andere Gedanken aus. Das, was aus unserem Bewußtsein schwindet, schwindet auch aus unserem Leben, genauso wie das, was wir in unser Bewußtsein lassen, sich dann auch in unserem Leben zeigt.

Ein Gedanke ist aktive Energie. Ein konzentrierter Gedanke ist konzentrierte Energie, nur mit einem weitaus höheren Wirkungsgrad. Dieser Gedanke – und wir mit ihm – muß harmonisch sein, systematisch und konstruktiv. Er muß im Einklang mit der Vorwärtsbewegung des Großen Ganzen sein. Sender und Empfänger müssen auf der gleichen Frequenz sein, damit es zu Resonanz kommen kann, zu einer Verwirklichung im Außen. Du hast schon viele Male davon gehört, z.B. daß Soldaten nicht im Gleichschritt über eine Brücke gehen sollen oder eine Opernsängerin ein Glas zerspringen lassen kann, wenn sie die Eigenfrequenz des Glases trifft. Resonanz heißt wortwörtlich Wiedererklingen oder Wiederhallen, was nichts anderes bedeutet, als daß ich mehr davon bekomme. Dabei spielt die Polarität keine Rolle. Du erlebst durch negative Gedanken negative Auswirkungen, denn diese Gedanken sind Dein – sie sind Deine Schöpfung. Nur hat das zur Folge, daß Du Dich währenddessen selbst zu Grunde richtest, und das ist wahrlich nicht der Sinn der Sache.

Da Energie der Aufmerksamkeit folgt, ist es bei negativen oder unerwünschten Denk- oder Verhaltensweisen besonders wichtig, daß wir ihnen durch unsere Bewußtwerdung keine Aufmerksamkeit mehr schenken, sondern unseren Fokus auf das richten, von dem wir mehr haben wollen. Bedenke, daß wir dem Unterbewußtsein ein neues Muster aufprägen müssen, daß der flüchtige Gedanke oder die Idee zur Gewohnheit werden muß, dann automatisch und schließlich zu uns selbst. Er muß raus aus dem Kopf, raus aus den Gedanken und rein ins Unterbewußtsein, da, wo wir ihn haben wollen, damit das Unterbewußtsein sich ans Werk der Verwirklichung machen kann und währenddessen nicht durch Selbstzweifel gestört wird. Wenn diese noch bestehen sollten, rate ich Dir, noch einmal zu Kapitel 4 zurück zu kehren und wirklich die Natur Deines wahren ‚Ich' zu begreifen und zu verinnerlichen.

Solange wir noch über etwas nachdenken müssen, sind wir noch nicht dazu geworden, und solange das noch nicht stattgefunden hat, läßt auch die Verwirklichung im Außen auf sich warten. Das bedeutet, daß wir üben müssen, üben, üben und nochmals üben, bis wir es perfekt beherrschen und vergessen können. Eine Aufgabe, die Zeit, Bewußtheit und Konzentration bedarf, an deren Ende aber all das steht, was wir uns im Leben wünschen.

ÜBUNG

Nachdem wir uns in der letzten Woche an ein Ereignis aus der Vergangenheit erinnert haben, geht es in dieser Woche darum, ein Foto mit all seinen Details zu betrachten, es dann zu bedecken und diese Details wieder vor unser geistiges Auge zu holen. Der Sinn der Übung besteht darin, daß wir uns dessen bewußt werden, was ich gerne mit Graustufen bezeichne. Sie sind das, was zwischen Schwarz und Weiß liegt. Sie sind die Details, derer wir uns bewußt werden müssen. Aufmerksamkeit führt zu genau dieser Detailerkennung. Diese ist nichts anderes als eine erhöhte Informationsaufnahme, und diese ist uns dienlich, Muster zu erkennen, Gewißheit zu bekommen, aus der dann eine innere Ruhe entsteht, welche uns zu intelligenten Entscheidungen führt, denn ohne diese Ruhe, diese Stille, diese im – wahrsten Sinne des Wortes – Überlegenheit, können keine intelligenten Entscheidungen getroffen werden.

Also, werde Dir der Details dieses Fotos (von Dir) bewußt und lerne Dich dadurch besser kennen – die Kurven und die Kanten. In der nächsten Woche wird die Übung etwas umfangreicher, denn dann schreiten wir aktiv ein, um etwas zu erschaffen, was vorher noch nicht vorhanden war.

AUFGABEN

1. Schreibe hier auf, wie sich Deine Aufmerksamkeit und Konzentration in dieser Woche verbessert hat.

    ....
    ....
    ....
    ....
    ....

2. Beantworte Dir so oft wie möglich die folgenden Fragen:

    ✓   Was habe ich heute gemacht?
    ✓   Was kann ich daran verbessern?
    ✓   Wer kann mir dabei helfen?
    ✓   Wann werde ich es vollenden?

3. Schreibe die 3 wichtigsten Dinge auf, die Du von diesem Teil gelernt hast
    1. ....
    2. ....
    3. ....

4. Schreibe auf, warum Du jede Woche die Übungen gewissenhaft durch-führst.

    ....
    ....
    ....

5. Schreibe auf, warum der Gedanke konstruktiv und kreativ sein muß.

177

....

....

6. Kreuze an, welche der untenstehenden Taten oder Handlungen Du diese Woche unternommen hast oder welche eingetreten sind:
   - ☐ Eine andere Person hat ihr Verhalten mir gegenüber geändert.
   - ☐ Ich bin in einer unerwünschten Situation gelassen geblieben,.
   - ☐ Ich habe mir vor einer Entscheidung überlegt, welches Resultat daraus entstehen würde.
   - ☐ Ich habe die Meinung eines anderen Menschen als diese erkannt und nicht mit mir assoziiert.
   - ☐ Ich habe erkannt, daß Aufmerksamkeit mit einer erhöhten Informationsaufnahme gleichgestellt werden kann, beides aber vollkommen wertneutral ist.
   - ☐ Ich habe einem anderen Menschen eine unerwartete Freude gemacht.
   - ☐ Mein Atmen wird zunehmend tiefer, länger und gleichmäßiger.
   - ☐ Ich bin mir meiner Einheit mit dem Universellen besonders bewußt geworden.
   - ☐ Ich habe besonders auf mein Ess- und Trinkverhalten geachtet.
   - ☐ Ich habe meine körperliche Ertüchtigung meiner geistigen angepaßt. Ich nehme mir täglich Zeit für meinen Sport.
   - ☐ Ich zeige im Stillen, aber auch öffentlich meine zunehmende Dankbarkeit.

7. Schreibe auf, warum es so wichtig ist, sich zurückzuziehen, in die Stille zu gehen.

....

....

....

8. Schreibe auf, warum die Möglichkeiten als Individuum unerschöpflich sind.

....

....

....

9. Schreibe hier ein Ziel oder einen Wunsch auf, den Du verwirklichen möchtest. Schreibe auch auf, was Dich noch von der Erfüllung abhält, aber auch, wer oder was Dir in Zukunft dabei helfen wird.

....

....

....

DU HAST DIESEN TEIL GEMEISTERT...

- wenn Du verstanden hast, daß Entwicklungen stufenweise vorangehen und alles seine Zeit braucht, um sich dauerhaft und zuverlässig darzustellen.

- wenn Du begriffen hast, daß Du moralische Reinheit erlangen mußt, um Erfolge zu erzielen, die von dauerhafter Natur sind.

- wenn Dein Glaube an das, was Du zu erreichen wünschst, stark und unveränderlich ist.

- wenn Du Deine Aufmerksamkeit immer öfter bewußt in eine von Dir gewünschte Richtung lenken kannst.

- wenn Du Dir ein Bild anschauen und Dir die Details dann wieder vor Dein geistiges Auge holen kannst, d.h. Deine Vorstellungskraft noch ein wenige mehr geschult hast.

- wenn Du verstanden hast, daß Du lediglich ein Kanal des Universellen bist, welches sich Durch dich ausdrückt und Du durch Dein Denken über die Qualität des Ausdrucks entscheidest.

- wenn Du Dir bewußt geworden bist, daß Du Dich mit wohlhabenden, gesunden und liebevollen Menschen umgeben mußt, um mehr davon in Dein Leben zu ziehen.

NOTIZEN

....

....

....

....

....

....

KOMMENTAR

Das größte Wohl für die größte Menge deutet hier bereits darauf hin, daß Dein Denken weit über Dich und Deine eigenen Bedürfnisse hinaus ausgerichtet werden muß. Großartiger Dienst an anderen führt zu einem großartigen Dienst an Dir. Das, was Du gibst, kommt zu Dir zurück. Dazu ist es unabdingbar, daß Du geistig, moralisch und körperlich rein bist. Ganz gleich, welche Hilfsmittel Du dafür in Anspruch nimmst, es bedarf zunächst Deiner Absicht, diese Reinheit zu erreichen. Wenn Du die Absicht hast, entsteht daraus der Wille, auch die entsprechenden Schritte zu unternehmen.

Du mußt, wie in Kapitel 3 gelernt, Deinen Solarplexus zum Leben erwecken. Dieses Erwecken findet wiederum durch Deine geistige Inanspruchnahme statt. Du strahlst dann schließlich eine magnetische Kraft aus, die andere nicht nur anziehend finden, sondern die sich auch dahingehend auswirkt, daß sie Dir zuarbeiten. Das erleichtert Deine Arbeit ungemein und eröffnet Dir vollkommen neue Möglichkeiten.

1. ... weil wir verstandesgemäß dazu gar nicht in der Lage sind. Das, was wir verstehen können, reicht aus, um uns in den Zustand der Freude, der Dankbarkeit und des Vertrauens zu versetzen, daß immer für uns gesorgt ist, was aber nicht heißt, untätig zu werden – ganz im Gegenteil!

2. Es gibt prinzipiell nichts, was nicht göttlich ist. Es gibt für Dich als Menschen aber dennoch etwas, was Dir dienlich und was Dir nicht dienlich ist. Dein Bewußtsein ist es, welches Dich in die Lage versetzt zu unterscheiden. Alles hat seine Funktion, was aber noch lange nicht bedeutet, daß Du sie Dir auch zu eigen machen mußt.

Bei manchen Dingen reicht es zu erkennen, daß man sich mit dieser Energie oder Qualität nicht länger befassen möchte.

3. Übersetzt bedeutet das für Dich, daß das Resultat Deines Denkens davon abhängt, worauf Du es lenkst. Genau wie bei der Elektrizität kannst Du dabei getötet werden oder in den Genuß zahlreicher Wohltaten kommen.

4. Durch Dein Denken wirkst Du auf die universelle Substanz ein und bringst sie durch das Gesetz der Anziehung dazu, sich in Form darzustellen.

5. Du wirst gleich sehen, daß Haanel hier auf das Denken hinaus will. Denken ist der Mechanismus. Wird dieser richtig eingesetzt, vollbringt er Wunder. Das ist für jeden ersichtlich, der sich die Mühe macht, Dinge genau zu beobachten und unter die Oberfläche zu schauen. Wie Haanel später sagt: ‚*Das Leben verteilt die größten Preise an die Denker.*‘

6. Haanel spricht hier natürlich von Radiowellen, im Nebensatz aber von Gehirnwellen, die wir immer mehr erforschen und deren Funktion und Auswirkung wir uns immer mehr bewußt werden.

7. Würde Charles Haanel in der heutigen Zeit leben, hätte er allergrößte Freude an den Entdeckungen, die im Bereich von Gehirnwellen, Magnetresonanztherapie etc gemacht wurden. Unser Befassen mit dieser Thematik führt dazu, daß wir zu neue Erkenntnissen kommen, die uns helfen, uns als menschliches Wesen besser zu verstehen. Es ist selbstredend, daß dieser Bereich noch lange nicht ausgeschöpft ist.

In der Zukunft werden wir die Gedankenkraft verstärkt direkt anzapfen und damit Ergebnisse erzielen, die vor gerade einmal 50 Jahren noch undenkbar waren.

8. Sehr einfach zu übersehen, aber von grundlegender Bedeutung sind hier die Worte *näher untersuchen*. Genau das ist es, was zu neuen Entdeckungen führt, welche durch ihre Besonderheit einen höheren Wert haben als etwas allgemein Bekanntes.

9. Es lohnt sich, diesen Abschnitt mehrere Male zu lesen. Nicht nur muß Deine Absicht in Übereinstimmung mit Deinem Wesen sein, sondern auch der Glaube stark, bis er schließlich Wissen und Erfahrung Platz macht.

10. Das ist wichtig zu verstehen, denn Du bist nur für das empfänglich, für das Du auch ausgestattet bist. Wenn z.B. in eine Hundepfeife geblasen wird, hörst Du nichts, der Hund aber schon. Du hast kein Bewußtsein für diese hohen Frequenzen, dementsprechend auch keinen Nutzen.

11. Anders ausgedrückt bedeutet es auch, daß nirgendwo geschrieben steht, was Du denken mußt. Es steht Dir jederzeit frei, neue Gedanken zu denken und durch Wiederholung zur Gewohnheit zu machen. Du bist *Schöpfer und Zerstörer*, wie Hermann Hesse so schön schrieb.

Wissenschaftlich wurde bereits nachgewiesen, daß alte synaptische Verbindungen im Gehirn aufgelöst und neue erschaffen werden können. Wie Du bereits weißt, schwindet Macht durch Nichtgebrauch und wächst durch Gebrauch. Was Du geistig gebrauchst, d.h. in Anspruch nimmst, wird stärker, eben weil sich zusätzliche synaptische Verbindungen bilden, die Dir dann mittels Deiner Sinne das widerspiegeln, was Deiner vorherrschenden Geisteshaltung entspricht.

12. Die Nerven sind dabei lediglich der Übertragungsmechanismus. Die Interpretation dieser Signale findet im Gehirn statt, wo sie durch bestimmte Techniken aber auch abgeändert werden kann. Die Realität ist also keineswegs fix und unveränderlich.

13. Hier möchte ich auf Haanels Buch *Die erstaunlichen Geheimnisse der Yogis* (2009, Inspired Mind Verlag, ISBN: 978-3-945688-05-2) hinweisen, denn entlang der Wirbelsäule befinden sich laut vedischer Überlieferung die sogenannten Chakras (Chakra bedeutet ,Rad' in Sanskrit), energetische Lichtwirbel, die kosmische Information heruntertransformieren und so für den Menschen nutzbar werden. Die Chakras sind in ihrer Qualität aufsteigend, vom Wurzelchakra am Steißbein bis hin zum Scheitelchakra auf der Schädeldecke. Der ,erleuchtete' Mensch achtet darauf, daß alle Chakras gleichmäßig funktionieren, denn die Kette ist bekanntlich nur so stark wie das schwächste Glied.

Jedes Chakra hat eine eigene Farbe, einen Ton, eine Qualität, einen Planeten, eine endokrine Drüse, einen Duft, sogar eine Tarotkarte. So stehen Dir wieder zahlreiche Möglichkeiten zur Verfügung, Deine Chakras auszubalancieren. Das geht einher mit entsprechender Atmung. Auch darüber schreibt Haanel im oben genannten Buch, ebenso wie über feine Nervenkanäle, *Ida*, *Pingala* und *Sushumna* genannt, in denen durch bestimmte Atemtechniken

Energie zum Fließen gebracht wird und die der Verwirklichung von Dingen oder Zuständen hilfreich sind.

14. Was Haanel damit aussagen will, ist folgendes: Je besser Du Dich selbst und den schöpferischen Prozeß verstehst, desto größer sind die Möglichkeiten, Dein Leben in die von Dir gewünschte Richtung zu leiten. Je höher Dein Bewußtsein, desto größer Dein Handlungsspielraum und letzten Endes auch Deine Kraft.

15. Deshalb ‚sind' Gedanken auch keine Dinge, sondern ‚werden' zu Dingen. Das Unterbewußtsein ist der Ort der Verwirklichung, während der Verstand (Dein Verständnis) über die Qualität der Impulse bestimmt. Es ist ein eingebauter Sicherheitsmechanismus, der verhindert, daß der Gedanke unmittelbar Wirklichkeit wird. Das ist vor allem dann äußerst nützlich, wenn der Anwender unerfahren und unstet in der Qualität seiner Gedanken ist. Nun aber ändert sich aus irgendeinem Grund die Zeitqualität, so daß es mit der Verwirklichung schneller geht. Um so vorsichtiger und auf der Hut müssen wir sein, was die Art und Qualität unserer Gedanken anbelangt.

16. Deine Zellen verfügen über ausreichend Intelligenz, daß sie erkennen, was für sie von Nutzen ist und was nicht. Dazu bedarf es keiner menschenähnlichen Unterscheidungsgabe, sondern lediglich einer harmonischen Resonanz. Wenn Du also lebensrichtige Signale an Dein System weiterleitest, werden die Zellen entsprechend darauf reagieren. So hast Du letztendlich viel mehr Einfluß auf Deinen Körper als Du Dir vor kurzem vielleicht noch eingestanden hättest.

17. Diese Aussage zeigt deutlich, daß das hier vermittelte Wissen universelle Anwendbarkeit hat, u.a. auch in der Geschäftswelt, wo klares Denken, ausgeprägtes Urteilsvermögen und Einsicht genau so bedeutsam sind wie Vertrauen in die eigenen Fähigkeiten und die der Mitarbeiter.

18. ... und das deswegen, weil die durch vorgenannte Innenschau erlangte Intelligenz es geradezu ausschließt, sich durch Gedanken, Worte und Taten lebenswidrig zu äußern. Das Endresultat muß also im Einklang mit der Vorwärtsbewegung des Großen Ganzen sein: Systematisch, geordnet, schön, wohlwollend und somit liebevoll.

19. Der erste Satz ist einer der Kernsätze des Master Key Systems. Aufmerksamkeit und Konzentration führen zum Erkennen von (oftmals wertvollen) Details, die Dir andernfalls entgangen wären. Hier schließt sich der Kreis, da das Erkennen und lebensrichtige Verarbeiten von Informationen das ist, was ein höheres Bewußtsein ausmacht.

20. Aufmerksamkeit führt zu Beobachtung. Beobachtung führt zu Gewahrsein. Gewahrsein impliziert eine neutrale Haltung den Geschehnissen gegenüber. Eine neutrale Haltung führt zu innerer Ruhe und Gelassenheit. Das wiederum befähigt Dich, intelligente Entscheidungen zu treffen.

21. Das ist ‚harte' Arbeit, da Du in den vorausgegangenen Übungen bereits festgestellt hast, wie schwer es sein kann – aber nicht

unbedingt sein muß – seine Gedanken auf eine bestimmte Sache auszurichten. Immer wieder schweifen sie ab, weil Dir etwas Neues ‚in den Sinn' kommt. Immer wieder mußt Du Dich korrigieren. Aber auch hier lohnt es sich beharrlich dabei zu bleiben, denn es wird mit der Zeit immer leichter.

22. Auch hier wird deutlich wie wichtig es ist, beständig zu bleiben. Es gibt zahlreiche Hilfsmittel, die es dem Studenten vereinfachen, sich zu konzentrieren. Diese findest Du auf meiner Webseite MrMasterKey.com unter ‚Produktempfehlungen'.

23. Wenn Du hier in Kapitel 6 angelangt bist, die Übungen aber noch nicht durchgeführt hast, dann solltest Du das jetzt umgehend nachholen, denn die Übungen sind es, die Dir die Befähigung geben, Neues zu denken, Dir Neues vorzustellen, gleichzeitig aber auch den Mut geben, diese Vorstellung zu verwirklichen.

24. Die Übung dieser Woche stellt neue Ansprüche. Während die Übung der letzten Woche eine passive Visualisierung beinhaltete, geht es dieses Mal einen Schritt weiter. Jetzt prägst Du Dir die Details eines Bildes ein, um sie anschließend wieder vor Dein geistiges Auge zu führen.

25. Die Übungen der ersten fünf Wochen trugen in einem großen Maße zur Vorbereitung des Bodens bei. Körperliche und gedankliche Kontrolle und Entspannung sind Voraussetzung für das Schaffen neuer geistiger Bilder mittels Visualisierung. Dann ist es natürlich klar, daß Du Dir Bilder schaffen willst, die in Dir angenehme Gefühle hervorrufen, was zum Teil auch die Übung der letzten Woche erklärt.

26. ... und dadurch zum Meister sowohl über Deinen Verstand als auch Deinen Körper zu werden, d.h. Dein Wesen zu beherrschen, anstatt von ihm beherrscht zu werden.

27. Nicht nur große Finanziers tun das, sondern so ziemlich alle, die eigene Gedanken denken und die Großes schaffen wollen. Die Stille aufzusuchen ist unabdingbar, denn nur dort – so Haanel – kommen wir in Kontakt mit der Allmacht.

Du wirst von nun an regelmäßig die Stille aufsuchen, ganz gleich, wie diese sich für Dich präsentiert. Dort wirst Du die wahre Macht und Kraft entwickeln, den Mut und das Vertrauen, auch scheinbar schwierige Projekte anzugehen und erfolgreich abzuschließen.

28. Hier befindet ein offensichtlicher Hinweis darauf, die Nähe der Menschen zu suchen, die bereits erlangt haben, was Du noch willst. Mit dem veränderten Denken ändert sich auch Dein Freundeskreis. Das geschieht nicht aus Böswilligkeit oder Überlegenheit, sondern ist das Resultat Deiner neuen geistigen Einstellung. Du wirst mit vielen Menschen nicht mehr auf derselben Wellenlänge sein. Dafür gehst Du aber mit denjenigen in Resonanz, die ähnlich denken wie Du. Dieser Vorgang ist vollkommen normal.

29. Oft ist es leider so, daß der Mensch zu klein denkt; daß er von zu Hause oder durch Institutionen Informationen eingeflößt bekommen hat, die dazu geführt haben, sich unter Wert zu verkaufen. So tief wie diese Glaubenssätze auch verankert sein mögen, das Master Key System liefert eine

Methode, mit der sie aufgelöst werden können. Es bietet dazu noch die intellektuelle Grundlage, auf der die dann folgenden neuen Gedankenkonstrukte, verbalen Äußerungen und praktischen Handlungen aufbauen.

30. Denken ist nicht dasselbe wie Gedanken zu haben. Gedanken haben wir alle und zu jeder Zeit, aber es gilt sich daran zu erinnern, daß Denken systematisch, bewußt und konstruktiv geleitet werden muß, um etwas zu erreichen. Der Grund dafür liegt darin, daß ein entsprechendes Maß an Energie (Aufmerksamkeit, Konzentration,...) hinzugefügt werden muß, um einen Abdruck im Unterbewußtsein zu hinterlassen. Nur dann kann die Verwirklichung unserer Wünsche und Sehnsüchte zuverlässig erfolgen.

31. „...immer zuerst das Geistige, dann die Umwandlung in die unendlichen und grenzenlosen Möglichkeiten des Erreichens.' Wenn Du diese Aussage verstanden hast, wird sich Dein gesamtes Weltbild ändern, denn Du wirst Dich nicht länger von materiellen Erscheinungen täuschen lassen. Du hast nun verstanden, daß sie das Ergebnis geistiger Vorgänge und somit jederzeit wandelbar sind.

32. Bedenke, daß es dem Universellen grundsätzlich gleichgültig ist, wie Du Dich als Kanal ausdrückst – es will sich lediglich erfahren. Es entledigt sich aber aufgrund eines nachvollziehbaren Lebensprinzips schrittweise aller Konstrukte, Elemente und Wesen, die der steten Vorwärtsbewegung des Großen Ganzen im Wege stehen. Das geschieht übrigens nicht aus Böswilligkeit oder Laune, sondern weil es

gar nicht anders ginge. All das, was nicht funktioniert oder keine Rolle erfüllt, wird mit der Zeit ausgesondert und in den Schmelztiegel der Schöpfung geworfen, um in anderer Form wieder zu erscheinen. Für Dich heißt das: Du kannst frei entscheiden, in welche Richtung Du schöpferisch tätig werden willst. Das Resultat Deiner Tätigkeit richtet sich aber nach unveränderlichem Gesetz. Wenn du verstanden hast, daß es bei Deinem Leben darum geht, die höchste Schöpferkraft darzustellen – den Gott im Menschen sozusagen – dann gibt es für Dich auch nur noch eine Richtung, in die Du schreitest. Es ist, wie Baird Spalding schrieb, die demütige und dennoch allmächtige Erklärung, daß der Gott in Dir hervortritt, angefangen mit Gedanken, gefolgt von Gefühlen, Worten und Handlungen.

33. Die fundamentalen Prinzipien, von denen Haanel hier spricht, bestehen aus Idealisierung, Visualisierung und Konzentration, aufbauend auf einem Wissensfundament, welches sicherstellt, daß die schöpferischen Kräfte des Geistes auch wohltuend eingesetzt werden.

34. Haanel verweist hier auf die alteingesessenen und etablierten Strukturen, die vormals das Wissen für sich behalten haben. Was auch immer der Grund dafür gewesen sein mag, nun durchdringt dieses Wissen alle Bevölkerungsschichten, muß von diesen aber auch entsprechend anerkannt, geehrt, in Anspruch genommen und praktisch angewandt werden.

7

Die Macht
der Vorstellungskraft

Durch alle Zeitalter hindurch hat der Mensch an eine unsichtbare Macht geglaubt, durch die alle Dinge erschaffen wurden und kontinuierlich wiedererschaffen werden.

Wir können dieser Macht ein menschliches Antlitz geben und sie ,Gott' nennen oder sie als alles-durchdringende Essenz oder Geist ansehen, aber die Wirkung ist in jedem Fall dieselbe.

Was das Individuum anbelangt, stellen das Objektive, das Körperliche und das Sichtbare das Persönliche dar, welches über die Sinne wahrgenommen werden kann. Es besteht aus Körper, Gehirn und Nerven. Das Subjektive ist das Geistige, das Unsichtbare, das Unpersönliche.

Das Persönliche ist bewußt, weil es eine persönliche Einheit ist. Das Unpersönliche, gleich in Art und Qualität wie jedes andere Lebewesen, **ist sich selbst nicht bewußt** und wird somit das Unterbewußte genannt.

Das Persönliche, oder Bewußte, hat die Kraft des Willens und der Wahl und kann somit aus den verfügbaren Methoden auswählen, um dadurch zu einer Lösung von Problemen zu kommen.

Das Unpersönliche, oder Geistige, welches ein Teil oder Eins mit der Quelle und dem Ursprung aller Macht ist, kann solch eine Wahl zwar nicht treffen, aber dem entgegengesetzt stehen ihm unendliche Ressourcen zur Verfügung. Es führt Ergebnisse durch Methoden herbei, von denen das menschliche oder individuelle Bewußtsein keinerlei Vorstellung hat.

Du wirst also sehen, daß es Dein Privileg ist, vom menschlichen Willen mit all seinen Beschränkungen und Mißverständnissen abhängig zu sein, oder Du kannst die Möglichkeiten des Unendlichen nutzen, indem Du Gebrauch vom Unterbewußtsein machst. Hier also ist die wissenschaftliche Erklärung der wundervollen Kraft, die Deiner Kontrolle untersteht, wenn Du sie denn verstehst, wertschätzt und anerkennst.

Eine Methode, diese allmächtige Kraft zu nutzen, ist in Teil 7 umrissen.

DIE MACHT DER VORSTELLUNGSKRAFT

1. Visualisierung ist der Vorgang, sich **geistige Bilder** zu schaffen. Das Bild ist die Gußform oder das Modell, das als Muster dient und aus dem Deine Zukunft entstehen wird.

2. Mache dieses Muster klar und schön; habe keine Angst; mache es großartig; erinnere Dich daran, daß niemand außer Du selbst Dir Beschränkungen auferlegen kann. Du bist hinsichtlich Kosten oder Material keineswegs eingeschränkt. Benutze das Unendliche zur Beschaffung; erschaffe es mittels Deiner Vorstellungskraft. Dort muß es zuerst auftauchen, bevor es irgendwo anders jemals in Erscheinung treten kann.

3. Mache dieses Bild klar und gestochen scharf. Halte es fest im Bewußtsein, und Du wirst sehen, wie es die Sache Schritt für Schritt näher an Dich heranbringt. Du kannst sein, was Du sein willst (oder ,ins Sein erwillst', Anm. d. Ü.).

4. Dies ist eine weitere, wohlbekannte psychologische Tatsache, aber unglücklicherweise wird Lesen allein diese Idee, die Du im Bewußtsein trägst, nicht verwirklichen. Es wird Dir noch nicht

Der Nutzen ergibt sich durch Intuition, oder Erkenntnis – Eingebung. Der Zweck dieses Studiums ist der, Deine intuitiven Fähigkeiten zu schulen, so daß Du Dich nicht länger auf Deinen bewußten Verstand verlassen mußt, sondern viel schneller zu Schlußfolgerungen und Ergebnissen kommst.

einmal helfen, dieses geistige Bild zu formen – noch weniger, es zur Darstellung zu bringen. Arbeit ist notwendig– **harte, geistige Arbeit** – die Art von Aufwand, die nur so wenige bereit sind zu leisten.

5.   Der erste Schritt ist die **Idealisierung**. Es ist gleichsam der wichtigste Schritt, weil es der Plan ist, nach dem Du baust. Er muß solide sein; er muß dauerhaft sein. Der Architekt, wenn er ein 30-stöckiges Hochhaus plant, hat jede Linie und jedes Detail im voraus verbildlicht. Der Ingenieur, wenn er ein Tal überspannt, vergewissert sich zuerst der Belastbarkeit Millionen einzelner Teile.

6.   Sie sehen die Vollendung, bevor nur ein einziger Schritt getan wurde. Somit mußt Du Dir im Bewußtsein vorstellen, welches Ziel Du erreichen willst. Du säst die Saat, doch bevor Du sie säst, willst Du wissen, wie die Ernte aussieht. Das ist Idealisierung. Wenn Du Dir nicht sicher bist, kehre täglich zu Deinem Stuhl zurück, bis das Bild klar und deutlich wird. Es wird sich Schritt für Schritt entfalten. Zunächst wird der grobe Plan unklar sein; dann wird er Form annehmen; der Umriß wird klarer, dann die Details, und allmählich wirst Du eine Kraft entwickeln, die Dich befähigt, Pläne zu erstellen, die sich letztendlich in der objektiven Welt darstellen. Du wirst herausfinden, was die Zukunft für Dich bereithält.

7.   Danach kommt der Vorgang der **Visualisierung**. Du mußt das Bild immer vollständiger sehen, das Detail erkennen, und während sich die Details zu entfalten beginnen, entwickeln sich die **Wege und Möglichkeiten**, sie zur Darstellung zu bringen. Eine Sache führt zur nächsten. Denken wird zu Handlungen führen. Handlungen werden Methoden entwickeln. Methoden werden Freundschaften entwickeln; Freunde werden die Umstände herbeiführen, und schlußendlich wird der dritte Schritt, die **Verwirklichung**, erreicht sein.

8.   Uns allen ist bewußt, daß das Universum zunächst in Form erdacht werden mußte, bevor es zu einer physischen Tatsache

werden konnte. Und wenn wir dem Großartigen Architekten des Universums zu folgen bereit sind, werden wir sehen, daß unsere Gedanken Form annehmen, genauso wie das Universum konkrete Form annahm. Es gibt keinerlei Unterschied in Art oder Qualität; der einzige Unterschied ist gradueller Natur.

9. Der Architekt visualisiert sein Gebäude; er sieht es so, wie er es sich wünscht. Seine Gedanken werden zu der plastischen Form, aus der das Gebäude anschließend entsteht. Ein hohes oder ein niedriges; ein schönes oder ein gewöhnliches; seine Vision findet sich zuerst auf Papier wieder; schließlich wird das notwendige Material eingesetzt, und das Gebäude steht fertig da.

Nikola Tesla (1856 – 1943)

10. Der Erfinder visualisiert seine Idee auf die gleiche Art und Weise wie zum Beispiel **Nikola Tesla**, ein Mann mit gigantischem Intellekt und einer der größten Erfinder aller Zeiten. Dieser Mann, der die erstaunlichsten Realitäten erschaffen hat, stellte sich seine Erfindungen immer zuerst vor, bevor er versuchte, sie zu verwirklichen. Er hat sich nicht beeilt, ihnen Form zu geben, um dann die Zeit damit zu verbringen, Fehler zu korrigieren. Nachdem er zuerst die Idee in seiner Vorstellung erschaffen hatte, hielt er sie dort als geistiges Bild, um dieses durch seine Gedanken immer wieder zu erstellen und zu verbessern. *„Auf diese Art und Weise"*, schreibt er in *The Electrical Experimenter*, *„bin ich in der Lage, ein Konzept schnell zu entwickeln und zu vervollkommnen, ohne überhaupt etwas anzufassen. Wenn ich soweit bin, daß meine Erfindung jede mögliche, mir erdenkliche Verbesserung beinhaltet, wenn ich nirgendwo mehr Fehler finden kann, erstelle ich das Produkt meines Gehirns. Meine Geräte arbeiten ohne Fehl und Tadel und zwar immer so, wie ich sie mir vorgestellt habe. In 20 Jahren hat es nicht eine einzige Ausnahme gegeben."*

Ein Verweis auf Hebräer, 11:1.

11. Wenn Du all diesen Anleitungen gewissenhaft folgen kannst, wirst Du Vertrauen entwickeln, die Art von Vertrauen, welche *„die Substanz der erwünschten Dinge ist, deren Beweis unsichtbar ist"*. Du wirst Zuversicht entwickeln, die Art von Zuversicht, die zu Ausdauer und Mut führt. Du wirst die Kraft der Konzentration

Es ist Gesetz, daß sich Gedanken in Form darstellen, und nur derjenige, der weiß, wie er ein göttlicher Denker seiner eigenen Gedanken sein kann, kann jemals den Platz des Meisters einnehmen und mit Autorität sprechen.

entwickeln, die Dich in die Lage versetzt, alle Gedanken auszuschließen, außer denen, die Deinem Ziel förderlich sind.

12. Es ist Gesetz, daß sich Gedanken in Form darstellen, und nur derjenige, der weiß, wie er ein göttlicher Denker seiner eigenen Gedanken sein kann, kann jemals den Platz des Meisters einnehmen und mit Autorität sprechen.

13. Klarheit und Genauigkeit werden nur dadurch erlangt, daß man das Bild **wiederholt** im Bewußtsein hält. Jede Wiederholung zeichnet das Bild klarer und deutlicher als zuvor, und im Verhältnis zu der Klarheit und Genauigkeit des Bildes wird auch die äußere Darstellung sein. Du mußt es fest und sicher in Deiner geistigen – Deiner inneren – Welt aufbauen, bevor es in der äußeren Welt Gestalt annehmen kann. Du kannst nichts von Wert erschaffen, selbst in der mentalen Welt, bis Du das richtige Material dafür verfügbar hast. Wenn Du ein solches Material hast, kannst Du alles bauen, was Du Dir wünschst; sei Dir jedoch Deines Materials gewiß. Du wirst aus Sackleinen keine Seide machen können.

14. Dieses Material wird von Millionen stiller, geistiger Arbeiter hervorgebracht und in die Form des Bildes gegossen, das Du im Bewußtsein hältst.

15. Überlege mal: Du hast über 5 Millionen dieser geistigen Arbeiter bereit und im aktiven Dienst – sie werden *Gehirnzellen* genannt. Darüber hinaus hast Du noch eine Reserve von mindestens der gleichen Anzahl, bereit in Aktion zu treten, sobald nur der geringste Bedarf dafür entsteht. Die Kraft, zu denken, ist dann

Wikipedia: Das menschliche Gehirn enthält geschätzte 50–100 Milliarden (10^{11}) Neuronen, von denen ca. 10 Milliarden (10^{10}) kortikale Pyramidenzellen sind. Diese Zellen übermitteln einander Signale über etwa 1000 Trillion (10^{15}, 1 Quadrillion) synaptische Verbindungen.

Schaffe Dir das Bild im Bewußtsein;
mache es klar, verständlich, perfekt; halte daran fest;
die Wege und Mittel werden sich auftun;
das Angebot wird der Nachfrage folgen.

nahezu unbeschränkt, und das bedeutet, daß Deine Macht, die Art von Material, die benötigt wird, um die gewünschte Umgebung zu erschaffen, praktisch unbegrenzt ist.

16. Über diese Millionen von geistigen Arbeitern hinaus hast Du Milliarden geistiger Arbeiter in Deinem Körper, jeder mit ausreichend Intelligenz versehen, um jegliche Nachricht oder jeglichen Vorschlag zu verstehen und darauf in Aktion zu treten. Diese Zellen sind damit beschäftigt, den Körper zu erneuern und wiederherzustellen. Darüber hinaus sind sie auch noch mit einer psychischen Aktivität ausgestattet, durch die sie jede, zur perfekten Entwicklung benötigte Substanz anziehen können.

17. Sie tun das mithilfe desselben Gesetzes und auf dieselbe Art und Weise, die jede Lebensform benutzt, um das benötigte Wachstumsmaterial anzuziehen. Die Eiche, die Rose, die Lilie, sie alle benötigen bestimmtes Material für ihren perfekten Ausdruck, und sie sichern es sich durch stille Nachfrage, durch das Gesetz der Anziehung. Es ist auch der sicherste Weg für Dich, Dir das zu sichern, was Du zu Deiner vollständigen Entwicklung benötigst.

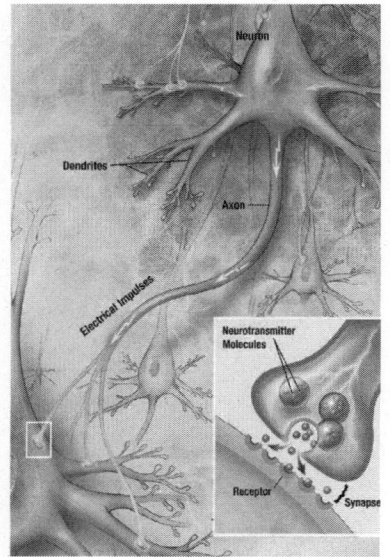

Schema einer chemischen Synapse

18. Schaffe Dir das Bild im Bewußtsein; mache es klar, verständlich, perfekt; halte daran fest; die Wege und Mittel werden sich auftun; das Angebot wird der Nachfrage folgen; Du wirst geführt werden, das Richtige zur richtigen Zeit auf die richtige Art und Weise zu tun. **Aufrichtiges Wünschen** führt zur **Zuversichtlichen Erwartung**, und diese wiederum muß durch **Dauerhafte Nachfrage** verstärkt werden. Diese drei können nicht fehlschlagen, das Erwünschte herbeizubringen, denn der Aufrichtige Wunsch ist das **Gefühl**, die Zuversichtliche Erwartung ist der **Gedanke**, und

die Dauerhafte Nachfrage ist der **Wille**. Wie wir gesehen haben, gibt das Gefühl dem Gedanken Lebenskraft, und der Wille hält ihn fest, bis ihn das *Gesetz des Wachstums* schließlich zum Ausdruck bringt.

19. Ist es nicht wunderbar, daß der Mensch eine solch ungeheure Kraft in sich hat, solch übersinnliche Fähigkeiten, von denen er keinerlei Vorstellung hatte? Ist es nicht merkwürdig, daß uns immer beigebracht wurde, im ‚Außen' nach Kraft und Macht zu suchen? Uns wurde beigebracht, überall zu suchen, aber nicht in uns, und wann immer sich diese Macht in unserem Leben manifestiert hat, wurde uns gesagt, sie wäre etwas Übermenschliches.

20. Es gibt viele, die zu einem Verständnis dieser wunderbaren Kraft gekommen sind und die ernsthafte und bewußte Anstrengung unternehmen, Gesundheit, Kraft und andere Umstände auszudrücken, dabei wohl aber versagen. Sie scheinen nicht in der Lage zu sein, dieses Gesetz in die Tat umzusetzen. Die Schwierigkeit ist in fast jedem Fall die, daß sie sich mit äußeren Dingen beschäftigen. Sie wollen Geld, Macht, Gesundheit und Überfluß, aber sie begreifen nicht, daß dies alles Auswirkungen sind und nur dann kommen können, wenn deren Ursachen gefunden worden sind.

21. Diejenigen, die der äußeren Welt keinerlei Beachtung schenken, werden sich nur der Wahrheit vergewissern und nur nach Weisheit suchen. Sie werden erleben, daß sich die Weisheit entfalten und die Quelle aller Macht zu erkennen geben wird; daß sie sich in Gedanken und Absichten darstellt, die dann die erwünschten äußeren Umstände erschaffen. Diese Wahrheit wird in noblen Vorsätzen und mutigen Taten Ausdruck finden.

22. **Erschaffe ausschließlich Ideale!** Verschwende keinerlei Gedanken auf äußere Umstände! Mache die innere Welt schön und überschwänglich, und die äußere Welt wird Deine inneren Umstände zum Ausdruck bringen und verwirklichen. Du wirst

Während Dir zu Beginn noch die entsprechenden Gehirnzellen fehlen, um ein Leben im Überfluß darzustellen, ist es die Konzentration, die Dich dazu befähigt, neue synaptische Verbindungen zu erschaffen und dadurch ein Bewußtsein für Wohlstand zu erschaffen. Dadurch erfindest Du Dich mittels Deines eigenen Denkens andauernd aufs Neue. Zwecks wissenschaftlicher Nachweise, google einfach nach "*Candace Pert*", die sich über viele Jahre damit befaßt hat.

193

zur Erkenntnis Deiner Macht kommen, Ideale zu erstellen und sie in die Welt der Wirkungen zu projizieren.

23. Ein Beispiel: Ein Mann hat Schulden. Er wird andauernd nur über seine Schulden nachdenken und sich darauf konzentrieren. Da Gedanken die Ursache sind, wird das Ergebnis sein, daß er die Schulden nicht nur fester an sich bindet, sondern noch mehr Schulden macht. Er setzt das großartige Gesetz der Anziehung mit den gewöhnlichen und unvermeidbaren Ergebnissen in die Tat um – Verlust führt zu noch mehr Verlust.

24. Was ist dann das richtige Prinzip? Konzentriere Dich auf die Dinge, die Du willst, nicht auf jene, die Du nicht willst. Denke an Überfluß; idealisiere die Methoden und Vorhaben, das Gesetz des Überflusses in die Tat umzusetzen. Visualisiere die Umstände, die das Gesetz des Überflusses erschafft. Das wird sie zum Ausdruck bringen.

25. Wenn dieses Gesetz perfekt funktioniert, um denjenigen Armut, Mangel und jegliche Form von Beschränkung zu bringen, die kontinuierlich Gedanken des Mangels und der Angst haben, wird es mit derselben Gewißheit denjenigen Umstände des Überflusses und der Fülle bringen, die Gedanken von Mut und Macht hegen.

26. Das ist für viele ein schwieriges Problem: Wir sind zu ängstlich; wir manifestieren Furcht, Ängstlichkeit, Notstand. Wir wollen etwas tun; wir wollen helfen; wir sind wie ein Kind, das gerade eine Saat gesät hat und jede Viertelstunde die Erde aufwühlt, um zu schauen, ob sie bereits keimt. Natürlich wird die Saat unter

Denke an Überfluß; idealisiere die Methoden und Vorhaben,
das Gesetz des Überflusses in die Tat umzusetzen.
Visualisiere die Umstände,
die das Gesetz des Überflusses erschafft.

solchen Umständen niemals aufgehen, und doch ist es genau das, was viele von uns in der geistigen Welt tun.

27. Wir müssen die Saat säen und sie ungestört lassen. Das bedeutet nicht, daß wir uns hinsetzen und untätig sind – auf keinen Fall. Wir werden mehr und immer bessere Arbeit verrichten als je zuvor; neue Kanäle werden uns andauernd bereitgestellt, und neue Türen werden sich öffnen. Dazu ist nur ein offener Verstand vonnöten, bereit zu handeln, wenn die Zeit dafür gekommen ist.

28. Gedankenkraft ist das kraftvollste Mittel, Wissen zu erlangen, und wenn sie auf ein Thema gerichtet wird, wird sie das Problem lösen. Nichts geht über die Kraft der menschlichen Vorstellungskraft hinaus, aber um diese Gedankenkraft zu schüren, um sie zu nutzen, ist Arbeit notwendig.

29. Bedenke, daß Gedanken das Feuer sind, das den Dampf erzeugt, welcher das Glücksrad antreibt, von dem schließlich Deine Erfahrungen abhängen.

30. Stelle Dir einige Fragen und warte ehrerbietig auf die Antwort. Fühlst Du nicht hin und wieder dieses Selbst in Dir? Machst Du dieses Selbst geltend oder folgst Du der Masse? Bedenke, daß die Massen immer geführt werden; sie führen niemals selbst. Es war die Masse, die um Kopf und Kragen gegen die Dampfmaschine gekämpft hat, die Spinnerei und jeglichen anderen Fortschritt oder jegliche Verbesserung, die jemals vorgeschlagen wurde.

31. Als Übung dieser Woche stelle Dir einen Freund vor; sieh ihn genauso, wie Du ihn letztes Mal gesehen hast. Siehe den Raum, die Möbel; hole Deine letzte Unterhaltung mit ihm noch einmal hervor. Siehe nun sein Gesicht; sieh es klar und deutlich. Jetzt sprich mit ihm über ein Thema, das euch beide interessiert. Beachte, wie sich sein Ausdruck ändert; sieh ihn lächeln. Kannst Du das? Prima, Du kannst es. Jetzt erwecke sein Interesse; erzähl ihm eine Abenteuergeschichte. Siehe, wie sich seine Augen mit dem Geist der Freude oder Aufregung aufhellen. Kannst Du all das tun? Wenn ja, ist Deine Vorstellungskraft gut – Du machst ausgezeichnete Fortschritte.

FRAGEN UND ANTWORTEN

61. *Was ist Visualisierung?*
Der Vorgang, geistige Bilder zu erstellen.

62. *Was ist das Ergebnis dieser Denkmethode?*
Indem wir das Bild in unserem Bewußtsein halten, können wir die Sache stufenweise, aber sicher näher an uns heranbringen. Wir können sein, was wir sein wollen.

63. *Was ist Idealisierung?*
Es ist der Vorgang der Visualisierung oder Idealisierung der Pläne, die sich letztendlich in unserer physischen Welt verwirklichen.

64. *Warum sind Klarheit und Genauigkeit notwendig?*
Weil ‚Sehen‘ Dein ‚Fühlen‘ und Dein ‚Fühlen‘ Dein ‚Sein‘ erschafft. Erst das Mentale, dann das Emotionale, dann die unendlichen Möglichkeiten des Erlangens.

65. *Wie werden sie erlangt?*
Jede wiederholte Aktion zeichnet das Bild genauer als zuvor.

66. *Wie wird das Material für die Konstruktion des mentalen Bildes gesichert?*
Mithilfe Millionen geistige Arbeiter. Sie werden Gehirnzellen genannt.

67. *Wie werden die notwendigen Bedingungen gesichert, Deine Ideale in der objektiven Welt zu verwirklichen?*
Durch das Gesetz der Anziehung. Das natürliche Gesetz, durch das alle Umstände und Erfahrungen herbeigeführt werden.

68. *Welche drei Schritte sind notwendig, dieses Gesetz in die Tat umzusetzen?*
Ernsthaftes Wünschen, zuversichtliche Erwartung **und** dauerhafte Nachfrage.

69. *Warum schlagen so viele fehl?*
     Weil sie sich auf Verlust, Krankheit und Unheil konzentrieren.
     Das Gesetz wird perfekt ausgeführt; die Dinge, vor denen sie
     Angst haben, werden für sie wahr.

70. *Was ist die Alternative?*
     Konzentriere Dich auf die Ideale, von denen Du Dir wünschst,
     daß sie sich in Deinem Leben verwirklichen.

7

Die Macht der Vorstellungskraft

Die Macht der Vorstellungskraft, gewöhnlich auch ‚Phantasie' genannt, ist das Bindeglied zwischen Dir und dem Unendlichen. Über sie zapfst Du das Feinstoffliche an – das Göttliche – und holst Dir Dinge vor Dein geistiges Auge, die dann Wirklichkeit werden, wenn Du ihnen die entsprechende Energie zukommen läßt. Dann bist Du zu einem bewußten Kanal geworden, durch den sich das Universelle ausdrückt – dann lebst Du im Einklang mit der Schöpfung.

Über Aufmerksamkeit und Konzentration schaffst Du Dir überschwängliche, großartige, harmonische und liebevolle Bilder. Diese entstammen dem Geist – Gott, dem leitenden Prinzip, dem Universellen Bewußtsein – und treten bei Dir erstmals in Form von Licht auf. Licht ist in Bezug auf das Bewußtsein schon viel niederfrequenter und dichter und der Verwirklichung schon sehr viel näher. Über die nächsten Wochen lernst Du, wie dieses Feinstoffliche ‚vergrobstofflicht' werden kann, u.a. durch eine harmonische Sprache und dann – ganz wichtig – durch die Deiner Geisteshaltung entsprechenden Handlungen.

Wichtig zu wissen ist, daß dieser Ablauf systematisch ist. Systematisch heißt, daß es eine sich wiederholende Abfolge gibt, die in sich schlüssig ist. Aufgrund dessen bedarf es auch eines geringeren Energieaufwands, um etwas zu erreichen. Die Schritte sehen wie folgt aus:

1. Idealisierung
Glauben
2. Visualisierung
3. Sprechen
4. Fühlen
Vertrauen
5. Handeln (Planen, Beschaffen, Leiten, Steuern, Herstellen, Vollenden)
Wissen

Die ersten beiden Schritte machen auf Anhieb Sinn. Erst brauchst Du ein Ideal – ein Ziel, das es zu erreichen gilt. Dieses Ideal ist grob umrissen und heißt z.B. ‚*Ich* **bin** *gesund*‘. Die Visualisierung versieht es dann mit weiteren Details. Das Fühlen erwirkt in Deinem Körper die entsprechenden biochemischen Reaktionen in Form von hormonellen Ausschüttungen. Das ist Dein Leben, Deine Realität. Mit dem Gefühl kommt der verbale Ausdruck, und Menschen werden Dich fragen, warum Du so gut drauf bist und Dich so verändert hast. Wenn Du dann darüber sprichst, geht das fast automatisch ins Tun über, auch wenn bis dahin einiges an Zeit vergehen kann – aber nicht muß. Vor allem wenn Du große Ziele erreichen willst, geht das nicht ohne Hilfe anderer, und um diese zur Mitwirkung oder Mithilfe zu bekommen, mußt Du Dich klar und deutlich ausdrücken. Somit wird eine effektive Kommunikation unabdingbar.

Den Glauben mußt Du haben, weil das Gefühl selber ja noch nicht zur Materialisierung führt. Wenn Du glaubst, daß es Dir bereits gegeben wurde, und das Vertrauen besitzt, daß all das auch funktioniert, kann es letztendlich zum Wissen kommen. Wenn es sich verwirklicht hat, mußt Du nicht mehr daran glauben – dann weißt Du es! Das Schöne daran ist, daß Du nicht vom Glauben abfällst, sondern ihn Dir konsequent zunutze machst, um wieder etwas aus dem Feinstofflichen ins Grobstoffliche zu holen, wieder etwas zu verwirklichen und wieder zum Wissen zu kommen.

Nochmal in Kürze: Zuerst schaffst Du Dir das Ideal. Dieses ist unanfechtbar, weil es nur mit Dir und nichts mit anderen zu tun hat. Es ist die großartigste Version dessen, was Du Dir vorstellen kannst. Nimm dir entsprechend Zeit für das Erschaffen dieser Bilder.

Dann kommt die Visualisierung. Hier versiehst Du das Ideal mit Details, malst es so genau wie möglich aus. All das passiert im Geiste mittels Deiner Gedanken, Deiner Aufmerksamkeit und Konzentration.

Nun, da das Bild existiert und voller Details ist, gibst Du ihm Gefühl. Charles Haanel sagt, daß Gedanken ohne Gefühle kalt sind. Deshalb müssen wir uns in dieses Bild – diese Idealsituation – hineinversetzen und in all seinen Varianten und Kombinationen vor unserem geistigen Auge erschaffen und uns so fühlen, als wäre es schon Wirklichkeit. Der Schlüssel dazu liegt bekanntlicherweise in der Freude, die diese Bilder in Dir erzeugen.

Daraus ergibt sich ein Vertrauen, denn wenn Du es bereits gefühlt hast, besteht es ja – es ist Wirklichkeit. Obwohl es noch im geistigen, hochfrequenten Bereich existiert, besteht nun kein Zweifel mehr an der Verwirklichung. Dadurch entwickelst Du den Glauben, daß es Dir bereits gegeben wurde, und *dieser* wird sich dann als Endresultat zeigen, *wenn* Du ihn zur Gewohnheit machst, *wenn* Du ihn dem Unterbewußtsein aufprägst und so dazu wirst. Dann wirkt das Gesetz der Anziehung, *dann* wird das Wort Fleisch. Dann mußt Du nicht mehr glauben, dann *weißt* Du!

Ist es nicht schön zu sehen, wie sich die Entwicklung Deiner Phantasie/ Vorstellungskraft so systematisch und jederzeit wiederholbar auf Dein Leben auswirkt? Wenn Du den Mechanismus gefunden hast, das ‚Große Ganze‘ anzuzapfen, dann gibt es wirklich kein Zurück mehr. Dann entwickelst Du das Vertrauen, die Zuversicht und den Tatendrang, welche Dich voranschreiten und Wunder vollbringen lassen.

Kapitel 7 ist die logische Fortführung dessen, was Du in den Kapiteln 1-6 gelernt hast. Da Du nun weißt, wie der Mechanismus funktioniert, wende ihn sogleich an. Es bedarf aber Übung und noch mehr Übung – diese schafft Gewohnheiten und verändert das Unterbewußtsein.

ÜBUNG

Die Übung dieser Woche dreht sich um das geistige Verändern eines Bildes, einer Situation, die tatsächlich stattgefunden hat. Das heißt, daß Du hier erstmals bewußt schöpferisch tätig wirst, indem Du Dir die Person anders vorstellst als sie beim letzten Mal war. Du siehst sie reagieren, lachen oder sich irgendwie äußern. Das ist besonders wichtig, denn diese Änderung im Verhalten der Person zeigt Dir, daß Du schöpferische Fähigkeiten hast und durch Deine Vorstellungskraft etwas in der Qualität verändern kannst. Selbiges willst Du ja auch in Deinem Leben schaffen, und da hilft Dir diese Übung, es erst mal mit einem Freund zu versuchen. Das Prinzip ist aber dasselbe, denn es gilt die negativen Denk- und Verhaltensweisen gegen positive auszutauschen und diese zur Gewohnheit zu machen.

Bezüglich der Entwicklung der Phantasie und Vorstellungskraft gibt es keinerlei Grenzen. Verbringe entsprechend Zeit mit diesem Thema, denn aus der Groß-artigkeit Deiner Gedanken entsteht Deine großartige Zukunft!

AUFGABEN

1. Schreibe auf, auf welche Art und Weise Du Dir aus den unendlichen Möglichkeiten diejenigen anziehen kannst, die Du zum Erreichen Deines höchsten Gutes benötigst.

    ....
    ....
    ....
    ....

2. Beantworte Dir so oft wie möglich die folgenden Fragen:

    ✓ Was habe ich heute gemacht?
    ✓ Was kann ich daran verbessern?
    ✓ Wer kann mir dabei helfen?
    ✓ Wann werde ich es vollenden?

3. Schreibe die 4 Schritte zur Verwirklichung einer jeden Angelegenheit auf:
    1. ....
    2. ....
    3. ....
    4. ....

4. Schreibe auf, warum das von Dir geschaffene Bild klar und genau sein muß.

5. Wille, Gedanke und Gefühl verhalten sich zueinander wie Verlangen, Erwartung und Wunsch. Was steckt dahinter?

6. Kreuze an, welche der untenstehenden Taten oder Handlungen Du diese Woche unternommen hast oder welche eingetreten sind:

   ☐ Eine andere Person hat ihr Verhalten mir gegenüber geändert.

   ☐ Ich bin in einer unerwünschten Situation gelassen geblieben,.

   ☐ Ich habe mir vor einer Entscheidung überlegt, welches Resultat daraus entstehen würde.

   ☐ Ich habe die Meinung eines anderen Menschen als diese erkannt und nicht mit mir assoziiert.

   ☐ Mein Atem wird zunehmend tiefer,länger und regelmäßiger.

   ☐ Ich habe mir erneut Dinge vorstellen können, die für mich vor kurzem noch undenkbar gewesen wären.

   ☐ Meine Ess- und Trinkgewohnheiten haben sich seit Beginn des Studiums stark verbessert.

   ☐ Ich bewege mich regelmäßig und sage dabei meine Affirmationen auf, so daß in mir Freude und Verzückung entsteht.

   ☐ Ich bin zunehmend dankbar für all das Schöne, was mir tagtäglich im Leben auffällt.

7. Schreibe auf, warum Du Dich nicht mehr mit äußeren Angelegenheiten abgibst.

8. Was ist das richtige Prinzip zum Erreichen all dessen, was man sich im Leben wünscht?

9. Warum hast Du in diesem Teil gelernt, Dein Selbst auszudrücken und Deine Individualität zu zeigen?

....

....

....

10. Verweile ein wenig auf dem Wort "Vorstellungskraft" und versuche Dich in sein Wesen und seine Energie zu versetzen.

LITERATURHINWEIS

Es gibt zahlreiche Bücher im Bereich der Schulung der Vorstellungskraft. Wenn Du es „antik" magst, gibt es im Antiquariat ein aus dem Jahre 1916 stammendes Buch von F. A. Brecht, „*Die Schulung der Phantasie*". Dort wirst Du Schritt für Schritt herangeführt und Deine Vorstellungskraft steigt immer mehr an. Das ist sehr wichtig, weil es in den kommenden Wochen immer mehr darum geht, sich etwas vorzustellen, was einem vorher unmöglich erschien.

DU HAST DIESEN TEIL GEMEISTERT...

- wenn Du verstanden hast, daß sich das Unpersönliche u.a. dadurch auszeichnet, daß es sich selbst nicht bewußt ist.
- wenn Du verstanden hast, daß sich Dir mittels der Visualisierung Wege und Möglichkeiten eröffnen, die Dir Deine neue Marschrichtung vorgeben, welche dann von Dir beschritten werden muß.
- wenn Du Dir im Geiste ein Bild schaffen, es dort plastisch darstellen und verändern, d.h. im Leben geben kannst.
- wenn Du dieses Bild wiederholt im Bewußtsein halten kannst, damit es sich im Unterbewußtsein einprägen kann.
- wenn Du in der Lage bist, ausschließlich Ideale zu erschaffen und keinen Gedanken auf äußere Umstände verschwendest.
- wenn Du Dein ‚Selbst' geltend machst und Dich stark und mutig in Deiner Umwelt behauptest.

KOMMENTAR

Hier gilt dem Satz, daß das Unpersönliche sich selbst nicht bewußt ist, Deine größte Aufmerksamkeit. In der Domäne des Unterbewußten wird lediglich umgesetzt, schöpferisch als auch zerstörerisch. Der Zweck des Unterbewußtseins ist es, wie Charles Haanel schreibt, Leben auszudrücken und Umstände allgemein zu verbessern. Deinem Verstand obliegt die wichtige Aufgabe, nur lebensrichtige Gedanken weiterzuleiten. Sollten lebenswidrige Gedanken zu einer vorherrschenden Geisteshaltung führen, werden auch diese vom Unterbewußtsein ausgeführt. Es wird auf dieser Ebene keine weitere Überprüfung vorgenommen.

1. Visualisierung ist das Ergebnis Deiner Vorstellungskraft, der Kraft, Dir etwas vorzustellen. Diese kann wie alles andere auch geschult und geschärft werden, was unter anderem auch durch die Übungen der kommenden Kapitel stattfindet.

2. Erinnere Dich daran, daß das Gehirn eine embryonale Welt ist. Dir steht es frei, neue Gedanken zu denken und neue Muster zu erschaffen. Auch wenn Deine Programmierung und Konditionierung Dir zunächst recht enge Schranken setzt, befreist Du Dich zunehmend von ihnen und bist dadurch in der Lage, Dinge zu erschaffen, für die es noch keine Blaupause gibt.

3. Schwingungstechnisch gesehen ist der Vorgang der materiellen Verwirklichung der einer Frequenzerniedrigung und Dichteerhöhung. Während Deine Gedanken sehr hoch schwingen, sind die ersten geistigen Bilder bereits eine Herabstufung. Wenn Du anschließend das Gefühl der Freude oder Erwartungshaltung erweckst, erfährst Du bereits eine Manifestation

auf körperlicher Ebene. Das folgende Verbalisieren ist eine bedeutende Herabstufung in der Frequenz und Erhöhung in der Dichte. Die damit einhergehenden Handlungen führen dann zur Manifestation des gewünschten Objekts, welches in seiner Eigenschaft ,hoch-dicht' und ,niederfrequent' ist.

4. Das mag vielleicht auch erklären, warum die Welt von wenigen regiert wird, während die große Masse die Befehle der wenigen schlichtweg akzeptiert. Letztere sind nicht bereit, die geistige Arbeit zu verrichten, um dem Schöpfungsprozeß auf die Schliche zu kommen, ihn zu verstehen, zu verinnerlichen und bewußt anzuwenden. So müssen sie geleitet und gesteuert werden, da sie selbst dazu gegenwärtig nicht in der Lage sind. Glücklicherweise verschieben sich die Machtstrukturen aber und immer mehr Menschen finden – auch durch das Master Key System – zu ihrer wahren Macht und Kraft. Somit finden sie auch zu ihrer Verantwortung sich selbst und dem Leben zurück.

5. So wie das Hochhaus für zahlreiche Menschen und nicht nur den Architekten nützlich ist, muß auch Dein Ideal zum höchsten Nutzen aller sein. Andernfalls wird er sich unweigerlich zu Deinem Nachteil auswirken, auch wenn es auf Anhieb nicht diesen Anschein hat.

6. Dabei wird Dir helfen, das Hermetische Prinzip der Entsprechung zu verstehen. Ein Sonnenblumensame wird zu einer Sonnenblume und nicht zu einem Apfelbaum. Das bedeutet, daß das Ergebnis immer eine entsprechende Ursache hat, oder andersherum, daß die Ursache immer eine (ihr)

ent-sprechende Wirkung hat. Daher muß Dein Ideal – Dein Ziel – eines sein, welches anderen Menschen hilft (und Dir, weil Du nicht von ihnen getrennt bist) und welches in Einklang mit dem Großen Ganzen ist. Wenn Du solch eine Saat säst, kannst Du Dir des Ergebnisses gewiß sein — es bedarf keiner Zweifel Deinerseits mehr.

7. Das ist besonders wichtig zu verstehen. Die Visualisierung gibt dem Ideal Details. Dadurch werden Dir neue Möglichkeiten aufgezeigt, die Dir bis dato unbekannt waren (daher auch ‚neu‘). Diesen gilt es dann zu folgen. Sie bedeuten den schrittweisen Fortschritt in Richtung Vollendung.

In der täglichen Praxis bedeutet das, genau hinzuschauen und hinzuhören, um Signale aufzunehmen und sie mit Deinem Ideal abzugleichen. Eine unerwartete Offerte; ein ansonsten unbedeutender Nebensatz, irgendwo mal geäußert; ein Hinweis im Internet oder in der Zeitung, und schon bist Du dem Ziel wieder einen Schritt näher. Auch so zeigt sich Aufmerksamkeit im täglichen Leben.

8. Wenn Du religiös geneigt bist, kannst Du *‚den Großartigen Architekten des Universums‘* (die Freimaurer nannten ihn auch ‚den großen Baumeister aller Welten‘) durch das Wort ‚Gott‘ ersetzen. Durch das Studium des Master Key Systems entwickelst Du Dich aber zunehmend und bekommst dadurch auch ein sehr viel breiteres Verständnis von ‚Gott‘, oder dem leitenden Prinzip. Vor allem aber wirst Du nun die heiligen Schriften (aller Religionen) mit ganz anderen Augen lesen und ein ganz anderes Verständnis erlangen, als es Dir zuvor möglich war. Du wirst

zu Deinem eigenen ‚Übersetzer‘ dieser Schriften und benötigst keine Vermittler dieses Wissens mehr. Das ist ein sehr befreiender und ermächtigender Akt für Menschen auf beiden Seiten des religiösen Spektrums!

9. Es ist etwas Neues, was Du hier erschaffst. Wie bereits erwähnt, werden sich alte Denkmuster auf absehbare Zeit immer wieder einschleichen, aber schrittweise wirst Du in der Lage sein, immer größere und schönere Visionen Deines Lebens zu erschaffen, welches allen Wesenheiten zugute kommt. Selbst wenn Du mit den Ebenen ober- und unterhalb von Dir noch Verständnisschwierigkeiten hast, wisse einfach, daß das, was Du aussendest, zu Dir zurückkehren wird – zurückkehren *muß*!

10. Der durchschnittliche Mensch ist vom Intellekt Teslas weit entfernt. Dennoch kann auch er sich durch beharrliches Üben heranarbeiten. Wirklich verständlich wird das aber erst im Nachhinein, da jetzt noch keine Gehirnzellen existieren, die entsprechende Bilder im Bewußtsein schaffen könnten. Da der Mensch aber der Tempel des lebendigen Gottes ist, kann das durch geistige Inanspruchnahme geändert werden.

11. Das ist bei der Visualisierung von übergeordneter Bedeutung. Du wirst – wie Haanel bereits zu Beginn erwähnte – anfangs Schwierigkeiten haben, Deine Gedanken zu bündeln, aber auch hier stellt sich mit der Zeit und zunehmender Fähigkeit eine Veränderung ein. All das wird Dir am Ende ganz natürlich vorkommen, als wäre es Deine ‚zweite Haut‘. Genau diese ist es

auch, obwohl die Idee am Anfang so schwer und unverständlich erschien.

12. Diese Passage erinnert Dich erneut an die zuvor gemachte Anmerkung, daß es darum geht, seine eigenen Gedanken zu denken, anstatt sich das Denken von anderen vorschreiben zu lassen und somit deren Realität wahr werden zu lassen.

Denke Deine eigenen Gedanken! Das meiste von dem, was Du im Außen (!) durch andere Kanäle (Medien, Religion, Politik, ...) wahrnimmst, ist das Resultat des Denkens anderer Menschen. Wenn das, was Du dadurch empfängst, gefällt, dann ist es auch gut so. Sollte das nicht der Fall sein, mußt Du Deine eigenen Gedanken denken, und zwar in der Stille.

13. Eine ganz wichtige Aussage: Du willst Klarheit und Genauigkeit erhalten. Diese können aber nur dann zu Dir kommen, wenn Du das Bild dauerhaft im Bewußtsein hältst. Dort muß es Fuß fassen; dort muß es so lange festgehalten werden, bis es sich im Unterbewußtsein eingeprägt hat und ‚zu Dir' geworden ist.

14. Es wird geschätzt, daß das menschliche Gehirn 50-100 Milliarden Neuronen besitzt, von denen 10 Milliarden kortische Pyramidenzellen sind. Diese Zellen tauschen durch etwa 1000 Trillionen synaptische Verbindungen untereinander Signale aus.

15. Hier kommen wir wieder zum Gehirn als embryonale Welt, eine sich gemäß Deiner geistigen Inanspruchnahme entwickelnde Welt. Neue synaptische Verbindungen werden geschaffen, alte getrennt. So

erfindest Du Dich als Mensch neu und erschaffst Dir eine Wahrnehmung für alles Schöne und Erhabene.

16. Merke Dir bitte diese Passage in Hinsicht auf die Übung von Kapitel 8, in der es um eine Zurückverfolgung eines materiellen Objekts zu seiner geistigen Ursache geht. Rufe Dir dann in Erinnerung, welche Beziehung zwischen dem materiellen Objekt der Übung und Deinem Körper besteht.

17. ‚Stille Nachfrage', ohne Zweifel, ohne Hast, aber dafür mit einer Beharrlichkeit und Selbstverständlichkeit, die Du Dir genau dadurch zu eigen machst, daß Du die Dinge in den Bereich des Unterbewußtseins übergibst und dort wirken läßt.

18. Wunsch, Erwartung, Nachfrage. Fragen, antworten, empfangen.

Erinnere Dich daran, daß wenn Du nichts erwartest, sich auch nichts darstellt. Wenn Du die ‚dauerhafte Nachfrage' nicht aufrecht erhältst, wird dem Wunsch(-gedanken) nicht die notwendige Energie gegeben, um prägend auf das Unterbewußtsein einzuwirken. Es zeigt dann auch, daß Du nicht wirklich was erwartest, denn wenn Du es tätest, würdest Du die Nachfrage aufrecht erhalten und dem Großen Ganzen zu verstehen geben, daß Du es mit dem Wunsch auch ernst meinst – daß er Dir wirklich am Herzen liegt.

19. Hier erkennst Du, daß dieses Übermenschliche durch Deine geistige Inanspruchnahme und Dein in Einklang bringen mit der Vorwärtsbewegung des Großen Ganzen ‚vermenschlicht' werden kann,

denn wie Haanel später schreibt, würde das Universelle einschreiten, wenn es dagegen etwas einzuwenden hätte. *‚Es kann aber durchaus auf sich selbst aufpassen‘.* Diese Dir gegebene Freiheit kommt mit der Verantwortung, damit auch entsprechend umzugehen. Bedenke, daß das Gesetz von Ursache und Wirkung auch hier gilt.

Durch diese Erkenntnis schwindet eine mögliche Distanz zwischen Dir und dem Unendlichen, weil Du seine Präsenz nun bewußt wahrnimmst und Dich selbst auch als Teil des Ganzen anerkennst, anstatt Dich in Trennung davon zu sehen.

20. Eine sehr wichtige Passage, denn sie weist nochmals darauf hin, daß Du Dich nicht mit Auswirkungen befassen, sondern neue Ursachen setzen sollst. Die Auswirkungen, die Du im Außen (für) wahrnimmst, entsprechen Deinen eigenen ‚Fähigkeiten‘, dafür auch empfänglich zu sein. Sollten Dir diese Auswirkungen nicht gefallen, kommst Du nicht umhin, im Innen neue Ursachen zu setzen – Ursachen, die dann eine entsprechende (gesetzmäßige) Auswirkung nach sich ziehen.

21. *‚Noble Vorsätze und mutige Taten‘.* Noble Vorsätze, weil sie über die eigenen Bedürfnisse und Erwartungen hinausgehen; mutige Taten, weil es zur Gewohnheit geworden ist, jedes gesteckte Ideal auch konsequent zu verwirklichen.

22. Erinnere Dich hier noch einmal an die *‚noblen Vorsätze‘.* Dein Ideal muß diese beinhalten, damit sich eine entsprechende Wirkung für Dich zeigt. Auch hier ist es eine Frage von Übung und Wiederholung.

23. Hier kommt zum Tragen, was Haanel mit *‚harter geistiger Arbeit‘* meint. Es gilt vor allem in solchen Situationen, dem Außen keine übermäßige Aufmerksamkeit zu schenken, denn so akut und unerwünscht wie es sich gerade darstellt, liegt die Lösung dennoch *immer* am anderen Pol. Es kann durch ein Befassen mit Schulden, Krankheit oder ähnlichen Auswirkungen keine Besserung eintreten. Diese geschieht ausschließlich durch eine gedankliche Umorientierung, sozusagen durch eine gedankliche Qualitätsverbesserung, und die findet immer am Gegenpol statt.

24. Das ist eine Deiner Hauptaufgaben: Die stete Konzentration auf das, was Du verwirklichen willst, statt Deiner Sinneswahrnehmung zu folgen, die Dir auf absehbare Zeit Deine alte, vorherrschende Geisteshaltung anzeigt und weiterhin verwirklicht. Es bedarf Vertrauen, Mut und Beharrlichkeit, Glauben, Disziplin und der Fähigkeit, das Gefühl der Freude oder Vorfreude in Dir zu erzeugen, um die alten Gedanken und Energien zu ersetzen. Es ist ein schrittweiser Prozeß, um den Du aber nicht herumkommst, wenn sich Dein Leben grundlegend ändern soll.

25. Das Stichwort hier ist *‚Gewißheit‘.* Das gesamte Master Key System dreht sich darum, Laune, Zufall oder Schicksal durch Gewißheit zu ersetzen, indem man sich der natürlichen Gesetze bewußt wird und sie systematisch einsetzt. Noch einmal: Deine Absicht bestimmt Deine Aufmerksamkeit. Aufmerksamkeit bringt Details hervor, die zunächst einem Nebel gleichen, in dem nichts wirklich hervorsticht. In den nebligen Details erkennst Du dann aber schließlich Muster, die Dir Gewiß-

heit geben. Gewißheit führt zu innerer Ruhe. Innere Ruhe führt zu intelligenten Entscheidungen. Intelligente Entscheidungen führen ,*zum Besten, was das Leben zu bieten hat'*.

26. Charles Haanel meint damit, daß wenn Du Dir ein Ziel oder Ideal setzt, es konsequent bis zum Ende durchführst und Dich von nichts davon abbringen läßt. Wenn die Saat gesät ist, muß sie ungestört bleiben, um Wurzeln zu fassen. Sie muß die niederen Ebenen durchdringen und sich von ihnen ernähren, um ein solides Fundament zu bilden, auf das schließlich aufgebaut wird. Wenn der Gedanke Lebenskraft beinhaltet, wird er zu sprießen beginnen.

27. Hier ist es wichtig zu verstehen, daß geistig ein Ziel vorgesetzt wird, an dem nicht mehr gerüttelt wird – es ist die gesäte Saat. Handlungstechnisch aber wirst Du zunehmend tatkräftig werden und Dich Deinem Ziel schrittweise nähern. Die Tat ist die Blüte des Gedankens, wie Du in der übernächsten Lektion noch im Detail lernen wirst.

28. Es ist die ewige Wachsamkeit und Achtsamkeit über das, was Du gedanklich, aber auch über Deine fünf Sinne aufnimmst. Der ,*Wächter vor dem Tor'* muß zu jeder Zeit aktiv sein, um zu verhindern, daß sich unerwünschte Gedankenkonstrukte einschleichen.

Hierbei soll aber angemerkt sein, daß das Ganze nicht zu ernst genommen werden soll. Das Leben ist ein Spiel, und ein Spiel soll Spaß machen. Lache darüber, wenn Du Dich bei einem dummen Gedanken, einer Äußerung oder Handlung ertappst. Gehe friedvoll und sanft mit Dir um, und vor

allem sei niemals – niemals! – ärgerlich mit Deinem Körper. Ganz gleich, in welchem Zustand er sich gegenwärtig befindet, sende ihm stets Liebe und Verständnis. Tue das vor allem dann, wenn Dir der gegenwärtige Zustand nicht gefällt, aber gehe niemals hart mit ihm ins Gericht, denn das, was Du aussendest, ist das, was Du letzten Endes wieder empfängst.

29. Gedanken sind auch das Feuer, das in Dir entfacht und Dich zu immer neueren und größeren Taten anspornt. Das wiederum hat Auswirkungen auf Deine Umgebung und letztendlich auf die gesamte Menschheit. Hier sei aber nochmals erwähnt, daß keine entsprechend schöne und wohlwollende Welt erschaffen werden kann, wenn nicht zunächst schöne und wohlwollende Gedanken erschaffen und zu entsprechenden Bildern umgewandelt werden.

30. Vieles, was neu auf den Markt dringt, wird zunächst verspottet, dann belächelt, um schließlich akzeptiert zu werden, als wäre es das Normalste auf der Welt. Der Grund dafür liegt darin, daß die Menschen dafür noch keine entsprechenden Gehirnzellen hatten, die für diese neuen Ideen offen und empfänglich wären. Somit verhalten sie sich instinktiv und unterbewußt, reagieren ablehnend, teilweise sogar gewalttätig.

31. Nachdem Du die letzten Wochen mit passiven und aktiven Visualisierungen verbracht hast, geht es hier um das schöpferische Visualisieren, denn die zu bewältigende Aufgabe findet ausschließlich vor Deinem geistigen Auge statt. Wenn Du diese Übung meisterst, kannst Du Dir aber

auch nahezu jede andere Person vorstellen, wie sie auf Deine gedanklichen Impulse reagiert.

8

Der Wert wahrhaften Denkens

In diesem Teil wirst Du entdecken, daß Du frei wählen kannst, was Du denkst, aber das Resultat Deiner Gedanken richtet sich nach einem unveränderlichen Gesetz. Ist das nicht eine wunderbare Erkenntnis? Ist es nicht wunderbar zu wissen, daß unser Leben nicht irgendwelchen Launen oder Veränderlichkeiten jeglicher Art untersteht? Daß es durch Gesetze geregelt wird? Diese Beständigkeit ist unsere Gelegenheit, denn wenn wir uns mit diesem Gesetz in Einklang bringen, können wir uns den erwünschten Effekt mit unveränderlicher Genauigkeit sichern.

Es ist das Gesetz, welches das Universum zu einem einzigen großartigen Lobgesang der Harmonie macht. Gäbe es dieses Gesetz nicht, würde das Universum ein Chaos anstelle eines Kosmos sein.

Hier liegt dann das Geheimnis der Ursache von Gut und Böse. Das ist all das Gute und Böse, das es jemals gab und jemals geben wird.

Laß mich Dir ein Beispiel nennen: Gedanken resultieren in Taten. Wenn Deine Gedanken erbaulich und harmonisch sind, wird das Ergebnis gut sein. Wenn Deine Gedanken zerstörerisch oder nicht im Einklang sind, wird das Ergebnis böse sein.

Wenn Charles Haanel von Harmonie spricht, meint er in der letzten Instanz Mathematik, Proportion, Selbstähnlichkeit (Fraktale), aber auch Numerologie und Astrologie, d.h. sowohl die Grundbausteine der Schöpfung als auch unsere Interpretation bestimmter Schwingungseinflüsse und deren Qualitäten.

Es gibt deshalb nur ein Gesetz, ein Prinzip, eine Ursache, eine Quelle der Macht. Gut und Böse sind schlichtweg Worte, die wir uns erschaffen haben, um das Ergebnis unserer Taten zu beschreiben oder unserer Beachtung bzw. Nichtbeachtung dieses Gesetzes.

Die Bedeutung hiervon ist in den Leben von Emerson und Carlyle gut aufgezeigt. Emerson liebte das Gute, und sein Leben war eine Sinfonie des Friedens und der Harmonie. Carlyle haßte das Schlechte, und sein Leben war ein Abbild von wiederkehrender Unstimmigkeit und Disharmonie.

Hier haben wir zwei großartige Männer, jeder mit der Absicht, das gleiche Ideal zu verfolgen, aber der eine macht Gebrauch von konstruktiven Gedanken und ist somit im Einklang mit natürlichem Gesetz; der andere hingegen macht Gebrauch von zerstörerischen Gedanken und bringt Zerstörung jeglicher Art und jeglichen Charakters in sein Leben.

Es ist somit offensichtlich, daß wir nicht hassen sollten, nicht einmal das „Schlechte", denn Haß ist zerstörerisch, und wir werden bald herausfinden, daß wir den Wind säen und den Sturm ernten, wenn wir zerstörerische Gedanken hegen.

DER WERT WAHRHAFTEN DENKENS

1. Gedanken enthalten ein **Lebensprinzip**, denn sie sind das schöpferische Prinzip des Universums, und aufgrund ihrer Natur werden sie sich mit ähnlichen Gedanken verbinden.

2. Da Wachstum das einzige Ziel des Lebens ist, müssen alle der Schöpfung unterliegenden Prinzipien dazu beitragen, um es zu verwirklichen. Gedanken nehmen somit Form an, und das Gesetz des Wachstums bringt sie letztendlich zur Darstellung.

3. Du kannst frei denken, was Du willst, aber das Ergebnis Deines Denkens richtet sich nach einem **unveränderlichen Gesetz**. Jeder beharrlich gehaltene Gedankengang kann ausschließlich solch ein Ergebnis hervorbringen, das sich in dem Charakter, der Gesundheit und den Lebensumständen des Individuums

Ralph Waldo Emerson
(1803 – 1882)

Thomas Carlyle
(1795 – 1881)

zeigt. Deshalb sind diejenigen Methoden von übergeordneter Bedeutung, die Gewohnheiten konstruktiven Denkens anstelle derer setzen, die nur unerwünschte Wirkungen produzieren.

4. Wir alle wissen, daß das keineswegs einfach ist. Geistige Gewohnheiten sind schwer zu kontrollieren, aber es kann geschafft werden. Der Weg dahin ist der, sofort damit zu beginnen, zerstörerische Gedanken durch konstruktive Gedanken zu ersetzen. Mache es Dir zu Gewohnheit, **jeden Gedanken zu analysieren**. Wenn sie (die Gedanken, Anm. d. Ü.) notwendig sind; wenn ihre Darstellung der objektiven Welt dienlich ist, nicht nur für Dich selbst, sondern auch für alle anderen, die auf welche Art und Weise auch immer davon berührt werden könnten, dann behalte sie; schätze sie; sie sind wertvoll; sie sind im Einklang mit dem Unendlichen; sie werden wachsen, sich entwickeln und ein Hundertfaches an Früchten hervorbringen. Auf der anderen Seite ist es angeraten, Dir diesen Satz von George Matthew Adams einzuprägen: *„Lerne, die Tür geschlossen zu halten; halte aus Deinem Bewußtsein, dem Büro und aus Deiner Welt jegliches Element fern, das Zugang sucht, ohne aber ein bestimmtes, hilfreiches Ende in Sicht zu haben.“*

5. Wenn Dein Denken kritisch oder zerstörerisch war und sich in unstimmigen Umständen in Deiner Umgebung gezeigt hat, mag es für Dich notwendig sein, eine Geisteshaltung zu kultivieren, die aufbauendem Gedankengut zuträglich ist.

6. Die Vorstellungskraft ist in dieser Hinsicht eine große Hilfe. Die Kultivierung der Vorstellungskraft führt zu der Entwicklung des Ideals, aus der Deine Zukunft hervorgehen wird.

7. Die Vorstellungskraft sammelt das Material, welches das Bewußtsein zum Weben derjenigen Stoffe gebraucht, in denen sich Deine Zukunft kleidet.

8. Die Vorstellungskraft ist das Licht, mit dem wir neue Welten des Denkens und der Erfahrung durchdringen können.

George Matthew Adams war Zeitungskolumnist, Autor, Verfasser, Philosoph und Verleger. 1907 gründete er den *Adams Newspaper Service*. Er ist Autor zahlreicher Bücher, wovon ‚You Can‘ (Du kannst es!) das bekannteste ist.

Die Kultivierung der Vorstellungskraft
führt zu der Entwicklung des Ideals,
aus der Deine Zukunft hervorgehen wird.

9. Die Vorstellungskraft ist das mächtige Instrument, welches jedem Entdecker und Erfinder den Weg von der Theorie zur Praxis geebnet hat. Die Theorie sagt: „Das kann nicht erreicht werden"; die Praxis sagt: „Es ist geschafft."

10. Die Vorstellungskraft ist eine plastische Kraft, um die Dinge der Sinne in neue Formen und Ideale zu gießen.

11. Die Vorstellungskraft ist die schöpferische Gestalt des Gedankens, die jeder konstruktiven Form von Handlung vorausgehen muß.

12. Ein Bauherr kann keine Struktur erstellen, bis er nicht die Pläne vom Architekten erhalten hat, und der Architekt muß sie seiner Vorstellungskraft entnehmen.

13. Der Industriekapitän kann kein Konglomerat aufbauen, das Hunderte kleinerer Firmen und Tausende von Angestellten koordiniert und Millionen von Dollar an Kapital einsetzt, bis er zuerst die gesamte Arbeit mittels seiner Vorstellungskraft erschaffen hat. Objekte in der materiellen Welt sind wie Lehm in den Händen des Bildhauers. Es ist im Bewußtsein des Meisters, wo die wirklichen Dinge erschaffen werden, und es ist durch das Anwenden der Vorstellungskraft, wodurch der Weg bereitet wird. Um die Vorstellungskraft zu kultivieren, muß sie trainiert werden. Übung ist notwendig, um sowohl den geistigen Muskel als auch den körperlichen Muskel zu kultivieren. Er muß mit Nährstoffen versorgt werden, sonst kann er nicht wachsen.

14. Verwechsle die Vorstellungskraft nicht mit den Launen oder der Art des Tagträumens, derer sich manche Leute hingeben.

Tagträumen ist eine Form geistiger Zerstreuung, die zu geistigem Unglück führen kann.

15. Konstruktive Vorstellungskraft bedeutet **geistige Arbeit**, die von manchen als die härteste Art der Arbeit überhaupt angesehen wird, aber, wenn dem so ist, erbringt sie auch die großartigsten Ergebnisse, da alle großartigen Dinge im Leben zu den Männern und Frauen gekommen sind, welche die Fähigkeit hatten zu denken, sich etwas vorzustellen und ihre Träume wahr werden zu lassen.

16. Wenn Du Dir der Tatsache vollkommen bewußt geworden bist, daß Bewußtsein das einzige schöpferische Prinzip ist; daß es allmächtig, allwissend und allgegenwärtig ist und daß Du bewußt in Einklang mit dieser Allmacht kommen kannst, nämlich durch die Kraft des Denkens, dann wirst Du einen großen Schritt in die richtige Richtung getan haben.

17. Der nächste Schritt besteht darin, Dich so einzustellen, daß Du diese Kraft **empfangen** kannst. Da sie allgegenwärtig ist, muß sie auch in Dir vorhanden sein. Wir wissen, daß dem so ist, denn wir wissen, daß alle Kraft von innen kommt. Sie muß aber **entwickelt, entfaltet und kultiviert** werden. Um das zu erreichen, müssen wir empfänglich sein, und diese Empfänglichkeit wird genauso wie körperliche Stärke durch Übung erworben.

18. Das Gesetz der Anziehung wird Dir gewissenhaft und ohne Fehl die Umstände, Umgebungen und Erfahrungen im Leben bringen, die mit Deiner gewöhnlichen, charakteristischen und vorherrschenden Geisteshaltung übereinstimmen. Nicht das, was Du ab und zu mal denkst, wenn Du in der Kirche bist oder gerade ein gutes Buch gelesen hast, sondern Deine **vorherrschende geistige Einstellung** ist das, was zählt.

19. Du kannst nicht für 10 Stunden am Tag schwache, schädliche und negative Gedanken unterhalten, dann aber erwarten, daß sich schöne, starke und harmonische Umstände durch 10 Minuten starken, positiven, schöpferischen Denkens einstellen.

215

20. Wahre Kraft kommt von innen. Jede Kraft, die man auch nur nutzen kann, befindet sich im Menschen selbst, darauf wartend, sichtbar gemacht zu werden, zunächst durch ihre **Anerkennung**, dann durch eine **Bekräftigung** als unser Eigenes – sie ins Bewußtsein einprägend – bis man **eins mit ihr wird**.

21. Die Menschen sagen, daß sie sich ein Leben im Überfluß wünschen, und sie tun es auch, aber viele interpretieren das so, als würde es ausreichen, die Muskeln zu trainieren oder wissenschaftlich zu atmen; nur bestimmtes Essen auf eine gewisse Art und Weise zu sich zu nehmen; jeden Tag so und so viele Glas Wasser zu trinken – und dann noch mit einer bestimmten Temperatur; sich der Zugluft zu entziehen, um das von ihnen gesuchte überschäumende Leben zu erreichen. Das Ergebnis solcher Methoden ist allerdings nur durchschnittlich. Wenn der Mensch zur Wahrheit erwacht und **seine Einheit mit allem Leben bekräftigt**, dann stellt er fest, daß er das klare Auge, den elastischen Schritt und die Lebenskraft der Jugend hat. Er stellt fest, daß er die Quelle aller Macht entdeckt hat.

22. Alle Fehler sind Fehler von Ignoranz. Zunehmendes Wissen und die sich daraus ergebende Macht sind das, was Wachstum und Evolution bestimmen. Macht besteht aus der Anerkennung und der Anwendung von Wissen, und diese Macht ist geistige Macht, und diese geistige Macht ist die Macht, die im Herzen aller Dinge liegt – sie ist die Seele des Universums.

23. Dieses Wissen ist das Ergebnis der Fähigkeiten des Menschen, zu denken. Denken ist somit die Saat der bewußten Weiterentwicklung des Menschen. Wenn der Mensch aufhört, in seinen Gedanken und Idealen voranzuschreiten, fangen seine Kräfte sofort an zu schwinden, und seine Haltung wird schrittweise diese sich wechselnden Umstände widerspiegeln.

24. Erfolgreiche Menschen machen es sich zur Aufgabe, die Ideale derjenigen Umstände zu halten, die sie zu verwirklichen wünschen. Sie halten sich andauernd den nächsten notwendigen Schritt im Bewußtsein, dessen Ideal sie entgegenstreben. Gedanken sind

Erfolgreiche Menschen machen es sich zur Aufgabe,
die Ideale derjenigen Umstände zu halten,
die sie zu verwirklichen wünschen.

das Material, mit dem sie arbeiten, und die Vorstellungskraft ist
ihre geistige Werkstatt. Bewußtsein ist die sich ewig bewegende
Kraft, mit der sie sich Personen und Umstände sichern, um ihre
Erfolgsstruktur aufzubauen, und die Vorstellungskraft ist der
Nährboden, auf dem alle großartigen Dinge entstehen.

25.   Wenn Du Deinem Ideal treu warst, wirst Du den Ruf hören, wenn
      die Umstände bereit sind, Deine Pläne zu verwirklichen, und
      die Ergebnisse werden im genauen Verhältnis Deiner Treue zu
      diesem Ideal stehen. Das beharrlich gehaltene Ideal ist das, was die
      notwendigen Umstände zu seiner Durchführung vorherbestimmt
      und anzieht.

26.   Dadurch kannst Du ein Gewand von Bewußtsein und Macht in
      das Netz Deiner gesamten Existenz weben; dadurch kannst Du
      ein angenehmes Leben führen und für immer vor allem Schaden
      bewahrt bleiben; dadurch kannst Du zu einer positiven Kraft
      werden, durch die Du Umstände der Fülle und der Harmonie
      an Dich heranziehst.

27.   Das ist der Stoff, der sich schrittweise durch das gesamte
      Bewußtsein zieht und hauptsächlich für die Umstände von
      Unruhe verantwortlich ist, die überall ersichtlich sind.

28.   In dem letzten Teil hast Du Dir ein geistiges Bild erschaffen, hast
      es vom Unsichtbaren ins Sichtbare gebracht. In dieser Woche
      möchte ich, daß Du ein Objekt nimmst und es **zu seinem
      Ursprung zurückverfolgst**. Siehe, woraus es wirklich besteht.
      Wenn Du das tust, wirst Du Vorstellungskraft entwickeln,
      Erkenntnis, Wahrnehmung und Scharfsinn. Diese kommen nicht
      durch die oberflächliche Betrachtung der Masse zu Dir, sondern

217

Es sind die wenigen, die wissen, daß die Dinge, die sie sehen, nur Auswirkungen sind und die Ursachen verstehen, durch die diese Auswirkungen entstanden sind.

durch eine **scharfe, analytische Beobachtung unterhalb der Oberfläche**.

29. Es sind wenige, die wissen, daß die Dinge, die sie sehen, nur Auswirkungen sind, und die Ursachen verstehen, durch die diese Auswirkungen entstanden sind.

30. Nimm nun wieder dieselbe Position ein und stelle Dir ein Kriegsschiff vor. Sieh dieses grauenvolle Monster, wie es auf der Wasseroberfläche schwimmt; es scheint dort kein Leben zu geben; alles ruht. Du weißt, daß der weitaus größere Teil des Schiffes unterhalb der Wasseroberfläche liegt, außerhalb der Sichtweite. Du weißt, daß das Schiff so groß und so schwer ist wie ein 20-stöckiges Hochhaus. Du weißt, daß es dort Hunderte von Männern gibt, alle bereit, sofort und auf Befehl zu handeln. Du weißt, daß jede Abteilung aus fähigen, trainierten Offizieren besteht, kompetent genug, diesen sagenhaften Mechanismus zu steuern. Du weißt, daß es trotz seiner scheinbaren Gleichgültigkeit Augen hat, die in einem Umkreis von Kilometern alles sehen. Du weißt, daß obwohl es ruhig, unscheinbar und unschuldig erscheint, es bereit ist, Stahlprojektile, bis zu Tausende von Kilogramm schwer, auf einen Feind viele Kilometer weit entfernt zu schießen. Dieses und viel mehr kannst Du Dir mit vergleichbar geringem Aufwand vorstellen. Wie aber wurde das Kriegsschiff zu dem, was es ist? Wie wurde es überhaupt erschaffen? All das willst Du wissen, wenn Du ein sorgfältiger Beobachter bist.

31. Folge den großen Stahlplatten durch die Gießereien; siehe Tausende von Männern, die zu ihrer Produktion angestellt sind. Gehe noch weiter zurück und siehe das Erz, wie es aus dem Bergwerk kommt. Siehe, wie es auf Kähne oder Lastwagen

verladen wird; wie es geschmolzen und entsprechend bearbeitet wird. Gehe noch weiter zurück und siehe den Architekten und die Ingenieure, welche dieses Schiff geplant haben. Laß Deinen Gedanken noch weiter zurückgehen, um herauszufinden, warum sie das Schiff geplant haben. Hier erkennst Du bereits, daß Du jetzt soweit zurückgegangen bist, daß das Schiff etwas Ungreifbares ist; daß es nicht mehr existiert; daß es nur noch ein Gedanke in dem Gehirn des Architekten ist. Aber woher kam die Bestellung, das Schiff zu planen? Wahrscheinlich vom Verteidigungsministerium, aber wahrscheinlich war das Schiff lange vorher geplant worden, bevor an Krieg überhaupt auch nur gedacht würde, und daß der Kongreß ein Gesetz hat verabschieden müssen, welches das Geld zur Verfügung gestellt hat. Möglicherweise gab es Widerstand und Reden für oder gegen das Gesetz. Wen repräsentieren denn diese Kongreßabgeordneten? Sie repräsentieren Dich und mich, so daß unsere Gedankenreise mit dem Kriegsschiff beginnt und bei uns endet. In der letzten Analyse stellen wir fest, daß **unsere Gedanken** dafür und für viele andere Dinge, an die wir selten (bewußt) denken, verantwortlich sind. Bei etwas genauerer Betrachtung werden wir dann die wichtigste Tatsache überhaupt erkennen, und diese lautet: Wenn nicht jemand das Gesetz entdeckt hätte, durch das diese ungeheure Menge an Stahl und Eisen überhaupt auf dem Wasser zu schwimmen vermag, anstatt sofort auf den Meeresgrund zu sinken, dieses Kriegsschiff gar nicht hätte gebaut werden können.

32. Dieses Gesetz besagt, daß „das spezifische Gewicht einer Substanz das Gewicht seines Volumens im Vergleich zu einer gleichen Menge Wasser ist". Die Entdeckung dieses Gesetzes revolutionierte jegliche Art von Seereise, Handel und Kriegsführung und machte das Entstehen von Kriegsschiffen möglich.

33. Du wirst Übungen dieser Art wertvoll finden. Wenn der Gedanke darauf trainiert wurde, **unterhalb der Oberfläche** zu schauen, nimmt alles eine andere Erscheinung an; das Unbedeutende wird bedeutend; das Uninteressante interessant. Die Dinge, von denen Du annahmst, daß sie völlig unbedeutend seien, stellen sich als die einzig wirklichen, lebenswichtigen Dinge heraus.

FRAGEN UND ANTWORTEN

71. *Was ist Vorstellungskraft?*
Eine Form schöpferischen Denkens. Das Licht, durch das wir neue Welten des Denkens und der Erfahrung durchdringen. Das mächtige Instrument, das jedem Erfinder oder Entdecker den Weg von der Theorie zur Praxis geebnet hat.

72. *Was ist das Ergebnis dieser Vorstellungskraft?*
Die Kultivierung der Vorstellungskraft führt zur Entwicklung von Idealen, aus der Deine Zukunft hervorgehen wird.

73. *Wie kann sie kultiviert werden?*
Durch Übung; sie muß mit Nährstoffen versorgt werden, oder sie kann nicht leben.

74. *Wie unterscheidet sich die Vorstellungskraft vom Tagträumen?*
Tagträumen ist eine Form geistiger Zerstreuung, während die Vorstellungskraft eine Vorform schöpferischen Denkens ist, welche jeder konstruktiven Tat vorangehen muß.

75. *Was sind Fehler?*
Das Ergebnis von Ignoranz.

76. *Was ist Wissen?*
Das Ergebnis der Fähigkeit des Menschen, zu denken.

77. *Was ist die Kraft, mit der erfolgreiche Menschen bauen?*
Bewußtsein ist die einzige bewegende Kraft, mit der sie sich die Personen und Umstände sichern, die zur Erfüllung ihrer Pläne notwendig sind.

78. *Was bestimmt das Ergebnis vorher?*
Das stetig im Bewußtsein gehaltene Ideal zieht zu seiner Erfüllung die notwendigen Umstände an.

79. *Was ist das Ergebnis einer scharfen analytischen Beobachtung?*
Die Entwicklung der Vorstellungskraft, der Erkenntnis,
der Wahrnehmung und des Erschaffens.

80. *Wohin führen diese?*
Zu Fülle und Harmonie.

*Schau Dir diesen Tag an, denn er ist Leben, das
wahre Leben des Lebens.
In seinem kurzen Dasein liegen alle Wahrheiten
und Realitäten Deiner Existenz; die Seligkeit Deines
Wachstums; der Ruhm Deiner Taten; das Strahlen
Deiner Schönheit; denn gestern war nur ein Traum
und morgen ist nur eine Vision. Ein wohl gelebtes
Heute aber macht jedes Gestern zu einem Traum
der Glückseligkeit und jedes Morgen zu einer Vision
der Hoffnung.
Halte somit Ausschau nach diesem Tage!*
— AUS DEM SANSKRIT

8

Der Wert wahrhaften Denkens

Wenn Dein Denken nicht wahrhaftig ist, was für Resultate erwartest Du dann? Herauszufinden, was diese Wahrheit ist, war ja bereits Aufgabe der vorangegangen Wochen. Hier lernst Du nun, daß Dein Leben das Resultat von Gesetzen ist und nicht von Launen oder Veränderlichkeiten. Daraus ergibt sich wieder einmal ein wunderbares Gefühl, eine Dankbarkeit an die Schöpfung, ein Schulterklopfen an Dich, denn Du bist es als Individuum, als genialer Teil des Ganzen, durch den sich das Universelle in Form ausdrückt.

Kleine Gedanken oder Selbstverleugnung bringen Dich nicht weiter – sie geben Dir genau das, was im Verhältnis zu Deinen Anstrengungen steht. Genauso verhält es sich mit großartigen Gedanken, die in Einklang mit den Naturgesetzen sind; die harmonisch, konstruktiv und kreativ sind; die wahrhaftig sind, weil sie Prinzip haben, während alles Böse oder Schlechte an sich kein Prinzip hat, sondern lediglich die Abwesenheit des Guten bedeutet. Das Schlechte kann ohne das Gute nicht existieren, das Gute aber wohl ohne das Schlechte, weil das Schlechte zerstört, das Gute wächst und sich entwickelt.

„Lerne, die Tür geschlossen zu halten, halte aus Deinem Geist und Deiner Welt jedes Element fern, das Einlaß sucht ohne Aussicht auf ein eindeutig hilfreiches Ende."

Immer wieder solltest Du Dir dieses Zitat von George Matthew Adams ins Gedächtnis rufen, denn von Außen versuchen falsche und unerwünschte Schwingungen Eintritt zu Dir zu erlangen. Halte sie fern, bekämpfe sie aber nicht. Sie fernzuhalten bedeutet, ihnen keine Aufmerksamkeit zu schenken und durch das Gegenteil zu ersetzen. Konzentriere Dich also auf das, was Du Dir wünschst – und ausschließlich darauf!

Diese Ausschließlichkeit ist etwas, womit viele kämpfen, weil sie sich immer noch auf ihre Sinneswahrnehmung verlassen. Diese kommt aber mit einer Verzögerung, weil sie Dir das Resultat vergangenen Denkens zeigt, das, womit Du Dich programmiert hast, um es jetzt wahrzunehmen. Was wußtest Du als Baby über Kriege, Porno, Eifersucht? Nichts. Jetzt aber weißt Du etwas darüber, weil Du Rezeptoren dafür erschaffen hast. Nun gilt es, auf dieselbe Weise Rezeptoren für Harmonie, Gesundheit, Liebe und Überfluß zu erschaffen. Das tust Du wie immer durch Deine Aufmerksamkeit, durch Wiederholung und Übung.

Du lernst in diesem Kapitel, daß alle Fehler Resultate von Ignoranz oder Unwissenheit sind, denn sonst hättest Du Dich damals nicht mit so vielen unnützen Programmen versehen. Das Master Key System lehrt Dich, die Wahrheit zu erkennen und zunutze zu machen. Das macht es so machtvoll, so kraftvoll und so nützlich. Wahrheit ist das, was Prinzip hat, was aus sich heraus wachsen und bestehen kann. Polarität – sprich: Dualität – ist ein integraler Teil davon, weshalb es auch unabdingbar ist, die Bewertung von sogenannten negativen Dingen zu entfernen. Sie sind es, die Dir die Gegensätze aufzeigen und Dich zur Veränderung bringen. So dienen auch sie in diesem ewigen, kosmischen Spiel.

Sie zu kennen heißt aber noch lange nicht, daß wir sie uns zu eigen machen müssen. Der wahre Master Key System Student lernt mehr und mehr Distanz zu ihnen zu wahren, gerade weil er sich der Auswirkungen dieser Art von Aufmerksamkeit bewußt ist.

Wo Wahrheit besteht, haben Falschheit und Lüge keinen Platz mehr. Du wirst in Deinem Leben sehr schnell erkennen, wie sich dieses neue Verständnis ausbreitet. Es bereitet Dir nicht nur neue Einsichten und Erfahrungen, sondern es wird Schritt für Schritt zu Dir – zuerst wird es eine Gewohnheit, dann automatisch und schließlich ist es Deins. Dann hat sich ein neues System etabliert und der ursprüngliche Arbeitsaufwand ausgezahlt. Systeme haben die Eigenschaft, mit relativ wenig Energieaufwand sehr viel zu erreichen. Dafür müssen sich aber alle Elemente bestimmten Regeln unterwerfen. Diese Regeln sind es, die Struktur und System ausmachen. In einem negativen Zusammenhang sieht das wie folgt aus: Hast Du eine Spinnenphobie, so reicht allein ihr Anblick aus, um irrational zu reagieren. Hast Du ein Reichtumsbewußtsein, reicht der Anblick eines schönen Autos oder eines herbstlichen Laubbaumes aus, um Gefühle der Anerkennung und Wertschätzung hervorzurufen. Es liegt also immer wieder in Deinem eigenen Ermessen – an Deiner eigenen Sichtweise – wie etwas auf Dich wirkt und für Dich lebendig wird – sowohl positiv als auch negativ.

ÜBUNG

Wahrhaftiges Denken kann sich in Deinem Leben nur dort zeigen, wo Dir Ursache und Wirkung bekannt sind. Was das Prinzip von Ursache und Wirkung anbelangt, suche auch das ‚*Kybalion*‘ auf und mache Dich damit vertraut. Dadurch bekommst Du zusätzliche Einsichten in das Wirken der sieben Hermetischen Prinzipien.

Jede Wirkung ist an sich nur eine Ursache für etwas anderes, und deshalb besteht die Übung dieser Woche darin, ein materielles Objekt zu seinem Anfang zurück zu verfolgen, damit Du erkennst, daß der Anfang von allem in Dir selbst liegt - im Geiste liegt. Materie kann nicht mehr Materie schaffen. Es bedarf immer irgendeiner Form von Bewußtsein, um etwas auszudrücken.

Zur damaligen Zeit war das Kriegsschiff nicht nur das materiell größte von Menschenhand erschaffene Objekt, sondern es repräsentierte auch eine sehr umfangreiche Art von Organisation. Dieses Beispiel zeigt, wie viele Menschen verschiedenen, vielleicht sogar harmlosen Tätigkeiten nachgehen, die dann zusammen aber die Schlagkraft ausmachen, die von einem Kriegsschiff ausgeht.

Gleichzeitig kannst Du für Dich wichtige Schlüsse daraus ziehen, denn nur gemeinsam sind wir stark. Das heißt, Dein Erfolg im Leben hängt von dem Erfolg anderer ab – Du bist keine Insel.

Benutze diese Übung dazu, Dir nicht nur der Komplexität des Endresultats bewußt zu werden, sondern auch jedes einzelnen Schritts auf dem Weg zur Fertigstellung. Und dann, wenn Du am Ursprung angelangt bist, bei unseren Gedanken und Taten, erkennst Du, wie wichtig es ist, die richtigen Ursachen zu setzen. Gleichzeitig erkennst Du, warum Denken systematisch sein muß. Ein System hat ja die Eigenschaft, effizient zu arbeiten – mit wenig Aufwand wird viel erreicht. Das ist der einzige Zweck eines Systems. Meditiere während dieser Woche auch darüber.

Sicherlich ist das alles anfangs nicht einfach zu verstehen, aber es ist von großer Tragweite, denn so können wir für alles Verantwortung übernehmen, was sich uns im Außen zeigt, und es umwandeln, entfernen oder verstärken.

AUFGABEN

1. Erkläre die Bedeutung von Dienst. Schreibe auf, warum es so wichtig ist, daß unser Handeln auf das Wohl aller ausgerichtet ist.

2. Beantworte Dir so oft wie möglich die folgenden Fragen:

    ✓   Was habe ich heute gemacht?
    ✓   Was kann ich daran verbessern?
    ✓   Wer kann mir dabei helfen?
    ✓   Wann werde ich es vollenden?

3. Schreibe auf, warum alle Fehler lediglich Fehler von Ignoranz sind:

4. Schreibe auf, warum das von Dir erschaffene Ideal konstant im Geiste gehalten werden muß

5. Schreibe auf, warum das Erkennen von Ursache und Wirkung in Deinem Leben so wichtig ist.

....

....

....

....

6. Kreuze an, welche der untenstehenden Aussagen auf Dich zutreffen:
   □ Mein Denken wird zunehmend von mir selbst kontrolliert
   □ Ich fühle mich souverän und voller Tatendrang.
   □ Ich kann immer besser Dingen auf den Grund gehen und die Ursache erkennen.
   □ Ich stelle fest, daß ich mit meinem Denken letztlich die ultimative Ursache bin.
   □ Ich kann komplexe Zusammenhänge erkennen und in ihre Einzelteile zerlegen.
   □ Mir fällt immer mehr auf, wie die Natur im Überfluß produziert.
   □ Mein Atem wird zunehmend tiefer, länger und regelmäßiger.
   □ Ich bin mir meiner Einheit mit dem Universellen besonders bewußt geworden.
   □ Ich kann mir zunehmend große Dinge vorstellen und auch, daß sie für mich erreichbar sind.
   □ Ich affirmiere, daß ich gut genug bin und daß ich nur Gutes verdient habe.
   □ Meine Dankbarkeit wird auch von anderen zunehmend anerkannt.

7. Schreibe auf, wie die Vorstellungskraft kultiviert werden kann.

....

....

....

....

8. Suche Punkt 17 auf. Schreibe ihn hier auf.

....

....

....

....

9. Was bedeutet es für Dich, in Einheit mit allem Leben zu leben?

....

....

....

10. Nimm Dir Zeit, um Dir der vielschichtigen Bedeutung der Übung dieses Kapitels bewußt zu werden, u.a. daß die Mannschaft des Kriegsschiffes Deinen Zellen gleichzusetzen ist und das Kriegsschiff Deinem Körper; daß die Mannschaft wie auch die Zellen Befehle empfangen und bereitwillig ausführen; daß es eine genaue Verbindung zwischen Ursache und Wirkung gibt. Je genauer Du Dir diese Übung betrachtest, desto mehr Sinn und Wert wirst Du ihr abgewinnen.

LITERATURHINWEIS

 Die „Anastasia" Bücher von Wladimir Megré sind eine wunderschöne Erweiterung zum Thema „Einheit mit allem Leben". Wenn Du sie noch nicht kennen solltest, schau sie Dir doch beim nächsten Besuch Deiner Buchhandlung mal an. Mir selber gefallen sie sehr gut, weil einem dort ganz andere Einsichten über das Leben vermittelt werden.

DU HAST DIESEN TEIL GEMEISTERT...

▸ wenn Du verstanden hast, daß sich das Ergebnis Deines Denkens nach unveränderlichem Gesetz richtet.

▸ wenn Du in der Lage bist, Gedanken genauestens zu analysieren und eine Auswirkung bis hin zur Ursache zurückzuverfolgen.

▸ wenn Du in der Lage bist, Deine Vorstellungskraft zielgerichtet einzusetzen und somit genaue Pläne zur Durchführung Deines Vorhabens zu erstellen.

▸ wenn Du in der Lage bist, unterhalb der Oberfläche zu schauen und die eigenen Vorurteile oder Meinungen zurückzuhalten.

▸ wenn Du in der Lage bist, zu erkennen, daß alles Bestehende nahezu unendlich viele Facetten hat, von denen auch Du etliche besitzt, und Du mit dieser Sache allein durch Deine genaue Beobachtung in Verbindung stehst.

LITERATURHINWEIS

„Der Selbst-Entwickler – Das Corssen Seminar" von Jens Corssen ist eine hervorragende Ergänzung zum Master Key System. Der gekonnte Umgang mit sich selbst als Garant für den Erfolg.

NOTIZEN

KOMMENTAR

Der letzte Absatz der Einführung macht noch einmal deutlich, warum es so wichtig ist, ein Verständnis zu entwickeln und die eigenen Gedanken, Worte und Handlungen entsprechend anzupassen. Schöpfung unterliegt Gesetz, und das ist sowohl Deine Chance als auch – wenn grob mißachtet – Dein Niedergang.

1.   Erinnere Dich daran, daß alles zunächst erdacht werden mußte, bevor es Form annehmen konnte.

2.   Dieser Punkt ist sehr wichtig zu verstehen! Lies ihn Dir bitte mehrere Male aufmerksam durch.

3.   Wieder einmal verweist Charles Haanel darauf, daß Denken genauen Gesetzmäßigkeiten unterliegt. Deshalb ist es so wichtig, daß Du Deine Gedanken bewußt, systematisch und konstruktiv leitest oder steuerst, damit sie nur wünschenswerte Ergebnisse herbeibringen.

4.   Um eine Gewohnheit der Gedankenanalyse zu schaffen, kommst Du nicht umhin, dies auch ständig zu üben und einzusetzen. Das kann und wird am Anfang verwirrend sein, weil Du noch ungeübt bist, mit den sich oft widersprechenden Informationen umzugehen. Mit der Zeit wird es immer einfacher.

Um Gedanken zu analysieren, mußt Du Deine Gefühle unter Kontrolle haben, denn wenn Du Deinen Emotionen freien Lauf läßt, bist Du nicht in der Lage, auch nur irgendetwas zu kontrollieren. Hier kommt auch die bewußte Atmung ins Spiel. Versuche, in -nennen wir sie mal-

unschönen Situationen innezuhalten und tief und rhythmisch zu atmen. Dann entferne Dich geistig aus der Geschichte, die sich gerade abspielt. Beobachte aus der Entfernung und siehe es wirklich nur als Film, den Du gerade betrachtest. Wenn er Dir nicht gefällt, wechsle ihn durch die Macht und Kraft Deiner Gedanken einfach aus. Gib Deinem Verstand eine bewußte Anweisung, jetzt etwas anderes zu denken, was Dich gut und freudig fühlen läßt. Auch das wird Dir nicht auf Anhieb gelingen, doch auch hier gilt erneut: Übung macht den Meister. Besonders wichtig zu beachten ist, daß diese Anweisung mit einer Änderung in Deiner Körperhaltung, Deinem Fokus und Deinen Gefühlen (Emotionen) einhergehen muß, um wirkungsvoll zu sein.

5.   Das soll geschehen, weil Dir nicht aufbauendes Gedankengut Ärger, Sorge, Mißfallen, Armut, Krankheit etc. einbringen – allesamt Dinge, auf die Du gut verzichten kannst, die sich aber dann verwirklichen, wenn Du im Geist, Körper und in Deinen Handlungen nicht absolut rein bist. Das Außen wird Dir stets zuverlässig Signale geben, inwiefern Du Anpassungen vorzunehmen hast.

6.   Jetzt erkennst Du auch, warum Du die vergangenen Wochen immer komplexere Übungen zur Schulung Deiner Vorstellungskraft bekommen hast.

7.   Die Vorstellungskraft ist die Kraft, die Dir neue geistige Bilder erstellt, in die Du Dich immer mehr hineinversetzt und Dich dort wohlfühlst, da es Bilder von wünschenswerten Situationen sind. Auch wenn Du jetzt noch nicht weißt, wie Du dort

hinkommst, kannst – nein, mußt! – Du Dir das Endresultat stets vor Augen halten. Dazu bist Du bereits in der Lage, denn die momentane (unerwünschte) Situation hat ja bereits einen geistigen Gegenpol, dessen Du Dir auch bewußt bist und dem Du jetzt geistig mit Nachdruck entgegenstrebst.

8. Wie Du vielleicht weißt, unterscheidet das Gehirn nicht, ob Du Dir etwas nur vorstellst oder ob Du es wirklich erfährst. Genau dieselben Neuronen ,feuern'. Das gibt Dir bereits einen Hinweis darauf, welche Macht hinter der Vorstellungskraft steckt, aber auch, wie wichtig die Übungen sind. Wenn Du noch einen Schritt weitergehen willst, schaue Dich nach zusätzlichen Hilfsmitteln um, die Dir dabei helfen. Denke aber daran, daß Du jederzeit volles Bewußtsein und Kontrolle hast und Dich nicht durch andere Kanäle beeinflussen läßt.

9. Bedenke, daß Vorstellungskraft nichts mit Tagträumerei oder gelegentlichen geistigen Freudenbildern zu tun hat, sondern auch ein systematischer Vorgang ist, bei dem das gesetzte Ideal mit dazugehörigen Details versehen wird, die ihm ,ent-sprechen'. Auch hier geht es darum, Gesetzmäßigkeiten zu erkennen und sich ihrer zunutze zu machen. Die Schulung Deiner Vorstellungskraft ist unabdingbar, wenn Du zu garantierten Ergebnissen kommen willst.

10. Plastisch, weil es erstens kein vorgefertigtes Muster gibt, in das Deine Gedanken gepreßt werden müssen, und zweitens, weil auch nirgendwo geschrieben steht, was Du Dir vorzustellen oder zu denken hast. Du hast also vollkommene Freiheit bezüglich Deiner schöpferischen Vorgänge. Erinnere Dich daran, daß Deine gegenwärtigen Glaubenssätze nur so stark sind, wie Du sie machst. Sie können in kürzester Zeit aufgelöst werden, teilweise sogar in einem Augenblick. Sie bleiben aber so lange bei Dir, bis Du aus ihnen das Wesentliche für Dein weiteres Wachstum entnommen hast. Das gilt übrigens für alle Arten von Problemen. Sie bestehen übrigens nur aus diesem einzigen Grund: Dich wieder auf den Pfad der harmonischen Weiterentwicklung zu bringen, von dem Du zeitweilig abgewichen bist.

11. Dein Gehirn denkt grundsätzlich in Bildern. Es gibt keinen Gedanken, dem Du kein Bild zuordnen kannst, auch wenn es Dir am Anfang schwerfallen sollte, dieses Bild mit Worten zu beschreiben. Das kommt aber mit der Zeit, da die Gedanken nach Worten greifen, um sich Ausdruck zu verschaffen.

12. Für Dich bedeutet das, daß z.B. Dein Körper keine Gesundheit ausdrücken kann, wenn er keine gesunden Anweisungen erhält. Du bist dabei der Architekt, der dem Bauherrn (dem Körper) diese gesunden Anweisungen übermittelt, damit er sie umsetzen kann. Bevor der Körper angewiesen werden kann, mußt Du diese Gedanken erst einmal mittels Deiner Vorstellungskraft erschaffen.

Gerade weil es so wichtig ist, hier noch einmal der Hinweis, daß Du keine Gedanken auf äußere Umstände verschwenden darfst, denn sie haben sich bereits ausgewirkt. Gelebte Spiritualität findet in Deinen Gedanken statt – in Deiner Vorstellungskraft. Dort wird das Unmanifestierte manifest, das Geistige materiell. Du mußt die Hinweise Deiner Sinne umkehren, schreibt Haanel. Wenn Du Dich weiterhin auf das verläßt, was Du im Außen (für) wahr nimmst, sind das die Gedanken, aus Denen Deine zukünftige Realität entstehen wird. Wie sollte es auch anders sein?

13. Hier ist auch wieder eine Passage, die sich erneut zu lesen lohnt, auch weil Haanel dabei mehrere wichtige Punkte zusammenfaßt.

14. ‚Geistigem Unglück‘ deswegen, weil der Tagträumerei das System und vor allem die Konsequenz fehlt. Dadurch wird der Idee, dem Ideal, nicht die notwendige Energie zur Verfügung gestellt, um es wachsen zu lassen.

Betrachte Dich hier selbst mal ganz genau: Sicherlich hast Du Dir schon einmal etwas sehnlich gewünscht, dies aber immer noch nicht erhalten. Frage Dich nun, wie viele Gedanken, Worte und Handlungen Du hast folgen lassen, um diesen Wunsch auch zu verwirklichen. Die Antwort wird darauf hinweisen, wie wichtig es Dir wirklich ist und wie weit Du Dich dem Erreichen bereits genähert hast.

15. Diejenigen Menschen, die ihre Vorstellungskraft schulen und praktisch einsetzen, sind letzten Endes auch die, deren Realität so aussieht, wie sie sich ‚vor-gestellt‘ haben. Auch hier ist die deutsche Sprache sehr klar und deutlich im Ausdruck.

16. Das kannst Du Dir gleich noch einmal durchlesen, denn daraus geht sowohl hervor, daß es außerhalb Deines Bewußtseins nichts gibt, als auch, daß Dir dadurch

jederzeit unendliche Ressourcen zur Verfügung stehen.

17. Wie kannst Du Empfänglichkeit üben, magst Du Dich fragen. Die Antwort darauf lautet: Durch kontinuierliche geistige Inanspruchnahme, affirmieren (bejahen) Deiner Einheit mit der Allmacht (Kraft) sowie Deiner Offenheit den Informationen und Hinweisen gegenüber, die Dich diese Kraft empfangen lassen.

18. Deine ‚vorherrschende Geisteshaltung‘ ist das, was zählt, denn sie – und auch das macht umgehend Sinn – herrscht dadurch vor, daß sie so oft wiederholt wurde, daß sie sich im Unterbewußtsein einpflanzen und dort ‚zu Fleisch‘ werden konnte. Das, was stark ist, wird durch Wiederholung/ Gebrauch noch stärker. Wenn diese vorherrschende Geisteshaltung eine von Angst, Mangel, Sorge und Armut ist, stehen Dir die Erkenntnis Deiner Einheit mit der Allmacht und das Wissen um Deine Vorstellungskraft zur Seite, um auch diese umzukehren und in Fülle, Gesundheit, Mut und Vertrauen zu leben.

19. Dem ist nichts hinzuzufügen, außer daß Du jetzt das ‚hast‘ und ‚bist‘, womit Du Dich vorherrschend beschäftigt hast. Gefällt es Dir nicht, ändere es. Du weißt ja nun, wie es geht, und vor allem weißt Du, daß Du Dich dabei auf universelle Gesetzmäßigkeiten verlassen kannst. Das Universum ist wahrlich gut zu Dir.

20. ‚...bis man eins damit wird‘ bedeutet, daß es keine Trennung mehr gibt zwischen Dir und Deinem Wunsch. Du bist sozusagen wunschlos geworden, weil in Deinem Bewußtsein absolute Gewißheit über die

Verwirklichung besteht. In der Tat hat es sich dort schon verwirklicht, nur bist Du eben noch auf dem Wege der materiellen Manifestation, die durchaus Zeit beanspruchen kann – und auch beanspruchen wird.

21. Ja, Du bist zur Quelle aller Macht geworden. Aus Dir schöpfst Du die unendliche Energie. Da spielen auch Zugluft und Wassertemperatur keine Rolle und später auch ganz andere Dinge nicht mehr. Solange Du Dich aber auf das Außen verläßt, bist Du auch von ihm abhängig. Verläßt Du Dich hingegen auf Deine innere Schöpferkraft, stehst Du zunehmend über den äußeren Dingen.

Wir Menschen stehen diesbezüglich noch ganz am Anfang, aber mit Übung werden wir immer stärker und können dann ganz andere Dinge zum Ausdruck bringen. Daß das eine grundlegende gesellschaftliche, wirtschaftliche und politische Umstrukturierung mit sich bringt, steht außer Frage.

22. Verstehst Du nun, daß Macht von Wissen abhängig ist, und daß es an Dir liegt, dieses Wissen aufzunehmen und zu verarbeiten? Daß Du dadurch zu neuen Gelegenheiten kommst? Daß es eines reinen Körpers und Verstandes bedarf? Daß all das von Deiner Absicht und von Übung und Beharrlichkeit abhängt?

Mit der Zeit reduzieren sich dann auch die Fehler, die Du am Anfang noch gemacht hast. Auch das ist ein Zeichen zunehmender Intelligenz – siehe Punkt 26.

23. Erinnere Dich an Kapitel 5, wo es darum ging, daß Gebrauch die Bedingung ist, um in den Genuß Deines göttlichen Erbes zu kommen. Das steht in direktem Zusammenhang mit der Aussage, daß *Wachstum das einzige Ziel des Lebens* ist. Wachstum bedeutet Entfaltung, auch wenn es Teil des immerwährenden Rhythmus ist, daß Dinge auf und ab gehen und sich in neuer Vielfalt darstellen. Es gibt aber zu keiner Zeit einen Mangel, nur unterschiedliche Qualitäten des Überflusses. Das gilt es anzuerkennen, denn auch hier ist Geist schöpferisch, und der schöpferische Prozeß unterliegt Gesetzmäßigkeiten.

24. Eleanor Roosevelt sagte dazu folgendes: *,Großartige Menschen diskutieren über Ideen; gewöhnliche Menschen diskutieren über Ereignisse; kleingeistige Menschen diskutieren über Menschen.'* Das ist eine gute Meßlatte, um festzustellen, wo man sich befindet und wo man Änderungen vornehmen kann, um höheren Ebenen entgegenzustreben und sie zu erreichen.[1]

25. Auch hier siehst Du, daß es nicht beim Wunschdenken bleiben darf, sondern gehandelt werden muß. Das ist dann um so einfacher und leichter, wenn Du Deine Einheit mit der Allmacht anerkennst und die Macht und Kraft in Deinem Inneren findest, anstatt sie außerhalb von Dir zu wähnen.

26. Es lohnt sich, dieser Passage besondere Aufmerksamkeit zu widmen, denn letzten Endes geht es genau darum. Deine geistige, körperliche, mentale, emotionale und moralische Kraft erlaubt es Dir, jede noch so schwierige oder herausfordernde

---

1 Eleanor Roosevelt (1884-1962) war die Gattin von US Präsident, Franklin Delano Roosevelt. Sie war maßgeblich daran beteiligt, daß sich die Situation von arbeitenden Frauen verbessert hat. Sie war eine anerkannte Autorin, Sprecherin, Politikerin und Aktivistin.

Situation umzuwandeln. Das geht Hand in Hand mit einem stetig zunehmenden Fokus auf alles Schöne, Liebe, Wohlwollende, Gesunde und Erhabene. Das resultiert natürlich in einer entsprechenden Resonanz im Außen. Es wird dir also mit zunehmender Leichtigkeit gegeben.

Du erkennst, daß das Master Key System Dir nicht verspricht, daß von nun an alles völlig problemlos laufen wird. Dein Wissen und Deine Befähigung versetzen Dich aber in die Lage, die Polarität von negativ auf neutral, wenn nicht gar positiv umzustellen. Du wirst immer schneller erkennen, warum bestimmte Dinge passieren. Du wirst Dich aber auch immer mehr zurückhalten, wenn Du erkennst, daß es in diesem Moment angebracht ist. Erinnere Dich: Kontrolle über das Selbst äußert sich in beide Richtungen.

27. Das ist heute noch viel treffender als damals, Anfang des letzten Jahrhunderts. Durch die Weltkriege wurden die damaligen Veränderungen im Denken der Menschen wieder hinter absolute Grundbedürfnisse zurückgestellt. Auch wenn heute Kriege, Krisen und Katastrophen immer wieder dazu benutzt werden, Menschen in ihrer Entwicklung zurückzuwerfen, ist ein kosmisch bedingter Wandel im Gange, der auch durch die Einflüsse einiger weniger nicht mehr verhindert werden kann. Immer mehr Menschen erwachen, erkennen ihr eigenes Potenzial und verwirklichen es, und das Master Key System hilft ihnen dabei.

28. Der Fokus liegt hier auf dem letzten Satz, und zwar daß eine scharfe, analytische Beobachtung unterhalb der Oberfläche

notwendig ist. Oberflächliches Betrachten führt genau dazu, nämlich daß einem all das, was darunter liegt und wertvoll ist (gerade weil es nicht beobachtet, beachtet und geschätzt wird), entgeht.

29. Die Ursache zu verstehen bedarf genauer Beobachtung, so wie es in der Übung angeraten ist. Eine oberflächliche Betrachtung führt kaum zu tiefen Einsichten und Erkenntnissen. Überlege Dir an dieser Stelle auch, ob nicht ein Grund, warum Du in den Medien mit so viel Informationen in einer solch schnellen Abfolge bombardiert wirst, der ist, daß Du nicht mehr genau hinschaust, was da eigentlich vonstatten geht. Die daraus resultierende Oberflächlichkeit führt dazu, daß Du die wahren Ursachen eben nicht erkennst und das Spiel durchschaust. So ist jeder Mensch, dem das so ergeht, leicht steuerbar. Die Konsequenzen sind überall in Wirtschaft, Politik, Religion etc. offensichtlich.

30. Diese Übung ist extrem vielschichtig. Es geht hier nicht nur darum, die Komplexität des Kriegsschiffes zu erkennen, sondern auch darum, die Analogie zum menschlichen Körper zu verstehen. Haanel hat das sehr geschickt verpackt. Es ist Dein Körper, der so komplex ist und der auf jede Deiner Anweisungen reagiert. Gleichsam aber dient Dir auch das Kriegsschiff als Beispiel, was durch Gedanken entstehen kann, vor allem aber, welche Auswirkungen es dann für die Menschheit hat.

Du lernst auch, daß wenn Du – wie im Falle der SoldatInnen, die dieses Kriegsschiff bedienen – nicht eigenständig denkst, die Befehle anderer ausführst. Sicherlich denken die SoldatInnen individuell

235

in ihren Positionen schon, aber eben nicht übergeordnet, denn da werden sie eindeutig gesteuert. Selbiges trifft auch auf Dich zu, wenn Du nicht auch auf einer höheren Ebene Deine eigenen Gedanken denkst.

31. Wenn Du in der Lage bist, Dir die Verursachungskette der Entstehung des Kriegsschiffes vorzustellen, wird es Dir auch leichtfallen, Dir die Verursachungskette Deiner eigenen Entstehung und Deines Werdens vorzustellen. Du bist dadurch in der Lage, Details zu erkennen, die durch eine oberflächliche Betrachtung niemals zum Vorschein gekommen wären.

Du erkennst durch diese Rückverfolgung aber auch, daß Du die Ursache dafür nicht setzen darfst, wenn Dir die Auswirkungen des Kriegsschiffes nicht gefallen. Das schließt mit ein, von Dir gewählte Abgeordnete mit Entscheidungen durchkommen zu lassen, die Dir persönlich mißfallen. Du stehst hier in der Verantwortung und kannst Dich ihrer nicht entziehen.

32. Am Ende, ungeachtet des Schiffes oder des eigenen Körpers, herrschen hier universelle Gesetzmäßigkeiten, die erst entdeckt werden mußten, um sich ihrer zu bedienen und einen Nutzen aus ihnen zu ziehen. Was das Wasserverdrängungsgesetz für das Kriegsschiff, aber auch für Segel-, Container-, oder Kreuzfahrtschiffe ist, sind die sieben Hermetischen Prinzipien für Dich und Deine geistige Entwicklung, aus der Deine körperliche Entwicklung hervorgeht. Dein Verständnis dieser natürlichen Gesetzmäßigkeiten bestimmt letzten Endes über die Art und Qualität Deines Lebens.

33. Das Paradoxe daran ist, daß Du bis zum Zeitpunkt der genauen Beobachtung diese Dinge als unbedeutend ansiehst. Das ist genau das, was Dich von der Beobachtung abhält, diese Dinge als bedeutend zu erkennen. In solchen Fällen mußt Du ‚über Deinen Schatten‘ springen und Deiner Neugierde freien Lauf lassen, denn nur der mutige, vertrauensvolle Sprung ins Unbekannte enthüllt die wahren Schätze des Lebens. Wir haben dafür sogar eine Redewendung geschaffen: ‚*Wer nicht wagt, der nicht gewinnt.*‘

9

Die Tat als Blüte des Gedankens

In diesem Teil wirst Du lernen, das Werkzeug zu benutzen, mit dem Du jeden von Dir erwünschten Umstand erschaffen kannst. **Wenn Du die Umstände ändern möchtest, mußt Du Dich selbst ändern.** Dein Verlangen, Deine Wünsche und Deine Ambitionen können bei jedem Schritt zunichte gemacht werden. Deine innersten Gedanken aber werden genauso gewiß Ausdruck finden, wie die Pflanze aus dem Samenkorn entsteht.

Laß uns somit annehmen, daß wir uns eine Änderung unserer Umstände wünschen. Wie führen wir diese herbei? Die Antwort ist einfach: Durch das **Gesetz des Wachstums**. Ursache und Wirkung sind so absolut und unveränderlich im versteckten Bereich des Gedankens wie auch in der Welt der materiellen Dinge.

Halte den gewünschten Umstand im Bewußtsein; **bestätige ihn als bereits bestehende Tatsache.** Dieses zeigt den Wert einer kraftvollen Affirmation auf. Durch beständiges Wiederholen wird der Umstand zu einem Teil von uns selbst. In Wirklichkeit aber ändern wir uns selbst; wir machen uns selbst zu dem, wer oder was wir sein wollen.

Charakter ist keine Zufallssache, sondern ein Ergebnis kontinuierlicher Anstrengung. Wenn Du schüchtern bist, schwankend oder es dir an

All deine Affirmationen müssen stets in der Gegenwartsform formuliert werden, denn nur das „Ich bin" führt später zum „Ich bin". Was du dir jetzt wünschst – woran du jetzt glaubst, das wird durch das „Ich bin" verwirklicht und zur lebendigen Wahrheit.

Selbstbewußtsein mangelt; wenn Du überängstlich oder von Gedanken der Angst oder einer drohenden Gefahr eingeschüchtert bist, bedenke, daß „zwei Dinge nicht zur selben Zeit am selben Platz bestehen können." Genau das gleiche gilt auch in der geistigen und spirituellen Welt, so daß die Lösung darin besteht, Gedanken der Angst, des Mangels und der Beschränkung durch Gedanken von Mut, Kraft, Selbstverläßlichkeit und Vertrauen zu ersetzen.

Der einfachste und natürlichste Weg, dies zu erreichen, besteht darin, **eine Affirmation auszuwählen**, die auf Deinen bestimmten Fall zu passen scheint. Der positive Gedanke wird den negativen genauso gewiß zerstören, wie Licht die Dunkelheit zerstört, und das Ergebnis wird genauso wirksam sein.

Die Tat ist die Blüte des Gedankens, und die Umstände sind das Ergebnis der Taten, so daß sich die Werkzeuge ständig in Deinem Besitz befinden, durch die Du Dich gewiß und unausweichlich erschaffen oder auch zerstören kannst. Freude oder Leid wird die Belohnung sein.

DIE TAT ALS BLÜTE DES GEDANKENS

1. Es gibt nur drei Dinge, die man sich in der ‚äußeren Welt' wünschen kann, und jedes davon kann in der ‚inneren Welt' gefunden werden. Das Geheimnis ihres Auffindens liegt schlichtweg darin, den richtigen ‚Mechanismus' anzuwenden, um sich an die allmächtige Kraft anzuschließen, auf die jedes Individuum Zugriff hat.

2. Die drei Dinge, die sich die Menschheit wünscht und die zum höchsten Ausdruck und der vollständigen Entfaltung notwendig sind, sind Gesundheit, Wohlstand und Liebe. Jeder wird zugeben, daß **Gesundheit** absolut grundlegend ist; niemand kann glücklich

Halte den gewünschten Umstand im Bewußtsein; bestätige ihn als bereits bestehende Tatsache. Dieses zeigt den Wert einer kraftvollen Affirmation auf.

sein, wenn der physische Körper schmerzt. Nicht alle werden zugeben, daß **Reichtum** erforderlich ist, aber alle müssen zugeben, daß zumindest eine gewisse Menge notwendig ist. Was dem einen vielleicht genügt, würde von einem anderen als absolut einschränkend und schmerzhaft angesehen werden. Da die Natur nicht nur genug, sondern im Überfluß liefert – und dies verschwenderisch und ausschweifend – stellen wir fest, daß jeder Mangel oder jede Beschränkung ausschließlich durch eine eingeschränkte, künstliche Verteilungsmethode entstanden ist.

3. Alle werden wahrscheinlich zugeben, daß **Liebe** die dritte ist, oder manche werden meinen, daß es die erste Notwendigkeit zum Glück der Menschheit ist. Wie dem auch sei, diejenigen, die alle drei besitzen – Gesundheit, Reichtum und Liebe – stellen fest, daß zu ihrer Tasse des Glücks nichts mehr hinzugefügt werden kann.

4. Wir haben herausgefunden, daß die universelle Substanz ‚alle Gesundheit, aller Reichtum und alle Liebe‘ ist und daß der Haftungsmechanismus, durch den wir uns bewußt mit diesem unendlichen Angebot verbinden können, in der Art und Weise liegt, wie wir denken. Richtig zu denken bedeutet somit, Zutritt zum *Geheimen Ort des Allerhöchsten* zu erlangen.

Ein Zitat aus der Bibel, Psalm 91:1: "Wer am Geheimen Ort des Allerhöchsten weilt, wohnt im Schatten des Allmächtigen."

5. Was aber sollen wir denken? Wenn wir das wissen, werden wir den richtigen Haftungsmechanismus gefunden haben, der uns mit *‚den von uns immer erwünschten Dingen‘* in Bezug bringt. Dieser Mechanismus wird Dir einfach erscheinen, wenn ich ihn Dir überlasse, aber lies dennoch weiter. Du wirst feststellen, daß er in der letztendlichen Wahrheit der ‚Master Key‘ ist – ‚Aladins Wunderlampe‘, wenn Du magst. Du wirst feststellen, daß er die Grundlage ist, die zwingende Bedingung, das absolute Gesetz vom **Wohltun**, was wiederum **Wohlbefinden** bedeutet.

Ein Verweis auf Markus, 11:24. Das vollständige Zitat und seine Bedeutung findest Du in Teil 11.

6. Um korrekt und genau zu denken, müssen wir die Wahrheit kennen. Die Wahrheit ist dann das grundlegende Prinzip in einer jeden Geschäfts- oder gesellschaftlichen Beziehung. Es ist die Bedingung, die jeder wahren Tat vorangeht. Die Wahrheit zu wissen, sicher zu sein, zuversichtlich zu sein, schenkt einem

Richtig zu denken bedeutet,
Zutritt zum ‚Geheimen Ort des Allerhöchsten' zu erlangen,
und um korrekt und genau zu denken,
müssen wir die Wahrheit kennen.

eine Zufriedenheit, die mit überhaupt nichts vergleichbar ist. Sie ist die einzige solide Basis in einer Welt voller Zweifel, Konflikt und Gefahr.

7. Die Wahrheit zu kennen bedeutet, im Einklang mit dem Unendlichen und der allmächtigen Kraft zu sein. Die Wahrheit zu kennen bedeutet weiterhin, sich mit einer unwiderstehlichen, mächtigen Kraft in Verbindung zu setzen, die jegliche Art von Unstimmigkeit, Disharmonie, Zweifel oder Fehler beiseite fegt, denn „die Wahrheit ist mächtig und wird siegen".

8. Der bescheidenste Intellekt ist in der Lage, das Ergebnis einer jeden Tat vorherzusagen, wenn er weiß, daß sie auf der Wahrheit beruht. Der mächtigste Intellekt, das tiefgründigste und durchdringendste Bewußtsein, verliert sich jedoch hoffnungslos auf seinem Weg und kann sich keinerlei Konzept der daraus resultierenden Ergebnisse erstellen, wenn seine Hoffnung auf einer Annahme basiert, von der es nicht weiß, daß sie falsch ist.

9. Jede Tat, die nicht im Einklang mit der Wahrheit steht, ganz gleich, ob durch Ignoranz oder Absicht, wird in Unstimmigkeit resultieren und der Verlust im Verhältnis zu ihrem Ausmaß und Charakter stehen.

10. Wie aber sollen wir dann die Wahrheit erkennen, damit wir diesen Mechanismus anschließen können, welcher uns dann mit dem Unendlichen in Beziehung bringt?

11. Wir können keinen Fehler machen, wenn uns klar wird, daß die Wahrheit das Lebensprinzip des Universellen Bewußtseins und

somit allgegenwärtig ist. Zum Beispiel: Wenn Du Gesundheit benötigst, hilft das Erkennen der Tatsache, daß das ‚Ich' in Dir geistig – und aller Geist eins – ist, und daß, was immer ein Teil ist, muß auch das Ganze sein. Das wird einen Gesundheitszustand herbeiführen, denn jede Zelle in Deinem Körper muß die Wahrheit so verwirklichen, wie Du sie siehst. Wenn Du Krankheit siehst, werden die Zellen Krankheit manifestieren. Wenn Du Perfektion siehst, müssen sie Perfektion manifestieren. Die Affirmation, **„Ich bin vollkommen, perfekt, stark, mächtig, liebevoll, harmonisch und glücklich"** wird harmonische Umstände herbeiführen. Der Grund dafür liegt darin, daß diese Affirmation in strikter Übereinstimmung mit der Wahrheit ist, und wenn Wahrheit erscheint, muß notwendigerweise jegliche Form von Fehler oder Unstimmigkeit verschwinden.

12. Wir haben herausgefunden, daß das ‚Ich' geistig ist. Es kann demnach niemals weniger als vollkommen sein. Die Affirmation, **„Ich bin vollkommen, perfekt, stark, mächtig, liebevoll, harmonisch und glücklich"** ist somit eine genaue, wissenschaftliche Aussage.

13. Denken ist eine geistige Betätigung, und Geist ist schöpferisch. Deshalb muß das Ergebnis dieses im Bewußtsein gehaltenen Gedankens notwendigerweise Umstände herbeiführen, die sich im Einklang mit dem Gedanken befinden.

14. Wenn Du Reichtum benötigst, wird Dir das Erkennen der Tatsache helfen, daß das ‚Ich' in Dir eins ist mit dem Universellen Bewußtsein, welches alle Substanz darstellt und allmächtig ist. Das bringt Dich in Kontakt mit dem Gesetz der Anziehung, was Dich wiederum in Schwingung mit jenen Kräften versetzt, die Erfolg bedeuten und Umstände von Macht und Wohlstand in direktem Verhältnis mit dem Charakter und dem Ziel Deiner Affirmation hervorrufen.

15. Visualisierung ist der Haftungsmechanismus, den Du benötigst. Im Vergleich zum Sehen ist Visualisierung ist ein gänzlich anderer Vorgang; Sehen ist körperlich und somit auf die objektive Welt

bezogen – die ‚äußere Welt'. Visualisierung ist jedoch das Ergebnis der Vorstellungskraft und somit das Produkt des Subjektiven Bewußtseins – der ‚inneren Welt'. Sie besitzt Lebenskraft; sie wird wachsen. Eine visualisierte Sache wird sich in Form darstellen. Der Mechanismus ist perfekt; er wurde vom Meister-Architekten kreiert, „der alle Dinge wohl geschaffen", doch unglücklicherweise ist der Bedienende manchmal unerfahren oder ineffizient. Übung und Entschlossenheit werden auch diesen Mangel beseitigen.

16.   Wenn Du Liebe benötigst, versuche Dir vorzustellen, daß der einzige Weg, Liebe zu erhalten, der ist, sie zu geben, und **je mehr Du sie gibst, um so mehr wirst Du sie erhalten**. Der einzige Weg, durch den Du geben kannst, ist der, sich mit ihr zu füllen, bis Du zu einem Magneten dafür wirst. Die entsprechende Methode wurde in einer anderen Übung (3:22, Anm. d. Ü.) bereits erklärt.

17.   Derjenige, der gelernt hat, die größten geistigen Wahrheiten in Verbindung mit den sogenannten niederen Dingen des Lebens zu bringen, hat das Geheimnis zur Lösung seiner Probleme entdeckt. Man ist immer rascher und gedankenvoller durch seine Nähe zu großartigen Ideen, großartigen Ereignissen, großartigen natürlichen Objekten und großartigen Menschen. Von Abraham Lincoln sagte man, daß all diejenigen, die in seine Nähe kamen, das Gefühl hatten, als würden sie sich einem Berg nähern. Die Bedeutung dessen zeigt sich noch klarer, wenn man erkennt, daß er sich mit Dingen befaßt hat, die unendlich sind – die Macht der Wahrheit.

18.   Es ist manchmal eine Inspiration, von jemandem zu hören, der diese Prinzipien auf die Probe gestellt hat: jemand, der sie in seinem eigenen Leben aufgezeigt hat. Ein Brief von Herrn Andrews bietet dazu die folgende Einsicht:

„Werter Freund, Du wirst meine Erfahrungen in der März Ausgabe der *Nautilus* Zeitschrift wiederfinden, und es steht Dir frei, Auszüge davon zu machen oder darauf zu verweisen, sollten sie Deinen Zwecken dienlich sein.

Wenn Du Liebe benötigst, versuche Dir vorzustellen, daß der einzige Weg, Liebe zu erhalten, der ist, sie zu geben.

Hochachtungsvoll,
Frederick Elias Andrews
512 Odd Fellows Bldg.,
7. März, 1917   Indianapolis, Indiana.“

19. Ich war ungefähr 13 Jahre alt, als Dr. T. W. Marsee, kürzlich verstorben, zu meiner Mutter sagte: *„Es gibt da keine Möglichkeit, Frau Andrews. Ich habe meinen kleinen Jungen auf dieselbe Art verloren, nachdem ich alles nur Mögliche für ihn getan habe. Ich habe eine spezielle Studie für diese Fälle angefertigt, und ich weiß, daß es für ihn keine Möglichkeit gibt, wieder gesund zu werden.“*

20. Sie drehte sich ihm zu und fragte: *„Doktor, was würden Sie tun, wenn es Ihr Junge wäre?“*, und er antwortete: *„Ich würde kämpfen. Kämpfen, solange es einen Lebenshauch gibt, um den man kämpfen kann.“*

21. Das war der Anfang einer langen Schlacht, mit vielem Auf und Ab, die Ärzte darin übereinstimmend, daß es keinerlei Chance auf Heilung gäbe, obwohl sie uns ermutigt und aufgeheitert haben, so gut sie nur konnten.

22. Schlußendlich aber kam der Sieg, und ich bin von einem kleinen, krummen Krüppel, der nur auf Händen und Knien kriechen konnte, zu einem starken, aufrecht gehenden, wohlgeformten Mann herangewachsen.

23. Jetzt, und ich weiß, daß Du die Formel haben möchtest, werde ich sie Dir so kurz und bündig geben, wie ich nur kann. (,Kurz und bündig‘ ist eine Anspielung auf den Satz von Hermes Trismegistos in ,Ein Buch über Dich‘, S.80, wo er in langer Form dargelegt ist. Anm. d. Ü.)

Was immer Du Dir für Dich selbst wünschst,
bestätige es auch für andere,
und es wird euch beiden helfen.

24. Ich habe mir eine Affirmation erschaffen, diejenigen Qualitäten zu Rate ziehend, die ich am allermeisten benötigte und sie für mich Mal für Mal wiederholt: „**Ich bin vollkommen, perfekt, stark, mächtig, liebevoll, harmonisch und glücklich.**" Ich habe diese Bestätigung aufrechterhalten, immer dieselbe, habe sie niemals verändert, bis ich in der Nacht aufwachte und mich dabei ertappte, sie zu wiederholen: „**Ich bin vollkommen, perfekt, stark, mächtig, liebevoll, harmonisch und glücklich.**" Es war das letzte auf meinen Lippen in der Nacht und das allererste am frühen Morgen.

25. Nicht nur habe ich sie für mich bekräftigt, sondern auch für andere, von denen ich wußte, daß sie es brauchten. Ich möchte diesen Punkt mit Nachdruck betonen. **Was immer Du Dir für Dich selbst wünschst, bestätige es auch für andere, und es wird euch beiden helfen.** Wir ernten das, was wir säen. Wenn wir Gedanken der Liebe und Gesundheit aussenden, kommen sie zu uns zurück, wie Brotkrumen, die auf dem Wasser ausgestreut wurden. Wenn wir aber Gedanken der Angst, der Sorge, der Eifersucht, des Ärgers, des Hasses etc. aussenden, werden wir solche Ergebnisse in unserem eigenen Leben ernten.

26. Man sagt, daß der Mensch über sieben Jahre hinweg komplett neu erschaffen wird, aber einige Wissenschaftler erklären nun, daß wir uns innerhalb von 11 Monaten komplett neu erschaffen; so sind wir gerade einmal 11 Monate alt. Wenn wir aber Jahr für Jahr dieselben Fehler wieder in unseren Körper einbauen, können wir nur uns selbst die Schuld dafür geben.

27. Der Mensch ist die Gesamtsumme seiner eigenen Gedanken; somit stellt sich die Frage, wie wir es schaffen, nur die guten Gedanken zu behalten und die schlechten abzuweisen. Zunächst

können wir die bösen Gedanken nicht stoppen, aber wir können sie daran hindern, Überhand zu nehmen. Der einzige Weg, dieses zu bewerkstelligen, ist der, **sie zu vergessen**; das bedeutet, etwas anderes an ihre Stelle zu setzen. Hier kommen vorgefertigte Affirmationen ins Spiel.

28. Wenn sich ein Gedanke der Angst, Eifersucht, Ärger oder Sorge einschleicht, beginne einfach mit Deiner Affirmation. Man bekämpft Dunkelheit mit Licht, Kälte mit Hitze, das Böse mit dem Guten. Für mich selbst konnte ich nie Hilfe in Ablehnungen finden. **Bestätige das Gute, und das Schlechte wird weichen.** – *Frederick Elias Andrews*

29. Wenn es irgendetwas gibt, was Du benötigst, wird es Dir gut tun, diese Affirmation zu benutzen; sie kann nicht verbessert werden. Benutze sie, wie sie ist. Nimm sie mit in die Stille, bis sie in Dein Unterbewußtsein eingesunken ist, so daß Du sie überall benutzen kannst: in Deinem Auto, in Deinem Büro oder Zuhause. Das ist der Vorteil geistiger Methoden; sie sind immer verfügbar. Bewußtsein ist allgegenwärtig, immer bereit. Alles, was dazu benötigt wird, ist eine **wahre Anerkennung seiner Allmacht** sowie die Bereitschaft oder der Wunsch, zum Empfänger seiner nützlichen Auswirkungen zu werden.

30. Wenn unsere vorherrschende Geisteshaltung eine von Kraft, Mut, Freundlichkeit und Sympathie ist, stellen wir fest, daß unsere Umgebung Umstände reflektiert, die mit diesen Gedanken übereinstimmen. Wenn sie schwach, kritisch, eifersüchtig und zerstörerisch ist, stellen wir fest, daß unsere Umgebung Umstände reflektiert, die mit diesen Gedanken übereinstimmen.

31. Gedanken sind Ursachen, und Bedingungen sind Auswirkungen. Darin liegt die Erklärung des Ursprungs von Gut und Böse. Denken ist schöpferisch und wird automatisch mit seinem Objekt **in Wechselbeziehung** stehen. Dieses ist ein kosmisches Gesetz (ein Universelles Gesetz), das Gesetz der Anziehung, das Gesetz von **Ursache und Wirkung**. Die Anerkennung und Anwendung dieses Gesetzes wird sowohl Anfang als auch Ende bestimmen. Es

Laut der Bibel ein von Jesus, dem Christus, oft benutzter Ausspruch.

ist das Gesetz, durch das Menschen durch alle Zeitalter hindurch an die Kraft des Gebets geglaubt haben. *„So wie Du glaubst, so wird es Dir geschehen"* ist schlichtweg ein anderer, kürzerer und besserer Weg es auszudrücken.

32. Diese Woche stelle Dir eine Pflanze vor. Nimm Dir Deine Lieblingsblume und bringe sie aus dem Unsichtbaren ins Sichtbare. Pflanze die winzige Saat; wässere sie; kümmere Dich um sie. Stelle sie dorthin, wo sie die direkten Strahlen der Morgensonne empfängt; siehe die Saat aufgehen. Sie ist nun eine lebendige Sache, etwas, was lebt und dadurch beginnt, nach Nahrung zu suchen. Siehe, wie die Wurzeln die Erde durchdringen; beobachte, wie sie sich in alle Richtungen ausstrecken und erinnere Dich daran, daß es lebendige Zellen sind, die sich teilen und unterteilen; daß es bald Millionen davon gibt; daß jede Zelle intelligent ist; daß sie weiß, was sie will und wie sie es erhält. Siehe den Stengel, wie er vorwärts nach oben dringt; beobachte, wie er die Erdoberfläche durchbricht; siehe ihn sich teilen und Äste formen; siehe, wie perfekt und symmetrisch jeder Ast geformt ist; siehe, wie sich die Blätter beginnen zu bilden und dann die kleinen Ästchen, jedes von ihnen eine Knospe haltend, und während Du das beobachtest, entfaltet sich die Blüte und Deine Lieblingsblume wird sichtbar. Und nun, wenn Du Dich aufmerksam konzentrierst, wirst Du Dir des Duftes der Blume gewahr. Es ist der Duft der Blume, während ein kleiner Windhauch die von Dir vorgestellte, wunderschöne Schöpfung sanft von einer zur anderen Seite wiegt.

33. Wenn Du in der Lage bist, Deine Vision klar und vollständig zu erschaffen, bist Du in der Lage, in das Bewußtsein einer Sache einzutreten. Es wird Dir sehr wirklich erscheinen. Du wirst lernen,

Wenn Du in der Lage bist, Deine Vision klar und vollständig zu erschaffen, bist Du in der Lage, in das Bewußtsein einer Sache einzutreten.

Dich zu konzentrieren. Der Vorgang ist derselbe, ganz gleich, ob Du Dich auf Gesundheit konzentrierst, Deine Lieblingsblume, Dein Ideal, einen komplizierten Geschäftsvorschlag oder jedes andere Problem im Leben.

34. **Jeglicher Erfolg wurde durch eine dauerhafte Konzentration auf das sich vorgestellte Objekt erreicht.**

FRAGEN UND ANTWORTEN

81. *Was ist die zwingende Bedingung allen Wohlbefindens?*
Gesundes Handeln.

82. *Was ist der Umstand, der jeder richtigen Tat voran geht?*
Wahrhaftes Denken.

83. *Was ist die zugrundeliegende Bedingung, die in jeder Geschäftsabwicklung oder sozialen Bedingung vonnöten ist?*
Die Wahrheit zu erkennen.

84. *Was ist das Ergebnis des Wissens um die Wahrheit?*
Wir können jederzeit das Ergebnis einer jeden Handlung voraussagen, welche auf einer wahren Grundvoraussetzung beruht.

85. *Was ist das Resultat einer Tat, die auf einer falschen Voraussetzung beruht?*
Wir können uns kein Konzept der sich dadurch entstehenden Ergebnisse bilden.

86. *Wie können wir die Wahrheit erkennen?*
Durch das Erkennen der Tatsache, daß Wahrheit das Lebensprinzip des Universums und somit allgegenwärtig ist.

87. *Und was ist die Natur der Wahrheit?*
Sie ist geistiger Natur.

88. *Was ist das Geheimnis zur Lösung eines jeden Problems?*
Geistige Wahrheit anzuwenden.

89. *Welchen Vorteil haben spirituelle Methoden?*
Sie sind immer verfügbar.

90.   *Was sind die dafür notwendigen Erfordernisse?*
Das Anerkennen der Allmacht der spirituellen Kraft sowie der Wunsch, zum Empfänger all ihrer segensreichen Wirkungen zu werden.

> *„Denken bedeutet Leben, da diejenigen, die nicht denken, auch nicht in einem hohen oder realen Sinn leben. Es ist das Denken, was den Menschen als solchen ausmacht."*
> — A. B. ALCOTT

9

Die Tat als Blüte des Gedankens

Schön zu denken, das ist bereits ein guter Anfang, aber die Tat, sie ist und bleibt die Blüte. Sie ist die wahre Entfaltung der naturgegebenen Schönheit, der Harmonie und der Liebe – die Wirkung der verschiedensten Ursachen, die Du gesetzt und somit bewußt ins Leben gerufen hast.

Du weißt bereits, daß es beim Master Key System darum geht, systematisch, harmonisch und konstruktiv zu denken und anschließend konsequente Handlungen folgen zu lassen. Darum dreht es sich auch in diesem Kapitel, denn das Denken allein bringt Dich nicht weiter. Da kannst Du auch noch so viele Wunschbestellungen aufgeben oder ‚positiv denken'. Materie ist hochverdichtete Energie, und hochverdichtet impliziert, daß viel davon an einem Ort verfügbar ist. Diese Verfügbarkeit hängt von Deinem Aufwand ab, wobei gesagt sein soll, daß der Aufwand mit zunehmender Zeit geringer wird, weil Du mehr Macht und Kraft entwickelst. Das bedeutet, daß andere Dir zuarbeiten werden, und Deine eigene Arbeit wird Dich nicht mehr belasten, sondern beflügeln und befreien. Sie ist ein Ausdruck Deines inneren Wesenskerns und bereitet Dir grenzenlose Freude.

In diesem Kapitel lernst Du das Verändern der Umstände über das Gesetz des Wachstums. Du hältst den von Dir gewünschten Umstand im Bewußtsein, schließt alle anderen, konkurrierenden Gedanken aus, wiederholst ihn und machst ihn so zu einem Teil von Dir selbst. In Kapitel 9 ist es die Affirmation,

Ich bin ganz, perfekt, stark, mächtig, liebevoll, harmonisch und glücklich. Diese mit der Wahrheit exakt übereinstimmende Aussage bewirkt Wunder in der Umprogrammierung Deines Selbst. Wenn Du magst, kannst Du sie noch insofern abändern, daß sie wie folgt aussieht:

Ich bin ganz, perfekt, stark, mächtig, liebevoll, harmonisch, wohlhabend, und somit glücklich.

Du lernst, daß der Haftungsmechanismus, durch den Du all das erreichst, was Du Dir wünschst, die Art und Weise ist, wie Du denkst. Die Natur produziert im Überfluß, und Deine Nichtteilnahme daran beruht auf falschem oder Nicht-Denken. Durch richtiges, harmonisches, systematisches und konstruktives Denken schließt Du Dich ,*lebensrichtig*' an und bringst den Strom zum Fließen – aus dem Universellen in das Individuelle — in Dich hinein, aber dieses Mal bewußt!

Es war Josef Haid, der dieses Wort schöpfte. Er ist der Autor des gleichnamigen Buches, „Lebensrichtig", das ich vor allem Anfängern sehr ans Herz lege.

Du wirst zum Kanal, durch den sich das Große Ganze Ausdruck verschafft. Zu einem Kanal zu werden bedeutet, daß etwas durch Dich fließt. Du bist nicht der Fluß, denn der Fluß ist das Universelle, das in seiner Gesamtheit bereits besteht. Doch wenn Türen, Tore und Schleusen geschlossen sind, trocknet der Kanal aus. Sobald geöffnet, erfüllt der Kanal seinen Zweck, nämlich den, daß er den Fluß leitet. Der Fluß kommt und geht, und währenddessen zieht der Kanal daraus einen Nutzen.

Das alles bedeutet aber auch, daß Du Dir um ,das Wasser' keine Gedanken machen mußt; das existiert bereits im Universellen. Siehe nur zu, daß Du im wahrsten Sinne des Wortes leitfähig bist und daß Du die richtigen Türen, Tore oder Schleusen öffnest. Der Rest geschieht dann ebenso automatisch, wie Du Dir beim Lesen dieser Zeilen keinerlei Gedanken über Deinen Blutkreislauf, Deine Nervenfunktion oder Deine Augenbewegung entlang dieser Zeilen machen mußt. Sie alle sind unterbewußt und zeigen Dir sehr deutlich die Macht des Unterbewußtseins auf, all das gleichzeitig zur Verfügung zu stellen, während Du dabei bist, Dich weiterzuentwickeln und der Evolution gemäß zu entfalten.

Das Wissen um die Wahrheit läßt jegliche Zweifel verschwinden und Dich mit einer Zuversicht zu Werke zu gehen, die das Merkmal aller großen Geister ist. Voll mit Vertrauen, dem Wissen um die Wahrheit, gehst Du voran, ohne

Ängste und Möglichkeit der Gefahr. *The world is your oyster* – die Welt ist Deine Auster; sie tut alles für Dich. Sie arbeitet Dir zu, informiert Dich, begeistert Dich, motiviert Dich, denn auch sie ist nur ein Ausdruck des einen Universellen Bewußtseins.

Das sind nicht nur leere Worte – nein – Du wirst feststellen, daß Du aufgrund Deiner Schwingungserhöhung mit gleichartigen Energien resonierst, und diese sind Dir ausnahmslos wohlgesonnen. Das ist allein deswegen so, weil Deine Ursachen die richtigen waren und nun das eine Richtige mit dem anderen Richtigen in Resonanz geht. In der Physik nennen wir das ‚Geschlossener Schwingkreis‘, was rein technisch nichts anderes ist als ein System, das zur Aufgabe hat, sich selbst zu erhalten. Wenn es ein lebendiges System ist, kommt noch hinzu, daß es sich selbst erhalten ‚will‘.

Der Weg wird Dir also schrittweise geebnet. Selbst dort, wo es holprig ist, lernst Du, Dich im Moment zu fangen, Deine Emotionen unter Kontrolle zu bekommen und Dein Denken zu korrigieren, anstatt Dich als Opfer der Umstände zu sehen. Oder wie Charles Haanel so schön sagt:

Das Gesetz der Anziehung wird dazu benutzt, sich in die Schwingung mit jenen Kräften zu versetzen, die Macht und Kraft hervorbringen.

In diesem 9. Kapitel bist Du schon so lange dabei, daß Du mittlerweile sowohl geistig als auch körperlich gestärkt bist. Wenn nicht, dann gehe bitte nicht weiter, sondern noch einmal zurück und nehme die Kapitel wie angedacht durch. Ansonsten hast Du nicht die entsprechende Grundlage für die kommenden Wochen und Lektionen. Hier sei auch nochmals auf eine Ernährungsumstellung und bewußte sportliche Aktivitäten hingewiesen.

Vieles wird sowohl auf der körperlichen als auf der geistigen Ebene nicht mehr mit Dir resonieren. Du wirst Dich damit nicht mehr wohl fühlen, und dieser Nichtgebrauch führt ebenso zu einem neuen Selbst wie der bewußte und aktive Gebrauch Deines neuen Denkens!

ÜBUNG

Während Du Dich in der letzten Woche mit einem von Menschenhand geschaffenen Vorgang befaßt und die Ursache davon erkannt hast, geht es diese Woche

253

um einen konstruktiven, ,von Gott' geschaffenen Vorgang, nämlich einem natürlichen. Du stellst Dir vor, wie ein Samenkorn – sobald im Erdreich eingepflanzt – dort ungestört bleibt, dieses Erdreich mit Wurzeln durchdringt und diese niederen Bewußtseinseinheiten benutzt, um sich ein starkes Fundament zu erschaffen, was wiederum seine eigene Entwicklung sicherstellt.

Nachdem es dort einige Zeit im Verborgenen verbracht hat, stößt der Stengel durch die Oberfläche und streckt sich der Sonne entgegen, um die nächste Stufe der Entwicklung zu erreichen. Blätter kommen hinzu, der Stengel wird länger, bis schlußendlich die Blüte in all ihrer Pracht erscheint und dem Leben das zur Verfügung stellt, was es als Pflanze zu bieten hat. Dann hat sie ihren Zweck erfüllt.

Du ersetzt jetzt das Samenkorn mit Deinem Gedanken, läßt auch ihn in der Tiefe und Dunkelheit Deines Selbst versinken und Wurzeln fassen und bringst ihn erst dann ans Tageslicht, wenn er die nötige Kraft hat, um den Rest der Strecke auch noch zurückzulegen. Haanel weist mehrere Male darauf hin, daß es unabdingbar ist, in die Stille zu gehen, nicht alles gleich heraus zu posaunen oder mit anderen zu teilen. Lerne, still zu sein. Lerne, wirklich in der Stille zu denken, abseits von allem Lärm des Alltags. Brüte den Gedanken aus. Wenn es dann soweit ist, zur Tat zu schreiten, hast Du Dir dafür eine solide Grundlage geschaffen, und die Verwirklichung ist lediglich noch eine Frage der Zeit.

Nimm Dir für dieses Kapitel und diese Übung die entsprechende Zeit und Ruhe – es lohnt sich!

AUFGABEN

1.   Erkläre, warum wir das von uns Gewünschte als bereits bestehende Tatsache anerkennen müssen, warum es zwischen uns und dem Ziel keine „Distanz" mehr geben darf.

....

....

....

....

....

2. Bewerte hier auf einer Skala von 1 – 10, wie Du Dich diese Woche gefühlt hast:

	Vorwoche	Jetzt
Dein Selbstwert:	_____	_____
Dein Energieniveau:	_____	_____
Dein Glücksgefühl:	_____	_____
Deine Tatkraft:	_____	_____
Deine Gesundheit:	_____	_____
Dein Reichtum:	_____	_____

3. Über welches Gesetz können wir die von uns gewünschten Umstände herbeiführen?

....

4. Schreibe auf, warum es so wichtig ist, die Wahrheit zu kennen.

....

....

....

....

....

5. Erkläre das Prinzip hinter der Aussage, daß ein positiver Gedanke einen negativen vertreiben wird.

....

....

....

....

....

6. Kreuze an, welche der untenstehenden Aussagen auf Dich zutreffen:

☐ Mein Verhalten anderen Personen gegenüber wird immer freundlicher und zuvorkommender.

☐ Ich bin jederzeit gelassen, überlegen und souverän.

☐ Ich betrachte mein eigenes Verhalten und das Verhalten anderer neutral.

☐ Ich habe die Meinung eines anderen Menschen als diese erkannt und nicht mit mir assoziiert.

☐ Ich spüre meinen Solarplexus mehr und mehr oder richte meine

Aufmerksamkeit auf ihn, um ihn zum Strahlen zu bringen.

☐ Ich erkenne zunehmend, wie das Leben funktioniert, und daß alles darauf abgerichtet ist, in der Evolution weiterzukommen, einschließlich der „negativen" Dinge, welche ich durch ihre Integration energetisch entkräfte und in ihre Gegenteil umkehre.

☐ Ich atme ruhig, tief und regelmäßig. Die Auswirkungen werden mir mehr und mehr bewußt.

☐ Ich dusche (auch) kalt.

☐ Es macht mir Freude, mich körperlich zu betätigen.

☐ Meine Essgewohnheiten haben sich bereits angepaßt; ich ernähre mich überwiegend gesund und fleischlos oder -arm.

☐ Ich motiviere mich täglich, um meine Tagesqualität selbst zu bestimmen und meine gesteckten Ziele auch zu erreichen.

7. Schreibe die Affirmation aus Punkt 11 hier noch einmal auf.

8. Verinnerliche Dir erneut Punkt 30. Schreibe dann nieder, wie sich Deine geänderte Geisteshaltung innerhalb der letzten 2 Monate bereits im Leben dargestellt hat.

9. Was bringt uns das Gesetz der Anziehung?

10. Nimm Dir etwas Zeit, um Dir der Symbolik der Übung dieses Teils bewußt zu werden, und wie das Samenkorn Deinem Gedanken gleichgesetzt werden kann.

DU HAST DIESEN TEIL GEMEISTERT...

- wenn Du wirklich verstanden hast, was die Wahrheit ist, und warum dieses Verständnis absolut grundlegend für jede Deiner Gedanken und letztlich auch Handlungen ist.
- wenn Du in der Lage bist, einen Gedanken in der Stille zu halten und dort wachsen zu lassen.
- wenn Du immer öfter die in den Punkten 11 und 12 erwähnte Affirmation aufsagst und Dich in ihre mächtige Energie hineinfühlen kannst.
- wenn Du verstanden hast, daß Du Liebe zunächst geben mußt, um sie zu erhalten.
- wenn Du die Allmacht des Universellen Bewußtseins in all seinen Facetten anerkennst.
- wenn Du zusätzliche Einsichten in das Gesetz von Ursache und Wirkung erlangt hast und somit verstehst, daß dieses Gesetz Deine Chance ist, jegliche Zweifel oder Ängste ein für alle Mal zu beseitigen.

NOTIZEN

KOMMENTAR

Die größte Herausforderung besteht wohl darin, den Wunsch als bereits bestehende Tatsache anzusehen. Signale von außen werden ja über das zerebrospinale Nervensystem aufgenommen und dann im Verstand (im Hypothalamus) interpretiert und bewertet. Nun zeigt Dir dieser aber auf absehbare Zeit immer noch das Ergebnis Deines vergangenen Denkens. Um diese Phase zu überstehen, gibt es Glauben und Vertrauen. Gleichzeitig ist es an Dir, immer wieder die Stille aufzusuchen und dort den neu erschaffenen Bildern Deines Ideals Details zu schenken und sie mit Gefühlen zu versehen.

Es ist in den meisten Fällen das Gefühl der Freude, was es zu erzeugen gilt – Freude über die Erfüllung; Freude aus reiner Dankbarkeit. Robert Betz sagte dazu: ‚*Wir müssen vom Denken zum Danken kommen.*‘ Das geht mit Hormonausschüttungen auf körperlicher Ebene einher, wobei dadurch die Brücke vom Geistigen zum Materiellen geschlagen wird.

1. Diese Aussage ist von zentraler Bedeutung, da sie darauf hinweist, daß das, was wir uns wünschen, in uns selbst gefunden werden kann und durch den richtigen Mechanismus auch gefunden wird. Daher ist es immer wieder gut, sich daran zu erinnern und zu beachten, daß das Außen nur Auswirkungen vergangenen Denkens widerspiegelt. Die innere Welt ist jene, durch welche Dein Denken Neues erschaffen wird.

    Das Resultat dieser Erkenntnis ist, daß es kein Übertragen der Verantwortung mehr gibt. Du verläßt Dich nicht mehr auf Deine Sinne, sondern erschaffst Dir im Inneren geistige Bilder, denen Du dann

immer mehr Details gibst und den Ideen und Konzepten folgst, die letztlich der Weg sind, über den Du zum Ziel gelangst.

2. Es liegt an Dir, für Dich festzulegen, was Du von allem benötigst. Da von allem ausreichend vorhanden ist, muß nur umverteilt werden. Diese Umverteilung kann nur dann stattfinden, wenn Du zunächst einmal erkennst, daß auch für Dich genug da ist, Du daran teilhaben kannst und Dich anschließend in diesen Fluß begibst – einen Fluß, der zu jeder Zeit besteht, für dich jedoch nur durch Anerkennung und Inanspruchnahme.

3. Du erkennst hier, daß es beim Master Key System nicht primär um finanziellen Wohlstand geht, sondern um eine ausgewogene Lebensweise, bei der es Dir an nichts mangelt. Ganz gleich, was Dein Ziel ist, mit den hier vermittelten Prinzipien kannst Du Dir all das erfüllen. Es geht um die innere Welt, in der und aus der heraus Du Neues schöpfst, was sich anschließend in der äußeren Welt darstellt.

4. ‚*Geheimen Ort des Allerhöchsten*‘ deshalb, weil Du bislang darauf noch keinen Anspruch erhoben hast. Du hast Dich mit Deinem Denken bislang auf niederen Ebenen aufgehalten, was sich nun aber durch Dein Studium schrittweise ändert und Du höheren Idealen entgegenstrebst.

5. In seiner Essenz ist es das ‚*ICH BIN*‘. Die Vergegenwärtigung des Wunsches als bereits bestehende Tatsache im Bewußtsein wird schrittweise die äußeren Umstände so gestalten, daß sie dieser geistigen Vorgabe entsprechen. Das Schöne daran ist, daß Du Dich darauf verlassen kannst. Später

schreibt Haanel noch, daß Du Dir eine logische Basis für Dein Vertrauen erschaffen sollst, womit er Dein Verständnis dieser universellen Gesetzmäßigkeiten meint. Es gibt dazu auch noch zahlreiche Hilfsmittel, wie z.B. Visionstafeln, Affirmationen, Autosuggestionen, aber auch technische Geräte wie den Thinkman™ oder Isono™, Superlearning Produkte und Subliminal Messages, Gehirnwellensynchronisationsmusik oder Solfeggio Tracks.

6. Hier möchte ich auf den Visuellen Master Key™ hinweisen, in dem Wahrheit die zentrale Stelle auf dem Panorama einnimmt, umgeben von verwandten Wörtern und Themen. Diese wiederum helfen Dir, das System der bewußten Mitschöpfung in seiner Gesamtheit zu erfassen und dadurch leichter zur praktischen Anwendung zu gelangen.

Da diese Passage nur eine von vielen ist, besteht die Gefahr, daß sie überlesen wird. Daher möchte ich Dich nochmals auf ihre Bedeutung hinweisen, denn die Wahrheit zu kennen ist wirklich der Schlüssel zu Deinem neuen Leben.

Wahrheit zeichnet sich dadurch aus, daß sie Prinzip, d.h. Bestand hat und verläßlich ist. Dementsprechend ist es an Dir, nur wahre Gedanken zu denken, wahre Dinge zu sagen und wahre Taten zu vollbringen. Mehr dazu gibt es in den folgenden Passagen.

7. ‚In Einklang mit dem Unendlichen zu sein‘ bedeutet, Leben auszudrücken, sich zu entwickeln, ‚mehr‘ zu schaffen und dabei bewußt auf die immerwährenden natürlichen Gesetzmäßigkeiten zurückzugreifen.

Da die geistige Welt eine embryonale Welt ist, wird dort der Anfang gesetzt. Erinnere Dich an die ersten Kapitel Deines Studiums, wo erklärt wurde, daß Deine Gedanken nicht selbstsüchtig sein dürfen, sondern allen anderen auch zugute kommen müssen. Dein Ideal muß entsprechend ausgerichtet sein, denn Dein Lohn (vor allem der materielle) steht in direktem Verhältnis zu dem Dienst, den Du anderen geboten hast.

8. Charles Haanel will damit zum Ausdruck bringen, daß fehlerbehaftete Gedanken zu fehlerhaften Ergebnissen führen, ungeachtet dessen, von wem sie gehegt werden. Daher ist es unabdingbar, die Wahrheit zu kennen, und kennenlernen wirst Du sie durch eine scharfe analytische Beobachtung unterhalb der Oberfläche, also durch eine verschärfte und bewußt gesteuerte Aufmerksamkeit und Konzentration in eine bestimmte Richtung.

9. Das führt unweigerlich dazu, daß Du Deine Gedanken soweit kontrollierst und steuerst, daß Du eine nur noch im Einklang mit dem Leben stehende Geisteshaltung erwirbst und hegst. Natürlich machen sich immer wieder alte Gewohnheiten bemerkbar, aber Du bist immer mehr in der Lage, auch diese zu neutralisieren und ins Gegenteil umwandeln.

10. Der Mechanismus des Denkens soll ja ausschließlich an etwas angeschlossen werden, was Bestand hat. Da die Wahrheit Bestand hat, mächtig ist und frei macht, muß man sie erst einmal erkennen. Darauf geht Haanel in den nächsten Punkten ein und bringt hier gezielt eine Affirmation mit ins Spiel, die der Wahrheit entspricht.

Affirmationen sind gedankliche Stützen und geistige Umorientierungen – Polaritätswechsel sozusagen. Sie allein führen noch keine Verwirklichung des Objekts herbei, helfen Dir aber, Dich immer wieder an das zu erinnern, was Du zu verwirklichen suchst. Der nächste Schritt ist der, in Dir das Gefühl zu erwecken, mit dem der Gedanke versehen werden muß, um Lebenskraft zu erhalten.

11. Lies Dir diesen Satz bitte so oft wie möglich durch. Ohne Wahrheit, d.h. auf einer niederen Ebene auch System, Ordnung, Struktur, Proportion, Schönheit und letztendlich Liebe, kann sich kein Leben ausdrücken. Das ist so, weil alles andere in sich zusammenfallen und ,sterben' würde. Es kann also nicht mehr aus sich heraus erschaffen. Dort, wo Wahrheit ist, triffst Du eben auch die anderen Merkmale an, welche allesamt dazu beitragen, daß Leben ausgedrückt und aufrecht erhalten werden kann.

12. Absolut essenziell! Dieser Satz kann nicht oft genug wiederholt werden. Dein ,Ich' ist zu jeder Zeit vollkommen und perfekt. Es ist lediglich das mangelnde Verständnis Deines objektiven Bewußtseins, welches zu fehlerhaften Resultaten führt. Das Anerkennen Deines ,Ich' hilft Dir, dem ein Ende zu setzen und zwar dadurch, daß Du die Wahrheit erkennst und ausdrückst – und nur sie.

13. Dieser Punkt wurde ja auf verschiedene Weise bereits angesprochen. Es handelt sich hier wieder um das Greifen des Hermetischen Prinzips der Entsprechung. Auf gut Deutsch heißt das: Wenn ich mich gedanklich mit Reichtum befasse, werde ich mir des Reichtums bewußt, spreche und handle auch ,entsprechend' und ziehe somit mehr Reichtum in mein Leben. Mein Denken hat daher eine ,entsprechende' Auswirkung. Das bedeutet auch, daß ich schon ganz am Anfang eines jeden Vorgangs weiß, was am Ende dabei herauskommt und zwar durch meine Visualisierung sowohl die Details und als auch – durch das Ideal – die Qualität. Das ist sehr wichtig zu verstehen, denn es gibt Dir Mut und Vertrauen in den Prozeß.

14. Es ist immer wieder der Kreislauf, der damit beginnt, daß man sein wahres ,Ich' als eins mit dem Universellen Bewußtsein – Gott, dem leitenden Prinzip, der alles durchdringenden Intelligenz – anerkennt. Aus dieser Anerkennung heraus erblüht der Mut und das Vertrauen, bestimmte Vorhaben anzugehen und bis zum Ende durchzuführen. Gleichzeitig hat man ja auch das körperliche Äquivalent und die Funktionsweise von Gehirn, Vagusnerv und Solarplexus vor Augen, was Dir das Verständnis des geistigen Schöpfungsvorgangs nochmals erleichtert.

Wenn Du anschließend mutig und konsequent zur Handlung überschreitest, ist das Ergebnis garantiert. Dazu gehört natürlich auch, daß Du Dir die entsprechende Auszeit nimmst, in die Stille gehst und Deine eigenen Gedanken denkst, da Du nur dort Kontakt mit der Allmacht aufnimmst, welche selbst absolute Stille ist.

15. Es reicht natürlich nicht, sich etwas nur ein oder zweimal vorzustellen. Es bedarf Beharrlichkeit, Disziplin und natürlich einer Folge von Aktionen, damit das hochfrequente Bild in Deinem Bewußtsein

auf eine niederfrequente Ebene herunter-transformiert wird und sich letztendlich darstellt. Wie Haanel bereits schrieb: ‚*Der Mechanismus ist perfekt.*‘

16. Es ist auch hier wieder Deine geistige Inanspruchnahme. Erinnere Dich an Kapitel 2. Durch einen starken, oft wiederholten Gegenvorschlag, den das Unterbewußtsein akzeptieren muß, schaffst Du Dir neue Gewohnheiten. In diesem Fall füllst Du Dich durch diesen Gegenvorschlag, der meist in Form einer Affirmation beginnt, mit Liebe.

> ‚*Ich bin die Liebe, die die Liebe ist.*‘
> ‚*Jeden Tag fällt es mir leichter, mich mit Liebe zu füllen.*‘
> ‚*Ich denke liebevoll, spreche liebevoll und handle liebevoll.*‘
> ‚*In der Liebe anderer Menschen zueinander erkenne ich meine eigene Liebe.*‘
> ‚*Ich liebe mich, und ich liebe das Leben.*‘
> ‚*Ich strahle bewußt und stets reine Liebe aus. Ich heile durch mein Licht.*‘
> ‚*Das Leben zeigt sich mir von seiner liebevollsten Seite.*‘

All diese Affirmationen kannst Du verwenden, um ein Bewußtsein für Liebe zu erschaffen.

17. Wenn Haanel hier von ‚*niederen Dingen*‘ spricht, meint er auch den materiellen Reichtum, mit dem Du Dich umgeben kannst und auf den Du auch ein Anrecht hast. Ganz gleich, bis zu welchem Maß Du ihn für Dich selbst benötigst, erinnere Dich, daß das Universelle Bewußtsein allgegenwärtig ist. So ist es auch in den materiellen Dingen vorhanden, welche im direkten Verhältnis zu der Qualität Deiner Gedanken stehen und welche Du für ein Leben auf höheren Ebenen in Anspruch nimmst und genießt.

18. Frederick Elias Andrews hat dasselbe Thema 1917 vor einem Kongreß der *New Thought* Bewegung in St. Louis, Missouri, vorgetragen. Es handelt sich also um eine wahre Begebenheit.

19. Das hier ist eine typische Situation, wie sie jedem von uns schon mehrere Male vorgekommen ist. Es ist lediglich eine Meinung einer anderen Person – auch wenn sie vermeintlich qualifiziert ist. Es ist rein technisch eine Schwingung, sonst nichts. Was wir damit machen, das liegt allein an uns. Wir sind die Interpreten dieser Schwingungen. Programmierung und Konditionierung führen zu bestimmten automatischen Reaktionen. Mit dem Master Key System lernst Du, Dich ihnen in den Weg zu stellen, wenn Du sie für nicht dienlich erachtest. Das erlaubt Dir, ihre Polarität zu ändern, was zu einer neuen Verursachungskette führt.

20. Auf gut Deutsch und durch eine gewisse Symbolik heißt das: Du hast Dir ein Ziel – ein Ideal – gesetzt, von dem Du keinen Millimeter abweichst. Du paßt es immer wieder an, aber es bleibt so glasklar in Deinem Bewußtsein stehen, wie Du es am Anfang erstellt hast.

21. Du kannst davon ausgehen, daß es Dir ähnlich ergehen wird. Es gibt immer Zeiten des schnellen Fortschritts, die sich mit Zeiten des scheinbaren Stillstands abwechseln. Du als Meisterschöpfer weißt aber, daß Du Dich auf einem Plateau befindest und es nur eine Frage der Zeit ist, bis

es wieder vorangeht. Es besteht also kein Grund zur Sorge.

22. Wenn Du den Film ‚The Secret‘ (‚Das Geheimnis‘) noch nicht kennst, dort gibt es auch zwei Geschichten von Menschen, die kraft ihrer Gedanken zu Gesundheit gekommen sind. Der Film ist vor allem für Anfänger sehenswert, wird aber für Dich als Master Key System Student in Woche 9 nun viel mehr Sinn ergeben. Wenn Du ihn bereits kennst, schau ihn Dir einfach noch einmal an – es lohnt sich. Ich tue es auch in regelmäßigen Abständen.

23. DU.

Du bist vollkommen, perfekt, stark und mächtig.
Du bist uneingeschränkt, ungebunden, erfolgreich, frei.
Du bist makellos, furchtlos, mutig, unerschrocken und siegreich!
Du bist jugendlich, energetisch, humorvoll, blühend und prächtig.
Du bist aktiv, tatkräftig, schwungvoll, unabhängig und weise.
Du bist loyal, taktvoll, aufmerksam, zufrieden und umsichtig.
Du bist erneuert, verjüngt, erholt, inspiriert und transformiert.
Du bist erquickt, gestärkt, liebevoll, harmonisch und glücklich —
ja, wunderbar glücklich.
Du hast das Elixier des Lebens gefunden
— den Stein der Weisen
— das überschwängliche Leben — die Quelle ewiger Jugend.

— HERMES TRISMEGISTOS[1]

1 Das ist ein Zitat aus „Ein Buch über Dich“ von Charles F. Haanel. Dieses ist eine wunderbare Ergänzung und Erweiterung zum Master Key System. Weitere Informationen dazu findest Du am Ende dieses Buches.

24. Beachte hier wieder die Gewohnheitsbildung durch das Wiederholen morgens und abends. Beides hat auch andere Hintergründe. Wenn Du mit diesem Gedanken schlafen gehst, bereitest Du Dich mit dieser Gedankenqualität auf Deine Schlafphase vor, und was für eine schöne Qualität es ist! Wenn Du am Morgen aufwachst, startest Du Deinen Tag mit dieser Qualität – und was für eine schöne Qualität es ist!

25. Vor allem dann, wenn Du zunächst einmal eigene Mißstände beheben willst, ist es von Bedeutung, daß Du diese neue Gedankenqualität auch an andere Menschen aussendest. Mache Dir auch das zur Gewohnheit.

26. Du unterliegst einem ständigen Wechsel. Jede Zelle wird geboren, führt ihre Funktion aus, stirbt ab und wird wieder ersetzt – es sei denn, Du fütterst Dein System mit lebenswidrigen Informationen. Mittlerweile sind es angeblich nur noch 7 Monate, bis der Körper vollends neu aufgebaut ist, eben durch einen kontinuierlichen Vorgang der Geburt, des Wachstums, der Blüte, des Todes und der Wiederaufnahme in die Natur durch die verschiedenen Ausscheidungsorgane.

27. Das ist für viele Menschen leider immer noch ein Knackpunkt. Sie halten das, was sie über ihre Sinne aufnehmen, für die Wahrheit. Daraufhin halten sie an ihren Gedankenmustern fest, was ihnen natürlich mehr vom Alten gibt. Du mußt loslassen, weg vom Alten, hin zum Neuen. Das Neue kann sich aber nur dann verwirklichen, wenn Du es mit entsprechender Aufmerksamkeit versiehst. Dazu gehören Disziplin, Beharrlichkeit und Glaube, welcher dann aber dem Wissen schrittweise Platz macht.

263

Mit etwas Übung wirst Du Dich immer mehr unter Kontrolle haben und immer mehr lebensrichtige Gedanken denken. Mit der Zeit stellst Du fest, daß Du Dir darüber keine Gedanken mehr machen mußt, weil sie ‚zu Dir‘ geworden sind – so soll es auch sein. Der Verstand muß immer wieder befreit werden, weil er sich in seiner beschränkten Funktion nicht allen Dingen gleichzeitig widmen kann – und darauf auch gar nicht ausgerichtet ist. Dafür hast Du die Domäne des Unterbewußtseins, den Sitz Deiner Gewohnheiten.

28. Bestätige das Gute, und das Schlechte wird weichen. Bestätige das Gute, und das Schlechte wird weichen. Bestätige das Gute, und das Schlechte wird weichen. Ja, diese dreimalige Wiederholung ist beabsichtigt.

29. Erinnere Dich stets daran, daß Du den Verwirklichungsprozeß mit dem Verstand nicht nachvollziehen kannst. Es entstehen so viele Synchronizitäten und angebliche Zufälle, daß Du Dich oft wundern und fragen wirst, ob das noch mit rechten Dingen zugeht. Es ist aber nichts anderes als das Gesetz der Anziehung in Aktion.

30. Auch hier wieder zeigt sich das Prinzip der Entsprechung. Du sendest eine Art und Qualität von Gedanken und bekommst dieselbe Art und Qualität wieder zurück. Es geht auch gar nicht anders, denn es sind Schwingungsgesetze, die hier greifen. Gleichartige Schwingungen verstärken sich, während sich entgegengesetzte ausgleichen. Erstere haben die Kraft weiterzuleben, während letztere wieder zu der Ruhe zurückkehren, aus der sie entstanden sind, oder aber zumindest bei diesem Aufeinandertreffen miteinander in Resonanz gehen.

31. Heute sind wir einen Schritt weiter und können Gehirnströme und z.B. die Auswirkungen von Meditationen oder des globalen Bewußtseins direkt messen. Heute verbinden wir Wissenschaft und Religion und führen sie wieder in die Einheit, aus der sie entstanden sind. Wir machen uns aber gleichzeitig wissenschaftliche Erkenntnisse zunutze, um den Bereich der Spiritualität nicht nur intellektuell zu verstehen, sondern eben auch systematisch zum Wohle aller anzuwenden.

32. Während es letzte Woche darum ging, eine materielle Sache zu ihrem geistigen Ursprung zurückzuverfolgen, geht es nun um den umgekehrten Prozeß. Auch dieses Mal handelt es sich bei der Saat nur um ein Symbol für Deinen Gedanken, den Du einpflanzt, hegst und pflegst, damit er sich voll entfalten kann. Gleichzeitig schult diese Übung Deine Vorstellungskraft noch ein wenig mehr, denn Du bist dadurch in der Lage, etwas Unerschaffenes vor Deinem geistigen Auge Gestalt annehmen zu lassen.

Auch hier gilt es zu verstehen: Genauso, wie Du das Saatkorn ungestört wachsen läßt, läßt Du auch Deine Gedanken im Mysterium ihrer eigenen Tiefe versinken, niedere Ebenen durchringen und sich ihrer zunutze zu machen, um nach höherem, lichterem zu streben. Nimm Dir die Zeit, Gedanken reifen zu lassen. Gehe mit ihnen nicht gleich an die Öffentlichkeit, denn so wie der Samen zunächst Kraft sammelt, muß auch die Idee durch stille Gedankenkonzentration Kraft sammeln, um nicht Gefahr zu laufen, durch eigene Zweifel oder die Kritik Dritter verbrannt und somit zunichte gemacht zu werden.

33. Die Betonung liegt hier auf ‚*in das Bewußtsein einer Sache einzutreten*‘, denn darum dreht es sich bei der Konzentration. Haanel verweist anderweitig auf einen Schauspieler, der komplett in seiner Rolle aufgeht und sich – also seinen Verstand – dabei völlig verliert. Hier wird noch einmal deutlich, daß es spielerisch und nicht verkrampft zugehen soll. Das Stichwort ist Leichtigkeit.

34. Dauerhafte Konzentration wird Dir die Wege und Möglichkeiten aufzeigen, die Du nutzt, um das Ziel zu erreichen. Daher ist es so wichtig, daß Du regelmäßig die Stille aufsuchst und Dich vom Lärm des normalen Lebens abschottest, denn in der Ruhe liegt die Kraft!

10

Das Leben im Einklang
mit natürlichen Gesetzen

Wenn Du ein gutes Verständnis der sich in Teil Zehn befindenden Gedanken erlangt hast, wirst Du lernen, daß nichts ohne eine bestimmte Ursache geschieht. Du wirst in der Lage sein, Deine Pläne in Übereinstimmung mit **exaktem Wissen** zu formulieren. Du wirst wissen, wie Du jegliche Situation unter Kontrolle bringen kannst, indem Du entsprechende Ursachen ins Spiel bringst. Wenn Du gewinnst – und Du wirst es – wirst Du genau wissen, warum.

Der gewöhnliche Mensch, der nicht das bestimmte Wissen um Ursache und Wirkung besitzt, wird von seinen Gefühlen oder Emotionen regiert. Er denkt hauptsächlich, um seine Taten zu rechtfertigen. Wenn er als Geschäftsmann versagt, dann sagt er, daß das Glück gegen ihn sei. Wenn er Musik nicht mag, dann sagt er, daß Musik ein teurer Luxus sei. Wenn er ein armer Büroarbeiter ist, dann sagt er, daß es ihm besser ginge, wenn er seine Arbeit im Freien verrichtete. Wenn es ihm an Freunden mangelt, dann sagt er, daß seine Individualität zu fein sei, um geschätzt zu werden.

Er denkt das Problem nie bis zum Ende durch. Kurzum: Er weiß nicht, daß jede Wirkung das Ergebnis einer gewissen, genauen Ursache ist, aber er versucht, sich durch Erklärung und Ausreden zu trösten. Er denkt nur im Sinne von Selbstverteidigung.

Im Gegensatz dazu, der Mensch, der versteht, daß es keine Wirkung ohne bestimmte Ursache gibt, **denkt unpersönlich** (weil er gelernt hat, seine selbstsüchtigen Gedanken auszublenden; Anm. d. Ü.). Er konzentriert sich auf die harten Fakten, ganz gleich, welche Konsequenzen sie nach sich ziehen. Er ist frei, dem Weg der Wahrheit dorthin zu folgen, wo immer sie ihn hinführt. Er sieht die Angelegenheit klar bis zum Ende und erfüllt die Anforderungen voll und ganz. Das Endergebnis ist eine Welt, die ihm alles gibt, was sie zu geben hat – in Freundschaft, Ehre, Liebe und Anerkennung.

DAS LEBEN IM EINKLANG MIT NATÜRLICHEN GESETZEN

1. Überfluß ist ein Naturgesetz des Universums. Der Beweis dieses Gesetzes ist eindeutig; wir sehen es in jedem Bereich. Überall ist die Natur ausschweifend, verschwenderisch und extravagant. Nirgendwo in der Schöpfung kann Sparsamkeit beobachtet werden. Überfluß zeigt sich in allem. Die Millionen und Abermillionen von Bäumen, Blumen, Pflanzen und Tiere sowie das gigantische Schema der Zeugung, wo der Vorgang des Erschaffens und Wiedererschaffens seit ewig andauert, zeigen all die Ausschweife, mit denen die Natur Vorkehrungen für den Menschen geschaffen hat. Daß es einen Überfluß für alle gibt, ist offensichtlich, aber ebenso offensichtlich ist es, daß viele dabei versagen, an diesem Überfluß teilzuhaben; sie sind noch nicht zu der Anerkennung der **Allgegenwart aller Substanz** gekommen und daß das Bewußtsein das aktive Prinzip ist, durch das wir mit den von uns erwünschten Dingen in Bezug stehen.

2. Jeglicher Reichtum ist ein Ergebnis von Macht. Besitztümer sind nur dann von Wert, wenn sie Macht übertragen. Ereignisse sind nur dann von Bedeutung, wenn sie sich auf Macht auswirken. Alle Dinge repräsentieren bestimmte Formen und Abstufungen von Macht.

3. Das Wissen von Ursache und Wirkung, aufgezeigt durch die Gesetze der Elektrizität, der chemischen Verwandtschaft und der Anziehungskraft, befähigt den Menschen, mutig zu planen und furchtlos durchzuführen. Diese Gesetze nennt man Natürliche

Gesetze, weil sie in der physischen Welt herrschen. Aber nicht alle Macht ist physische Macht; es gibt auch mentale Macht, und es gibt moralische und geistige Macht.

4. **Geistige Macht ist hochwertiger**, denn sie existiert auf einer höheren Ebene. Sie hat den Menschen befähigt, die Gesetze zu entdecken, durch die diese wundervollen Naturkräfte genutzt werden konnten, um somit die Arbeit von Hunderten und Tausenden von Menschen verrichten zu lassen. Sie hat den Menschen befähigt, Gesetze zu entdecken, durch die Zeit und Raum aufgehoben wurden und durch die das Gesetz der Anziehungskraft überwunden werden konnte. Die Ausführung dieses Gesetzes ist abhängig von geistigem Kontakt, wie es **Henry Drummond** perfekt auf den Punkt brachte:

Henry Drummond
(1851 – 1897)

5. *„In der physischen Welt, so wie wir sie kennen, gibt es das Organische und das Anorganische. Das Anorganische der Mineralienwelt ist von der Pflanzen- oder Tierwelt vollständig abgetrennt, der Durchgang hermetisch versiegelt. Diese Barriere wurde noch nie überschritten. Kein Wechsel in der Substanz, keine Änderung in der Umgebung, keine Chemie, keine Elektrizität, keine Form der Energie, keine Evolution jeglicher Art kann ein einziges Atom der Mineralienwelt mit dem Attribut des Lebens versehen."*

6. *„Nur wenn sich eine lebendige Form in diese leblose Welt hineinbegibt, können die unbelebten Atome mit den Eigenschaften der Lebenskraft versehen werden. Ohne diese Berührung mit dem Leben würden sie für immer in der anorganischen Sphäre verweilen. Huxley sagte, daß die Doktrin der Biogenese (oder: Leben nur aus vorherigem Leben) für immer siegreich sein wird, und Tyndall fühlt sich berufen zu sagen: ‚Ich kann bestätigen, daß es keinen glaubwürdigen Beweis gibt, der aufzeigt, daß in unseren Tagen jemals Leben unabhängig von vorherigem Leben erschienen ist.'"*

7. *„Physikalische Gesetze mögen das Anorganische erklären, die Biologie erklärt und führt Buch über die Entwicklung des Organischen, aber zur Schnittstelle schweigt die Wissenschaft. Ein ähnlicher Durchgang besteht zwischen der physischen Welt und*

Denken ist die Verbindung zwischen dem Unendlichen und dem Endlichen, zwischen dem Universellen und dem Individuellen.

der geistigen Welt; seitens der Natur ist diese Passage hermetisch versiegelt. Die Tür ist geschlossen; kein Mensch kann sie öffnen; kein organischer Wechsel, keine mentale Energie, keine moralische Anstrengung, kein Fortschritt jeglicher Art kann den Menschen befähigen, in die geistige Welt einzutreten."

8. Aber so, wie die Pflanze in die Mineralienwelt hinabreicht und sie mit dem Geheimnis des Lebens berührt, so reicht das Universelle Bewußtsein in das menschliche Bewußtsein hinein und stattet es mit neuen, fremdartigen, wundervollen und sogar erstaunlichen Qualitäten aus. Alle Männer oder Frauen, die in der Welt der Industrie, des Handels oder der Kunst jemals etwas erreicht haben, taten es aufgrund dieses Vorganges.

9. Denken ist die Verbindung zwischen dem Unendlichen und dem Endlichen, zwischen dem Universellen und dem Individuellen. Wir haben gesehen, daß es zwischen dem Organischen und dem Anorganischen ein unüberwindbares Hindernis gibt und daß die einzige Möglichkeit für Materie, sich zu entfalten, die ist, mit Leben versehen zu werden. So wie das Samenkorn tief in die Mineralienwelt hinabreicht und damit beginnt, sich zu entfalten und auszubreiten, fängt tote Materie an zu leben, und tausend unsichtbare Finger machen sich daran, eine passende Umgebung für den Neuankömmling zu schaffen. Während das Gesetz des Wachstums Wirkung zu zeigen beginnt, sehen wir diesen Vorgang sich wiederholen, bis schließlich die Lilie erscheint und selbst „Solomon in all seiner Pracht nicht wie eine von ihnen geschaffen war."

10. Dennoch, ein Gedanke findet Eintritt in die unsichtbare Substanz des Universellen Bewußtseins, die Substanz, aus der alle

Dinge erschaffen werden, und während er Wurzeln schlägt, fängt dasselbe Gesetz des Wachstums an Wirkung zu zeigen, und wir entdecken, daß die Umstände und die Umgebung lediglich eine objektive Form unseres Gedankens sind.

11. Das Gesetz besagt, daß Denken eine **aktive, lebenskräftige Form dynamischer Energie** ist, welche die Kraft hat, ihrem Ziel zu entsprechen und es aus der unsichtbaren Substanz, aus der alle Dinge geschaffen werden, in die sichtbare oder objektive Welt zu bringen. Das ist das Gesetz, über das und durch das alle Dinge zur Darstellung gelangen. **Es ist der Master Key**, durch den Du Zugang zum *„Geheimen Ort des Allerhöchsten"* findest und Dir die *„Herrschaft über alle Dinge gegeben wird"*. Mit dem Verständnis dieses Gesetzes kannst Du *„eine Sache bestimmen, und sie wird Dir gegeben werden."*

Ein Verweis auf Psalm 91,1. Dann ein Verweis auf Schöpfung 1,26 (Herrschaft..). Abschließend ein Verweis auf Hiob, 22,28. Es zeigt uns, daß bereits die Bibel Hinweise auf unsere wahre Macht und Kraft hatte, diese aber nur zu denen kam, die sie (die Bibel) mit einem entsprechenden Bewußtsein lasen und verstanden..

12. Es könnte auch gar nicht anders sein. Wenn die Seele des Universums, so wie wir sie kennen, das Universelle Bewußtsein ist, dann ist das Universum schlichtweg der Zustand, den das Universelle Bewußtsein **für sich selbst** erschaffen hat. Wir sind lediglich individualisiertes Bewußtsein und schaffen die Umstände für unser Wachstum auf dieselbe Art und Weise.

13. Diese schöpferische Kraft hängt von unserer Anerkennung der potentiellen Kraft des Bewußtseins ab und darf nicht mit Evolution verwechselt werden. Schöpfung ist das ‚in-Existenz-rufen' von alledem, was in der objektiven Welt noch nicht existiert. Evolution hingegen ist lediglich das Entfalten der Möglichkeiten in Dingen, die bereits vorhanden sind.

14. Wenn wir die wundervollen Möglichkeiten nutzen, die uns durch das Wirken dieses Gesetzes eröffnet werden, müssen wir uns daran erinnern, daß wir selber nichts zu seiner Ausführung beitragen, oder wie ein großer Meister es ausdrückte: *„Es bin nicht ich, der die Arbeit tut, sondern der Vater, der in mir weilt; Er verrichtet die Arbeit."* Wir müssen genau dieselbe Einstellung einnehmen. Wir können nichts tun, um der Verwirklichung

Man kann sich auf das Universelle Bewußtsein verlassen, die Wege und Mittel zu finden. Wir aber müssen das Ideal erschaffen, und dieses Ideal sollte perfekt sein.

zu helfen. Wir halten uns einfach an das Gesetz, und das ‚alles erschaffende Bewußtsein' wird das Ergebnis bringen.

15. Der große Fehler heutzutage ist die Idee, daß der Mensch die Intelligenz hervorbringen muß, durch die das Unendliche voranschreiten kann, um ein besonderes Ziel oder Ergebnis herbeizuführen. Nichts dergleichen ist vonnöten. Man kann sich auf das Universelle Bewußtsein verlassen, die Wege und Mittel zu finden, um jede notwendige Manifestation darzustellen. Wir aber müssen das Ideal erschaffen, und dieses Ideal sollte perfekt sein.

16. Wir wissen, daß die Elektrizität regelnden Gesetze so formuliert worden sind, daß diese unsichtbare Kraft kontrolliert und zu unserem Vorteil und Komfort auf Tausenden von Wegen genutzt werden kann. Wir wissen, daß Nachrichten um die Welt getragen werden; daß Maschinen ihre Arbeit tun; daß die Elektrizität praktisch die gesamte Welt erleuchtet — aber wir wissen auch, wenn wir bewußt oder ignorant ihre Gesetze verletzen, indem wir z.B. ein Stromkabel anfassen, wenn es nicht sauber isoliert ist, daß das Ergebnis unangenehm und möglicherweise tödlich sein wird. Ein Mangel an Verständnis der Gesetze der unsichtbaren Welt bringt das gleiche Ergebnis, und viele leiden für lange Zeiten unter den Konsequenzen.

17. Es wurde erklärt, daß das Verursachungsgesetz von Polarität abhängig ist, daß ein Kreislauf geschlossen werden muß. Dieser kann nicht geschlossen werden, es sei denn, wir handeln **in Einklang mit diesem Gesetz**. Wie sollen wir in Einklang mit dem Gesetz handeln, wenn wir nicht wissen, wie das Gesetz funktioniert? Wie sollen wir wissen, wie das Gesetz funktioniert? Durch Studium; durch Beobachtung.

18. Wir sehen das Gesetz überall in Kraft. Alle Natur legt Zeugnis von diesem Gesetz ab, indem sie sich still und dauerhaft durch das Gesetz des Wachstums Ausdruck verschafft. Wo Wachstum ist, muß Leben sein; wo Leben ist, muß Harmonie sein — so daß alles, was lebt, dauerhaft Umstände und Angebote anzieht, welche es zu seiner vollständigen Entfaltung benötigt.

19. Wenn Dein Gedanke in Übereinstimmung mit dem schöpferischen Prinzip der Natur ist, ist er in Einklang mit dem Universellen Bewußtsein, und er wird den Kreis schließen; er wird nicht leer zu Dir zurückkehren. Es ist möglich, daß Du Gedanken hegst, die nicht in Einklang mit dem Unendlichen sind, und wenn es keine Polarität gibt, wird der Kreis auch nicht geschlossen. Was ist dann das Ergebnis? Was ist das Ergebnis, wenn ein Dynamo Elektrizität generiert, der Schaltkreis unterbrochen wird und es keinen Auslaß gibt? Der Dynamo funktioniert dann nicht.

20. In Dir wird gleiches passieren, wenn Du Gedanken unterhältst, die nicht in Übereinstimmung mit dem Unendlichen sind und nicht polarisiert werden können; dann gibt es keinen Kreislauf. Du bist isoliert; die Gedanken haften Dir an, nerven Dich, machen Dir Sorgen und werden Dir schlußendlich Krankheit oder möglicherweise den Tod einbringen. Der Arzt mag diesen Fall nicht auf diese Art und Weise diagnostizieren; er mag ihm einen schicken Namen geben, der für die unzähligen Erkrankungen erschaffen wurde, welche das Ergebnis falschen Denkens sind, die Ursache bleibt jedoch dieselbe.

21. Konstruktives Denken muß notwendigerweise schöpferisch sein, aber schöpferisches Denken muß harmonisch sein, und das vernichtet wiederum jegliches zerstörerisches oder konkurrierendes Denken.

22. Weisheit, Stärke, Mut und alle harmonischen Umstände sind das Resultat von Macht und Kraft, und wir haben gesehen, daß alle Macht und Kraft von innen kommt. Demnach ist jeder Mangel, jede Beschränkung oder jeder negative Umstand das Ergebnis von Schwäche, und Schwäche ist die Abwesenheit von Kraft. Sie

kommt von nirgendwo; sie ist nichts. Die Lösung besteht dann darin, Macht und Kraft zu entwickeln. Dieses wird auf genau dieselbe Art und Weise erreicht, wie sich alle Kraft entwickelt: durch Übung.

23. Diese Übung besteht darin, **Dein Wissen anzuwenden**. Wissen wendet sich nicht von selbst an; Du mußt es anwenden. Überfluß fällt nicht vom Himmel. Er fällt Dir auch nicht in den Schoß, aber eine bewußte Anerkennung des Gesetzes der Anziehung und die Absicht, es für ein bestimmtes, endgültiges und besonderes Ziel in die Tat umzusetzen – also auch der Wille, diese Aufgabe durchzuführen – wird die Verwirklichung Deiner Wünsche herbeirufen und zwar durch das Gesetz der Übertragung. Wenn Du im Geschäftswesen tätig bist, wird es sich an der Seite regulärer Kanäle entwickeln und vergrößern. Möglicherweise werden neue oder ungewöhnliche Vertriebskanäle aufgetan, und wenn das Gesetz vollkommen in die Tat umgesetzt wird, wirst Du feststellen, daß die Dinge, die Du suchst, auch Dich suchen.

24. Diese Woche suche eine leere Stelle auf einer Wand oder einem anderen bequemen Punkt, wo Du gewöhnlich sitzt und ziehe eine schwarze, waagerechte, ca. 15 cm lange Linie; versuche, diese Linie so zu sehen, als wäre sie einfach nur auf die Wand gemalt. Nun zeichne im Bewußtsein zwei senkrechte Linien, die mit ihren Enden das jeweilige Ende der waagerechten Linie berühren. Ziehe jetzt noch eine weitere waagerechte Linie, welche die beiden senkrechten Linien verbindet. Jetzt hast Du ein Quadrat. Versuche, das Quadrat perfekt zu sehen. Wenn Du das kannst, zeichne einen Kreis innerhalb des Quadrats; setze nun einen Punkt ins Zentrum des Kreises; ziehe diesen Punkt nun ca. 25 cm zu Dir heran. Jetzt hast Du einen Kegel auf einer rechteckigen Grundlage. Du wirst Dich erinnern, daß Deine Arbeit in schwarz gehalten war; ändere sie zu weiß, zu rot, zu gelb.

25. Wenn Du das schaffst, machst Du ausgezeichnete Fortschritte und wirst bald in der Lage sein, Dich auf jedes andere Problem zu konzentrieren, das Du im Bewußtsein hast.

Konstruktives Denken muß schöpferisch sein.
Schöpferisches Denken muß harmonisch sein,
und das wiederum vernichtet jegliches
zerstörerische oder konkurrierende Denken.

FRAGEN UND ANTWORTEN

91. *Was ist Wohlstand?*
Wohlstand ist das Ergebnis von Macht.

92. *Welchen Wert haben Besitztümer?*
Besitztümer haben nur in soweit Wert,
wie sie Macht übertragen.

93. *Welchen Wert hat das Wissen von Ursache und Wirkung?*
Es befähigt den Menschen, mutig zu planen
und furchtlos auszuführen.

94. *Wie entsteht Leben in der organischen Welt?*
Nur durch das Einfließen einer lebendigen Form. Es gibt
keinen anderen Weg.

95. *Was ist das Bindeglied zwischen dem Endlichen
und dem Unendlichen?*
Denken ist das Bindeglied.

96. *Und warum ist das so?*
Weil sich das Universelle nur durch das Individuelle Ausdruck
verschaffen kann.

97. *Wovon hängt die Verursachung ab?*
Von Polarität. Ein Kreislauf muß geschlossen werden. Das
Universelle ist der positive Pol der Batterie des Lebens, das
Individuelle der negative. Denken stellt den Kreislauf her.

98. *Warum schaffen es so viele nicht,*
sich harmonische Umstände zu sichern?
Sie verstehen das Gesetz nicht. Es entsteht keine Polarität. Sie haben den Kreislauf nicht geschlossen.

99. *Was ist die Lösung?*
Ein bewußtes Anerkennen des Gesetzes der Anziehung, mit der Absicht, es für ein bestimmtes Ziel zur Darstellung zu bringen.

100. *Was wird das Ergebnis sein?*
Denken wird mit dem Objekt in Wechselbeziehung stehen und es zur Darstellung bringen, weil Denken das Produkt des geistigen Menschen und das schöpferische Prinzip des Universums ist.

10

Das Leben im Einklang
mit natürlichen Gesetzen

Es geht in diesem Kapitel um das Leben im Einklang mit natürlichen Gesetzen. Diese sind u.a. das Gesetz der Anziehung, das Gesetz von Ursache und Wirkung und das Gesetz des Wachstums. Vom Gesetz der Übertragung (oder Entsprechung) lernen wir später.

Als Master Key System Studenten lernen wir, uns diese Gesetze zunutze zu machen, denn wir wollen nicht länger von anderen kontrolliert und gesteuert werden. Wir lernen, unsere Emotionen und Gefühle genau dort einzusetzen, wo sie gebraucht werden, nämlich bei der Erschaffung unseres Ideals, bei der Befruchtung des Gedankens, damit aus der kalten Masse etwas Lebendiges entstehen kann.

Wir wissen mittlerweile, daß die Natur überall im Überfluß produziert. Doch hier lernen wir, daß aller Reichtum von Macht kommt – nicht von dem Mißbrauch von Macht, sondern von der Inanspruchnahme, vom Gebrauch zum Wohle aller. Macht schwindet durch Nichtgebrauch, und ohne Macht gibt es auch keinen Reichtum.

Wir erkennen also, daß Besitztümer nur dann von Wert sind, wenn sie Macht verleihen bzw übertragen. Etwas, was keine Macht verleiht, hat auch keinen

Wert. Das mag für Dich – genauso wie für mich – ein neues Konzept sein. Verweile aber ein wenig auf dieser Textstelle, damit Du sie richtig verstehst. Ein Beispiel: Was wäre Geld wert, wenn man damit nichts kaufen könnte?

Nach 9 Wochen solltest Du zu einem Maße fortgeschritten sein, das kaum noch mit dem zu vergleichen ist, wer oder wie Du vorher warst. In den kommenden Wochen wird dieses Grundwissen noch weiter vertieft. In der Zwischenzeit aber - und davon bin ich überzeugt - siehst Du das Leben in einem neuen Licht und bist erfüllt von einer neuen Kraft und Macht, die Dir noch mehr Tatendrang, Zuversicht, Freude und Liebe bringt.

Bei mir war es so, daß ich durch dieses Verständnis dieselbe Situation mit ganz anderen Augen betrachtet habe und dadurch natürlich – im wahrsten Sinne des Wortes – zu ganz anderen Ansichten und Einsichten gekommen bin. Auch hier ist die deutsche Sprache sehr genau. Verweile auf diesen Worten entsprechend lange.

Allein dadurch hat sich mein Leben geändert, und zwar in allen von Charles Haanel erwähnten Bereichen: Geld, Liebe, Gesundheit! Es ist so wunderbar, zu leben, zu erfahren, Anteil zu haben an dem von der Natur gegebenen Überfluß, und jeden Tag gehe ich voller Dankbarkeit ins Bett, und je dankbarer ich bin, desto mehr Gründe habe ich, am nächsten Tag noch dankbarer zu sein. Das geht nun schon seit fast zehn Jahren so, und das ist einfach nur phänomenal! Ja, auch ich mußte mich zwischendurch immer wieder an die Kandare nehmen, mich korrigieren und mir alter Denkweisen bewußt werden. Man ist natürlich auch den Energien der Gegenseite ausgesetzt, aber man kann viel besser damit umgehen, und Situationen, die einen vorher noch heruntergerissen hätten, werden heutzutage im Handumdrehen erkannt und anschließend gedanklich transformiert, transmutiert und somit transzendiert. Auch diese Befähigung kommt allein durch Übung – durch Wiederholung – zu Dir.

ÜBUNG

Die Übung dieser Woche beinhaltet okkulte Symbolik. Es geht bei dieser aktiven, konstruktiven Übung nicht primär darum, im Geiste ein paar Linien, einen Kreis und einen Punkt zu ziehen, sondern gleichzeitig auch zu erkennen, daß das Quadrat das Männliche und Endliche darstellt, während z.B. der Kreis das Weibliche, d.h. das Unendliche darstellt, welches vom Männlichen eingegrenzt und dadurch beschränkt wird. Das nur als Hinweis, denn wenn Du Dich dann mit dem Punkt und dem Zylinder und den verschiedenen Farben noch mehr befaßt, dann erreichst Du allein durch diese Übung einen Wissens- und auch Erleuchtungsgrad, der außergewöhnlich ist. Ich muß Dir nicht sagen, von welcher Bedeutung das Meistern dieser Übung ist, aber auch nicht, daß Du Dich über das Master Key System hinaus mit ergänzender Lektüre befassen mußt, die Dein Wissen erweitert und welche die Umsetzung ins tägliche Leben erleichtert. Die Reise, die Du begonnen hast, hat viele Facetten, viele Destinationen und viele wohlmeinende, Dir zur Seite stehende Elemente.

AUFGABEN

1. Erkläre, warum Überfluß ein Naturgesetz des Universums ist. Schreibe dann nieder, was für Auswirkungen es auf Dein Leben hat.

   ....
   ....
   ....

2. Bewerte hier auf einer Skala von 1 – 10, wie Du Dich diese Woche gefühlt hast:

	Vorwoche	Jetzt
Dein Selbstwert:	_____	_____
Dein Energieniveau:	_____	_____
Dein Glücksgefühl:	_____	_____
Deine Tatkraft:	_____	_____
Deine Gesundheit:	_____	_____
Dein Reichtum:	_____	_____

3. Was unterscheidet einen erfolgreichen von einem gewöhnlichen Menschen, was Ursache und Wirkung anbelangt?

   ....
   ....
   ....

4. Schreibe auf, warum Besitztümer nur von Wert sind, wenn sie Macht verleihen, Ergebnisse nur dann von Bedeutung sind, wenn sie sich auf Macht auswirken.

   ....

....

....

5. „*Das Denken ist das Bindeglied zwischen dem Unendlichen und dem Endlichen*". Warum ist das so?

....

....

....

....

6. Kreuze an, welche der untenstehenden Aussagen auf Dich zutreffen:
   - ☐ Ich erkenne mehr und mehr, welche Dinge oder Personen mein Leben bereichern.
   - ☐ Unerwünschte Situationen haben sich in den letzten Wochen vermindert oder ich habe neutraler darauf reagiert.
   - ☐ Meine zunehmend positive Ausstrahlung fällt auch anderen Menschen auf.
   - ☐ Ich werde von anderen zunehmend um meinen Rat gefragt.
   - ☐ Meine verbesserte körperliche Fitness steigert sich von Tag zu Tag.
   - ☐ Ich weiß, warum mein Denken im Einklang mit den natürlichen Gesetzen sein muß.

7. Warum muß schöpferisches Denken harmonisch sein und was bewirkt es?

....

....

....

....

....

....

8. Erkläre, warum der Gedanke mit dem schöpferischen Prinzip der Natur in Einklang sein muß.

....

....

....

9. Schreibe auf, was das Erschaffens von Polarität für uns im Leben bedeutet.

....

....

....

....

....

10. Verbringe etwas Zeit damit, Dir der tieferen Bedeutung der Übung dieses Kapitels bewußt zu werden.

DU HAST DIESEN TEIL GEMEISTERT...

- wenn Du verstanden hast, daß Dein Denken mit den von Dir erschaffenen Objekten in Wechselwirkung steht.
- wenn Du in der Lage bist, auch abstrakte Visualisierungen zu erstellen und vor Deinem geistigen Auge zu halten.
- wenn Du erkannt hast, daß hinter vielem eine tiefe Symbolik steht, und Du die Symbole nicht mit der Wirklichkeit verwechselst. (Das ist vor allem ein Verweis auf die Bibel, in der Jesus für die Sonne und die 12 Jünger für die Tierkreiszeichen stehen!)
- wenn Du in der Lage bist, durch deine Visionen in das Bewußtsein einer Sache einzutreten.
- wenn Du verinnerlicht hast, daß geistige Macht hochwertiger ist.
- Deine Gedanken in Übereinstimmung mit dem Unendlichen sind.

KOMMENTAR

Das Wissen um Ursache und Wirkung geht natürlich einher mit dem Wissen um die eigene geistige Verbundenheit mit allem, was besteht. Daraus ergibt sich, daß Du nur das als Signal von außen aufnehmen kannst, zu dem Du in der Lage bist. Es ist also die eigene Fähigkeit, die uns das eine oder das andere erfahren läßt. Der erwachte Mensch erkennt, daß alles auf ihn zurückfällt. Er ist jederzeit in der Lage, sein Leben zu kontrollieren, in dem er bewußt auf Ereignisse reagiert, anstatt sich unbewußt von seinen Programmierungen und Konditionierungen treiben zu lassen. So übernimmt er Verantwortung für sein eigenes Leben und ist dadurch auch in der Lage, jede mißliche Lage in etwas Positives umzuwandeln oder ihr etwas Positives abzugewinnen. Natürlich setzt er damit auch wieder neue Ursachen, die entsprechende Auswirkungen haben.

1. Wenn Charles Haanel hier von der *Allgegenwärtigkeit aller Substanz* spricht, erinnere Dich daran, daß alles Materielle aus dem Geistigen, dem Spirituellen, hervorgegangen ist. Erinnere Dich daran, daß Dein wahres ‚Ich‘ geistiger Natur und somit eins mit dem Universellen Bewußtsein ist. Erinnere Dich daran, daß die Universelle Substanz auf Deine geistige Inanspruchnahme wartet, um sich in Form auszudrücken. Wenn Du das alles verstanden und verinnerlicht hast, wird es Dir auch leicht fallen, diesen Anspruch zu erheben, ganz gleich wann und wo. Die Absicht bestimmt die Aufmerksamkeit, welcher dann Energie folgt und über das Gesetz der Anziehung führt ‚viel‘ zu ‚noch mehr‘.

2. Dieser Punkt stößt gewöhnlich auf Nachfragen von Studenten. Ein einfaches Beispiel, das ihn klarer macht, ist folgendes: Nimm ein Blatt von einem Baum und fordere von jemandem für dieses Blatt eine erkleckliche Summe Geld. Du wirst sie nicht erhalten, weil das Blatt keinen Reichtum darstellt. Es wird dadurch auch keine Macht übertragen, da der Gebrauch des Blattes sehr eingeschränkt ist. Ersetze dieses Blatt durch eine Münze oder ein Auto oder ein Kilo Dinkelmehl, und die Situation gestaltet sich vollkommen anders. Diese Dinge haben einen höheren Gebrauchswert, sind dadurch wertvoller und verleihen im Vergleich zum Laub viel mehr Macht.

3. Das Prinzip von Ursache und Wirkung ist ein weiteres der sieben Hermetischen Prinzipien, die es zu verstehen und zu verinnerlichen gilt. Elektrizität folgt diesem Prinzip, und seine teils wunderbaren Auswirkungen sind überall ersichtlich. Geistige Schwingungen unterliegen auch diesen Gesetzmäßigkeiten, was bedeutet, daß Du Dich auf sie verlassen kannst. Das resultiert in Gewißheit, innerer Ruhe und schließlich intelligenten Entscheidungen.

4. Nimm Dir im Anschluß hieran etwas Zeit und kontempliere über die Aussage, daß geistige Macht hochwertiger ist. Frage Dich, was das in Hinsicht auf alles von Menschenhand geschaffene Materielle bedeutet, aber auch in Hinsicht auf so etwas wie radioaktive Strahlung.

5. Der Durchgang ist nur von oben nach unten offen, nicht aber von unten nach oben. Wir Menschen scheinen da eine Sonderstellung zu haben, nämlich durch unser Denken – durch unser Verstehen der geistigen Welt und dem Funktionieren

der von uns entdeckten und klassifizierten natürlichen Gesetzmäßigkeiten.

6. Es ist immer wieder das Höhere, das über das Niedere siegt. Es besitzt die Fähigkeiten dazu und wurde von uns auch sprachtechnisch entsprechend eingeordnet. Die Lösung aller Probleme liegt darin, sich durch das eigene Denken auf höhere Ebenen emporzuschwingen und dort zu verweilen, bis sich die nächsthöhere Ebene auftut.

7. Stell Dir hier eine Tür vor, die nur von einer Seite aus geöffnet werden kann. Es ist immer die höhere Ebene, die Zugriff auf die niederen Ebenen hat, aber niemals anders herum.

8. Spezifisch bedeutet das, daß wir ‚beatmet‘ werden; daß wir als Individuen ‚von oben herab‘ mit Fähigkeiten versehen werden, die es uns erlauben, unser Leben erfolgreich zu gestalten. Wir selbst haben aber keinen Zugriff auf die geistige Welt. Wir können uns nur in Einklang mit ihr einfinden, um ihre segensreichen Geschenke empfangen zu können. Wir können uns öffnen und uns auf sie einstellen. Das tun wir durch unser Verständnis dieser natürlichen Gesetzmäßigkeiten, die wir durch Beobachtung entdeckt und festgelegt haben, die wir aber über die Zeit hinweg immer mehr verfeinern und dadurch einen immer größeren Nutzen aus ihnen ziehen.

9. Erinnere Dich: Der gewöhnliche Mensch lebt in der äußeren Welt, der Welt der Auswirkungen. Die natürlichen Gesetzmäßigkeiten sind ihm fremd. Somit kann er sie auch nicht nutzen. Du aber, der sich jetzt bereits seit über zwei Monaten

mit ihnen befaßt, bekommst ein immer besseres Verständnis ihrer. Dadurch wirst Du in die Lage versetzt, ganz andere Mächte und Kräfte zum Ausdruck zu bringen – und das zum Wohle aller.

10. Dem Gedanken ist es deshalb möglich in die geistige Welt einzutreten, weil er in Art und Qualität gleichartig ist. Anders und vielleicht etwas klarer ausgedrückt bedeutet das: Wir haben allein durch unser Denken, durch unsere aufmerksame Beobachtung und das Schaffen von Wissen dieses Konstrukt namens ‚Universelles Bewußtsein‘ geschaffen. So entstand das eine aus dem anderen, aber das andere gleichzeitig aus dem einen – sie sind eins. Daher ist die Verbindung möglich, die dem (nicht denkenden) Menschen allein nicht zugänglich wäre.

Auch hier siehst Du: Es wurde geistig etwas erhoben – in Anspruch genommen – und die Natur der geistigen Inanspruchnahme ist eben die, daß sie ‚entsprechend‘ bedient wird, da geistiger Gebrauch zu mehr geistigem Material wie z.B. Verständnis, Wissen, Einsicht und Erkenntnis führt.

11. Erkennst Du, wie sich der erste Satz dieser Passage nahtlos in den Kommentar des vorigen Punktes einfügt? *Mit dem Verständnis dieses Gesetzes kannst Du eine Sache bestimmen, und sie wird Dir gegeben werden‘*, sagt dann wirklich alles aus.

Es lohnt sich, über diese Passage zu meditieren und sie gedanklich zu beleuchten und zu durchdringen.

12. Merkst Du, wie Du Dich geistig auf immer höhere Ebenen emporschwingst und Dich

mit Themen befaßt, die Dir vor kurzem noch völlig fremd waren? Merkst Du, wie sich Einsicht und Erkenntnis einstellt? Merkst Du, was das mit Deinem Wesen anstellt? Merkst Du, wie sich in Dir eine Macht und Kraft zu bewegen beginnt, die geradezu darauf wartet, nach außen zu dringen und von Dir verwirklicht zu werden? Merkst Du, wie Dein Denken immer größer wird und sich Dir immer mehr Möglichkeiten des Ausdrucks eröffnen? Merkst Du, wie machtvoll Du eigentlich bist und ein Niveau erreichst, welches Du Dir noch vor kurzem niemals zugetraut hättest? Hier nun, in Kapitel 10, wird es immer offensichtlicher, wie die Schöpfung funktioniert und welch wichtige Rolle Du darin spielst.

13. Diese Passage bitte sorgfältig lesen und verinnerlichen. Schöpfung dreht sich um etwas Neues, nicht um etwas, was bereits besteht. Geschöpft wird in der Stille, der inneren Welt, durch Deine geistige Inanspruchnahme. Diese Inanspruchnahme bedarf aber zunächst Deiner Anerkennung dieser geistigen Macht und Kraft, der Existenz und des Wirkens des Universellen Bewußtseins.

14. Jetzt wird es interessant. Wenn Du christlicher Literatur ausgesetzt warst, wirst Du bestimmt erkannt haben, daß es dort oft darum geht, Gott anzurufen. Sehr gute und empfehlenswerte Beispiele dafür sind z.B. Florence Scovel-Shinn ‚Das Spiel des Lebens und seine Regeln‘ sowie Catherine Ponder ‚Die Heilungsgeheimnisse der Jahrhunderte‘ und ‚Die dynamischen Gesetze des Reichtums‘. Empfehlenswert deswegen, weil sie diese ‚göttlichen Anrufungen‘ zur Selbstermächtigung benutzen, anstatt zu

einer religiös-kulturellen Indoktrinierung und Unterdrückung.

Wenn Du außerhalb des christlichen Glaubensbereiches aufgewachsen bist, wirst Du dennoch sehr viel Freude an diesen Büchern haben, da sich durch Dein Master Key System Studium Deine Sicht darauf, was geläufig ‚Gott‘ genannt wird, geändert haben wird. Welches Wort Du schlußendlich verwendest, spielt dabei eine untergeordnete Rolle. Wichtig hierbei ist, daß Du das Gesamtsystem verstehst und dieses Verständnis auch praktisch anwendest.

15. Man mag hier anmerken, daß all das Verständnis eines gewissen Grades an Intelligenz bedarf, aber wirklich schwer zu verstehen ist es wahrlich nicht. Es muß wie alles durch Übung und Wiederholung eingeprägt werden. Vor allem muß es täglich angewandt werden, denn ohne eine praktische Umsetzung und die dadurch entstehende Gewohnheitsbildung bleibt es auf immer im Bereich des Gedankens und somit Wunschdenkens.

16. Hinterfrage an dieser Stelle erneut Deine Glaubenssätze. Die Stille bietet Dir reichlich Gelegenheit dazu. Gehe in die Tiefe und sei schonungslos ehrlich mit Dir. Du wirst alsbald feststellen, daß Du zahlreiche Glaubenssätze hast, die Dir nicht dienlich sind und die einer Umgestaltung bedürfen. Achte dabei besonders genau auf Deine Sprache, denn sie ist die unmittelbare Manifestation Deiner Gedanken bzw deiner vorherrschenden Geisteshaltung.

17. Haanel geht später noch einmal darauf ein, was es mit der Beobachtung auf sich

hat. Nur durch Beobachtung erkennst Du Übereinstimmungen. Diese ‚*gemeinsamen Nenner*‘, wie Haanel sie im folgenden Kapitel nennt, führen Dich schließlich vom Glauben zum Wissen.

Natürlich mußt Du nicht alles selbst beobachten oder erkennen. Dafür gab und gibt es seit jeher Seelen, die sich dieser Aufgabe angenommen und diese Entdeckungen für uns gemacht haben. Es geht hier also vielmehr darum, zu erkennen, wie es zu den Gesetzen kommt und warum wir sie für uns herausgefunden haben. Wie Haanel später noch sagt: ‚*Sie sind alle zu unserem Vorteil entworfen worden.*‘

18. Das kann man noch ausbreiten, indem man Konzepte wie Struktur, Ordnung, Proportion, d.h. auch Schönheit miteinbezieht. Sie alle tragen dazu bei, daß sich das Leben entfaltet.

19. Hier gilt es zu verstehen, daß es ein schöpferisches Prinzip gibt, welches allem Wachstum, aller Entwicklung und Ausdehnung zugrunde liegt. Ein Prinzip, das dafür Sorge trägt, daß bestimmte Dinge Bestand haben. Ein Prinzip, auf das wir uns nicht nur verlassen können, sondern aktiv darauf einstimmen müssen, um an dieser Vorwärtsbewegung – diesem Überfluß – teilzuhaben.

Einfach ausgedrückt ist es so: Wenn Du Äpfel haben willst, gehe da hin, wo die Äpfel sind – ob am Baum oder im Laden – aber geh da hin, wo die *Äpfel* sind, und nicht da hin, wo Du Orangen oder Pflaumen findest. Wenn Du also ‚mehr Gutes‘ in Dein Leben ziehen willst, geh zuerst gedanklich, dann in Worten

und Taten da hin, wo sich ‚mehr Gutes‘ befindet. Die ersten Schritte sind Deine Anerkennung und Deine geistige Inanspruchnahme von ‚mehr Gutem‘.

20. Natürlich kann argumentiert werden, daß (auf menschlicher Ebene) Krankheit, Tod, Mangel und Beschränkung auch Teil des Universellen Bewußtseins sind, und in der Tat sind sie das auch. Wenn sie aber Oberhand gewinnen würden, wäre es schnell aus mit unserer Existenz. Da wir aber – auch durch Beobachtung – festgestellt haben, daß es bestimmte Prinzipien gibt, deren Gebrauch zu dem führen, was wir ein ‚schönes, reiches, gesundes und wohlhabendes Leben‘ nennen, wäre es einfach nur töricht, sie zu ignorieren.

Dem Großen Ganzen macht unsere individuelle Existenz nichts aus, aber wenn Du schon hier bist und Dich entfaltest, warum dann nicht auf eine schöne Art und Weise, vor allem, wenn diese doch so einfach erreichbar ist.

21. Ein sehr wichtiger Punkt. Konstruktiv heißt aufbauend, was wiederum ‚mehr von dieser Sache‘ bedeutet. Um etwas aufzubauen, sind Ordnung und Struktur notwendig, was wiederum bedeutet, daß gewisse Gesetzmäßigkeiten eingehalten werden müssen. Dieses Einhalten geschieht durch Wissen, was wiederum durch Aufmerksamkeit, Beobachtung und Klassifizierung erlangt wurde.

22. ‚*Schwäche kommt von nirgendwo, sie ist nichts.*‘ Bitte meditiere darüber ein wenig, denn dieser Satz zeigt auf, daß alle widrigen Umstände lediglich scheinbar sind und keine eigene Kraft besitzen. Sie mögen

sich so anfühlen, aber sie sind im wahrsten Sinne des Wortes ‚nichts'.

23. *‚Die Dinge, die Du suchst, werden Dich suchen.'* Nichts ist wahrer als das, und das im wahrsten Sinne des Wortes, denn das, worauf Du Deine Aufmerksamkeit richtest, wird Dir bewußt, und Du ziehst es durch Deine Kraft mehr und mehr in Dein Leben. Du wirst verstandesmäßig nicht immer nachvollziehen können, woher bestimmte Dinge kommen, die Dir zukommen, aber das spielt keine Rolle. Wichtig zu verstehen ist, daß Du mit ihnen in Resonanz bist und sie daher auftreten. Gefällt Dir die Resonanz nicht, wende Deine Aufmerksamkeit davon ab und der entgegengesetzten Qualität zu.

24. Diese Übung macht für den unwissenden Verstand keinerlei Sinn, außer daß sie sehr abstrakt erscheint. Dahinter verbirgt sich aber eine Fülle an Symbolik, die diese Übung vielschichtig und daher sehr wertvoll macht. Also, aufgepaßt!

Die Linie ist die erste Manifestation des Geistes in der 2. Dimension – ein Ortswechsel, sozusagen. Das anschließend entstehende Quadrat steht für die männliche Form, die Struktur gibt, abgrenzt.

Der Kreis steht symbolisch für die weibliche Form, das Unendliche, Empfängliche, welches durch das Männliche abgegrenzt wird.

Der Punkt im Kreis ist nicht nur das astrologische Symbol der Sonne, sondern auch das Individuum als Teil des Ganzen, in Art und Qualität gleichartig, der einzige Unterschied ein gradueller seiend.

Das an-sich-Heranziehen des Punktes ist ein dreidimensionaler Akt durch eine geistige Inanspruchnahme, wo zweidimensional der Teil des Unendlichen in dem Individuum wächst. Anders ausgedrückt: Das Individuum nähert sich seiner Quelle, der Unendlichkeit – es wird eins mit dem Schöpfer.

Das Heranziehen schafft dreidimensional auch einen Trichter, einen Strudel (Vortex), der wiederum den auf dem goldenen Schnitt ‚Phi' beruhenden basierenden Schöpfungsmechanismus repräsentiert.

Das Verändern der Farben bedeutet, daß der Student seiner Schöpfung jede erdenkliche Farbe geben kann, daß sich die Schöpfung selbst aber nach genauen Gesetzmäßigkeiten richtet. Der Gedanke an die Farbe Rot bringt eben auch die rote Farbe hervor und nicht die grüne.

Das Ändern der Farbe ist übrigens eine bei den Rosenkreuzern sehr beliebte Übung, nur daß sie dort mit einer Kerzenflamme gemacht wird. Das Feuer der Flamme stellt für sie die Verbindung zur astralen Welt her, und das Ändern der Farbe des Kerzenscheins schult nicht nur die eigene Vorstellungskraft; die neue Farbe ist auch für andere sichtbar.

25. Du mußt dazu diese Struktur zu Beginn nicht direkt auf der Wand sehen, sondern die weiße Wand dient lediglich der Vereinfachung, diese Struktur bei offenen Augen vor Deinem geistigen Auge zu sehen. Es ist eine ausgezeichnete Abschlußübung zur Schulung Deiner Vorstellungskraft, denn in den kommenden Wochen geht es dann zu Konzentrationsübungen über. Zunächst

287

aber muß Deine Vorstellungskraft gestärkt werden, damit Du Dir mittels Deiner Gedanken detailreiche geistige Bilder schaffen kannst. Diese wirken dann auf die universelle Substanz ein und bringen sie durch das Gesetz der Anziehung zur Verwirklichung.

11

Induktives Denken

Dein Leben wird durch Gesetze geregelt, durch tatsächliche, unabänderliche Prinzipien, die niemals abweichen. Diese Gesetze wirken jederzeit und überall. Festgelegte Gesetze sind die Grundlage jeglicher menschlicher Aktivität. Aus diesem Grund sind Menschen, die gigantische Industrien kontrollieren, in der Lage, mit absoluter Genauigkeit vorherzusagen, welcher Prozentsatz von 100,000 Personen auf bestimmte Umstände reagieren wird.

Man tut gut daran, sich zu erinnern: Während jede Wirkung das Ergebnis einer Ursache ist, wird die Wirkung selbst wieder zu einer Ursache. Diese Ursache erschafft dann weitere Wirkungen, so daß Du – wenn Du das Gesetz der Anziehung in die Tat umsetzt – bedenken mußt, daß Du eine Verursachungskette unendlichen Potentials in Bewegung setzt – zum Guten oder zum Bösen.

Oft hören wir Menschen sagen: „Eine sehr erschütternde Situation ist über mein Leben gekommen, die nicht das Ergebnis meiner Gedanken gewesen sein kann, da ich gewiß nie solch einen Gedanken gehegt habe, der zu solch einem Ergebnis hätte führen können." Sie vergessen dabei, daß **in der spirituellen Welt Gleiches Gleiches anzieht** und daß uns die Gedanken, die wir hegen, Freundschaften und Partnerschaften einer besonderen Art bringen. Diese wiederum führen Umstände und eine Umgebung herbei, die für jene Umstände verantwortlich sind, über die wir uns beschweren.

INDUKTIVES DENKEN

1. Induktives Denken ist der Vorgang des Objektiven Bewußtseins, durch den wir eine Anzahl unterschiedlicher Einzelfälle miteinander vergleichen, bis wir den gemeinsamen Nenner gefunden haben, aus dem sie alle hervorgehen.

2. Induktion (Ableiten oder auch Herleiten, d.h. vom Besonderen aufs Allgemeine schließen, Anm. d. Ü.) geschieht durch das Vergleichen von Tatsachen. Es ist diese Methode des Studiums der Natur, welche die Entdeckung einer Reihe von Gesetzen zur Folge hatte, die eine Ära des menschlichen Fortschritts markierte.

3. Es ist die Trennlinie zwischen Aberglaube und Intelligenz. Es hat die Elemente der Ungewißheit und Laune aus dem Leben des Menschen entfernt und sie durch Gesetz, Urteilsvermögen und Gewißheit ersetzt.

4. Es ist der in einem vorherigen Kapitel erwähnte „Wächter vor dem Tor".

5. Wenn aufgrund dieses Prinzips die Welt, an die sich die Sinne gewöhnt haben, revolutioniert wurde; wenn die Sonne auf ihrem Kurs festgesetzt, die scheinbar flache Erde in eine Kugel umgeformt und auf die Reise um die Sonne geschickt und die unbelebte Masse in aktive Elemente aufgelöst wurde und – ganz gleich, worauf wir das Teleskop oder Mikroskop ausrichteten – sich das Universum mit Kraft, Bewegung und Leben gefüllt präsentierte, dann sind wir gezwungen, die Frage zu stellen, auf welche Art diese delikaten Organisationsformen in unserem Blickfeld in Ordnung und Bestand gehalten werden.

6. Gleiche Pole – oder gleiche Kräfte – stoßen einander ab oder bleiben füreinander undurchdringlich. Diese Ursache scheint

im Allgemeinen ausreichend zu sein, den Sternen sowohl Ort und Distanz als auch den Menschen und Kräften ihren richtigen Platz zuzuordnen. So wie Menschen verschiedener Qualitäten Partnerschaften eingehen, so ziehen sich unterschiedliche Pole an. Elemente wie Säuren und Gase, die keine gemeinsamen Eigenschaften haben, haften aneinander, und zwischen Angebot und Nachfrage wird ein allgemeiner Austausch aufrechterhalten.

7. So, wie das Auge nach Farben sucht, komplementär zu denen, die es sieht, und daraus Zufriedenheit erfährt, so leiten und bestimmen – im weitesten Sinne – Bedürfnis, Wollen und Wunsch die letztendliche Tat.

8. Es ist unser Privileg, sich dieses Prinzips bewußt und in Übereinstimmung damit tätig zu werden. Georges Cuvier sieht einen Zahn, der zu einer ausgestorbenen Tierrasse gehört. Dieser Zahn braucht einen Körper zur Ausführung seiner Funktion, und er definiert den von ihm benötigten, besonderen Körper mit solch einer Genauigkeit, daß Cuvier das Skelett dieses Tieres rekonstruieren kann.

Georges Cuvier
(1769 – 1832)

9. In der Bewegung vom Uranus werden Störungen beobachtet. Urbain Le Verrier benötigt einen anderen Stern an einem bestimmten Platz, um das Sonnensystem in seiner (vom Menschen erkannten, Anm. d. Ü.) Ordnung zu halten, und Neptun erscheint genau an diesem Platz und zur vorhergesehenen Stunde.

10. Das instinktive Verlangen des Tieres und die intellektuellen Bedürfnisse von Cuvier, die Bedürfnisse der Natur und die des Bewußtseins von Le Verrier waren identisch – und somit auch die Ergebnisse. Hier die Gedanken einer Existenz, dort die Existenz. Ein wohl definierter, gesetzestreuer Wille liefert somit die Grundlage für die komplexeren Abläufe in der Natur.

Urbain Le Verrier
(1811 – 1877)

11. Nachdem wir die uns von der Natur gelieferten Antworten korrekt aufgeschrieben und unsere Sinne mit der wachsenden Wissenschaft über ihre Oberfläche ausgestreckt haben; nachdem

wir mit den Hebeln, die die Erde bewegen, Hand in Hand gegangen sind, werden wir uns eines solch nahen, vielschichtigen und tiefen Kontakts mit der äußeren Welt bewußt, daß unsere Bedürfnisse und Ziele nicht weniger mit dem harmonischen Treiben dieser umfangreichen Organisation identifiziert werden, als das Leben, die Freiheit und die Glückseligkeit des Bürgers mit dem des Bestehens seiner Regierung.

12. Da die Interessen des Individuums durch die Waffen seines Landes – und seinen eigenen – geschützt werden und seine Versorgungsbedürfnisse von einem Grad abhängig sind, zu dem man sie universeller und steter fühlt, auf die gleiche Art und Weise bewahrt uns eine bewußte Teilnahme im Reich der Natur durch die Verbindung mit höheren Mächten vor den Ärgernissen niederer Kräfte. Durch einen Aufruf an die fundamentalen Gesetze des Widerstandes oder des Anreizes, welche sich mechanischer oder chemischer Mittel bedienen, wird die zu verrichtende Arbeit zwischen ihnen und dem Menschen zum größten Ruhm und Vorteil des Erfinders aufgeteilt.

Plato
(428/427 BC – 348/347 BC)

13. Wenn **Plato** Zeuge von Aufnahmen der Sonne hätte werden können, die durch einen Fotografen erstellt wurden, oder hunderte ähnlicher Illustrationen dessen, was der Mensch durch Einarbeitung (in jedwede Thematik, Anm. d. Ü.) schaffen kann, hätte es ihn vielleicht an die geistige Hilfestellung seitens seines Meisters erinnert. In seinem eigenen Bewußtsein wäre dann vielleicht die Vision eines Landes entstanden, in dem alle manuelle, mechanische Arbeit und Wiederholung den Kräften der Natur untergeordnet ist; wo all unsere Bedürfnisse durch rein geistige Handlungen mittels des Willens befriedigt und in Bewegung gesetzt werden und wo das Angebot durch die entsprechende Nachfrage erschaffen wird.

14. Wie weit entfernt das Land auch erscheinen mag, induktives Denken hat den Menschen gelehrt, sich ihm zu nähern, und es hat ihn mit Wohltaten umgeben, welche gleichzeitig der Lohn für vergangene Treue und ein Anreiz für noch aufopfervollere Hingabe sind.

Wir müssen erst glauben, daß uns der Wunsch bereits erfüllt wurde, seine Vollendung wird dann folgen.

Emanuel Swedenborg
(1688 – 1772)

15. Es ist ebenso eine Hilfe, unsere Fähigkeiten für den noch ausstehenden Teil zu konzentrieren und zu stärken und uns durch die einfache Tatkraft des Bewußtseins in seiner reinsten Form fehlerfreie Lösungen sowohl für individuelle als auch universelle Probleme zu liefern.

16. Hier finden wir eine Methode, deren Kern der Glaube ist, daß das, was wir ersuchen, bereits vollendet ist, um es zu vollenden. Eine Methode, uns vererbt vom gleichen Plato, der außerhalb dieser Sphäre niemals finden konnte, wie diese Ideen letztendlich Wirklichkeit wurden.

17. Diese Auffassung wurde auch von **Swedenborg** in seiner Doktrin der Übereinstimmungen sorgfältig dargelegt, und ein noch größerer Lehrer sagte einmal: *„Welch Dinge Du Dir immer wünschst, wenn Du betest, glaube, daß Du es bereits erhalten hast, und es wird Dir zuteil werden."* (Markus 11:24). Der Unterschied der Zeiten in dieser Aussage ist bemerkenswert.

18. Wir müssen erst glauben, daß uns der Wunsch bereits erfüllt wurde; seine Vollendung wird dann folgen. Dies ist eine präzise Anweisung, von der schöpferischen Macht des Gedankens Gebrauch zu machen, indem wir dem Universellen, Subjektiven Bewußtsein die von uns gewünschte Sache **als bereits bestehende Tatsache** aufprägen.

19. Wir denken somit **auf der Ebene des Absoluten**, eliminieren alle Erwägungen beschränkender Umstände und pflanzen eine Saat, die – wenn ungestört – schlußendlich zu einer äußeren Darstellung führen wird.

Wie bei allem in der Bibel, gibt es zahlreiche Übersetzungen für Markus 11:24. Einige sind in ihrer Auslegung ungenau, da sie den Fokus nicht auf den Wunsch als bereits bestehende Tatsache legen, was aber absolut grundlegend ist und auch auf die richtige Art zu Beten hindeutet.

Das Sehen der „gewünschten Sache" als bereits bestehende Tatsache ist die primäre Herausforderung im täglichen Leben, da einem die Sinneswahrnehmung auf absehbare Zeit immer noch die Resultate vergangenen Denkens vorspiegelt, d.h. die eigene – neue – Interpretation hat noch nicht wirklich gefußt.

293

20. Um es zu wiederholen: Induktives Denken ist der Vorgang des Objektiven Bewußtseins, durch den wir eine Anzahl voneinander getrennte Einzelfälle miteinander vergleichen, bis wir den gemeinsamen Nenner gefunden haben, aus dem sie allesamt hervorgehen. Wir sehen Menschen in jedem zivilisierten Land der Welt, die sich durch einen Vorgang Ergebnisse sichern, den sie selbst nicht zu verstehen scheinen und der ihnen mehr oder weniger Rätsel aufgibt. Unser Urteilsvermögen wird uns zu dem Zweck gegeben, uns des Gesetzes zu vergewissern, durch das diese Ergebnisse erzielt werden.

21. Die Durchführung dieses Gedankenvorganges ist solchen glücklichen Naturen vorbehalten, die all das besitzen, was andere durch Schwerstarbeit erwerben müssen; die nie mit ihrem Gewissen kämpfen müssen, da sie immer korrekt handeln; sich immer taktvoll aufführen; alles leicht erlernen; all das, was sie angefangen haben, mit fröhlicher Natur vollenden; in ewiger Harmonie mit sich selbst leben, ohne sich je groß Gedanken darüber machen zu müssen, was sie tun, oder jemals Schwierigkeiten oder Mühe erfahren.

22. Die Frucht dieses Gedankens ist wie ein Geschenk der Götter; ein Geschenk aber, das wenige bisher erkennen, schätzen oder verstehen. Das Erkennen dieser erstaunlichen Kraft, die das Bewußtsein unter den richtigen Umständen besitzt, sowie die Tatsache, daß diese Kraft genutzt, geleitet und zur Lösung eines jeden menschlichen Problems verfügbar gemacht werden kann, ist von übergeordneter Bedeutung.

23. Alle Wahrheit ist dieselbe, ganz gleich, ob sie durch moderne, wissenschaftliche Begriffe oder in der Sprache apostolischer Zeiten ausgedrückt wird. Es gibt zaghafte Seelen, die nicht begreifen, daß die Vollständigkeit der Wahrheit mehrerer Aussagen bedarf – daß keine einzige menschliche Formel jemals alle Seiten davon aufzeigen wird.

24. Veränderung, Gewichtung, neue Sprachen, neue Auslegungen und ungewöhnliche Perspektiven sind nicht – wie manche

meinen – Zeichen der Abkehr von der Wahrheit, sondern – ganz im Gegenteil – sind sie der Beweis dafür, daß sich der Wahrheit bezüglich neuer menschlicher Bedürfnisse genähert wurde und sie allgemein besser verstanden wird.

25. Die Wahrheit muß jeder Generation und jedem Menschen auf neue und unterschiedliche Art und Weise vermittelt werden, so daß, wenn der große Lehrer sagt: „*Glaube, daß Du erhalten wirst, und Du wirst erhalten*", oder wenn Paulus sagt: „*Glaube ist die Substanz der erhofften Dinge, der Beweis der noch unsichtbaren Dinge*", oder wenn die moderne Wissenschaft sagt: „*Das Gesetz der Anziehung ist das Gesetz, durch welches das Denken mit seinem Objekt in Bezug steht*", dann enthält jede Aussage, wenn sie einer Analyse unterzogen wird, genau dieselbe Wahrheit. Der einzige Unterschied liegt in der Form der Darstellung.

26. Wir stehen auf der Schwelle zu einer neuen Ära. Die Zeit ist gekommen, wo der Mensch die Geheimnisse der Meisterschaft erlernt haben und der Weg für eine neue soziale Ordnung vorbereitet wird, wundervoller als alles jemals Erträumte. Der Konflikt der modernen Wissenschaft mit der Theologie, die Studie der vergleichbaren Religionen, die ungeheure Kraft der sozialen Bewegungen, all diese machen den Weg frei für diese neue Ordnung. Sie mögen traditionelle Formen zerstört haben, die veraltet und kraftlos geworden sind, doch nichts von Wert ist verloren gegangen.

27. Ein neuer Glaube ist geboren; ein Glaube, der neue Ausdrucksformen erforderlich macht. Dieser Glaube nimmt in einem tiefen Bewußtsein der Kraft Formen an, welche sich in den gegenwärtigen spirituellen Aktivitäten zeigt, die überall ersichtlich sind.

28. Das Bewußtsein, das im Mineralreich schläft, in der Pflanze atmet, sich im Tierischen bewegt und seine höchste Entwicklung im Menschen erreicht, ist das Universelle Bewußtsein, und es ermutigt uns, den Abgrund zwischen Sein und Tun, wie auch

zwischen Theorie und Praxis, zu überbrücken, indem wir unser Verständnis der uns zugeordneten Herrschaft aufzeigen.

29. Die bei weitem großartigste Entdeckung aller Jahrhunderte ist die Macht des Denkens. Die Bedeutung dieser Entdeckung erreichte zwar ein wenig langsam das allgemeine Bewußtsein der Menschen, doch sie ist angekommen, und die Bedeutung dieser größten aller Entdeckungen wird bereits in allen Gebieten der Forschung verdeutlicht.

30. Du fragst, aus was diese schöpferische Kraft des Gedankens besteht? Sie besteht aus dem Schaffen von Ideen, und diese wiederum stellen sich dar durch das Annähern, Erfinden, Beobachten, Trennen, Entdecken, Analysieren, Entscheiden, Regeln, Kombinieren sowie der Anwendung von Masse und Kraft. Sie kann das bewerkstelligen, weil sie eine intelligente, schöpferische Kraft ist.

31. Denken erreicht seine höchste Aktivität, wenn es in seine eigenen geheimnisvollen Tiefen gestürzt wird; wenn es durch die Enge seines eigenen Selbst bricht und es von Wahrheit zu Wahrheit in die Regionen des ewigen Lichts eintritt, wo all das, was ist, was war oder jemals sein wird, zu einem einzigen großartigen Einklang verschmilzt.

32. Aus diesem Vorgang der Selbstbetrachtung entsteht Eingebung, welche schöpferische Intelligenz ist und zweifellos über jedes Element, jede Kraft oder jedes Gesetz der Natur erhaben, denn sie kann sie zu ihrem eigenen Nutzen verstehen, modifizieren, regeln oder anwenden – und somit besitzen.

33. Weisheit beginnt mit dem Zeitalter der Vernunft. Die Vernunft ist lediglich ein Verstehen des Wissens und der Prinzipien, durch die wir die wahre Bedeutung der Dinge kennenlernen. Weisheit ist dann erleuchtete Vernunft, und diese Weisheit führt zu Demut, denn Demut ist ein großer Teil der Weisheit.

Weisheit ist erleuchtete Vernunft,
und diese Weisheit führt zu Demut,
denn Demut ist ein großer Teil der Weisheit.

34. Wir alle kennen viele Menschen, die das scheinbar Unmögliche erreicht haben; die sich lebenslange Träume erfüllt haben; die alles einschließlich sich selbst geändert haben. Wir haben manchmal die Demonstration einer scheinbar unwiderstehlichen Macht bestaunt, die augenscheinlich immer dann verfügbar war, wenn sie am meisten benötigt wurde, aber jetzt ist alles klar. Alles, was benötigt wird, ist ein Verständnis bestimmter, genauer, fundamentaler Prinzipien und deren angemessene Anwendung.

35. Als Übung dieser Woche konzentriere Dich auf das folgende Bibelzitat: *„Was immer Du Dir wünschst, wenn Du betest, glaube, daß Du es bereits erhalten hast, und es wird Dir zuteil werden."* Beachte, daß es hier **keinerlei Beschränkung** gibt. ‚Was immer' ist definitiv und bedeutet, daß die einzige Beschränkung in unserer Fähigkeit, zu denken, liegt; mit der Gelegenheit identisch zu sein; im Notfall aufzuerstehen; sich zu erinnern, daß Glaube kein Schatten ist, sondern eine Substanz, *‚die Substanz der erhofften Dinge, der Beweis der noch unsichtbaren Dinge.'*

FRAGEN UND ANTWORTEN

101. *Was ist induktives Denken?*
Der Vorgang des Objektiven Bewußtseins, durch den wir eine Anzahl voneinander getrennter Einzelfälle miteinander vergleichen, bis wir den gemeinsamen Nenner erkennen, der aus allen hervorgeht.

102. *Was hat diese Studienmethode erreicht?*
Sie hat in der Entdeckung der Herrschaft von Gesetzen resultiert, die eine Epoche des menschlichen Fortschritts markiert hat.

103. *Was ist es, was Taten leitet und bestimmt?*
Es sind Bedürfnis, Wollen und Wunsch, welche im weitesten Sinne Taten leiten und bestimmen.

104. *Was ist die Formel für eine fehlerlose Lösung eines jeden individuellen Problems?*
Wir müssen glauben, daß sich unser Wunsch bereits erfüllt hat; seine Erfüllung wird dann folgen.

105. *Welche großen Lehrer waren Fürsprecher?*
Jesus, Plato, Swedenborg.

106. *Was ist das Ergebnis dieses Gedankenprozesses?*
Wir denken auf der Ebene des Absoluten und säen eine Saat, die – wenn ungestört – Früchte trägt.

107. *Warum ist das wissenschaftlich exakt?*
Weil es ein natürliches Gesetz ist.

108. *Was ist Glaube?*
„Glaube ist die Substanz der erhofften Dinge, der Beweis der noch unsichtbaren Dinge."

109. *Was ist das Gesetz der Anziehung?*
    Das Gesetz, durch das Glaube zur Darstellung
    gebracht wird.

110. *Welche Bedeutung verknüpfst Du mit dem Verständnis*
    dieses Gesetzes?
    Es hat die Elemente der Ungewißheit und Laune aus
    dem Leben der Menschen verbannt und mit Gesetz,
    Urteilsvermögen und Gewißheit ersetzt.

> *Der Tod ist ein natürlicher Vorgang, durch*
> *den alle materiellen Formen zum Zweck der*
> *Wiederherstellung in frischer Vielfalt in den*
> *Schmelztiegel geworfen werden.*
> – ANONYM

11

Induktives Denken

Als ob Du es schon geahnt hättest, dieses Kapitel hat es in sich. Mir ging es nicht anders, denn obwohl ich schon einmal was von Induktion gehört hatte – wir alle kennen ja den Induktionsherd, wo man gleich wieder die Platte anfassen kann, wenn der Topf entfernt wurde – aber Induktives Denken ergab für mich anfangs gar keinen Sinn. Das sollte sich schnell ändern.

Induktives Denken ist das Vergleichen von Einzelfällen, bis wir aus ihnen einen gemeinsamen Nenner ziehen können, der allen zugrunde liegt. So finden wir nicht nur die Wahrheit, sondern benutzen Induktives Denken auch als den Wächter vor dem Tor. Gleichzeitig gibt es uns Gewißheit und Sicherheit. Du weißt bereits, daß der bewußte Verstand entscheidet, was ans Unterbewußtsein weitergeleitet wird. Wenn wir die Wahrheit kennen; wenn wir korrekte Schlußfolgerungen gezogen haben, dann befinden wir uns in Übereinstimmung und Einklang mit den Naturgesetzen; dann ist die Materialisierung nicht mehr weit, weil es stimmig ist und wir nicht ,gegen den Strom anpaddeln', wie Esther Hicks es ausdrückte..

Die Wahrheit zu kennen bedeutet auch, sich seiner Macht und Kraft bewußt zu sein. Diese wächst nur durch Inanspruchnahme. Wenn Du Deine Kraft nicht kontinuierlich benutzt, schwindet sie und bietet Dir einen verminderten und geringer werdenden Nutzen. Das ist im spirituellen Bereich genau so gültig wie im materiellen/körperlichen Bereich. Es gilt hier aber zu unterscheiden, daß sich das Spirituelle durch Gebrauch erhöht, während sich das Materielle durch Gebrauch abnutzt und auflöst. Es geht in diesem Kapitel auch um das Bibelzitat aus Markus 11,24:

„Was immer Du Dir auch wünschst, wenn du betest, glaube, daß Du es bereits erhalten hast, und es soll Dir zuteil werden."

Hier wird Dir wohl zum ersten Mal überhaupt bewußt, welche zentrale Rolle Dein Zeitempfinden und (wieder einmal im wahrsten Sinne des Wortes) Dein entsprechender Ausdruck spielen, denn hier geht es nicht um lineare Zeit, sondern um Nullzeit, um Gleichzeitigkeit. Du erkennst, daß es unabdingbar ist, daß der Wunsch in der Gegenwartsform (,Ich bin') geäußert wird und nicht in der Zukunfts- oder Relativform, wie z.B. ,Ich werde' oder ,ich könnte' oder ,ich möchte' etc.

,Ich bin' ist eine mächtige Aussage, denn dies ist die Schwingung, die Du aussendest und welche dann mit gleichartigen Schwingungen resoniert. Wenn Du Dir also etwas wünschst, betrachte es *stets* als bereits bestehende Tatsache an und reduziere somit die Zeit zwischen Wunsch und Erfüllung auf Null.

Solange eine Distanz besteht, kann sich nichts verwirklichen. Mir ging das mit dem Auto meiner Jugendträume 25 Jahre lang so – eine in diesem Zusammenhang sehr lange Zeit. Ich wußte nicht, wie richtig zu affirmieren ist, und durch die Abwesenheit davon konnte ich mich auch der Erfüllung nicht nähern. Erst durch das Master Key System kam es zu einer im positiven Sinne dramatischen Wende. Heute, während ich das schreibe, besitze ich das Auto seit über acht Jahren – der Wunsch ist wahr geworden, weil ich wußte wie. Es gab weder Zweifel noch habe ich weiter vor mich hin geträumt, sondern bin aktiv an die Arbeit gegangen, anderen zu dienen. Aus dem Ertrag konnte ich mir das Auto leisten. Dieses Beispiel ist natürlich nur das einer äußeren Manifestation. Du hast sicherlich andere Wünsche und Vorstellungen. Die Verwirklichung unterliegt aber immer denselben Gesetzmäßigkeiten.

ÜBUNG

Auf dieses Bibelzitat konzentriert sich auch die Übung von Kapitel 11, denn wir glauben, daß es uns bereits gegeben wurde, dann verschwinden jegliche

Zweifel, und wir sind erfüllt mit Zuversicht, Tatendrang, Mut und Vertrauen. So wird Unmögliches möglich, oder wie Charles Haanel in Punkt 34 sagt:

‚Wir alle kennen viele, die das scheinbar Unmögliche erreicht haben, die sich lebenslange Träume erfüllt haben, bei denen sich alles geändert hat, einschließlich sie selbst. Wir haben manchmal über die Erscheinung einer offenbar unbezwingbaren Macht gestaunt, die augenscheinlich immer dann verfügbar war, wenn sie am meisten benötigt wurde, aber jetzt ist alles klar. Alles, was dazu notwendig ist, ist ein Verständnis sowohl über bestimmte, klare und fundamentale Prinzipien, als auch deren genauer Anwendung.'

Selbst wenn Du nicht dem christlichen Glauben anhaftest, sei Dir gewiß, daß diese Übung konfessionslos ist. Sie ist eine Aussage in Übereinstimmung mit der Wahrheit, und das ist das Einzige, was Dich interessiert. Bitte nimm Dir die Zeit, dieses Zitat zu verinnerlichen. Bleibe auch in dieser Woche standhaft und diszipliniert, um diese Übung bis zur Meisterschaft durchzuführen. Sie ist von übergeordneter Bedeutung!

AUFGABEN

1. Erkläre, was Induktives Denken ist und warum es in Deinem Leben so wichtig ist, „Dingen auf den Grund zu gehen".

    ....
    ....
    ....
    ....
    ....

2. Bewerte hier auf einer Skala von 1 – 10, wie Du Dich diese Woche gefühlt hast:

	Vorwoche	Jetzt
Dein Selbstwert:	_____	_____
Dein Energieniveau:	_____	_____
Dein Glücksgefühl:	_____	_____
Deine Tatkraft:	_____	_____
Deine Gesundheit:	_____	_____
Dein Reichtum:	_____	_____

3. Warum müssen wir glauben, daß uns unser Wunsch bereits erfüllt wurde, bevor er sich verwirklicht?

    ....

    ....

    ....

    ....

4. Schreibe auf, woraus sich die schöpferische Kraft des Gedankens zusammensetzt.

    ....

    ....

    ....

5. Was bedeutet es in Deinem Leben, "absolut" zu denken?

    ....

    ....

    ....

6. „Weisheit beginnt mit logischem Denken". Warum ist das so?

    ....

    ....

    ....

7. Erkläre, warum es nichts mehr zu zweifeln gibt, sobald wir uns ein Ideal geschaffen haben.

    ....

    ....

    ....

    ....

8. Schreibe auf, wo Du diese Woche bewußt Gebrauch vom Induktiven Denken gemacht hast.

    ....

    ....

    ....

    ....

9. Kreuze an, welche der untenstehenden Taten oder Handlungen Du diese Woche unternommen hast oder welche eingetreten sind:

☐ Ich denke immer öfter, anstatt nur lose Gedanken zu haben.

☐ Ich erkenne immer mehr die Zusammenhänge zwischen den „Dingen".

☐ Ich affirmiere mir, daß das, was sich vor mir abspielt, nicht „ich" bin, nicht „meine" Story ist.

☐ Ich fange mich in Momenten und erkenne klar, daß ich in dem Moment nur Gedanken habe, aber nicht denke, da Denken systematisch und konstruktiv ist.

☐ Meine Freude am Leben wird immer größer.

☐ Meinem Umfeld fallen die Veränderungen in und bei mir auf, und sie kommentieren sie positiv.

LITERATURHINWEIS

Ⓦ *„Transsurfing"* von Vadim Zeland ist eine hervorragende Lektüre, die das MKS erweitert.

Ⓦ *„Auf der Spur des wilden Pendels"* von Itzhak Bentov ist ein sehr empfehlenswertes Buch, was die Mechanik des Bewußtseins, Holografie und Quantenphysik anbelangt. Dort wird auch erklärt, was passiert, wenn wir meditieren.

DU HAST DIESEN TEIL GEMEISTERT...

⏷ wenn Du verstanden hast, daß Gewißheit nur dann zu Dir kommen kann, wenn Du Dich auf etwas verlassen kannst; und daß dieses sich verlassen können nur durch Muster entsteht, welche wiederum durch eine genaue und wertfreie Beobachtung entstehen.

⏷ wenn Du vergleichend beobachten kannst, bis sich aus bestimmten Abläufen (oder Einzelheiten) ein gemeinsamer Nenner ergibt.

⏷ wenn Du zunehmend auf der Ebene des Absoluten denkst und somit keinerlei Zweifel, Befürchtungen oder Ängste mehr hegst

⏷ wenn Du Deinen Wunsch als bereits bestehende Tatsache ansiehst.

⏷ wenn Du verstanden hast, daß Deinem Denken keinerlei Beschränkungen auferlegt sind.

KOMMENTAR

Das Problem bei Problemen ist, daß man gewöhnlich nicht weiß, warum eine ‚negative' Situation aufgetreten ist. Bewußt hat man sie bestimmt nicht angezogen. Deshalb ist es so wichtig, sich des Unterbewußten gewahr zu werden und dort die Muster und Prägungen zu erkennen, die nun außerhalb des Verstandes und daher der Gedankenwelt walten. Erst dann kann man diese Prägungen auflösen, dem Negativen entsprechend begegnen und eine neue Qualität ins eigene Sein integrieren.

1. In den vorherigen Kapiteln hast Du Dich mit einem Verständnis Deiner Selbst und Deiner Beziehung zu dem Großen Ganzen befaßt. Dazu hast Du noch gelernt, was es mit den natürlichen Gesetzmäßigkeiten auf sich hat. In Kapitel 11 geht es nun darum, zu verstehen, daß es eines vergleichenden (und herleitenden Denkens) bedarf, um von der glaubenden Position zu der wissenden Position zu kommen. Auf gut Deutsch: Wo Du Ungewißheit durch Gewißheit ersetzt. Das bedarf jedoch Deines Inputs, Deiner Arbeit, um für Dich von Nutzen zu sein. In den folgenden Kommentaren werde ich erläutern, was das für Dich in der Praxis bedeutet.

2. Nahezu alles, was wir als Menschen entdeckt haben, entstand durch Beobachtung. Je mächtiger die Werkzeuge wurden, desto durchdringender und wertvoller wurden die Erkenntnisse. Wertvoll vor allem in dem Zusammenhang, daß sie einer viel größeren Menge zunutze gemacht wurden als nur den Beobachtern selbst. So verdanken wir alle Fortschritte in den Naturwissenschaften den genauen und kritischen Beobachtungen weniger Menschen, aus denen dann Gesetzmäßigkeiten formuliert wurden, welche wir heute auf vielfältige Art nutzen.

3. Lies Dir diese Passage noch einmal durch, vor allem den letzten Satz. ‚*Gesetz, Urteilsvermögen und Gewißheit.*' Das ist es, was Du Dir immer wieder ins Bewußtsein rufen mußt. Nur wenn Du Dich auf bestimmte Dinge verlassen kannst, ist es Dir auch möglich, ein Leben in Ruhe und Zufriedenheit leben. Ungewißheit und Chaos sind nur bei Dimensionssprüngen hilfreich, aber selbst dann können sie nicht dauerhaft bestehen. Es ist auch nicht ihre Aufgabe, Bestand zu haben, sondern sie sind dazu da, anzuregen, zu verändern und dadurch eine neue Ordnung auf einer höheren Ebene zu erschaffen.

4. Dieser Wächter paßt halt genau auf und läßt nur das zu, was auch wirklich wahr ist. Aber auch dieser Wächter muß geschult sein; vorurteilsfreie Beobachtung sowie das Klassifizieren von Resultaten gehören zweifelsfrei dazu.

5. Einfach ausgedrückt: Was steckt hinter all den Erscheinungen, all den gemachten Beobachtungen? Was sind das für universelle Gesetzmäßigkeiten, die dafür sorgen, daß wir uns auf so viele Dinge im Leben verlassen können? Bedenke hier, daß diese Verläßlichkeit unabdingbar ist, damit sich der Verstand neuen Dingen zuwenden kann. Er muß immer wieder befreit werden, ansonsten gäbe es keinerlei Fortschritt.

6. Praktisch bedeutet das, daß Dich eine von Dir erkannte Mangelsituation gedanklich in Kontrast dazu setzt und so der Wunsch

nach Fülle aufkommt. Dort angelangt hast Du (auf diesem höheren Niveau) aber erkannt, daß Dich der Wunsch nach Armut eben auch in diese Richtung ziehen würde. So hältst Du Dich gedanklich auf dem Niveau der Fülle fest und manifestierst durch das Gesetz der Anziehung mehr davon.

Du siehst, daß es hier keine Reziprozität (Wechselwirkung) gibt, sondern einen höheren Erkenntnisstand, von dem aus dann agiert wird. Will sagen: Nur wenn Du ‚unten' bist und noch Verlangen verspürst, fühlst Du Dich dem entgegengesetzten Pol angezogen. Sobald er aber erreicht ist, setzt Du Dich dort fest.

7. Mit ‚Bedürfnis' meint Haanel Deine Absicht – das, was Du erreichen oder verwirklichen willst.

8. Sicher ist es für uns nicht notwendig, aus einem Zahn Tierskelette zu rekonstruieren. Darum geht es hier auch nicht, sondern darum, daß es möglich ist, vom Teil (dem Zahn) aufs Ganze (dem Tier) zu schließen, vom Besonderen (durch die Beobachtung) aufs Allgemeine (die Gesetzmäßigkeit), worauf wir uns dann wieder verlassen können.

9. Aus dieser scheinbar bedeutungslosen Passage geht eindeutig hervor, daß reiner Glaube an eine Sache nichts bringt, wenn dieser Glaube nicht auf die Probe gestellt und bewiesen werden kann. In diesem Fall konnte der Glaube an einen weiteren Planeten durch Beobachtung als lebendige Tatsache nachgewiesen werden. Somit kam Le Verrier vom Glauben zum Wissen. Er

mußte an Neptuns Existenz nicht mehr glauben – er wußte dann, daß er da ist.

Genauso verhält es sich auch mit Deinen Vorhaben. Trenne Dich von Glaubenssätzen, die Dich nicht weiterbringen. Verfolge nur diejenigen, die Prinzip, d.h. Lebenskraft haben. Diese müssen sich per Gesetz verwirklichen. Darauf kannst Du Dich verlassen.

10. Genau das beziehst und projizierst Du nun auf Deine eigenen Bedürfnisse. Dort der Gedanke an Reichtum, hier der Reichtum. Dort der Gedanke (das Bewußtsein für) Gesundheit, hier die Gesundheit, die sich auf wissenschaftliche exakte Weise darstellen muß. Dafür muß der Gedanke aber auch Prinzip haben. Er muß der Wahrheit entsprechen.

11. Diese Passage hat durch die Veränderungen der letzten Zeit eine ganz andere Bedeutung bekommen. Immer mehr Menschen erwachen und ziehen die Regierung, die Abgeordneten, aber auch Firmen und Organisationen zur Rechenschaft. Dabei muß seitens des Bürgers aber genau aufgepaßt und vorsichtig vorgegangen werden, denn ein Gedanke z.B. an ‚Atomkraft, Nein Danke!' führt halt zu noch mehr Aufmerksamkeit in Richtung ‚Atomkraft'. Die dadurch entstandene Verursachungskette kann uns dann schnell in eine Richtung führen, in der Widerstand gegen das eine zu noch mehr Widerstand gegen sich selbst führt. Daher ist es nicht nur unabdingbar, ausschließlich das Positive zu bejahen, sondern bei etwaigen Ablehnungen (wie z.B. Atomkraft) die ultimative Ursache zu erkennen, die es zu ändern oder zu behandeln gilt. Das ist in diesem Fall nicht der

Transport oder die Demo vor dem Regierungsgebäude, sondern die Kernstrahlung an sich, die sich ja in dieser Konzentration auf Lebewesen lebenswidrig auswirkt.

Sollte Dir diese Aussage nicht gefallen, lehne sie nicht gleich instinktiv und kategorisch ab, sondern gehe in die Stille und dort der Sache auf den Grund. Das ist ein schönes, praktisches Beispiel für Induktives Denken; für genaues Beobachten; für urteilfreies Denken.

12. Hiermit drückt Haanel folgendes aus: Als Mensch haben wir unsere Interessen meist durch Waffen geschützt, welche eingesetzt wurden, wenn von außen Gefahr drohte. Wir hatten unsere eigenen, aber das Land, in dem wir leben, fügte dem noch welche hinzu. Individuell wurden wir also von etwas Mächtigerem dabei unterstützt, u.a. auch, um durch Abschreckung in Frieden und Gewißheit zu leben.

Auf der geistigen Ebene verhält es sich ähnlich. Auch hier machen wir Gebrauch von etwas Mächtigerem als uns, um in Frieden und Gewißheit zu leben. Nur sind es hier keine Waffen, sondern die natürlichen Gesetzmäßigkeiten, die wir uns zunutze machen, um ein gesundes, wohlhabendes und friedvolles Leben zu leben.

13. Das ist ein ganz klarer Appell Haanels daran, sich die Natur zunutze zu machen. Anders als er es sich aber 1912 vorstellte und es im Master Key System auch vermittelte, hat der Mensch seitdem eine falsche und lebenswidrige Richtung eingeschlagen. Anstatt die Natur zu verstehen und sich mit ihr zu verbinden, hat er sie

mißbraucht und ausgebeutet. Der Natur (dem Großen Ganzen) ist das letztendlich egal, aber uns nicht, weil die Absicht der Ausbeutung eben das Ergebnis der eigenen Ausbeutung mit sich brachte – und die Menschheit an einen Punkt, wo sie sich zunehmend selbst zerstört.

Mit dem Wissen um den Master Key und die natürlichen Gesetzmäßigkeiten kehren wir diesen Trend jedoch um und schaffen uns das Paradies auf Erden, aus dem wir uns durch unsere Ignoranz und unsere Trennung vom Schöpfergott selbst herauskatapultiert haben.

14. Ein kleiner aber feiner Verweis auf das Studium selbst, welches aufopferungsvolle Hingabe verlangt, um in den Genuß alles Guten, Schönen und Harmonischen zu kommen.

15. Den Begriff ‚reines Bewußtsein‘ wirst Du in letzter Zeit häufiger gehört haben, vor allem im Zusammenhang mit den verschiedenen Formen der Matrix- oder Quanten-Heilung. Auf dieses reine Bewußtsein lernst auch Du zuzugreifen, um wieder Harmonie in Deine Angelegenheiten zu bringen. Nur benutzt Du dafür einen anderen Ansatz, welcher zumindest meiner Meinung nach dauerhaftere Resultate herbeiführt.

16. ‚... daß, was wir ersuchen, bereits vollendet ist.‘ Haanel geht im Weiteren noch genauer darauf ein. Was es damit prinzipiell auf sich hat, ist folgendes: Da wir uns in einem Schwingungsuniversum befinden, wo gleichartige Schwingungen miteinander in Resonanz weilen, führt der Gedanke der Vollendung oder der des bereits erreichten Ziels eben zum selbigen. Solange Du Dich

gedanklich noch in Trennung befindest, wird die Trennung auch weiterhin bestehen bleiben – es ginge gar nicht anders.

Nun bedarf es eines bestimmten Ausmaßes an Vertrauen und Disziplin, das so zu sehen, denn Deine Sinneswahrnehmung zeigt Dir auf absehbare Zeit immer noch das an, was in der Vergangenheit Deine vorherrschende Geisteshaltung war. Deine Aufgabe besteht darin, die Bekundungen Deiner Sinne zu ignorieren und beharrlich an den neuen geistigen Bildern festzuhalten, bis sich diese auch auf wissenschaftliche Weise verwirklicht haben.

17. *,... bereits erhalten hast.'* Wenn Du ein gläubiger Mensch bist – oder auch nicht – wird Dir hier deutlich werden, daß jegliches Beten (oder Gebet) ein Dankesgebet sein *muß* und keine Bitte um etwas, was es noch zu erreichen gilt. Du mußt alles als bereits bestehende Tatsache ansehen und dann das entsprechende Gefühl der Freude in Dir hervorrufen. Das hat unmittelbare Auswirkungen auf Dein emotionales und physisches Wesen und Deine Wahrnehmungsgabe.

18. *,... als bereits bestehende Tatsache'* einprägen! Warum das und nicht irgendwas dazwischen? Weil dazwischen eben genau das ist – dazwischen – Du aber das Ziel erreichen willst, und um das zu erreichen, siehst Du es als bereits erreicht an und gibst Dank dafür. Daß weltlich gesehen noch einige Zeit ins Feld zieht, liegt allein daran, daß dauerhafte Verwirklichung unterbewußt ist und sich dort erst einprägen muß, obwohl quantentechnisch eine Wesensänderung auch mit nur einem einzigen Atemzug herbeigeführt werden kann.

19. Genau das bedarf Disziplin und Beharrlichkeit und für Dich um so mehr Zeit, wie Du daran noch zweifelst.

20. Auch hier wird deutlich, worum es geht. Nur durch eine genaue Beobachtung ist es uns gelungen, bestimmte Dinge zu erkennen und anschließend einzuordnen. Dadurch haben wir uns Gewißheit erschaffen, die uns innere Ruhe und Gelassenheit gibt. Aus dieser inneren Ruhe heraus treffen wir im Anschluß intelligente Entscheidungen.

Das läßt sich auf Dein Studium und das Verstehen des hier vermittelten Wissens übertragen. Durch eine genaue Beobachtung (Kapitel 8) erkennst Du Details und dadurch Muster. Diese geben Dir die Gewißheit und innere Ruhe. Du wirst so immer mehr in der Lage sein, intelligent zu entscheiden, anstatt aus der Gewohnheit heraus gedankenlos zu reagieren.

21. Hier siehst Du, worauf Haanel hinaus will. Er zeigt Dir an, was anschließend für Dich dabei herauskommt:

,all das besitzen'

,immer korrekt handeln'

,sich immer taktvoll aufführen'

,alles leicht erlernen'

,alles mit fröhlicher Natur vollenden'

,in ewiger Harmonie mit sich selbst leben'

,ohne jemals Schwierigkeiten oder Mühe erfahren'

Das ist die Anstrengung doch wert, oder?

22.　*,... ist von übersinnlicher Bedeutung'.* Und genau so ist es auch. Mehr als zwei Monate befaßt Du Dich nun schon mit dieser Lehre. Du hast eine Unmenge an Informationen aufgenommen, Hinweise erhalten und Anleitungen empfangen. Dein Verständnis über den schöpferischen Prozeß hat sich zunehmend vertieft, und Du kommst langsam in den Genuß dessen, was Deine innere Welt für Dich bereithält.

23.　Das, was das Master Key System in dieser Hinsicht so besonders macht, ist, daß es der Wahrheit eine wissenschaftliche und daher unpersönliche und vorurteilsfreie Note gibt. Dir als StudentIn hilft es, diese Thematik schneller zu verstehen und im täglichen Leben erfolgreich anzuwenden.

24.　So hat sich seit der Veröffentlichung des Master Key Systems viel im Bereich der Quantenphysik sowie der Gehirnwellenforschung getan. Dabei trat man immer tiefer in die Materie ein, aber nur um festzustellen, daß der Geist diese bestimmt und beherrscht. Als moderne Menschen haben wir dadurch viel über unsere unerschöpflichen Fähigkeiten gelernt. Auch können wir uns nun viel mehr auf bereits gemachte Erfahrungen stützen und gleichzeitig durch unser Denken immer wieder neuen Formen Ausdruck verschaffen.

25.　Heutzutage ergeben sich immer wieder neue Wege, die Wahrheit zu vermitteln. Die Grundlage ist aber immer dieselbe und zeichnet sich dadurch aus, daß sie Bestand und Struktur hat und dadurch stark und mächtig ist – und wir uns darauf verlassen können. Es bleibt auch die Grundaussage bestehen, daß wir das, was wir uns wünschen, als bereits bestehende Tatsache ansehen müssen. Nur dadurch lösen wir die Distanz zwischen uns und unserem Traum auf. Nur dadurch senden wir die ‚richtigen' Schwingungen, die mit ähnlichen Schwingungen resonieren. Nur dadurch kräftigen wir das, von dem wir mehr verwirklicht sehen wollen.

26.　Du magst Dich fragen, was von dem geblieben ist, wovon Charles Haanel bereits vor 100 Jahren schrieb. Die Antwort liegt – wie bereits erwähnt – in den beiden Weltkriegen, der Depression in den USA, der Währungskrise etc. Immer wieder gab es – letztem Wissen nach – geplante Ereignisse, welche die Welt und den Zeitgeist wieder zurück warfen. Aber auch diese haben ihre Rolle erfüllt und dem Menschen durch viel Leid und Zerstörung, durch Manipulation und Entmachtung gezeigt, wovon er nichts mehr im Leben manifestiert sehen will. Da er bislang aufgrund des fehlenden Wissens aber ohnmächtig war, an der Situation etwas zu ändern, ging es das letzte Jahrhundert so weiter, bis sich nun die Ereignisse häuften und der gesellschaftliche und politische Umbruch überall immer deutlicher wurden. Hoffen wir, daß die Menschen dieses Mal schlauer sind, wenn ihnen von anderer Seite wieder Krieg als scheinbar einzige ‚Lösung' vorgeschlagen wird.

27.　Zur gleichen Zeit, in denen diese spirituellen Aktivitäten überall ersichtlich sind, gibt es natürlich auch einen Gegenpol dazu. Auch dieser ist überall ersichtlich. Hier bedarf es deswegen ganz besonderer Aufmerksamkeit, um sich davon nicht blenden und beeinflussen zu lassen, denn die Kräfte, die diese Gegenaktivitäten steuern, haben gegenwärtig noch einen erheblichen, wenn auch stetig schwindenden Einfluß auf die noch unwissende Masse. Das bezieht sich insbesondere auf die traditionellen Medienkanäle wie Fernsehen, Radio und Zeitungen.

28. Dieser Satz sollte Dir aus ‚The Secret‘ gut bekannt sein, denn auch dort wurde er benutzt. Er sagt aus, daß wir durch unser bewußtes Denken einen größeren Einfluß auf das Universelle denen gegenüber haben, die diese Stufe der Entwicklung noch nicht erreicht haben.

29. Auch hier wird wieder deutlich, daß es sich nicht um oberflächliches und zerstreutes Wünschen handelt, sondern um zielgerichtete, systematische und aufbauende Arbeit. Denken muß so angeleitet werden, um wirkungsvoll zu sein.

30. Wenn Du bislang noch Fragen hattest, wie das ‚wie‘ auszusehen hat, ist Dir hiermit die Antwort gegeben: Nämlich durch das ‚Annähern, Erfinden, Beobachten, Trennen, Entdecken, Analysieren, Entscheiden, Regeln, Kombinieren und der Anwendung von Masse und Kraft.‘ Wie und wo Du all das einsetzt, bleibt allein Dir überlassen und hängt natürlich von Deiner Absicht ab. Erinnere Dich aber stets daran, daß in jedem selbstsüchtigen Gedanken der Keim der Niederlage steckt.

Erinnere Dich in diesem Zusammenhang an Haanels Aussage aus dem Vorwort: ‚Die größte Kraft des Bewußtseins hängt somit vom Training seiner moralischen Kanäle ab und macht es erforderlich, daß jede bewußte geistige Anstrengung ein moralisches Ende (im Sinne von ‚sittlich‘) nach sich zieht.‘

31. Dieser wunderschöne Satz übermittelt die Freude, die Befriedigung und Verzückung, die mit wahrem Denken einhergeht. Es ist also wahrlich kein trockener und langweiliger Vorgang, sondern etwas höchst Lebendiges, das sich durch Inanspruchnahme immer mehr ausbreitet, farbenfroher und umfangreicher wird. Es versetzt seinen Auftraggeber – also Dich – in ein unbeschreibliches Wohlgefühl, da Du nur noch reine, klare und allen Wesenheiten nützliche Gedanken hegst. Dadurch wirst Du zu einem strahlenden Licht mit grenzenloser Macht und Kraft. Dein Vermächtnis auf dieser Erde wird dementsprechend ausfallen.

32. Eingebung und Erkenntnis sind miteinander verwandt. Eingebung bezeichnet hier das Ergebnis eines Informationsflusses in dem offenen Kanal zwischen dem Universellen und dem Individuum, während Erkenntnis das sich-bewußtmachen dieser und der durch Beobachtung entstandenen Einsichten beschreibt.

33. An dieser Stelle magst Du Dich kurz fragen, warum dieses Wissen nicht in der Schule gelehrt wurde und gegenwärtig immer noch nicht Teil des Lehrplans ist. Es ist höchste Zeit, daß die Kinder dieses Wissen aufnehmen und so ihr Leben von früh auf selbst bestimmen können, vor allem aber um Ursache und Wirkung ihrer Gedanken, Worte und Handlungen wissen.

34. Nochmals, weil es so wichtig ist: ‚Alles, was benötigt wird, ist ein Verständnis bestimmter, genauer, fundamentaler Prinzipien und deren passende Anwendung.‘ Dann kann man alles, einschließlich sich selbst, ändern.

35. Wenn Du diese Übung eine Woche lange gewissenhaft durchführst, wird es Dir leicht fallen, zu verstehen, warum immer in der Gegenwartsform affirmiert werden muß; warum der Wunsch immer als bereits bestehende Tatsache angesehen werden muß; warum das Verlangen nach etwas dadurch auch seinen Wunschcharakter verliert und als absolut und bereits vorhanden angesehen werden muß.

Hier kommt bei Studenten oft die Frage auf, was es mit dem Außen auf sich hat, welches einen wahrscheinlich verhöhnt, wenn man den erwarteten Reichtum als bereits bestehende Tatsache ansieht.
Die Antwort darauf ist einfach:

1. Wenn Dir so etwas geschieht, halte Dich von diesen Menschen fern, denn sie tun Dir nicht gut.

2. Halte den Gedanken in der Stille und posaune ihn nicht heraus, denn a) verliert er so an Kraft und b) solltest Du ihn solange stillhalten, bis Du selbst stark genug bist, die Kritik von außen zu überstehen und auch nicht Deinen eigenen Restzweifeln zum Opfer zu fallen.

12

Wissen, Wagen, Wollen, Schweigen

Teil Zwölf ist hiermit überreicht. Im vierten Absatz ist folgende Aussage zu finden: *„Du muß zunächst das **Wissen** um Deine Macht und Kraft haben; zweitens: den **Mut**, zu wagen; drittens: das **Vertrauen**, es zu tun.“* Wenn Du Dich auf die gegebenen Gedanken konzentrierst, wenn Du ihnen Deine gesamte Aufmerksamkeit schenkst, wirst Du in jedem Satz eine Welt voller Bedeutung finden und wirst andere Gedanken anziehen, die damit in Einklang stehen. Du wirst Dir bald der vollen Bedeutung dieses lebenswichtigen Wissens bewußt werden, auf das Du Dich konzentrierst.

Wissen wendet sich nicht von selbst an; wir als Individuen müssen es anwenden, und die Anwendung besteht daraus, den Gedanken mit einem lebendigen Sinn zu versehen.

Die Zeit und Gedanken, die von den meisten Menschen in zielloser Ausübung verschwendet werden, würden Wunder vollbringen, wenn sie auf ein spezielles Objekt ausgerichtet wären. Um das zu erreichen, ist es notwendig, Deine geistige Kraft auf einen spezifischen Gedanken zu lenken und ihn dort unter Ausschluß aller anderen Gedanken zu halten. Wenn Du jemals durch das Prisma einer Kamera geschaut hast, wirst Du festgestellt haben, daß das Bild insgesamt verschwommenen und unscharf war, wenn das Objekt in seiner Mitte nicht fokussiert wurde.

Nach der Korrektur wurde das gesamte Bild jedoch klar und deutlich. Das zeigt die Kraft der **Konzentration**. Bis Du Dich nicht vollkommen auf das Objekt konzentrieren kannst, das Du im Blickfeld hast, wirst Du nur einen nebligen, verschwommenen, unwesentlichen, vagen und nicht zu unterscheidenden Umriß Deines Ideals haben, und das Ergebnis wird in Übereinstimmung mit Deinem geistigen Bild sein.

WISSEN, WAGEN, WOLLEN, SCHWEIGEN

1. Es gibt kein Ansinnen im Leben, das nicht durch das wissenschaftliche Verständnis der schöpferischen Kraft des Gedankens bestmöglichst erreicht werden kann.

2. Die Kraft, zu denken, ist uns allen gemein. Der Mensch ist, weil er denkt. Des Menschen Kraft, zu denken, ist unbeschränkt; dementsprechend sind seine schöpferischen Kräfte ebenso unbeschränkt.

3. Wir wissen, daß Denken die von uns gedachte Sache für uns erschafft und wirklich näher bringt, doch wir finden es schwer, Angst, Sorge oder Entmutigung zu verbannen. Sie alle sind starke Gedankenkräfte, die kontinuierlich die von uns erwünschten Dinge entfernen, so daß es oft einen Schritt vorwärts und zwei Schritte zurück sind.

4. Der einzige Weg, sie am Zurückgleiten zu hindern, ist der, daß man voranschreitet. Ewige Achtsamkeit ist der Preis des Erfolges. Es gibt drei Schritte, und jeder davon ist absolut notwendig. Du mußt zunächst das **Wissen** um Deine Kraft haben. Zweitens: den **Mut**, es zu **wagen**. Drittens: das **Vertrauen**, es zu **tun**.

5. Mit dieser Grundlage kannst Du ein ideales Geschäft erschaffen, ein ideales Heim, ideale Freunde und eine ideale Umgebung. Du bist nicht eingeschränkt, was Material oder Kosten anbelangt. Denken ist allmächtig und hat die Kraft, von der unendlichen Bank der Ursprünglichen Substanz all das zu beziehen, was es benötigt. Dir stehen somit unendliche Ressourcen zur Verfügung.

6. Dein Ideal muß aber **scharf, klar umrissen und endgültig** sein. Heute ein Ideal zu haben, morgen ein anderes und nächste Woche ein drittes, bedeutet, daß Du Deine Kräfte zerstreust und nichts erreichst. Das Ergebnis wird eine bedeutungslose und chaotische Kombination von Abfallmaterial sein.

7. Unglücklicherweise ist dies das Ergebnis, welches sich viele Menschen sichern, und die Ursache ist offensichtlich. Wenn ein Bildhauer mit einem Stück Marmor und einem Meißel beginnt, sein Ideal dann aber alle 15 Minuten ändert, was für ein Ergebnis kann er da erwarten? Und warum solltest Du beim Formen der großartigsten und plastischsten aller Substanzen – der einzig wahren Substanz – ein anderes Ergebnis erwarten?

8. Das Ergebnis dieser Entscheidungslosigkeit und dieses negativen Denkens zeigt sich häufig im Verlust materiellen Wohlstands. Als sicher aufgefaßte Unabhängigkeit, die viele Jahre harter Arbeit und Anstrengung erforderte, verschwindet plötzlich. Man stellt dann oft fest, daß Geld und Grund gar keine Unabhängigkeit bedeuten. Im Gegenteil, die einzige Unabhängigkeit ist ein praktisches, anwendbares Wissen der schöpferischen Kraft des Denkens.

9. Diese praktische Arbeitsmethode kann nicht zu Dir kommen, wenn Du nicht lernst, daß die einzig wahre Kraft, über die Du verfügst, diejenige ist, Dich an das Göttliche und seine unveränderlichen Prinzipien anzupassen. Du kannst das Unendliche nicht ändern, aber Du kannst zu einem Verständnis seiner Natürlichen Gesetze kommen. Der Lohn dieses Verständnisses ist eine bewußte Erkenntnis Deiner Fähigkeit, Deine gedankliche Kraft dem Universellen Gedanken anzupassen, welcher allgegenwärtig ist. Deine Fähigkeit, mit dieser Allmacht zusammenzuarbeiten, wird auf das Ausmaß an Erfolg hindeuten, auf das Du triffst.

10. Die Kraft des Denkens hat viele Fälschungen, die mehr oder weniger faszinierend sind, die Ergebnisse aber werden schädigend anstelle von hilfreich sein.

Die einzige Unabhängigkeit ist ein praktisches, anwendbares Wissen
der schöpferischen Kraft des Denkens.

11.   Natürlich produzieren Sorge, Angst und alle negativen Gedanken
eine entsprechende Ernte. Jene, die diese Art von Gedanken
unterhalten, müssen unausweichlich das ernten, was sie gesät
haben.

12.   Noch einmal: Es gibt die Phänomensuchenden, die sich an
sogenannten Beweisen und Demonstrationen ergötzen, die sie im
Verlaufe materialisierender Sitzungen erhalten haben. Sie öffnen
ihre geistigen Tore und tränken sich in dem giftigsten Fluß, der
in der psychischen Welt gefunden werden kann. Sie scheinen
nicht zu begreifen, daß es die Fähigkeit ist, negativ, empfänglich
und passiv zu sein und somit all ihrer Lebenskraft beraubt zu
werden, was sie befähigt, diese vibratorischen Gedankenformen
herbeizuführen.

13.   Dann gibt es auch die Hinduanbeter, die in den sich darstellenden
Phänomenen, welche von sogenannten Adepten durchgeführt
werden, eine Quelle der Kraft sehen, dabei aber vergessen oder es
überhaupt nicht begreifen, daß, sobald der Wille entfernt wurde,
die Formen vergehen und die vibratorischen Kräfte, aus denen
sie bestehen, verschwinden.

14.   Telepathie, oder Gedankenübertragung, hat beachtliche Aufmerksamkeit erhalten. Da es aber eines negativen, geistigen Zustands
seitens des Empfängers bedarf, ist diese Praxis schädlich. Ein
Gedanke mag mit der Absicht des Hörens oder Sehen gesendet
worden sein, aber er wird die Bestrafung mit sich bringen, die
der Umkehr dieses Prinzips anhaftet.

15.   In vielen Fällen sind hypnotische Zustände sowohl für den
Empfänger als auch den Ausübenden gefährlich. Niemand, der
mit den Gesetzen vertraut ist, die in der geistigen Welt herrschen,
würde nur daran denken zu versuchen, den Willen eines anderen

zu beherrschen, denn wenn er es tut, entledigt er sich langsam aber sicher seiner eigenen Kraft.

16. All diese Perversionen haben eine zeitweise Befriedigung und für einige eine gewisse Faszination, doch es gibt eine unendlich größere Faszination in dem wahren Verständnis der inneren Welt der Macht; eine Macht, die **durch Gebrauch** wächst; die dauerhaft anstatt flüchtig ist; die nicht nur als Gegenmittel zur Heilung vergangener Fehler oder dem Ergebnis falschen Denkens eingesetzt werden kann, sondern auch zur **Vorbeugung**; die uns vor jeglicher Art und Form von Gefahr schützt und schlußendlich auch eine wahre schöpferische Kraft ist, mit der wir neue Umstände und neue Umgebungen erschaffen können.

17. Es ist Gesetz, daß Gedanken mit dem Objekt in Bezug stehen und es in der materiellen Welt in Übereinstimmung mit der in der geistigen Welt gedachten oder produzierten Sache darstellen werden. Wir stellen dann die absolute Notwendigkeit fest, daß jeder Gedanke die vererbte Saat der Wahrheit in sich trägt, so daß das Gesetz des Wachstums das Gute zur Darstellung bringt, denn allein das Gute kann dauerhafte Kraft übertragen.

18. Das Prinzip, das dem Gedanken die dynamische Kraft gibt, mit seinem Ziel in Wechselbeziehung zu stehen und somit jede widrige menschliche Erfahrung zu meistern, ist das Gesetz der Anziehung, was nur ein anderer Name für Liebe ist. Dieses ist ein unendliches und grundlegendes Prinzip, innewohnend in allen Dingen, in jedem philosophischen System, in jeder Religion und jeder Wissenschaft. Man kann dem Gesetz der Liebe nicht entkommen. Es ist das Fühlen, das dem Gedanken Lebenskraft verleiht. Fühlen ist Wünschen, und Wünschen ist Liebe. Mit Liebe durchtränktes Denken wird unbezwingbar.

19. Wir finden diese Wahrheit nachdrücklich betont, wo immer die Macht des Denkens verstanden wird. Das Universelle Bewußtsein ist nicht nur Intelligenz, sondern auch Substanz. Diese Substanz ist die anziehende Kraft, die Elektronen durch das Gesetz der Anziehung zusammenbringt, damit sie Atome formen

können. Die Atome wiederum werden durch dasselbe Gesetz zusammengebracht und formen Moleküle. Moleküle nehmen objektive Formen an, und so finden wir, daß das Gesetz der Liebe die schöpferische Kraft hinter jeder Darstellung ist, nicht nur von Atomen, sondern von Welten, dem Universum, von allem, von dem sich die Vorstellungskraft ein Bild machen kann.

20.   Es ist das Wirken dieses wunderbaren Gesetzes der Anziehung, das dazu geführt hat, daß Menschen durch die Jahrhunderte hindurch geglaubt haben, daß es irgendein Wesen geben muß, welches auf ihre Wünsche und Anfragen antwortet und Ereignisse abändert, um ihren Bedürfnissen nachzukommen.

21.   Es ist die Kombination von Gedanken und Liebe, die eine unwiderstehliche Kraft bilden, welche das Gesetz der Anziehung genannt wird. Alle Natürlichen Gesetze sind unwiderstehlich: das Gesetz der Anziehungskraft, das der Elektrizität oder jedes andere Gesetz, das mit mathematischer Genauigkeit funktioniert. Es gibt kein Abweichen. Es kann nur der Vertriebskanal sein, der unvollkommen ist. Wenn eine Brücke zusammenbricht, führen wir den Zusammenbruch nicht auf ein Abweichen des Gesetzes der Erdanziehung zurück. Wenn ein Licht erlischt, ziehen wir nicht daraus den Schluß, daß man sich nicht auf die Gesetze der Elektrizität verlassen kann, und wenn das Gesetz der Anziehung durch eine unerfahrene oder uninformierte Person unvollständig demonstriert wird, schließen wir daraus auch nicht, daß das großartigste und unfehlbarste Gesetz, von dem das gesamte Schöpfungssystem abhängig ist, außer Kraft gesetzt wurde. Wir sollten vielmehr daraus schließen, daß es etwas mehr Verständnis dieses Gesetzes bedarf, aus dem gleichen Grund, wie die richtige Lösung für ein schwieriges Problem in der Mathematik auch nicht immer sofort und leicht zu erhalten ist.

22.   Dinge werden in der geistigen oder spirituellen Welt erschaffen, bevor sie sich nach außen hin darstellen. Durch den einfachen Vorgang der Regelung unserer Gedankenkräfte können wir heute die Ereignisse erschaffen helfen, die in der Zukunft in unserem Leben eintreten werden, vielleicht sogar schon morgen.

Geschultes Wünschen ist das kraftvollste Mittel, um das Gesetz der Anziehung in Bewegung zu setzen.

Geschultes Wünschen ist das kraftvollste Mittel, um das Gesetz der Anziehung in Bewegung zu setzen.

23. Der Mensch ist so aufgebaut, daß er sich zunächst die Werkzeuge erschaffen muß, durch die er die Kraft zum Denken erhält. Das Bewußtsein kann eine vollkommen neue Idee nicht verstehen, bis eine entsprechend schwingende Gehirnzelle zum Empfang vorbereitet wurde. Das erklärt, warum es für uns so schwierig ist, eine vollkommen neue Idee zu empfangen oder sie zu schätzen. Wir haben keine Gehirnzellen, die sie empfangen können. Wir sind somit skeptisch; wir glauben es nicht.

24. Wenn Du mit der Allmacht des Gesetzes der Anziehung und seinen wissenschaftlichen Methoden nicht vertraut bist, durch die es in die Tat umgesetzt werden kann, oder mit den unbegrenzten Möglichkeiten, die sie denjenigen eröffnet, die befähigt sind, den Vorteil aus den sich bietenden Ressourcen zu ziehen, beginne jetzt und erschaffe die benötigten Gehirnzellen, die Dich befähigen, die unbegrenzten Kräfte zu verstehen, die Du Dir durch die Zusammenarbeit mit natürlichen Gesetzen zu eigen machen kannst. Das geschieht durch Konzentration oder Aufmerksamkeit.

25. Die Absicht lenkt die Aufmerksamkeit. Kraft kommt durch Stille. Es ist durch Konzentration, daß tiefe Gedanken, weise Reden und alle Kräfte höherer Art erreicht werden.

26. Es ist in der **Stille**, daß Du in Kontakt mit der Allmächtigen Kraft des Unterbewußtseins trittst, aus dem alle Kraft entsteht.

27. Derjenige, der sich Weisheit, Macht oder dauerhaften Erfolg jeglicher Art erwünscht, wird all das nur im Innen finden; es ist ein Entfaltungsprozeß. Der Nicht-Denkende mag meinen, daß Stille sehr einfach zu erreichen sei, aber man sollte sich daran

Die Absicht lenkt die Aufmerksamkeit. Kraft kommt durch Stille.
Es ist in der Stille, daß Du in Kontakt mit der Allmächtigen Kraft
des Unterbewußtseins trittst, aus dem alle Kraft entsteht.

erinnern, daß man nur in absoluter Stille in Kontakt mit der Göttlichkeit selbst kommt. Der Nicht-Denkende mag von dem unveränderlichen Gesetz hören und für sich selbst die Kanäle öffnen, durch die beharrliche Praxis und Konzentration zur Perfektion führen.

28. In dieser Woche gehe in denselben Raum, nimm denselben Stuhl und dieselbe Position wie zuvor. Entspanne Dich, lasse los – sowohl geistig als auch körperlich. **Tue das immer.** Versuche nie, geistige Arbeit unter Druck zu verrichten. Siehe zu, daß Du keine angespannten Muskeln oder Nerven hast; daß Du vollkommen entspannt bist. Erkenne jetzt Deine Einheit mit der Allmacht; tritt mit dieser Macht in Kontakt; komme zu dem tiefen und lebenswichtigen Verständnis, einer Schätzung und Realisierung der Tatsache, daß Deine Fähigkeit, zu denken, Deine Fähigkeit ist, auf das Universelle Bewußtsein einzuwirken und es zur Darstellung zu bringen. Erkenne, daß es jedes Bedürfnis befriedigt; daß Du genau die gleiche schlummernde Fähigkeit hast, die auch jedes andere Individuum jemals hatte oder jemals haben wird, denn jeder ist nur ein Ausdruck oder eine Darstellung des Einen. Alle sind Teile des Ganzen; es gibt keinen Unterschied in Art oder Qualität; der einzige Unterschied ist ein gradueller.

FRAGEN UND ANTWORTEN

111. *Wie kann jegliches Ansinnen im Leben am besten erreicht werden?*
Durch ein wissenschaftliches Verständnis der geistigen Natur des Denkens.

112. *Welche drei Schritte sind absolut notwendig?*
Das Wissen um unsere Kraft, den Mut, es zu wagen, das Vertrauen, es zu tun.

113. *Wie kann man sich ein praktisches Arbeitswissen sichern?*
Durch ein Verständnis der Natürlichen Gesetze.

114. *Was ist die Belohnung des Verständnisses dieser Gesetze?*
Ein bewußtes Erkennen unserer Fähigkeiten, uns dem Göttlichen und unveränderlichen Prinzip anzupassen.

115. *Was wird den Grad des Erfolges anzeigen, den wir antreffen werden?*
Der Grad, zu dem wir erkennen, daß wir das Unendliche nicht ändern können, sondern mit ihm zusammenarbeiten müssen.

116. *Was ist das Prinzip, das dem Gedanken seine dynamische Kraft gibt?*
Das Gesetz der Anziehung, das auf Schwingungen basiert, welche wiederum auf dem Gesetz der Liebe basieren. Denken - durchtränkt mit Liebe - wird unbezwingbar.

117. *Warum ist dieses Gesetz unwiderstehlich?*
Weil es ein Natürliches Gesetz ist. Alle Natürlichen Gesetze sind unwiderstehlich und unveränderlich und agieren mit mathematischer Genauigkeit. Es gibt keine Abweichung.

118. *Warum scheint es dann manchmal schwierig zu sein,*
     eine Lösung für Probleme in unserem Leben zu finden?
     Aus dem gleichen Grund, daß es manchmal schwierig ist, eine
     richtige Lösung für mathematische Probleme zu finden. Der
     Anwender ist uninformiert oder unerfahren.

119. *Warum ist es für das Bewußtsein unmöglich,*
     eine vollständig neue Idee zu verstehen?
     Wir haben keine entsprechend schwingenden Gehirnzellen, die
     in der Lage sind, die Idee zu empfangen.

120. *Wie sichert man sich Weisheit?*
     Durch Konzentration; es ist ein Entfalten; es kommt von innen.

Gedanken können sich nichts vorstellen,
was nicht zum Ausdruck gebracht werden kann.
Derjenige, der sie zuerst formuliert,
mag zwar nur der Vorschlagende sein, aber der
Ausführende wird letztendlich
in Erscheinung treten.
— WILSON

12

Wissen, Wagen, Wollen, Schweigen

In diesem Kapitel geht es um das Erschaffen eines Ideals. Wie viel Zeit und Aufwand haben wir vormals damit verschwendet, uns auf all die nicht wünschenswerten Umstände zu fokussieren? Wahnsinn, wenn man mal darüber nachdenkt! Wieviel Zeit verschwenden wir heute noch für Dinge, auf die wir absolut *null* Einfluß haben? Radio, Fernsehen, Magazine lesen... alles schöner Zeitvertreib – wir *vertreiben* die Zeit! – die, die uns in dieser Dimension nur in beschränktem Maße zur Verfügung steht, aber nützt es uns wirklich was? Geht es uns in allen Bereichen wirklich so gut, daß wir uns das leisten können? Fragen, die nur wir uns beantworten können.

Ich selbst habe keinen Fernseher, kein Magazin-Abonnement, lese keine Zeitungen, und Radio höre ich auch nicht mehr. Ich hatte davon mehr als genug in meinem ‚vorigen Leben‘, weiß nun aber, daß es mir nicht dienlich ist, zumindest der allergrößte Teil von dem, was dort ‚ausgestrahlt‘ wird. Aber wie gesagt, das entscheidet jeder für sich selbst.

Um etwas zu erreichen, erstellen wir uns ein Ideal. Dieses wird dann mit Details versehen – wir erkennen sozusagen die Graustufen in einem vormals Schwarzweißbild. Die Details entstehen in der Stille, in der Meditation, der Konzentration. Dann werden wir inspiriert – wir werden (durch das Universelle) *be-atmet*. Das ist es, was den Fluß ausmacht, dessen Kanal wir bereitstellen und ihn in die gewünschte Richtung lenken.

Du allein entscheidest, wie ausschweifend Dein Ideal ausfallen soll, wie großartig du es machst, wie prächtig, glorreich und strahlend. Wie Du bereits weißt, bestimmt die Nachfrage das Angebot, und wenn Du nicht fragst, dann erhältst Du auch nichts. Also muß das Ideal wunderschön und ausgeschmückt sein, damit Du es durch Aufmerksamkeit und Konzentration – die Bündelung bestimmter Gedanken unter dem Ausschluß aller anderen – mit Gefühlen versehen und ihm so Lebenskraft verleihen kannst.

Das Ideal ist Deines. Es hat nichts, aber auch gar nichts mit anderen Personen zu tun. So spielt es keinerlei Rolle, was andere Menschen sagen. Im besten Fall, und da verweise ich gern noch einmal auf Kapitel 9, läßt Du die Saat ungestört, bis der Keim aufgegangen ist. Es muß genug Energie gespeichert werden, um die Pflanze zur Vervollkommnung, also zur Blüte zu bringen.

Der Grad, zu dem Du Dich auf das Göttliche und seine unveränderlichen Prinzipien einstellst und mit dieser Allmacht kooperierst – ändern kannst Du es ja nicht – zeigt sich im Ausmaß des Erfolges, den Du erfahren wirst.

ÜBUNG

Es geht wiederum um die bewußte Kooperation mit der Allmacht, der Anerkennung und Schätzung der sich daraus ergebenden Möglichkeiten, sowie dem Gebrauch der Macht und Kraft zum Wohle aller Beteiligten. Du mußt Dir aber zunächst das Handwerkszeug besorgen, um einen Nutzen daraus ziehen zu können. Idealisierung, Visualisierung, Fühlen, Lieben, Vertrauen, Mut... all das gehört dazu, und so dreht sich auch die Übung dieses Kapitels wieder darum, ein genaues Verständnis von uns in Bezug zum Universellen zu erlangen. Ohne das Verständnis, keine Gehirnzellen, ohne Gehirnzellen, keine Wahrnehmung im Außen! Oben wie Unten, Innen wie Außen!

AUFGABEN

1. Schreibe Dein Dir momentan wichtigstes Ideal auf und wie dieses Ideal nicht nur Dir selbst zugute kommt, sondern auch anderen Menschen.

    ....

    ....

    ....

    ....

2. Bewerte hier auf einer Skala von 1 – 10, wie Du Dich diese Woche gefühlt hast:

	Vorwoche	Jetzt
Dein Selbstwert:	_____	_____
Dein Energieniveau:	_____	_____
Dein Glücksgefühl:	_____	_____
Deine Tatkraft:	_____	_____
Deine Gesundheit:	_____	_____
Dein Reichtum:	_____	_____

3. Erkläre die Rolle der Visualisierung bei der Erstellung eines Ideals.

   ....
   ....
   ....
   ....

4. Warum ist es so wichtig, daß Du an Deinem Ideal festhältst?

   ....
   ....
   ....

5. Warum kann das Unendliche nicht geändert werden?

   ....
   ....
   ....

6. Kreuze an, welche der folgenden Aussagen auf Dich zutreffen:

   ☐ Ich habe mein Verhalten einer anderen Person gegenüber geändert.

   ☐ Ich reagiere auf alle Situationen gelassen oder lasse sie zumindest nicht mehr negativ an mich heran.

   ☐ Mein Ideal / Meine Ideale stehen fest und solide.

   ☐ Ich lache öfter über mich und meine ‚Fehler‘.

   ☐ Ich erkenne das Universelle (Gott) in allem.

   ☐ Ich fühle mich mehr und mehr verbunden mit dem Großen Ganzen.

   ☐ Ich dusche kalt und freue ich über die Reaktion meines Körpers.

   ☐ Ich bin gesund.

   ☐ Ich lenke immer mehr Aufmerksamkeit auf Reichtum, ganz gleich,

ob er in Form von Geld oder einfach nur „genug von der Sache"
kommt.

7. „Das Gesetz der Anziehung ist nichts anderes als eine andere Bezeichnung für Liebe". Warum ist das so?

....

....

....

8. Erkläre, warum jeder dauerhafte Macht und Kraft lediglich auf positive
Art und Weise verliehen werden kann.

....

....

....

9. Die Absicht leitet die Aufmerksamkeit. Was verstehst Du darunter?

....

....

....

DU HAST DIESEN TEIL GEMEISTERT...

- wenn Du Dein Wissen auch anwendest und es nicht im Bereich des reinen Denkens beläßt.
- wenn Deine Ideale klar umrissen und wissenschaftlich exakt sind.
- wenn Du Deine Gedanken mit dem Gefühl der Liebe (Zuneigung, Hilfsbereitschaft, Verständnis, Dienst) versiehst und ihnen so Lebenskraft gibst.
- wenn Du verstanden hast, daß jeglichem Wandel eine Veränderung im Zustand, im Fokus und in den Gefühlen vorangegangen sein muß.
- wenn Du in der Lage bist, durch dieses Wissen Deinen emotionalen Zustand von einem Moment auf den anderen ins Gegenteil umzuwandeln.
- wenn Du in der Lage bist, Deine Einheit mit der Allmacht anzuerkennen.

NOTIZEN

LERNFORTSCHRITT

Schreibe hier in soviel Detail wie möglich, aber dennoch klar auf, was sich in den letzten 12 Wochen in Deinem Leben verändert hat. Wenn etwas zunächst einen negativen Anschein hat, betrachte es noch einmal und versuche zu erkennen, welch positive Aspekte dieser Veränderung abgewonnen werden können. Schreibe auch auf, was Dir im Vergleich zu vorher wichtiger in Deinem Leben erscheint und was nun keinen besonderen Stellenwert mehr hat.

KOMMENTAR

Ab diesem 12. Kapitel geht es zunehmend um Konzentration. All die Übungen sind Konzentrations- und dadurch Schöpfungsübungen. Du lernst die hohe Kunst, im Objekt Deiner Gedanken aufzugehen. Du lernst also, Dich vollkommen mit ihnen zu identifizieren und eins mit ihnen zu werden. Dann gibt es auch keine Trennung mehr zwischen Dir und dem Objekt. Das ist harte Arbeit, die hier verrichtet werden muß. Hart weniger im körperlichen Sinne als im Sinne von Beharrlichkeit, Disziplin und steter Wiederholung.

1. Es ist dieses wissenschaftliche Verständnis über die schöpferische Kraft des Gedankens, das Dir im Master Key System vermittelt wird und was es so wertvoll macht. Der wissenschaftliche Aspekt dieser Methode(n) kann gar nicht oft genug erwähnt und betont werden, denn über das induktive Denken kommen wir vom Glauben zum Wissen. Das ist nicht nur ein theoretisches Konstrukt, sondern gibt uns Sicherheit und Gewißheit, daß ein bestimmter Ansatz immer eine (ihm) entsprechende Auswirkung hat. So wissen wir bereits am Anfang der Verursachungskette, wie das Endergebnis aussehen wird.

2. Erinnere Dich hier daran, daß Dein Gehirn eine embryonale Welt ist – eine Welt in Entstehung. Es ist immer wieder – im wahrsten Sinne des Wortes – eine Herausforderung, neue Gedanken zu denken, etwas zu denken, für das kein vorheriges Muster vorliegt. Wie Du bereits gelernt hast, bedarf es Deiner Anerkennung der Allmacht und Dir als dem Kanal, durch den sich diese Allmacht ausdrückt.

3. Dieses Problem löst sich durch das Verständnis und das Anwenden der in Kapitel 4 vermittelten Informationen über die wahre Natur unseres ‚Ich‘. Wenn ich wirklich weiß, wer ich bin und welche Möglichkeiten mir durch meine feinstoffliche Natur zur Verfügung stehen, weichen Angst, Sorge und Entmutigung ganz automatisch. Oft verschwinden sie vollständig, da sie durch Mut, Vertrauen und Zuversicht ersetzt werden. Warum ist das so? Weil Du Deine Kraft immer mehr aus dem Innen schöpfst, dort, wo sie in unendlichem Angebot zur Verfügung steht. Richtest Du Dich nach dem Außen, siehst Du zwangsläufig Beschränkungen. Wendest Du Dich nach innen, fallen diese Grenzen weg.

4. Das Wissen um Deine Kraft hast Du bereits, da Du weißt, daß alle Kraft von Innen kommt. Der Mut, es zu wagen, entwickelt sich aus der inneren Kraft sowie aus dem Verständnis, daß Du Dich bei Deinen Schöpfungsakten auf Gesetzmäßigkeiten verlassen kannst. Das wiederum führt zu dem Vertrauen, es auch zu tun, denn Du weißt, daß jeder Gedanke eine Ursache ist, die eine entsprechende Auswirkung hat. Du weißt also, welche Qualität die Auswirkung schließlich besitzen wird. Das reicht vollkommen aus, um Dir die notwendige Motivation zu geben, Großes anzugehen und es bis zum Ende durchzuführen.

5. Nochmals, weil es so wichtig ist: ‚*Es stehen Dir unendliche Ressourcen zur Verfügung*‘. Jedes Mal, wenn Du die Stille aufsuchst und Dich konzentrierst, wirkst Du auf das Universelle ein. Wenn Du meditierst, öffnest Du Dich bewußt dem Fluß ‚von oben‘ und nimmst ihn bereitwillig in Dich

331

auf. Wenn Du kontemplierst, verbindest Du beide und kommst so zu neuen Einsichten und Erkenntnissen.

6. Du wirst sicherlich schon Erfahrungen gemacht haben, wo Du Dir ein Ziel gesetzt hast, es durch eigene Zweifel und Kritik oder Hinweise anderer aber immer wieder untergraben und dadurch zunichte gemacht hast. Deshalb ist es so wichtig, daß Du Deine Gedanken erst einmal in der Stille hältst und Dich auch des in Kapitel 2 erwähnten Gegenvorschlags bedienst. Du erkennst hier auf Anhieb, wie wichtig es ist, sowohl Körper als auch Gedanken unter Kontrolle zu haben, einschließlich der Gefühle.

7. Genau aus diesem Grund ist es unabdingbar, daß Du Dir hochbewußt bist, was Du eigentlich willst – also *Du*, nicht irgendein anderer. Da ein Teil Deiner Programmierung und Konditionierung fremdbestimmt war, kannst Du davon ausgehen, daß selbiges auch auf das zutrifft, was Du für vermeintlich wünschenswert hältst. Wenn Du Dich aber mit dieser Sache genauer und intensiver befaßt, magst Du feststellen, daß sie zwar oberflächlich attraktiv war, Dir auf Dauer aber nicht das bringt, was Du gerne hättest – oder es bringt Dir eben das, worauf Du auch gerne verzichtet hättest.

Jetzt, wo wir beim Kern der Sache sind, laß es mich auf einen Punkt bringen: Wenn Dein Wunsch ein materieller ist, kannst Du das Teil immer noch mieten. Du mußt es nicht besitzen, um es zu benutzen! Noch einmal: Bei materiellen Dingen geht es Dir primär um den Gebrauch, nicht um den Besitz.

Du hast ja bereits gelernt, daß Besitztümer nur dann von Wert sind, wenn sie Macht übertragen, übermitteln oder darstellen. Da es Dir hier aber nicht um ein egozentrisches Machtgehabe anderen gegenüber geht, sondern um den Genuß – sagen wir von einer Yacht, einem Auto oder Ferienhaus –, ist es auch nicht so wichtig, es zu besitzen, solange Du es nutzen und genießen kannst.

8. ... und das deswegen, weil Dir anders als Geld und Grundbesitz das praktische Wissen um die schöpferische Kraft des Gedankens jederzeit zur Verfügung steht und es Dir erlaubt, auf jedwede Situation angemessen zu reagieren. Daß das Resultat dann aber Geld und Grundbesitz mit beinhalten kann, steht außer Frage. Dennoch bist Du aber auch dann stets souverän und erfüllt mit Freude, wenn Du mal durch eine „Dürreperiode" gehen solltest. Du weißt ja nun, wie Du sie mit wissenschaftlicher Genauigkeit überwinden und ins Gegenteil umkehren kannst.

9. Die natürlichen Gesetze, von denen Charles Haanel spricht, sind natürlich wieder einmal die sieben Hermetischen Prinzipien. Dabei gilt es vor allem beim Prinzip des Rhythmus zu erkennen, daß es davon auch planetarische und galaktische gibt, auf die man sich einstellen sollte. Auch hier wurde durch oft jahrhundertelange Beobachtung herausgefunden, wie sich die Präsenz eines Planeten in einem bestimmten Sternzeichen auswirkt. Wertvolle Einsichten diesbezüglich bietet hier Haanels *Ein Buch über Dich*, das du über www.MrMasterKey.com oder den Buchhandel beziehen kannst, aber auch eine astrologische Beratung können Dir neue

Aufschlüsse über diese wiederkehrenden Rhythmen geben.

10. Mit Fälschungen meint Haanel all die geistigen Anstrengungen, die zu Auswirkungen führen, welche sich nicht im Einklang mit der Vorwärtsbewegung des Großen Ganzen befinden.

11. Hier wieder der Verweis auf das Prinzip der Entsprechung, nämlich durch ‚eine entsprechende Ernte‘. Entsprechung bedeutet auch Gewißheit. Das, was ich am Anfang sende, kommt am Ende zu mir zurück, ob auf dem Feld oder in meinen Gefühlen, Glaubensmustern, materiellen Gütern oder meiner Gesundheit.

12. Sicherlich mußt Du auch empfänglich sein, um mehr von dem zu erhalten, was Du Dir wünschst. Nur sind es hierbei Deine eigenen harmonischen, bewußten und aufbauenden Gedanken, anstatt von Gebilden, die nach kurzer Zeit wieder zusammenstürzen, weil es ihnen an Prinzip fehlt.

13. Hierbei sei angemerkt, daß auch bei Dir selbst ein Vergehen der vibratorischen Kräfte zu verzeichnen ist, wenn Du Deinen Willen entziehst. Eines ist dabei wichtig zu verstehen: Es geht nicht darum, den Willen dauerhaft aufrechtzuerhalten, sondern darum, ihn gezielt einzusetzen, bis sich eine Sache im Unterbewußtsein eingeprägt hat. Dort führt sie dann ein Eigenleben, bis der Wille erneut benutzt wird, um das zuvor geschaffene Programm bewußt zu überschreiben. Sobald etwas der Domäne des Unterbewußtseins übergeben wurde, wird es dort generalstabsmäßig und zuverlässig ausgeführt.

14. Hierbei sei lediglich angemerkt, daß es beim Master Key System u.a. darum geht, eigene Impulse zu setzen, anstatt für die Dritter empfänglich zu sein. Dann bekommst Du nicht mehr das, was andere Dir zugedacht haben, sondern dein Eigenes.

15. Im Bereich der therapeutischen Hypnose hat sich seit der Veröffentlichung des Master Key Systems sehr viel getan. Haanel spricht hier auch mehr von der Bühnenhypnose als von dem Einsatz der Hypnose zu Heilungszwecken. Bei diesen geht es auch nicht darum, den Willen anderer zu beherrschen. Es geht vielmehr darum, dem anderen auf sein Geheiß hin dabei zu helfen, im Unterbewußtsein Anker zu setzen, um bestimmte Gewohnheiten zu durchbrechen und durch neue Glaubensmuster zu ersetzen.

Generell hat Haanel aber Recht mit seiner Aussage, weil es ihm darum geht, daß der Mensch seine innere Macht und Kraft erkennt und nutzt und dabei nicht auf Hilfe von außen angewiesen ist. Das ist bei der Hypnose nur beschränkt der Fall. Dennoch spielt die moderne Hypnose in vielen Anwendungsbereichen wie z.B. Gewichtsreduktion, Rauchentwöhnung, Schmerzreduktion und Anästhesie eine überaus wichtige Rolle.

16. Nochmals: Haanel hatte schon Recht, aber zu seiner Zeit konnte er die vielfältigen Einsatzmöglichkeiten der Hypnose und den Erkenntnissen, die seitdem gemacht wurden, noch gar nicht erfassen und in sein Bewußtsein mit einfließen lassen. Dies gilt auch für das Wissen und die Erkenntnisse, welche die Menschheit seitdem im Bereich der Gehirnwellen gemacht hat. Auch hier

verwenden wir mittlerweile Techniken, die uns helfen, Dinge noch schneller und effektiver zu lernen und zu verinnerlichen.

17. Dem letzten Satz dieser Passage gilt es besondere Aufmerksamkeit zu schenken. Wenn Du erkennst, daß allein das Gute Bestand hat, wird es Dir leicht fallen, auch nur dieses zum Ausdruck zu bringen. Wieviel davon dann zu Dir zurückkehrt, hängt davon ab, in welchem Maße Du es gibst, denn Du bist zu jedem Zeitpunkt eine vollständige Gedankeneinheit und kannst nur das empfangen, was Du ausgesendet hast.

18. Haanel weist hier nur kurz auf einen überaus wichtigen Aspekt hin: Das Gesetz der Anziehung und das Gesetz der Liebe sind ein und dasselbe. Liebe ist das, was Lebenskraft verleiht und Dingen oder Beziehungen Bestand gibt. Ist z.B. in Beziehungen keine Anziehung mehr füreinander da, schwindet auch die Lebenskraft. Das hat weniger was mit Emotionen zu tun, als mit der schwingungstechnischen Natur der Schöpfung. Die beiden Parteien sind einfach nicht mehr auf derselben Wellenlänge. So kann auch keine Verstärkung stattfinden, welche zur Fortführung der Beziehung geführt hätte. Die Parteien gehen auseinander und orientieren sich erneut in ihre eigenen und somit entsprechende Richtungen.

19. Es ist eine stete Heruntertransformation des Geistes auf die materielle Ebene. Sehr interessant und faszinierend in diesem Zusammenhang sind auch die Erkenntnisse von Nassim Haramein und dem *Resonance Project*, (www.resonance.is) aus dem u.a. hervorgeht, daß das Biologische

das Bindeglied zwischen dem unendlich Kleinen und dem unendlich Großen ist. Du als Individuum bist der *Ereignishorizont*. Du besitzt durch Dein Bewußtsein die Macht und Kraft, durch Deinen endlichen Körper unendlich vielen Möglichkeiten Ausdruck zu verschaffen.

20. Erkennst Du Dich da wieder? Hast Du auch dazugehört? Wo stehst Du jetzt, wo Du um Dein wahres ‚Ich‘ weißt, wie auch um die Dir dadurch zur Verfügung stehenden unendlichen Ressourcen? Vor allem, wie fühlt es sich jetzt an, wo Du weißt, daß der Glaube einen Sinn hat, nämlich den, zum Wissen zu führen. Mal für Mal!

21. Aus dieser Passage geht hervor, daß Du Verantwortung für Dein eigenes Leben übernehmen mußt. Es gibt niemanden, der Dir etwas kann oder auch will. Vor allem ist ‚da oben‘ niemand, der für Dich etwas Bestimmtes vorgesehen hat, sondern Du entscheidest bewußt, in welche Richtung Du Deine Aufmerksamkeit lenkst.

22. Dieses geschulte Wünschen führt aber zu einem wunschlosen Zustand, da man lernt, eins zu werden mit dem, was man sich wünscht. Dadurch schwindet die Distanz zwischen dem Wünschenden und dem Wunsch. Man ist bereits das, was man sich geistig vorstellt, und je schneller man diesen Gefühlszustand hervorrufen kann, desto schneller nehmen wir auch dessen Darstellung im Außen wahr.

23. In der Praxis bedeutet das, daß Du anfangs nur vage Vorstellungen von etwas hast, aber kein Bewußtsein für etwaige Details. Ein schönes Beispiel dafür ist der immer wieder gern ‚gewünschte‘ Luxussport-

wagen. Dazu ein paar Anmerkungen aus eigener Erfahrung, die das Dilemma oder die Herausforderung deutlich illustrieren. Wenn Du gewohnt bist, Deinen Mittelklassewagen für 50 oder 60 Euro zu betanken, stelle Dich darauf ein, daß es nun 120 bis 150 Euro pro Tankfüllung sind. Stell Dich darauf ein, daß Dich ein Service im Schnitt mehr als 1500 Euro kostet und Du den Wagen nicht mal kurz zum Freund fahren kannst, damit er da ein paar Reparaturen vornimmt. Eine Frontscheibe kostet dann mal kurz über 1000 Euro – und das ohne Einbau.

Damit will ich zum Ausdruck bringen, daß am Anfang nur das Bild des Traumwagens in Deinem Bewußtsein existieren kann, nicht aber all das, was dem anhängt – es sei denn, Du machst Dich bezüglich der Unterhaltskosten schlau. Den Wagen dann zu bewegen, ohne ein schlechtes Gewissen zu bekommen, ist wiederum etwas anderes, denn im ‚alten Du' sind halt noch die Muster bzgl. Sparsamkeit oder vorangegangener Gewohnheiten vorhanden. Das soll nur als Hinweis dienen, was auf Dich zukommt, wenn sich so ein Traum verwirklicht.

24. Hiermit soll zum Ausdruck kommen, daß selbst wenn es technisch möglich ist, Dinge auf Anhieb zu materialisieren, es in den meisten Fällen immer noch eine Anpassung des Bewußtseins geben muß, damit Erscheinungen von Dauer sein können. Das führt zu einem Prozeß, den man einfach durchmachen muß. Das nimmt einem auch keiner ab. Die Zeitspanne, die es in Anspruch nimmt, hängt von den Fähigkeiten des einzelnen ab.

25. Eine überaus wichtige Passage. Frage Dich, was Deine Absicht ist, denn diese bestimmt letzten Endes, worauf Du Deine Aufmerksamkeit richtest. Was Dir wichtig ist, das verbalisierst Du auch und setzt es in die Tat um. Aus diesem Schluß gibt es kein Entkommen. Sei deshalb schonungslos ehrlich zu Dir und anderen Menschen.

Dem Thema Konzentration widmet Haanel in der zweiten Hälfte noch viel Platz, denn es ist unter anderem durch Konzentration, daß wir zu intuitiver Wahrnehmung gelangen und uns so nicht mehr auf die langsamen und oft widersprüchlichen Prozesse des Verstandes verlassen müssen. Mehr dazu speziell in Kapitel 17.

26. Warum ist das so? Weil – so Haanel – die Allmacht selbst absolute Stille ist. Du kannst Dich nur in absoluter Stille mit ihr verbinden, weil Du dann eins mit ihr bist.

27. Die Stichworte sind hier: Übung und Selbstermächtigung.

28. Wieder einmal verweist Charles Haanel auf denselben Raum, denselben Stuhl und dieselbe Position. Bitte beachte es entsprechend. In dieser Übung geht es zusammenfassend darum, zu erkennen wer Du wirklich bist, welche Möglichkeiten Dir zur Verfügung stehen und welche Schritte vonnöten sind, um auf das Universelle so einzuwirken, daß es sich entsprechend auswirkt. Mit dem Meistern dieser Übung bist Du dann bereit, in den kommenden Wochen zunehmend komplexe Konzentrationsübungen zu absolvieren.

13

Das Gesetz
von Ursache und Wirkung

Die Naturwissenschaften sind für das wunderbare Zeitalter der Erfindungen verantwortlich, in dem wir jetzt leben, doch es sind die Geisteswissenschaften, die jetzt eine Karriere anstreben, deren Möglichkeiten niemand vorhersagen kann.

Die Geisteswissenschaften waren vormals der Spielball der Ungebildeten, der Abergläubigen und der Mystiker, doch der Mensch ist jetzt nur noch an **eindeutigen Methoden** und **vorzeigbaren Resultaten** interessiert.

Uns ist bewußt geworden, daß Denken ein geistiger Vorgang ist, daß Vision und Vorstellungskraft der Tat und dem Ereignis vorangehen und daß der Tag des Träumers gekommen ist.

Die folgenden Zeilen von Herrn Herbert Kaufmann sind in dieser Hinsicht interessant:

„Sie sind die Architekten des Großartigen; ihre Vision liegt in ihren Seelen, sie dringen durch den Schleier und den Nebel des Zweifels und durchstoßen die Wände der ungeborenen Zeit. Das angetriebene Rad, die Spur aus Stahl und die sich drehende Schraube sind nur Schiffchen in dem Webstuhl, auf dem

sie ihre magischen Teppiche weben. Schöpfer von Weltreichen, sie haben um größartigere Dinge gekämpft als um Kronen und um höhere Sitze als um Throne. Eure Häuser sind auf dem Land gebaut, das ein Träumer entdeckt hat. Die Bilder an ihren Wänden sind Visionen aus der Seele des Träumers.

Sie sind die Auserwählten, die Wegbereiter. Wände brechen zusammen und Reiche fallen auseinander; eine Gezeitenwelle kommt von der See daher und reißt die Festung von den Felsen. Die verrottenden Nationen verschwinden vom Band der Zeit, und nur die vom Träumer erschaffenen Dinge leben weiter."

Der nun folgende Teil Dreizehn erzählt, warum die Träume des Träumers wahr werden. Er erklärt uns das Gesetz der Verursachung, durch das Träumer, Erfinder, Autoren und Finanziers die Verwirklichung ihrer Träume herbeibringen. Er erklärt das Gesetz, durch das die unserem Bewußtsein eingeprägte Sache letztendlich unsere eigene wird.

DAS GESETZ VON URSACHE UND WIRKUNG

1. In der Wissenschaft besteht ein Drang und – was auch bewiesen werden kann – eine Notwendigkeit, die Erklärung alltäglicher Tatsachen durch eine Verallgemeinerung derer zu suchen, die weniger geläufig sind und somit die Ausnahme bilden. So verursacht ein Vulkanausbruch Hitze, die andauernd im Inneren der Erde wirkt und der diese Erde vieles ihrer heutigen Gestalt verdankt.

2. So enthüllt der Blitz eine subtile Kraft, die ständig damit beschäftigt ist, Änderungen in der anorganischen Welt zu vollziehen. So wie tote Sprachen einst unter Nationen herrschten, so zeugt ein gigantischer Zahn in Sibirien oder ein Fossil in den Tiefen der Erde nicht nur von der Evolution längst vergangener Zeiten, sondern erklärt uns auch den Ursprung der Berge und Täler, die wir heute bewohnen.

3. Auf diese Art und Weise wurde eine Verallgemeinerung von Tatsachen, die selten oder fremdartig sind oder die Ausnahme

bilden, zu einer magnetischen Nadel, die zu all den Entdeckungen der induktiven Wissenschaft geführt hat.

4. Diese Methode gründet auf Urteilsvermögen und Erfahrung und hat somit Aberglaube, in der Vergangenheit vorherrschende Annahmen und ein starres Festhalten an Überliefertem zerstört.

Lord Francis Bacon
(1561 – 1626)

5. Es sind fast 300 Jahre vergangen, seitdem **Lord Francis Bacon** diese Studienmethode empfohlen hat, der die zivilisierten Nationen den größten Teil ihres Wohlstands und einen nicht unbeträchtlichen Teil ihres Wissens schulden: Den Geist von engen Vorurteilen und vorgegebenen Theorien gründlicher zu reinigen als durch die schärfste Ironie; die Aufmerksamkeit des Menschen zwischen Himmel und Erde erfolgreicher durch überraschende Experimente zu erlangen als durch erzwungenes Aufzeigen ihrer eigenen Ignoranz; die erfinderischen Fähigkeiten durch die nahe Aussicht einer für alle nützlichen Entdeckung kraftvoller auszubilden als durch gelehrte Tischgespräche, die angeblich die Funktionsgesetze unseres angeborenen Geistes durchleuchten sollten.

6. Die *Methode von Bacon* hat den Geist und das Ziel der großen griechischen Philosophen aufgegriffen und sie durch die neuen Wege der Naturbeobachtung (Forschung, Anm. d. Ü.) getragen, welche ein späteres Zeitalter bot. Sie hat somit Schritt für Schritt ein wundervolles Feld des Wissens in dem unendlichen Raum der Astronomie enthüllt, in dem mikroskopischen Ei der Embryologie und dem dunklen Alter der Geologie. Sie hat eine Ordnung des Voranschreitens freigelegt, welche die Logik Aristoteles niemals hätte entschleiern können, und die Materiekombinationen in bis dahin unbekannte Elemente analysiert, welche kein Gelehrter der Scholastik hätte jemals auseinander zwingen können.

Damit meint Haanel das Induktive Denken; dem Erkennen eines gemeinsamen Nenners durch das Vergleichen individueller Fälle – siehe Kapitel 11.

7. Sie hat Leben verlängert; sie hat Schmerz gelindert; sie hat Krankheiten ausgelöscht; sie hat die Fruchtbarkeit des Bodens erhöht; sie hat dem Seemann neue Sicherheiten gegeben; sie hat große Flüsse mit Brücken überspannt, deren Form unseren Vätern unbekannt war; sie hat den Blitz vom Himmel zur Erde geleitet;

sie hat die Nacht erleuchtet mit dem Strahlen des Tages; sie hat die Reichweite der menschlichen Sichtweite vergrößert; sie hat die Kraft im menschlichen Muskel vervielfacht; sie hat Bewegung beschleunigt; sie hat Entfernung verringert; sie hat Unterhaltung, Korrespondenz, alle freundlichen Pflichten und alle Erledigungen von Geschäften erleichtert; sie hat den Menschen befähigt, in die Tiefen des Meeres hinabzutauchen, sich in die Lüfte zu erheben und die gefährlichen Winkel der Erde sicher zu durchdringen.

8. Das ist somit die wahre Natur und der Umfang der Induktion. Je größer aber der vom Menschen erreichte Erfolg im Bereich der induktiven Wissenschaften ist, desto mehr drängt uns der gesamte Tenor ihrer Lehren und Beispiele zur Notwendigkeit, **sorgsam, geduldig und genau** die individuellen Tatsachen mit all den uns zur Verfügung stehenden Instrumenten und Ressourcen zu beobachten, bevor wir eine Aussage über allgemeine Gesetzmäßigkeiten wagen.

9. Um uns der Bedeutung des Funkens einer elektrischen Maschine unter den verschiedensten Gegebenheiten zu vergewissern, sollten wir wie Franklin ermutigt sein, die Frage über die Natur des Blitzes in Form eines Drachen an die Wolke zu richten. Um mit der Genauigkeit eines Galilei sicherzustellen, auf welche Art und Weise Körper fallen, können wir es mit Newton wagen, den Mond über die Kraft zu befragen, die ihn an die Erde bindet.

10. Kurzum: Durch den Wert, den wir der Wahrheit zuordnen; durch unsere Hoffnung auf einen steten und allgemeingültigen Fortschritt; durch das Abweisen tyrannischer Vorurteile, die unwillkommene Tatsachen ignorieren oder stören; durch das Errichten des Gerüstes der Wissenschaft auf einer breiten und unveränderlichen Grundlage, sowie durch unsere vollkommene Aufmerksamkeit bezüglich der seltensten wie auch der geläufigsten Erscheinungen.

11. Eine immer größer werdende Menge an Fakten kann durch Beobachtung gesammelt werden, aber die angesammelten Tatsachen sind für die Erklärung der Natur von sehr unterschiedlichem

"Das Errichten des Gerüstes der Wissenschaft auf einer breiten und unveränderlichen Grundlage" bedeutet ein sorgfältiges Beobachten und Beachten der und Halten an die natürlichen Gesetzmäßigkeiten. So kommen wir schließlich vom Glauben zum Wissen.

Es steht uns frei, zu glauben, was wir wollen. Wenn wir es aber nicht beweisen können, kann der Glaube auch getrost fallen gelassen werden, da er keinerlei Wert hat. Nur Wissen verleiht Gewißheit. Der Glaube selber hat die Funktion, uns bei der Sache zu halten, bis wir zum Wissen gekommen und von ihm überzeugt sind.

Wert. Da wir diejenigen nützlichen Qualitäten des Menschen am höchsten schätzen, die am seltensten vorkommen, so geht die natürliche Philosophie durch die Tatsachen hindurch und heftet derjenigen Klasse eine hervorragende Bedeutung an, die nicht durch die gewöhnlichen Beobachtungen des täglichen Lebens erklärt werden können.

12. Wenn wir dann sehen, daß gewisse Personen eine ungewöhnliche Macht besitzen, welchen Schluß ziehen wir daraus? Zunächst mögen wir behaupten, daß dem nicht so ist, was schlichtweg eine Anerkennung unseres Informationsmangels ist, weil jeder ehrliche Forscher zugeben wird, daß es viele fremde und vormals unerklärliche Phänomene gibt, die andauernd stattfinden. Jene aber, die sich mit der schöpferischen Kraft des Denkens vertraut machen, werden sie nicht länger als unerklärlich betrachten.

13. Zweitens mögen wir behaupten, daß sie das Ergebnis eines übernatürlichen Wirkens sind, aber ein wissenschaftliches Verständnis der Natürlichen Gesetze würde uns überzeugen, daß es nichts Übernatürliches gibt. Jedes Phänomen ist das Ergebnis einer genauen, definitiven Ursache, und die Ursache ist ein unveränderliches Gesetz oder Prinzip, das mit unveränderlicher Genauigkeit tätig ist, ganz gleich, ob das Gesetz bewußt oder unbewußt in die Tat umgesetzt wurde.

14. Drittens mögen wir behaupten, daß wir uns auf ,verbotenem Grund' befinden; daß es einige Dinge gibt, die wir nicht wissen sollten. Dieser Einwand wurde gegen jeglichen Fortschritt menschlichen Wissens verwendet. Jedes Individuum, das eine neue Idee hervorgebracht hat, ganz gleich, ob es Kolumbus war, Darwin, Galilei, Fulton oder Emerson; sie alle wurden der Lächerlichkeit oder der Verfolgung preisgegeben, so daß dieser Einwurf niemals einer ernsthaften Betrachtung unterzogen werden konnte. Im Gegenteil, wir sollten jede Tatsache, auf die wir aufmerksam gemacht werden, sorgfältig betrachten, denn dadurch können wir uns schneller des Gesetzes vergewissern, auf dem sie basiert.

15. Es wird aufgezeigt, daß die schöpferische Kraft des Denkens jeden möglichen Umstand oder jede Erfahrung erklären wird, sei sie körperlich, verstandesmäßig oder spirituell.

16. Denken wird Umstände im Verhältnis zur vorherrschenden Geisteshaltung herbeiführen. Dementsprechend wird das Unglück das garantierte Resultat unseres Denkens sein, wenn wir Angst vor einem Unglück haben, da Angst eine mächtige Gedankenform ist.

17. Wenn wir an eine bestimmte Form materiellen Wohlstands denken, werden wir ihn uns sichern. Durch konzentriertes Denken werden uns die erforderlichen Umstände nähergebracht und die entsprechende Leistung eingesetzt, was darin resultiert, daß die zur Verwirklichung unserer Wünsche notwendigen Umstände herbeigeführt werden. Wenn wir uns die erwünschten Dinge endlich sichern, bemerken wir oft, das sie nicht den von uns erwarteten Effekt haben. Das heißt, die Zufriedenstellung ist nur zeitweilig oder sogar das Gegenteil von dem, was wir erwartet haben.

18. Was ist dann die richtige Vorgehensweise? Was müssen wir denken, damit wir uns das sichern, was wir uns wirklich wünschen? Was Du und ich uns wünschen, wonach ein jeder sucht, ist **Glückseligkeit** und **Harmonie**. Wenn wir wahrhaftig glücklich sind, werden wir all das haben, was uns die Welt geben kann; nur wenn wir selber glücklich sind, können wir auch andere glücklich machen.

> Das ist sehr wichtig zu verstehen. Personen, Orte und Umstände sind lediglich Hilfsmittel zum Erlangen von Glückseligkeit und Harmonie. Beides sind Bewußtseinszustände, auf die wir als spirituelle Wesen aus sind. Materielle Dinge wie die oben-genannten geben uns keine dauerhafte Befriedigung, und wir tauschen sie aus oder entledigen uns ihrer, wenn sie ihren Zweck erfüllt haben.

19. Wir können aber nicht glücklich sein, es sei denn, wir besitzen Gesundheit, Stärke, wohlgesonnene Freunde, eine angenehme Umgebung und ausreichende Versorgung – nicht nur, damit sie unsere Grundbedürfnisse abdecken kann, sondern auch den Komfort und Luxus zur Verfügung stellt, auf den wir sehr wohl ein Anrecht haben.

20. Die bisherige, orthodoxe Denkweise lautete, ein ‚Wurm‘ zu sein, zufrieden mit dem, was immer uns gegeben wurde. Die

Wenn wir an eine bestimmte Form materiellen Wohlstands denken, werden wir ihn uns sichern. Durch konzentriertes Denken werden uns die erforderlichen Umstände näher gebracht.

moderne Idee bedeutet aber zu wissen, daß wir ein Anrecht auf das Beste von allem haben, daß *"der Vater und ich eins sind"*, und daß der ,Vater' das Universelle Bewußtsein, der Schöpfer, die Ursprungssubstanz ist, aus der alle Dinge hervorgehen.

21.   Wenn wir nun zugeben, daß das alles theoretisch wahr ist, die Wahrheit über 2000 Jahre gelehrt wurde und dabei den Kern eines jeden Systems der Philosophie oder Religion darstellt, wie sollen wir diese Wahrheit in unserem Leben praktisch anwenden? Wie können wir die wirklichen, greifbaren Ergebnisse hier und jetzt erreichen?

22.   Zuerst müssen wir unser Wissen in die Praxis umsetzen. Nichts kann auf anderem Wege erreicht werden. Der Athlet kann sein Leben lang Bücher lesen oder Vorlesungen über Körpertraining besuchen, aber wenn er nicht damit beginnt, **seine Stärke durch wirkliche Arbeit auszudrücken**, wird er niemals irgendeine Stärke empfangen. Er wird letztlich genau das erhalten, was er gibt, aber er wird zuerst geben müssen. Es ist genau dasselbe mit uns; wir werden genau das bekommen, was wir geben, zuerst müssen wir es aber geben. Es wird dann vielfältig zu uns zurückkehren. Geben ist schlichtweg ein geistiger Vorgang, denn Gedanken sind Ursachen, und Umstände sind Wirkungen. Dementsprechend setzen wir durch Gedanken des Mutes, der Inspiration, Gesundheit oder Hilfe jeglicher Art Ursachen in Bewegung, die dann ihre Wirkung herbeiführen.

23.   Denken ist eine geistige Tätigkeit und somit schöpferisch. Begehe hier aber keinen Fehler, denn Denken wird nichts erschaffen, es sei denn, es wird **bewußt**, **systematisch** und **konstruktiv** geleitet. Darin liegt der Unterschied zwischen leerem Denken, welches lediglich eine Zerstreuung von Anstrengung ist, und

konstruktivem Denken, welches praktisch unbeschränktes Erreichen bedeutet.

24.   Wir haben festgestellt, daß alles, was wir erhalten, durch das Gesetz der Anziehung zu uns kommt. Ein glücklicher Gedanke kann nicht in einem unglücklichen Bewußtsein bestehen. Dementsprechend muß sich das Bewußtsein ändern. Während es sich ändert, müssen sich die Umstände, die auf das geänderte Bewußtsein treffen, stufenweise ändern, damit sie die Bedürfnisse der neuen Situation befriedigen.

25.   Indem wir ein geistiges Bild oder ein Ideal erschaffen, projizieren wir einen Gedanken in die Universelle Substanz, aus der alle Dinge erschaffen werden. Diese Universelle Substanz ist allgegenwärtig, allmächtig und allwissend. Liegt es an uns, das Allwissende über den richtigen Kanal zu informieren, durch den sich unsere Anfrage verwirklicht? Kann das Endliche dem Unendlichen Rat geben? Das ist die Ursache des Versagens – jeglichen Versagens. Wir erkennen die allgegenwärtige Macht der Universellen Substanz, schaffen es aber nicht, die Tatsache anzuerkennen, daß diese Substanz nicht nur allgegenwärtig, sondern auch allmächtig und allwissend ist, und wir werden demnach Ursachen in Bewegung setzen, derer wir uns vollkommen unbewußt sind.

26.   Wir können unsere Interessen am besten dadurch wahren, daß wir die unendliche Macht und unendliche Weisheit des Universellen Bewußtseins anerkennen und auf diesem Wege zu einem Kanal werden, durch den das Unendliche unsere Wünsche zur Darstellung bringen kann. Das bedeutet, daß Anerkennung Verwirklichung herbeiführt. Dementsprechend ist es diese Woche Deine Aufgabe, Gebrauch von dem Prinzip zu machen; die Tatsache anzuerkennen, daß Du ein Teil des Ganzen bist und daß ein Teil das Gleiche in Art und Qualität sein muß wie das Ganze. Der einzige Unterschied, der möglicherweise bestehen kann, ist ein gradueller.

27.   Wenn diese großartige Tatsache beginnt, Dein Bewußtsein zu durchdringen; wenn Du zu der Überzeugung der Tatsache

Wir können unsere Interessen am besten dadurch wahren, indem wir die unendliche Macht und unendliche Weisheit des Universellen Bewußtseins anerkennen.

kommst, daß Du (nicht Dein Körper, sondern das Ego), das ‚Ich' – das Bewußtsein, das denkt – ein wesentlicher Teil des Großen Ganzen ist; daß es gleich in Substanz, Qualität und Art ist; daß der Schöpfer nichts von ihm Abweichendes hätte schaffen können, dann wirst auch Du in der Lage sein zu sagen: *„Der Vater und Ich sind eins"*. Du wirst zu einem Verständnis der Schönheit, der Großartigkeit und der übersinnlichen Möglichkeiten kommen, welche Dir gegeben wurden.

FRAGEN UND ANTWORTEN

121. *Was ist die Methode, durch die Philosophen ihr Wissen erlangen und anwenden?*
Individuelle Tatsachen sorgfältig, geduldig, genau und mit all den ihnen zur Verfügung stehenden Instrumenten und Ressourcen zu beobachten, bevor sie eine Aussage über allgemeine Gesetzmäßigkeiten treffen.

122. *Wie können wir uns gewiß sein, daß diese Methode richtig ist?*
Dadurch, daß wir tyrannische Vorurteile nicht zulassen, die nicht willkommene Tatsachen ignorieren oder stören.

123. *Welche Klassen von Tatsachen sind die am höchstgeschätzten?*
Diejenigen, die nicht durch die tägliche Beobachtung des Lebens beschrieben werden können.

124. *Worauf basiert dieses Prinzip?*
Auf Urteilsvermögen und Erfahrung.

125. *Was zerstört es?*
Aberglaube, in der Vergangenheit vorherrschende Annahmen und starres Festhalten an Überliefertem.

126. *Wie wurden diese Gesetze entdeckt?*
Durch eine Verallgemeinerung von Tatsachen, die ungewöhnlich, selten, fremdartig und somit die Ausnahme waren.

127. *Wie können wir die Vielzahl fremdartiger und bis heute unerklärlicher Phänomene, die andauernd stattfinden, erklären?*
Durch die schöpferische Kraft des Denkens.

128. *Warum ist das so?*
Während wir eine neue Tatsache lernen, können wir sicher sein, daß sie das Ergebnis einer bestimmten Ursache ist und daß diese Ursache mit unveränderlicher Genauigkeit tätig ist.

129. *Was ist das Ergebnis dieses Wissens?*
Es wird die Ursache eines jeglichen Umstandes erklären, ganz gleich, ob körperlich, mental oder spirituell.

130. *Wie können wir unsere besten Interessen wahren?*
Durch die Anerkennung der Tatsache, daß das Wissen der schöpferischen Natur des Denkens uns in Verbindung mit der Unendlichen Macht bringt.

Lasse in mir die Weisheit wachsen,
die meine wahren Interessen aufdeckt;
stärke meine Entscheidung, das durchzuführen,
was die Weisheit vorschreibt.
— BENJAMIN FRANKLIN

13

Das Gesetz von Ursache und Wirkung

Bei diesem Kapitel angelangt zu sein bedeutet, daß Du die Hälfte des Master Key System Studienservices durchgearbeitet hast. Dazu von meiner Seite einen herzlichen Glückwunsch – ich bin stolz auf Dich, denn Du bist immer noch dabei, während viele Deiner ‚Mitstreiter' schon lange aufgegeben haben.

Die letzten drei Monate haben Dich konsequent darauf vorbereitet, jetzt auch in den Übungen immer größere Konzentrationskräfte darzustellen. Du hast nun die Grundlage, Dich auf all das zu konzentrieren, was Du Dir schließlich erfüllen wirst.

Kapitel 13 dreht sich um das Gesetz von Ursache und Wirkung. Davon haben wir bereits gehört, aber nun lernen wir, daß es nicht primär der materielle Wohlstand ist, dem wir entgegenstreben sollten, sondern Harmonie und Glückseligkeit. Als spirituelle Wesen, sagt Charles Haanel, werden wir keine dauerhafte Befriedigung in materiellen Gütern finden, und aus eigener Erfahrung kann ich dem nur beipflichten. Dennoch bescheren mir diese materiellen Güter immer wieder Freudenspitzen. Dann bin ich für all das dankbar, was ich bereits erreicht habe und wozu mich das Master Key System erst in die Lage versetzte. Dabei bleibe ich mir aber bewußt, daß es letztlich doch nur der Geist ist, der Bestand hat, und daß alles andere irgendwann wieder vergeht.

Bei dem Gesetz von Ursache und Wirkung handelt es sich um eines der sieben Hermetischen Prinzipien, die im Master Key System mehr ,durch die Blume' erklärt wurden, mit denen Du Dich in den vergangenen Wochen aber bereits bekanntgemacht hast.

Alles, was eine Wirkung ist – also auf jeden Fall alles Materielle, aber auch jede Gefühlsregung, ganz gleich welchen Ausmaßes – hat eine Ursache. Im Master Key System lernst Du, diese Ursache zu erkennen, denn wenn Dir die Wirkung auf Dauer nicht genehm ist, bedarf es der Erkenntnis der wahren Ursache, damit Du diese auflösen und loslassen kannst. Gleichzeitig bewegst Du Dich geistig zum anderen Pol hinüber, was dazu führt, daß Du automatisch mehr davon und weniger vom bisherigen bekommst.

Nochmals: Die Lösung für ein Problem ist *immer* am anderen Pol zu finden. Aufmerksamkeit fördert den Fluß von Energie, d.h. von Bewußtsein und von Verdichtung, sprich Vermehrung. Wir können keine Probleme lösen, wenn wir unsere Aufmerksamkeit immer wieder auf das Problem richten – wir *müssen* den Gegenvorschlag machen und kommen auch nur so zur Lösung. Das sollte jedem hinreichend klar sein.

Charles Haanel sagt, daß ein glücklicher Gedanke nicht in einem unglücklichen Bewußtsein bestehen kann, und wir machen uns unsere Kenntnis von den Naturgesetzen zunutze, dieses Bewußtsein glücklich zu stimmen, uns darauf einzustimmen und diese Schwingung beizubehalten. Das greift unmittelbar in den vorigen Kapitel, in dem es um das Erstellen eines Ideals ging und um das Festhalten an ihm. Beharrlichkeit ist vonnöten, Disziplin und Ausdauer, denn tiefliegende Programmierungen sind nicht über Nacht aufgelöst, obwohl auch das rein technisch nur eines Gedankens und eines einzigen bewußten Atemzugs bedarf.

ÜBUNG

Du lernst in diesem Kapitel erneut, daß die Anerkennung der Allmacht und Deine Fähigkeit, Dich in Einklang mit ihr einzufinden, die Grundlage allen Erreichens ist. Das aber geht nur in der Stille, in absoluter Ruhe, und somit führst Du auch diese Woche Deine Übung entsprechend durch – in der Ruhe verweilend und Deiner Einheit mit der Allmacht auf einer tiefen Ebene bewußtwerdend.

Du siehst, daß die Übungen ab diesem Kapitel eine andere Qualität einnehmen. Sie sprechen immer weniger Deinen bewußten Verstand an und verlangen, daß Du Dich Deinem Inneren öffnest, damit Deine Intuition und Inspiration fließen können. Beide entstammen nicht dem Verstand, sondern dem Universellen Bewußtsein. Nimm Dir auch in dieser Woche die Zeit, Dich darauf zu konzentrieren, was es bedeutet mit der Allmacht eine Einheit zu bilden. Werden Dir da nicht Dinge klar, die Dich begeistern (ein schönes deutsches Wort), motivieren, nach vorne preschen lassen?

Alles, was möglich ist, steckt bereits in Dir. Als Potenzial ist es vorhanden und es wartet wirklich nur auf Deine Inanspruchnahme (auch das ein sehr deutliches deutsches Wort). Doch wo keiner Fragen stellt, gibt es auch keine Antworten. Oder passender ausgedrückt: Wo nichts gesucht wird, wird auch nichts gefunden. Setze neue Ursachen und bewahre Dir diese Einheit mit der Allmacht zu jeder Zeit im Bewußtsein. Es wird große Auswirkungen auf Deinen Mut haben, auf Dein Selbstvertrauen und -bewußtsein, aber vor allem wird es Dich anspornen, Dich geistig und körperlich weiter zu stärken, denn eine gesunde körperliche Basis ist Grundvoraussetzung für das Erfüllen all Deiner Wünsche.

AUFGABEN

1. Schreibe auf, welche Rolle Harmonie und Glückseligkeit in Deinem Leben spielen.

    ....

    ....

    ....

    ....

2. Beantworte Dir so oft wie möglich die folgenden Fragen:

    ✓   Was habe ich heute gemacht?
    ✓   Was kann ich daran verbessern?
    ✓   Wer kann mir dabei helfen?
    ✓   Wann werde ich es vollenden?

3. Erkläre, warum wir erst geben müssen, bevor wir erhalten können.

    ....

....
....

4. Denken muß bewußt, systematisch und konstruktiv sein. Warum?

....
....
....
....

5. Ungewöhnliche Beobachtungen und Tatsachen haben den höchsten Wert. Was bedeutet das für Dein eigenes Leben?

....
....
....
....
....

6. Kreuze an, welche der folgenden Aussagen auf Dich zutreffen:
    ☐ Das Gesetz von Ursache und Wirkung ist mir zunehmend bewußt geworden.
    ☐ Ich erkenne, daß jeder Gedanke von mir eine Ursache ist, die eine bestimmte Wirkung hervorrufen wird.
    ☐ Ich erkenne, daß meine Wahrnehmung negativer Dinge nicht gleichbedeutend damit ist, daß ich diese Eigenschaften selber auslebe.
    ☐ Jeden Tag fülle ich meine Lungen mit frischer Luft und erfreue mich der pranischen Energie, die ich dabei in meinen Körper aufnehme.
    ☐ Ich beobachte, wie Haustiere, aber auch Tiere in freier Wildbahn sich mir gegenüber anders verhalten.
    ☐ Ich zeige täglich meine Dankbarkeit für die Schöpfung und all das, was ich an diesem Tag erreicht habe.
    ☐ Ich bin aktiv und zielstrebig.
    ☐ Ich kommuniziere klar und deutlich.
    ☐ Ich bin mir meines eigenen Reichtums und Wohlstands zunehmend bewußt.

7.   Was für eine Art von Bewußtsein muß vorhanden sein, damit sich Glück ausdrücken kann?

....

....

8.   Erkläre, was es für Dich speziell bedeutet, daß Wissen sich selbst nicht anwendet.

....

....

....

....

9.   Du bist ein Teil des Ganzen. Schreibe auf, wo Du Dir dieses Wissen bereits zunutze gemacht hast.

....

....

....

DU HAST DIESEN TEIL GEMEISTERT...

- wenn Du verstanden hast, wie wertvoll es ist, durch Induktives Denken vom Besonderen auf das Allgemeine schließen zu können.
- wenn Du verstanden hast, daß die schöpferische Kraft des Denkens jeden möglichen Umstand oder jede Erfahrung erklären wird.
- wenn Du verstanden hast, daß diese Umstände im Verhältnis zu Deiner vorherrschenden Geisteshaltung stehen.
- wenn Du verinnerlicht hast, daß Du auf Bewußtseinszustände aus bist, nicht primär auf Dinge.
- wenn Du erkannt hast, daß Harmonie und Glückseligkeit von Gesundheit, Stärke, wohlgesonnenen Freunden, einer angenehmen Umgebung und einer ausreichenden Versorgung abhängig sind.
- wenn Du in der Lage bist, Dein Denken bewußt, systematisch und konstruktiv anzuleiten oder zu steuern.
- wenn Du verinnerlicht hast, daß die Universelle Substanz nicht nur allgegenwärtig, sondern auch allmächtig und allwissend ist und Dir jederzeit auf Abruf zur Verfügung steht.

- wenn Du erkannt hast, daß Du nicht in Trennung lebst, sondern mit dieser Universellen Substanz auf ewig verbunden bist und Dir dadurch unendliche Ressourcen zur Verfügung stehen.

- wenn Du das, was du bislang gelernt hast, immer mehr in Dein tägliches Leben mit einfließen läßt, sei es durch eine neue Betrachtungsweise gewöhnlicher Dinge; durch ein neues Verhalten bestimmten Personen gegenüber; durch mutige Handlungen, wo Du vorher noch gezögert hast; durch eine umgestellte und somit den neuen Anforderungen angepaßte Ernährungsweise; durch immer mehr unbegründete, wohlmeinende und anerkennende Handlungen; durch eine generell verbesserte Betrachtungsweise, was Deinen finanziellen Wohlstand anbelangt; und durch ein liebe- und verständnisvolleres Wesen allgemein.

- wenn Du Dich immer mehr dabei ertappst, wie Du bewußt mitschöpfst und Deine Umgebung in einem schöneren Licht siehst als zuvor.

KOMMENTAR

Hier soll noch einmal darauf hingewiesen werden, daß das Gehirn eine embryonale Welt ist. Durch stille Gedankenkonzentration wird Neues erschaffen. Neue synaptische Verbindungen entstehen, alte werden gelöst. Du entwickelst dadurch neue Fähigkeiten und diese wiederum erlauben Dir, ganz andere Kräfte und Mächte zum Ausdruck zu bringen. Dein Wissen um Dein wahres ‚Ich', sowie die zu Deinem Nutzen bestehenden Gesetzmäßigkeiten, haben eine Flamme in Dir entfacht, die Dir Mut, Zuversicht und Vertrauen gibt, aber auch die Kraft, das in Gedanken Erschaffene bis zur Vollendung durchzuführen.

1. Die Notwendigkeit entsteht daraus, daß wir uns ja bestimmter Dinge oder Abläufe vergewissern wollen. Da war es schon wieder, das Wort ‚Gewißheit'.

2. Enthüllt, zeugt, erklärt. Immer wieder ist es unsere genaue Beobachtung seltener Ereignisse, die uns zu neuen Erkenntnissen führt. Für Dich heißt das insbesondere, Dich mit geistigen Gesetzmäßigkeiten vertraut zu machen, um zu neuen Einsichten über Deine eigene Funktionsweise und Deine innewohnenden Fähigkeiten zu kommen.

3. ‚Magnetische Nadel' deswegen, weil sie im wahrsten Sinne des Wortes richtungsweisend war. Vom Besonderen wurde auf das Allgemeine geschlossen. Durch die Beobachtung des Besonderen wurde immer wieder das Allgemeine entdeckt, welches der Menschheit dann auf vielfältige Art und Weise dienlich war.

4. So kannst und wirst auch Du nicht länger an Tradition, Gewohntem oder Überliefertem festhalten, wenn Du erkannt hast, daß sie nicht der Wahrheit entsprechen oder es Dir nicht mehr dienlich ist, daran festzuhalten.

5. Hier wird erneut deutlich, daß die eigentliche Macht in der Anwendung liegt, im Herausfinden, Ausprobieren, Gebrauchen etc. Kein noch so gelehrtes Tischgespräch kann die eigene Erfahrung ersetzen. Jede Erfahrung fügt dann ihren Teil zum Gesamtbild hinzu, wenn aus ihr gelernt wurde.

6. Haanels Verweis zu den Gelehrten vergangener Zeiten zeigt Dir auf, in welche Richtung er Dich lenken will. Mit dem Master Key System kannst Du – wenn Du so willst – ein für alle Mal die niederen Gedankenebenen verlassen und Dein Leben gesund, liebevoll und wohlhabend gestalten. Das ist unser aller Bestimmung, denn der Mensch – wie auch alle anderen Wesenheiten – entwickeln sich in aufsteigender Richtung. Der Schlüssel dazu wird Dir durch dieses Studium in die Hand gelegt und Du allein entscheidest, welche Türen Du damit öffnest.

7. Noch einmal: All diese Dinge wurden nur dadurch möglich, daß beobachtet und geforscht wurde; daß man sich über Aberglaube und Tradition hinweggesetzt hat; daß man sich ein Ziel gesetzt und dieses auch unter oft schwierigen Umständen bis zum Erreichen nachverfolgt hat. Setze Dich mit diesen Entdeckern und Forschern gleich und Deine Ergebnisse werden ihren gleichen. Denke Großes und erschaffe Großes.

8. *‚Sorgsam, geduldig und genau zu beobachten, bevor wir eine Aussage über allgemeine Gesetze wagen‘.* Für Dich heißt das, Deine eigenen Glaubenssätze und Verhaltensweisen zu hinterfragen und sie unter diesem neuen Licht der Wahrheit und Deiner eigenen unendlichen Ressourcen zu beleuchten. Das führt zu ganz erstaunlichen Einsichten und Erkenntnissen. Der Schritt zur Handlung ist dann nicht mehr weit.

9. Immer deutet Haanel darauf hin, daß Du mutig fragen mußt, in noch unbekannten Gebieten forschen, Deinen Anspruch geltend machen und Dich generell behaupten. Es geht hier um wahre Selbsterkenntnis und -verwirklichung!

10. Für Dich bedeutet das, auch keine Vorurteile oder bloße Meinungen anderer mehr zuzulassen, sondern Dich durch aufmerksame Beobachtung zu vergewissern, was wirklich Sache ist – was die Wahrheit ist. Konkret bedeutet das, daß auch Du all das erreichen kannst, was andere erreicht haben. Klar, Du hast bestimmte Voraussetzungen mitgebracht und solltest diesen auch Beachtung schenken; dennoch ist es Deine geistige Kraft, die sich über alles Materielle hinwegsetzt und – für Dich – Wunder vollbringt. Wie schon erwähnt, mußt Du sie lediglich konstruktiv einsetzen.

11. Auf gut Deutsch: Das, was selten ist, ist meistens wertvoll, gerade weil es nicht von jedem beobachtet, erkannt und genutzt wurde. So wird ein Großteil der Menschheit auch weiterhin ohne das Wissen um diese spirituellen Gesetzmäßigkeiten leben und genau das erleben, was ihnen von anderen (tot oder lebendig) zugedacht wurde. Auch wird sie sich dadurch mehr in einem Konflikt zwischen ihrem wahren, perfekten und überschwänglichen ‚Ich‘ und ihrer ausgelebten Persönlichkeit wiederfinden. Letztere ist ja das Produkt vergangenen Denkens und hat somit in den meisten Fällen absolut nichts mit den Qualitäten des wahren ‚Ich‘ zu tun.

Du erkennst hier, daß es nichts zu beklagen und niemanden verantwortlich zu machen gibt, sondern einfach wertfrei zu erkennen, um anschließend durch neue Gedanken, Worte und Handlungen neue Ergebnisse herbeizuführen.

12. Im letzten Satz hält sich das eigentliche Geheimnis versteckt. Da Denken schöpferisch ist, wird es all das aufklären(!), worauf die gebündelte Aufmerksamkeit gerichtet wird. Es wird aus dem Unmanifesten ‚geholt‘ und manifestiert. Es gibt also nichts, was durch bewußtes Denken nicht erschaffen werden kann. Alles ist möglich, auch in Deinem Leben, wenn Du ihm nur die entsprechende Aufmerksamkeit zukommen läßt.

13. Hier schließt sich der Kommentar des obigen Punktes nahtlos an, denn es gibt für Dich nichts Übernatürliches mehr, da Du Dir von nun an alles erklären kannst. Ob Du es auch tust, ist natürlich eine andere Frage, aber rein praktisch ist es möglich.

Auch hier wieder der mehrmalige Verweis, daß alles gesetzmäßig vonstatten geht und nicht Zufall, Launen oder Schicksal unterworfen ist.

14. Glücklicherweise ist dieser dritte Punkt heute zu vernachlässigen, denn der Mensch ist mittlerweile soweit erweckt und kritisch geworden, daß ihm solch eine Argumentation nichts mehr anhaben könnte. Ganz im Gegenteil: Es würde nur dazu führen, genauer hinzuschauen, da man gleich erkennt, daß hier etwas verborgen werden soll.

15. Das ist so, weil die Kraft des Denkens direkt auf der schöpferischen Ebene ansetzt und alles andere zwangsläufig untergeordnet ist.

16. Charles Haanel verdeutlicht hier noch einmal, daß es Deine vorherrschende Geisteshaltung ist, die Umstände erschafft, nicht das, was Du nur ab und zu mal denkst. Solche Gedanken sind viel zu schwach und nicht gebündelt, können also auch nicht wirklich etwas hervorbringen.

17. Das hier ist ein absolut grundlegender Punkt, vor allem deswegen, weil viele Menschen nach materiellem Wohlstand und mehr Besitztümern streben und ihnen dieses auch immer wieder als erstrebenswert oder gar notwendig suggeriert wird. Erinnere Dich daran, daß Materie an sich tot ist und kein Lebensprinzip hat. Sie entspricht nicht dem spirituellen Wesenskern, dem wahren ‚Ich‘.

18. Als spirituelles Wesen findest Du keine dauerhafte Befriedigung in materiellen Dingen, sondern nur darin, was Dir auch entspricht, und das sind Bewußtseinszustände wie Harmonie und Glückseligkeit (oder Freude). Materielle Dinge sind nur Hilfsmittel, um Dich dahin zu führen. Bedenke das bitte jederzeit, damit Du keinen Illusionen unterliegst und später nicht enttäuscht dastehst.

Du magst Dich fragen, warum Du alles hast, wenn Du glücklich bist. Das geschieht, weil andere Dir das Glück zukommen lassen, was Du ihnen zukommen läßt. Verstehst Du? Du hast ein Bewußtsein für Glück. Du sendest es durch Gedanken, Worte und Taten aus und machst Dich empfänglich für genau das, was Du gesandt hast. Ebenso verhält es sich mit Wohlstand und Liebe und Gesundheit. Du mußt Dir über das ‚Wie‘ keine Gedanken machen, denn Dein Verstand kann das in seiner Gesamtheit sowieso nicht nachvollziehen. Sei einfach dankbar dafür, daß es geschehen ist und weiterhin geschieht.

19. Hier zieht Charles Haanel wieder den Rückschluß auf das Körperliche und auf unsere Umgebung (Freunde, Versorgung etc). Er macht auch klar, daß wir ein Anrecht auf Luxus haben und eben nicht nur unsere Grundbedürfnisse abdecken und uns damit zufrieden geben sollten. Warum? Weil das Grundprinzip des Lebens Wachstum ist, welches sicherlich gewissen Rhythmen unterliegt, aber dennoch eine bestimmte Richtung vorgibt, nämlich vorwärts.

20. Ganz wichtig! Es gilt sich zu erheben und sein Anrecht – sein Erbe (Kapitel 5) – in Anspruch zu nehmen. Da Du als spirituelles Wesen eins bist mit dem Vater und dieser alle Substanz darstellt, wird es Dir auch nie an etwas mangeln, wenn Du Deine Einheit mit der Allmacht, dem Vater – dem Universellen Bewußtsein – anerkennst und Dir zunutze machst.

357

21. Nochmals zur Erinnerung: Es geht hier nicht nur um ein Grundverständnis der Spiritualität und somit die natürlichen Gesetze in diesem Bereich, sondern um eine praktische Anwendung dieser im täglichen Leben – meist dort, wo man nicht mehr wirklich über etwas nachdenkt. Wie soll sich sonst eine Veränderung oder ein Fortschritt in Deinem Leben darstellen? Das geht ausschließlich durch Handlung, und die Handlung ist um so einfacher, je versierter und fundierter Dein Wissen um diese Gesetzmäßigkeiten ist.

22. Es werden ‚Ursachen in Bewegung‘ gesetzt. Zunächst gibt es die Gedanken, die dann nach reiflicher Überlegung in der Stille nach entsprechenden Worten greifen. Die damit verbundenen Gefühle führen dann zur abschließenden Handlung, denn auch hier gelten Gesetzmäßigkeiten. Die Handlung wird immer den Worten und Gefühlen ‚entsprechen‘. Erinnere Dich: Dinge müssen immer im Bezug zueinander stehen.

23. Darauf bin ich ja zuvor bereits eingegangen. Schenke dieser Aussage aber dennoch angemessene Aufmerksamkeit, denn wenn Du den Unterschied zwischen systematisch, bewußt und konstruktiv geleitetem Denken und bloßen Gedanken erkennst, hast Du auch die Antwort auf die Frage, warum sich das eine für Dich verwirklicht, das andere aber nicht.

24. Achte hier genau auf die Ausdrucksweise bzw. Wortwahl. Charles Haanel sagt nicht ‚Gedanken ändern‘, sondern ‚Bewußtsein ändern‘. Das Ändern der Gedanken ist selbstredend, aber die Umstände werden sich aber erst dann ändern, wenn sich Dein Bewußtsein geändert hat, und dazu bedarf es Zeit, Beharrlichkeit, Wiederholung, Vertrauen, Disziplin, Glauben sowie Gefühle von Freude und Dankbarkeit, während Du das von Dir Erwünschte stets als bereits bestehende Tatsache ansiehst. Das eliminiert die Trennung zwischen Dir und dem Erwünschten. Erinnere Dich: Es sind nicht die Gedanken, die etwas erschaffen, sondern die damit einhergehenden Gefühle. Durch Hormonausschüttungen ergibt sich nicht nur eine Veränderung auf körperlicher Ebene. Durch Dein stetes Befassen erschaffst Du zunächst neue neuronale Verbindungen im Gehirn, was Dich für das Thema empfänglicher macht. Durch die Wiederholung kommt es zur Gewohnheitsbildung. Schlußendlich übergibt der Verstand die Sache dem Unterbewußtsein, um sich neuen Dingen widmen zu können.

25. Wenn Du Dir den letzten Satz noch einmal vornimmst, verstehst Du, warum ich oben sagte, daß Du Dir mit dem Verstand kein Bild davon machen kannst, wie etwas zu Dir kommt.

26. Du bist nicht jemand, der das Universelle informiert, sondern Du wirst durch das Universelle informiert. Du wirst dadurch inspiriert, was nichts anderes bedeutet als ‚beatmet‘ zu werden, und das erklärt wiederum Dein eigentliches Leben hier auf Erden. Je mehr Du Dich im Einklang befindest, um so mehr Lebenskraft erhältst Du. Je mehr Du Dich gegen das Große Ganze durch Gedanken, Worte und Taten auflehnst, desto mehr Lebenskraft entziehst Du Dir und verschlimmerst Dir dadurch die Lebensumstände, wodurch Dein irdi-

sches Leben auch zeitlich verkürzt werden kann.

Daher ist es unabdingbar, zu einem klaren Verständnis davon zu kommen, wer Du bist, was dieses Universelle Bewußtsein ist und welcher Zusammenhang dazwischen besteht. Aus dem Verständnis ergibt sich Deine Anerkennung, Dein Bewußtsein und letztendlich Dein Nutzen.

Wenn Du eine Woche lang bewußt Deine Aufmerksamkeit auf Deine Einheit mit dem Großen Ganzen richtest, wird es Dir helfen, Dich mit entsprechenden audio-visuellen Hilfen zu umgeben. Ergreifende Bilder des Kosmos, des Sonnensystems, der Schönheit und des Überflusses auf diesem Planeten werden Dich unterstützen, Dir dieser Gesamtheit bewußt zu werden.

YouTube hat zahlreiche Videos zum Thema ‚Größe des Universums‘ - und unter anderem die Benutzer ‚*jezebeldecibel*‘ und ‚*mountainmystic9*‘ fantastischen Kanäle mit hochwertigen Solfeggio Tracks. Immer wieder grandios sind die musikalischen Brainwave Kompositionen von Dr. Jeffrey Thompson, die es sowohl als MP3 als auch auf CD zu kaufen gibt.

27. Schwelge für einen Moment in dieser grandiosen Aussage und Tatsache. Sie ist der Kern des Ganzen. Vorbei sind die Zeiten der Unterdrückung – der eigenen oder der durch andere. Bewußt, mutig und tatkräftig wirst Du von nun an voran-schreiten und der Menschheit Großartiges hinterlassen. Du bist und bleibst von nun an derjenige, der darüber entscheidet, was erschaffen wird. Du wirst vermeintlich widrigen Umständen keine Beachtung

mehr schenken, sondern Deine Gedanken in ihrer eigenen Tiefe versinken lassen, damit sie dort neue, großartige Wirklich-keiten erschaffen.

14

Die Disziplin des Denkens

Du hast durch Dein bisheriges Studium herausgefunden, daß Denken eine Bewußtseinshandlung ist, die mit schöpferischen Kräften ausgestattet ist. Das bedeutet, daß nicht nur einige, sondern alle Gedanken schöpferisch sind. Dasselbe Prinzip kann durch den Vorgang der **Ablehnung** (oder Nichtbeachtung) auf entgegengesetzte Weise in die Tat umgesetzt werden.

Das Bewußte und Unterbewußte sind lediglich **zwei Phasen einer Handlung** in Verbindung mit einem Bewußtsein. Die Beziehung zwischen dem Unterbewußten und dem Bewußten ist analog zu dem einer Wetterfahne und der Atmosphäre.

Genau so, wie sich der niedrigste Atmosphärendruck auf die Wetterfahne auswirkt, so wirkt sich der niedrigste Gedanke, den der bewußte Verstand unterhält, in einem genauen Verhältnis zur Tiefe des Gedankens, der durch Gefühl und Intensität charakterisiert wird, im Unterbewußtsein aus.

Daraus folgt: Wenn Du unzufriedenstellende Umstände ablehnst, entziehst Du ihnen die schöpferische Kraft; Du schneidest sie an der Wurzel ab; Du entziehst ihnen den Lebenssaft.

Erinnere Dich, daß das Gesetz des Wachstums notwendigerweise jegliche Darstellung in der objektiven Welt regelt. Das Ablehnen unzufriedenstellender Umstände wird keine sofortigen Resultate herbeiführen. Eine Pflanze wird für einige Zeit bestehen bleiben, nachdem ihre Wurzeln abgeschnitten wurden, aber sie wird Schritt für Schritt verwelken und schlußendlich ganz verschwinden, so daß das Entziehen Deiner Gedanken diese unzufriedenstellenden Umstände schrittweise, aber mit Gewißheit beenden wird.

Du wirst feststellen, daß das der Gegenkurs zu dem ist, den wir normalerweise einschlagen würden.

Er wird somit die umgekehrte Wirkung erzielen, die man sich im Normalfall sichern würde. Die meisten Personen konzentrieren sich absichtlich auf unzufriedenstellende Umstände und geben ihnen somit das Maß an Energie und Lebenskraft, das für ihr kraftvolles Wachstum notwendig ist.

DIE DISZIPLIN DES DENKENS

1.   Die Universelle Energie, in der alle Bewegung, Licht, Hitze und Farbe ihren Ursprung haben, hat mit den Beschränkungen der vielfältigen Auswirkungen – deren Ursache sie ist – direkt nichts zu tun, sondern ist ihnen allen überlegen. Die Universelle Substanz ist die Quelle aller Macht, Weisheit und Intelligenz.

2.   Diese Intelligenz anzuerkennen bedeutet, sich mit der wissenden Qualität des Bewußtseins bekanntzumachen, sich dadurch der Universellen Substanz zu nähern und sie in eine harmonische Beziehung zu Deinen eigenen Angelegenheiten zu bringen.

3.   Das ist etwas, was selbst der gelehrteste Lehrer der physikalischen Wissenschaften noch nicht versucht hat – es ist ein Feld der Entdeckung, dem er sich bisher noch nicht gewidmet hat. In der Tat, nur die wenigsten der materialistischen Schulen haben überhaupt den ersten Strahl dieses Lichts erfaßt. Es scheint ihnen nicht gedämmert zu haben, daß Weisheit überall genauso verfügbar ist wie Kraft und Substanz.

4.   Manche werden fragen: „*Wenn diese Prinzipien wahr sind, warum beweisen wir sie dann nicht?*" Da die fundamentalen Prinzipien offensichtlich richtig sind, warum erhalten wir dann nicht die richtigen Ergebnisse? Nun, wir tun es! Wir erhalten Ergebnisse in Übereinstimmung mit unserem Verständnis des Gesetzes, sowie der Fähigkeit, es entsprechend anzuwenden. Wir sichern uns keine Ergebnisse der Gesetze, welche die Elektrizität regeln, bis jemand das Gesetz formuliert hat und uns zeigt, wie es anzuwenden ist.

5.   Das stellt uns in eine gänzlich neue Beziehung zu unserer Umwelt. Es eröffnet uns Möglichkeiten, von denen wir vorher nicht einmal geträumt haben. All das geschieht durch eine geordnete Abfolge von Gesetzen, die sich dann auf natürliche Weise in unserer neuen Geisteshaltung wiederfinden.

6.   Bewußtsein ist schöpferisch. Das Prinzip, auf dem dieses Gesetz beruht, ist solide und legitim und der Natur der Sache innewohnend. Diese schöpferische Kraft hat ihren Ursprung jedoch nicht im Individuum, sondern im Universellen, welches der Ursprung aller Energie und Substanz ist. Das Individuum ist einfach nur der **Vertriebskanal** dieser Energie. Das Individuum ist das Mittel, durch den das Universelle die vielfältigen Kombinationen erschafft, welche sich durch das Entstehen von Erscheinungen darstellen.

7.   Wir wissen, daß Wissenschaftler eine immense Anzahl von Molekülen aufgegliedert haben. Diese Moleküle wurden in Atome

Wir erhalten Ergebnisse in genauer Übereinstimmung mit unserem Verständnis dieses Gesetzes, sowie unserer Fähigkeit, es entsprechend anzuwenden.

zerlegt, die Atome in Elektronen (und diese seitdem in zahlreiche andere noch kleinere Elemente, Anm. d. Ü.). Die Entdeckung von Elektronen in Vakuumglastuben zeigt eindeutig, daß diese Elektronen allen Raum ausfüllen; daß sie überall vorhanden sind; daß sie allgegenwärtig sind. Sie füllen alle materiellen Körper aus und bewohnen das, was wir den leeren Raum nennen. Das ist dann die Universelle Substanz, aus der alle Dinge entstehen.

8. Elektronen würden für immer Elektronen bleiben, es sei denn, sie werden angewiesen, wie sie sich zu Atomen oder Molekülen zu formen haben. Dieser Anweiser ist das Bewußtsein. Eine Anzahl von Elektronen, die sich um ein Kraftzentrum bewegen, stellt ein Atom dar. Atome verbinden sich in vollkommen geordneten, mathematischen Verhältnissen und bilden Moleküle. Diese wiederum vereinen sich miteinander, um die Vielzahl der Verbindungen zu erstellen, durch die das Universum Form und Gestalt annimmt.

9. Das leichteste, bekannte Atom ist das Wasserstoffatom, 1.700 Mal schwerer als ein Elektron. Ein Quecksilberatom ist 300.000 Mal schwerer als ein Elektron. Elektronen sind rein negative Elektrizität. Da sie die gleiche potentielle Geschwindigkeit haben wie alle andere kosmische Energie, z.B. Hitze, Licht, Elektrizität oder Gedanken, spielen weder Zeit noch Raum eine Rolle.

Ole Christensen Rømer
(1644 – 1710)

10. Die Art und Weise, wie die Lichtgeschwindigkeit festgestellt wurde, ist dabei interessant. Die Lichtgeschwindigkeit wurde im Jahre 1676 von dem dänischen Astronomen **Olaf Christensen Römer** durch die Beobachtung der Jupitermonde festgestellt. Wenn die Erde Jupiter am nächsten war, erschien die Finsternis ca. 8 1/2 Minuten zu früh für die Berechnungen, und wenn die Erde am weitesten von Jupiter entfernt war, waren sie ca. 8 1/2 Minuten zu spät. Römer schloß daraus, daß der Grund darin liegt, daß das Licht 17 Minuten braucht, um vom Planeten den Durchmesser der Erdumlaufbahn zu durchqueren, welche den Unterschied der Distanz von der Erde zum Jupiter maß. Diese Berechnung wurde seitdem bestätigt und beweist, daß sich Licht mit ca. 300.000 Kilometern pro Sekunde bewegt.

(Dieses) Bewußtsein ist negatives Bewußtsein,
und die Kraft des Individuums zu denken, ist positive Energie,
so daß auf diese Weise das negative Bewußtsein
gesteuert werden kann.

11. Elektronen stellen sich im Körper als Zellen dar und verfügen über ausreichend Bewußtsein und Intelligenz, um ihre Funktionen im menschlichen Körperaufbau auszuführen. Jeder Teil des Körpers besteht aus Zellen, von denen einige unabhängig voneinander arbeiten, andere in Gemeinschaften. Manche sind damit beschäftigt, Gewebe zu bilden, während andere dabei sind, die verschiedenen, für den Körper notwendigen Ausscheidungen zu bilden. Einige agieren dabei als Materialträger, andere wiederum sind die Chirurgen, deren Aufgabe es ist, Schäden zu beheben. Wieder andere sind mit der Müllabfuhr vergleichbar und entfernen die Abfallprodukte, und wieder andere sind allzeit bereit, Angreifer oder andere unerwünschte Eindringlinge der Keimfamilie zu vertreiben.

12. All diese Zellen verfolgen ein gemeinsames Ziel. Jede von ihnen ist nicht nur ein lebendiger Organismus, sondern auch mit einer Intelligenz ausgestattet, die sie befähigt, alle notwendigen Pflichten zu erfüllen. Sie ist auch mit ausreichend Intelligenz versehen, Energien zur Fortsetzung ihres eigenen Lebens zu speichern. Sie muß sich somit ausreichend Nahrung sichern, und es wurde herausgefunden, daß sie dabei durchaus wählerisch ist.

13. Jede Zelle wird geboren, vermehrt sich, stirbt ab und wird absorbiert. Die Aufrechterhaltung der Gesundheit und des Lebens selbst hängt von der beständigen Wiederherstellung dieser Zellen ab.

14. Es ist also offensichtlich, daß Bewußtsein in jedem Atom des Körpers vorhanden ist. Dieses Bewußtsein ist negatives Bewußtsein, und die Kraft des Individuums, zu denken, ist

positive Energie, so daß auf diese Weise das negative Bewußtsein gesteuert werden kann. Das ist die wissenschaftliche Erklärung für metaphysisches Heilen und wird jeden dazu befähigen, der das Prinzip versteht, auf dem diese bemerkenswerten Phänomene beruhen.

15. Das negative Bewußtsein, das in jeder Zelle des Körpers vorhanden ist, wurde Unterbewußtsein genannt, denn es handelt ohne unser bewußtes Wissen. Wir haben festgestellt, daß dieses Unterbewußtsein für den Willen des (Wach-)Bewußtseins empfänglich ist.

16. Alle Dinge haben ihren Ursprung im Bewußtsein. Erscheinungen sind ein Ergebnis des Denkens. So sehen wir, daß die Dinge selbst keinen Ursprung, keinen Bestand oder Wirklichkeit haben. Da sie durch Denken erschaffen wurden, können sie durch das Denken auch wieder zerstört werden.

17. In der Geistes– wie auch der Naturwissenschaft werden Experimente durchgeführt, in denen jede erfolgreiche Entdeckung den Menschen seinem möglichen Ziel einen Schritt näher bringt. Wir stellen fest, daß jeder Mensch das Spiegelbild der während seiner Lebenszeit aufrecht erhaltenen Gedanken ist. Das ist seinem Gesicht, seiner Form, seinem Charakter und seiner Umgebung aufgeprägt.

18. Hinter jeder Wirkung steht eine Ursache. Wenn wir den Weg bis zu ihrem Ursprung zurückverfolgen, werden wir das schöpferische Prinzip finden, aus dem einst alles entstand. Beweise dafür sind mittlerweile so umfassend, daß diese Wahrheit allgemein akzeptiert wird.

So wie sich das Denken ändert, müssen sich alle äußeren oder materiellen Umstände ändern, damit sie in Einklang mit ihrem Schöpfer sind, welcher das Denken ist.

19. Die objektive Welt wird durch eine unsichtbare und bisher unerklärliche Macht gesteuert. Wir haben dieser Macht ein Gesicht gegeben und sie ‚Gott‘ genannt. Jetzt haben wir gelernt, sie als durchdringende Essenz oder als Prinzip ‚von allem, was existiert‘ zu betrachten: Das Unendliche oder das Universelle Bewußtsein.

20. Dem Universellen Bewußtsein, unendlich und allmächtig wie es ist, liegen unbeschränkte Ressourcen in der Hand. Wenn wir erkennen, daß es allgegenwärtig ist, können wir nur zu der Schlußfolgerung kommen, daß wir ein Ausdruck oder eine Darstellung dieses Bewußtseins sind.

21. Die Anerkennung und das Verständnis der Ressourcen des Unterbewußtseins wird zeigen, daß der einzige Unterschied zwischen dem Unterbewußtsein und dem Universellen Bewußtsein ein gradueller ist. Sie unterscheiden sich nur wie sich ein Wassertropfen vom Ozean unterscheidet. Sie sind gleich in Art und Qualität; der Unterschied ist ebenso graduell.

22. Willst Du – kannst Du – den Wert dieser überaus wichtigen Tatsache schätzen? Erkennst Du, daß Dich die Anerkennung dieser immensen Tatsache in Kontakt mit der Allmacht bringt? Das Unterbewußtsein ist das verbindende Element zwischen dem Universellen Bewußtsein und Deinem Bewußtsein. Ist es nicht offensichtlich, daß das (Wach-)Bewußtsein Gedanken vorschlagen kann, welche das Unterbewußtsein in die Tat umsetzt? Und weil das Unterbewußtsein eins ist mit dem Universellen, ist es somit nicht offensichtlich, daß seinen Handlungen keinerlei Beschränkungen unterliegen?

23. Ein wissenschaftliches Verständnis dieses Prinzips wird die wunderbaren Ergebnisse erklären, die durch die Kraft des Gebets erreicht werden können. Diese sind nicht durch eine besondere Zuteilung der Vorsehung bereitgestellt worden – im Gegenteil – sie sind das Ergebnis der Ausführung eines vollkommen natürlichen Gesetzes. Somit haftet dem weder etwas Religiöses noch Geheimnisvolles an.

24. Dennoch gibt es viele, die nicht bereit sind, der Disziplin des richtigen Denkens beizutreten, obwohl bewiesen ist, daß falsches Denken Mißerfolg nach sich zieht.

25. Denken ist die einzige Wirklichkeit; Umstände sind lediglich deren äußere Manifestation. So wie sich das Denken ändert, müssen sich alle äußeren – oder materiellen – Umstände ändern, damit sie in Einklang mit ihrem Schöpfer sind, welcher das Denken ist.

26. Der Gedanke muß klar umrissen sein, stet, fest, definitiv und unveränderlich. Du kannst nicht einen Schritt vor und zwei Schritte zurück machen, noch kannst Du 20 oder 30 Jahre Deines Lebens negative Umstände als Resultat negativer Gedanken erschaffen und dann erwarten, daß sie als Folge von 15 oder 20 Minuten richtigen Denkens dahinschmelzen.

27. Wenn Du einer Disziplin folgst, die radikale Veränderungen in Deinem Leben hervorbringen soll, dann tue das bewußt, nachdem Du der Sache sorgfältige Gedanken und Deine volle Aufmerksamkeit geschenkt hast. Dann darfst Du nichts und niemandem erlauben, sich in diese Entscheidung einzumischen.

28. Diese Disziplinen, dieser Wandel des Denkens, diese geistige Einstellung, werden Dir nicht nur die materiellen Dinge bringen, die zu Deinem höchsten und besten Wohl notwendig sind, sondern sie werden Dir auch allgemein Gesundheit und harmonische Umstände bringen.

29. Wenn Du Dir harmonische Umstände in Deinem Leben wünschst, entwickele eine harmonische Geisteshaltung.

30. Die Welt im Außen wird ein Spiegelbild der Welt im Innen sein.

31. Als Übung dieser Woche **konzentriere Dich auf Harmonie**, und wenn ich ‚konzentrieren‘ sage, meine ich all das, was dieses Wort beinhaltet. Konzentriere Dich so tief und ernsthaft, daß Du Dir nichts außer Harmonie bewußt wirst. Bedenke: Wir lernen durch

Übung. Diese Lektion zu lesen wird Dich nirgendwohin führen. Der Wert besteht allein in seiner praktischen Anwendung.

Lerne, die Tür geschlossen zu halten;
halte aus Deinem Bewußtsein und aus
Deiner Welt jegliches Element fern,
das Zugang sucht,
ohne ein bestimmtes, hilfreiches Ende
in Sicht zu haben.
— GEORGE MATTHEW ADAMS

FRAGEN UND ANTWORTEN

131. *Was ist die Quelle aller Weisheit, Macht und Intelligenz?*
Das Universelle Bewußtsein.

132. *Worin haben alle Bewegung, Licht, Hitze und Farbe ihren Ursprung?*
In der Universellen Energie, die eine Manifestation des Universellen Bewußtseins ist.

133. *Wo entsteht die schöpferische Kraft des Denkens?*
Im Universellen Bewußtsein.

134. *Was ist Denken?*
Bewußtsein in Bewegung.

135. *Wie wird das Universelle in Form aufgeteilt?*
Das Individuum ist das Medium, mit dem das Universelle die verschiedenen Verbindungen produziert, die in dem Entstehen von Erscheinungen resultieren.

136. *Wie wird das erreicht?*
Die Macht des Denkens ist die Fähigkeit des Individuums auf das Universelle einzuwirken und es zur Darstellung zu bringen.

137. *Was ist die erste Darstellungsform – die , soweit wir wissen – das Universelle annimmt?*
Elektronen, die allen Raum ausfüllen (Neuzeitliche Untersuchungen haben hier mittlerweile weitergeführt, jedoch mehr auf einer technologischen als auf einer philosophischen, theosophischen oder praktischen Seite, Anm. d. Ü.).

138. *Wo haben alle Dinge ihren Ursprung?*
Im Bewußtsein.

139. *Was ist das Ergebnis einer Änderung des Denkens?*
Eine Änderung in den Umständen.

140.   *Was ist das Ergebnis einer harmonischen Geisteshaltung?*
        Harmonische Lebensumstände.

> *Denken, unwichtig wie es sein mag,*
> *ist die Matrix,*
> *welche die Angelegenheiten des Lebens formt.*
> *Das Bewußtsein ist während dieses Jahrhunderts in*
> *allen Feldern tätig gewesen;*
> *wir aber müssen in der Wissenschaft nach den*
> *Gedanken suchen,*
> *die alles Denken geformt haben.*
> — AUSGEWÄHLT

14

Die Disziplin des Denkens

Diese Woche geht es um die Disziplin des Denkens. Disziplin hast Du bis jetzt schon an den Tag gelegt, denn sonst würdest Du das hier sicherlich nicht lesen.

Ich gehe davon aus, daß sich Dein Denken schon stark Deiner neuen Geisteshaltung angepaßt hat. Du hast sowohl die Sinnhaftigkeit als auch die Sinnlosigkeit vieler Deiner Gedankens- und Verhaltensweisen erkannt und sie entsprechend abgeändert.

In diesem 14. Kapitel ist besonders herauszuheben, daß allem, dem Du Aufmerksamkeit schenkst, Lebensenergie zufließt – das ist Dir nichts Neues mehr. Das gleiche Prinzip gilt aber auch im Umkehrschluß, nämlich daß Du allem, was Du mit Nichtbeachtung versiehst, die Lebensenergie entziehst und es somit in Dir zum Sterben verurteilst. Das bedarf sicherlich einer anfänglichen Bewußtwerdung der negativen Umstände, damit Du Dich anschließend ganz bewußt auf das Gegenteil konzentrierst und ihnen selber keine Aufmerksamkeit mehr schenkst. So lernst Du richtig zu denken und dieses Denken bewußt zu Deinem und dem Vorteil aller anderen einzusetzen.

Charles Haanel sagte in einem Interview, daß es keines Einreißens der alten Gebilde bedarf, sondern lediglich des Aufbauens neuer Gebilde. David Lynch, ein berühmter amerikanischer Regisseur, antwortete einmal auf eine Publikumsfrage: *,Dadurch, daß Du Dir dessen bewußt geworden bist, ist es sicherlich* *nicht weniger geworden.'* Genau das ist der Punkt. Bewußtwerdung ist immer eine Zunahme, wobei es niemanden gibt, der darüber urteilt. Hier kommt das in Kapitel 13 erlernte Gesetz von Ursache und Wirkung zum Tragen. Mittlerweile weißt Du aber, worauf Du Dich zu konzentrieren hast, wobei es sicherlich hilft, erst einmal die Ursache einer unerwünschten Auswirkung zu erkennen. Das Erkennen allein heißt aber nicht, daß Du Dich darin suhlen mußt; eine einfache Kenntnisnahme reicht da oft vollkommen aus, denn aus der ergibt sich sehr schnell der Gegenpol und das, was Deine wahre Aufmerksamkeit verdient.

Beispiel: Wenn Du depressiv bist, dann liegt Deine Lösung in Deinem Fokus auf Freude und Überschwang. Wenn Du Dich darauf konzentrierst, wirst Du Dir der Details der Freude und des Überschwangs bewußt. Du bekommst immer mehr Informationen über Freude und Überschwang, wie z.B. kalte Duschen, geänderte Ernährung, sportliche Betätigung, Selbstliebe, Deiner Einheit mit der Allmacht etc. Dadurch verstärkt sich all das in Deinem Leben, während Du dem anderen durch Nichtbeachtung die Energie und Lebenskraft entziehst. Der Veränderungsvorgang ist ein gradueller. Sei geduldig und vertraue dem Funktionieren des Gesetzes von Ursache und Wirkung.

Ich habe es mir zur Gewohnheit gemacht, mich in Situationen, in denen negative Gedanken hochkommen, zu fangen und ihnen einen starken Gegenvorschlag zu unterbreiten. So gehe ich auch nicht hart mit mir ins Gericht, sondern korrigiere mich umgehend, stehe aufrecht und bewirke Wunder. Diese Aussage kennst Du doch bereits, oder? Auch wenn ein Tag mal auf einer niedrigen Note lief, weiß ich, daß ich einfach nur schlafen gehen und in Dankbarkeit verweilen muß. Der Verstand ist ja abgeschaltet und ich werde wieder mit göttlichen Energien versehen, ohne daß ich darüber nachdenken muß. So geht es am nächsten Morgen wieder wie gewohnt fröhlich, motiviert und freudvoll weiter.

In diesem Kapitel wird Dir erneut bewußt, daß Dir das Universelle unendliche Möglichkeiten zur Verfügung stellt, Du es aber bist, der diese in Anspruch nimmt – oder auch nicht. Das Verständnis über diese Gesetzmäßigkeiten bist Du ja im Begriff zu erlangen und Dir zunutze zu machen.

ÜBUNG

Diese wird Dir Harmonie bescheren, denn für eine Woche konzentrierst Du Dich einmal pro Tag ca. 20-30 Minuten lang ausschließlich auf Harmonie. Werde Dir der Harmonie in allen möglichen Lagen, Situationen und Bereichen bewußt. Schließe auch mit ein, daß all das, was Du als negativ bezeichnen würdest, insofern ein Teil der Harmonie ist, daß sie es Dir ermöglicht, das Positive, Bejahende, Konstruktive, Schöne und Perfekte zu erkennen, im unendlich Kleinen, im unendlich Großen und in jeder einzelnen Zelle Deines Körpers.

Diese Übung ist besonders wichtig, wenn es Dir geistig oder körperlich noch nicht so gut geht. Stell Dir diese Harmonie und Perfektion in jeder einzelnen Zelle vor. Stell Dir vor, wie sich die Zellen umgehend ans Werk machen und Deinen Anweisungen folgen. Stell Dir dann die daraus entstehende geistige und körperliche Harmonie vor, wie Du Dich dadurch fühlst und – im wahrsten Sinne des Wortes – auflebst. Auch hier führt Wiederholung zur Meisterschaft. Lobe Dich für Deine Aufmerksamkeit und Deine Anstrengungen in die richtige Richtung.

Also überall, wo Du hinschaust, erkennst Du zunehmend Harmonie, puren Einklang. Deine konzentrierte Aufmerksamkeit darauf führt zu einer dauerhaften Bewußtseinserweiterung, und die besagte Harmonie wird sich immer mehr in Deinem Leben darstellen – es ginge auch gar nicht anders! Das bezweckt die Übung, weshalb Du sie diszipliniert und gewissenhaft durchführen wirst, bist Du sie gemeistert hast.

AUFGABEN

1. Schreibe auf, warum das Verleugnen unbefriedigender Zustände ebenso wirksam ist wie das Konzentrieren auf wünschenswerte Zustände.

    ....
    ....

2. Beantworte Dir so oft wie möglich die folgenden Fragen:

    - ✓ Was habe ich heute gemacht?
    - ✓ Was kann ich daran verbessern?
    - ✓ Wer kann mir dabei helfen?
    - ✓ Wann werde ich es vollenden?

3. Schreibe auf, welche negativen Zustände Du von nun an mit Nichtbeachtung belegst.

....

....

....

....

4. Das Individuum ist lediglich der Kanal für die Verteilung. Was bedeutet das für Dich als Person?

....

....

....

5. Dinge selbst haben weder Ursprung, noch Beständigkeit, noch Realität. Warum ist dem so?

....

....

....

6. Kreuze an, welche der untenstehenden Aussagen auf Dich zutreffen:
   - ☐ Punkt 3 habe ich leer gelassen, denn wenn ich etwas niedergeschrieben hätte, hätte ich es mit Beachtung versehen und nicht mit Nichtbeachtung.
   - ☐ Ich bin diszipliniert in meinem Denken und dem Durchführen meiner MKS Übungen
   - ☐ Ich unterscheide Ursache und Wirkung.
   - ☐ Ich fange mich bewußt in Momenten negativer Gedanken und kehre sie umgehend in positive Gedanken um.
   - ☐ Ich bin mit mir selbst verständnisvoll und geduldig.
   - ☐ Ich suche immer mehr Orte der Stille und der Inspiration.
   - ☐ Ich affirmiere für mich Stärke und Gesundheit und lasse dem Taten folgen.
   - ☐ Ich erkenne die Liebe des Großen Ganzen an und fühle auch mich selbst von ihm/ihr geliebt.
   - ☐ Ich bin motiviert und brenne gerade darauf, zu neuen Erkenntnissen im Leben zu kommen.

7. Der Mensch ist das Spiegelbild seiner Gedanken. Was bedeutet das für Dich in Bezug auf Deine Zukunft?

....

....

....

8. Erkläre, welche Rolle das Unterbewußtsein bei der Erfüllung Deiner Wünsche spielt.

....

....

....

9. Schreibe auf, warum es so wichtig ist, daß sich niemand in Deine Entscheidungen einmischt.

....

....

....

....

DU HAST DIESEN TEIL GEMEISTERT...

- wenn Du verstanden hast, daß Du unerwünschte und unzufriedenstellende Umstände dadurch die Kraft entziehst, indem Du ihnen keine Aufmerksamkeit mehr schenkst, sondern Dich auf ihr Gegenteil konzentrierst.
- wenn Du verstanden und verinnerlicht hast, daß Du lediglich ein Vertriebskanal des Universellen bist.
- wenn Du verstanden hast, welche Funktion die Zellen in Deinem Körper ausüben und daß Du die bewußt anleiten kannst.
- wenn Du in der Lage bist, es sowohl geistig nachzuvollziehen als auch in die Praxis umzusetzen, daß der einzige Unterschied zwischen Dir und dem Universellen ein gradueller ist.
- wenn Deine Gedanken immer klarer umrissen sind – fest, stet und unveränderbar – und Du dadurch Mut und Zuversicht entwickeln kannst, welche Dir bei der Verwirklichung behilflich sind.

◼ wenn Du in der Lage bist, Deine Gedanken auf ein beliebiges Ziel auszurichten und sie im Bewußtsein festzuhalten, wie in diesem Teil am Beispiel Harmonie.

KOMMENTAR

Der Fehler, der gewöhnlich begangen wird, ist der, sich mit den nicht zufriedenstellenden Umständen zu befassen und ihnen dadurch immer wieder Aufmerksamkeit zu schenken. So können sie ja niemals verschwinden. Es bedarf auch hier Deiner Disziplin und Beharrlichkeit, ihnen in vollem Bewußtsein die Aufmerksamkeit zu entziehen und das immer und immer wieder. Die Aufmerksamkeit kann ihnen aber nur dadurch entzogen werden, indem Du sie auf etwas anderes lenkst, nämlich auf das, was Dich zufriedenstellen würde. Da zwei Dinge nicht zur selben Zeit am selben Platz sein können, muß das, was nicht mehr beachtet wird, zwangsläufig auch aus dem Bewußtsein schwinden. Das ist Gesetz.

1. Eine Auswirkung ist relativ und deshalb per Definition beschränkt – sie ist etwas, gleichzeitig ist sie aber nicht das Gegenteil. Die Universelle Energie hingegen ist absolut und somit vollkommen unbeschränkt.

2. Erinnere Dich daran, daß Haanel in einem vorherigen Kapitel schrieb, daß Du als Individuum nicht die Intelligenz aufbringen, sondern Dich nur zu einem bewußten Kanal des Universellen machen mußt. Dort ist alles bereits vorhanden, und es reicht aus, daß Du Dich damit in Einklang befindest.

3. Bisher wurde die Weisheit und so auch die Intelligenz außerhalb des Individuums geortet. Dadurch wurde dem Individuum aber auch gleichzeitig die Kraft und Macht entzogen. Es konnte sich nicht so entfalten wie es eigentlich vorgesehen war. Nun aber bemächtigst Du Dich zunehmend und entsagst (!) Dich den Manipulationen und Gedankenkonstrukten anderer – und das

auf allen Ebenen des Seins wie auch des täglichen Lebens.

Täglich fließt mehr Macht und Kraft durch Dich und zwar deswegen, weil Du sie nun bewußt und konstruktiv in Anspruch nimmst. Du hast damit Dein göttliches Erbe angetreten.

4. Diese Aussage wird vielleicht noch etwas Ärger und Verwirrung in Dir hervorrufen, und das ist auch gut so. Sie gibt Dir nämlich zu erkennen, daß alles gesetzmäßig ablief, Du Dir dessen nur nicht bewußt warst. Somit konnten sich auch Dinge Platz schaffen, die Dir nun wahrlich mißfallen. Jetzt hast Du aber durch Deine hinzu gewonnene Macht und Kraft die Möglichkeit, das ein für alle Mal zu ändern.

Schaue nicht zurück! Das Leben will nach vorn gelebt werden. Erkenne die Muster, die zu Deiner heutigen Realität geführt haben; erkenne dann Deine Macht und Kraft an, diese Muster aufzulösen und dorthin zurückzusenden, woher sie gekommen sind. Erinnere Dich: Schwäche kommt von nirgendwo und ist nichts. Sie hat kein Prinzip. Danke allem vermeintlich Negativen in Deinem Leben dafür, daß es Dir geholfen hat, bewußt und mächtig zu werden; dann lasse es los und fixiere Deine Gedanken ausschließlich auf erbaulichen Dingen, damit sich auch diese gesetzmäßig verwirklichen können.

5. Du unterlagst auch bisher schon diesen Gesetzen, aber Du warst Dir ihrer nicht bewußt. Dein erweitertes Bewußtsein führt Dich dazu, daß Du Herr über sie wirst und Dein Leben entsprechend gestalten kannst. Da Du nur die Kräfte ausdrücken

kannst, die Du besitzt, ist es selbstredend, daß bestimmte Gedanken von Dir nicht gedacht wurden und sich so auch keine Geisteshaltung bilden konnte. Es war eine Art Teufelskreis, denn das Gedankengut, mit dem Du Dich befaßt hast, hat Dir Deine Realität beschert, sie verstärkt und dadurch aufrechterhalten. Nun aber ersetzt Du über Visualisierungs- und Konzentrationsübungen den Teufelskreis durch eine Lebensspirale und genießt das Leben auf höheren Ebenen.

6. Diese Passage mag vor allem zu Beginn unklar sein. Wenn Du aber erkennst, daß Dein wahres ‚Ich‘ perfekt und vollkommen ist, also eins mit dem Universellen Bewußtsein, und erkennst, daß Dein Verstand und Dein Körper lediglich Hilfsmittel sind, durch die sich Dein wahres ‚Ich‘ erfährt, dann ist es auch leicht nachzuvollziehen, daß Du lediglich ein Vertriebskanal dieses Universellen Bewußtseins bist. Dieses drückt sich gemäß Deiner Gedanken in Form aus, denn dafür gibt es keinen Herrscher, der bestimmt oder vorgibt, was Du denken mußt. Mit jedem Atemzug kannst Du einen neuen – dem Gewohnten entgegengesetzten – Gedanken aussenden.

7. Vielleicht war Haanel mit dieser Schlußfolgerung etwas voreilig, aber zum damaligen Zeitpunkt waren Elektronen die kleinsten vom Menschen entdeckten ‚Teilchen‘. Heute meinen wir zu wissen, daß es die Neutrinos sind, die allen Raum ausfüllen und unter anderem auch dafür sorgen, daß unsere Erde an Größe zunimmt. Es spielt aber keine wirkliche Rolle, wie wir sie bezeichnen, sondern daß der Mensch durch sein Denken auf eine Art Substanz einwirken und sie anschließend in Form darstellen kann. Da diese Form vorher noch nicht bestand, müssen wir zwangsläufig davon ausgehen, daß Denken schöpferisch ist und daß das, was sich dann in Form darstellt, irgendwo bereits in Form reinen Potentials vorhanden ist.

8. Halte Dir hier kurz vor Augen, daß alles Materielle, aber auch die Vorstufe dazu, aus Ordnung und Struktur besteht, sonst könnte es nicht an und für sich bestehen. Stelle Dir im Geiste Gittermuster vor, durch die diese Struktur entsteht. Sieh sie dann nicht als etwas Festes, sondern einfach nur als Energieanhäufungen, als Knotenpunkte mit entsprechenden energetischen Verbindungen. Das wird Dir ein genaueres Bild der Schöpfung geben.

9. Beachte hier die Aussage, daß weder Raum noch Zeit Beachtung bedürfen. Deine Gedanken sind grenzen- und zeitlos. Sie sind überaus mächtig. Sie sind es, die die negativen Elektronen anleiten, sich in Form auszudrücken. Dabei machst Du Dir wie gesagt die natürlichen Gesetzmäßigkeiten zunutze, insbesondere das Gesetz der Anziehung, welches ja auch das Gesetz der Liebe genannt wird.

10. Auch hier wieder: Beobachtung, Klassifizierung, Gesetzmäßigkeit, Nutzen.

11. Du erkennst hier, daß jede Zelle eine bestimmte Aufgabe hat, der sie im Laufe ihres Lebens nachgeht. Dadurch, daß sie materiell ist, hast Du durch Deine Gedanken Einfluß darauf, ob sie ihrer Aufgabe ungehindert nachgehen kann. Das Geistige regelt alles Materielle. Je ausgeprägter Dein Bewußtsein ist, um so höher ist auch Deine Fähigkeit, Dich und andere

zu heilen. Gleichzeitig aber wirst Du Dich dadurch automatisch richtig verhalten und den Zellen nicht ‚dazwischenfunken‘. Mit Bewußtsein meine ich hier nicht den Verstand, sondern ein Einheitsbewußtsein, in dem es keine Trennung, sondern ausschließlich Vollkommenheit gibt.

12. Das bedeutet für Dich in der Praxis, lichtvolle Nahrung und wertvolle Informationen aufzunehmen. Alles, was übermäßig bearbeitet, verfremdet oder mit künstlichen Zusätzen versehen wurde, kann per Definition nicht mehr darunter fallen. Wenn Du es jetzt noch nicht tust, wirst Du auch diesem Thema immer mehr Aufmerksamkeit schenken, denn Du benötigst nicht nur zum Handeln ausreichend Energie (und körperliche Kraft), sondern vielmehr für Deine Gedanken. Deine Hirnaktivitäten benötigen sehr viel Energie. Wenn Dein Körper Dir dabei durch allerlei Zipperlein immer wieder Signale gibt, daß mit ihm etwas nicht stimmt, dann ist es nicht nur an Dir, darauf zu hören, sondern es hält Dich in dem Moment auch von Deiner geistigen Arbeit und Deinen schöpferischen Tätigkeiten ab.

13. Diese Wiederherstellung kannst Du durch entsprechende Gedanken (Affirmationen, Gebete, ...) und Gefühle auch wieder anregen. Dabei gilt es aber zu beachten, daß immer in der Gegenwart (‚Ich bin‘, ‚Er/Sie ist‘, ‚Wir sind‘) formuliert wird, sprich: Der Wunsch als bereits bestehende Tatsache. Die Sache ist in Deinen Gedanken bereits erledigt; Du bist dankbar dafür und drückst Diese Dankbarkeit entsprechend aus.

14. Hierdurch erklärt sich auch, was es mit Positivem Denken auf sich hat. Es ist das bewußte Setzen von Impulsen, anstatt negativ und empfänglich zu sein und das zu verwirklichen, was einem von außen aufgetragen wurde. Positives Denken bedeutet in letzter Instanz Selbsterkenntnis, Selbstbefähigung und Selbstverwirklichung – es geht ausschließlich um Dich selbst.

15. Auf der einen Seite findest Du den Impuls gebenden Verstand; auf der anderen Seite das Impulse aufnehmende Unterbewußtsein, das an der Entscheidungsfindung nicht teilnimmt, sondern mit höchster Genauigkeit schließlich all das umsetzt, was ihm aufgetragen wurde. Mache Dir noch einmal bewußt, daß es entweder Du selbst bist, der diese Aufträge erteilt, oder ein anderer.

16. Genau das ist Deine Chance. Alle Dinge können ungeschehen gemacht werden. Dabei sind – wie wir heute häufig feststellen – auch wundersame Heilungen möglich, bis hin zur Organerneuerung oder gar -erschaffung. Du siehst, daß wir uns als Menschheit denkend immer weiter hinaus bewegen und dadurch immer mehr auf die Universelle Substanz einwirken. Dort ist ja bereits alles vorhanden – es gibt also nichts, was es nicht gibt. Alles besteht, und alles kann in Anspruch genommen werden. Es muß sogar in Anspruch genommen werden, um sich zu verwirklichen, da diese Universelle Substanz auf unser Denken reagiert.

17. Dazu kannst Du noch viel mehr dem zuvor genannten ‚Ein Buch über Dich‘ von Charles Haanel lesen. Somit kommst Du in den Genuß von Fähigkeiten, die es Dir erlauben, menschliche Eigenschaften zu ‚lesen‘ oder Situationen richtig zu

erkennen. Das wiederum gibt Dir die Möglichkeit, bewußt auf jemanden oder auf etwas zu reagieren oder gar – Achtung! – Vorsicht walten zu lassen, weil Du bestimmte Ereignisse bereits vorhersehen kannst.

18. Mit der Zeit wirst Du immer fähiger, schnell die Ursache einer bestimmten Auswirkung zu erkennen und genaue Schlüsse daraus zu ziehen. Das hat es mit der Selbstbefähigung auf sich, die Dir durch das Master Key System zuteil wird.

19. Diese Macht und Kraft, allgegenwärtig wie sie ist, ist auch in Dir vorhanden – in jeder einzelnen Zelle. Wenn diesem Konstrukt ‚Gott‘ schon so viel zugeschrieben wird, ist es dann nicht an der Zeit, daß auch wir als Individuen es in all seiner Pracht zum Ausdruck bringen?

20. Zehn Wochen nach Kapitel 4 hier nochmals ein Hinweis auf Deine wahre Macht und Kraft – auf Deinen göttlichen Ursprung und das damit einhergehende und Dir innewohnende Potenzial.

21. Du hast dieselbe Schöpferkraft, dasselbe Potenzial, aber was Du davon zum Ausdruck bringst, hängt davon ab, was Du in Anspruch nimmst – was Du anerkennst und gebrauchst.

22. Alles hängt natürlich davon ab, was Du in Anspruch nimmst; welche Gedanken Du denkst; wie oft und mit wieviel Nachdruck; ob Du sie dann mit entsprechenden Gefühlen versiehst und Handlungen folgen läßt. Wenn nicht, ist das auch in Ordnung. Dann bleibt Dein Wunsch oder Dein Ideal im Bereich des Potentials und verwirklicht

sich für Dich nicht. Wenn Dir aber wahrlich etwas daran liegt, weißt Du jetzt, wie die Verwirklichung herbeigeführt werden kann.

23. Diese Passage ist von ganz besonderer Bedeutung, denn es wird für viele Studenten neu sein, daß das Gebet auch wissenschaftlichen Prinzipien unterliegt. Ein Gebet ist ja nichts anderes als eine stille Gedankenkonzentration. Nur ist es so, daß meist in Form einer Bitte gebetet wird, nicht aber in Form einer Danksagung. Erinnere Dich: *Der Wunsch als bereits bestehende Tatsache.* So wird es deutlich, daß auch das Gebet anders formuliert werden muß, wenn es bis jetzt als Bitte und nicht als Danksagung erstellt wurde.

24. Was natürlich auch auf das Gebet zutrifft. Ein falsch formuliertes Gebet entspricht falschem Denken. Richtiges Denken führt zu richtig formulierten Gebeten und zu entsprechenden Auswirkungen.

Erinnere Dich: Bewußtsein ist schöpferisch, und die einzige Kraft, die das ‚Ich‘ hat, ist die Kraft, zu denken. Da der Gedanke dem Gebet vorausgeht, ist richtiges Denken auch für das Gebet unabdingbar. Auch hier zeigt sich wieder Deine Selbstbefähigung, denn Du betest nicht mehr jemanden an oder bittest um irgendwelche Zuteilungen, sondern Du wirst Dir Deiner eigenen Macht und Kraft bewußt, welche durch Dich fließt, wenn Du Dich in Einklang mit der Universellen Substanz befindest. Es geht hier um Harmonie, um Übereinstimmung, um das Auflösen von Trennungen oder bestimmten Machtverhältnissen.

25. Es heißt also wieder einmal Eigenverantwortung zu übernehmen und zu erkennen, daß man der Schöpfer seiner eigenen Realität ist. Die Welt im Außen vermag man nur zu einem kleinen Teil mitzubestimmen oder zu ändern, aber wie man auf etwas reagiert, das unterliegt stets den eigenen Gedanken und der persönlichen Entscheidung. Vor allem unterliegt es Deiner persönlichen Entscheidung, was Du durch Deine Gedanken schöpfst, denn dafür gibt es ja in Dir noch kein bereits bestehendes Muster.

26. Diese Passage macht klar, daß es schon einiges an Zeit und Aufwand Deinerseits bedarf, vor allem wenn es darum geht, alte Programmierungen durch neue zu ersetzen. Du wirst auch nicht gleich beim ersten Mal erfolgreich sein, aber so wie Du damals als Baby immer wieder aufgestanden bist und schließlich Laufen gelernt hast, so lernst Du auch hier, durch stetes Dranbleiben erfolgreich zu sein.

27. Genau deshalb ist es so wichtig, die neuen Gedanken erst einmal in der Stille reifen zu lassen und vorerst nicht der Welt mitzuteilen. Zunächst mußt Du Dich intern mit ihnen anfreunden, sie hegen und pflegen, denn nur dann entwickeln sie die notwendige Kraft, auch dem Außen standhalten zu können.

Du kannst davon ausgehen, daß Dir Dein Umfeld da aufgrund seiner Ignoranz nicht immer wohlgesonnen sein wird. Sinnfreie Kritik, Lächerlichkeitsbekundungen o.ä. werden Dir begegnen, zeigen Dir aber, daß Du auf dem richtigen Weg bist. Mach weiter so und laß Dich wirklich von nichts und niemandem davon abbringen. So schaffst Du eine Gewohnheit von Erfolg, und ein Erfolg wird Dich zum nächsten tragen!

28. Das sind nicht nur leere Worte, denn derjenige, der in den Besitz des Master Key gekommen ist, verschafft sich schrittweise – seinen Fähigkeiten und seinen Idealen entsprechend – ein besseres Leben, weil er neuen Gedanken neue Gefühle und Worte folgen läßt, die sich dann in mutigen und konsequenten Handlungen Ausdruck verschaffen.

29. Nicht nur Gedanken denken, sondern eine entsprechende Geisteshaltung entwickeln! Es muß so lange wiederholt werden, bis der Verstand überdrüssig wird und es an das Unterbewußtsein übergibt. Das geschieht übrigens vollautomatisch und ohne Dein bewußtes Zutun.

30. Wie sollte es auch anders sein? Du kannst nur das empfangen, für das Du empfänglich bist, und Du bist nur für das empfänglich, was Deinem Wesen entspricht (,aus ihm herauskommt').

31. Wenn Du Dich eine Woche lang jeden Tag 20-30 Minuten auf Harmonie konzentrierst, wirst Du Dir der Harmonie immer mehr bewußt. Sie wird stärker in Deinem Leben auftreten, und das ist genau das, was Du willst und wünschst. Aber auch hier gilt: Übung macht den Meister. Auch hier unterliegt Deine Schöpfung Gesetzmäßigkeiten, denn die Harmonie, die Du Dir im Geiste erschaffst, wird sich alsbald über Gefühle auf der körperlichen Ebene Ausdruck verschaffen. Du siehst, wie das alles ineinandergreift und zusammenhängt.

15

Die bewußte
Zusammenarbeit mit der Allmacht

Experimente, die mit auf Pflanzen gefundenen Parasiten durchgeführt wurden, zeigen, daß selbst die einfachsten Lebensformen in der Lage sind, Vorteile aus dem Natürlichen Gesetz zu ziehen. Das folgende Experiment wurde von Jacques Loeb, M.D., Ph. D., gemacht – einem Mitglied des Rockefeller Instituts.

„Um auftragsgemäß diesen Beweis zu erbringen, wurden eingetopfte Rosenbüsche in ein Zimmer gebracht und vor ein geschlossenes Fenster gestellt. Als die Pflanzen austrockneten, wuchsen den vorher flügellosen Parasiten Flügel. Nach der Metamorphose verließen die Tiere die Pflanzen, flogen zum Fenster hinüber und krochen anschließend an der Scheibe hoch."

Es ist offensichtlich, daß diese kleinen Insekten herausfanden, daß die Pflanzen, auf denen sie lebten, tot waren und daß sie sich aus dieser Quelle nichts mehr zu essen oder trinken hätten sichern können. Die einzige Methode, durch die sie sich vor dem Verhungern haben retten können, war die, zeitweise Flügel wachsen zu lassen und zu fliegen, was sie dann auch taten.

Experimente wie diese zeigen, daß sowohl das **Allwissende** als auch die **Allmacht allgegenwärtig** sind, und daß selbst das kleinste Lebewesen im Notfall seinen Vorteil daraus ziehen kann.

Teil Fünfzehn wird Dir mehr über das Gesetz berichten, mit dem wir leben. Es wird erklären, daß diese Natürlichen Gesetze **zu unserem Vorteil** funktionieren; daß alle Umstände und Erfahrungen, die uns zuteil werden, zu unserem Vorteil sind; daß wir Stärke im Verhältnis zum Aufwand gewinnen und daß unsere Glückseligkeit am besten durch eine bewußte Zusammenarbeit mit diesen Natürlichen Gesetzen erreicht wird.

DIE BEWUSSTE ZUSAMMENARBEIT MIT DER ALLMACHT

1. Die Gesetze, mit denen wir leben, wurden nur zu unserem Vorteil entworfen. Diese Gesetze sind unveränderlich, und wir können ihrer Tätigkeit nicht entkommen.

2. Alle großartigen, ewigen Kräfte verrichten ihr Werk in der Stille, aber es liegt in unserer Macht, uns in Einklang mit ihnen einzufinden und somit ein verhältnismäßig friedvolles und glückliches Leben zu leben.

3. Schwierigkeiten, Unstimmigkeiten und Hindernisse zeigen, daß wir es entweder ablehnen, das loszulassen, was wir nicht länger brauchen, oder ablehnen, das anzunehmen, was uns dienlich wäre.

4. Wachstum wird durch einen Austausch des Alten durch das Neue erreicht, des Guten durch das Bessere. Es ist eine bedingte

Schwierigkeiten, Unstimmigkeiten und Hindernisse zeigen, daß wir es entweder ablehnen, das loszulassen, was wir nicht länger brauchen, oder es ablehnen, das anzunehmen, was uns dienlich wäre.

oder gegenseitige Tat, in der jeder von uns eine vollständige Gedankeneinheit darstellt. Diese Vollständigkeit ermöglicht es uns, nur das zu empfangen, was wir geben.

5. Wir können das, was uns fehlt, nicht dadurch erhalten, daß wir zäh an dem festhalten, was wir zuvor erhalten haben. Wir sind in der Lage, unsere Umstände bewußt zu steuern, sobald wir die Bedeutung dessen spüren, was wir anziehen. Dann sind wir in der Lage, jeder Erfahrung nur das abzugewinnen, was wir für unser weiteres Wachstum benötigen. Unsere Fähigkeit, dies zu tun, bestimmt den Grad an Harmonie oder Glückseligkeit, den wir erreichen.

6. Die Fähigkeit, nur das herauszuziehen, was wir für unser Wachstum brauchen, steigt kontinuierlich an, während wir höheren Ebenen und weiteren Visionen entgegenstreben. Je ausgeprägter unser Vermögen, zu wissen, was wir wollen, desto sicherer werden wir, ihre Anwesenheit (die der Allmacht, Anm. d. Ü.) zu bemerken, sie anzuziehen und aufzunehmen. Nichts wird uns erreichen, außer dem, was wir für unser Wachstum benötigen.

7. Alle Umstände und Erfahrungen, die zu uns kommen, tun das zu unserem eigenen Nutzen. Schwierigkeiten und Hindernisse werden uns so lange begegnen, bis wir **ihre Weisheit aufgenommen** und von ihnen das Wichtigste für unser weiteres Wachstum erworben haben.

8. Daß wir ernten, was wir säen, ist mathematisch exakt. Wir erlangen dauerhafte Stärke genau in dem Ausmaß der zum Überwinden der Schwierigkeiten erforderlichen Anstrengungen.

9. Die unerbittlichen Erfordernisse des Wachstums verlangen von uns, daß wir die größte Art von Anziehung auf das ausüben, was in vollkommener Übereinstimmung mit uns ist. Unsere größte Glückseligkeit wird am besten dadurch erreicht, daß wir ein Verständnis dieser Natürlichen Gesetze erlangen und bewußt mit ihnen zusammenarbeiten.

Um Lebenskraft zu besitzen, muß der Gedanke mit Liebe durchtränkt werden.

10. Um Lebenskraft zu besitzen, muß der Gedanke mit Liebe durchtränkt werden. Liebe ist das Produkt von Emotionen. Es ist unablässig, daß die Emotionen gesteuert und durch Intellekt und Überlegung geleitet werden.

11. Es ist die Liebe, die dem Gedanken Lebenskraft verleiht und ihn dadurch zum Sprießen befähigt. Das Gesetz der Anziehung, oder das Gesetz der Liebe – beide sind ein und dasselbe – wird das zu seinem Wachstum und seiner Reife benötigte Material mitbringen.

12. Die erste Form, die der Gedanke finden wird, ist Sprache, bzw. Worte. Das bestimmt die Bedeutung von Worten. Sie sind die erste Darstellung des Gedankens – der Behälter, in dem der Gedanke getragen wird. Sie greifen nach dem Äther, und durch das in-Bewegung-setzen desselben geben sie den Gedanken erneut in Form von Klängen wieder.

13. Denken kann zu allen möglichen Taten führen, aber was immer die Tat auch sein mag, es ist einfach nur der Gedanke, der versucht, sich **in sichtbarer Form** Ausdruck zu verschaffen. Es ist offensichtlich, daß wir uns nur wünschenswerte Gedanken leisten können, wenn wir wünschenswerte Umstände herbeisehnen.

14. Das führt zu der unausweichlichen Schlußfolgerung, daß wir es uns ausschließlich leisten können, an Überfluß zu denken, wenn wir Überfluß in unserem Leben ausdrücken wollen. Da Worte lediglich formgebende Gedanken sind, müssen wir besonders vorsichtig sein und ausnahmslos eine **erbauliche und harmonische Sprache** benutzen, welche sich – wenn letztlich in objektiver Form dargestellt – zu unserem Vorteil herausstellt.

15. Wir können den Bildern nicht entkommen, die wir unserem Bewußtsein unaufhörlich aufprägen. Das Fotografieren von fehlerhaften Vorstellungen ist genau das, was durch den Gebrauch von Worten geschieht, wenn wir irgendeine Form von Sprache verwenden, die nicht mit unserem Wohlbefinden übereinstimmt.

16. Während unser Denken klarer wird und höhere Ebenen erreicht, drücken wir mehr und mehr Leben aus. Das wird mit zunehmender Leichtigkeit erreicht, während wir ‚Wortbilder' benutzen, die klar definiert und somit frei von jeglichen Vorstellungen sind, die ihnen auf niederen Gedankenebenen anhaften.

17. Wir müssen unsere Gedanken durch Worte ausdrücken, und wenn wir Gebrauch von den höheren Formen der Wahrheit machen wollen, dürfen wir in dieser Hinsicht nur **sorgfältig und intelligent ausgewähltes Material** benutzen, das dieses Ziel mit in Betracht zieht.

18. Diese wundervolle Macht, Gedanken in Form von Worten zu kleiden, ist das, was den Menschen vom Rest des Tierreichs unterscheidet. Durch das geschriebene Wort war er in der Lage, Jahrhunderte zurückzuschauen und die bewegenden Episoden zu sehen, durch die er zu seinem heutigen Erbe gekommen ist.

19. Er wurde befähigt, in Gemeinschaft mit den größten Schreibern und Denkern aller Zeiten zu kommen. Eine zusammengefaßte Aufzeichnung von allem, was wir heute besitzen, ist somit ein Ausdruck des Universellen Bewußtseins, welches versucht, durch den Verstand des Menschen Gestalt anzunehmen.

20. Wir wissen, daß das Universelle Bewußtsein das Erschaffen von Gestalt zum Ziel hat. Wir wissen, daß der individuelle Gedanke ebenso versucht, sich stets in Form auszudrücken. Wir wissen, daß das Wort eine Form von Gedanken ist und daß ein Satz eine Kombination von Gedankenformen ist. Wenn wir demnach unser Ideal schön und stark wünschen, müssen wir zusehen, daß die Worte, aus denen dieser Tempel schlußendlich gestaltet wird, genau und sorgfältig zusammengestellt sind, denn Genauigkeit

beim Bilden von Worten und Sätzen ist **die höchste Form von Architektur** in einer Zivilisation und ein Durchgang zum Erfolg.

21. Worte sind Gedanken und somit eine unsichtbare und unbezwingbare Macht, die sich schließlich in derjenigen Gestalt darstellt, die ihr gegeben wird.

22. Worte können geistige Orte werden, die für immer leben, oder sie können Baracken werden, die der erste Wind davonträgt. Sie können sowohl das Auge als auch das Ohr entzücken. Sie können alles Wissen enthalten. In ihnen finden wir sowohl die Geschichte der Vergangenheit als auch die Hoffnung der Zukunft. Sie sind die lebendigen Boten, aus denen jegliche menschliche oder übermenschliche Tat geboren wird.

23. Die Schönheit des Wortes besteht aus der Schönheit des Gedankens. Die Macht des Wortes besteht aus der Macht des Gedankens, und die Macht des Gedankens besteht aus seiner Lebenskraft. Woran erkennen wir dann einen lebenskräftigen Gedanken? Was sind seine besonderen Merkmale? Die Antwort lautet: Er muß Prinzip haben. Wie aber können wir das Prinzip erkennen?

24. Es gibt ein Prinzip der Mathematik, aber keines des Fehlers. Es gibt ein Prinzip der Gesundheit, aber keines der Krankheit. Es gibt ein Prinzip der Wahrheit, aber keines der Lüge. Es gibt ein Prinzip des Lichts, aber keines der Dunkelheit, und es gibt ein Prinzip der Fülle, aber keines der Armut.

25. Wie sollen wir erkennen, daß das wahr ist? Indem wir das Prinzip der Mathematik korrekt anwenden, können wir uns **der Ergebnisse gewiß sein**. Wo es Gesundheit gibt, gibt es keine Krankheit. Wenn wir die Wahrheit wissen, können wir nicht durch den Fehler getäuscht werden. Wenn wir Licht hereinlassen, kann es keine Dunkelheit geben, und wo Fülle existiert, da kann es keine Armut geben.

26. Dieses sind selbstverständliche Tatsachen, aber die wichtigste Wahrheit ist die, daß ein Gedanke, der dieses Prinzip enthält,

Die Schönheit des Wortes besteht aus der Schönheit des Gedankens. Die Macht des Wortes besteht aus der Macht des Gedankens, welcher wiederum aus seiner Lebenskraft besteht.

lebenskräftig ist, also Leben enthält und schließlich Wurzeln schlägt. Die Tatsache, daß negative Gedanken sicher und gewiß aus dem Weg geräumt werden, weil sie durch ihre wahre Natur keine Überlebenskraft haben, scheint allerdings oft übersehen zu werden.

27. Dies ist eine Tatsache, die Dich befähigen wird, jegliche Art von Unstimmigkeit, Mangel oder Beschränkung zu zerstören.

28. Es steht außer Frage, daß derjenige, *„der weise genug ist, zu verstehen"*, umgehend erkennt, daß ihm die schöpferische Kraft des Gedankens eine unbesiegbare Waffe in die Hand legt und ihn zum Meister seines Schicksals macht.

29. In der physischen Welt gibt es ein Gesetz des Ausgleichs, welches besagt: ‚Das Erscheinen einer bestimmten Menge an Energie an einer Stelle bedeutet das Verschwinden einer gleichen Menge an Energie an einer anderen Stelle.' So stellen wir fest, daß wir nur das erhalten können, was wir geben. Wenn wir uns einer gewissen Tat hingeben, müssen wir bereit sein, die Verantwortung für die Entwicklung dieser Tat zu übernehmen. Das Unterbewußtsein kann nicht urteilen – es nimmt uns beim Wort. Wir haben nach etwas gefragt; jetzt werden wir es erhalten. Wir haben unser Bett gemacht; jetzt müssen wir uns dort niederlassen. Die Form wurde gegossen; die Fäden werden das von uns erschaffene Muster weben.

30. Aus diesem Grund muß unsere Einsicht so ausgeübt werden, daß der von uns erwogene Gedanke keine geistigen, moralischen oder körperlichen Keime enthält, die wir in unserem Leben nicht dargestellt sehen wollen.

„...weise genug zu verstehen" ist ein Verweis auf Jeremia 9:12. Zitat: "Wer ist der weise Mann, daß er dieses verstehe, und zu wem hat der Mund [Gottes] geredet, daß er es kundtue, warum das Land zu Grunde geht und verbrannt wird gleich der Wüste, so daß niemand hindurchzieht?" Und [Gott] sprach: „Weil sie mein Gesetz verlassen haben, das ich ihnen vorgelegt, und auf meine Stimme nicht gehört, und nicht darin gewandelt haben."

Wird der menschliche Aspekt Gottes entfernt, bleibt das, was Charles Haanel in den Punkten 24 und 25 zum Ausdruck brachte. „...mein Gesetz verlassen" bedeutet genau das: Sie wußten nicht, daß alles universellem Gesetz unterliegt, und daß sie sich in Einklang damit einzufinden hatten. Die Konsequenz war Tod und Zerstörung. Kein göttlicher Wille, sondern schlichtweg Ursache und Wirkung, die von den damaligen Menschen nur nicht verstanden wurde.

31.   **Erkenntnis** ist eine Fähigkeit des Bewußtseins, durch die wir in die Lage versetzt werden, Tatsachen und Umstände über große Entfernung zu untersuchen – es ist eine Art menschliches Teleskop. Erkenntnis befähigt uns, in jeglichen Unterfangen sowohl die Schwierigkeiten als auch die Möglichkeiten zu erkennen.

32.   Erkenntnis befähigt uns, auf die Hindernisse vorbereitet zu sein, auf die wir treffen werden. Dadurch können wir sie überwinden, bevor sie die Möglichkeit haben, Probleme zu verursachen.

33.   Erkenntnis befähigt uns, zu unserem Vorteil zu planen, um unsere Aufmerksamkeit und Gedanken in die richtige Richtung zu lenken, anstatt sie in Kanäle zu schleusen, die uns keinerlei nennenswerte Rendite einbringen.

34.   Erkenntnis ist für das Erreichen eines jeden großen Ziels **absolut unabdingbar**, und mit ihr können wir in jedes geistige Feld eintreten, es entdecken und es besitzen.

35.   Erkenntnis ist das Produkt der inneren Welt und wird durch Stille – durch Konzentration – entwickelt.

36.   Als Übung dieser Woche konzentriere Dich auf Erkenntnis. Nimm Deine gewohnte Position ein und konzentriere den Gedanken auf die Tatsache, daß das Wissen der schöpferischen Kraft des Gedankens nicht gleichzeitig bedeutet, daß Du auch über die Kunst des Denkens verfügst. Lasse den Gedanken auf der Tatsache weilen, daß Wissen sich nicht von selbst anwendet; daß unsere Taten nicht durch Wissen geregelt werden, sondern durch Gebrauch, Präzedens und Gewohnheit; daß die einzige Art und Weise, durch die wir Wissen zur Anwendung bringen können, eine **bestimmte, bewußte Anstrengung** unsererseits ist. Rufe Dir die Tatsache ins Gedächtnis, daß sich unbenutztes Wissen aus dem Bewußtsein entfernt; daß der Wert der Information in der Anwendung des Prinzips liegt. Fahre mit diesem Gedankengang fort, bis Du ausreichend Einsicht erlangt hast, ein bestimmtes Programm zur Anwendung dieses Prinzips für Deine eigenen, speziellen Herausforderungen zu formulieren.

FRAGEN UND ANTWORTEN

141. *Was bestimmt den Grad der Harmonie, den wir erreichen werden?*
Unsere Fähigkeit, aus jeder Erfahrung das zu ziehen, was wir für unser Wachstum brauchen.

142. *Was zeigen Schwierigkeiten und Hindernisse an?*
Daß sie für unsere Weisheit und unser geistiges Wachstum notwendig sind.

143. *Wie können diese Schwierigkeiten vermieden werden?*
Durch ein bewußtes Verständnis über eine Zusammenarbeit mit Natürlichen Gesetzen.

144. *Was ist das Prinzip, durch welches sich Gedanken in Form darstellen?*
Das Gesetz der Anziehung.

145. *Wie wird das notwendige Material gesichert, durch das Wachstum, Entwicklung und Reife Deiner Idee Gestalt annehmen?*
Das Gesetz der Liebe, welches das schöpferische Prinzip des Universums ist, gibt dem Gedanken Lebenskraft, und dieses Gesetz der Anziehung liefert durch das Gesetz des Wachstums die notwendige Substanz.

146. *Wie sichert man sich erwünschte Umstände?*
Durch das Hegen von ausschließlich wünschenswerten Gedanken.

147. *Woher stammen unerwünschte Umstände?*
Durch das Denken, Diskutieren und Visualisieren von Umständen des Mangels, der Beschränkung, Krankheit, Disharmonie und der Unstimmigkeit jeglicher Art.

Diese geistige Fotografie fehlerhafter Konzepte wird vom Unterbewußtsein aufgenommen, und das Gesetz der Anziehung wird sie unweigerlich in objektiver Form darstellen. Daß wir das ernten, was wir säen, ist wissenschaftlich exakt.

148. *Wie kann jegliche Art von Angst, Mangel, Beschränkung, Armut oder Unstimmigkeit überwunden werden?*
Dadurch, daß Fehler durch Prinzip ersetzt werden.

149. *Wie können wir das Prinzip erkennen?*
Durch eine bewußte Anerkennung der Tatsache, daß Wahrheit Fehler ausnahmslos zerstört. Wir müssen nicht mit großem Aufwand die Dunkelheit hinaus schaufeln; es ist lediglich notwendig, das Licht einzuschalten. Dasselbe Prinzip gilt für jegliche Form negativen Denkens.

150. *Welchen Wert hat Erkenntnis?*
Sie befähigt uns, den Wert der Anwendung des von uns erlangten Wissens zu verstehen. Viele scheinen zu denken, daß sich Wissen automatisch anwendet, was aber keinesfalls der Wahrheit entspricht.

Denke wahrhaft, und Deine Worte werden den Hunger der Welt stillen. Sprich wahrhaft, und jedes Deiner Worte wird eine fruchtvolle Saat herausbilden. Lebe wahrhaft, und Dein Leben wird ein großartiges und nobles Glaubensbekenntnis sein.
— HORATIO BONAR

15

Die bewußte Zusammenarbeit
mit der Allmacht

Nachdem Du in den letzten Wochen gelernt hast, daß Du ein Teil des Ganzen bist, eins mit dem Unendlichen, und daß der Unterschied lediglich im Grad der Ausprägung liegt, lernst Du in diesem Teil, bewußt mit der Allmacht zu kooperieren.

Du lernst, daß der Gedanke mit Liebe durchtränkt werden muß, um Lebenskraft zu erhalten. Noch einmal: Du lernst, daß der Gedanke mit Liebe durchtränkt werden muß, um Lebenskraft zu erhalten. Achte von nun an gut darauf, daß all Deine Gedanken von Liebe durchtränkt sind. Liebe sollte jede einzelne Deiner Handlungen begleiten.

Charles Haanel sagt, daß wir das loslassen müssen, was uns nicht mehr dienlich ist, und das akzeptieren müssen, was uns dienlich ist. Wir müssen uns öffnen und dafür empfänglich machen. Wenn Du also weiterhin ablehnst, das loszulassen, was Dir nicht dienlich ist, und Dich weigerst, das zu akzeptieren, was Dir dienlich ist, wie soll sich dann ein neues Leben auf höheren Ebenen für Dich entfalten können? Schwierigkeiten, Disharmonie und Hindernisse lösen sich dann auf, wenn Du endlich das akzeptierst, was Dir dienlich ist, und was das ist, wird Dir über die letzten Wochen und Monate schrittweise bewußt geworden sein.

Du lernst im Anschluß, Deine Sprache und Handlungsweise Deinem Denken anzupassen, nämlich nur noch eine bewußte, klar umrissene, harmonische Wortwahl zu treffen und dieses auch auf Dein Handeln zu übertragen. Das Wort ist die unmittelbare Folge Deiner Gedanken. Eine konfuse Wortwahl kann nur konfuse Handlungen nach sich ziehen, wenn überhaupt eine Handlung, denn Verwirrung lähmt. Klarheit dagegen regt zur Handlung an, weil es ja keine Zweifel mehr gibt, weder in Gedanken noch in Worten.

Sprache ist Programm. Die wenigsten sind sich dessen wirklich bewußt, was sie sagen. Mit dem Master Key System ändert sich das, denn Deine Wortwahl wird immer genauer, immer überlegter, immer harmonischer und besonnener. Achte gut darauf, denn Deine Ohren sind dazu da, Dir zu verstehen zu geben, was Du denkst und durch Deine Sprache ausdrückst.

ÜBUNG

Diese Woche konzentrierst Du Dich auf Erkenntnis – auch Einsicht genannt. Diese Übung hilft Dir zu verstehen, daß ,*das Wissen über die schöpferische Kraft der Gedanken nicht gleichzeitig bedeutet, daß Du auch über die Kunst des Denkens verfügst.*' Wissen muß angewandt werden, um einen Nutzen zu erbringen, und dieses zu verstehen und zu verinnerlichen bedeutet gleichzeitig, aktiv zu werden, im Dienst zu stehen, zu dem zu werden, was Du Dir wünschst, und all das durch eine bewußte Zusammenarbeit mit der Allmacht.

Wenn Du diese Übung absolvierst und immer mehr Erkenntnis erlangst, hat das eine unmittelbare Auswirkung auf Dein Denken und Deine Sprache. Du erkennst umgehend, wie die beiden zusammenhängen. Wenn Du wirklich Dinge in ihrem Kern erkennst, führt das unter anderem dazu, daß Du Deine Sprache viel bewußter einsetzt und überlegt und besonnen handelst.

Einsicht gibt Dir im wahrsten Sinne des Wortes auch die Möglichkeit, über eine große Distanz Informationen zu erlangen, die Dir dann wieder dienlich sind, ohne daß Du wirklich vor Ort sein mußt. Es ist ein überaus nützliches und machtvolles Werkzeug.

AUFGABEN

1.   Schreibe auf, warum alle Gesetze zu unserem Vorteil arbeiten.

....

....

....

....

2. Beantworte Dir so oft wie möglich die folgenden Fragen:

   ✓ Was habe ich heute gemacht?
   ✓ Was kann ich daran verbessern?
   ✓ Wer kann mir dabei helfen?
   ✓ Wann werde ich es vollenden?

3. Schreibe auf, was uns Schwierigkeiten, Disharmonie und Hindernisse aufzeigen.

   ....

   ....

4. Warum können wir nur empfangen, was wir geben?

   ....

   ....

   ....

5. Warum sind alle Umstände und Erfahrungen, die zu uns kommen, zu unserem eigenen Nutzen?

   ....

   ....

   ....

6. *„Es gibt kein Prinzip des Fehlers."* Was bedeutet das?

   ....

   ....

   ....

7. Erkläre die Bedeutung von Erkenntnis in Deinem Leben.

   ....

   ....

8. Schreibe auf, warum eine harmonische Sprache für die Verwirklichung unserer Ziele so wichtig ist.

LITERATURHINWEIS

Walter Russell hat ein wunderbares Buch namens „*Geheimnis des Lichtes*" geschrieben. Es ist im Genuis-Verlag erschienen und wirft weiteres Licht auf Gott, die Schöpfung, Dich, Dein Leben und Deine Realität. Sehr lesenswert!

DU HAST DIESEN TEIL GEMEISTERT...

- wenn Du verinnerlicht hast, daß die Universellen Gesetzmäßigkeiten zu Deinem Vorteil bestehen, Du Dich aber bewußt mit Ihnen in Einklang bringen mußt, um einen Nutzen daraus zu ziehen.
- wenn Du verstanden hast, daß Schwierigkeiten und Hindernisse nur so lange in Deinem Leben bestehen, bis Du ihre Weisheit aufgenommen und da Wichtigste für Dein weiteres Wachstum erworben hast.
- wenn Du verstanden hast, daß Du die größte Anziehung auf das ausübst, was in vollkommener Übereinstimmung mit Dir ist.
- wenn sich Deine Sprache zunehmend harmonisch und gewählt ausgedrückt gestaltet.
- wenn Deine Gedanken rein von körperlichen, geistigen und moralischen Keimen sind, die Du in Deinem Leben nicht dargestellt sehen willst.
- wenn Du in der Lage bist, Dich auf Erkenntnis (oder Einsicht) zu besinnen und Du Dir ihrer Bedeutung für Dein Leben klargeworden bist.

NOTIZEN

....

....

....

....

....

....

....

....

....

....

VISUALISIERUNGSÜBUNG

Schau Dir die Fotos auf der nächsten Seite **genau** an. Nimm die Luxusyacht und das Haus aus gerammter Erde als Beispiel, um die vielschichtigen Verursachungsketten zu erkennen, die zu ihrer Verwirklichung geführt haben.

Beobachte Dich dabei sehr genau und prüfe, welche Deiner Glaubenssätze dabei eventuell noch zum Vorschein kommen. Verbringe ausreichend Zeit mit dieser Aufgabe, denn sie läßt Deine Wertschätzung wachsen, sowohl für die Objekte selbst als auch für diejenigen, die sie durch ihre Visionen, Gedanken und Handlungen erschaffen und somit mehr als nur den Eigentümern eine Freude gemacht haben.

KOMMENTAR

Auch wenn diese Natürlichen Gesetze zu unserem Vorteil entworfen wurden, bedarf es immer noch Deiner geistigen Inanspruchnahme. Diese ist es ja, die Deine Bewußtseinsentwicklung ausmacht und kennzeichnet. Durch Dein in den letzten Wochen erlangtes Verständnis und die stetigen Übungen wirst Du auch immer öfter in der Lage sein, Dich im Einklang mit diesen natürlichen Gesetzen einzufinden. Dein Denken, Sprechen und Handeln wird immer zielgerichteter, immer stärker und souveräner. Das, was Du in Form von Gedanken über Deine Einheit mit der Allmacht aussendest, muß aufgrund des Gesetzes der Schwingung unweigerlich zu Dir zurückkehren. Wie sollte es auch anders sein?

1. Warum sind diese Gesetze zu unserem Vorteil? Weil sie uns Gewißheit geben und so verhindern, daß wir zu Schaden kommen. Sie ermöglichen es uns aber auch, weit über das hinauszugehen, was sonst möglich wäre. So können wir mit Präzision auf dem Mond landen, Funksignale von Raumsonden aus Millionen von Kilometern Entfernung empfangen und kilometerlange Brücken und Tunnel bauen – all das und noch viel mehr, das uns Menschen zum Leben und Fortbestand nützlich ist.

2. In der Stille wirst Du inspiriert und so mit Lebenskraft versorgt. Vor allem schulst Du Dich dadurch, dem Äußeren weniger Bedeutung beizumessen als sonst. Die äußere Welt ist relativ – sie ändert sich stetig. Deine innere Welt ist es aber, in der Du Dir die Bilder der Liebe, der Gesundheit und der Fülle erschaffst. Das führt auch zu einem viel lockeren Wesen, was natürlich unmittelbare Auswirkungen auf Deine Umgebung hat.

3. Wenn Du Dich weigerst, das loszulassen, was Dir nicht mehr dienlich ist, kann auch nichts Neues in Dein Leben eintreten, da kein Platz dafür ist. Zwei gegenteilige Dinge können nicht zur selben Zeit am selben Ort sein. Daher sind auch die Schwierigkeiten und Hindernisse an sich nicht negativ zu bewerten, sondern fordern Dich auf, Dein Denken und Handeln abzuändern, damit Du Dich wieder in Einklang mit dem Großen Ganzen einfindest.

4. Dies ist ein sehr wichtiger Punkt, denn es ist diese vollständige Gedankeneinheit, die Du bildest, die dazu führt, daß nur das zu Dir kommt, was Dir auch entspricht. In der Praxis heißt das nichts anderes, als daß Du Dich zunächst geistig auf bestimmte Schwingungen einstellen mußt, damit ‚sie' reagieren und mit Dir in Resonanz gehen. Du mußt also z.B. Reichtum denken, Reichtum fühlen, Reichtum sprechen und Reichtum umsetzen, damit dieser auch wieder zu Dir zurückkehrt. Ein Verständnis Deines wahren ‚Ich' und der damit verbundenen unendlichen Möglichkeiten wird Dir dabei helfen.

5. Nun bedarf es aber zunächst einmal eines Erkennens dessen, was Du erschaffen hast oder was sich Dir gegenwärtig als Realität präsentiert. Auch hier ist es ratsam, sich in die Stille zu begeben und Inventur zu machen – offen und ehrlich, ohne Bewertung oder Verurteilung. Mache es Dir zur Angewohnheit, das, was sich gegenwärtig verwirklicht hat, und das, wovon Du Dir wünschst, daß es sich noch verwirklicht, gegenüber stellst und Dich

in einer anschließenden Meditation tief in das Gewünschte hineinzuversetzen. Dann achte in Deinem täglichen Leben auf Hinweise, die Dich diesem Wunsch näherbringen. Sie sind überall vorhanden, nur mußt Du für sie auch empfänglich sein.

6. Dem letzten Satz sollte besondere Aufmerksamkeit geschenkt werden, denn in ihm wird erklärt, warum sich bestimmte Dinge in Deinem Leben (noch) nicht manifestiert haben. Sie sind Deinem Wachstum nicht dienlich. Da sich dieses aber stetig ändert, kann es bereits in Kürze dazu kommen, daß Du ganz neue Dinge anziehst – Dinge, die nun zu Deinem Wachstum vonnöten sind. Der letzte Satz soll eher motivieren als Dir vermitteln, daß bestimmte Dinge nicht möglich sind. Sie sind jederzeit möglich, manifestieren sich aber nur dann, wenn Du auch bereit bist, an und mit ihnen zu wachsen. Erinnere Dich: Du bist stets eine vollkommene Gedankeneinheit.

7. Das wird natürlich nur derjenige so sehen, der auch das entsprechende Bewußtsein dafür hat. Jemand, der noch in der Opferrolle (‚armes Ich‘) steckt, wird den Schuldigen im Außen suchen, anstatt die gegenwärtige Situation als Wachstumsmöglichkeit zu betrachten.

8. Das bedeutet für Dich, daß Dein Input das bestimmt, was Du schließlich erhältst. Siehst Du Dich als klein und unbedeutend, wirst Du auch nicht die Schritte tun, um Großartiges zu erreichen. Siehst Du Dich als Meisterschöpfer, kommen Dir nicht nur die entsprechenden Gedanken und Ideen, dann siehst Du Dich auch mit Mut und Vertrauen ausgestattet, diese Ideen in die Tat umzusetzen.

9. In vollkommener Übereinstimmung mit uns ist eben dieser geistige, dieser spirituelle Ursprung und das damit verbundene unendliche Potenzial. Wenn Du das erkennst und in Anspruch nimmst, säst Du die Saat, die dann entsprechende Früchte tragen wird. Es ist der Abschied vom ‚klein und unbedeutend sein‘ und der Antritt Deines wahren Erbes.

10. Kontrolle über Deine Emotionen war ja bereits Bestandteil von Kapitel 2. Hier wird das aber nochmals deutlich hervorgehoben. Wenn Du Deine Emotionen nicht unter Kontrolle hast, kannst Du auch nicht lieben. So einfach ist es. Du bist dann ein Spielball biochemischer Abläufe und Opfer Deiner Umstände. Verstehst Du aber die wahre Macht und Kraft in Dir, wirst Du das Heft selbst in die Hand nehmen, Deine Emotionen kontrollieren und Raum für die Liebe machen – wahre Liebe, nicht die romantische, die betörende und vernarrte, die schnell kommt, aber auch genauso schnell wieder vergeht.

11. Es ist die Liebe, die dem Gedanken Lebenskraft verleiht. Liebe ist das Produkt von Emotionen/Gefühlen, und diese müssen gesteuert werden. Du steuerst durch Deinen Verstand – Dein Verständnis – und durch die praktische Anwendung der hier vermittelten natürlichen Gesetzmäßigkeiten. Aus der Liebe heraus entsteht somit mehr – von allem Guten und Schönen!

12. Hierzu gibt es auf YouTube sehr interessante Videos, die darstellen, wie Töne sich in geometrischen Formen darstellen, was eindeutig aufzeigt, daß Schwingungen Vorreiter der Materie sind.

13. Auch hier greift das Prinzip der Entsprechung. Der Gedanke will nur noch mehr von sich erschaffen. Er kann auch nur das tun, denn für alles andere ist er (und somit auch das Bewußtsein) nicht wirklich empfänglich.

Hier mußt Du Dich ehrlich fragen, wie Deine Gedanken aussehen. Sind sie wirklich wünschenswert oder haften Ihnen noch Elemente niederer Ebenen an? Hier kommt die Disziplin, das Vertrauen und die Beharrlichkeit zum Tragen, konkurrierende und unerwünschte Gedanken auszuschließen, bis ihnen so wenig Energie bleibt, daß sie aus Deinem Bewußtsein verschwinden.

14. Hierzu gehört in der Neuzeit auch all das, was angeblich schiefläuft und was man verhindern oder gar bekämpfen möchte. Du wirst wahrscheinlich genug Beispiele dazu finden, weil die Medien (vor allem die ‚sozialen‘) voll davon sind. Du weißt aber mittlerweile, daß alle Gedanken schöpferisch sind. Du weißt auch, was es bedeutet, sich mit dem zu befassen, was man gar nicht will. Man wird sich dessen durch seine eigene Beachtung und Aufmerksamkeit bewußt. Bevor man sich versieht, zieht man mehr und mehr davon in sein Leben. Daher ist es von größter Bedeutung, genau zu analysieren, was man an sich heranläßt und was nicht. Das wird mit der Zeit zunehmend schneller und intuitiv geschehen.

15. Siehe oben.

16. *‚…Wortbilder, die klar definiert und frei von niederen Gedankenebenen sind.‘* Das kannst Du Dir gar nicht oft genug zu Gemüte

führen. Da Du ja gerade gelernt hast, daß Sprache das Resultat von Gedanken ist, weißt Du jetzt auch, wie wichtig es ist, ‚schön zu reden‘. Der Begriff ‚Schönreden‘ wird leider in einem falschen Zusammenhang gebraucht, ist es doch genau das, was geschehen muß, wenn etwas nicht schön ist. Es muß zunächst schön gedacht und dann schön geredet werden. Das führt zu schönen Handlungen, die dann das umwandeln, was bis vor kurzem noch ‚schöngeredet‘ werden mußte.

17. Klarer und deutlicher kann es nicht mehr ausgedrückt werden. Hole Dir das (Gelesene) das nächste Mal ins Bewußtsein, wenn Du etwas sagst. Bedenke, daß die meisten unserer Handlungen – also auch die Wortwahl – unterbewußt sind und Du erst nachher über Deine Sinneswahrnehmung (Ohren) hörst, was Du ‚von Dir gegeben‘ hast. Es bedarf ewiger Aufmerksamkeit, damit nur wohlklingende und wahre Worte Deinen Mund verlassen.

18. Der Mensch hat seine Geschichte seit Anbeginn niedergelegt. Angefangen mit Höhlenmalereien, über Steintafeln, Pyramiden und Papyrus, bis heute zu Büchern, Computern und holografischen Speichermedien. So sind wir dazu in der Lage, Dinge aus der Vergangenheit bis ins kleinste Detail nachzuvollziehen und von ihnen zu lernen.

19. Verstehst Du, was Haanel damit sagen will? Nur weil wir in der Lage waren, Ereignisse aufzuschreiben, waren wir auch in der Lage, aus ihnen zu lernen. In der Tat haben wir vieles von dem, was uns hinterlassen wurde, filmisch dargestellt und so erneut ins Bewußtsein der Menschen geholt. Das

zeichnet den Menschen aus und erlaubt es ihm, Nutzen und Kapital daraus zu schlagen. Natürlich kann es auch negativ angewandt werden, aber auch das ist nur eine Erinnerung an uns, daß wir uns von unserer ‚Quelle' entfernt haben.

20. *‚Genauigkeit beim Bilden von Worten und Sätzen ist die höchste Form der Architektur der Zivilisation.'* Es wird Dir hier wohl ähnlich gehen wie mir. Du wirst Dir der Genauigkeit der deutschen Sprache immer bewußter. Du wirst Worte immer sorgfältiger auswählen und einsetzen. Dadurch wirst Du zum Meister Deines eigenen Lebens.

21. Das Hermetische Prinzip der Entsprechung zieht sich hier durch die gesamte Verursachungskette. Jeder Gedanke hat eine Schwingung, die sich auf niederer Ebene beim Menschen stets in Worten darstellt. Diesen Worten wurden wiederum ihrer Qualität entsprechende Begriffe (oder Worte) gegeben. Die letztliche Handlung und Auswirkung ist somit durch die gesamte Kette hindurch nachvollziehbar und auf den Ursprung – die Gedanken – zurückführbar.

22. Worte stellen für Dich die primäre Manifestation der Gedanken dar. Daher hast Du immer die Gelegenheit, sie zu überprüfen, indem Du Deinen Worten lauschst. Bedenke auch hier, daß Du vieles von dem, was Du äußerst, un(ter)bewußt umsetzt. Durch Deine Ohren wirst Du Dir dessen erst im Nachhinein bewußt. Genau in solchen Situationen ist es dann angebracht, sich umgehend zu korrigieren, auch wenn das ‚Falsche' schon herausgerutscht ist.

23. Ursache: Gedanke; Auswirkung: Wort.

Ursache: Wort; Auswirkung: Gefühl.

Ursache: Gefühl; Auswirkung: Handlung.

24. Hier führt Haanel das fort, was er zuvor zum Thema Schwäche sagte: Sie ist nichts, entstammt nichts, hat keine Kraft. Sie ist die Abwesenheit von etwas, aber nicht die Gegenwart von etwas. Das ist sehr wichtig zu verstehen.

Dieser Punkt erklärt Dir, was es mit ‚Prinzip' auf sich hat. Erinnere Dich, daß Prinzip mit Wahrheit eng verbunden sind. Die Wahrheit hat Prinzip und ist kraft- und machtvoll und beständig.

25. Hier schlägt Haanel den Bogen zu dem, was zuvor schon behandelt wurde, nämlich daß genaue Beobachtung zu einer Mustererkennung führt und somit nicht nur zur Entdeckung von Gesetzen, sondern eben auch zu Gewißheit.

Ein Verständnis dieser überaus wichtigen Aussagen führt Dich in eine ganz neue Dimension des Seins ein, denn Schritt für Schritt erkennst Du die Zusammenhänge, erreichst einen höheren Grad der Erleuchtung und wirst dadurch ermächtigt, Dein Leben selbst zu bestimmen.

26. Nun wird auch der Bogen zwischen dem Gedanken und Prinzip ergänzt, und der Kreis ist vollkommen.

27. Es ist selbstredend, daß es hier primär um einen Ersatz geht. Die Zerstörung kommt durch den Ersatz durch das Gute, Schöne, Wohlwollende und Wohlhabende. Erin-

nere Dich, daß zwei Dinge nicht zur selben Zeit am selben Ort sein können.

28. ‚...*weise genug, zu verstehen*.' Der Lernprozeß des Master Key Systems ist darauf ausgerichtet, Dir dieses Verständnis zu vermitteln, damit Du es in Deinem täglichen Leben anwenden kannst. Dein Entfernen von den niederen Ebenen läßt Dich in die höheren Dimensionen der Wahrheit und des Lichts emporstreben, zurück zu Deinem wahren Ursprung.

Es ist leicht zu verstehen, warum Dich diese Reise immer besser und leichter fühlen läßt. Nicht nur lebst Du ein Leben, in dem stets von allem genug da ist, sondern Du löst Dich auch schrittweise von alten Programmierungen, Gewohnheiten und Anhaftungen, die sich bis dato auf eine unerwünschte Art und Weise verkörpert haben.

29. Das führt uns zum Punkt der ‚*zu jeder Zeit vollständigen Gedankeneinheit*' zurück, die besagt, daß Du nur das empfangen kannst, was Du auch gegeben hast. Es wird somit klar: Wenn Du Großes erhalten willst, auch Großes geben mußt. Erinnere Dich: Das Gesetz der Anziehung bringt Dir ‚*Dein Eigenes*'.

30. Erkenntnis entsteht aus dem Verständnis. Erst verstehst Du, und dann erkennst Du neue Dinge, die Dir vormals entgangen waren, oder von denen Du noch Dir kein Bild machen konntest. Mit zunehmender Anwendung Deines Erkenntnisstandes nimmt auch Deine Macht und Kraft zu. Vor allem – mehr dazu in 2 Wochen – wirst Du dadurch Deine intuitiven Fähigkeiten schulen und Dich immer weniger auf Deinen bewußten Verstand verlassen müssen. Besonders in der heutigen Zeit spielt das eine übergeordnete Rolle. Du wirst erkennen, daß Du mit dem Verstand einfach nicht mehr weiterkommst. Derjenige, dessen Intuition stark ausgeprägt ist und der weiß, wie sie einzusetzen ist, hat denen gegenüber einen großen Vorteil, die noch alles analysieren, zerlegen und beurteilen müssen.

31. Hier ein Verweis auf die Kapitel 8 und 11, in denen es um das genaue Beobachten unterhalb der Oberfläche sowie um induktives, d.h. vom Besonderen aufs Allgemeine schließendes Denken geht.

32. ... und hier auf Kapitel 13, Ursache und Wirkung.

33. Das wird eine der härtesten Aufgaben für Dich sein, denn Du wirst feststellen, daß Du Dich zahlreichen Aktivitäten hingibst, die keinerlei nennenswerte Rendite abwerfen. Sie müssen es auch nicht in jedem Fall, aber wenn Du Dich in einer Situation befindest, in der Du wirkliche Bedürfnisse hast, dann solltest Du Dir die Frage stellen, ob es Dir wirklich wichtig ist, daß sie befriedigt werden und was Du bereit bist, dafür zu tun.

34. Ich habe ‚*Insight*' mit ‚Erkenntnis' anstelle von ‚Einsicht' übersetzt, weil dieses Wort für mich passender und aussagekräftiger ist, obwohl sich beide sehr nahe stehen.

35. Zur Wiederholung hier erneut der Hinweis auf die Stille, die innere Ruhe, die Du Dir erschaffen und aufsuchen mußt, um zu Erkenntnis zu kommen und Einsicht zu erlangen. Erinnere Dich: Nur in absoluter

Stille kommst Du in Kontakt mit der Allmacht, weil auch sie absolute Stille ist.

36. Diese komplexe und vielschichtige Übung zeigt auch den Fortschritt an, den Du während des Studiums gemacht hast. Es geht um Deine Konzentrationsfähigkeiten, Dein Verständnis und Deine Erkenntnis. Es geht darum, zu verstehen, was Prinzip ist und was Prinzip hat und daß all das Erlernte schließlich angewandt werden muß, um zu einer materiellen Darstellung zu führen. Da es aber – wie bereits erwähnt – der Urtrieb des Bewußtseins ist, sich in materiellen Dingen darzustellen, ist das ‚In-Einklang-bringen‘ mit der Allmacht Deine Chance, all das zur Verwirklichung zu führen, dem Du Einlaß in Dein Bewußtsein gewährst

16

Das Erschaffen
wissenschaftlich wahrer Ideale

Die Aktivitäten des planetarischen Universums werden von dem **Gesetz der Periodizität** (Rhythmus/Wiederkehr, Anm. d. Ü.) geregelt. Alles, was lebt, hat Perioden der Geburt, des Wachstums, der Reife und des Niedergangs. Diese Perioden werden vom *,Gesetz der Sieben'* geregelt.

Das *,Gesetz der Sieben'* regelt die Wochentage, die Mondphasen, die Harmonie von Ton, Licht, Hitze, Elektrizität, Magnetismus sowie atomarer Struktur. Es bestimmt das Leben von Individuen und von Nationen, und es beherrscht die Aktivitäten der Wirtschaftswelt.

Leben ist Wachstum, und Wachstum ist Veränderung. Alle sieben Jahre treten wir in einen neuen Zyklus ein. Die ersten sieben Jahre sind die Periode der frühen Kindheit. Die nächsten sieben Jahre sind die Periode der Kindheit, die den Anfang individueller Verantwortung repräsentiert. Die nächsten sieben repräsentieren die Periode das Erwachsenwerdens. Die vierte Periode markiert das Erreichen des vollen Wachstums. Die fünfte Periode ist die schaffende Periode, in der die Menschen beginnen, Grund und Boden, Besitztümer, ein Haus und eine Familie zu erwerben. Die nächste, von 35 bis 42, ist eine Periode von Reaktionen und Verän-

Hier gibt es unterschiedliche Ansichten bzw Meinungen, denn es scheinen auch Zyklen von 9 und 13 Jahren zu existieren. Letztere wurden den Planeten zugeordnet. Dieses Thema verdient es, von Dir gesondert studiert zu werden.

> Erfolg hängt von einem höheren Ideal ab als dem Anhäufen von Reichtum. Derjenige, der solchen Erfolg ersehnt, muß ein Ideal bilden, dem er bereit ist entgegenzustreben.

derungen, und dieser wiederum folgt eine Periode des Wiederaufbaus, der Anpassung und Erholung, damit man bereit ist für einen neuen Zyklus der Sieben, der mit dem 50. Lebensjahr beginnt.

Es gibt viele, die meinen, daß die Welt gerade im Begriff ist, die sechste Periode zu verlassen; daß sie bald in die siebte Periode eintritt; die Periode der Wiederanpassung, des Wiederaufbaus und der Harmonie; die Periode, die oft als Jahrtausendwende beschrieben wird.

Diejenigen, denen diese Zyklen bekannt sind, wird es nicht stören, wenn Dinge scheinbar falsch laufen. Im Gegenteil: Sie können die Prinzipien anwenden, die in diesen Lektionen umrissen werden, mit voller Gewißheit, daß **ein höheres Gesetz unweigerlich alle anderen Gesetze steuert** und sie durch ein Verständnis und eine bewußte Anwendung spiritueller Gesetzmäßigkeiten jede scheinbare Schwierigkeit in eine Segnung umwandeln können.

DAS ERSCHAFFEN WISSENSCHAFTLICH WAHRER IDEALE

1. **Wohlstand ist das Produkt von Arbeit.** Kapital ist eine Wirkung – keine Ursache; ein Diener – kein Meister; ein Mittel – kein Zweck.

2. Die am häufigsten akzeptierte Definition von Wohlstand ist die, daß er aus allen nützlichen und angenehmen Dingen besteht, die einen **Tauschwert** besitzen. Es ist dieser Tauschwert, der die grundlegende Eigenschaft von Wohlstand ausmacht.

3. Wenn wir den kleinen Beitrag in Betracht ziehen, den Wohlstand zum Glück des Besitzers hinzugefügt hat, stellen wir fest, daß der wahre Wert nicht in seiner Nützlichkeit, sondern seinem Tauschwert liegt.

4. Dieser Tauschwert macht es zu einem Mittel, Dinge von wahrem Wert zu sichern, durch die wir unsere Ideale verwirklichen können.

5. Wohlstand sollte somit niemals als Zweck fungieren, sondern als **ein Mittel zum Erreichen** dessen. Erfolg hängt von einem höheren Ideal ab, als dem Anhäufen von Reichtum, und der, der solchen Erfolg ersehnt, muß sich ein Ideal erschaffen, dem er bereit ist entgegenzustreben.

6. Mit solch einem Ideal im Bewußtsein können und werden die Wege und Mittel bereitgestellt werden; man sollte aber nicht den Fehler begehen, die Mittel durch den Zweck zu ersetzen. Es muß ein bestimmter, fester Sinn bestehen – ein Ideal.

Prentice Mulford
(1834 – 1891)

7. **Prentice Mulford** sagte: „*Ein erfolgreicher Mensch ist derjenige, der das größte geistige Verständnis besitzt, und jeglicher Reichtum entstammt einer überragenden und wahrhaftigen, geistigen Macht.*" Unglücklicherweise gibt es solche, denen es nicht gelingt, diese Kraft zu erkennen. Sie vergessen, daß Andrew Carnegies Mutter die Familie unterstützt hat, als sie nach Amerika kamen; daß Harrimans Vater ein armer Angestellter mit einem Jahresgehalt von $200 war; daß Sir Thomas Lipton mit nur 25c begonnen hat. Diese Männer hatten keine andere verläßliche Macht, sie haben aber dennoch nicht versagt.

8. Die schöpferische Macht hängt vollständig von geistiger Kraft ab. Es gibt drei Schritte: **Idealisierung**, **Visualisierung** und

Wir können uns durch unsere eigenen internen Denkvorgänge unsere eigenen mentalen Bilder formen;
unabhängig von den Gedanken anderer;
unabhängig von äußeren Umständen;
unabhängig von jeglicher Art von Umgebung.

Henry Morrison Flagler
(1830 – 1913)

Verwirklichung. Jeder Industriekapitän macht ausschließlich von dieser Kraft Gebrauch. In einem Artikel in *Everybody's Magazine* gibt **Henry M. Flagler**, der Standard Oil Multimillionär, zu, daß das Geheimnis seines Erfolges seine Kraft war, eine Sache in ihrer Vollständigkeit zu sehen. Die folgende Unterhaltung mit dem Reporter zeigt seine Kraft der Idealisierung, Konzentration und Visualisierung – allesamt geistige Kräfte.

9. *„Haben Sie sich wirklich die ganze Sache vorgestellt? Ich meine, haben Sie, oder konnten Sie wirklich ihre Augen schließen und die Gleise sehen? Und die Züge sich darüber bewegen? Und die Signalhörner pfeifen hören? Sind Sie wirklich so weit gegangen?"* „Ja." *„Wie deutlich?"* „Sehr deutlich!"

10. Hier haben wir eine Vision des Gesetzes; wir sehen ,Ursache und Wirkung'. Wir sehen, daß der Gedanke notwendigerweise der Tat vorausgeht und sie somit bestimmt. Wenn wir einsichtig sind, werden wir zu der Überzeugung der bemerkenswerten Tatsache kommen, daß kein zufälliger Umstand auch nur für einen Moment bestehen kann und daß die menschliche Erfahrung das Ergebnis eines geordneten und harmonischen Verfahrens ist.

11. Der erfolgreiche Geschäftsmann ist mehr denn je ein Idealist. Er strebt nach immer höheren Standards. Diese feinen Kräfte des Gedankens, so wie sie sich in unseren täglichen Launen herauskristallisieren, sind das, was das Leben ausmacht.

12. Denken ist das plastische Material, mit dem wir uns die Bilder unseres wachsenden Begriffsvermögens vom Leben erschaffen. Der Nutzen bestimmt seine Existenz. Wie mit allen anderen Dingen, ist unsere Fähigkeit, dieses umfassend zu erkennen und zu gebrauchen, die notwendige Bedingung für ihr Erreichen.

13. Verfrühter Wohlstand ist nichts als der Vorreiter der Niedergangs und des Unglücks, denn wir können nichts von dem dauerhaft festhalten, was wir uns nicht erarbeitet oder verdient haben.

14. Die Umstände, die wir in der äußeren Welt antreffen, stehen in Einklang mit den Umständen, die wir in der inneren Welt vorfinden. Diese werden uns durch das **Gesetz der Anziehung** gebracht. Wie sollen wir dann bestimmen, was wir in die innere Welt hineinlassen?

15. Was immer durch die Sinne oder den objektivem Verstand ins Bewußtsein eintritt, wird dieses beeindrucken und in einem geistigen Bild resultieren, welches zu einem Muster für die schöpferischen Energien wird. Diese Erfahrungen sind zum größten Teil das Ergebnis unserer Umwelt, von Gelegenheiten, vergangenem Denken und anderen Formen negativen Denkens und müssen einer **sorgfältigen Analyse** unterzogen werden, bevor man sie weiterhin erwägt. Auf der anderen Seite können wir uns durch unsere internen Denkvorgänge unsere eigenen mentalen Bilder formen; unabhängig von den Gedanken anderer; unabhängig von äußeren Umständen; unabhängig von jeglicher Art von Umgebung. Es ist durch die Ausübung dieser Macht und Kraft, daß wir unser eigenes Schicksal, unseren Körper, unseren Verstand und unsere Seele steuern können.

16. Es ist durch die Ausübung dieser Macht, daß wir das Schicksal den Händen des Zufalls entreißen können und bewußt die von uns erwünschten Erfahrungen schaffen, denn wenn wir uns bewußt einen Umstand vorstellen, wird sich dieser Umstand letztendlich in unserem Leben verwirklichen. Es ist somit offensichtlich, daß in letzter Analyse das Denken die alleinige Ursache des Lebens ist.

17. Demnach bedeutet die Steuerung unseres Denkens die Steuerung von Umständen, Umgebung und Schicksal.

18. Wie aber sollen wir das Denken steuern? Wie sieht dieser Vorgang aus? Zu denken bedeutet, einen Gedanken zu erschaffen, aber das Ergebnis des Gedankens hängt von seiner Form, seiner Qualität und seiner Lebenskraft ab.

19. Die Form wird von den geistigen Bildern, aus denen sie entsteht, abhängen. Diese wiederum hängt von der Tiefe des Eindrucks,

der Nachdrücklichkeit der Idee, der Klarheit der Vision und der Stärke des Bildes ab.

20. Die Qualität hängt von ihrer Substanz ab, und das hängt von dem Material ab, aus dem das Bewußtsein besteht. Wenn dieses Material aus Gedanken des Nachdrucks, der Stärke, des Mutes und der Bestimmtheit gewebt ist, dann wird der Gedanke auch diese Qualitäten besitzen.

21. Letzten Endes hängt die Lebenskraft von dem Gefühl ab, mit dem der Gedanke durchtränkt ist. Wenn der Gedanke konstruktiv ist, wird er Lebenskraft besitzen; er wird leben; er wird wachsen, sich entwickeln, sich ausbreiten; er wird schöpferisch sein; er wird für seine vollständige Entwicklung alles Notwendige heranziehen.

22. Wenn der Gedanke zerstörerisch ist, wird er den Keim der eigenen Auflösung in sich tragen. Er wird sterben, aber währenddessen wird er Krankheit und jede andere Form von Unstimmigkeit mit sich bringen.

23. All das nennen wir ‚böse‘, und wenn wir es uns selbst erschaffen, neigen einige von uns dazu, diese Schwierigkeiten einer höheren Wesenheit zuzuordnen, aber diese höhere Wesenheit ist schlicht und ergreifend Bewußtsein im Gleichgewicht.

24. Es ist weder gut noch schlecht – **es ist einfach nur**.

25. Unsere Fähigkeit, es in Formen zu unterteilen, ist unsere Fähigkeit, Gut oder Böse zu manifestieren.

26. Gut und Böse sind demnach keine Einheiten; sie sind einfach nur Worte, die wir dazu benutzen, das Ergebnis unserer Handlungen aufzuzeigen, und diese Handlungen werden wiederum durch den Charakter unserer Gedanken vorherbestimmt.

27. Wenn unser Gedanke konstruktiv und harmonisch ist, manifestieren wir das Gute; wenn er zerstörerisch und unstimmig ist, manifestieren wir das Böse.

Wenn unser Gedanke konstruktiv und harmonisch ist,
manifestieren wir das Gute;
wenn er zerstörerisch und unstimmig ist,
manifestieren wir das Böse.

28. Wenn Du den Wunsch hegst, Dir eine anders geartete Umgebung vorzustellen, besteht der Vorgang einfach nur darin, das Ideal im Bewußtsein zu halten, bis Deine Visionen selbiges verwirklicht haben. Verschwende keinerlei Gedanken an Personen, Orte oder Dinge; **diese haben kein Platz im Absoluten.** Die von Dir erwünschte Umgebung wird alles Notwendige beinhalten; die richtigen Personen und die richtigen Dinge werden zur richtigen Zeit am richtigen Ort sein.

29. Es ist manchmal nicht sofort offensichtlich, wie Charakter, Fähigkeit, Erreichen, Erlangen, Umwelt und Schicksal durch die Kraft der Visualisierung gesteuert werden können, aber es ist eine wissenschaftlich genaue Tatsache.

30. Du wirst sehen, daß das, was wir denken, die Qualität unseres Bewußtseins bestimmt und daß die Qualität des Bewußtseins wiederum unsere Fähigkeit und geistige Kapazität bestimmt. Du wirst somit verstehen, daß ein Verbessern unserer Fähigkeiten selbstverständlich zu einer **Zunahme an Leistungsvermögen** und zu einer größeren Kontrolle über die Umstände führt.

31. Es wird deutlich, daß Natürliche Gesetze auf eine perfekt natürliche und harmonische Art und Weise ablaufen. Alles scheint nur ‚so zu geschehen'. Wenn Du einen Beweis für diese Tatsache brauchst, vergleiche einfach nur die Ergebnisse Deiner Anstrengungen in Deinem eigenen Leben – wenn Deine Taten durch hohe Ideale hervorgerufen wurden oder wenn Du selbstsüchtige oder anderweitige Motive hattest. Du wirst keinen weiteren Beweis benötigen.

Noch einmal zur Erinnerung: „Personen, Orte oder Dinge" haben keinen Platz im Absoluten, weil sie allesamt Auswirkungen sind – materieller Natur und somit relativ. Es fehlt ihnen an Prinzip, und sie unterliegen stetigem Wandel.

Es ist an Dir, etwas zu erschaffen, was Prinzip und somit Bestand hat. Es handelt sich hierbei um Bewußtseinszustände, die nicht-materieller Natur sind: Harmonie und Glückseligkeit. Da sie ein Lebensprinzip enthalten, wird das Prinzip der Entsprechung in Zusammenarbeit mit den anderen Prinzipien all das herbeiführen, was zur Verwirklichung benötigt wird. Dazu bedarf es Vertrauen, „die Substanz der noch unsichtbaren Dinge; der Beweis der erhofften Dinge."

413

Wir können nur das sehen,
was bereits in der objektiven Welt existiert;
was wir aber visualisieren,
besteht bereits in der geistigen Welt.

32. Wenn Du die Verwirklichung eines jeden Wunsches herbeiführen möchtest, erschaffe Dir in Deinem Bewußtsein durch
die **Visualisierung des Wunsches** ein Bild des Erfolges. Auf
diese Weise wirst Du erfolgreich sein. Du wirst die Wünsche in
Deinem Leben durch wissenschaftliche Methoden verwirklichen.

33. Wir können nur das sehen, was bereits in der objektiven Welt
existiert; was wir aber visualisieren, besteht bereits in der geistigen
Welt. Diese Visualisierung ist ein wichtiger Teil dessen, was eines
Tages in der objektiven Welt erscheinen wird, wenn wir unserem
Ideal treu bleiben. Der Grund dafür ist nicht schwer zu verstehen:
Visualisierung ist eine Form der Vorstellung. Dieser Vorgang des
Denkens formt Eindrücke im Bewußtsein, und diese Eindrücke
formen wiederum Konzepte und Ideale. Diese wiederum sind die
Pläne, aus denen der Meisterarchitekt die Zukunft webt.

34. Psychologen sind zu dem Schluß gekommen, daß es nur einen
Sinn gibt — den Sinn des **Fühlens** — und daß alle anderen Sinne
nur Abwandlungen dieses einen Sinnes sind. Weil dies wahr ist,
wissen wir, warum das Gefühl der Ursprung jeglicher Macht
ist; warum die Emotionen den Intellekt so einfach überwinden
können und warum wir Gefühl in unsere Gedanken einfließen
lassen müssen, wenn wir uns Ergebnisse herbeiwünschen.
Gedanken und Gefühle sind eine unwiderstehliche Kombination.

35. Visualisierung muß natürlich durch den Willen gesteuert werden.
Wir müssen uns genau das vorstellen, was wir auch wollen. Wir
müssen umsichtig sein, damit sich die Vorstellungskraft nicht
verändert. Die Vorstellungskraft ist ein guter Diener, aber ein
schlechter Meister. Wenn wir sie nicht kontrollieren, wird sie

uns schnell zu allen Arten von Spekulation und Schlüssen führen, welche jedweder Tatsachenbasis und Grundlage entbehren. Jede Art plausibler Meinung würde dann ohne analytische Untersuchung akzeptiert werden, mit dem unausweichlichen Ergebnis eines geistigen Chaos.

36. Wir dürfen deshalb nur solche geistigen Ideale erstellen, von denen wir wissen, daß sie *wissenschaftlich wahr* sind. Unterziehe jede Idee einer eindringlichen Analyse und akzeptiere nichts, was nicht wissenschaftlich exakt ist. Wenn Du das tust, wirst Du nur das angehen, was Du auch durchführen kannst, und Erfolg wird Deine Anstrengungen krönen. Das ist es, was Geschäftsleute **Weitsicht** nennen. Es ist mehr oder weniger das gleiche wie Einsicht, und es ist eines der größten Geheimnisse des Erfolges in allen bedeutsamen Unterfangen.

"Wissenschaftlich wahr" bezieht sich auf das, was Prinzip hat, wie auch auf das, wozu Du gegenwärtig in der Lage bist. Erinnere Dich, daß Du keine Kräfte ausdrücken kannst, die Du nicht besitzt, aber daß diese Kräfte nicht fix, sondern wandel- und ausbaubar sind.

37. Als Übung dieser Woche versuche Dich zum Erkennen der wichtigen Tatsache zu bringen, daß Harmonie und Glückseligkeit **Bewußtseinszustände** und nicht vom Besitz von Dingen abhängig sind. Dinge sind Auswirkungen in Folge richtiger Bewußtseinszustände. Wenn wir uns materielle Besitztümer jeglicher Art wünschen, sollte also unser Hauptaugenmerk auf dem Erwerb einer geistigen Einstellung liegen, die uns das erwünschte Ergebnis bringt. Diese geistige Einstellung kommt durch **das Erkennen unserer geistigen Natur und unserer Einheit mit dem Universellen Bewußtsein**, welches die Substanz aller Dinge ist. Diese Erkenntnis wird all das herbeibringen, was zu unserem vollständigen Genuß notwendig ist. Das ist wissenschaftliches oder korrektes Denken. Wenn wir erfolgreich sind, diese geistige Eigenschaft herbeizuführen, wird es vergleichsweise einfach sein, uns unsere Wünsche als bereits bestehende Tatsache vorzustellen. Wenn wir das tun können, werden wir die ‚Wahrheit' gefunden haben, die Wahrheit, die uns ‚frei' macht von jeglichem Mangel oder jeglicher Beschränkung.

Unterziehe jede Idee einer eindringlichen Analyse und akzeptiere nichts, was nicht wissenschaftlich exakt ist.

Der Mensch mag einen Stern erhaschen, um ihn wieder freizulassen und ihn in seine Umlaufbahn zu schicken; und dennoch wird er vor Gott keine so lobenswerte Sache getan haben wie derjenige, der einen goldumrahmten Gedanken durch die Generationen der Zeit geschickt hat.
— H. W. BEECHER

FRAGEN UND ANTWORTEN

151. *Wovon hängt Wohlstand ab?*
Von einem Verständnis der schöpferischen Natur
des Denkens.

152. *Worin besteht sein wahrer Wert?*
In seinem Tauschwert.

153. *Wovon hängt Erfolg ab?*
Von geistiger Kraft.

154. *Wovon hängt diese Kraft ab?*
Von ihrem Gebrauch; Gebrauch bestimmt ihre Existenz.

155. *Wie können wir unser Schicksal aus den Händen
des Zufalls nehmen?*
Indem wir uns bewußt die Umstände vorstellen, die wir in
unserem Leben zu genießen wünschen.

156. *Was ist dann die große Beschäftigung des Lebens?*
Das Denken.

157. *Warum ist das so?*
Weil Denken geistig und somit schöpferisch ist. Bewußt
Gedanken zu steuern bedeutet, Verhältnisse, Umstände,
Umgebung und Schicksal zu steuern.

158. *Was ist der Ursprung alles Bösen?*
Zerstörerisches Denken.

159. *Was ist der Ursprung alles Guten?*
Wissenschaftlich wahres Denken.

160. *Was ist wissenschaftliches Denken?*
Die Anerkennung der schöpferischen Natur geistiger Energie
und unsere Fähigkeit, sie zu steuern.

16

Das Erschaffen
wissenschaftlich wahrer Ideale

Du hast gleich in Kapitel 1 gelernt, daß Du keine Kräfte ausdrücken kannst, die Du nicht besitzt. Du kannst also keine Ideale verwirklichen, zu denen es Dir noch an Kraft und Macht mangelt. Es gilt nur solche (,realistischen') Ideale zu erschaffen, von denen Du auch weißt, daß sie erreichbar sind. Die Betonung liegt hierbei auf *,weißt'*, wobei die letzten Wochen und Monate Dich mit dem dafür notwendigen Wissen bekanntgemacht haben.

Der Zweck dieses Kapitels ist, zu verstehen, daß Entwicklung stufenweise vor sich geht und daß das Erreichen kleinerer Ideale Dich auf das Erreichen größerer vorbereitet. Deine Macht und Kraft, körperlich wie geistig, steigt durch das Studium und die Anwendung der Prinzipien im täglichen Leben ständig an, es sei denn, der innere Schweinehund holt Dich ein und Du verfällst erneut in Plan- und Tatenlosigkeit. Leben ist Bewegung; davon bist Du zu keiner Sekunde ausgeschlossen.

Du lernst in diesem Kapitel von dem *,Gesetz der Sieben'* und daß alles von Perioden (,Rhythmen' oder Auf- und Abbewegungen) bestimmt wird. Diejenigen, die die Gesetze und ihre Auswirkungen kennen, können sie sich zunutze machen. Weil da sehr viel mehr dahintersteckt, geht Charles Haanel in *,Ein*

Buch über Dich' intensiv darauf ein, indem er Dir die Verbindung der Planeten mit den Energiezentren entlang Deiner Wirbelsäule (,Chakras') erklärt.

In diesem Zusammenhang möchte ich darauf hinweisen, daß es zumindest über den Verstand *immer* um eine durch genaue Beobachtung hervorgerufene Mustererkennung geht, um ein Klassifizieren und Kategorisieren von Ereignissen, welche einem Gewißheit geben, Zentriertheit und innere Ruhe und letztlich zu intelligenten Entscheidungen führen. Diese Sequenz durchzieht Dein gesamtes bewußtes Leben. Viele Menschen haben davon aber nicht den geringsten Schimmer. Deshalb ist die Arbeit, die Du gerade an Dir verrichtest, so überaus wichtig, denn dadurch wirst Du für andere Menschen zum Vorbild – welch ein schönes Wort!

Wohlstand kommt durch Arbeit, diese Arbeit muß aber nicht körperlicher Natur sein. Du lernst auch, daß Wohlstand nur ein Hilfsmittel auf dem Weg ist, anderen zu dienen, anderen den Weg ins Licht zu zeigen. Dazu bedarf es einmal mehr Deiner Inanspruchnahme. Du erschaffst Dir Ideale, erschaffst sie vor Deinem geistigen Auge, versiehst sie mit den entsprechenden Details und verleihst ihnen durch Deine Gefühle Lebenskraft. Das gibt ihnen die Chance, Wirklichkeit zu werden. Es ist immer wieder derselbe Prozeß. Schöpfung ist so einfach.

Die stetige Verbesserung Deiner Fähigkeiten zieht ein größeres Leistungsvermögen nach sich. Das wiederum ist ausschlaggebend dafür, daß ,viel' zu ,noch mehr' führt, so wie in Kapitel 1 erwähnt. Aus diesem Überfluß ergibt sich Deine Fähigkeit, anderen zu geben – für sie im Dienst zu stehen.

ÜBUNG

Die Übung befaßt sich mit dem Erkennen der Tatsache, daß Glückseligkeit und Harmonie Bewußtseinszustände sind, die nicht von materiellem Wohlstand abhängig sind. Das heißt jedoch nicht, daß wir ihn ablehnen – ganz im Gegenteil. Wir machen ihn uns zunutze, um noch höher zu streben und noch mehr im Dienste anderer zu stehen. Je mehr wir das tun, desto mehr stehen auch alle anderen uns im Dienst.

Werde Dir der Glückseligkeit und Harmonie als von Materie unabhängiger Bewußtseinszustände bewußt und lerne zwischen Erscheinungen (Materie) und der Wahrheit (Geist) zu unterscheiden. Nur Letzteres wird Dir das geben, wonach Du vielleicht schon ein Leben lang gesucht hast.

Schließe auch die Tier- und Pflanzenwelt in Dein Glück und Harmonie mit ein. Wir sind auch für sie verantwortlich, denn auch sie sind Teil der Evolution und wollen sich auf höheren Ebenen einfinden, genauso wie wir als Menschen uns immer mehr vom Animalischen entfernen und immer lichter, leichter, fröhlicher, wissender, intuitiver und weiser werden.

AUFGABEN

1. Schreibe auf, warum Dich Dinge nicht mehr stören, die scheinbar falsch laufen.

   ....
   ....
   ....
   ....

2. Beantworte Dir so oft wie möglich die folgenden Fragen:

   ✓ Was habe ich heute gemacht?
   ✓ Was kann ich daran verbessern?
   ✓ Wer kann mir dabei helfen?
   ✓ Wann werde ich es vollenden?

3. Schreibe auf, warum Wohlstand lediglich ein Hilfsmittel sein soll.

   ....
   ....
   ....
   ....

4. Welche sind die drei Schritte schöpferischer Macht?
   1. ....
   2. ....
   3. ....

421

5. „Gebrauch bestimmt über Existenz." Erkläre diese Aussage.

    ....

    ....

    ....

6. Kreuze an, welche der untenstehenden Aussagen auf Dich zutreffen:
    ☐   Ich bin ganz (gesund).
    ☐   Ich bin perfekt.
    ☐   Ich bin stark.
    ☐   Ich bin mächtig.
    ☐   Ich bin liebevoll.
    ☐   Ich bin harmonisch.
    ☐   Ich bin wohlhabend.
    ☐   Ich bin glücklich.

7. Falls zutreffend, schreibe auf, was Dich davon abgehalten hat, alle obigen Kästchen anzukreuzen. (Erinnere Dich dabei an Teil 4, wo Du gelernt hast, daß das wahre "Ich" nichts außer perfekt sein kann.)

    ....

    ....

    ....

8. Wovon hängt die Lebenskraft eines Gedankens ab und warum ist dem so?

    ....

    ....

    ....

9. Wenn der Gedanke aus Schlagkraft, Stärke, Mut und Bestimmtheit ist, woraus wird dann das Material sein?

    ....

    ....

10. Die Verbesserung unserer Fähigkeiten bringt ein größeres Leistungsvermögen mit sich. Bringe das in Zusammenhang mit dem Wort "Frequenzerhöhung".

    ....

    ....

LITERATURHINWEIS

🅦 Jörg Starkmuths Buch „*Die Entstehung der Realität*" ist für all die empfehlenswert, die das Universum links-hirnig besser verstehen wollen.

DU HAST DIESEN TEIL GEMEISTERT...

- wenn Du verstanden und verinnerlicht hast, welche Rolle die Zahl Sieben in den natürlichen Rhythmen spielt
- wenn Du verstanden hast, daß ein höheres Gesetz ein niederes steuert und eine höhere Schwingungsrate eine niedrigere ebenso regelt, steuert und kontrolliert, aber auch zerstören kann.
- wenn Du verstanden hast, daß sich Wohlstand durch seinen Tauschwert auszeichnet und es Dir erlaubt, Dinge von wahrem Wert zu sichern.
- wenn Du verstanden und verinnerlicht hast, daß es in Deinem Leben um höhere Ideale als das bloße Anhäufen von Reichtümern geht.
- wenn Du verstanden hast, daß der Gedanke mit Gefühlen durchtränkt werden muß, um Lebenskraft zu erhalten, und Du dieses Wissen im täglichen Leben zur praktischen Anwendung bringst.
- wenn Du verstanden hast, daß Orte, Personen und Umstände keinen Platz im Absoluten haben.
- wenn Du Anstrengungen unternimmst, die Dein Leistungsvermögen dauerhaft erhöhen.
- wenn Du Deine geistige Natur erkennst, Deine Einheit mit dem Universellen Bewußtsein bestärkst und Dir zum Verwirklichen all Deiner Wünsche zunutze machst.

KOMMENTAR

Dem letzten Satz gilt es besondere Bedeutung beizumessen, denn es ist immer wieder unsere geistige Inanspruchnahme, die es uns ermöglicht, Herr über die Außenwelt zu werden. Da nirgends geschrieben steht, wie oder was Du denken mußt, steht Dir das zu jeder Zeit frei. Haanel schreibt später auch, daß es ,*die Unendlichkeit der Weisheit ist, die Methoden zu erkennen und zu nutzen, durch die uns das Universelle Bewußtsein jederzeit zur Verfügung steht*'. So ist man nicht länger Opfer seiner Umstände, sondern Schöpfer der eigenen Realität.

1. Für alle, die mehr Reichtum (Wohlstand) in ihr Leben bringen wollen, ist das wohl die bedeutendste Passage im Master Key System. Arbeit ist aber nicht gleichbedeutend mit körperlicher Arbeit, wie Haanel später noch erwähnt. Es ist hauptsächlich geistige Arbeit, die verrichtet werden muß, denn nur große Ideen können zu großen Resultaten und großen Belohnungen führen.

    Charles Haanel macht auch deutlich, daß Geld an sich nicht das zu erstrebende Endziel ist, sondern lediglich ein Mittel zum Zweck, ein Diener. Präge Dir das deutlich ein, bevor Du ein neues Projekt angehst. Bedenke, daß die Absicht stets die Aufmerksamkeit lenkt und bestimmt.

    Um Wohlstand zu erlangen, reicht es nicht aus, einfach nur anders zu denken. Das Ideal muß in praktische Werte umgewandelt werden. Hier, in Kapitel 16, wirst Du mittlerweile an einem Punkt angelangt sein, wo Du sowohl das Vertrauen als auch den Mut besitzt, Deine Ideen auch zu verwirklichen. Dazu bedarf es aber

eines Verständnisses, wozu Geld wirklich da ist. An dieser Stelle soll auch erwähnt werden, daß sich seit der Veröffentlichung des Master Key Systems sehr viel im Geldwesen getan hat und es heutzutage sinnvoller ist, alternative, aber dennoch globale Währungssysteme zu verwenden, anstatt den Schwankungen und ausstehenden Zusammenbrüche der etablierten Währungen ausgeliefert zu sein.

2. Bedenke an dieser Stelle, daß Geld, das nicht benutzt wird, auch keine Macht darstellt. Erst der Gebrauch und Tauschwert machen das aus, was wir geläufig mit Macht bezeichnen. Nur wenn Geld eingesetzt wird, haben auch andere was davon, ob direkt durch einen Warenaustausch oder indirekt in Form von Krediten.

3. Achte hierbei darauf, daß es sich beim Handel um einen steten Fluß an Waren und Dienstleistungen dreht. Hier geht es also primär ums Tauschen. Wenn Dir finanzieller Reichtum am Herzen liegt, mußt Du Dich in diesen Fluß begeben, d.h. mit Deinen Angeboten an diesem Tausch teilnehmen – ganz gleich in welchem System das stattfindet.

4. Die Betonung liegt hier auf ,*wahrem Wert*'. Nur das, woran auch andere interessiert sind, ist gewöhnlich wertvoll, weil sie es besitzen wollen, es aber nicht tun.

5. In der heutigen Gesellschaft ist dieses Konstrukt leider noch umgekehrt. Anstatt des Ideals steht der eigene finanzielle Nutzen im Vordergrund. Auch sind viele sogenannte Führer in Wirtschaft, Politik, Kultur, Sport und Religion keine wahren Vorbilder mehr, an denen man sich

ausrichten könnte. So liegt es an Dir, ein Ideal zu erstellen, dem Du entgegenzustreben bereit bist. Sei durch großartige Gedanken, weise Worte und mutige Taten selbst ein Vorbild. So wird die Gesellschaft Schritt für Schritt von innen heraus transformiert, anstatt auf Impulse von oben oder außen zu warten.

6. Falls Du noch Schwierigkeiten haben solltest, dieses Ideal zu bestimmen, schau Dir einfach die Welt an, so wie Du sie jetzt wahrnimmst. Identifiziere – am besten in der Stille und möglichst in der Natur – eine Sache, die Du für verbesserungsfähig hältst oder erkennst, daß Du damit der Menschheit einen Gefallen tun würdest. Halte daran fest. Versieh sie mit so vielen Details wie möglich. Das wird dazu führen, daß sich Dir die Wege und Möglichkeiten auftun, denen Du anschließend folgst.

Das ist es, was mit dem schöpferischen Prozeß gemeint ist. Du erschaffst Dir im Geiste Neues, welches Du dann stetig in der Schwingungsrate heruntertransformierst und in der Dichte erhöhst. Rein technisch schwingt natürlich alles noch mit derselben Rate, aber Du entfernst Dich schrittweise vom Ursprung, nimmst das Erschaffene auf seiner eigenen, niederen Schwingungsebene wahr und nennst es schließlich Materie.

7. Das sollte auch für Dich ein Fingerzeig sein, daß es nicht erst großen Kapitals bedarf, um etwas zu erschaffen. Erschaffen wird mittels Deiner Vorstellungskraft, und diese ist nicht an irgendwelche Mittel gebunden. Sie ist Deine Werkstatt – dort, wo Dinge geschaffen werden, die die Menschheit und den Planeten Erde in der Entwicklung voranbringen.

8. Industriekapitäne, im heutigen Sinne eher erfolgreiche Geschäftsleute, zeichnen sich u.a. dadurch aus, daß sie vieles von dem haben, wonach sich der Normalmensch sehnt. Achte jetzt *genau* auf Deine Gedanken! Was zeigt sich Dir gerade jetzt an Bildern? Sei ehrlich zu Dir. Stimmst Du dieser Aussage zu oder kommt da doch mehr an Ablehnung auf? Bedenke hier, daß auch wenn sie im Leben nicht alles richtig gemacht haben, das uns bekannte Leben so sonst nicht bestehen würde. Vor allem würden vielen Menschen jetzt die Beispiele fehlen, an denen sie sich orientieren könnten, um ihr Leben ebenso produktiv und erfüllend zu gestalten.

9. Wenn Industriekapitäne eins auszeichnet, dann doch genau das, was Haanel im Punkt zuvor erwähnt. Sie erstellen sich eine Vision und halten konsequent an ihr fest. Auch sie wissen nicht, wie im Detail die Erfüllung aussehen wird, aber das hält sie nicht davon ab, sich auf den Weg zu machen. Tesla konnte sich seine Maschinen vielleicht genau vorstellen, aber auch er hatte Mißerfolge. Die gehören mit dazu. Sie alle haben aber weiter gemacht, verfeinert, verbessert, Altes verworfen und Neues erfunden. So nahm ihre Vision genauso Form an, wie Deine Form annehmen wird, wenn Du Dich an dieselben Prinzipien hältst. Tesla verdanken wir übrigens sowohl den Wechselstrom als auch das Radio, das Elektroauto sowie ferngesteuerte Geräte – und in Kürze auch kostenlose Stromgewinnung.

10. Hier möchte ich kurz zusammenfassen: Zunächst muß eine Vision – ein Ideal – erstellt werden, das es nachzuverfolgen gilt. Gedanken haben immer eine ihnen entsprechende Auswirkung – das ist Gesetz. Es gibt keine Zufälle; alles ist Teil eines geordneten Systems. Der Wunsch muß als bereits bestehende Tatsache betrachtet werden. Das ermöglicht und vereinfacht das Erzeugen von Gefühlen. Durch die Vorstellungskraft werden die notwendigen Details erschaffen, die einem dann die Wege und Möglichkeiten aufzeigen, das Ideal auch zu verwirklichen. Sie sind das ‚wie‘, über das Du am Anfang noch nicht Bescheid weißt und auch nicht wissen mußt. Durch das Gesetz der Anziehung ziehst Du gleiche und ähnliche Gedanken an, welche wiederum die Details sind, die dann die Wege und Möglichkeiten darstellen, etwas zu verwirklichen. Dann gilt es zu handeln, denn die Tat ist bekanntlich die Blüte des Gedankens. Da der Gedanke eine ihm entsprechende Auswirkung hat, kannst Du auch mit Zuversicht und Vertrauen an die Sache herangehen, da Du schon im Vorfeld weißt, wie das Endergebnis aussehen wird. Genau aus diesem Grund entwickelst Du Einsicht und Erkenntnis!

11. Diese Passage macht noch einmal sehr deutlich, daß Wirtschaft und Spiritualität seit jeher Hand in Hand gehen – nur wurde Spiritualität geläufig mit allem anderen in Verbindung gebracht, nur nicht mit Wirtschaftskraft und den Visionen, Neues und Besseres zu erschaffen und vielen Menschen zugänglich zu machen. Henry Ford hätte nur ein Auto gebraucht, Bill Gates nur einen Computer, usw.

12. Eine Passage mit viel Sinn und Bedeutung. Denken führt in Dir zu einem wachsenden Begriffsvermögen vom Leben. Anders ausgedrückt bedeutet das, daß Deine Schwarz-Weiß-Sicht von Dingen in eine Graustufen-Sicht übergeht, welche Dir nicht nur mehr Details zu erkennen gibt, sondern auch mehr Möglichkeiten und mehr Handlungsfreiheit. Du kommst vom Groben ins Feine und steigst vom Niederen ins Erhabene auf.

Menschen, die über ein niedriges Bewußtsein verfügen, sehen auch nur wenige Optionen, wenn überhaupt welche. Sie können es sich nicht ‚vorstellen‘, daß sich ihre Situation durch ein geändertes Denken auch entsprechend anpassen kann.

13. Warum ist dem so? Warum verlieren z.B. Lottogewinner oft in kürzester Zeit ihr Geld wieder? Weil sie kein Reichtumsbewußtsein besitzen und dadurch auch nicht in der Lage sind, das Geld zu bewahren oder sogar gewinnbringend anzulegen. Es treffen da quasi zwei Dimensionen aufeinander, die nicht zueinander passen. Es bedarf Zeit, sich auf veränderte Umstände anzupassen; es ist – arbeitstechnisch gesehen – auch nicht nur ein einziger Impuls, der gegeben werden muß. Es muß beständig daran gearbeitet werden, den Markt mit neuen Produkten oder Dienstleistungen zu versehen, wenn man an dem finanziellen Reichtum teilhaben will, der in diesem Markt vorhanden ist.

Obwohl Entwicklungen auch spontan und sprunghaft stattfinden, ist der Mensch dennoch eher ein Gewohnheitstier, das sich – wenn nicht unter Druck oder

Zwang – eher langsam an die veränderten Umstände anpaßt.

14. Sie stehen deshalb in Einklang mit unserer inneren Welt, weil wir dafür empfänglich geworden sind. Ohne diese Empfänglichkeit gäbe es für uns auch keine äußere Darstellung. Somit gilt erneut: Willst Du das Äußere ändern, ändere zunächst das Innere – Dein Inneres!

15. In dieser Passage wird noch einmal der Unterschied zwischen dem deutlich, was durch vergangene Ursachen entstanden ist und unsere heutige Realität (das ‚Außen') darstellt. Im Gegensatz dazu steht die innere Welt der Gedanken – dem heutigen Erschaffen neuer Ursachen durch neue Denkvorgänge – die dann in dem, was wir Zukunft nennen, ihre Auswirkung finden. Das eine stellen wir heute durch Beobachtung (unsere Sinne) fest; das andere schaffen wir uns in unserer inneren Welt.

16. An dieser Stelle mag sich manch einem natürlich die Frage stellen, ob es wirklich ausreicht, sich den gewünschten Umstand lediglich vorzustellen, vor allem wenn es um Personen geht. Grundsätzlich muß dazu gesagt werden, daß alles eine Form von Bewußtsein ist, und wenn Du keinerlei entgegengesetzte Gedanken oder Gefühle mehr in Deinem Bewußtsein hast, wird das auch so eintreffen. Die Dualität des Verstandes macht das aber nicht unbedingt einfach. Bedenke hier auch, daß Du als spirituelles Wesen auf Bewußtseinszustände aus bist und alles Materielle, einschließlich Personen, lediglich Hilfsmittel sind, nicht aber das Endziel Deines Ideals, Deiner Vision.

17. Immer und ohne Ausnahme.

18. Die Form, Qualität und Lebenskraft ergeben sich hingegen aus dem Wissen oder Unwissen über den schöpferischen Prozeß. Da Du Dir dieses Wissen zunehmend aneignest, kommst Du dadurch in eine Position, die das Denken automatisch in eine bestimmte Richtung lenkt. Du kannst dann bewußt gar nicht mehr anders entscheiden, gerade weil Du um das Gesetz von Ursache und Wirkung weißt.

19. Hier soll noch einmal hervorgehoben werden, daß es bei weitem nicht ausreicht, sich nur ab und zu mal etwas vorzustellen. Es ist ein Prozeß, der Aufmerksamkeit und Disziplin verlangt und an dem festgehalten wird, bis sich die Vision erfüllt hat.

20. Haanel unterscheidet hier deutlich zwischen Bewußtsein und Gedanken. Bewußtsein ist die einzige Quelle, derer sich die Gedanken bedienen können. Bewußtsein ist das, womit Du Dich hauptsächlich befaßt. So erklärt sich auch der Mangel und die Beschränkung im Leben vieler Menschen. Sie befassen sich hauptsächlich *damit*. In Kapitel 23 wirst Du lernen, daß es Dienst bedarf, um Geld zu bekommen und so Überfluß im Leben darzustellen.

21. Diese Passage mag für Dich selbstredend und offensichtlich erscheinen. Sie enthält aber zwei sehr wichtige Punkte, nämlich den Punkt des Gefühls, mit dem der Gedanke durchtränkt werden muß, sowie den Punkt des konstruktiven Denkens.

Ein Gedanke ohne Gefühl ist kalt. Er ist tot. Es ist das Gefühl, welches die

Brücke zwischen dem rein intellektuellen Konstrukt und den biochemischen Vorgängen in Deinem Körper herstellst. So wird der Gedanke ,zu Fleisch'.

Konstruktiv muß das Denken deswegen sein, damit etwas von Bestand entstehen kann; etwas, worauf Du Dich verlassen kannst; etwas, was auch für andere von Nutzen ist und ihr Leben bereichert. Du willst die Wahrheit ausdrücken. Die Wahrheit auszudrücken bedeutet, daß etwas Prinzip haben muß. Eine Sache hat nur dann Prinzip, wenn sie Macht, Kraft und Stärke ausdrückt. Es geht hier um die Anwesenheit von etwas und nicht um die Abwesenheit.

22. Aus diesem Satz geht hervor, daß all das, was von uns allgemein als ,negativ', ,böse', ,schlecht', ,unerwünscht' oder ,krank' angesehen wird, nur scheinbar real ist. Was stattfindet, ist das Auflösen und Zersetzen von etwas Gutem oder Lebensrichtigem. Es ist also das Gegenteil von Konstruktivität. Vielleicht macht es das noch etwas klarer zu verstehen, was Prinzip hat und was nicht.

23. Erinnere Dich: Das Erscheinen von Energie an einem Ort bedeutet das Verschwinden einer gleich großen Menge an Energie an einem anderen Ort. Das allerdings nur, wenn wir dem Energieerhaltungsgesetz Glauben schenken. Was das aber für die schöpferische Kraft Deiner Gedanken bedeutet, das darfst Du Dir zum Thema Deiner nächsten Meditation machen und Dich dabei vielleicht gleichzeitig mit dem Thema Erdwachstum und Äther/Neutrinos befassen. Wenn das wahr ist, können wir nämlich etliche als Gesetz postulierte Thesen neu definieren.

24. Du erkennst hier auf Anhieb, daß es keine Bewertung mehr gibt. Dinge werden als das angesehen, was sie wirklich sind. Auch Du wirst das immer häufiger anwenden und Deine alte Programmierung und Konditionierung schrittweise erkennen und auflösen.

25. Geist ist schöpferisch. Es steht Dir vollkommen frei, in welche Richtung Du Dein Denken lenkst. Das Ergebnis aber unterliegt Gesetzmäßigkeiten, so daß niemand von Intelligenz und tiefer Weisheit sein Denken jemals in zerstörerische Kanäle lenken würde.

26. Siehst Du, wie sich hier der Kreis schließt? Erkennst Du hier, wie letztendlich alles auf Deine Gedanken und deren Qualität zurückgeführt werden kann? Dann erinnere Dich, daß Gedanken nach Worten greifen, um sich Ausdruck zu verschaffen. Diese Worte sind dann nahezu untrennbar mit Deinen Gefühlen verbunden – und so mit Deiner Realität.

27. Auch hier gilt es wieder zu bedenken, daß diese beiden Begriffe nicht voneinander getrennt sind, sondern der eine nur die Abwesenheit des anderen beschreibt. Doch nur das eine hat Prinzip und beschert Dir eine Zunahme an Lebensenergie, an Freude, Liebe und Genuß, während das andere durch die Abwesenheit des erstgenannten dazu führt, daß Dir Energie entzogen wird – mit den entsprechenden Konsequenzen für Dein Leben.

429

28. Wie schon an anderer Stelle erwähnt, bist Du reines Bewußtsein, welches sich durch Deinen Verstand und Deinen Körper in Form ausdrückt. Als solches bist Du auch ausschließlich auf Bewußtseinszustände aus und nicht primär auf ‚Personen, Orte oder Umstände‘. Erinnere Dich daran, daß das Endliche das Unendliche nicht informieren kann. Dein Verstand kann nicht alle Möglichkeiten mit in Betracht ziehen. Daher weißt Du auch nicht, ob die Person, der Ort oder der Umstand passend sind. Du kannst aber davon ausgehen, daß das, was sich nicht gut anfühlt, auch nicht gut ist und daher einer Änderung bedarf.

29. Somit bekommt der Begriff ‚Praktische Spiritualität‘ eine neue Bedeutung. Es zeigt aber auch auf, daß es sich hier nicht um eine Form von Wunschdenken handelt oder ein hoffnungsvolles Ausrichten an Symbolen. Es geht hier um beständige Arbeit an sich selbst und um ein Entwickeln eines Verständnisses natürlicher Gesetzmäßigkeiten, die – wenn auch von vielerlei Stellen noch angezweifelt – stets wirksam sind. Diese gilt es anzuerkennen und sich zunutze zu machen.

30. Im Klartext bedeutet das, daß es Dir immer leichter fällt, gewisse Dinge zu tun und sie zu verwirklichen. Was zu Beginn noch unüberwindbar anmutet, wird mit der Zeit zur bloßen Routine. Das wiederum befähigt, sich neuen Aufgaben zuzuwenden, denn nur das, was die Domäne des Wachbewußtseins verläßt und sich im Unterbewußtsein einnistet, verwirklicht sich auch ohne Dein weiteres Zutun.

31. Das kann man wunderschön in der Natur beobachten, wo vieles geradezu mühelos geschieht. Dort wird produziert, ohne daß es lähmende Zweifel gibt. Du als Mensch hast durch Deinen Verstand die Möglichkeit der sofortigen Analyse, was auch nützlich ist, wenn es denn richtig eingesetzt wird. Der Punkt ist aber, daß Du Dich zur letztendlichen Verwirklichung nicht mehr auf den Verstand verlassen, sondern intuitiv auf die bewußt tief im Unterbewußtsein abgelegten Informationen zugreifen willst.

32. Natürlich haben traditionelle Wissenschaftler eine andere Idee von ‚wissenschaftlichen Methoden‘. Diese hier mögen ihrem Anspruch nicht standhalten, aber auch deren Anspruch ist nicht über alles andere erhaben. Hier geht es um ein schlichtes Verständnis, das kaum einfacher in Worten auszudrücken ist, ohne banal zu klingen. Auf gut Deutsch: Wenn Du jetzt diese Zeilen hier liest, bist Du nicht gleichzeitig auf dem Fußballplatz. Du lernst also mehr über das Master Key System als über Fußballspielen. Wem oder wohin Du Deine Aufmerksamkeit widmest, dessen wirst Du Dir bewußt – so einfach ist es. Dazu bedarf es auch keiner doppelten Blindstudien oder Kreuzgutachten, sondern im wahrsten Sinne des Wortes einfach nur eines gesunden Menschenverstandes.

33. Es besteht deshalb in der geistigen Welt, weil diese allmächtig, allwissend und allgegenwärtig ist. Natürlich ist es für die Menschen schwer, die sich allein auf ihre Sinne verlassen, aber genau deswegen studierst Du ja diese Lehre. Sie geht weit über Deine Sinneswahrnehmung hinaus. In der Tat bestimmt und beherrscht sie diese mit der Zeit. Das nennen wir

dann ,bewußte Realitätsgestaltung' oder ,bewußtes Mitschöpfen'.

34. Das erklärt auch, warum von außen so viel getan wird, um unsere Gefühle zu erwecken – ganz gleich in welche Richtung. Das Gefühl bestimmt die Umsetzung von intellektuellen Gebilden in körperlich wahrnehmbare Werte. Wenn es jemand schafft, Deine Gefühle zu steuern, steuert er Dich! Daher ist es von so großer Bedeutung, daß Du Kontrolle über Deine Gefühle hast. Sollte das noch nicht der Fall sein, wiederhole bitte die Übungen der ersten vier Kapitel, bis Du Kontrolle über Deinen Körper und Deine Gedanken erlangt hast.

35. Deshalb ist es so wichtig, sich ein Ideal zu erstellen, an dem dann bis zur Erfüllung festgehalten wird. Der erreichte Erfolg dient dann als vielseitige Basis für weiteren Erfolg in anderen Angelegenheiten. An dieser Stelle darfst Du Dich auch fragen, wie sehr Du nach 16 Kapiteln Kontrolle über Deine Gedanken hast und plausiblen Meinungen eben nicht ohne eine entsprechende analytische Untersuchung Zugang zu Deinem Inneren gewährst, oder sie intuitiv gleich als unerwünscht und unwahr abtust.

36. Genau das ist der Punkt: Überschätze Dich nicht. Fange klein an; erreiche diese Ziele zuerst. Dann schreite von einem Ziel zum nächsten, immer in dem Bewußtsein, daß Du das, was Du angehst, auch vollenden kannst – und wirst.

37. Es geht hier um Bewußtseinszustände und nicht um Dinge; um das Erlangen einer aufbauenden geistigen Einstellung; um das Erkennen Deiner Einheit mit dem Universellen Bewußtsein; um das Vorstellen Deines Wunsches als bereits bestehende Tatsache; es geht immer noch um die dadurch auf Null reduzierte Distanz und die daraus entstandene Einheit mit Deinem Wunsch, durch richtiges, der Wahrheit entsprechendes Denken und somit um das stete Erfüllen der eigenen Wünsche und Ideale.

17

Durch Konzentration
zu intuitiver Wahrnehmung

Die Art von Gott, die ein Mensch bewußt oder unbewußt anbetet, deutet auf den intellektuellen Stand des Anbeters hin.

Frage einen Indianer nach Gott, und er wird Dir einen Häuptling eines glorreichen Stammes beschreiben. Frage einen Heiden nach Gott, und er wird Dir von einem Gott des Feuers, einem Gott des Wassers, einem Gott von diesem, jenem oder gar etwas anderem erzählen.

Frage einen Israeliten nach Gott, und er wird Dir von dem Gott von Moses erzählen, der es für angemessen hielt, durch Zwangsmaßnahmen zu herrschen; deshalb die 10 Gebote. Oder von Josua, der die Israeliten in den Kampf geführt, Eigentum beschlagnahmt, Gefangene ermordet und Städte in Schutt und Asche gelegt hat.

Die sogenannten Heiden machten ‚Götzenbilder' ihrer Götter, die sie gewohnt waren anzubeten, doch zumindest für den intelligentesten unter ihnen waren diese Bilder nur eine sichtbare Stütze, die sie befähigte, sich mental auf die Qualitäten einzustimmen, die sie in ihrem Leben zu verwirklichen wünschten.

Wir im 20. Jahrhundert (zur Zeit, als Charles Haanel das Master Key System verfaßte, Anm. d. Ü.) beten in Theorie einen Gott der Liebe an, aber in der Praxis schaffen wir für uns selbst ‚Götzenbilder' von Wohlstand, Macht, Mode, Sitten und Gebräuchen. Wir fallen vor ihnen nieder und beten sie an. Wir konzentrieren uns auf sie, woraufhin sie sich in unserem Leben verwirklichen.

Der Student, der den Inhalt von Teil Siebzehn meistert, wird **die Symbole nicht mehr mit der Wirklichkeit verwechseln**. Er wird an Ursachen, nicht an Wirkungen interessiert sein. Er wird sich auf die Wirklichkeiten des Lebens konzentrieren und anschließend von den Ergebnissen nicht enttäuscht werden.

DURCH KONZENTRATION ZU INTUITIVER WAHRNEHMUNG

Ein Verweis auf Psalm 8,6.

1. Es wird uns gesagt, daß der Mensch *„die Herrschaft über alle Dinge"* hat. Diese Herrschaft wird uns durch das Bewußtsein gegeben. Denken ist die Tätigkeit, die alle untergeordneten Prinzipien lenkt. Das höchste Prinzip bestimmt aufgrund seiner hochwertigeren Grundlage und Qualität notwendigerweise die Umstände, Aspekte und Beziehungen von allem, mit dem es (das Prinzip) in Kontakt kommt.

2. Die Schwingungen der geistigen Kräfte sind die feinsten und kraftvollsten, die es gibt. Für jene, die ein Verständnis der Natur und Überlegenheit dieser geistigen Kraft haben, wird körperliche Kraft bedeutungslos.

3. Wir sind daran gewöhnt, das Universum durch die Linse unserer fünf Sinne zu betrachten, und aus diesen Erfahrungen entstehen unsere vermenschlichenden Konzepte. Wahre Konzepte kann man sich jedoch nur durch geistige Einsicht sichern. Diese Einsicht bedarf einer **Beschleunigung der Schwingungen des Bewußtseins**, und das wiederum kann nur dadurch sichergestellt werden, daß das Bewußtsein beharrlich auf einen vorgegebenen Weg ausgerichtet wird.

Dauerhafte Konzentration bedeutet einen gleichmäßigen,
ununterbrochenen Gedankenfluß und ist das Resultat
eines geduldigen, beharrlichen, standhaften
und wohlgeregelten Verfahrens.

4. Dauerhafte Konzentration bedeutet einen gleichmäßigen, ununterbrochenen Gedankenfluß und ist das Resultat eines geduldigen, beharrlichen, standhaften und wohlgeregelten Verfahrens.

5. Großartige Erfindungen sind das Ergebnis langwieriger Untersuchungen. Die Wissenschaft der Mathematik bedarf Jahre konzentrierter Anstrengung, um sie zu meistern, und auch die größte Wissenschaft, die des Bewußtseins, wird **ausschließlich durch konzentrierte Anstrengung** offenbart.

6. Konzentration wird oft mißverstanden. Ihr scheint die Idee von Anstrengung oder Aktivität anzuhaften, wenn genau das Gegenteil notwendig ist. Die Großartigkeit eines Schauspielers liegt in der Tatsache, daß er sich in der Darstellung seines Charakters vergißt, sich so sehr damit identifiziert, daß die Zuschauer durch den Realismus seiner Darstellung mitgerissen werden. Das wird Dir eine gute Vorstellung wahrer Konzentration geben. Du solltest so an Deinem Denken interessiert sein, so mit dem Thema beschäftigt sein, daß Du Dir nichts Anderem bewußt wirst. Solche Konzentration führt zu **intuitiver Wahrnehmung** und **sofortiger Einsicht** in die Natur des Objekts, auf das man sich konzentriert.

7. Jegliches Wissen ist das Ergebnis dieser Art von Konzentration. So wurden dem Himmel und der Erde ihre Geheimnisse entrissen. So wird das Bewußtsein zu einem Magneten, und der Wunsch, wissen zu wollen, zieht die Wahrheit unwiderstehlich an – er macht sie sich zu eigen.

Bewußtes Wünschen wird kaum zur Darstellung des Objekts führen, wenn letzteres nicht in greifbarer Nähe ist.

8. Wünschen ist größtenteils unterbewußt. Bewußtes Wünschen wird kaum zur Darstellung des Objekts führen, wenn letzteres nicht in greifbarer Nähe ist. Unterbewußtes Wünschen (und damit ist das „instinktive Verlangen" gemeint, von dem Haanel in einem vorigen Kapitel sprach. Anm. d. Ü.) erregt die ruhenden Fähigkeiten des Bewußtseins, und schwerwiegende Probleme scheinen sich wie von selbst aufzulösen.

9. Das Unterbewußtsein kann durch Konzentration erweckt und in jegliche Richtung tätig werden – uns jedem Zwecke dienend. Die Praxis der Konzentration erfordert die Kontrolle des körperlichen, mentalen und geistigen Wesens. Alle Modi des Bewußtseins, ganz gleich, ob körperlich, mental oder geistig, müssen unter Kontrolle sein.

10. Spirituelle Wahrheit ist somit der leitende Faktor. Das ist es, was Dich befähigen wird, dem beschränkten Erreichen zu entwachsen und einen Punkt zu erreichen, wo Du Denkweisen in Charakter und Bewußtsein umwandeln kannst.

11. Konzentration bedeutet nicht das bloße Denken von Gedanken, sondern **die Umwandlung dieser Gedanken in praktische Werte**. Der Durchschnittsmensch hat keinerlei Vorstellung von der Bedeutung der Konzentration. Da ist immer der Ruf nach dem ‚haben wollen", aber nie der Ruf nach dem ‚sein wollen'. Er versteht nicht, daß er das eine nicht ohne das andere haben kann; daß er zuerst das ‚Königreich' finden muß, bevor er ‚Dinge hinzufügen' kann. Sporadischer Enthusiasmus ist wertlos; nur durch grenzenloses Selbstvertrauen wird das Ziel erreicht.

12. Der Verstand mag dieses Ideal noch ein wenig zu hoch ansetzen und daraufhin den Erwartungen nicht gerecht werden. Er mag versuchen, auf ungeschulten Schwingen emporzuschwingen und,

anstatt zu fliegen, wieder zur Erde stürzen. Das aber ist kein Grund, keinen weiteren Versuch zu unternehmen.

13. Schwäche ist das einzige Hindernis hinsichtlich geistiger Errungenschaften. Weise Deine Schwäche körperlichen Beschränkungen oder geistigen Ungewißheiten zu und versuche es erneut. Leichtigkeit und Perfektion werden durch Wiederholung erreicht.

14. Der Astronom konzentriert sein Bewußtsein auf die Sterne, die dann ihre Geheimnisse freigeben. Der Geologe konzentriert sein Bewußtsein auf den Aufbau der Erde, und wir haben Geologie. So ist es mit allen Dingen. Der Mensch konzentriert sein Bewußtsein auf die Probleme des Lebens, und das Ergebnis wird in der riesigen und komplexen sozialen Ordnung der heutigen Zeit offensichtlich.

15. Alle geistigen Entdeckungen und Errungenschaften sind das Ergebnis von Wunsch und Konzentration. Wunsch ist der stärkste Handlungsantrieb. Je nachdrücklicher der Wunsch, desto verläßlicher die Offenbarung. Wunsch in Verbindung mit Konzentration wird der Natur jedes Geheimnis entlocken.

16. Durch die Anerkennung großartiger Gedanken; durch das Erfahren großartiger Emotionen, die mit großartigen Gedanken im Einklang stehen, wird das Bewußtsein in einen Zustand versetzt, wo es beginnt, den Wert höherer Dinge zu schätzen.

17. Die Intensität eines Moments ernsthafter Konzentration und das intensive Verlangen zu werden und zu erreichen, wird Dich weiterbringen, als Jahre langsamer und forcierter, äußerer Anstrengung. Es wird die Gitterstäbe des Glaubens, der Schwäche, der Unfähigkeit und Selbsterniedrigung lockern, und Du wirst in den Genuß der Siegesfreude kommen.

Alle geistigen Entdeckungen und Errungenschaften sind das Ergebnis von Wunsch und Konzentration.

Intuition kann kultiviert und entwickelt werden; dazu muß sie erkannt und geschätzt werden.

18. Initiative und Originalität wird durch **Beständigkeit** und **Kontinuität** geistiger Anstrengung entwickelt. Die Geschäftswelt lehrt uns den Wert der Konzentration und ermutigt Charakterentscheidungen. Sie entwickelt praktische Erkenntnis und schnelle Entschlußfreudigkeit. Das geistige Element ist der vorherrschende, leitende Faktor in einer jeden wirtschaftlichen Anstrengung. Alle wirtschaftlichen Beziehungen sind eine Veräußerlichung des Wunsches.

19. Viele der beständigen und wichtigen Fähigkeiten werden durch eine Anstellung in der Wirtschaft entwickelt. Das Bewußtsein wird gefestigt und geleitet; es wird effizient. Die grundlegende Notwendigkeit ist das Stärken des Bewußtseins, damit es sich über die Störungen und verleitenden Impulse des tierhaften Menschen hinwegsetzen kann und somit den Konflikt zwischen dem höheren und niederen Selbst erfolgreich löst.

20. Wir alle sind Dynamos, aber der Dynamo selbst ist nichts. Das Bewußtsein muß den Dynamo antreiben; dann ist er nützlich, und seine Energie kann konzentriert werden. Das Bewußtsein ist eine Maschine mit ungeahnten Kräften. Denken ist eine immerwährende Kraft. Es ist der Herrscher und Schöpfer über alle Formen und all jene Ereignisse, die in Form auftreten. Physische Energie ist nichts im Vergleich zu der Allmacht des Denkens, denn Denken befähigt den Menschen, alle anderen natürlichen Kräfte nutzbar zu machen.

21. Schwingung ist die Handlung des Denkens. Es ist die Schwingung, die hinausreicht und all das zur Konstruktion und zum Bau benötigte Material anzieht. Es gibt nichts Geheimnisvolles bezüglich der Kraft des Denkens. Konzentration bedeutet lediglich, daß Bewußtsein auf einen bestimmten Punkt gebündelt werden kann, wo es eins wird mit dem Objekt seiner

Aufmerksamkeit. So wie zu sich genommenes Essen die Essenz des Körpers ist, so absorbiert das Bewußtsein das Objekt seiner Aufmerksamkeit und verleiht ihm Leben und Dasein.

22.   Wenn Du Dich auf eine wichtige Angelegenheit konzentrierst, wird die intuitive Kraft aktiv und Hilfe wird in Form von Informationen kommen, die zum Erfolg führen werden.

23.   Intuition (auch ,Eingebung' genannt, Anm. d. Ü.) kommt ohne die Hilfe von Erfahrungen oder von Erinnerungsvermögen zu Schlußfolgerungen. Intuition löst oft Probleme, die über das Verständnis des Urteilsvermögens hinausgehen. Intuition kommt oft mit einer verblüffenden Geschwindigkeit. Es enthüllt die von uns gesuchte Wahrheit so direkt, daß sie von einer höheren Macht zu kommen scheint. Intuition kann kultiviert und entwickelt werden; dazu muß sie erkannt und geschätzt werden. Wenn dem intuitiven Besucher ein königlicher Empfang bereitet wird, wird er zurückkehren. Je freundlicher der Empfang, desto zahlreicher seine Besuche. Wenn er aber ignoriert oder vernachlässigt wird, werden seine Besuche selten und rar.

24.   Intuition kommt gewöhnlich in der Stille. Großartige Geister suchen oft die Einsamkeit. Dort ist es, wo all die größeren Probleme des Lebens gelöst werden. Aus diesem Grund hat jeder Geschäftsmann, der es sich leisten kann, ein eigenes Büro, in dem er nicht gestört wird. Wenn Du Dir kein eigenes Büro leisten kannst, kannst Du wenigstens ein Plätzchen finden, wo Du für einige Minuten am Tag allein sein kannst. Dort kannst Du das Denken entlang der Linien trainieren, die Dich befähigen, die zum Erreichen notwendige, unbezwingbare Kraft zu entwickeln.

25.   Bedenke, daß das Unterbewußtsein grundsätzlich allmächtig ist; daß es keine Grenzen für die Dinge gibt, die es tun kann, wenn ihm die Macht gegeben wird, tätig zu werden. Der Grad des Erfolges wird von der Natur Deines Wunsches bestimmt. Wenn die Natur Deines Wunsches in Einklang mit Natürlichem Gesetz oder dem Universellen Bewußtsein ist, wird es schrittweise den Verstand befreien und Dir unbezwingbaren Mut geben.

26. Jedes überwundene Hindernis, jeder erreichte Sieg, wird Dir mehr Glauben an Deine Kraft geben, und Du wirst **immer größere Fähigkeiten** erlangen. Deine Stärke wird durch Deine geistige Einstellung bestimmt. Wenn es eine Einstellung des Erfolges ist und dauerhaft mit einem unabänderlichen Vorsatz gehalten wird, wirst Du aus dem unsichtbaren Raum die Dinge anziehen, nach denen Du still verlangst.

27. Indem Du den Gedanken im Bewußtsein hältst, wird er schrittweise greifbare Form annehmen. Ein bestimmtes Ziel setzt Ursachen in Bewegung, die in die unsichtbare Welt hinausreichen und das notwendige Material finden, um Deinem Ziel zu dienen.

28. Du magst Symbolen der Macht nachjagen, anstatt der Macht selbst. Du magst Berühmtheit anstelle von Ehre, Reichtum anstelle von Wohlstand, Position anstelle von Dienst nachjagen. In jedem Fall wirst Du feststellen, daß sie gerade in dem Moment zu Asche werden, wo Du sie erreichst.

29. Verfrühter Wohlstand oder Positionen können nicht gehalten werden, weil sie nicht verdient wurden. Wir erhalten nur das, was wir geben, und die, die ohne zu geben versuchen zu erhalten, werden immer wieder feststellen, daß das Gesetz des Ausgleichs stets eine exakte Balance herbeiführt.

30. Das Rennen wurde gewöhnlicherweise ums Geld oder andere Symbole der Macht geführt, aber mit einem Verständnis der wahren Quelle der Macht können wir es uns leisten, **diese Symbole zu ignorieren**. Ein Mensch mit einem großen Bankkonto wird es nicht für nötig befinden, seine Taschen mit Gold zu beladen. Genau so ist es auch mit dem Menschen, der die wahre Quelle

Wenn Du zum Herz der Dinge gelangst, wird es vergleichsweise einfach sein, sie zu verstehen und zu befehligen.

der Kraft gefunden hat: er wird nicht länger an Vortäuschungen oder Überheblichkeit interessiert sein.

31. Denken führt gewöhnlicherweise nach außen hin in evolutionäre Richtungen, aber es kann auch nach innen gerichtet werden, wo es die grundlegenden Prinzipien der Dinge erfaßt: Das Herz der Dinge; den Geist der Dinge. Wenn Du zum Herz der Dinge gelangst, wird es vergleichsweise einfach sein, sie zu verstehen und zu befehligen.

32. Das ist so, weil der Geist einer Sache **die Sache selbst ist**; der lebenswichtige Teil von ihr; die wahre Substanz. Die Form ist dann einfach nur die äußere Darstellung der inneren geistigen Aktivität.

33. Als Übung dieser Woche konzentriere Dich so gut wie möglich auf Deine Übereinstimmung mit den in dieser Übung umrissenen Methoden. Lasse keine bewußte, mit Deinem Ziel in Verbindung stehende Anstrengung oder Tätigkeit zu. Entspanne Dich vollständig; vermeide – was die Resultate anbelangt – jegliche ängstliche Gedanken. Erinnere Dich, daß Kraft durch Stille kommt. Lasse den Gedanken auf Deinem Objekt verweilen, bis er vollständig darin aufgegangen ist; bis Du Dir nichts anderem mehr bewußt bist.

34. Wenn Du Angst beseitigen willst, konzentriere Dich auf **Mut**.

35. Wenn Du Mangel beseitigen willst, konzentriere Dich auf **Überfluß**.

36. Wenn Du Krankheit beseitigen willst, konzentriere Dich auf **Gesundheit**.

37. **Konzentriere Dich immer auf das Ideal als eine bereits bestehende Tatsache**. Das ist die Keimzelle, das Lebensprinzip, welches vorausschreitet und jene Ursachen in Bewegung setzt, die den notwendigen Bezug leiten, steuern und herbeiführen, welcher sich schlußendlich in Form darstellt.

FRAGEN UND ANTWORTEN

161. *Was ist die wahre Methode der Konzentration?*
Sich mit dem Objekt eines Gedanken so zu identifizieren, daß Du Dir nichts anderem mehr bewußt bist.

162. *Was ist das Resultat dieser Methode der Konzentration?*
Unsichtbare Kräfte werden in Bewegung gesetzt, welche unwiderruflich mit Deinem Gedanken übereinstimmende Umstände herbeiführen.

163. *Was ist der leitende Faktor dieser Methode des Denkens?*
Spirituelle Wahrheit.

164. *Warum ist das so?*
Weil die Natur unseres Wunsches in Einklang mit Natürlichem Gesetz sein muß.

165. *Was ist der praktische Wert dieser Methode der Konzentration?*
Denken wird in Charakter umgewandelt, und Charakter ist der Magnet, der die Umgebung des Individuums erschafft.

166. *Was ist der lenkende Faktor einer jeglichen wirtschaftlichen Unternehmung?*
Das Bewußtsein.

167. *Warum ist das so?*
Weil Bewußtsein der Herrscher und Erschaffer aller Formen und aller Ereignisse ist, die in äußerer Gestalt auftreten.

168. *Wie funktioniert Konzentration?*
Durch die Entwicklung der Kräfte der Wahrnehmung, Weisheit, Intuition und des Scharfsinns.

169. *Warum ist die Intuition dem Urteilen überlegen?*
Weil es nicht von Erfahrung oder dem Gedächtnis abhängig ist und häufig Lösung zu unseren Problemen durch Methoden hervorbringt, derer wir vollkommen unbewußt sind.

170. *Was ist das Ergebnis, wenn Symbolen anstelle der Wirklichkeit nachgejagt wird?*
Sie werden häufig gerade dann, wenn wir sie erreichen, zu Asche, denn das Symbol ist nur die äußere Form der inneren geistigen Aktivität; somit wird die Form vergehen, es sei denn, wir haben Besitz von ihrer geistigen Wirklichkeit ergriffen.

Jedem Menschen öffnet sich ein Weg;
die hohe Seele erklimmt den hohen Weg,
und die niedrige Seele greift nach dem niedrigen;
und dazwischen, auf den niederen Ebenen,
treibt der Rest daher.
Aber jedem Menschen eröffnet sich ein hoher Weg,
wie auch ein niederer,
und jeder Mensch entscheidet über den Weg,
den seine Seele beschreiten wird.
— JOHN OXENHAM

17

Durch Konzentration
zu intuitiver Wahrnehmung

Diese Woche geht es darum, daß Du durch Konzentration zu intuitiver Wahrnehmung kommst, zu Einsichten und Erkenntnissen, die Dir ohne lange Analyse oder vorherige Erinnerung zukommen.

Du lernst in diesem Kapitel, daß die Schwingungen der geistigen Kräfte die feinsten und machtvollsten sind, die es gibt. Darüber hinaus lernst Du, daß Konzentration nur durch spirituelle Einsicht erlangt werden kann. Diese Einsicht besagt, daß eine Beschleunigung des Bewußtseins erforderlich ist und daß Schwingungen die Wirkung des Denkens sind. Das geht aber nur durch Konzentration, welche durch einen gleichmäßigen, ununterbrochenen Gedankenfluß dargestellt wird. Was die Einsicht anbelangt, da erkennst Du nun sicherlich den Sinn der vorherigen Übung, in der Du Dich auf Einsicht (Erkenntnis) konzentriert hast.

Konzentration ist das Resultat eines geduldigen, beharrlichen, standhaften und wohlgeregelten Verfahrens und führt Dich zu der bereits erwähnten intuitiven Wahrnehmung. Die Dir dadurch zukommenden neuen Informationen kannst Du dann entweder analysieren oder daraufhin direkt in die Handlung übergehen. Sie helfen Dir also, die zu verrichtenden Schritte noch klarer, deutlicher und einfacher zu machen. Intuition (oder Eingebung) führt dazu, daß Dir in kürzester Zeit ohne jegliche Anstrengung sehr viele neue Informationen zukommen. Diese führen Dich zur Handlung.

So ist es auch kaum überraschend, daß der Titel des nächsten Woche folgenden Kapitels ‚Das Gesetz der Anziehung‘ ist. Dazu ist es aber notwendig, daß Du losläßt. Du mußt die Informationen aus Deinem Kopf/Verstand herausbekommen und dem Unterbewußtsein aufprägen. Erinnere Dich: **Verwirklichung findet nicht im Bewußtsein, sondern im Unterbewußtsein statt**. Dazu bedarf es aber der steten Wiederholung und Übung. Ohne diese können keine Gewohnheiten und Automatismen geschaffen werden. Das wiederum wird durch das Durchtränken des Gedankens mit Liebe verstärkt, damit der Gedanke ausreichend Lebenskraft erhält, um sich zu verwirklichen. Das Gesetz der Liebe und das Gesetz der Anziehung sind bekanntlich ein und dasselbe.

Du lernst, daß der Wunsch die stärkste Art zu handeln ist, daß dieser Wunsch im Einklang mit den Naturgesetzen sein muß und sich seine Stärke durch Deine geistige Einstellung ergibt. Charles Haanel sprach auch von *instinktivem Verlangen* im Vergleich zu *begründendem Willen*. Wenn Du instinktiv etwas verlangst, dann weißt Du, daß es Dir entspricht (auch hier wieder eine schöne Kombination deutscher Wörter), denn der bewußte Wunsch ist zu schwach (energielos), um an und für sich etwas zu bewirken.

ÜBUNG

‚Wenn Du das Herz der Dinge erreichst, ist es vergleichsweise einfach, sie zu verstehen und über sie zu verfügen‘, schreibt Charles Haanel, und so gehst Du in die Stille, an den Ort der Macht und Kraft, dort, wo absolute Ruhe herrscht, und entspannst Dich vollkommen. Dann konzentrierst Du Dich auf das Ideal als bereits bestehende Tatsache und läßt Dich von nichts und niemandem davon abbringen.

Es gibt da noch einen anderen Aspekt: Wenn Du es schaffst, ohne jeglichen Zweifel geistig zum Ursprung einer Sache zu gelangen, wirkst Du dort auf atomarer Ebene auf die Schöpfung ein. Durch das Gesetz der Anziehung kann sich die Materie schlagartig verdichten, so daß etwas ohne den langsamen Wachstumsprozeß der Natur spontan entstehen kann.

AUFGABEN

1. Erkläre, warum physische Macht bedeutungslos wird

....

....

....

2. Bewerte hier auf einer Skala von 1 – 10, wie Du Dich diese Woche gefühlt hast:

	Vorwoche	Jetzt
Dein Selbstwert:	_____	____
Dein Energieniveau:	_____	____
Dein Glücksgefühl:	_____	____
Deine Tatkraft:	_____	____
Deine Gesundheit:	_____	____
Dein Reichtum:	_____	____

3. Wie kann eine Beschleunigung des Bewußtseins erreicht werden?

....

....

....

4. Warum darf Konzentration nicht mit Anstrengung verwechselt werden?

....

....

....

5. Warum führt bewußtes Wünschen nur selten zur Verwirklichung des Objekts?

....

....

....

....

6. Kreuze an, welche der untenstehenden Aussagen auf Dich zutreffen:
    ☐ Ich beende alles, was ich begonnen habe.

447

☐ Ich zeige Freude während meiner Arbeit.

☐ Ich bin dankbar.

☐ Ich weiß, daß mein Körper der lebendige Tempel Gottes ist, und ich verhalte mich ihm gegenüber dementsprechend.

☐ Ich setze mir ausschließlich Ziele, die ich erreichen kann.

☐ Ich gehe immer wieder zu den vorherigen Teilen zurück und nehme dadurch neues Wissen auf oder erinnere mich an bedeutsame Aussagen.

7. Auf welche Art und Weise können wir dem begrenzten Erfolg entwachsen?

....

....

....

8. Mit bloßem Denken ist es nicht getan. Warum muß der Gedanke in brauchbare Werte umgewandelt werden?

....

....

9. Schreibe auf, warum es so wichtig ist, nur große Gedanken zu denken und nur höhere Dinge zu schätzen?

....

....

....

10. Wie aktivierst Du die intuitive Kraft?

....

....

....

11. Warum ist es so wichtig, in die Stille zu gehen?

....

....

....

12. Was bedeutet es für Dich, inspiriert zu werden?

....

....

....

....

....

DU HAST DIESEN TEIL GEMEISTERT...

- wenn Du die Symbole nicht mehr mit der Wirklichkeit verwirklichst – und das auf vielfältiger Ebene der Existenz.
- wenn Du die Schwingungen Deines Bewußtseins durch beharrliche Konzentration (Gedankenbündelung und ein Aufgehen im Objekt Deiner Begierde) erhöhen kannst.
- wenn Du verstanden hast, daß bewußtes Wünschen nur in den seltensten Fällen zur Verwirklichung des Objekts führt, da Verwirklichung größtenteils unterbewußt ist.
- wenn Du Beständigkeit und Kontinuität in Deinen geistigen Anstrengungen entwickelt hast.
- wenn Du erkannt hast, daß Du über das bewußte Denken zur Stärkung Deiner intuitiven Fähigkeiten kommen sollst, da die Intuition ohne Hilfe von Erfahrungen oder Erinnerungsvermögen auskommt.
- wenn Du verstanden hast, daß Du regelmäßig die Stille aufsuchen mußt, um Dich zu konzentrieren und um zu intuitiver Wahrnehmung zu kommen und dieses auch zunehmend tust.
- wenn Du wirklich verstanden hast, daß der Geist einer Sache die Sache selbst ist.
- wenn Du Dich auf Mut, Überfluß und Gesundheit fokussierst, d.h. das Ideal als bereits bestehende Tatsache.

KOMMENTAR

Interessant in diesem Zusammenhang ist wie eben erwähnt die Aussage aus Kapitel 9, daß Du den Wunsch als bereits bestehende Tatsache ansehen sollst. Das bedeutet auch eine Wandlung der von Dir ausgesprochenen Gebete, und zwar weg von Bitten und hin zu Danksagungen. Die Danksagung ist nämlich das Resultat des Wunsches als bereits bestehende Tatsache. Das gilt es sich immer wieder ins Bewußtsein zu rufen, denn nur dadurch kommst Du aus der Trennung heraus und rein in die Einheit, auch durch die totale Identifikation mit dem Objekt Deiner Begierde als Teil der Übungen.

1. Da Denken eine spirituelle Aktivität und daher schöpferisch ist, muß es zwangsläufig alle untergeordneten Prinzipien lenken. Es wird hier erneut deutlich, welche Macht dem Denken innewohnt, und es erklärt, warum diejenigen, die denken, letzten Endes auch die Kontrolle über diejenigen ausüben, die nicht denken oder deren Denken auf einer niedrigeren Ebene stattfindet.

2. Das eröffnet Dir einen völlig neuen Bereich der Realitätsgestaltung. Wenn geistige Kraft körperlicher Kraft überlegen ist, stell Dir dann vor, was noch alles möglich wäre. Das kannst Du auch einmal zum Thema Deiner Meditation machen. Allein das Lenken Deiner Aufmerksamkeit auf wirklich große Dinge macht Dich ihrer verstärkt bewußt, wodurch Dein Nutzen im Verhältnis dazu ansteigt.

3. Konzentration führt zu einer Beschleunigung der Schwingungen. Konzentration bedeutet ‚Eins-werden‘ mit dem Wunschobjekt, gleichzeitig aber auch ‚Eins-werden‘ mit der universellen Intelligenz, der Allmacht – mit Gott. Die Schwingungen beschleunigst Du also dadurch, daß Du Dein Denken klärst und auf die Quelle aller Substanz ausrichtest.

4. Das sollte meines Erachtens aber nicht bedeuten, daß man sich von der Außenwelt abschließt und ein mönchartiges Leben führt, auch wenn dieses auf seine Art zur Bewußtseinserweiterung der Menschheit beiträgt. Es soll lediglich klarmachen, daß wahre Einsicht und Erkenntnis nur in der Stille kommen. Ob durch Konzentration (aktiv), Meditation (passiv) oder Kontemplation (beides), Du kommst nicht umhin, Signale von der Außenwelt abzuschalten, um neue aufzunehmen. Deine Tasse muß zuerst entleert werden, bevor sie neu gefüllt werden kann.

5. Das alles ist zu Deinem Vorteil. Jahrhunderte lang haben sich andere Menschen über diese Gesetzmäßigkeiten den Kopf zerbrochen. Du wirst nun dadurch belohnt, daß Du sie Dir zunutze machen kannst, ohne durch denselben Prozeß der Wahrheitsfindung gehen zu müssen. Sei all diesen Genies gegenüber dankbar und erkenne die von ihnen geleistete, grandiose Arbeit an.

6. Das ist ein weiterer bedeutsamer Punkt. Konzentration bedeutet ein Aufgehen in etwas, nicht eine verstärkte körperliche oder geistige Anstrengung. Es steht in gewisser Hinsicht für ein neues Sein, so wie sich die Schauspielerin für die Zeit des Spiels als Person vergißt und vollkommen in der von ihr gespielten Rolle aufgeht.

451

7. Genauso verhält es sich mit Dir. Wenn Du den Wunsch hast, reich oder gesund sein zu wollen, wird Dich Deine Aufmerksamkeit in diese Richtung lenken und Dein Bewußtsein wird dem folgen. So kommst Du schrittweise von einer vagen Idee, einer Hoffnung oder einem Funken an Vorstellung, durch nachvollziehbare Gesetzmäßigkeiten zur letztendlichen Verwirklichung.

8. Erinnere Dich hier an Haanels Aussage, daß es zum instinktiven Verlangen Deinerseits kommen muß. Es darf bei Dir keinerlei Zweifel bezüglich des Ziels geben. Du verlangst es, ohne Dir irgendwelche Gedanken darüber zu machen. Es ist zu einem Anrecht geworden, das fest im Unterbewußtsein verankert dort nun mit mathematischer Genauigkeit ausgeführt wird.

9. Hier der nächste Hinweis: ,*Das Unterbewußtsein wird durch Konzentration erweckt.*' Wie zuvor erwähnt ist es nicht der bloße Gedanke, der sich in einer neuen Wirklichkeit darstellt, sondern der konzentrierte Gedanke, der als konzentrierte Energie tiefe Furchen ins Unterbewußtsein zieht – so wie gebündelte Sonnenstrahlen durch die Lupe hindurch das Papier entzünden.

10. Charakter und Bewußtsein deswegen, weil Du immer höheren Idealen entgegenstrebst und Dich Deinem eigenen Ursprung näherst – Deinem wahren Wesen. Mit Charakter und Bewußtsein ausgestattet lebst Du Dein Leben auf einer viel höheren Ebene als zuvor. Diese Ebene wird sich erst mit der Zeit im Außen zeigen, formt sich

aber durch Deine Aufmerksamkeit stetig und unwiderruflich in Deinem Inneren.

11. Hier ein weiterer, wenn auch nicht ganz neuer Hinweis: Konzentration muß in praktische Werte umgewandelt werden. Es muß am Ende ja etwas dabei herauskommen, ansonsten bleibt es ein rein intellektuelles Gebilde. Konzentration führt zum Entstehen einer Unmenge an Details. Diese bestehen aus Ideen, Konzepten, Möglichkeiten etc. Sie alle tragen dazu bei, daß sich Dir ein Weg ebnet, der Dich Deinem Ziel näherbringt. Das wird Dich zunächst verunsichern, weil du es nicht gewohnt bist, mit dieser Informationsflut umzugehen. Mit der Zeit lernst Du aber, erfolgreich zu filtern und Dir nur das Beste zu eigen zu machen.

In der Praxis wirst Du hellhöriger und hellsichtiger werden. Du wirst offen für Informationen in Form von kleinen Schnäppchen, die Dir sonst nichts gesagt hätten. Nun aber spürst Du ihre Bedeutung und folgst ihnen, und schon wieder bist Du dem Ziel einen Schritt näher. All das geschieht zunehmend intuitiv, also ohne großes Denken oder Analysieren. Du wirst sehen, wie sich Dein Wesen dadurch ändert und wie sich das auf die Ereignisse im Außen auswirkt.

12. Robert F. Kennedy war es, der sagte, daß nur diejenigen, die es auch wagen, spektakulär zu scheitern, spektakuläre Erfolge vorweisen können. Der britische Unternehmer Richard Branson ist einer dieser Sorte Mensch, die viele Male in ihrem Leben gescheitert sind, aber niemals auch nur im geringsten daran gedacht haben,

aufzugeben. Sein Lebenswerk spricht für sich.

Falls der Hinweis an dieser Stelle noch nötig ist, lies Dir die Biographien solcher Menschen durch. Du kannst ihnen viel an Information, Motivation und Erkenntnis entnehmen. Ein großartiger Mensch zeichnet sich oft dadurch aus, daß er viele Bücher gelesen hat. Ein Buch zu lesen bedeutet, in die Stille zu gehen, sich Raum für sich zu schaffen und durch die Lektüre zu besagten neuen Erkenntnissen zu kommen.

13. Alles, was sich anfänglich als schwierig darstellt, verliert mit der Zeit diesen Charakter. Es ist die Wiederholung, die Disziplin und Beharrlichkeit, die Dich zu noch größeren Erfolgen tragen und jene Dinge ein für alle Mal hinter Dir lassen, die bis vor kurzem noch Normalität für Dich bedeuteten.

14. So konzentrierst auch Du Dich auf die Belange Deines Lebens, auf das, was Dir am Herzen liegt. Das wird auch Dir die Geheimnisse offenbaren, was wiederum anderen Menschen ebenso dienlich ist. Erinnere Dich: In jedem selbstsüchtigen Gedanken steckt der Keim der Niederlage.

15. Da kommt unweigerlich die Frage auf, wie wichtig ist für Dich eine Sache wirklich? Welche Priorität hat sie? Dein Handeln zeigt letztendlich auf, was Dir wichtig ist. Da kannst Du auch noch so viel reden oder beschwichtigen; das, was Du bist, zeigt sich am deutlichsten in Deinen Taten. Das ist der Maßstab Deiner Prioritäten. Alles andere hat keine wirkliche Bedeutung, auch weil es nicht mit der

notwendigen Energie und den entsprechenden Gefühlen versorgt wird, die ihm Lebenskraft verleihen würden.

16. In der Praxis bedeutet das, daß Du Dich mit ganz anderen Dingen befassen wirst. Erinnere Dich an Eleanor Roosevelts Worte, daß kleine Menschen sich mit Menschen befassen, mittelmäßige mit Dingen und großartige mit Ideen. Du wirst Dich von bestimmten Menschen abwenden und anderen zu. Du wirst bestimmte Orte nicht mehr aufsuchen, dafür aber die, die Dir in Deiner Entwicklung weiterhelfen. Du wirst bestimmte Worte nicht mehr äußern und bestimmte Gefühle nicht mehr fühlen, weil Du den Raum, in dem sie sich aufhalten, verlassen hast.

17. ,Genuß der Siegesfreude' hört sich doch besonders schön an, oder? Aus diesem Grund fühle Dich doch gleich jetzt mal genau da rein und beobachte genau, was es mit Deinen Gefühlen macht.

18. Auch hier wird wieder deutlich, wie verwoben die wirtschaftlichen Aktivitäten mit gelebter Spiritualität in Wahrheit sind. In der Tat kann man sie gar nicht trennen, denn wo ist man zielstrebiger und auch einem gewissen Nachdruck ausgesetzt als in der Geschäftswelt. Dort geht es seit jeher darum, zu verändern und zu verbessern, während diese Entwicklung auf der persönlichen Ebene nur sehr schleppend vorangegangen ist.

19. Was für eine Passage! Auch wenn Du es Branson, Gates, Buffett o.a. nicht nachahmen willst, sei Dir geraten, Dich mit dieser Materie zu befassen, denn die Qualitäten, die Du dadurch erlangst, sind

von ausgesprochen hoher Bedeutung. Dazu soll aber angemerkt werden, daß es hierbei um die schöpferischen Prozesse geht, nicht um ein auf Angst basierendes, zerstörerisches Konkurrenzdenken. Du hast ja mittlerweile erkannt, daß von allem für alle genug da ist und es lediglich ein Verteilungsproblem geben mag.

20. Lies Dir diesen Satz bitte mehrmals durch. Bewußtsein ist einfach nur. Denken aber ist die dynamische Kraft, die dieses Bewußtsein antreibt und es dazu bringt, sich in Form darzustellen. Der Denkende ist allen anderen überlegen – und wird es immer sein. Damit ist natürlich nicht der Kopflastige gemeint, sondern derjenige, der erkennt, daß alles über das Verstehen ins Herz geht; daß er für eine erwünschte Verwirklichung auch die richtigen Gedanken denken muß; daß er sich auf den Vorgang der Verwirklichung verlassen kann, da er natürlichen Gesetzen unterliegt; daß das Leben eine einzige Symphonie der Liebe und Freude ist und sich denen offenbart, die den Anspruch darauf erheben und sich anschließend dafür empfänglich machen.

21. Hierzu zur Erinnerung nur das eine Huna Prinzip: ‚Energie folgt Aufmerksamkeit‘, sowie die Aussage des verstorbenen Maya- und Bewußtseinsforschers, Ian Xel Lungold: „Wem oder was Du Deine Aufmerksamkeit schenkst, dessen wirst Du Dir bewußt.“

22. Ganz wichtig: Erinnere Dich daran, daß die Intuition ohne vorheriges Wissen oder auch lange Analyse zu Ergebnissen kommt. Es ist zunehmend Deine intuitive Kraft, die Du einsetzt. Bedenke dabei aber, daß sich

Intuition und Verstand gegenüberstehen. Erstere ist blitzschnell und kann sehr viel erfassen, während letzterer sich oft abquält, überhaupt ausreichend Informationen zu sammeln, um sie dann einzuordnen.

23. Diese Passage ist von überaus großer Bedeutung, weil sie die nächste Stufe des Seins ist. Zu Beginn Deines Studiums hast Du die ersten Chakras behandelt, um dann dem Solarplexus besondere Aufmerksamkeit zu schenken. Der Solarplexus steht für Selbsterkenntnis und Selbstschätzung. Genau das ist in den letzten Monaten geschehen. Die Reise war dort jedoch nicht zu Ende, sondern führte Dich schließlich in Dein Herz, welche laut neuesten Erkenntnissen die stärkste magnetische Quelle im Körper darstellt. Dort ging es um Mitgefühl, Vergebung und Dankbarkeit.

Im Kehlkopfchakra ging es um Kommunikation und Autorität (durch angewandtes Wissen). Nun sind wir im Chakra des 3. Auges angelangt, wo wir uns mit Intuition und übersinnlichem Wissen befassen.

Du erkennst hier mit Leichtigkeit, wie das Master Key System nicht nur den sieben Hermetischen Prinzipien eine praktische Note verleiht. Es bringt Dich über das Studienmaterial auch an einen Punkt, wo Deine Chakras voll funktionstüchtig sind und Dir in Deiner bewußten Lebensgestaltung helfen. Es verbleibt dann nur noch das Scheitelchakra, welches u.a. die Qualitäten von Ausgleich, Heilung und Dienst darstellt. Mehr dazu kannst Du in den letzten Kapiteln Deines Studiums erwarten.

24. Es ist nicht ohne Grund, daß Haanel hier spezifisch darauf hinweist. Du bist bei Kapitel 17 angelangt, also am Beginn des 5. Monats. Das Studium war nicht darauf ausgelegt, ausschließlich Deine intellektuellen Bedürfnisse zu befriedigen, sondern darauf, tatkräftig zu werden. Wenn er in dieser Passage auf ein Büro hinweist, dann deshalb, weil er davon ausgeht, daß Du mittlerweile Deinen eigenen Ansinnen nachgehst, große Gedanken denkst und diese systematisch in die Praxis umsetzt. Selbst wenn das nicht der Fall ist, sollte es ein Hinweis darauf sein, Dir Deinen eigenen Raum zu schaffen, in dem Du ungestört bist und so Deine eigenen Gedanken erschaffen und ihnen folgen kannst.

25. ,... *den Verstand befreien*' deshalb, weil er zwar eine wichtige Aufgabe hat, aber zur Erfüllung des Wunsches selbst nichts beitragen kann. Deshalb muß der Wunsch mit entsprechendem Nachdruck ans Unterbewußtsein weitergeleitet und dort fest eingeprägt werden. Dann aber ist er wirklich aus Deinen Gedanken heraus und wird lediglich als Wirkung über Deine Sinne wahrgenommen. Darüber nachdenken wirst Du aber wahrlich nicht mehr. Das habe ich aus gutem Grund nun bereits mehrfach wiederholt, weil es auch erklärt, warum Du erst ,sein' mußt, bevor Du ,haben' kannst.

26. Das Augenmerk liegt hier auf ,*still verlangt*'. Das stille Verlangen ist eine Eigenschaft einer im Unterbewußtsein verankerten Energiequalität. Still verlangen tust Du nicht über den Verstand. Stilles Verlangen geschieht automatisch – es ist ein Teil von Dir selbst. Wie es dazu kam, ist mittlerweile hinreichend bekannt.

27. Es ist sinnlos, mit dem Verstand all die Wege und Möglichkeiten nachvollziehen zu wollen, die sich im Unsichtbaren regen. Genau aus diesem Grund wird Dir geraten, den Wunsch als bereits bestehende Tatsache anzusehen – Dich also auf das Endergebnis zu fixieren – aufmerksam und dankbar zu sein. Der Verstand gibt uns angeblich nur Zugriff auf etwa 10% – wenn überhaupt. Haanel schreibt ja, daß der Versuch, das Leben nur mit dem Verstand zu betrachten, dem Ausleuchten des Universums mit einem kleinen Binsenlicht (einer Taschenlampe) gleich käme.

28. Und warum? Weil erstere schlichtweg Auswirkungen niederer Gedankenformen sind, während letztere Ausdruck höherer Gedankenformen sind. Ihre Schwingungen sind hochwertiger und dadurch mächtiger. Da wir in unserem Wesenskern die höchsten Schwingungen in uns tragen, entsprechen uns diese höheren Gedankenformen mehr als die niederen. Daher finden wir dort viel mehr Zufriedenheit und Befriedigung als auf den niederen Ebenen, auch wenn das manchmal nicht den Anschein hat – vor allem dann nicht, wenn Du die tolle Blonde mit den großen Brüsten oder den knackigen Jungen mit den prallen Muskeln mal so richtig durchnimmst, bis es klatscht, ihr euch Tiernamen zuruft und in wilder Ekstase schreit und grunzt. Na, welche Bilder kommen Dir da hoch? Hast Du in diesem Moment noch Kontrolle über Deine Gedanken oder spult sich unterbewußt ein Programm ab? Mußtest Du lachen oder bist Du empört? Ganz gleich, Du weißt, worauf ich hinaus will –

aufgeweckt und zum Nachdenken angeregt habe ich Dich sicherlich.

29. Aus diesem Grund ist es auch so wichtig, vor allem nach überschwänglichen Anfangserfolgen dabei zu bleiben und sich nicht auszuruhen. Die materielle Belohnung tritt meist viel schneller ein als das eigene Wesen nachvollziehen kann. Deshalb verlieren auch viele Lottogewinner ihren finanziellen Reichtum wieder. Geld zu haben ist eines, damit aber umzugehen und es zu vermehren oder nutzbringend einzusetzen etwas ganz anderes.

30. Damit soll zum Ausdruck gebracht werden, daß weder finanzieller Reichtum noch spirituelle Erkenntnis und Einsicht groß nach außen getragen werden. Es reicht vollkommen aus, zu wissen, daß man im Besitz davon ist und jederzeit Gebrauch davon machen kann. Das muß anderen nicht erst noch bewiesen werden, u.a. auch deswegen nicht, weil derjenige, der nicht auf derselben Wellenlänge ist, dafür auch gar keine Wertschätzung hätte.

31. Das Herz repräsentiert für uns Menschen die Liebe. Das Ziel dieses Studiums ist also, mittels des Verstandes vom Solarplexus ins Herz zu kommen. Du sollst durch Deine Selbsterkenntnis und Selbstbefähigung an einen Punkt kommen, an dem Du Deine Einheit mit allem nicht nur erkennst, sondern auch aktiv lebst. Das resultiert in Liebe für alles und jeden. Diese Liebe äußert sich natürlich durch Deine Gedanken, Deine Worte und Deine Handlungen. Alles von Dir wird unter dem Gesichtspunkt der allumfassenden Liebe gelenkt.

Auch wenn es zum gegenwärtigen Zeitpunkt noch etwas esoterisch anmutet, steckt dahinter doch nicht nur eine wissenschaftliche Wahrheit, sondern auch die Tatsache, daß Du Dich weiter entwickelst. Es ist Dir gar nicht mehr möglich, all das, was in der heutigen Welt erschaffen wird, verstandesmäßig nachzuvollziehen. Daher hat dieses ‚sich ins Herz bewegen‘ auch rein evolutionäre Gründe, die letztlich wiederum Dein Überleben und Wohlbefinden sichern.

32. Das hier ist ganz besonders wichtig zu verstehen, denn es ist das Geistige, das Spirituelle, was dem Äußeren überhaupt erst Form gibt. Erinnere Dich daran, daß alles schwingt und die äußere Manifestation lediglich einer niedrigeren Schwingungsrate entspricht. Im Inneren bestimmt das Geistige aber immer noch über die feinstofflichen Strukturen und Gitter, welche Materie schlußendlich ausmachen.

33. Diese Übung, dessen Wirkungsweise ja zuvor bereits beschrieben wurde, wird Dir eine Vielzahl neuer Informationen und Einsichten bescheren. Sie ist überaus wichtig. Führe sie daher auch gewissenhaft durch, bis Du in der Lage bist, vollständig im Objekt Deiner Gedanken aufzugehen. Das wirst Du hier nicht nur einmal machen, sondern jedes Mal, wenn Du Deinen Blick auf etwas gerichtet hast, was Du erreichen oder erlangen willst.

34. Frage: Tust Du selbst wirklich das, oder befaßt Du Dich hauptsächlich mit der Angst, die primär eine Auswirkung ist und die Du durch Dein Befassen sekundär zu einer neuen Ursache machst?

35. Frage: Setzt Du das so um oder befaßt Du Dich hauptsächlich mit dem Mangel, der primär eine Auswirkung ist und den Du durch Dein Befassen sekundär zu einer neuen Ursache machst?

36. Frage: Tust Du selbst wirklich das, oder befaßt Du Dich hauptsächlich mit der Krankheit, die primär eine Auswirkung ist und die Du durch Dein Befassen sekundär zu einer neuen Ursache machst?

37. Wenn Du das nicht tust, wirst Du Dich immer in Trennung wähnen – immer entfernt von der Erfüllung des Wunsches oder Traumes. Daher ist es so wichtig, zu dieser Einheit mit dem Objekt Deiner Gedanken zu kommen. Das bringt dann das notwendige Gefühl hervor, welches vonnöten ist, um diesen Transformationsprozeß weiter fortzuführen und ihn erfolgreich abzuschließen.

18

Das Gesetz der Anziehung

Um zu wachsen, müssen wir das für unser Wachstum notwendige Material erhalten. Dies wird durch das Gesetz der Anziehung herbeigeführt. Dieses Prinzip ist die einzige Möglichkeit, das Individuum vom Universellen zu unterscheiden.

Überlege Dir für einen Moment, was ein Mann wäre, wenn er nicht ein Ehemann, Vater oder Bruder wäre; wenn er nicht an der gesellschaftlichen, wirtschaftlichen, politischen oder religiösen Welt interessiert wäre. Er wäre nichts als ein abstraktes, theoretisches Ego. Er besteht somit nur in seinem Bezug zum Ganzen, in seinem Bezug zu anderen Menschen, in seinem Bezug zur Gesellschaft. Dieser Bezug – und nichts anderes – macht seine Umwelt aus.

Es ist offensichtlich, daß das Individuum die Differenzierung des einen Universellen Bewußtseins ist, das *jeden Menschen mit Licht erfüllt, der auf die Welt kommt*. Seine sogenannte Individualität oder Persönlichkeit besteht nur aus der Art und Weise, wie sie sich zum Ganzen verhält. Das ist es, was wir Umgebung nennen, und sie wird durch das Gesetz der Anziehung herbeigeführt. Teil Achtzehn, der hiermit folgt, hat etwas mehr zu diesem wichtigen Gesetz beizutragen.

Aus der Bibel, Johannes 1,9. Interessant in diesem Zusammenhang ist auch Johannes 1,1 – „Am Anfang war das Wort, und das Wort war mit Gott, und das Wort war Gott." Eine alte deutsche Version endete so: „...und Gott war das Wort." Beide sind gleichermaßen wahr, da das Wort nur das Ergebnis eines entsprechenden Gedankens ist, was Geist in Bewegung bedeutet – das Universelle Bewußtsein in Aktion. Johannes 1,10 führt fort: „Er war in der Welt, und die Welt ward durch ihn, und die Welt kannte ihn nicht." Das bedeutet zweierlei: Wir sind einerseits Teil eines Universellen Bewußtseins, welches sich seiner selbst aber nicht bewußt ist. Andererseits bedeutet es, daß die Welt (der Mensch) nicht erkannte, daß ‚Gott' in allem ist, was es gibt.

Es ist wohlbekannt, daß Bewußtsein
uns in genau dem Ausmaß folgt,
wie wir zuerst ihm gefolgt sind.

DAS GESETZ DER ANZIEHUNG

1. Es vollzieht sich ein Wandel im Denken der Welt. Dieser Wandel entwickelt sich still in unserer Mitte und ist bedeutungsvoller als jeder andere, den die Welt seit dem Niedergang des Heidentums erfahren hat.

2. Die gegenwärtige Revolution in den Meinungen der Menschen aller Klassen, den höchsten und kultiviertesten ebenso wie der Arbeiterklasse, steht ohne Vergleich in der Geschichte der Welt.

3. Die Wissenschaft hat letztens (Anfang des 20. Jahrhunderts, Anm. d. Ü.) solch großartige Entdeckungen gemacht; hat eine Unendlichkeit von Ressourcen entdeckt; hat so enorme Möglichkeiten und unerwartete Kräfte freigesetzt, daß Wissenschaftler mehr und mehr daran zweifeln, gewisse Theorien als etabliert und über jeglichen Zweifel erhaben anzusehen oder andere Theorien als absurd und unmöglich abzutun.

4. Eine neue Zivilisation wird geboren: Bräuche, Glaubensbekenntnisse und Vorangegangenes haben ausgedient; Vision, Vertrauen und Dienst treten an ihren Platz. Die Fesseln der Tradition werden von der Menschheit abgelegt, und während die Auswüchse des Materialismus verwertet werden, wird das Denken befreit und die Wahrheit erhebt sich in ganzer Pracht vor einer erstaunten Menge.

5. Die ganze Welt steht am Vorabend eines neuen Bewußtseins, einer neuen Macht und einer neuen Verwirklichung innerhalb ihres Selbst.

6. Die Physik hat Materie in Moleküle aufgelöst, Moleküle in Atome, Atome in Energie, und es wurde Mr. J. A. Fleming in einer Rede

vor der Royal Institution überlassen, diese Energie in Bewußtsein aufzulösen. Er sprach: *„In seinem letztendlichen Wesen mag
Energie für uns immer unverständlich bleiben, mit der Ausnahme
der Darstellung ihrer direkten Tätigkeit, die wir Bewußtsein oder
Willen nennen."*

7. Und dieses Bewußtsein ist das Innewohnende und Letztendliche.
   Es steht der Materie, wie auch dem Spirituellen voran. Es ist der
   aufrechterhaltende, Energie spendende, alles durchdringende
   Geist des Universums.

8. Jede lebendige Sache muß von dieser allmächtigen Intelligenz
   versorgt werden. Wir stellen fest, daß der Unterschied in den
   individuellen Lebensformen hauptsächlich an dem Grad dieser
   Intelligenz gemessen wird, die sie darstellen. Es ist größere
   Intelligenz, die ein Tier an eine höhere Stelle setzt als die Pflanze;
   den Menschen höher als das Tier. Wir stellen fest, daß diese
   höhere Intelligenz wiederum durch die Macht des Individuums
   aufgezeigt wird, seine Taten zu lenken und sich somit bewußt an
   seine Umgebung anzupassen.

9. Es ist diese Anpassung, die die Aufmerksamkeit der großartigen
   Geister beschäftigt, und diese Anpassung besteht aus nichts anderem als dem Erkennen einer bestehenden Ordnung im Universellen Bewußtsein. Es ist wohlbekannt, daß uns dieses Bewußtsein
   genau in dem Ausmaß folgt, zu dem wir zuerst ihm gefolgt sind.

10. Es ist die Anerkennung von natürlichen Gesetzen, die uns
    befähigt haben, Zeit und Raum zu überwinden, in der Luft
    zu fliegen und Eisen schwimmen zu lassen. Je höher der Grad
    der Intelligenz, desto größer wird unsere Anerkennung dieser
    natürlichen Gesetze, und desto größer wird die Macht, die wir
    besitzen können.

11. Die Anerkennung, daß das ‚Selbst' eine Individualisierung der
    Universellen Intelligenz ist, befähigt uns, diejenigen Formen der
    Intelligenz zu kontrollieren, die dieses Niveau der Selbsterkennung
    noch nicht erreicht haben. Sie wissen nicht, daß diese Universelle

Der einzige Glaube, der für alle von Wert ist, ist ein Glaube, der auf die Probe gestellt und als Tatsache aufgezeigt wurde.

Intelligenz alle Dinge durchdringt, immer bereit, in Aktion zu treten. Sie wissen nicht, daß es auf jede Anfrage antwortet; sie sind somit in Knechtschaft zu dem Gesetz ihres eigenen Seins.

12. Denken ist schöpferisch, und das Prinzip, auf dem dieses Gesetz beruht, ist solide, legitim und der Natur der Dinge innewohnend. Diese schöpferische Kraft entsteht aber nicht im Individuum selbst, sondern im Universellen, welches der Ursprung und die Grundlage aller Energie und Substanz ist. Das Individuum ist einfach nur ein Kanal für die Verteilung dieser Energie.

13. Das Individuum ist lediglich das Medium, mithilfe dessen das Universelle die verschiedenen Kombinationen erschafft, welche im Erschaffen von Erscheinungen resultieren. Diese sind vom Gesetz der Schwingung abhängig, wodurch verschiedene Schwingungsraten in der Ursprungssubstanz neue Substanzen nur in **genauen, numerischen Verhältnissen** erschaffen.

14. Denken ist die unsichtbare Verbindung, durch die das Individuum mit dem Universellen kommuniziert; das Endliche mit dem Unendlichen; das Sichtbare mit dem Unsichtbaren. Denken ist die Magie, durch die ein Mensch in ein denkendes, wissendes, fühlendes und tatkräftiges Wesen umgewandelt wird.

15. So wie der **richtige Apparat** das Auge befähigt hat, in Millionen von Kilometern Entfernung neue Sterne zu entdecken, so wurde der Mensch mit dem richtigen Verständnis in die Lage versetzt, mit dem Universellen Bewußtsein zu kommunizieren – dem Ursprung aller Macht.

16. Das gewöhnlich entwickelte Verständnis ist nichts weiter als ein Glaube – was absolut gar nichts aussagt. Die Eingeborenen der Kannibalen-Inseln glauben etwas, aber das allein beweist gar nichts.

17. Der einzige Glaube, der für alle von Wert ist, ist ein Glaube, der auf die Probe gestellt und als Tatsache aufgezeigt wurde. Er ist dann nicht länger ein Glaube, sondern zu einem lebendigen Vertrauen oder einer lebendigen Wahrheit geworden.

18. Diese Wahrheit wurde durch Hunderttausende von Menschen auf die Probe gestellt und wurde als Wahrheit genau in dem Verhältnis zur Nützlichkeit des von ihnen benutzten Apparates herausgefunden.

19. Ein Mensch würde nicht erwarten, Sterne, Hunderte von Millionen von Kilometern entfernt, ohne ein ausreichend starkes Teleskop zu entdecken. Genau aus diesem Grund ist die Wissenschaft kontinuierlich dabei, größere und leistungsfähigere Teleskope zu bauen. Sie wird deshalb unaufhörlich mit neu hinzu gewonnenem Wissen über die Himmelskörper belohnt.

20. Genau so verhält es sich auch mit Verständnis: Menschen machen andauernd Fortschritte in den Methoden, die sie benutzen, um in Verbindung mit dem Universellen Bewußtsein und seinen unendlichen Möglichkeiten zu treten.

21. Das Universelle Bewußtsein manifestiert sich im Objektiven durch das Prinzip der Anziehung, welches jedes Atom auf jedes andere Atom in unendlichen Abstufungen ausübt.

22. Es ist durch dieses Prinzip des Verbindens und Anziehens, daß Dinge zusammengebracht werden. Dieses Prinzip ist von **universeller Anwendbarkeit** und ist das einzige Mittel, durch das die Absicht der Schöpfung vollendet wird.

23. Der Ausdruck des Wachstums wird auf wunderschöne Weise mithilfe dieses Universellen Prinzips herbeigeführt.

24. Um zu wachsen, müssen wir das für unser Wachstum Notwendige erhalten. Da wir aber jederzeit **eine vollständige Denkeinheit** sind, ermöglicht uns diese Vollständigkeit, nur in dem Maße zu empfangen, wie wir auch geben. Wachstum ist somit **von**

einer Wechselwirkung abhängig, und wir stellen fest, daß auf der Bewußtseinsebene Gleiches Gleiches anzieht; daß geistige Schwingungen nur in dem Ausmaß ihrer Harmonie antworten.

25. Es ist klar, daß Gedanken des Überflusses nur auf ähnliche Gedanken antworten werden. Der Wohlstand des Individuums wird als das angesehen, was er in sich bereits ist. Innerer Wohlstand ist das Geheimnis des Anziehens äußeren Wohlstands. Die Fähigkeit, etwas zu erschaffen, wurde als wirkliche Quelle des Wohlstands des Individuums angesehen. Es ist aus diesem Grund, daß derjenige, der sein Herz in die geistige Arbeit steckt, gewiß auf unbegrenzten Erfolg treffen wird. Er wird geben und geben, und je mehr er gibt, desto mehr wird er erhalten.

26. Was tun die großen Finanziers der Wall Street, die Industriekapitäne, die Staatsmänner, die großen Anwälte der Firmen, die Erfinder, die Physiker, die Autoren – was trägt jeder von ihnen zu der Summe des menschlichen Glücks bei, wenn nicht die Macht ihres Denkens?

27. Denken ist die Energie, durch die das Gesetz der Anziehung in die Tat umgesetzt wird, welches sich schließlich als Fülle oder Überfluß darstellt.

28. Das Universelle Bewußtsein ist statisches Bewußtsein oder Substanz im Gleichgewicht. Es unterscheidet sich in der Form durch unsere Kraft, zu denken. Denken ist die dynamische Phase des Bewußtseins.

29. Macht hängt von einem Machtbewußtsein ab; wir müssen sie gebrauchen, oder wir werden sie verlieren, und wenn wir uns ihrer nicht bewußt sind, können wir sie nicht anwenden.

30. Der Gebrauch dieser Kraft hängt von Aufmerksamkeit ab; der Grad der Aufmerksamkeit bestimmt unsere Fähigkeit, Wissen zu erlangen (was eine andere Bezeichnung für Macht ist).

31. Aufmerksamkeit wird als das herausragende Merkmal des Genies angesehen. Die Kultivierung der Aufmerksamkeit hängt von Übung ab.

32. Der Anreiz der Aufmerksamkeit ist **Interesse**. Je größer das Interesse, desto größer die Aufmerksamkeit. Je größer die Aufmerksamkeit, desto größer sind Interesse, Aktion und Reaktion. Beginne damit, aufmerksam zu sein. Binnen kurzem wirst Du Interesse erweckt haben. Dieses Interesse wird mehr Aufmerksamkeit anziehen, und diese Aufmerksamkeit wird mehr Interesse produzieren und so weiter. Diese Übung wird Dich befähigen, mehr Aufmerksamkeitskraft zu kultivieren.

33. Diese Woche konzentriere Dich auf Deine Kraft, **schöpferisch tätig zu sein**. Suche Einsicht und Wahrnehmung. Versuche, eine logische Grundlage für das Vertrauen zu finden, welches sich in Dir befindet. Lasse den Gedanken auf der Tatsache ruhen, daß der physische Mensch lebt und sich bewegt und sein Wesen in dem Erhalter allen organischen Lebens hat – der Luft; daß er zum Leben atmen muß. Dann lasse den Gedanken auf der Tatsache ruhen, daß der geistige Mensch auch lebt und sich bewegt und sein Wesen in einer ähnlichen, aber feineren Energie hat, von der er zum Leben abhängig ist. Bedenke auch, daß in der physischen Welt kein Leben Form annimmt, bis nicht die Saat gesät ist, und daß keine höhere Frucht als die der Eltern gezogen werden kann. So ist es auch in der geistigen Welt, wo keine Wirkung erzielt werden kann, bis nicht die Saat gesät ist. Die Frucht wird von der Natur der Saat abhängen. Deine Ergebnisse hängen von der Wahrnehmung ‚der Gesetze der Verursachung' ab – der höchsten Entwicklung des menschlichen Bewußtseins.

Es gibt nicht einen einzigen Gedanken in meinem Bewußtsein, der nicht dazu neigt, sich unverzüglich in Macht umzuwandeln und sogleich ein unermeßliches Instrumentarium an Mitteln zu organisieren.
— RALPH WALDO EMERSON

FRAGEN UND ANTWORTEN

171. *Wie mißt man den Unterschied zwischen den individuellen Leben?*
Durch den Grad der Intelligenz, den sie darstellen.

172. *Wie beschreibt man das Gesetz, mit dem das Individuum andere Formen der Intelligenz steuern kann?*
Das Erkennen des Selbst als Individualisierung der Universellen Intelligenz.

173. *Woher stammt die schöpferische Kraft?*
Aus dem Universellen.

174. *Wie erschafft das Universelle Form?*
Durch das Individuum.

175. *Was ist die Verbindung zwischen dem Individuum und dem Universellen?*
Das Denken.

176. *Was ist das Prinzip, durch das sich die Möglichkeiten der Existenz ausdrücken?*
Das Gesetz der Liebe.

177. *Wie wird dieses Prinzip zum Ausdruck gebracht?*
Durch das Gesetz des Wachstums.

178. *Von welchen Umständen hängt das Gesetz des Wachstums ab?*
Von wechselseitigen Handlungen. Das Individuum ist zu jeder Zeit vollständig. Das macht es möglich, nur in dem Maße zu empfangen, wie wir auch geben.

179. *Was ist es, was wir geben?*
Das Denken.

180. *Was empfangen wir?*
Denken, welches stets im Gleichgewicht befindende Substanz ist und sich konstant durch das, was wir denken, in Form ausdrückt.

18

Das Gesetz der Anziehung

Wachstum ist das einzige, was Dich vom Universellen unterscheidet. Dieses wächst nicht, da es ja alles ist, alles durchdringt, alles hervorbringt, Substanz im Gleichgewicht– reines Potenzial.

Deine Persönlichkeit besteht aus nichts anderem als Deinem Verhältnis zum Ganzen, da Du Dich nur über das Ganze definierst. Erinnere Dich: Du bist der Kanal, durch den sich das Ganze Ausdruck verschafft.

Das Bewußtsein ist der Materie und dem Spirituellen vorstehend – das hast Du bereits gelernt. Rufe Dir hierzu noch einmal die Grafik über die Beziehung von Frequenz und Dichte ins Bewußtsein. Sie zeigt Dir auf, daß das Materielle *immer* nach dem Spirituellen kommt.

Intelligenz wird über die Macht angezeigt, ihre Handlungsweisen zu lenken und sich bewußt an ihre Umgebung anzupassen. Es ist wieder einmal Deine Inanspruchnahme und die darauf folgende Handlung. Diese Inanspruchnahme ist geistig; sie besteht aus Deinem konstruktiven, harmonischen und systematischen Denken. Denken ist die unsichtbare Verbindung, durch die das Individuum mit dem Universellen kommuniziert. Denken ist die dynamische Phase des Bewußtseins – welches selbst nur statisch ist – die bereits erwähnte Substanz im Gleichgewicht.

Du lernst, daß der einzige Glaube, der von Wert ist, derjenige ist, der auf die Probe gestellt werden kann, der als lebendige Wahrheit bewiesen werden kann. Von jedem anderen Glauben kann ruhig angelassen werden, denn er ist wertlos.

Du lernst auch, daß Wachstum von einer Wechselwirkung abhängig ist, nämlich von Deinem Geben und der daraus entspringenden Reaktion des Universellen durch das Gesetz der Anziehung. Anders als auf der materiellen Ebene zieht auf der geistigen Ebene Gleiches Gleiches an. Somit spiegelt z.B. der Wohlstand eines Individuums seinen inneren Seinszustand, hier also inneren Wohlstand, wider. Innerer Wohlstand ist das Geheimnis, um äußeren Wohlstand anzuziehen. Je mehr Du gibst, desto mehr wirst Du erhalten.

Schlußendlich lernst Du, daß Macht nicht nur vom Machtbewußtsein abhängig ist, sondern auch von seinem Gebrauch. Ohne Bewußtsein, keine Verwendung. Ohne Aufmerksamkeit, kein Gebrauch. Ohne Gebrauch, keinerlei Bedeutung für Dein Wesen. Aufmerksamkeit hängt aber von Übung ab. Deine Motivation für Aufmerksamkeit ist Interesse, Dein erweitertes Blickfeld durch Deine Anerkennung und ‚In-Einklang-bringen‘ mit dem Unendlichen, sowie Deine Begierde nach neuem Wissen, neuen Erkenntnissen, neuen Erfahrungen und letztendlich neuem Leben.

ÜBUNG

Aus der Übung dieses 18. Kapitels sollte nun ein für alle Mal hervorgehen, daß Du mit den Aufgaben wachsen mußt. Sie ist daher auch die bislang umfangreichste. Da reicht es nicht mehr, an sie mit dem Bewußtsein der ersten Wochen heranzutreten, denn sie verlangt Dir eine sehr viel mehr ab. Charles Haanel geht hier auch noch einmal auf den Atem ein, etwas, ein Thema, das er in ‚*Die erstaunlichen Geheimnisse der Yogis*‘ ausführlicher behandelt. Darüber hinaus stellt er dort Atemübungen vor, die positive Auswirkungen auf Deinen Körper und Deinen Gemütszustand haben. Sei bitte auch bei dieser anspruchsvollen Übung konsequent und gewissenhaft, damit Du Meisterschaft erlangst.

AUFGABEN

1. Erkläre, was es bedeutet, das Selbst als Individualisierung der Universellen Intelligenz anzuerkennen.

....

....

2. Bewerte hier auf einer Skala von 1 – 10, wie Du Dich diese Woche gefühlt hast:

	Vorwoche	Jetzt
Dein Selbstwert:	_____	_____
Dein Energieniveau:	_____	_____
Dein Glücksgefühl:	_____	_____
Deine Tatkraft:	_____	_____
Deine Gesundheit:	_____	_____
Dein Reichtum:	_____	_____

3. Erkläre, warum die schöpferische Kraft nicht dem Individuellen entspringt.

....

....

....

....

4. Was ist die unsichtbare Verbindung, mit dem das Individuelle mit dem Universellen kommuniziert?

....

5. Warum ist nur der Glaube von Wert, der auf die Probe gestellt werden kann?

....

....

....

....

6. Kreuze an, welche der untenstehenden Aussagen auf Dich zutreffen:
   - ☐ Ich ziehe mich immer öfter zurück und suche Orte der Stille.
   - ☐ Meine Konzentrationsfähigkeit hat sich verbessert.
   - ☐ Ich kann mir Dinge genau vorstellen und sie mit umfangreichen Details versehen.
   - ☐ Ich kann mich in eine Situation hineinfühlen und die Energie körperlich, aber auch zunehmend über meine Sinne spüren.
   - ☐ Ich erkenne meine Rolle als Mensch in der Evolution der Menschheit.

- [ ] Ich bin mir meiner Verantwortung anderer Wesenheiten gegenüber bewußt.
- [ ] Ich bin dankbar für die vielen neuen Einsichten, die sich durch das Studium ergeben.
- [ ] Meine körperliche Leistungsfähigkeit steigt mit meiner geistigen Kraft.

7. Auf der spirituellen Ebene zieht Gleiches Gleiches an. Warum?

....

....

....

....

8. Warum ist es so wichtig, sein Herz in eine Sache mit einzugeben?

....

....

....

....

9. Wovon hängt Macht ab?

....

....

10. Wovon hängt Aufmerksamkeit ab?

....

....

TIPP

💬 Um das Große zu schätzen, bedarf es das Kleine schätzen zu lernen. Schau Dir mal Dinge bewußt an, denen Du sonst keinerlei Aufmerksamkeit schenken würdest. Du wirst Details wahrnehmen, was Deine Beurteilung oft grundlegend ändert. Je mehr Details Du erkennst, desto größer Deine Schätzung für alles, was ist.

LITERATURHINWEIS

Ⓦ Die „Thoth" Bücher von Kerstin Simoné sind zwar Channelings, aber sie haben mir geholfen, zu verstehen, was es mit unserem Entwicklungspfad auf sich hat. Auch diese Bücher sind

MKS-konform. Die Wahrheit ist letztlich immer dieselbe.

DU HAST DIESEN TEIL GEMEISTERT...

- wenn Du verstanden hast, daß Deine Persönlichkeit ausschließlich aus dem Bezug zu Deiner Umwelt entstanden ist und dadurch geprägt wurde.
- wenn Du verstanden hast, daß Denken die unsichtbare Verbindung zwischen Dir und dem Universellen ist.
- wenn Du in der Lage bist, durch Dein Denken vom Glauben zum Wissen kommst und so Abschied nimmst von Spekulation, Aberglauben, Meinungen, Vermutungen oder Behauptungen.
- wenn Du verstanden hast, daß Gedanken des Überflusses nur auf ähnliche Gedanken antworten werden.
- wenn Du begonnen hast, Deine Aufmerksamkeit zu kultivieren und Dank dafür aussprechen kannst, daß Du Dir dieser Sache gewahr geworden bist.
- wenn Du verstanden hast, daß Interesse der Aufmerksamkeit voraus geht, sie sich dann aber beide hochschaukeln und so mehr zu noch mehr führt.
- wenn Du deine Macht gebrauchst, um sie so wachsen zu lassen.

KOMMENTAR

Du wärst nichts ohne bestimmte Beschreibungen. Sie sind es erst, die Dein Wesen, aber auch Deine Persönlichkeit ausmachen. Sie sind es auch, die Dich einschränken können, wenn Du ihnen zu viel Bedeutung beimißt.

Die Titel oder Beschreibungen richten sich natürlich nach dem, was Du tust, und was Du tust, richtet sich nach dem, was Du denkst, und das richtet sich nach dem, wer oder was Du bist. Änderst Du Dein Denken, ändern sich auch die Titel und Beschreibungen. Gleichzeitig aber solltest Du Dich stets daran erinnern, daß diese duale Sichtweise auch Probleme birgt, denn sie kann Dich ‚um den Verstand bringen'. Dieser ist darauf ausgerichtet, zu trennen und Unterschiede zu erkennen, kann aber mit einer Einheitssichtweise zunächst gar nichts anfangen. Das bedarf Übung, denn mit der Zeit weißt Du, wann der Verstand eingesetzt werden sollte und wann nicht.

Es fällt Dir zunehmend leichter, das zu entwickeln, was ich oben mit ‚Einheitssichtweise' bezeichnet habe. Diese entsteht durch dieses Studium; durch genaue und wertfreie Beobachtung; durch das Erkennen des Ganzen im unendlich Kleinen und im unendlich Großen. Dadurch entwickelst Du Scharfsinn, Einsicht, Souveränität und Vertrauen. Diese wiederum führen Dich zu wahrer Freiheit und der damit verbundenen Losgelöstheit. Dort findest Du dann auch Deine Glückseligkeit, anstatt Dich durch bestimmte Beschreibungen eingrenzen zu lassen. Am Ende des Tages ‚bist' Du einfach nur, wodurch Etiketten und Kategorien keine wirkliche Bedeutung mehr haben.

1.   Dieser Satz mag etwas seltsam anmuten, wenn man ihn 100 Jahre später liest und sich fragt, was sich denn wirklich verändert hat. Um die damalige Jahrhundertwende erfuhren die Geisteswissenschaften eine wahre ‚Hochzeit'. Die damaligen Autoren haben eine immense Vorarbeit geleistet, auf der wir jetzt aufbauen. Leider findet das mit sehr viel Verspätung statt, da die Weltkriege und Rezessionen die Menschen in ihrer spirituellen Entwicklung immer wieder zurückgeworfen haben. Nun stehen wir erneut vor großen Herausforderungen, sind aber hoffentlich in der Lage, sie kollektiv mit möglichst wenig Schmerz zu meistern. Es liegt wieder einmal an uns selbst – an jedem einzelnen von uns.

2.   Das ist heute noch viel zutreffender, auch wenn durch die schiere Bevölkerungswachstumsrate immer mehr Menschen geboren werden, die in ihrer Bewußtseinsentwicklung noch am Anfang stehen. Dennoch kommen sie durch die von Rupert Sheldrake postulierten morphischen Felder in den Genuß alles vorher Gedachten. Sie lernen also sehr viel schneller. Das ist bei vielen Kindern bereits über jeden Zweifel erhaben zu beobachten, nur sind oft die Eltern nicht in der Lage, das richtig einzuschätzen und damit umzugehen. Die gesamte ADHS Problematik hat ihren Ursprung darin und nicht etwa im Kind selbst. Darüber hinaus kann die Gesellschaft mit ihren Strukturen derzeit nur ungenügend damit umgehen, obwohl sich auch hier Besserungen einstellen.

3.   Interessanterweise hat die Religion in diesem Schritt nicht mithalten können und sich erst in letzter Zeit etwas mehr geöffnet. Darin steckt natürlich auch ein großes Machtpotential. Deswegen wird die individuelle Entwicklung des Einzelnen hin zu einer souveränen, weisen und intelligent fühlenden Person nicht von

allen gutgeheißen. Dadurch werden alte Strukturen nämlich unwirksam gemacht, sollten diese nicht in der Lage sein, sich der neuen Zeitqualität anzupassen.

4. Was Charles Haanel damit zum Ausdruck bringen will, ist folgendes: Die Strukturen, die allein auf unbewiesenem Glauben und Aberglauben oder einfach nur überliefertem Material beruhen, können sich in diesem neuen Licht nicht länger halten. Der Mensch befähigt sich zunehmend selbst, erkennt sich aber auch gleichzeitig als Teil eines viel größeren Systems, welches er durch diese Einheit nicht länger bekämpft oder ignoriert, sondern es verschönert, verbessert und verfeinert – und dadurch natürlich auch sich selbst.

5. Zu der Zeit, zu der Haanel dies schrieb, gab es noch keine Weltkriege. Um die damalige Jahrhundertwende erfuhr der Bereich der Geisteswissenschaften einen gewaltigen Schub nach vorne. Leider waren damals die Kommunikationskanäle noch nicht vorhanden, um eine große Menge an Menschen zu erreichen. Heute ist das glücklicherweise anders. So hat das im Master Key System vermittelte Wissen nach all dieser Zeit endlich die Möglichkeit, genau das zu erreichen, was Haanel mit ihm anstrebte, nämlich eine grundlegende Transformation der Gesellschaft und des gesamten Planeten.

6. Hier wird erneut die Brücke zwischen der Wissenschaft und dem Glauben geschlagen. Denken ist die dynamische Phase des Bewußtseins. Bewußtsein, zumindest im Falle des Menschen, entsteht immer durch Beobachtung, d.h. Aufmerksamkeit. Dadurch verschiebt sich das Energiegleichgewicht, welches im Zustand der Nichtbeobachtung besteht. Die Beobachtung lenkt die Aufmerksamkeit auf eine bestimmte Sache, entzieht sie aber gleichzeitig allen anderen. Daher auch: ‚Worauf wir unsere Aufmerksamkeit lenken, dessen werden wir uns bewußt.‘ Das ist das sogenannte Kollabieren der Wellenfunktion des Lichts, welches sich bei Beobachtung wie ein Teilchen verhält und dadurch bestimmte Merkmale annimmt. Wir sind es, die durch unsere Beobachtung ‚Scheibchen von Bewußtsein‘ aus der Universellen Substanz herausziehen, dafür aber anderen ‚Scheibchen‘ keine Aufmerksamkeit und Energie schenken. Dadurch gibt es für uns dort kein Bewußtsein und auch kein Leben.

7. ... und es ist Deine Chance, Dir all Deine Wünsche zu erfüllen. Alles steht für Dich auf Abruf bereit. Erinnere Dich an Kapitel 5, wo es darum ging, daß Du lediglich Dein Erbe antreten mußt. Alles ist vorbereitet, aber Gebrauch ist die Bedingung für den Nutzen.

8. Natürlich finden wir diese Intelligenz auch im Pflanzen- und Tierreich, aber der Mensch hat dem noch ganz andere Fähigkeiten abgewonnen. Interessanterweise stellen wir aber mit unserer eigenen zunehmenden Intelligenz diese immer mehr in den anderen Bereichen fest. So bewahrheitet sich auch auf dieser Ebene das hermetische Axiom: ‚Wie innen, so außen‘.

9. An dieser Stelle wird erneut deutlich, daß es darum geht, Ordnungen und Strukturen zu entdecken. Dafür gab es auch Kapitel 11, wo Du ins Induktive Denken eingeführt wurdest. Diese Ordnungen und Strukturen

entstehen durch genaue Beobachtung und führen zur Entdeckung von Gesetzen oder Gesetzmäßigkeiten. Diese wiederum geben Dir Gewißheit, welche zur inneren Ruhe und dann zu intelligenten Entscheidungen führt.

Du kannst aber nicht erwarten, diese übergreifenden Muster zu erkennen, wenn Du Dich mit ihnen nicht befaßt. Daher ist ,*ewige Aufmerksamkeit der Preis des Erfolges.*' Für das tägliche Leben bedeutet das, daß Dir all das, was Du von außen ohne eigenes Zutun aufnimmst, von anderen zugedacht wurde und somit deren Eigentum ist. Vor allem, wenn Dir die Auswirkungen nicht gefallen, hast Du durch die Allgegenwärtigkeit der Universellen Substanz jederzeit die Möglichkeit, etwas Neues zu erschaffen, dessen Qualität der gegenwärtigen Auswirkung entgegengesetzt ist.

10. Es ist Deine Absicht und Beobachtung, die Dich zum Anerkennen dieser Universellen Gesetzmäßigkeiten führt. Daher bedarf der ganze Prozeß auch viel Stille, die für den untrainierten Studenten anfangs zu etwas Verwirrung führen mag, aus der sich dann mit der Zeit eine Klarheit entwickelt, die mit nichts vergleichbar ist.

11. Der Fokus liegt auch hier auf dem ,*alles durchdringen*' und ,*immer bereit, in Aktion zu treten*'. Es geht auch deutlich daraus hervor, daß die höheren Ebenen der Intelligenz die niederen beherrschen, weil diese sich nur auf eine beschränkte Art und Weise Ausdruck verschaffen können. Die höheren Ebenen haben dagegen einen viel größeren Handlungsspielraum und

auch das Bewußtsein, sich auf bestimmte Situationen einzustellen.

Hier sei erneut ein Verweis auf ,*Die erstaunlichen Geheimnisse der Yogis*' sowie auf ,*Ein Buch über Dich*' erlaubt. Beide liefern überaus nützliche Hinweise zur Selbstermächtigung und Selbstbefähigung, lehren Dich aber auch viel über den Menschen im allgemeinen sowie über dessen Schicksal.

12. Durch die geistige Inanspruchnahme dieser universellen Substanz wird das Individuum zu einem bewußten Kanal des Ausdrucks. Das führt dazu, daß es für das Individuum gar nicht mehr möglich ist, sich von außen durch andere Menschen steuern oder manipulieren zu lassen. Man nimmt das Heft selbst in die Hand, beschreitet aber auch einen Weg, der dem üblichen sehr unähnlich ist. Man entwickelt Einsicht und Vertrauen, und durch geistige Inanspruchnahme bringt man genau die Qualitäten zum Ausdruck, auf die man seine Aufmerksamkeit richtet.

13. Auch das hat der Mensch durch Beobachtung herausgefunden und entsprechend klassifiziert. Die gesamte Schöpfung beruht auf genauen numerischen Verhältnissen. Diese numerischen Verhältnisse lassen dann wiederum wunderschöne geometrische Figuren entstehen. Das, was stimmt, sieht auch immer gut aus. Auch hier der Bezug zwischen der Mathematik und unserer visuellen Empfindung. Wissenschaftler wie Hartmut Warm haben festgestellt, daß sich das gesamte Planetensystem um die Sonne in genauen numerischen Verhältnissen zueinander bewegt. Dieser ,Tanz der Planeten' ist an geometrischer Schönheit kaum zu überbieten.

475

14. Achte hier bitte auf die Reihenfolge: Denkend, wissend, fühlend und tatkräftig. Das Denken kommt zuerst und führt durch Beobachtung und Klassifizierung zum Wissen. Dieses gibt Gewißheit und läßt das Erwünschte bereits im Geiste erfühlen. Das führt zu Mut und Tatendrang und dadurch schließlich zur Manifestation.

15. Dieses Beispiel sollte es deutlich machen, was mit der Entwicklung des Bewußtseins gemeint ist. Je besser der Apparat, desto umfangreicher offenbart sich die Schöpfung in all ihrer Pracht. Ob es nun neue Sterne sind oder ein neuer Beruf, eine erfüllte Partnerschaft oder gesundheitliche Stärke, überall greifen dieselben universellen Gesetzmäßigkeiten.

16. Weil es so wichtig ist, hier noch einmal zur Erinnerung: Du lernst hier, daß Glaube eine Funktion hat, und zwar ausschließlich die, Dich zum Wissen und zur Wahrheit zu führen.

17. Das ist genau der Punkt des gesamten Studiums. Der Glaube oder das Vertrauen wird konsequent genutzt, um bestimmte geistige Konstrukte im Bewußtsein zu halten. Diesen wird dann in der schöpferischen Werkstatt der Vorstellungskraft Form und Gestalt gegeben. Schlußendlich kann man vom Glauben ablassen, weil man das Wissen erlangt hat. Dann kann man sich wieder etwas Neues vornehmen und daran glauben und damit denselben schöpferischen Prozeß in Gang setzen.

18. Interessant ist in diesem Zusammenhang die Beziehung zwischen Wahrheit und Nutzen. Wenn etwas falsch ist, hat es auch keinen Nutzen, außer vielleicht den Anwender darauf hinzuweisen, daß es so nicht weitergehen sollte und eine gedankliche Umorientierung stattfinden müßte.

19. Wie bereits in der Übung von Kapitel 8 erlernt, gehört es dazu, genau hinzuschauen – unterhalb der Oberfläche. Dort finden sich weitere Details zu dieser Sache, die einem zusätzliche Informationen vermitteln, ganz gleich ob zu einem Kriegsschiff oder zu Deinem Ideal, das Du zu erreichen suchst.

20. Ausschließlich darum dreht es sich in diesem Studium. Das neue und tiefere Verständnis der universellen Gesetzmäßigkeiten versetzt Dich in die Lage, Dein Leben ganz anders zu gestalten als zuvor, wo Dir nur beschränkte Möglichkeiten zur Verfügung standen. Nun entdeckst Du Deine Vorstellungskraft als die wahre Macht, neue Dinge in Dein Leben zu ziehen und zu genießen.

21. Manifestiert wird immer nur durch Anziehung, denn ein Abstoßen führt zur Zerstreuung und somit zum Gegenteil von Manifestation.

22. Bei der Absicht der Schöpfung handelt es sich zumindest laut der Mayas darum, daß Du zu einem bewußten Mitschöpfer wirst. Durch Deinen höheren Grad an Intelligenz drückst Du andere Formen von Leben aus und hörst vor allem auf, Dir die Lebensgrundlage zu entziehen. Dafür richtet sich Deine Aufmerksamkeit zunehmend auf Dinge, die allen Wesenheiten und nicht nur dem Menschen selbst mit seiner heutigen, leicht verwirrten und unwissenden Auffassung hilfreich sind.

23. Bedenke an dieser Stelle, daß Du als Wesen wachsen willst und sollst. Alle Wesenheiten haben eine Bestimmung, und dieser gilt es nachzugehen. Wenn Du verstehst, wie das Gesetz der Anziehung in dieser Hinsicht anzuwenden ist, wird es Dir immer leichter fallen, es in Deinen Alltag zu integrieren. In der Tat geht es irgendwann gar nicht mehr anders – es geschieht durch die viele Wiederholung wie von selbst. Das – und das sei hier noch einmal wiederholt – ist Teil des Designs, des göttlichen Plans. Es gibt aber auch andere Schulen, die dazu raten, den Wunsch einmal und stark zu formulieren, ihm dann aber keinerlei Aufmerksamkeit mehr zu schenken. Dann allerdings muß es dir vollkommen gleichgültig sein, wann sich der Wunsch verwirklicht, da du jeglichen Einfluß aufgegeben hast, der zur Verwirklichung beitragen könnte.

24. Aus dieser Passage geht hervor, daß Du geben mußt, und dieses Geben ist zunächst ein rein geistiger Vorgang. Es ist Deine Beschäftigung mit diesen Dingen, die Dein Bewußtsein entwickeln und schärfen. Mit der Zeit stellst Du fest, daß je mehr Du gibst, desto so mehr wirst Du erhalten. Auch das Geben ist eine Kraft, die trainiert und geschult werden muß, um sie zum Ausdruck zu bringen. Das dadurch wachsende Bewußtsein in Verbindung mit dem Gesetz der Anziehung führt aber schließlich dazu, daß Du auch entsprechend empfängst.

Durch Dein Geben hilfst Du auch anderen, und wenn Du anderen hilfst, helfen sie Dir. Das haben die mächtigen Menschen der Welt erkannt. Sie geben etwas und erhalten etwas. Im Idealfall sind beide Seiten mit der Transaktion zufrieden. Sollte das nicht der Fall sein, hat jede Seite die Möglichkeit, durch sein Denken individuell auf die Universelle Substanz einzuwirken. Unterläßt er das, hat er nur sich selbst dafür verantwortlich zu machen. Auch dahin führt Dich das Master Key System Studium: Zum Übernehmen von Eigenverantwortung.

25. Hier gilt es, ‚[...] *die Fähigkeit, etwas zu erschaffen*' und ‚[...] *sein Herz in geistige Arbeit steckt*' zu verbinden, denn so wird daraus eine Einheit. Du erschaffst etwas durch Deine geistige Arbeit, die sich dann im Leben auf materieller, mit den Sinnen wahrnehmbarer Ebene entsprechend darstellt.

26. Sie alle haben gemein, daß sie regelmäßig die Stille aufsuchen und generell ihre eigenen Gedanken denken. Sie lassen sich von anderen nichts vorschreiben, und genauso solltest auch Du Dir von anderen nichts vorschreiben lassen, sondern selbst bestimmen. Achte genau auf die Bedeutung von ‚*vor-schreiben*' und ‚*be-stimmen*'.

27. Ergo, wenn Dir nach Überfluß ist, denke Überfluß. Wenn Dir nach Gesundheit ist, denke Gesundheit. Das sollte jetzt wirklich klar und deutlich sein, daß es allein Dein Denken ist, welches diese neuen Zustände und Umgebungen erschafft und herbeiführt.

28. Denken relativiert. Es richtet seine Aufmerksamkeit auf eine bestimmte Sache, läßt aber zwangsläufig von anderen Sachen ab. Dadurch entsteht Bewegung im Universellen Bewußtsein, welches sich dem zuneigt, das von ihm in Anspruch

genommen wurde. Das vormals statische wird nun dynamisch, und all die vom Menschen herausgefundenen Naturgesetze greifen nun.

29. Charles Haanel sagte an einer Stelle so schön: ‚*Wir können keine Kräfte ausdrücken, die wir nicht besitzen.*‘ Genau darauf spielt diese Passage an. Der Besitz kommt durch Bewußtsein, und Bewußtsein kommt durch Gebrauch. Daher sind Macht und Bewußtsein letztendlich synonym, denn je mehr Bewußtsein Du hast, desto mehr Macht hast Du auch. Dabei handelt es sich um *Ge-brauch*, nicht *Miß-brauch*.

30. Du kennst doch den Ausspruch: ‚Wissen ist Macht.‘ Wissen heißt einfach nur, über eine hohe Informationsfülle zu verfügen. Diese Informationsfülle erlaubt es Dir dann, aus mehreren Alternativen auszuwählen, anstatt nur eine beschränkte Auswahl zu haben. Hier wird auch deutlich, daß es um die Anwendung des Wissens geht, nicht allein um den Besitz. Nochmals zur Erinnerung: Gebrauch ist die Bedingung.

31. Übung und Aufmerksamkeit sind identisch, denn Aufmerksamkeit ist gleichsam eine Übung, und zu üben bedeutet aufmerksam zu sein.

32. Wer sich mit Buddhismus befaßt hat, dem wird diese Aussage nicht neu vorkommen. Gewahrsein ist der Aufmerksamkeit ähnlich. Durch Aufmerksamkeit wirst Du Dir bestimmter Dinge gewahr, und durch Übung und Wiederholung letztlich bewußt. Gewahrsein ist aber stets wert- und urteilsfrei.

33. Diese Übung sollte Dir mit all Deinem neuen Verständnis sehr leicht fallen. Schöpferisch zu denken hast Du bereits gelernt. Nun kommt lediglich die Komponente hinzu, daß Du anziehen wirst, was Du aussendest – daß zwischen Gedanke und Manifestation das Gesetz von Ursache und Wirkung herrscht, aber auch das Gesetz der Entsprechung. In der Tat kommen dort – wie auch woanders – alle sieben Hermetischen Prinzipien gleichzeitig zur Anwendung.

19

Die Entwicklung der Lebenskraft

Angst ist eine kraftvolle Gedankenform. Sie lähmt die Nervenzentren und beeinflußt somit den Blutkreislauf. Dieses wiederum lähmt das Muskelsystem, so daß sich Angst auf das gesamte Wesen auswirkt: Körper, Gehirn und Nerven; physisch, geistig und muskulär.

Natürlich ist der Weg, die Angst zu überwinden, der, sich der Macht bewußt zu werden. Was ist sie, diese mysteriöse Lebenskraft, die wir Macht nennen? Wir wissen es nicht, aber wir wissen auch nicht, was Elektrizität ist.

Wir wissen aber, daß, wenn wir uns an die Erfordernisse halten, die das Gesetz der Elektrizität steuern, sie unser gehorsamer Diener sein wird; daß sie unsere Häuser und Städte erleuchtet, unsere Maschinen laufen läßt und uns auf vielen nützlichen Wegen dienlich ist.

So verhält es sich auch mit der Lebenskraft. Obwohl wir nicht wissen, was sie ist und es vielleicht auch nie wissen werden, wissen wir, daß sie eine grundlegende Kraft ist, die sich durch unsere lebendigen Körper ausdrückt. Wenn wir uns dann an die Regeln und Gesetze halten, die sie steuern, können wir uns einem größeren Zufluß dieser **Lebensenergie** öffnen und somit den größtmöglichen Grad mentaler, moralischer und spiritueller Effizienz zum Ausdruck bringen.

Dieser Teil erzählt uns von einem einfachen Weg, diese Lebenskraft zu entwickeln. Wenn Du die in dieser Lektion umrissenen Informationen anwendest, wirst Du bald ein Gespür für Macht entwickeln, welcher seit jeher das herausragende Merkmal von Genies ist.

DIE ENTWICKLUNG DER LEBENSKRAFT

1. Die Suche nach der Wahrheit ist nicht länger ein zufälliges Abenteuer, sondern ein systematischer Vorgang und ist logisch in seiner Durchführung. Jeder Art von Erfahrung wird eine Stimme zur Beeinflussung der Entscheidung verliehen.

2. Durch die Suche nach der Wahrheit suchen wir die letztendliche Ursache. Wir wissen, daß jede menschliche Erfahrung eine Auswirkung ist. Wenn wir uns anschließend der Ursache vergewissern und herausfinden, daß wir diese Ursache bewußt steuern können, wird auch **die Auswirkung der Erfahrung unserer Kontrolle unterliegen**.

3. Die menschliche Erfahrung wird dann nicht mehr des Schicksals Spielball sein; der Mensch wird nicht mehr Kind des Glücks, sondern des Geschicks sein. Deshalb werden Schicksal, Glück und höhere Fügung genauso gesteuert werden, wie der Kapitän sein Schiff oder der Lokführer seinen Zug steuert.

4. Alle Dinge sind schließlich in dasselbe Element auflösbar, und da sie dadurch **übertragbar** sind, eins ins andere, müssen sie immer in Bezug und nie im Gegensatz zueinander stehen.

5. In der physischen Welt gibt es zahllose Unterschiede, denen aus Gründen der Bequemlichkeit bestimmte Namen zugeordnet wurden. Es sind Größen, Farben, Schattierungen oder Folgen aller Dinge. Es gibt einen Nordpol und einen Südpol, ein Innen und ein Außen, ein Sichtbares und ein Unsichtbares, aber diese Ausdrücke dienen uns lediglich dazu, Extreme in Kontrast zu setzen.

Charles Haanel spielt hier auf das hermetische Prinzip der Polarität an.

6. Sie sind die Namen, die wir zwei unterschiedlichen Teilen einer Einheit gegeben haben. Die beiden Extreme sind relativ; sie sind

So wie Wahrheit Fehler und Licht Dunkelheit vertreibt, so verschwindet das Böse, wenn das Gute erscheint.

nicht voneinander getrennte Einheiten, sondern zwei Teile oder Aspekte eines Ganzen.

7. In der geistigen Welt finden wir dasselbe Gesetz. Wir sprechen von Wissen und Ignoranz, aber Ignoranz ist lediglich ein Mangel an Wissen und somit lediglich ein Wort, das die Abwesenheit von Wissen ausdrückt; an und für sich hat es keinerlei Bedeutung.

8. In der moralischen Welt finden wir wiederum dasselbe Gesetz. Wir sprechen von ‚gut‘ und ‚böse‘, aber das Gute ist eine Wirklichkeit – etwas Greifbares – während das sogenannte Böse schlicht und ergreifend der negative Umstand, die Abwesenheit des Guten ist. Das Böse wird manchmal als ein sehr lebensnaher Umstand angesehen; es hat aber keinerlei Bedeutung, keine Lebenskraft, kein Leben. Wir wissen das, weil es jederzeit durch das Gute zerstört werden kann. So wie Wahrheit Fehler und Licht Dunkelheit vertreibt, so verschwindet das Böse, wenn das Gute erscheint. Es gibt demnach nur ein einziges Prinzip in der moralischen Welt.

9. Wir finden genau dasselbe Gesetz in der spirituellen Welt. Wir sprechen von Bewußtsein und Materie als zwei getrennte Einheiten, aber klare Erkenntnis macht es offensichtlich, daß es nur **ein operatives Prinzip** gibt, und das ist das Bewußtsein.

10. Bewußtsein ist das Wahre und das Ewige. Materie ändert sich ständig; wir wissen, daß in den Äonen der Zeit hundert Jahre nur einen Tag bedeuten. Wenn wir in einer Stadt stehen und unser Auge auf den zahlreichen großen und bemerkenswerten Gebäuden ruhen lassen, uns die Eisenbahnen, die Autos, das Telefon und all die anderen Annehmlichkeiten der modernen Zivilisation betrachten, so mögen wir uns daran erinnern, daß keines von ihnen auch nur vor hundert Jahren existierte, und

wenn wir in hundert Jahren an gleicher Stelle stehen, werden wir mit großer Wahrscheinlichkeit nur noch wenig davon vorfinden.

11. Im Tierreich finden wir dasselbe Gesetz des Wechsels. Die Millionen und Abermillionen von Tieren kommen und gehen mit einer Lebensspanne von einigen Jahren. In der Pflanzenwelt ist die Veränderung noch schnellebiger. Viele Pflanzen und fast alle Gräser kommen und gehen innerhalb nur eines einzigen Jahres. Wenn wir zum Anorganischen übergehen, erwarten wir, etwas mehr Beständigkeit zu finden. Doch während wir den anscheinend soliden Kontinent betrachten, wird uns gesagt, daß er aus dem Ozean aufstieg. Wir sehen gigantische Berge, und uns wird gesagt, daß sich dort, wo sie stehen, einst ein See befand, und wenn wir in Ehrerbietung vor den großen Klippen im Yosemite Valley stehen, können wir leicht die Spur der Gletscher verfolgen, die alles vor sich her schoben.

12. Wir stehen im Angesicht kontinuierlicher Veränderung. Wir wissen, daß diese Veränderung nichts als die Evolution des Universellen Bewußtseins ist; des großartigen Vorgangs, durch den alle Dinge kontinuierlich erschaffen und wiedererschaffen werden. Wir werden uns bewußt, daß Materie nichts als eine Form ist, die das Bewußtsein annimmt und somit nur ein Umstand ist. Materie an sich hat keinerlei Prinzip; Bewußtsein ist das alleinige Prinzip.

13. Uns wurde daraufhin klar, daß Bewußtsein das einzige Prinzip ist, das in der physischen, mentalen, moralischen und spirituellen Welt tätig ist.

14. Wir wissen auch, daß Bewußtsein (Mind, Anm. d. Ü.) **statisch** ist, Bewußtsein im Ruhezustand. Wir wissen auch, daß die Fähigkeit des Denkens die ist, auf das Universelle Bewußtsein einzuwirken und es in **dynamisches** Bewußtsein oder Bewußtsein in Bewegung umzuwandeln.

15. Um dies zu tun, muß Treibstoff in Form von Nahrung zugeführt werden, da der Mensch ohne Nahrung nicht denken kann. So

stellen wir fest, daß selbst eine geistige Aktivität wie das Denken nicht in Quellen der Freude und des Gewinns umgewandelt werden kann, es sei denn durch den Gebrauch materieller Hilfsmittel.

16. Es bedarf einer Art von Energie, um Elektrizität zu sammeln und sie in eine dynamische Kraft umzuwandeln. Es benötigt die Sonnenstrahlen, um die zum Erhalt des Pflanzenlebens notwendige Energie zur Verfügung zu stellen. So bedarf es auch Energie in Form von Nahrung, um das Individuum zum Denken und somit zum Einwirken auf das Universelle Bewußtsein zu befähigen.

17. Du magst wissen, daß Denken kontinuierlich und unaufhörlich Form annimmt; daß es nach Ausdruck sucht, oder Du weißt es nicht: Die Tatsache aber bleibt bestehen, daß in Deinem Gesundheitszustand, Deinen Geschäftsbeziehungen und Deiner Umgebung deutlich wird, daß Deine Gedanken kraftvoll, konstruktiv und positiv sind. Wenn Dein Gedanke schwach, kritisch, zerstörerisch und grundsätzlich negativ ist, wird es sich in Deinem Körper als Angst, Sorge und Nervosität widerspiegeln; in Deinen Finanzen als Mangel oder Beschränkung und in Deiner Umgebung als unstimmige Umstände.

18. Jeglicher Wohlstand ist ein Ergebnis von Macht; Besitztümer sind nur dann von Wert, wenn sie Macht übertragen. Ereignisse sind nur dann von Bedeutung, wenn sie sich auf Macht auswirken. Alle Dinge stellen gewisse Formen und Abstufungen von Macht dar.

19. Ein Wissen um Ursache und Wirkung, wie durch diejenigen Gesetze aufgezeigt wird, die Dampf, Elektrizität, chemische Verwandtschaft und Erdanziehung regeln, befähigt den Menschen, **mutig zu planen und furchtlos durchzuführen**. Diese Gesetze werden Natürliche Gesetze genannt, denn sie regeln die physische Welt. Aber nicht alle Kraft ist physische Kraft; es gibt auch mentale, moralische und geistige Kraft.

20. Was sind unsere Schulen, unsere Universitäten, wenn nicht geistige Kraftwerke – Orte, wo geistige Kraft entwickelt wird?

Da alle Formen von der Schwingungsrate und dem Verhältnis der Atome zueinander abhängen, müssen wir die Polarität ändern, wenn wir die Form der Darstellung ändern möchten.

21. So, wie es viele mächtige Kraftwerke für die Kraftanwendung auf Maschinen gibt, durch die Rohmaterial gesammelt und in die Bedürfnisse und den Komfort des Lebens umgewandelt wird, so sammeln geistige Kraftwerke das Rohmaterial, kultivieren und entwickeln es zu einer Kraft, welche allen natürlichen Kräften, so bewundernswert sie auch sein mögen, unendlich überlegen ist.

22. Was ist dieses Rohmaterial, welches in den Tausenden geistiger Kraftwerke in aller Welt gesammelt und zu einer Kraft entwickelt wird, welche offensichtlich jede andere Kraft steuert? In seiner statischen Form ist es Bewußtsein – in seiner dynamischen Form ist es Denken.

23. Diese Kraft ist überlegen, weil sie auf einer höheren Ebene existiert; weil sie den Menschen dazu befähigt hat, die Gesetze zu entdecken, durch die diese wunderbaren Kräfte der Natur gebündelt werden konnten, welche so die Arbeit von Hunderttausenden von Menschen verrichten können. Es hat den Menschen befähigt, Gesetze zu entdecken, durch die Zeit und Raum aufgehoben und das Gesetz der Anziehungskraft überwunden wurde.

24. Denken ist die Lebenskraft oder Energie, die dort entwickelt wird und in den letzten 50 Jahren so erstaunliche Ergebnisse erzielt und eine Welt erschaffen hat, die dem Menschen vor 50 oder selbst 25 Jahren noch vollkommen unvorstellbar gewesen wäre. Wenn solche Ergebnisse durch die Organisation dieser geistigen Kraftwerke in nur 50 Jahren erreicht wurden, was wird man dann in den nächsten 50 Jahren alles erwarten können?

25. Die Substanz, aus der alle Dinge erschaffen werden, ist in ihrer Menge unbeschränkt. Wir wissen, daß das Licht mit 300.000 km pro Sekunde reist, daß es Sterne so weit entfernt gibt, daß ihr Licht 2.000 Jahre braucht, um uns zu erreichen. Wir wissen, daß solche Sterne in allen Teilen des Universums existieren. Wir wissen auch, daß dieses Licht in Wellen kommt und daß, wenn der **Äther** (auf dessen Schwingen es reist) nicht beständig wäre, dieses Licht uns nicht erreichen würde. Wir können dann nur zu dem Schluß kommen, daß diese Substanz, oder Äther, oder Rohmaterial, universell vorhanden ist.

26. Wie nun stellt sich die Substanz in Form dar? In der Elektrischen Wissenschaft wird eine Batterie durch das Verbinden gegenüberliegender Pole von Zink und Kupfer gebildet, das einen Stromfluß von der einen zur anderen Seite verursacht und somit Energie bereitstellt. Derselbe Vorgang wird in Bezug auf jede Art von Polarität wiederholt, und da alle Formen schlichtweg von der Schwingungsrate und konsequenterweise dem Verhältnis der Atome zueinander abhängen, müssen wir die Polarität ändern, wenn wir die Form der Darstellung ändern möchten. Das ist das Prinzip der Verursachung.

27. Als Übung dieser Woche konzentriere Dich, und wenn ich das Wort ‚konzentrieren‘ benutze, meine ich all das, was das Wort beinhaltet. Gehe so sehr in dem Objekt Deines Gedankens auf, daß Du Dir nichts anderem mehr bewußt wirst. Tue das jeden Tag für einige Minuten. Du nimmst Dir die notwendige Zeit zum Essen, damit der Körper genährt werden kann; warum nimmst Du Dir nicht die Zeit, Deine geistige Nahrung aufzunehmen?

28. Lasse den Gedanken auf der Tatsache ruhen, **daß Erscheinungen trügerisch sind**. Die Erde ist weder flach, noch steht sie still. Der Himmel ist kein Dom; die Sonne bewegt sich nicht; die Sterne sind keine kleinen Flecken aus Licht, und von Materie, von der man einst annahm, daß sie fix sei, weiß man nun, daß sie sich in einem Zustand unaufhörlicher Bewegung befindet.

Was damals ‚Äther‘ genannt wurde, nennen wir nun ‚Nullpunktfeld‘, ‚Neutrinos‘ oder ‚Universelles Bewußtsein‘. Damals wurde angenommen, daß es sich um irgendeine Form von Substanz handelt. Heute gehen wir davon aus, daß es reines Bewußtsein ist, so fein und subtil, daß es alles durchdringt und von uns als Summer aller Möglichkeiten angesehen wird, darauf wartend, in Anspruch genommen und verwirklicht zu werden.

485

29. Versuche Dir klarzumachen, daß sich der Tag schnell nähert – sein Morgen dämmert schon – wo die Formen des Denkens und der Handlung einem sich anhäufenden Wissen um die Funktion dieser unendlichen Prinzipien schnellstens angepaßt werden müssen.

Stiller Gedanke ist, vor allem anderen, die mächtigste wirkende Kraft in allen menschlichen Angelegenheiten.
— WILLIAM ELLERY CHANNING

FRAGEN UND ANTWORTEN

181. *Wie werden Extreme in Gegensatz zueinander gestellt?*
Ihnen wurden bestimmte Namen gegeben, so wie innen und außen, oben und unten, hell und dunkel, gut und böse.

182. *Sind sie getrennte Einheiten?*
Nein, sie sind Teile oder Aspekte eines Ganzen.

183. *Was ist das einzige schöpferische Prinzip in der physischen, mentalen und geistigen Welt?*
Das Universelle Bewußtsein, oder die Unendliche Energie, aus der alle Dinge stammen.

184. *Wie stehen wir mit diesem schöpferischen Prinzip in Beziehung?*
Durch unsere Fähigkeit zu denken.

185. *Wie wird dieses schöpferische Prinzip in die Tat umgesetzt?*
Denken ist die Saat, die sich in Handlungen äußert, und Handlungen äußern sich in Formen.

186. *Wovon hängt Form ab?*
Von der Schwingungsrate.

187. *Wie kann die Schwingungsrate geändert werden?*
Durch geistige Handlungen.

188. *Wovon hängen geistige Handlungen ab?*
Von Polarität, Aktion und Reaktion, zwischen dem Individuum und dem Universellen.

189. *Findet schöpferische Energie ihren Ursprung im Individuum oder im Universellen?*
Im Universellen, aber das Universelle kann sich nur durch das Individuum ausdrücken.

190.   *Warum ist das Individuum notwendig?*

Weil das Universelle statisch ist, und weil es Energie bedarf, um es in Bewegung zu setzen. Dieses (in Bewegung setzen)wird durch Nahrung bereitgestellt, welche in Energie umgewandelt wird. Diese wiederum befähigt das Individuum zum Denken. Wenn das Individuum aufhört zu essen, wird es aufhören zu denken. Es wirkt dann nicht länger auf das Universelle ein. Konsequenterweise gibt es dann nicht länger Aktion oder Reaktion; das Universelle ist dann nur reines Bewußtsein in statischer Form – Bewußtsein in Ruhestellung.

19

Die Entwicklung der Lebenskraft

Du lernst in dieser Woche, daß Angst eine machtvolle Gedankenform ist und daß Du sie überwindest, indem Du Dir Deiner Macht bewußt wirst. Das Gespür für Macht entwickelst Du in diesem Kapitel.

Die Suche nach der Wahrheit ist ein logischer, systematischer Vorgang. Die Wahrheit zu suchen bedeutet, die ultimative Ursache zu suchen. Sowohl Schicksal als auch Glück sind von Dir beeinflußbar und unterliegen keineswegs Launen oder Zufällen. Nur Dein fehlendes Verständnis würde es dem noch zuordnen.

Geist ist das einzig wirksame Prinzip – es ist das Wahre, das Ewige. Materie ist nur ein Zustand, den der Geist annimmt, und ist dadurch Veränderungen unterworfen; Materie trägt kein Prinzip in sich. Alle Dinge können somit nur in Verbindung, niemals im Widerspruch zueinander stehen, da sie alle aus demselben entstanden sind, nämlich dem Geist. Extreme wie Armut und Wohlstand oder Krankheit und Gesundheit sind also nur relativ – sie sind zwei Einheiten eines Ganzen. Das ist wichtig zu verstehen, denn das befähigt Dich, den in Kapitel 2 erlernten, starken Gegenvorschlag zu unterbreiten, damit das Unbefriedigende durch das Befriedigende ersetzt wird.

Interessant ist in diesem Zusammenhang auch die Tatsache, daß sich Spirituelles durch Gebrauch vermehrt, während sich Materielles durch Gebrauch abnutzt und schlußendlich vergeht.

Jede spirituelle Aktivität bedarf allerdings materieller Hilfsmittel, in unserem Falle u.a. Nahrung, die wir zu uns nehmen und die uns die umgewandelte Lichtenergie bereitstellt, die wir zum Funktionieren des Körpers brauchen. Deshalb hier noch einmal der Appell an ein Überprüfen Deiner Ernährungsgewohnheiten.

Kraftvolle Gedanken zeigen sich also im Gesundheitszustand, den Geschäftsbeziehungen und der Umgebung. Wohlstand ist das Ergebnis von Macht. Geistige Macht und Kraft ist überlegen, weil sie auf einer höheren Ebene existiert als physische Macht und Kraft. Sie schwingt höher, ist dem Unendlichen näher. Du erkennst dadurch auch, daß Dich das Master Key System Studium befähigt, mit Problemen oder Herausforderungen, die im Leben auftreten sollten, ganz anders umzugehen als zuvor. Du bist im wahrsten Sinne des Wortes *überlegen*, was aber nicht heißt, daß dadurch dem anderen Schaden zugefügt wird, sondern Du handelst immer zum Wohle aller Beteiligten.

Die Substanz, aus der alle Dinge entstehen, ist in der Menge unbegrenzt/unbeschränkt. Sie steht Dir durch Dein bewußtes, harmonisches, konstruktives und systematisches Denken zur Verfügung. Die Auswirkung dessen zeigt sich in der Form, welche von der Schwingungsrate abhängig ist. Um die Wirkung zu ändern, mußt Du die Polarität umkehren. Das Verständnis von Ursache und Wirkung läßt Dich all das erreichen – so auch hier noch einmal ein Verweis auf Kapitel 13.

ÜBUNG

Als Übung dieser Woche gehst Du im Objekt der Gedanken auf, bis Du Dir nichts anderem mehr bewußt bist. Werde Dir auch bewußt, daß Erscheinungen trügerisch sind und vor allem, daß das, was Du jetzt durch Deine Sinneswahrnehmung aufnimmst, das Resultat vorangegangenen Denkens ist. Im Falle einer unerwünschten Manifestation muß *jetzt* gedanklich eine neue Ursache gesetzt werden. Sollte das noch unklar sein, verweise ich auf die ersten Kapitel des Master Key Systems.

AUFGABEN

1. Erkläre, wie Angst ein für alle Mal überwunden werden kann.

   ....

   ....

2. Bewerte hier auf einer Skala von 1 – 10, wie Du Dich diese Woche
   gefühlt hast:

	Vorwoche	Jetzt
Dein Selbstwert:	_____	_____
Dein Energieniveau:	_____	_____
Dein Glücksgefühl:	_____	_____
Deine Tatkraft:	_____	_____
Deine Gesundheit:	_____	_____
Dein Reichtum:	_____	_____

3. Wonach suchen wir, wenn wir nach der Wahrheit suchen?

   ....

4. Wovon werden Deine Erfahrungen mit dem von Dir gewonnenen
   Wissen von nun an abhängig sein?

   ....

   ....

   ....

5. Erkläre, was es bedeutet, daß beide Extreme einer Sache relativ sind.

   ....

   ....

   ....

   ....

   ....

6. Kreuze an, welche der untenstehenden Taten oder Handlungen Du diese
   Woche unternommen hast oder welche eingetreten sind:

   ☐ Ich weiß, daß es Verantwortung gibt, aber keine Schuld.

   ☐ Ich lenke meine Aufmerksamkeit bewußt auf das, was Prinzip hat.

   ☐ Ich kooperiere mit anderen Menschen bei dem Erreichen meiner

Ziele.

☐ Ich kommuniziere klar und deutlich.

☐ Meine Sprache ist wohlwollend und harmonisch.

☐ Ich halte mich von Tratsch und Geschwätz fern.

7. Warum ist der Geist das einzig wirksame Prinzip, das es gibt?

....

....

....

....

8. *„Aller Wohlstand ist das Ergebnis von Macht. Besitztümer sind nur soweit von Wert, wie sie Macht verleihen. Ereignisse sind nur dann von Bedeutung, wenn sie sich auf Macht auswirken; alle Dinge stellen gewisse Formen und Grade von Macht da."* Erkläre die Bedeutung dieser Aussage.

....

....

....

....

....

9. Erkläre das Prinzip der Polarität und welchen nutzen dieses Verständnis für Dich bedeutet.

....

....

....

....

TIPP

💬 Unser Kalender bestimmt unser Bewußtsein. Da er aber linear ist, während sich das Bewußtsein exponentiell entwickelt, ist es ratsam, sich neu auszurichten. Dazu eignet sich der Tzolk'in Kalender der Maya. Unter www.mayakalender.net kannst Du Dir Informationen bezüglich der Tagesqualitäten besorgen. Der asymmetrische Rhythmus von 13-20 richtet Dein Bewußtsein neu aus. Versuche es – Durch Aufmerksamkeit zum Erfolg! :)

LITERATURHINWEIS

Die Bücher von Gregg Braden sind allesamt lesenswert. Dort lernen wir über die *Göttliche Matrix*, *Fraktale Zeit*, *Die Kraft des Betens* oder *Die Wissenschaft der Wunder*, u.v.m. Seine Webseite findest Du unter www.greggbraden.com

DU HAST DIESEN TEIL GEMEISTERT...

- wenn Du dabei bist, Anstrengungen zu unternehmen, die Deine Lebenskraft erhöhen, sei es sportliche Betätigung, ein Ernährungsumstellung, die Reduktion oder Eliminierung von negativen Elementen in Deinem Leben, oder neue Beschäftigungen in neuen Umgebungen mit Dir dienlichen Menschen.
- wenn Du verstanden hast, daß die Suche nach der Wahrheit bedeutet, die ultimative Ursache zu finden.
- wenn Du verstanden hast, warum Dinge übertragbar und somit immer im Bezug zueinander stehen müssen.
- wenn Du verstanden hast, daß es mit ,Bewußtsein' nur ein operatives Prinzip gibt.
- wenn Du in der Lage bist, Dir ein beliebiges Objekt auszusuchen und es unter verschiedenen Blickwinkeln betrachten, sowie die Verursachungskette erkennen kannst, die zur Darstellung des Objekts geführt hat.
- wenn Du verstanden hast, daß jeglicher Wohlstand ein Ergebnis von Macht ist.
- wenn Du in der Lage bist, exakte – d.h. detaillierte – Pläne gemäß Deiner Ideale auszuarbeiten und konsequent zu verwirklichen.
- wenn Du in der Lage bist, Dich tief und dauerhaft auf eine bestimmte Sache zu konzentrieren, d.h. komplett in ihr aufzugehen.
- wenn Du nun wirklich verstanden hast, daß Du „in Ihm lebst, Dich bewegst und Dein Leben hast" und dir somit keinerlei Begrenzungen auferlegt sind, Dich keiner verurteilt und Du nicht in Sünde lebst, sondern Du ein grenzenloses, liebevolles und mächtiges Energiewesen bist, das wissenschaftliche Methoden anwendet, um sich auf eine höhere Ebene der Existenz zu erheben!

NOTIZEN

KOMMENTAR

Es wird mittlerweile klar sein, daß es Hilfsmittel bedarf, um die Lebenskraft zu stärken. Dazu gehören wie bereits erwähnt entsprechende Nahrungsmittel, aber auch ein effizientes Ausscheiden der Abfallstoffe. Um das zu bewerkstelligen, gibt es vielfältige Möglichkeiten, wie z.B. basische Ernährung, Fastenkuren, Einläufe, Lymphdrainagen, Massagen, Saunieren, Wechselbäder – nur um einige der bekanntesten zu nennen. Wenn Du es nicht bereits getan hast, wirst Du Dich auch in diesen Bereichen informieren und das für Dich nutzen, was Dir hilfreich erscheint.

Was die Angst anbelangt, sei an dieser Stelle nochmals darauf hingewiesen, daß sie lediglich die Abwesenheit von etwas ist, aber nicht die Präsenz von etwas. Genauso verhält es sich mit der Schwäche und jeder anderen negativen Emotion. Deine Bewußtwerdung führt dazu, daß Du diese Energien als solche erkennst und ihnen entsprechend begegnest.

1. Mit dem letzten Satz will Charles Haanel sagen, daß Du auf Deine Erfahrungen zurückgreifen oder sie auch ignorieren kannst. Jede Erfahrung ist in Dir gespeichert (sonst würdest Du sie nicht als Erfahrung bezeichnen können) und kann zwecks neuer Entscheidungen von Dir genutzt oder auch außer acht gelassen werden – entweder bewußt durch Energieentzug oder unbewußt durch das Treffen einer anderen Wahl.

2. Das ist ein ganz entscheidender Punkt. Es gilt aber zu beachten, daß es vor allem am Anfang schwierig oder gar unmöglich erscheint, die ultimative Ursache zu finden. Durch stille Gedankenkonzentration, Meditation und Gewahrsein aber befähigst Du Dich zunehmend, und das Erkennen der ultimativen Ursache kommt mehr aus dem Bauchgefühl (der Intuition) heraus als durch den bewußten Verstand. Erinnere Dich, daß – so sagt man – 90% Deines Leistungsvermögens unterbewußt ist und sich dort – im Solarplexus – das Zentrum dieser Art von Intelligenz befindet.

3. Bei Kapitel 19 angelangt sollte es für Dich kein besonderes Hindernis sein, diese Aussage anzuerkennen, und zwar nicht nur für andere, sondern auch für Dich selbst. Schrittweise wirst Du durch das Anerkennen Deiner eigenen Macht und Kraft zu einem bewußten Mitschöpfer, der sich selbst schätzt, dadurch klare Visionen seines Lebens hat und diese konsequent nachverfolgt.

4. Wenn diese Passage noch keinen Sinn ergeben sollte, in der nächsten wird sie erklärt.

5. Hieraus entsteht eine sehr wichtige Erkenntnis, nämlich die des Bezugs zueinander. Hier treten die Hermetischen Prinzipien der Polarität und der Entsprechung in Aktion. Die angeblichen Gegenpole stehen in engem Bezug zueinander, da sie jeweils ihre eigene Präsenz und dadurch die Abwesenheit des anderen beschreiben, aber eben Teil einer Einheit sind, wie Charles Haanel in der nächsten Passage anführt.

6. Es ist unabdingbar, daß Du diesen Punkt vollkommen verstehst und verinnerlichst. Es gibt keine wirkliche Trennung dieser beiden Dinge. Sie bedeuten in Fällen negativer Ereignisse auch gleichzeitig, daß

selbst in Extremsituationen die andere Qualität stets vorhanden ist, wenn auch nur in einem geringen Maße. Das kann aber als Anfangspunkt genommen werden, um mehr dieser Qualität für sein Leben zu gewinnen. In anderen Worten: Durch Deine geistige Inanspruchnahme ist von allem genug vorhanden, aber eben auch ein Überfluß an Mangel.

7. Das ist ganz besonders wichtig zu verstehen, denn es baut auf Kapitel 10:22 auf, in dem deutlich gemacht wird, daß Schwäche nirgendwo herkommt, nichts ist; daß sie die Abwesenheit von etwas ist, anstatt der Gegenwart von etwas. Dadurch wird auch klar, daß sie kein Prinzip hat und auch nicht der Wahrheit entspricht, selbst wenn sie sich für viele Menschen wahr anfühlt. Es ist aber Dein jetzt übergeordnetes Verständnis dieser Themen, welches Dich dazu befähigt, das Wahre von dem Unwahren zu trennen und Dich in Deinem Wesen (Denken, Sprechen, Handeln) entsprechend anzupassen.

8. In dieser Passage findest Du zahlreiche Antworten auf Fragen des täglichen Lebens. Aus ihr geht hervor, in welche Richtung Du Dich zu orientieren hast, um qualitativ neuartige Ergebnisse herbeizuführen. Du siehst es als zunehmend sinnlos an, Dich mit energetischen Konstrukten zu befassen, von denen Du weißt, daß sie kein Prinzip haben und auch keine Lebenskraft besitzen. Durch Dein Wissen und Deine Einsicht bist Du auch in der Lage, bestimmte Ereignisse vorauszusagen, da Du Dich der Ursache vergewissern konntest. Das Prinzip der Entsprechung ist zwingend. Ein schwacher Gedanke oder ein schwaches Wort können nicht zu einem starken Ergebnis führen – das ist schlichtweg unmöglich.

9. Bewußtsein *ent-deckst* (!) Du genau dann, wenn Du Dich tiefer mit der Materie befaßt. Das ist es ja, was viele Naturwissenschaftler erfahren haben. Je mehr sie die Materie aufgelöst haben, um so mehr haben sie Bewußtsein gefunden, welches sich durch Ordnung, Struktur und somit durch bestimmte mathematische Verhältnisse zum Ausdruck gebracht hat.

10. Es lohnt sich, über diese Passage ein wenig nachzudenken. Stelle Dir vor, was vor einhundert Jahren an der Stelle stand, wo Du jetzt sitzt. Stelle Dir auch vor, wie diese Stelle wohl in einhundert Jahren aussehen wird. Bewußtsein will sich auf eine immer vollkommenere Art und Weise Ausdruck verschaffen, und Du als bewußtem Wesen hast die Möglichkeit, auf das zurückzugreifen, was andere Geister vor Dir geschaffen haben, wie z.B. die Weisheit um den Master Key, der vor über Einhundert Jahren ins Leben gerufen wurde. Frage Dich in der Stille, was Du *jetzt* aus diesem Wissen machst und was in Einhundert Jahren zurückblickend daraus entstanden ist. Wie groß und stark ist deine Vision, wie mutig und konsequent deine Handlungen?

11. Alles schwingt, alles ist in Bewegung. Das ist ein weiteres Hermetisches Prinzip. Durch die Veränderung der Schwingungsrate – durch Bewegung – entstehen neue Formen, neue Darstellungen und auch neues Leben. Neue Umstände machen Anpassungen erforderlich. Diese Anpassungen sind für Dich dann am besten möglich, wenn Du erkennst, daß Bewußt-

sein die Quelle ist, aus der all diese Veränderungen hervorgehen.

12. Es wird Dir jetzt klar sein, daß Du durch Dein Bewußtsein jegliche äußere Umstände ändern kannst – so Du es denn willst – und den entsprechenden Weg einschlägst. Nichts Unerwünschtes muß für Dich weiterhin Bestand haben. Es liegt allein in Deiner Macht, Dein Erbe (Kapitel 5) anzuerkennen und es in Anspruch zu nehmen. Du – durch Deinen Verstand und Deinen Körper – bist ein Ausdruck dieses Universellen Bewußtseins. Du bist es, was diesem Universellen Bewußtsein Form gibt. Achte hier genau auf die deutsche Sprache, denn sie ist außergewöhnlich ausdrucksstark. Du wirst bestimmt schon festgestellt haben, daß Du seit Studienbeginn aufmerksamer geworden bist, was Deine Sprache anbelangt. Das ist eine natürliche Folge der Aufmerksamkeit, die Du Deinen Gedanken hast zukommen lassen. Auch hier greift das Prinzip der Entsprechung, denn Du weißt bereits, daß Gedanken nach Worten greifen, um sich Ausdruck zu verschaffen.

13. Die Betonung liegt hier auf ‚tätig‘.

14. Es ist genau dieses Universelle Bewußtsein, welches Dir die unendlichen Möglichkeiten zur Verfügung stellt, weil es eine schöpferische Welt ist, die sich Ausdruck verschaffen *will*. Es bedarf dazu aber nicht nur eines Verständnisses, sondern auch der Anerkennung seitens des Individuums.

15. Was hier wie selbstredend erscheint, d.h. ‚*Du mußt Nahrung aufnehmen, um zu denken*‘, läßt sich natürlich auch auf eine ganz andere Ebene übertragen. Es ist in

spirituellen Kreisen eine weitverbreitete Unsitte, bestimmte materielle Güter abzulehnen. Das führt vor allem beim Geld oft zu drastischen Mangelzuständen, was wiederum die ewige Suche nach ‚der Antwort‘ füttert, obwohl diese Antwort unverzüglich ersichtlich wäre, wenn man über ein entsprechendes Verständnis verfügte. Alles hat seinen Sinn und Zweck, sonst würde es nicht bestehen. Es gilt ja zu erkennen, sich dieser Hilfsmittel zu bedienen, anstatt ihnen hörig zu sein oder von ihnen abhängig zu werden.

16. Hier sollte angemerkt werden: Je reiner die Nahrung ist, die Du aufnimmst, desto mehr lebensrichtige Informationen bist Du in der Lage aufzunehmen. Auch hier solltest Du darauf achten, daß die Nahrung Dir entspricht. Zu dem Thema Ernährung gibt es ja umfangreiche Literatur, aber Du wirst Dich auch hier mehr und mehr auf Deine Intuition verlassen und automatisch bestimmte Nahrungsmittel ausschließen, während Du andere vermehrt zu dir nimmst und sie genießt.

17. In Kurzform kann man also sagen, daß Dein Gesundheitszustand in direktem Verhältnis zu Deiner geistigen Gesundheit steht. Somit ist Deine körperliche Gesundheit ein direkter Hinweis darauf, wie es um Deine Gedanken steht. Erkennst Du unerwünschte körperliche Manifestationen, weißt Du, daß es an gedanklicher oder moralischer Reinheit mangelt und daß diesen Bereichen mehr Aufmerksamkeit gewidmet werden muß. Es geht hier keineswegs um eine Form von Verurteilung, sondern darum, zu erkennen, daß Deine ‚körperliche Materie‘ eine Auswirkung Deines Geistes ist, die durch

falsche Anleitungen (Überzeugungen, Glaubensmuster etc.) in entsprechende Richtungen geleitet wurde, von Dir nun aber auch wieder korrigiert werden kann. In der Tat muß der Geist korrigiert werden, damit Du die notwendige Energie zum Erreichen Deiner Ziele hast.

18. Der zweite Satz mag anfänglich zu Mißverständnissen führen, aber er wird dann klar, wenn Du verstehst, daß all das, was keine Bedeutung hat, auch keine wirkliche Macht besitzt. Es fehlt dem Ereignis schlichtweg an Energie, um bedeutend, kräftig und mächtig zu sein. Macht steht in Bezug auf Gebrauch, und Gebrauch impliziert die Transformation von Energie. Dort, wo keine Energie fließt, fehlt es auch an Bedeutung, also an Wichtigkeit.

19. Geistige Kraft hat dazu geführt, daß der Mensch in Verbindung mit seinen Entdeckungen in der Naturwissenschaft heute zu ganz anderen Erkenntnissen kommt, was möglich ist und was nicht. Durch genaue Beobachtung, gepaart mit einer neugierigen, offenen Geisteshaltung, dringt er immer tiefer in die ‚Materie‘ ein. Dabei kommt ihm die allgemeine Annäherung der Kulturen von Ost und West, Nord und Süd und der dadurch entstehende Wissensaustausch zu Hilfe.

20. Hier stellt sich natürlich die Frage, was an den Schulen gelehrt wird. Werden die von Haanel genannten Natürlichen Gesetze dort den Schülern vermittelt oder werden sie noch gänzlich ignoriert? Auch hier darfst Du Dich nicht vom *Status Quo* blenden lassen, sondern solltest Dein Augenmerk auf das richten, was wünschens- und erstrebenswert wäre. Im Klar-

text: Das im Master Key System vermittelte Wissen, welches sich heute immer noch relativ wenigen Menschen offenbart, wird in Zukunft an jeder Lehranstalt Teil des Lehrplans sein. Kinder werden damit aufwachsen, anstatt es – wie viele von uns – erst in späteren Lebensjahren kennenzulernen und zu nutzen. Das Bild, das sich dadurch ergibt, kann kaum großartiger sein.

21. Damit meint Haanel natürlich, daß der Mensch durch seine geistige Kraft in der Lage ist, die Natur auf bestimmte Weise zu nutzen, wie z.B. durch Staudämme oder – heutzutage – Windkraftanlagen.

22. Zur Erinnerung: Der vom Menschen geschaffene Unterschied zwischen Bewußtsein und Denken besteht darin, daß das eine ist, während das andere im Begriff ist, zu werden. Ersteres bleibt auf absehbare Zeit reines Potenzial, während Letzteres dieses Potenzial mit dem Ziel in Erregung versetzt, etwas Bestimmtes zu erreichen.

23. Erkennst Du langsam, welche Macht und Kraft dem Denken innewohnt? Welche Bedeutung es hat? Für Dich und die Welt? Es ist immer wieder dasselbe: Absicht, Aufmerksamkeit, Beobachtung, Detail- und Mustererkennung, Finden des gemeinsamen Nenners, Klassifizierung, Wahrheit, Gesetz und Prinzip, Gewißheit, innere Ruhe, intelligente Entscheidungen, ein Leben auf höheren Ebenen.

24. Hierbei gilt es aber zu beachten, daß immer noch Kräfte wirken, deren Ziel zu sein scheint, zum eigenen Vorteil Leid und Zerstörung bei anderen hervorzurufen und sie entwicklungstechnisch wieder

zurückzuwerfen, auch wenn solche Ereignisse auch immer wieder neue Denk- und Lebensformen sowie Strukturen hervorbringen. Wenn Du erkennst, daß auch diese Kräfte genährt werden müssen, weißt Du gleichzeitig auch, wie ihnen beizukommen ist. Dafür müssen sie nicht bekämpft werden, was ihnen ja noch mehr Energie geben würde, sondern es muß ihnen selbige entzogen und auf entgegengesetzte Bereiche gelenkt werden. Es hilft also nicht, gegen etwas zu sein – es soll ja vielmehr etwas aufgebaut werden. Somit müssen Gedanken, Worte und Handlungen bewußt in die andere Richtung gesteuert werden. Du darfst Dich nicht auf die Hinweise Deiner Sinne verlassen, denn diese zeigen Dir immer noch die Auswirkungen vergangenen Denkens an.

25. In ‚Ein Buch über Dich‘ nimmt Charles Haanel eine andere Haltung ein, nämlich die, daß das, was wir mit Licht bezeichnen, allein in unserem Bewußtsein entsteht, daß die Schwingungen aber dennoch universell vorhanden sind. Wenn z.B. eine Fledermaus die Schwingungen ganz anders aufnimmt – oder ganz andere Schwingungen wahrzunehmen in der Lage ist – dann bedeutet das doch, daß nicht nur von allem genug vorhanden ist, sondern auch, daß es vom Empfänger abhängig ist, wie sehr er sich auf bestimmte Schwingungen einstellen und sie dadurch nutzen kann.

26. Mit ‚Polarität ändern‘ meint Haanel, daß sich generell etwas ändern muß, also etwas in eine andere Richtung bewegt werden muß, um auch etwas anderes wahrzunehmen. Du kannst nicht weiterhin das gleiche denken, aber erwarten, daß sich im Außen etwas anderes darstellt. Um

eine Auswirkung umzukehren, muß die Ursache durch einen Polaritätswechsel geändert werden. In der Tat ist es der Polaritätswechsel, der eine neue Ursache in Bewegung setzt, welche dann wieder entsprechende Auswirkungen hat.

27. Es ist von außerordentlicher Bedeutung, daß Du lernst, Dich zu konzentrieren. Erinnere Dich daran, daß Konzentration nichts mit Anstrengung gemein hat. Es ist – wie bei einem Schauspieler – das komplette Aufgehen in dem Objekt der Begierde. Du gehst so sehr darin auf, daß Du Dir keine Gedanken mehr darüber machen mußt, weil Du und das Objekt (der Wunsch, das Ideal) in dem Moment eins seid. Wenn Ihr eins seid, bedarf es keiner Polarisierung mittels der Gedanken mehr.

28. Charles Haanel bringt damit zum Ausdruck, daß mehr hinter dem steckt, was man gewöhnlich beobachtet. Erst die genaue Betrachtung offenbart die Wahrheit und die wahren Werte. Darüber hinaus will er darauf hinaus, daß in Dir selbst ungeahnte Kräfte stecken, die Du so lange nicht nutzen kannst, wie Du ihnen die Anerkennung verweigerst.

29. Diese Formen des Denkens und Handelns werden nun immer schneller angepaßt, u.a. deshalb, weil es nicht mehr zu übersehen ist, daß sich alte Denk- und Verhaltensweisen überholt haben. Sie sind Dir und auch Deiner Umwelt nicht mehr dienlich und müssen ersetzt werden. In der Tat werden sie durch Dich kontinuierlich ersetzt, wodurch Du Dir völlig neue Realitäten erschaffst als noch vor wenigen Monaten.

Du erhältst immer mehr ein Verständnis über Dich und die Welt, in der Du lebst. Du erlangst immer mehr Verständnis der unendlichen Möglichkeiten, die sich dem denkenden Menschen eröffnen. Du wirst immer mutiger und motivierter, dieses Verständnis auch in täglichen Leben anzuwenden. So wird sich zunächst Deine eigene Welt, dann aber auch die aller anderen zum ‚Himmel auf Erden' wandeln, denn als bewußter Mensch kannst Du irgendwann gar nicht mehr anders, als Dich lebensrichtig zu äußern.

20

Das Denken als
wirkliche Aufgabe des Lebens

Über viele Jahre hinweg hat es eine endlose Diskussion über den Ursprung des Bösen gegeben. Die Theologen haben uns gesagt, daß Gott Liebe ist und daß Gott allgegenwärtig ist. Wenn das wahr ist, gibt es keinen Ort, wo Gott nicht ist. Aber wo sind dann das Böse, Satan und die Hölle?

Dann laß uns mal sehen:

- Gott ist Geist (oder Bewußtsein).
- Gott ist das schöpferische Prinzip des Universums.
- Der Mensch wurde im Abbild und der Ähnlichkeit Gottes erschaffen.
- Der Mensch ist ein geistiges Wesen.
- Die einzige Fähigkeit, die der Geist besitzt, ist die Kraft zu denken. Denken ist ein schöpferischer Vorgang.
- Jegliche Form ist das Ergebnis von Denkvorgängen.
- Das Zerstören von Form muß auch das Ergebnis von Denkvorgängen sein.

- Fiktive Darstellungen von Form sind das Ergebnis der schöpferischen Kraft des Gedankens, so wie in der (Fremd- oder Bühnen-) Hypnose.
- Offenkundige Darstellungen von Form sind das Ergebnis der schöpferischen Kraft des Gedankens, so wie im Spiritualismus.
- Erfindung, Organisation und aufbauende Handlungen jeglicher Art sind das Ergebnis der schöpferischen Kraft des Gedankens, so wie bei der Konzentration.

Wenn sich die schöpferische Kraft des Gedankens zum Nutzen der Menschheit darstellt, nennen wir das Ergebnis ‚gut'. Wenn sich die schöpferische Kraft des Gedankens auf eine zerstörerische und üble Art und Weise darstellt, nennen wir das Ergebnis ‚böse'.

Das zeigt den Ursprung von ‚gut' als auch ‚böse'; sie sind lediglich geformte Worte, welche die Natur des Ergebnisses unseres Denkens oder unseres schöpferischen Vorgangs beschreiben sollen. Notwendigerweise geht Denken der Tat voraus und bestimmt sie vorher; die Tat geht dem Umstand voraus und bestimmt diesen vorher. In Teil 20 werden wir mehr Licht auf dieses wichtige Thema werfen.

DAS DENKEN ALS WIRKLICHE AUFGABE DES LEBENS

1. Das Bewußtsein einer Sache ist die Sache selbst; es ist fixiert, unveränderlich und ewig. Dein Bewußtsein ist – Du selbst; ohne das Bewußtsein wärst Du nichts. Es wird durch Deine Anerkennung und seine Möglichkeiten aktiv.

2. Du magst all den Reichtum des Christentums haben, aber bis Du ihn erkennst und gebrauchst, wird er keinen Wert haben. So ist es auch mit geistigem Reichtum: Bevor Du ihn nicht erkennst und benutzt, wird er keinerlei Wert haben. Die einzige Bedingung geistiger Kraft ist ihr Gebrauch, oder ihre Anerkennung.

3. Alle großartigen Dinge kommen durch Anerkennung; das Zepter der Macht ist Bewußtsein, das Denken sein Bote, und dieser Bote webt unaufhörlich die Wirklichkeiten der unsichtbaren Welt in die Umstände und Umgebungen Deiner objektiven Welt.

4. Denken ist die wirkliche Aufgabe des Lebens; Macht ist das Ergebnis. Du hast tagtäglich mit der magischen Kraft des Denkens und des Bewußtseins zu tun. Welche Ergebnisse kannst Du erwarten, solange Du Dir der Kraft nicht bewußt bist, welche Deiner Kontrolle unterstellt wurde?

5. Solange Du das tust, beschränkst Du Dich auf oberflächliche Umstände und machst Dich zu einer Belastung für diejenigen, die denken, sowohl für die, die ihre Macht anerkennen als auch für die, die wissen, daß sie arbeiten müssen, wenn sie nicht denken. Und je weniger wir denken, desto mehr müssen wir arbeiten – und um so weniger erhalten wir für unsere Arbeit.

6. Das Geheimnis aller Macht ist ein vollkommenes Verständnis der Prinzipien, Kräfte, Methoden und Kombinationen des Bewußtseins sowie ein vollkommenes Verständnis unserer Beziehung zum Universellen Bewußtsein. Man tut gut daran, sich zu erinnern, daß dieses Prinzip unveränderlich ist. Wenn dem nicht so wäre, wäre es nicht zuverlässig. Alle Prinzipien sind unveränderlich.

7. Diese **Stabilität** ist Deine Chance. Du bist sein aktives Attribut, der Kanal für seine Aktivität. Das Universelle kann nur durch das Individuum tätig werden.

8. Wenn Du wahrzunehmen beginnst, daß die Essenz des Universellen in Dir selbst ist – **Du diese Essenz bist** – wirst Du beginnen, **Dinge zu tun**. Du wirst beginnen, Deine Macht zu spüren. Sie ist der Treibstoff, der Deine Vorstellungskraft anfeuert; welcher dem Gedanken Lebenskraft verleiht; welcher Dich befähigt, mit all den unsichtbaren Kräften des Universums in Verbindung

Das Geheimnis aller Macht
ist ein vollkommenes Verständnis der Prinzipien,
Kräfte, Methoden und Kombinationen des Bewußtseins.

503

Inspiriert zu werden bedeutet, vom normalen Weg abzuweichen, abseits ausgetretener Pfade zu wandeln.

zu treten. Es ist die Kraft, die Dich befähigen wird, furchtlos zu planen und **meisterhaft auszuführen**.

9. Wahrnehmung wird aber nur in der Stille kommen. Dieses scheint die zwingende Bedingung für alle großen Ziele zu sein. Du bist eine visualisierende Einheit. Die Vorstellungskraft ist Deine Werkstatt. Es ist dort, wo Dein Ideal Gestalt annehmen muß.

10. Da das vollkommene Verständnis der Natur dieser Macht eine grundlegende Bedingung für ihre Darstellung ist, stelle Dir immer wieder **die gesamte Methode** vor, so daß Du sie benutzen kannst, wann immer die Gelegenheit es erforderlich macht. Unendliche Weisheit bedeutet, dieser Methode zu folgen, durch die uns die Eingebung des allmächtigen Universellen Bewußtseins jederzeit zur Verfügung steht.

11. Wir können es unterlassen, diese innere Welt anzuerkennen und sie so aus unserem Bewußtsein ausschließen, aber sie wird dennoch die grundlegende Tatsache jeglicher Existenz bleiben. Wenn wir lernen, sie anzuerkennen, nicht nur in uns selbst, sondern in allen Personen, Ereignissen, Dingen und Umständen, werden wir das ‚*Königreich des Himmels*‘ gefunden haben, von dem uns gesagt wird, daß es ‚in uns‘ sei.

12. Unser Scheitern ist das Ergebnis der Funktion genau desselben Prinzips. Das Prinzip ist unveränderlich. Seine Funktion ist exakt, es gibt keine Abweichung. Wenn wir Mangel, Beschränkung oder Unstimmigkeit denken, werden wir ihre Früchte an jeder Hand erleben. Wenn wir Armut, Unglück oder Krankheit denken, werden die Gedankenboten den Auftrag wie jede andere Art von Gedanken umgehend ausführen, und das Ergebnis wird genauso vorherbestimmbar sein. Wenn wir Angst vor einem kommenden Unglück haben, werden wir in der Lage sein, mit Hiob zu sagen:

"Königreich des Himmels" ist ein Verweis auf Lukas 17,21. Interessant in diesem Zusammenhang sind auch die Passagen 17,24 und 17,26, welche, je nach Bibelübersetzung, zu doch recht unterschiedlichen Auslegungen führen könnten. Eine spricht von dem Menschensohn als einem "erleuchteten Wesen", während eine andere dahingehend interpretiert werden könnte, daß der Menschensohn das Resultat seiner eigenen Denkweisen, Gefühle, Worte und Handlungen ist, die überhaupt erst zu den kataklysmischen Veränderungen in der Welt führen, von denen die alten Prophezeiungen sprechen.

„Die Sache, vor der ich Angst hatte, ist über mich gekommen."
Wenn wir unfreundlich oder ignorant denken, werden wir die
Ergebnisse unserer Ignoranz anziehen.

13. Diese Macht des Denkens, wenn verstanden und korrekt benutzt,
    ist das größte, jemals erträumte, arbeitssparende Gerät. Wenn sie
    aber nicht verstanden wurde oder ungenau benutzt wird, wird
    das Ergebnis – wie wir bereits gesehen haben – aller Voraussicht
    nach unglücklich sein. Durch die Hilfe dieser Macht kannst Du
    vertrauensvoll Sachen unternehmen, die scheinbar unmöglich
    sind, denn diese Macht ist das Geheimnis aller Erleuchtung,
    aller Genies.

14. Inspiriert zu werden bedeutet, vom normalen Weg abzuweichen,
    abseits ausgetretener Pfade zu wandeln, da alle außerordentlichen
    Ergebnisse außerordentliche Mittel erforderlich machen. Wenn
    wir zu der Erkenntnis der **Einheit aller Dinge** kommen und
    daß die Quelle aller Macht **in uns** ist, zapfen wir die Quelle der
    Inspiration an.

15. Inspiration ist die Kunst der Empfänglichkeit; die Kunst der
    Selbstverwirklichung; die Kunst, das Individuelle Bewußtsein
    dem des Universellen Bewußtseins anzupassen; die Kunst, den
    richtigen Mechanismus an die Quelle aller Macht anzuschließen;
    die Kunst, dem Formlosen Form zu geben; die Kunst, ein Kanal
    für den Fluß der unendlichen Weisheit zu werden; die Kunst, die
    Allgegenwärtigkeit der Allmacht anzuerkennen.

16. Ein Verständnis und ein Schätzen der Tatsache, daß die Unend-
    liche Macht **allgegenwärtig** und somit im unendlich Kleinen als

Inspiration ist die Kunst der Empfänglichkeit;
die Kunst der Selbstverwirklichung;
die Kunst, das Individuelle Bewußtsein
dem des Universellen Bewußtseins anzupassen.

Denken ohne Gefühle ist leblos.
Die erforderliche Kombination ist Denken und Gefühle.

auch im unendlich Großen vorhanden ist, wird uns befähigen, ihre Essenz aufzunehmen. Ein weiteres Verständnis der Tatsache, daß diese Macht Bewußtsein und somit **untrennbar** ist, wird uns befähigen, ihr Vorhandensein an allen Punkten zur gleichen Zeit wertzuschätzen.

17. Ein Verständnis dieser Tatsache, zunächst intellektuell, dann emotional, wird uns befähigen, tief aus diesem Ozean der unendlichen Macht zu schöpfen. Ein intellektuelles Verständnis allein wird uns dabei nicht hilfreich sein; die Gefühle müssen in die Tat umgesetzt werden. Denken ohne Gefühle ist leblos. Die erforderliche Kombination ist Denken und Gefühle.

18. Inspiration kommt von innen. **Stille ist notwendig**. Die Sinne müssen beruhigt, die Muskeln entspannt und die Ruhe kultiviert werden. Wenn Du so in den Besitz eines Sinnes von Gelassenheit und Kraft gekommen bist, wirst Du bereit sein, die Information, Eingebung oder Weisheit zu erhalten, welche für die Entwicklung Deines Ziels notwendig sein mag.

19. Verwechsle diese Methoden nicht mit denen eines Wahrsagers; sie haben nichts miteinander gemein. Inspiration ist die Kunst der Empfänglichkeit und schafft das Beste im Leben. Es ist Deine Aufgabe, diese unsichtbaren Kräfte zu verstehen und zu befehligen, anstatt Dich von ihnen befehligen oder beherrschen zu lassen. Macht bedeutet **Dienst**. Eingebung bedeutet **Macht**. Die Methoden der Eingebung zu verstehen und anzuwenden bedeutet, zu einem Übermenschen zu werden.

Franz Bardon, ein deutscher Okkultist und Hermetiker, schlug vor, zur Mahlzeit eine bestimmte Absicht auszuwählen und jeden Schluck oder Happen mit dieser Absicht zu versehen, um ihr dadurch Aufmerksamkeit und Energie zu verleihen und so zur Verwirklichung beizutragen.

20. Wir können mit jedem Atemzug überschwänglicher leben, wenn wir *bewußt mit dieser Absicht* atmen. Das *wenn* ist in diesem Fall eine sehr wichtige Bedingung, da die Absicht die Aufmerksamkeit regelt, und ohne die Aufmerksamkeit kannst Du Dir nur die

Ergebnisse sichern, die sich auch jeder andere sichert. Im Klartext: Das Angebot ist gleich der Nachfrage.

21. Um sich ein größeres Angebot zu sichern, muß die Nachfrage erhöht werden, und während Du bewußt die Nachfrage erhöhst, wird das Angebot folgen – Du wirst Dich in einem immer größeren Angebot von Leben, Energie und Vitalität vorfinden.

22. Der Grund dafür ist nicht schwer zu verstehen, aber er ist ein weiteres dieser vitalen Geheimnisse des Lebens, die im Allgemeinen anscheinend nicht geschätzt werden. Wenn Du ihn Dir zu eigen machst, wird er sich als eine der größten Wirklichkeiten des Lebens herausstellen.

23. Uns wird gesagt, daß *wir in Ihm leben, uns bewegen und unser Wesen haben*, und daß ,Er' Bewußtsein ist, daß ,Er' Liebe ist, so daß wir **jedes Mal, wenn wir atmen, dieses Leben, diese Liebe und dieses Bewußtsein einatmen**. Das ist Pranische Energie oder Pranischer Äther – wir könnten keinen einzigen Moment ohne ihn bestehen. Es ist die kosmische Energie; es ist das Leben des Solarplexus.

Ein Verweis auf Apostelgeschichte 17,28.

In seinem Buch, „*Die erstaunlichen Geheimnisse der Yogis*", bietet Charles Haanel dem Leser zahlreiche von den Yogis praktizierte Atemtechniken dar, die Leiden verringern können und die Lebenskraft allgemein erhöhen. Dazu gibt es auch zahlreiche Videos im Internet und natürlich auch Yoga Studios, wo Du sie erlernen kannst.

24. Jedes Mal, wenn wir atmen, füllen wir unsere Lungen mit Luft, und zur gleichen Zeit kräftigen wir unseren Körper mit diesem Pranischen Äther, welcher das Leben selbst ist, so daß wir die Möglichkeit haben, eine bewußte Verbindung mit allem Leben, aller Intelligenz und aller Substanz herzustellen.

25. Ein Wissen um Deine Beziehung und um Deine Einheit mit diesem das Universum regelnden Prinzip, sowie die einfache Methode, durch die Du Dich bewußt mit ihr identifizieren kannst, gibt Dir ein wissenschaftliches Verständnis eines Gesetzes, durch das Du Dich von Krankheit, Mangel oder Beschränkung jeglicher Art befreien kannst. In der Tat befähigt es Dich, den *,Odem des Lebens'* in Deine eigenen Nasenlöcher zu blasen.

Ein Verweis auf 1. Mose 2,7.

26. Dieser ,Atem des Lebens' ist eine überbewußte Realität. Es ist die Essenz des ,**ICH BIN**'. Es ist wahres ,Sein', oder Universelle

> Jedes Mal, wenn Du denkst, startest Du eine Verursachungskette, deren Umstände in genauer Übereinstimmung mit der Qualität des Gedankens stehen, die ihn erschaffen hat.

Substanz, und unsere bewußte Einheit mit ihr befähigt uns, sie zu orten und somit die Macht dieser schöpferischen Energie auszuüben.

27. Denken ist eine schöpferische Schwingung, und die Qualität der erschaffenen Umstände hängt von der Qualität unseres Denkens ab, weil wir keine Kräfte ausdrücken können, die wir nicht besitzen. Wir müssen somit ‚sein', bevor wir ‚tun' können, und wir können nur in dem Ausmaß ‚tun', zu dem wir ‚sind', und was wir ‚tun', stimmt notwendigerweise mit dem überein, was wir ‚sind', und was wir ‚sind', hängt davon ab, was wir ‚denken'.

28. Jedes Mal, wenn Du denkst, startest Du eine Verursachungskette, deren Umstände in genauer Übereinstimmung mit der Qualität des Gedankens stehen, die ihn erschaffen hat. Denken, das im Einklang mit dem Universellen Bewußtsein steht, wird in entsprechenden Umständen resultieren. Denken, das zerstörerisch oder unstimmig ist, wird die entsprechenden Resultate erschaffen. Du kannst Denken konstruktiv oder zerstörerisch einsetzen, aber das unveränderliche Gesetz wird es Dir nicht erlauben, einen Gedanken einer Art zu pflanzen und die Frucht einer anderen zu ernten. Dir steht es vollkommen frei, diese wunderbare, schöpferische Kraft so zu benutzen, wie Du willst, aber Du mußt die Konsequenzen akzeptieren.

29. Das ist die Gefahr dessen, was wir Willenskraft nennen. Es gibt solche, die zu denken scheinen, daß sie durch Willenskraft dieses Gesetz zwingen können; daß sie die Saat einer Art säen und sie durch Willenskraft zum Tragen einer anderen Frucht bringen können. Das grundlegende Prinzip der schöpferischen Kraft liegt im Universellen. Somit ist die Idee, eine Übereinstimmung

mit unseren Wünschen durch die Kraft des individuellen Willens zu erzwingen, ein verkehrtes Konzept, welches für eine Weile erfolgreich sein mag, aber letztendlich zum Fehlschlagen bestimmt ist, weil es sich dieselbe Kraft, die es zu benutzen sucht, zum Feind macht.

30. Es ist das Individuum, das versucht, das Universelle zu zwingen; das Endliche in Konflikt mit dem Unendlichen zu bringen. Unser dauerhaftes Wohlbefinden wird am besten durch eine bewußte Zusammenarbeit mit der kontinuierlichen Vorwärtsbewegung des Großen Ganzen gewährleistet.

31. Als Übung dieser Woche gehe in die Stille und konzentriere Dich auf die Tatsache, daß *„in Ihm wir leben, uns bewegen und unser Wesen haben"* wörtlich zu nehmen und wissenschaftlich genau ist; daß Du BIST, weil Er IST; daß, wenn Er allgegenwärtig ist, Er in Dir sein muß; daß, wenn Er in allem ist, Du in Ihm sein mußt; daß Er Bewußtsein ist, und daß Du in *„seinem Abbild und seiner Ähnlichkeit"* erschaffen wurdest; daß der einzige Unterschied zwischen seinem Bewußtsein und Deinem Bewußtsein ein gradueller ist; daß ein Teil dasselbe in Art und Qualität sein muß wie das Ganze. Wenn Du Dir das klar vorstellen kannst, wirst Du das Geheimnis der schöpferischen Kraft des Denkens gefunden haben. Du wirst die Quelle von sowohl Gut als auch Böse gefunden haben. Du wirst das Geheimnis der wundervollen Kraft der Konzentration gefunden haben; **Du wirst den Schlüssel zur Lösung eines jeglichen Problems gefunden haben**, ganz gleich, ob körperlich, mental oder emotional.

Unser dauerhaftes Wohlbefinden wird am besten durch eine bewußte Zusammenarbeit mit der kontinuierlichen Vorwärtsbewegung des Großen Ganzen gewährleistet.

FRAGEN UND ANTWORTEN

191. *Von welchen Umständen hängt Macht ab?*
Von Anerkennung und Gebrauch.

192. *Was ist Anerkennung?*
Das Bewußtsein.

193. *Wie werden wir uns der Macht bewußt?*
Durch Denken.

194. *Was ist dann die wirkliche Aufgabe des Lebens?*
Korrektes, wissenschaftliches Denken.

195. *Was ist korrektes, wissenschaftliches Denken?*
Die Fähigkeit, unsere Gedankenprozesse an den Willen des
Universellen anzupassen. In anderen Worten: mit Natürlichen
Gesetzen zusammenzuarbeiten.

196. *Wie wird das erreicht?*
Durch das Sichern eines vollständigen Verständnisses der
Prinzipien, Kräfte, Methoden und Kombinationen
des Bewußtseins.

197. *Was ist dieses Universelle Bewußtsein?*
Die grundlegende Tatsache allen Bestehens.

198. *Was ist die Ursache allen Mangels, aller Beschränkung, Krankheit
und Unstimmigkeit?*
Sie besteht aufgrund der Funktion genau desselben
Gesetzes. Das Gesetz funktioniert unaufhaltsam und bringt
kontinuierlich die mit dem schöpferischen Gedanken
übereinstimmenden Umstände herbei.

199. *Was ist Eingebung?*
Die Kunst der Verwirklichung des
allgegenwärtigen Allwissens.

200.   *Wovon hängen die Umstände ab, die wir antreffen?*
       Von der Qualität unseres Denkens, weil das, was wir „tun",
       davon abhängt, was wir „sind", und das, was wir „sind", davon
       abhängt, was wir „denken".

Die Kraft, kontinuierlich und tief und klar zu denken,
ist ein verschworener und tödlicher Feind
von Fehlern und Patzern, Aberglauben,
unwissenschaftlichen Theorien, irrationalem Glauben,
unbeschränktem Enthusiasmus und Fanatismus.
— HADDOCK

20

Das Denken
als wirkliche Aufgabe des Lebens

Du lernst in diesem Kapitel, daß Denken die einzige Fähigkeit ist, die der Geist besitzt, und daß jegliche Formgebung das Ergebnis von Denkvorgängen ist. Denken geht also der Handlung voran – erst das Spirituelle, dann das Materielle. Geist wird nur dann aktiv, wenn man ihn und seine Möglichkeiten anerkennt. Daher kommen alle großartigen Dinge durch Anerkennung zu uns – das ist auch bei Dir keineswegs anders.

Wenn Denken die wirkliche Aufgabe des Lebens ist, dann ist Macht das Ergebnis. Das Geheimnis von Macht ist das Verständnis der Prinzipien, Kräfte, Methoden und Kombinationen des Geistes und ein perfektes Verständnis Deiner Beziehung zum Universellen Bewußtsein.

Alle Prinzipien sind unveränderlich, sonst wären es keine Prinzipien, und während das Universelle nur durch das Individuelle tätig werden kann, erkennst Du, daß die Essenz des Universellen in Dir selbst ist – Du sie selbst bist. Diese Erkenntnis führt Dich zu wahrer Macht und Kraft.

Wahrnehmungsvermögen kann sich nur in der Stille entwickeln. Inspiriert zu sein heißt, vom Pfad abzuweichen. Es ist die Kunst des Empfangens; die Kunst der Selbstverwirklichung; die Kunst, sich dem Universellen Geist anzupassen.

Macht ist nichts anderes als Bewußtsein. Intellektuelles Verständnis hilft nicht, wenn keine Gefühle aktiviert sind. Deshalb ist es so wichtig, den Gedanken mit Gefühlen zu versehen, um ihn mit Lebenskraft zu versehen. Das wiederum tun wir in der Stille, während wir uns konzentrieren.

Wir lernen, daß Macht Dienst voraussetzt. Inspiration setzt Macht voraus. Um das Angebot zu erhöhen, muß die Nachfrage erhöht werden. Das ist nichts anderes als die bereits mehrfach genannte Inanspruchnahme – Dein bewußtes Denken.

Denken ist das eine, Atmen das andere. Jedes Mal wenn Du atmest, nimmst Du pranische Energie auf, atmest Du Ihn ein – Gott, das Universelle Bewußtsein, die Allmacht, das Unendliche. So ist es von großer Bedeutung, daß Du Dich auf den Atem konzentrierst. In Haanels Buch ‚Die erstaunlichen Geheimnisse der Yogis‘ gibt es dazu zahlreiche Übungen.

Die Qualität der Dir erlebten Umstände hängt von der Qualität Deiner Gedanken ab. Denken im Einklang mit dem Universellen Bewußtsein wird in den entsprechenden Umständen resultieren. Somit hängt Dein dauerhaftes Wohlbefinden von der Zusammenarbeit mit der beständigen Vorwärtsbewegung des Großen Ganzen ab.

ÜBUNG

‚Als Übung dieser Woche gehe in die Stille und konzentriere Dich darauf, daß die Tatsache, daß wir in ihm leben, uns in ihm bewegen und in ihm unser Wesen haben, wörtlich zu nehmen und wissenschaftlich genau ist.‘ Wenn Du Dich auch hier wieder an die Vorgaben von einer Übung pro Tag, ca. 20-30 Minuten hältst, wirst Du Dir dieser Einheit von Dir und dem Unendlichen bewußt, aber auch die Tatsache, daß Dir unendliche Ressourcen zur Erfüllung Deiner Träume zur Verfügung stehen. Alles steht auf Abruf bereit und wartet auf Deine Inanspruchnahme. Nichts ist von Dir getrennt und außerhalb von Dir zu finden.

Allein Du bist für Dein leibliches und seelisches Wohl verantwortlich. Das siehst Du aber nicht mehr in einem negativen Licht, sondern als Herausforderung, als Möglichkeit, Dich zu entfalten und das von Charles Haanel in der Einführung genannte *Leben auf höheren Ebenen* zu leben.

AUFGABEN

1. Schreibe auf, wann ein Ergebnis als "gut" bezeichnet wird.

   ....

   ....

   ....

   ....

2. Verinnerliche Dir, warum "gut" und "böse" letztendlich einem Prinzip zugrunde liegen.

3. Bewerte hier auf einer Skala von 1 – 10, wie Du Dich diese Woche gefühlt hast:

	Vorwoche	Jetzt
Dein Selbstwert:	_____	_____
Dein Energieniveau:	_____	_____
Dein Glücksgefühl:	_____	_____
Deine Tatkraft:	_____	_____
Deine Gesundheit:	_____	_____
Dein Reichtum:	_____	_____

4. Was ruft die Anerkennung des Geistes einer Sache hervor?

   ....

5. Was ist die wahre Aufgabe des Lebens, und was ist das Ergebnis?

   ....

6. Was ist das Geheimnis der Macht?

   ....

7. Kreuze an, welche der untenstehenden Aussagen auf Dich zutreffen:
   - ☐ Ich bin souverän im Denken.
   - ☐ Ich überlege erst, bevor ich spreche.
   - ☐ Ich meditiere regelmäßig oder suche die Stille auf.
   - ☐ Ich kann mich mit Leichtigkeit auf Einsicht konzentrieren.
   - ☐ ‚Negative' Bemerkungen anderer Menschen bewirken bei mir nichts mehr.

- ☐ Ich habe einem anderen Menschen eine unerwartete Freude gemacht.
- ☐ Meine Sprache ist harmonisch und wohlwollend.
- ☐ Ich fühle jeden Tag meine Verbindung mit der Allmacht.
- ☐ Ich habe Liebe, Gesundheit und Erfolg verdient.
- ☐ Ich bin gut genug, ein Leben im Überfluß zu leben.
- ☐ Ich bin mutig und voller Tatendrang.
- ☐ Mein körperlicher Zustand spiegelt meinen geistigen Zustand wider.

8. Wo kann sich Wahrnehmungsvermögen entwickeln?

....

9. Was muß getan werden, damit ein größeres Angebot sichergestellt werden kann?

....

10. Was ist die Kosmische Energie, und wie kann sie aktiviert werden?

....

....

11. Wovon hängt die Qualität der geschaffenen Umstände ab?

....

12. Wie kann unser dauerhaftes Wohlbefinden bewahrt werden?

....

....

TIPP

In den letzten Wochen hast Du gelernt, Dich zu konzentrieren. Davor hast Du gelernt, Deine Vorstellungskraft zu schulen und zu erweitern. Viele Aufgaben davon haben Deinen Verstand geprüft und Deine Aufmerksamkeit erweitert. Versuche als Ausgleich dazu immer öfter einfach nur „zu sein", d.h. einfach zu erlauben, zuzulassen, loszulassen. Das ist ein wahrer Ausdruck von Macht und Kontrolle über Dich selbst, denn Du triffst hier bewußt die Entscheidung, nicht in eine Sache einzugreifen, sondern sie sich einfach entwickeln zu lassen. Du beobachtest unparteiisch aus der Distanz und kannst daraus wieder ganz andere Schlüsse ziehen.

DU HAST DIESEN TEIL GEMEISTERT...

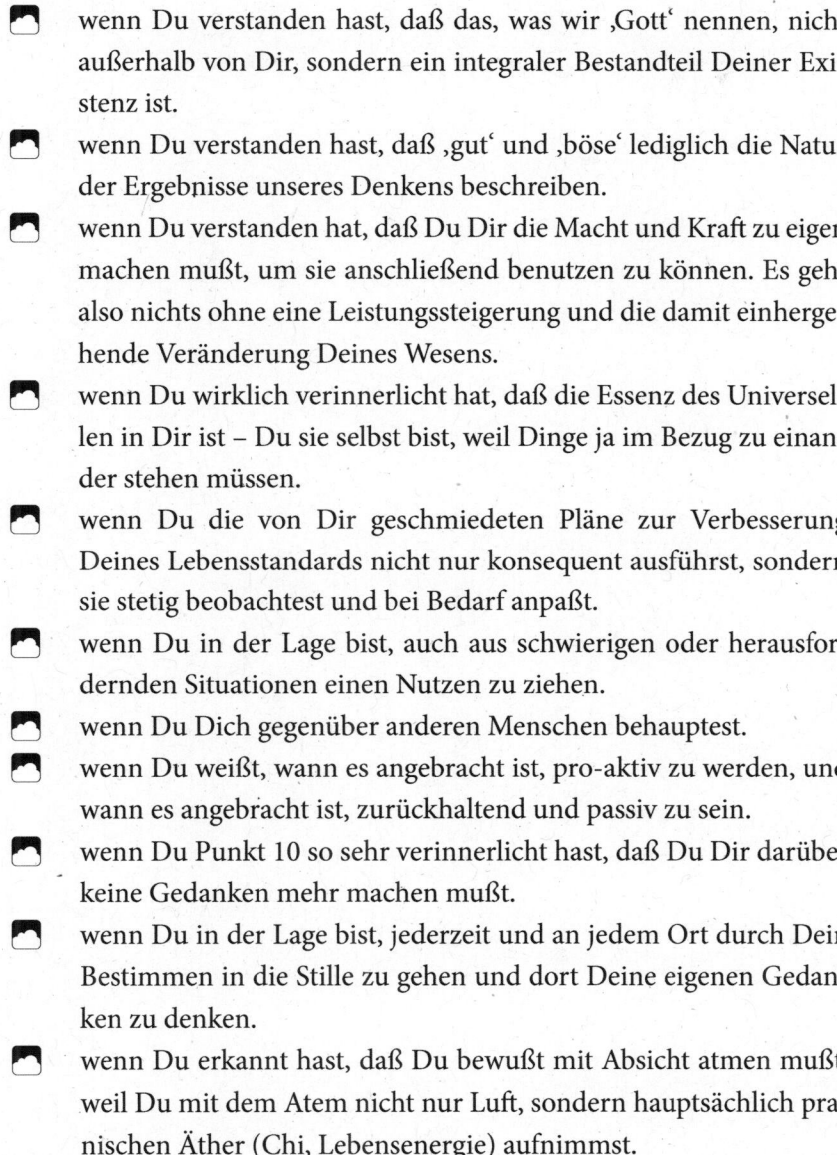

- wenn Du verstanden hast, daß das, was wir ‚Gott' nennen, nicht außerhalb von Dir, sondern ein integraler Bestandteil Deiner Existenz ist.

- wenn Du verstanden hast, daß ‚gut' und ‚böse' lediglich die Natur der Ergebnisse unseres Denkens beschreiben.

- wenn Du verstanden hat, daß Du Dir die Macht und Kraft zu eigen machen mußt, um sie anschließend benutzen zu können. Es geht also nichts ohne eine Leistungssteigerung und die damit einhergehende Veränderung Deines Wesens.

- wenn Du wirklich verinnerlicht hat, daß die Essenz des Universellen in Dir ist – Du sie selbst bist, weil Dinge ja im Bezug zu einander stehen müssen.

- wenn Du die von Dir geschmiedeten Pläne zur Verbesserung Deines Lebensstandards nicht nur konsequent ausführst, sondern sie stetig beobachtest und bei Bedarf anpaßt.

- wenn Du in der Lage bist, auch aus schwierigen oder herausfordernden Situationen einen Nutzen zu ziehen.

- wenn Du Dich gegenüber anderen Menschen behauptest.

- wenn Du weißt, wann es angebracht ist, pro-aktiv zu werden, und wann es angebracht ist, zurückhaltend und passiv zu sein.

- wenn Du Punkt 10 so sehr verinnerlicht hast, daß Du Dir darüber keine Gedanken mehr machen mußt.

- wenn Du in der Lage bist, jederzeit und an jedem Ort durch Dein Bestimmen in die Stille zu gehen und dort Deine eigenen Gedanken zu denken.

- wenn Du erkannt hast, daß Du bewußt mit Absicht atmen mußt, weil Du mit dem Atem nicht nur Luft, sondern hauptsächlich pranischen Äther (Chi, Lebensenergie) aufnimmst.

KOMMENTAR

Hier erkennst Du erneut, daß Worte Energie sind. Sie stehen für etwas. Sie beschreiben etwas. Sie sind aber zu jeder Zeit Gedankenkonstrukte, die herunter transformiert wurden, um sich Ausdruck zu verschaffen. Wenn Dir also das Ergebnis nicht gefällt, weißt Du nun, daß es an Dir liegt, neue Ursachen ins Leben zu rufen, damit sich auch neue Auswirkungen einstellen können. Es wäre schizophren, wenn man erwarten würde, daß sich etwas Neues einstellte, ohne daß dafür eine neue Ursache geschaffen wurde.

1. Anders ausgedrückt besagt das nichts anderes als: Gedanken als Ursachen haben entsprechende Auswirkungen, so daß das Bewußtsein, welches zu einer Sache geführt hat, diese Sache selbst ist. Es ginge gar nicht anders. Willst Du eine Sache ändern, mußt Du das Bewußtsein ändern. Sachen als Auswirkungen haben kein Lebensprinzip; nur Bewußtsein (über das Denken) hat Prinzip.

2. Gebrauch und Anerkennung sind letzten Endes auch das, was zu ‚mehr‘ führt – mehr von allem. Gebrauch, Anerkennung, Macht, Bedeutung, Wohlstand, Wachstum, Freude, … sie alle stehen in engster Beziehung zueinander.

3. Anerkennung führt unweigerlich zur Inkraftsetzung des Gesetzes der Anziehung, denn nur das, was Du anerkennst, kann auch zu Dir kommen. In Kapitel 14 hast Du gelernt, daß Du Dinge durch Nichtbeachtung aus Deinem Leben entfernen kannst. So macht es perfekten Sinn, daß Anerkennung zu mehr führt, Nichtbeachtung zu weniger.

4. Erinnere Dich, daß Du (Deine Persönlichkeit) das Ergebnis vielfältiger Prägungen bist. Du wurdest zu etwas, worauf Du anfangs keinerlei Einfluß hattest. Nun aber kannst Du mittels der Macht der Gedanken und dem Verständnis um diese Natürlichen Gesetze jeglichen widrigen Umstand in eine Segnung umwandeln. Du bist der Meisterschöpfer – Du hältst den Master Key in der Hand.

5. Ganz wichtig: Wer nicht denkt, muß arbeiten! Wer denkt, wird wahrscheinlich auch arbeiten, aber anders als Nichtdenkende hat er Handlungsfreiheit. Er entscheidet selbst, wie der Tag aufgeteilt wird. Hier wird es ganz deutlich, daß der Nichtdenkende die Befehle oder Anordnungen anderer empfängt und dadurch deren Wunsch erfüllt, aber nicht seinen eigenen – es sei denn, sie sind deckungsgleich. Daher muß dem eigenen Denken die größtmögliche Aufmerksamkeit zukommen.

6. *‚Prinzipien, Kräfte, Methoden und Kombinationen des Bewußtseins‘.* Das zu verstehen ist am Anfang vielleicht nicht einfach, aber nach fünf Monaten Studium ist Dir klar, was es bedeutet. Ich möchte noch einmal darauf hinweisen, daß es eines der Ziele dieses Studiums ist, Deine intuitiven Fähigkeiten zu schulen, damit Du nicht erst lang und umfangreich analysieren mußt. Wenn Du durch Übungen diese Themen verinnerlichst und Dir zu eigen gemacht hast, mußt Du darüber auch nicht mehr nachdenken, sondern handelst automatisch richtig. Überlege einmal, was das in Bezug auf Zweifel, Arbeit und Zeitersparnis bedeutet. Es soll keineswegs so sein, daß Du Deinen bewußten Verstand

überanstrengst, sondern ihn dazu einsetzt, wozu er da ist. Er – als Wächter vor dem Tor – soll lediglich lebensrichtige Signale weitersenden. Auf die Verwirklichung durch das Unterbewußtsein kannst Du Dich anschließend verlassen.

7. Es gibt keine wirkliche Trennung zwischen Dir und dem, was Du vielleicht mit ‚Gott‘ bezeichnet hast. Das Allgegenwärtige muß zwangsläufig auch in Dir vorhanden sein, wenn auch nur zu einem kleineren Grad. In Art und Qualität bist Du aber eins mit ihm. Es ist durch Dein Denken, daß Du dem Unmanifestierten Form gibst und ihm dadurch Ausdruck verschaffst. Ohne das wäre es im Raum des unendlichen Potentials geblieben und wäre vielleicht durch jemand anderen verwirklicht worden.

8. Die Betonung hier liegt auf ‚*Dinge zu tun*‘. Du kannst – Du wirst nicht länger untätig herumsitzen, sondern in der Stille Deine Visionen erschaffen und dann im wirklichen Leben zur Darstellung bringen. Du verläßt Dich dabei auf die Natürlichen Gesetze und findest Dich in Einklang mit ihnen. ‚*Der Wunsch als bereits bestehende Tatsache.*‘ Es wird einige Zeit in Anspruch nehmen, um sich darin zu schulen und alle Zweifel auszuräumen, aber Übung macht den Meister.

9. Bedenke an dieser Stelle, daß Du ja sowieso den ganzen Tag geistig tätig bist, nur daß Du Dir jetzt diese Tätigkeit bewußt zunutze machst und durch Deine Absicht gezielt steuerst.

10. Verstehst Du, was hiermit gemeint ist? Du bist eine visualisierende, schöpferische Einheit, und Dein Anerkennen dieser Methoden und Gesetzmäßigkeiten wird sie zur Darstellung bringen. Diese ist stets in Übereinstimmung mit Deinem Verständnis ihrer und somit Deiner Kraft, Deine Vision auch zu verwirklichen. Bist Du schwach und ungeübt, ist Dir auch nur möglich, Schwäche auszudrücken. Bist Du stark, souverän, versiert und erfahren, bist Du in der Lage, ganz andere Dinge zum Ausdruck zu bringen.

11. Absolut grandios! Es bedeutet die Befreiung Deines Selbst, auf einer größeren Ebene eine vollständige Transformation der Gesellschaft, der Wirtschaft und der kulturellen Beziehungen. Es bedeutet eine Abkehr von Selbstsucht und eine Zuneigung zu all dem Schönen, Wissenswerten, Wohlwollenden, Überschwänglichen, Liebevollen, Verständnisvollen. Durch Dein Dich selber Füllen mit diesen Attributen gibst Du sie auch an Deine Umwelt, welche darauf in entsprechendem Maße reagieren wird.

12. Dein Verstand mag hier versuchen, Erklärungen für bestimmte Ereignisse zu finden, aber ungeschult wird er keine zufriedenstellende Antwort finden. Das mag zu Beginn dazu führen, daß man bestimmte Dinge mißachtet, aber Du kannst Dir sicher sein, daß Schöpfung immer Gesetzmäßigkeiten unterliegt, selbst wenn Du als Mensch diese nicht verstehst, Ereignisse mit Deinen eigenen Urteilen versiehst und sie dann als absolute Wahrheit bezeichnest.

13. Verstehst Du? Durch das Denken hat sich der Mensch bestimmter Dinge vergewissert, sie gemessen, klassifiziert und genormt. Das gab ihm Gewißheit beim Erschaffen noch leistungsstärkerer Hilfs-

mittel – das Mobiltelefon ist da ein ausgezeichnetes Beispiel. Somit konnte der Mensch sein Leben immer mehr verbessern, angefangen von der Kommunikation bis hin zur Erdbebenvorhersage oder dem möglichen Aufschlagen von Meteoriten.

14. Eine ganz besondere Passage, denn sie zeigt Dir auf, daß gewöhnliche Aktionen gewöhnliche Ergebnisse herbeiführen. Außergewöhnliche Ergebnisse bedürfen außergewöhnlicher Ursachen. Dazu hast Du die Stille, Deine Aufmerksamkeit und Beobachtungsgabe, um besondere Dinge zu erkennen und ihnen einen entsprechenden Wert zuzuordnen. Das ist es, was große Meister ausmacht. Sie geben sich nicht mit kleinen Dingen zufrieden. Sie geben auch nicht auf, wenn sie mal fehlschlagen sollten. Sie arbeiten kontinuierlich weiter und verbessern sich dadurch stetig, weil sie genau wissen, wie das Endresultat aussehen wird. Sie haben eine Vision, die von ihnen auch erfüllt wird. Sie verlassen sich bei ihrer Arbeit auf das unermüdliche Wirken natürlicher Gesetzmäßigkeiten und werden dafür entsprechend belohnt.

15. Hier erkennst Du, daß Inspiration auch viel mit Konzentration im ursprünglichen Sinne zu tun hat. Wenn Du im Objekt Deiner Gedanken voll aufgehst, kommen Dir dadurch und währenddessen immer neue Ideen, die Du dann gleichzeitig *bist*. Es gibt in diesem Zustand keine Trennung zwischen Dir und dem Objekt.

16. Das Vorhandensein dieses Bewußtseins an allen Punkten ist besonders wichtig, denn es gibt weder Raum noch Zeit, wo Dir dieses Bewußtsein nicht zur Verfügung stünde. Du hast es stets auf Abruf, und es

antwortet Dir in genau dem Maße, zu dem Du es ‚*in Anspruch*‘ genommen hast.

17. Noch einmal: Es ist das Gefühl, das dem Gedanken Lebenskraft gibt. Gefühle bezüglich einer Sache zu haben bedeutet, daß eine Identifikation damit stattfindet, welche sich für Dich auf körperlicher Ebene darstellt. Da Du als spirituelles Wesen auf Bewußtseinszustände aus bist, anstatt auf die Anhäufung materieller Dinge, geht es bei dem Gefühl um pure Freude. Wenn Du das Gefühl der Freude und Liebe in Dir erwecken kannst, bist Du der materiellen Erfüllung einen Riesenschritt nähergekommen, denn nun schwingst Du mit dem Lebensprinzip des Universums auf derselben Wellenlänge. Dadurch führt es Dir Unmengen Energie zu, welche Dich beflügelt, anspornt und gut fühlen läßt.

Freude ist etwas, was Du ganz spontan entstehen lassen kannst. Sie kostet weder etwas noch bedarf sie großartiger Anstrengung. Sie muß von Dir lediglich gewollt sein und zugelassen werden. Also, freue Dich über all das, was sich Dir in den letzten Monaten offenbart hat und noch offenbaren wird. Freude und Dankbarkeit sind dabei vertraute Nachbarn.

18. Spätestens jetzt erkennst Du, warum die Übungen der ersten vier Kapitel so wichtig waren. Sie haben Dich mit der Grundlage versehen, auf der Du anschließend aufgebaut hast. Darum, falls es an dieser Stelle noch notwendig ist, auch immer wieder der Hinweis darauf, die Stille aufzusuchen und sich zu entspannen, um inspiriert zu werden.

19. *„...diese unsichtbaren Kräfte zu verstehen und zu befehligen'*. Darum – und nur darum – geht es hier. *‚Macht bedeutet Dienst'* sagt anschließend alles aus, u.a. auch was mit denen geschieht, die Macht mißbrauchen. Darüber hast Du bestimmt schon einige Male nachgedacht. Es ist aber nicht an Dir, sie zu verurteilen. Wenn, dann tun sie das bereits selber, weil auch sie *vollständige Denkeinheiten* sind. Aus ihrer Sicht mißbrauchen sie die Macht jedoch nicht. Wenn aber das, was sie tun, nicht der größtmöglichen Menge von Nutzen ist und sie nicht Qualitäten wie Liebe, Mitgefühl, Verständnis, Vertrauen etc. einsetzen, werden auch sie entsprechend ‚belohnt' werden. Wir können uns darauf verlassen, daß keine Tat unausgeglichen bleibt, und wenn nicht in diesem Leben, dann im nächsten. Als spirituelle Wesen gehen wir ja weit über unsere körperliche Existenz hinaus.

20. In dieser Passage verbindet Charles Haanel die Absicht (also die geistige Vorgabe) mit dem Atmen, einer körperlichen Funktion, die uns nicht nur mit Sauerstoff versieht, sondern auch mit Prana (Chi, Ki, Äther, Orgon, Mana, Lebenskraft). Wir können das Spirituelle mit dem Physischen über den Vorgang der Atmung miteinander verbinden – und das mit erstaunlichen Resultaten.

21. Du erkennst, daß es hier ganz anders abläuft, als Dir bislang bekannt war. Wir gingen bislang davon aus, daß das Angebot beschränkt sei. Nun aber stellst Du fest, daß dem ganz und gar nicht so sei. Das Angebot ist nur dann beschränkt, wenn auch die Nachfrage beschränkt ist. Bedenke bitte, daß Du hier Gebrauch von schöpfe-rischen Methoden machst und Dich nicht auf evolutionäre Kanäle beschränkst. Du bringst etwas ins Leben, wovon es vorher noch nichts gab, und Deine Fähigkeiten zu manifestieren zeigen sich in dem, was Du für Dich und die Menschheit erschaffst.

22. Auch hier geht es erneut um die reine geistige Anerkennung, durch die Dinge zu Dir kommen und Geheimnisse und Wünsche in Wirklichkeiten umgewandelt werden. Wenn niemand die Frage stellt, kann es auch keine Antwort geben. Wo kein Bedarf ist, entwickelt sich auch keine Befriedigung dieses Bedarfs.

23. Ah, da haben wir es doch! Wir kommen zurück zu Kapitel 3, wo es um den Solar-plexus geht; wo es darum geht, ihn zum Strahlen zu bringen; wo erklärt wird, daß Du dadurch zu einer magnetischen Person wirst, einer Person, die eine große Anzie-hungskraft hat, weil sie eine große Strahl-kraft hat. Auch hier wieder ein perfektes Gleichgewicht der beiden Polaritäten.

24. Es ist immer wieder eine Frage der Übung, der Wiederholung und natürlich der Achtsamkeit. Wenn Du darauf achtest, bewußt zu atmen, wirst Du auch schneller in den Genuß des Erwünschten kommen, weil Du Dir diese Qualitäten mit starkem Nachdruck in Deinen Körper einbaust.

25. Es klingt fast zu einfach und schön, um wahr zu sein, aber dennoch ist es das. Inwieweit Dir noch alte Programmie-rungen und Glaubensmuster im Weg stehen, das entscheidest letztendlich Du selbst. Auch das Auflösen dieser Muster ist ein Vorgang, dem dieselben Gesetzmä-ßigkeiten zugrunde liegen. Sie sind nur

Bewußtsein, selbst wenn sie sich bereits auf körperlicher Ebene manifestiert haben. Es gibt immer mehr Spontanheilungen, die nahezu an Wunder grenzen, aber auch sie sind nichts anderes als Bewußtsein in Bewegung. Auch sie können nur in Erscheinung treten, weil jemand sie in Anspruch nimmt.

26. An dieser Stelle erneut ein Verweis auf Charles Haanels Buch ‚*Die erstaunlichen Geheimnisse der Yogis*‘. Atmen bedeutet Leben. Ohne Atmung kein Ausdruck von Leben und somit keine Entwicklung. In der westlichen Welt atmet man im Allgemeinen weder bewußt noch ausreichend tief und rhythmisch. Dabei kann durch eine richtige Atmung manch eine Heilung herbeigeführt werden. Das, was im Fernen Osten seit Jahrtausenden zum Alltag gehört, sollte auch von Dir entsprechende Aufmerksamkeit bekommen.

27. Hier noch einmal eine schöne Erklärung des Konstrukts und der Interaktion von Handeln, Sein und Denken. Das Denken steht dabei an erster Stelle und führt zu allem weiteren. Es ist ein Kreislauf, denn über das Denken hinaus handelst Du und wirst schließlich zu einem neuen Menschen. Das befähigt Dich schließlich, andere Dinge anzugehen und sie zu verwirklichen. So steigst Du in der Entwicklung stetig auf, bis Du diesen Körper hinterlegst und Dich auf eine neue Reise mit neuen Aufgaben machst – oder unerledigte Aufgaben in neuer Gestalt und mit einem neuen Anlauf erledigst.

28. Spätestens hier wird Dir *ein-leuchten*, daß es sich wahrlich nicht lohnt, schlechte Denk- und Verhaltensweisen weiterzu-

führen. Ihre letztendliche Manifestation beruht auf unveränderlichen Gesetzmäßigkeiten, welche Du im Laufe der letzten fünf Monate kennengelernt und wertzuschätzen gelernt hast.

29. Dieser Passage gilt es besondere Aufmerksamkeit zu schenken. Sie sollte mehrfach gelesen werden, damit Du sie vollständig verstehst. Hier ist es auch angeraten, darüber zu meditieren, was wirklich damit gemeint ist und was nicht. Suche die Stille auf, um zu einem perfekten Verständnis dessen zu kommen, was Charles Haanel mit Willenskraft bezeichnet.

30. Es stellt sich bestimmt die Frage, was denn diese Vorwärtsbewegung des Großen Ganzen ist und wie sie sich ausdrückt. Erinnere Dich daran, daß jedes Unterfangen der größtmöglichen Menge zum Nutzen sein muß. Was einem nutzt, muß allen nutzen. Daher darf Dein Ideal nicht selbstsüchtig sein. Du kannst Dir bestimmt vorstellen, daß es sich hier um größere Dinge handelt, als z.B. die Wiedervereinigung mit dem Ex-Partner.

31. Es ist nicht schwer zu erkennen, wie die Übungen mit der Zeit immer anspruchsvoller wurden. Erkennst Du mittlerweile Dein wahres Ich und Dein unendliches Potenzial ? Wandelst Du diese Erkenntnis in praktische Werte um? Die Übung beinhaltet erneut mehrere Aspekte, und es ist angeraten sie solange durchzuführen, bis Du Meisterschaft darin erlangt hast. Es gilt zu erkennen, daß zwischen Dir und dem Universellen Bewußtsein über Dein Denken eine Wechselwirkung besteht und Du Dir dadurch all Deine Wünsche erfüllen kannst.

523

21

Große Gedanken
als Geheimnis des Erfolges

Es ist mir ein Privileg, Dir hiermit Teil 21 zu überreichen. In Absatz 7 wirst Du finden, daß es eines der Geheimnisse des Erfolges, eine der Methoden, den Sieg zu organisieren, eine der Errungenschaften des Meister-Bewußtseins ist, großartige Gedanken zu denken.

In Absatz 8 wirst Du feststellen, daß alles, was wir für eine bestimmte Zeit in unserem Bewußtsein halten, unserem Unterbewußtsein aufgeprägt und so zu einem Muster wird, welches die schöpferische Energie in Dein Leben und Deine Umgebung weben wird. Es ist das Geheimnis der wundervollen Macht des Gebets.

Wir wissen, daß das Universum durch Gesetze geregelt wird; daß es für jede Wirkung eine Ursache geben muß; und daß dieselbe Ursache unter den gleichen Bedingungen unweigerlich dieselbe Wirkung erzielen wird.

Wenn jemals ein Gebet beantwortet wurde, wird es immer beantwortet werden – *wenn* man sich an die richtigen Umstände hält. Dieses muß zwangsläufig wahr sein, andernfalls wäre das Universum ein Chaos anstatt ein Kosmos. Die Antwort auf ein Gebet unterliegt somit einem Gesetz, und dieses Gesetz ist bestimmt, exakt und wissenschaftlich, genauso wie die Gesetze, welche die Anziehungskraft oder Elektrizität regeln. Ein Verständnis dieses Gesetzes entfernt die Basis des Christentums aus dem Bereich des Aberglaubens und der Leichtgläubigkeit und platziert sie auf dem festen Felsen wissenschaftlichen Verständnisses.

Unglücklicherweise gibt es aber vergleichsweise wenig Menschen, die wissen, wie man betet. Sie verstehen, daß es Gesetze gibt, welche die Elektrizität, Mathematik und Chemie regeln, aber aus einem unerklärlichen Grund scheint es ihnen nicht aufzufallen, daß es auch geistige Gesetze gibt und daß diese geistigen Gesetze gleichermaßen bestimmt, wissenschaftlich und exakt sind und mit unveränderlicher Genauigkeit voranschreiten.

GROSSE GEDANKEN ALS GEHEIMNIS DES ERFOLGES

1. Das wahre Geheimnis der Macht ist ein Bewußtsein für Macht. Das Universelle Bewußtsein ist bedingungslos. Dementsprechend, je bewußter wir uns unserer Einheit mit diesem Bewußtsein werden, desto weniger bewußt werden wir uns der ehemaligen Bedingungen und Beschränkungen. Während wir uns von diesen Beschränkungen befreien, kommen wir zu einer Verwirklichung des Uneingeschränkten – wir sind frei!

2. Sobald wir uns dieser unerschöpflichen Macht der inneren Welt bewußt werden, beginnen wir diese Macht anzuzapfen und die größeren Möglichkeiten, die uns diese Erkenntnis beschert hat, anzuwenden und zu entwickeln. Das geschieht nur deswegen, weil sich all das, dessen wir uns bewußt werden, unweigerlich in der objektiven Welt darstellt – sich in Form Ausdruck verschafft.

3. Das ist so, weil das Unendliche Bewußtsein als die Quelle, aus der alle Dinge entstehen, eins und unteilbar ist. Jedes Individuum ist ein Kanal, durch den sich die Unendliche Energie darstellt. Unsere Fähigkeit, zu denken, ist unsere Fähigkeit, auf die Universelle Substanz einzuwirken, und was wir denken, ist das, was in der objektiven Welt erschaffen oder produziert wird.

4. Das Ergebnis dieser Entdeckung ist schlichtweg bewundernswert und bedeutet, daß Bewußtsein außerordentlich in seiner Qualität und unbeschränkt in seiner Menge ist und somit unzählige Möglichkeiten beinhaltet. Sich dieser Macht bewußt zu werden, bedeutet, zu einem energiegeladenen Menschen zu werden. Es hat den gleichen Effekt wie das Verbinden eines normalen Kabels mit einem, das Strom leitet. Wenn das individuelle Bewußtsein das Universelle Bewußtsein berührt, empfängt es alle notwendige Macht. Das ist die innere Welt. Alle Wissenschaften erkennen die Wirklichkeit dieser Welt an, und jegliche Macht hängt von unserer Anerkennung dieser Welt ab.

5. Die Fähigkeit, unvollständige Umstände zu beseitigen, hängt von geistiger Handlung ab, und die geistige Handlung hängt von dem Bewußtsein für Macht ab. Je bewußter wir uns (also) unserer Einheit mit der Quelle aller Macht werden, desto größer wird unsere Macht, jegliche Umstände zu steuern und zu meistern.

6. Großartige Ideen haben die Neigung, kleinere Ideen auszulöschen, so daß es angeraten ist, großartige Ideen so lange zu halten, bis sie kleine oder unerwünschte Neigungen zerstört haben. Das wird zahllose unsägliche und nervende Hindernisse aus Deinem Weg räumen. Du bist Dir auch einer größeren Gedankenwelt bewußt geworden, hast somit Deine geistige Leistungsfähigkeit erhöht und Dich in eine Position gebracht, wo Du etwas von Wert erreichen kannst.

7. Das ist eines der Geheimnisse des Erfolges, eine der Methoden, den Sieg zu organisieren, eine der Errungenschaften des Meister-denkers: er denkt **große Gedanken**. Die schöpferische Energie des Bewußtseins findet es nicht schwieriger, mit großen Situationen umzugehen als mit kleinen. Bewußtsein ist im unendlich Großen ebenso vorhanden wie im unendlich Kleinen.

8. Wenn wir uns dieser Tatsachen bezüglich des Bewußtseins klar werden, verstehen wir, wie wir uns jeglichen Umstand heranziehen können, indem wir die entsprechenden Umstände in unserem Bewußtsein schaffen, denn all das, was für eine

Es ist angeraten, großartige Ideen so lange zu halten, bis sie kleine oder unerwünschte Neigungen zerstören.

bestimmte Zeit im Bewußtsein gehalten wird, wird schließlich **dem Unterbewußtsein aufgeprägt** und dadurch zu einem Muster, welches die schöpferische Energie in das Leben und die Umgebung des Individuums weben wird.

9.   So werden Umstände neu erschaffen. Wir stellen fest, daß unser Leben schlichtweg das Spiegelbild unserer hauptsächlichen Gedanken ist, unserer geistigen Einstellung. Wir stellen dann fest, daß die Wissenschaft des wahrhaften Denkens die einzige Wissenschaft ist; daß sie alle anderen Wissenschaften einschließt.

10.   Aus dieser Wissenschaft lernen wir, daß jeder Gedanke einen Abdruck im Gehirn hinterläßt; daß diese Abdrücke geistige Neigungen hervorrufen; daß diese Neigungen Charakter, Fähigkeiten und Ziele erschaffen; und daß die vereinten Taten von Charakter, Fähigkeiten und Zielen die Erfahrungen bestimmen, die wir im Leben antreffen werden.

11.   Diese Erfahrungen kommen durch das Gesetz der Anziehung zu uns. Durch die Funktion dieses Gesetzes finden wir in der äußeren Welt die Erfahrungen, die mit denen der inneren Welt übereinstimmen.

12.   Der vorherrschende Gedanke oder die Geisteshaltung ist der Magnet. Das Gesetz besagt: ‚Gleiches zieht Gleiches an‘. Konsequenterweise wird die Geisteshaltung unweigerlich solche Umstände anziehen, die mit ihrer Natur in Übereinstimmung stehen.

13.   Diese Geisteshaltung ist unsere Persönlichkeit und besteht aus den Gedanken, die wir in unserem Bewußtsein erschaffen haben. Wenn wir eine Veränderung in den Umständen erwünschen, ist es lediglich notwendig, unsere Gedanken zu ändern. Das wiederum wird unsere Geisteshaltung ändern, welche unsere Persönlichkeit

ändern wird, die wiederum Personen, Dinge, Umstände oder Erfahrungen ändern wird, auf die wir im Leben treffen.

14. Es ist jedoch keine leichte Angelegenheit, die Geisteshaltung zu ändern. Es kann aber durch **dauerhafte Anstrengung** erreicht werden. Die Geisteshaltung ist nach den geistigen Bildern, die dem Gehirn aufgeprägt wurden, strukturiert. Wenn Du diese Bilder nicht magst, zerstöre die Negative und erschaffe neue Bilder. Das ist die Kunst der Visualisierung.

15. Sobald Du das getan hast, wirst Du damit beginnen, neue Dinge anzuziehen, und diese neuen Dinge werden in Übereinstimmung mit den neuen Bildern stehen. Um das zu bewerkstelligen, drücke dem Bewußtsein ein perfektes Bild des Wunsches auf, den Du verwirklicht sehen willst, und halte dieses Bild im Bewußtsein, bis die Ergebnisse erzielt sind.

16. Wenn der Wunsch einer ist, der nach Bestimmtheit, Fähigkeit, Talent, Mut, Macht oder jeder anderen geistigen Kraft verlangt, sind das die notwendigen Zutaten für Dein Bild. Baue sie mit ein; sie sind ein lebenswichtiger Bestandteil des Bildes; sie sind das Gefühl, welches sich mit dem Gedanken vereint und die unwiderstehliche, magnetische Kraft erschafft, mit der Du die von Dir benötigten Dinge an Dich heranziehst. Sie geben dem Bild Leben, und Leben bedeutet Wachstum, und sobald es zu wachsen beginnt, ist das Ergebnis praktisch gesichert.

17. Zögere nicht, in allem, was Du unternimmst, dem höchst-möglichen Ziel entgegenzustreben, denn die Geisteskräfte sind immer bereit, sich einem entschlossenen Willen zu widmen – in dem Bemühen, seine höchsten Bestrebungen in Taten, Vollendungen und Ereignissen herauszukristallisieren.

18. Ein Beispiel, wie diese Geisteskräfte funktionieren, wird durch die Methode aufgezeigt, durch die sich alle unsere Gewohnheiten bilden. Wir tun eine Sache, tun sie dann erneut, dann wieder und wieder, bis sie einfach und vielleicht nahezu automatisch wird. Dieselbe Regel trifft auf das Brechen jeder und aller schlechten

> Zögere nicht, in allem, was Du unternimmst,
> dem höchstmöglichem Ziel entgegenzustreben,
> denn die Geisteskräfte sind immer bereit,
> sich einem entschlossenen Willen zu widmen.

Gewohnheiten zu. Wir hören auf, eine Sache zu tun, vermeiden sie erneut, dann wieder und wieder, bis wir vollkommen von ihr befreit sind. Sollten wir hin und wieder fehlschlagen, bedeutet das keinesfalls, die Hoffnung zu verlieren, denn das Gesetz ist absolut und unbezwingbar und **rechnet uns jede Anstrengung und jeden Erfolg hoch an**, selbst wenn unsere Anstrengungen und Erfolge manchmal unterbrochen werden sollten.

19. Es gibt keine Beschränkung in dem, was dieses Gesetz für Dich tun kann. Wage es, an Deine eigenen Ideen zu glauben. Erinnere Dich, daß die Natur Deinem Ideal anpassungsfähig ist. Siehe das Ideal als bereits vollendete Tatsache.

20. Der wirkliche Kampf des Lebens dreht sich um Ideen. Es ist der, der von den Wenigen gegen die Vielen gekämpft wird. Auf der einen Seite ist der aufbauende und schöpferische Gedanke, auf der anderen der zerstörerische und negative. Der schöpferische Gedanke wird von einem **Ideal** beherrscht, der passive Gedanke von **Erscheinungen**. Auf beiden Seiten finden sich Menschen der Wissenschaft, des Schreibens und der Geschäftswelt.

21. Auf der schöpferischen Seite sind Menschen, die ihre Zeit in Laboratorien oder über Mikroskopen und Teleskopen verbringen, Seite an Seite mit den Menschen, die die wirtschaftliche, politische und wissenschaftliche Welt beherrschen. Auf der negativen Seite sind Menschen, die ihre Zeit damit verbringen, Gesetz und Präzedens zu untersuchen; Menschen, die Theologie mit Religion verwechseln; Staatsmänner, die Macht mit Recht verwechseln, und all die Millionen, die Vorangegangenes dem Fortschritt vorzuziehen

scheinen; die ewig nach hinten anstatt nach vorne schauen; die nur die äußere Welt sehen, aber nichts von der inneren wissen.

22.	In der letzten Analyse gibt es nur diese beiden Klassen. Alle Menschen werden ihren Platz auf der einen oder anderen Seite einnehmen. Sie werden vorwärts gehen müssen oder zurück. Es gibt in einer Welt, wo alles in Bewegung ist, keinen Stillstand. Es ist der Versuch stillzustehen, welcher willkürlichen und unfairen Gesetzen Zustimmung und Kraft gibt.

23.	Daß wir uns in einer Übergangsperiode befinden, wird durch die Unruhen offensichtlich, die überall zu finden sind. Das Klagen der Menschheit ist gleich dem Grollen der himmlischen Artillerie, mit niedrigen und drohenden Tönen beginnend, dann zunehmend, wie der Ton, der von Wolke zu Wolke geschickt wird und mit seinem Blitz Luft und Erde spaltet.

24.	Die Wächter, welche die vorgerücktesten Außenposten der industriellen, politischen und religiösen Welt bewachen, rufen sich verängstigt zu: ‚Was wird uns wohl die Nacht bringen?' Die Gefahr und Unsicherheit der von ihnen eingenommenen Positionen und der Versuch, sie zu halten, wird mit jeder Stunde offensichtlicher. Das Morgengrauen einer neuen Ära verkündet, daß die gegenwärtige Ordnung der Dinge nicht länger bestehen kann.

25.	Die Auseinandersetzung zwischen der alten und der neuen Ordnung – das Kreuz der sozialen Probleme – ist gänzlich eine Frage der Überzeugung im Bewußtsein der Menschen, wie sie die Natur des Universums verstehen. Wenn sie verstehen, daß diese übersinnlichen Kräfte des Bewußtseins – oder die des Kosmos – in jedem Individuum ruhen, wird es möglich sein, Gesetze

Wage es, an Deine eigenen Ideen zu glauben. Erinnere Dich, daß die Natur Deinem Ideal anpassungsfähig ist. Siehe das Ideal als bereits vollendete Tatsache.

Erkenne, daß Dir die Stille eine stets verfügbare
und nahezu unbegrenzte Möglichkeit bietet,
die höchste Auffassung der Wahrheit zu erwecken.

zu erschaffen, welche **die Freiheiten und Rechte der Masse garantieren**, anstatt die Privilegien einiger weniger weiterhin aufrecht zu erhalten.

26. Solange die Menschen die kosmische Macht als eine nicht menschliche und der Menschheit fremdartige Macht ansehen, wird es für eine angeblich privilegierte Klasse vergleichsweise einfach sein, mit göttlichem Recht zu herrschen, ungeachtet aller Proteste der sozialen Schichten. Das wahre Interesse der Demokratie besteht somit in dem Ausdruck der Befreiung und der Anerkennung der Göttlichkeit des menschlichen Bewußtseins. Es besteht darin, anzuerkennen, daß alle Macht von innen kommt; daß kein menschliches Wesen mehr Macht hat als jedes andere menschliche Wesen, mit Ausnahme dessen, was ihm willentlich zuteil wurde. Die alte Ordnung wollte uns glauben machen, daß das Gesetz den Gesetzgebern übergeordnet war. Hierin liegt der Kern gesellschaftlicher Verbrechen in jeglicher Form von Privilegien und persönlicher Ungleichheit, sowie der Institutionalisierung einer fatalistischen Glaubenslehre göttlicher Vorsehung.

27. Das Göttliche Bewußtsein ist das Universelle Bewußtsein. Es macht keine Ausnahmen, es verteilt keine Vorzüge. Es agiert nicht durch bloße Laune, Ängstlichkeit, Eifersucht oder Zorn. Es kann ihm nicht geschmeichelt werden; es kann nicht durch Anfrage oder Sympathie bewegt oder gedrängt werden, den Menschen mit einem Bedürfnis zu versorgen, welches er für sein Glück oder selbst für sein Bestehen notwendig betrachtet. Das Göttliche Bewußtsein macht keine Ausnahme, irgendein Individuum zu bevorzugen. Wenn aber das Individuum seine Einheit mit dem Universellen Prinzip versteht und verwirklicht, wird es als

bevorzugt erscheinen, weil es die Quelle aller Gesundheit, allen Wohlstands und aller Macht gefunden hat.

28. Als Übung dieser Woche konzentriere Dich auf die Wahrheit. Versuche Dir vorzustellen, daß Dich die Wahrheit frei macht. Das bedeutet: Nichts kann sich Dir dauerhaft in den Weg Deines vollkommenen Erfolges stellen, wenn Du lernst, die wissenschaftlich korrekten Denkmethoden und Prinzipien anzuwenden. Erkenne, daß Du in Deiner Umgebung Dein eigenes Seelenpotential veräußerlichst. Erkenne, daß Dir die Stille eine stets verfügbare und nahezu unbegrenzte Möglichkeit bietet, die höchste Auffassung der Wahrheit zu erwecken. **Versuche zu verstehen, daß Allmacht selbst absolute Stille ist; alles andere ist Wechsel, Aktivität und Beschränkung.** Stille Gedankenkonzentration ist die wahre Methode des Erreichens, des Erwachens und des Ausdrucks der wundervollen, potentiellen Macht der inneren Welt.

Die Möglichkeiten des Gedankentrainings sind unendlich, seine Konsequenzen ewig, und dennoch unternehmen nur wenige die Anstrengung, ihr Denken in Kanäle zu leiten, die ihnen Gutes bringen, sondern überlassen stattdessen alles dem Zufall.
— MARSDEN

FRAGEN UND ANTWORTEN

201. *Was ist das wahre Geheimnis von Macht?*
Das Machtbewußtsein, denn all das, dessen wir uns bewußt werden, wird unweigerlich in der objektiven Welt dargestellt und in greifbarer Form ausgedrückt.

202. *Was ist der Ursprung dieser Macht?*
Das Universelle Bewußtsein, aus dem alle Dinge entstehen, und welches eins und unteilbar ist.

203. *Wie stellt sich diese Macht dar?*
Durch das Individuum. Jedes Individuum ist ein Kanal, durch den diese Energie in Form aufgeteilt wird.

204. *Wie können wir mit dieser Allmacht in Verbindung treten?*
Unsere Fähigkeit zu denken ist unsere Fähigkeit, auf diese Universelle Energie einzuwirken, und was wir denken, wird in der objektiven Welt produziert oder erschaffen.

205. *Was ist das Ergebnis dieser Entdeckung?*
Das Ergebnis ist nicht weniger als bewundernswert; es öffnet unvorhergesehene und uneingeschränkte Möglichkeiten.

206. *Wie können wir dann unvollständige Umstände eliminieren?*
Indem wir uns unserer Einheit mit der Quelle aller Macht bewußt werden.

207. *Was ist eines der bestimmenden Merkmale des Meisterdenkers?*
Er denkt großartige Gedanken; er hält Ideen lange genug fest, um allen unsäglichen und nervenden Hindernissen entgegenzustehen und sie zu zerstören.

208. *Wie kommen Erfahrungen zu uns?*
Durch das Gesetz der Anziehung.

209. *Wie wird dieses Gesetz in die Tat umgesetzt?*
Durch unsere vorherrschende Geisteshaltung.

210. *Was ist die Auseinandersetzung zwischen der alten*
und der neuen Ordnung?
Eine Angelegenheit der Überzeugung bezüglich der Natur des
Universums. Die alte Ordnung versucht, an der fatalistischen
Glaubenslehre der göttlichen Vorsehung festzuhalten. Die neue
Ordnung erkennt die Göttlichkeit des Individuums an: Die
Demokratie der Menschheit.

21

Große Gedanken als Geheimnis des Erfolges

Das wahre Geheimnis von Macht ist ein Bewußtsein von Macht. Es gilt, große Gedanken zu denken. Es ist das Wissen, daß das Universum durch Gesetze geregelt wird; daß es für jede Wirkung eine Ursache gibt. Unsere Fähigkeit, zu denken, ist unsere Fähigkeit, auf den Universellen Geist einzuwirken. Sich der Macht bewußt zu werden, heißt, zu einem Energiebündel zu werden. Je bewußter Du Dir Deiner Einheit mit der Quelle der Macht wirst, desto größer wird Deine Macht.

Große Ideen haben die Tendenz, kleinere zu verdrängen. Durch eine größere Gedankenwelt erhöhst Du Deine geistige Kapazität und bringst Dich in eine Position, in der Du Wertvolles erreichen kannst. Laß das bitte noch einmal auf Dich wirken. Wenn Du weiterhin auf dem Niveau denkst, das Du bisher innehattest, dann kann sich auch nichts ändern. Nimm Dir also die Zeit und benutze Deine Vorstellungskraft, um Dir etwas *vor-zu-stellen*, was sich außerhalb dessen befindet, was sonst auf Deinem Radar erscheint.

Neues ist neuer als das bisherige. Groß ist größer als das bisherige. Nimm Dir den Mut, voranzuschreiten. Es wird Dir keine Aufgabe vorgelegt, die Du nicht bewältigen kannst, womit sich auch die Frage des Nicht-Erreichens erledigt hätte. Du hast in den vergangenen Kapiteln gelernt, wissenschaftlich wahre Ideale zu erstellen, was bedeutet, daß das, was Du Dir nun vorstellst und visualisierst, auch im Bereich des Erreichbaren ist. Das allein gibt Dir genug Mut, entsprechend tatkräftig zu werden. Wenn es Dir immer noch an Mut mangelt, wovon ich in dieser 21. Woche aber nicht mehr ausgehe, dann weißt Du, daß Du Dich erneut mit den vorigen Kapitel befassen mußt, bis Du ein Energie- und Verständnisniveau erreicht hast, das jegliche Hemmungen bezüglich Mut und Tatendrang ein für alle Mal beseitigt.

Alles, was eine bestimmte Zeit im Bewußtsein gehalten wird, wird dem Unterbewußtsein aufgeprägt und so zur Gewohnheit. Mit der Eigenschaft dieser Gewohnheit bezeichnen wir, wer oder wie wir sind. Das ist das Ziel Deiner Reise, nämlich genau diese neuen Gewohnheiten zu schaffen, nur jetzt als Resultat Deiner bewußten Mitschöpfung.

Gleiches zieht Gleiches an. Um Umstände zu ändern, mußt Du Deine Gedanken ändern. Das ist es, was Du bereits über fünf Monate getan hast. Aus Deiner neuen Geisteshaltung heraus ergibt sich Deine neue Persönlichkeit, und daraus ergeben sich Deine neuen Erfahrungen, Deine Umgebung und die Personen, auf die Du triffst. Das ist Dir sicherlich schon aufgefallen, daß Dir viele neue Dinge in Form von Büchern, Menschen oder Ereignissen zugefallen sind, denen Du vorher keine Beachtung geschenkt hättest, die nun aber in Dein Leben treten. Die Dinge, die Du anziehst, stimmen mit den Bildern überein, die Du geformt hast. Innen wie außen, oben wie unten. Verweile auf diesem Satz, denn Deine eigene Veränderung zieht *immer* eine entsprechende Veränderung sowohl in der Welt oberhalb als auch der Welt unterhalb von Dir nach sich. Wenn gesagt wird, daß wir alle eins sind, dann ist das wörtlich zu nehmen. Daraus geht hervor, daß Deine Verantwortung weit über Dich hinausgeht.

Noch einmal: Gib dem Bild – Deinem Ideal – Gefühle. Es sollen Gefühle von Mut, Talent, Fähigkeit, Bestimmtheit und Macht sein. Traue Dich, an Deine eigenen Ideen zu glauben. Der gestalterische Gedanke wird vom Ideal bestimmt; der passive von Erscheinungen. Jetzt, vier Wochen vor Ende des Lehrgangs, bist Du tief in diesem gestalterischen Gedanken verankert. Du setzt immer wieder neue Ursachen, suchst und findest die Stille, die Ruhe, die Du brauchst, um zu neuen Einsichten und Erkenntnissen zu gelangen. Du bist auf dem besten Weg, Dein Schöpferpotenzial auszunutzen und Deine Seelenpotenziale auszuleben. Erinnere Dich stets daran, daß das, was Du tust, eine Spiegelung auf den anderen Ebenen nach sich zieht.

Der Göttliche Geist ist der Universelle Geist; er macht keine Ausnahmen, verteilt keine Vorzüge, handelt nicht aus Laune, Eifersucht oder Wut. So viel weißt Du nun, und Du als Individuum stimmst Dich auch nicht mehr auf diese Energien ein, sondern erkennst sie als wertvolle Hilfen in Deinem Identifikations- und Wachstumsprozeß und benutzt sie, um Dich am entgegengesetzten Pol festzusetzen.

,*Allmacht selbst ist absolute Stille, alles andere ist Wechsel, Aktivität und Beschränkung.*' Du erkennst daraus die Notwendigkeit der Stille, denn je ruhiger Du wirst, desto mehr wirst Du Dir der Allmacht bewußt. Du verweilst aber nicht in diesem Zustand, sondern machst Dir die neu gewonnenen Informationen zunutze und zur gelebten Wahrheit. Dadurch entwickelst Du Dich als Person, wirst größer und wirkst anziehender auf andere. Das gilt für jene, die sich auf einem ähnlichen Energieniveau wie Deinem befinden, als auch auf jene, die auf einem niedrigeren Niveau sind. Deshalb gibt es ja auch den ganzen Rummel um Stars, sei es in der Politik, im Sport, in der Musik oder im Film.

ÜBUNG

Die Übung dieser Woche handelt vom Konzentrieren auf die Wahrheit. Wenn Du Dich gewissenhaft damit beschäftigst, was diese Wahrheit ist, nimmst Du – so wie schon zuvor erfahren – neue Informationen auf, die Dich zu mehr Einsicht bringen. Daraus und dem damit verbundenen Gebrauch ergibt sich neue Macht und Kraft. Verweile insbesondere auf dem Hermetischen Prinzip der Polarität und erkenne, daß letztlich alles eins ist; daß das voneinander-getrennt-sein nur eine Illusion ist; daß der, der sich im Geiste Begrenzungen und Hindernisse schafft, diese auch im wirklichen Leben antreffen wird, während derjenige, dessen Bewußtsein zeit- und grenzenlos ist, auch diese Erfahrungen machen wird. Es ist die Wahrheit, die uns frei machen wird, worauf in Kapitel 24 noch weiter eingegangen wird.

AUFGABEN

1. Schreibe auf, was vorhanden sein muß, damit unserem Bewußtsein etwas aufgeprägt werden kann.

....

....

....

2. Beantworte Dir so oft wie möglich die folgenden Fragen:

- ✓ Was habe ich heute gemacht?
- ✓ Was kann ich daran verbessern?
- ✓ Wer kann mir dabei helfen?
- ✓ Wann werde ich es vollenden?

3. Wodurch wird das Universum geregelt?

4. Was ist das Resultat unseres Denkens?

5. Was hat es zur Folge, wenn wir uns unser Einheit mit dem Universellen bewußt werden?

6. Große Ideen verdrängen kleine Ideen. Warum ist diese Aussage wissenschaftlich wahr?

7. Kreuze an, welche der untenstehenden Aussagen auf Dich zutreffen:
- ☐ Meine Ideen sind größer und umfangreicher als je zuvor.
- ☐ Ich bekomme von anderen Menschen Unterstützung für mein Ideal oder Vorhaben.
- ☐ Ich spreche meine Vorhaben offen an, nachdem ich sie in der Stille habe wachsen und gedeihen lassen.
- ☐ Ich spüre die sich in mir entwickelnde Macht und Kraft nun zunehmend auch auf körperlicher Ebene.
- ☐ Ich entscheide bewußt, worauf ich meine Aufmerksamkeit richte.
- ☐ Ich absolviere weiterhin täglich die Übungen dieses Teils.
- ☐ Ich spüre die Liebe meiner Mitmenschen.

- [ ] Ich liebe mich selbst und bringe das auf vielfältige Art und Weise zum Ausdruck.
- [ ] Ich erfreue mich am Leben und all dem, was es zu bieten hat.
- [ ] Ich bin voller Energie und Zuversicht.

8. Durch welches Gesetz kommen unsere Erfahrungen zu uns?

9. Wie können wir äußere Umstände ändern?

10. Der gestalterische Gedanke wird von einem Ideal bestimmt. Wovon wird der passive Gedanke bestimmt?

11. Der göttliche Geist macht keine Ausnahmen. Erkläre, warum dem so ist.

12. Was ist Allmacht selbst?

DU HAST DIESEN TEIL GEMEISTERT...

- wenn Du weißt, wie man richtig betet.
- wenn Du Deine großartigen Ideen so lange im Bewußtsein halten kannst, bis sie kleinere zerstört haben.
- wenn Du verstanden hast, warum in der geistigen Welt Gleiches Gleiches anzieht.
- wenn Du bereit bist, dauerhafte Anstrengungen zum Erreichen Deiner Ziele zu unternehmen und Dich von nichts und niemandem davon abbringen läßt.

- wenn Du verinnerlicht hast, warum Mut, Bestimmtheit, Talent, Fähigkeit, Macht oder andere geistige Kräfte in Dein Bild mit eingebaut werden müssen.

- wenn Du verstanden hast, warum der passive Gedanke von Erscheinungen beherrscht wird, der schöpferische Gedanke jedoch von Idealen.

- wenn Du verstanden und verinnerlicht hast, warum Allmacht selbst absolute Stille ist.

NOTIZEN

KOMMENTAR

Solltest Du für großartige Dinge noch kein Bewußtsein entwickelt haben, lernst Du in diesem Kapitel, wie der Gedanke für längere Zeit im Bewußtsein gehalten wird.

Deine Konzentration auf das gewünschte Objekt wird dazu führen, daß Du über das Unterbewußtsein auf die Universelle Substanz einwirkst und sie zum Reagieren bringst. So entwickelst Du schrittweise ein zunehmend größeres Verständnis für großartige Dinge und Ideen. Während Du das tust, wird sich Dir der Weg auftun. Menschen kommen auf Dich zu; Du triffst auf hilfreiche Informationen; Du erkennst immer mehr Möglichkeiten der Verwirklichung etc. All das war Dir zu Beginn noch fremd und unbekannt, aber nun bist Du auf dem Weg, Dir Dein Ideal nicht nur groß und ausschweifend vorzustellen, sondern es auch in die Tat umzusetzen. Du schaust zurück und fragst Dich bestimmt, warum Du nicht schon immer so gedacht hast, erfreust Dich aber der neuen Dinge und schreitest mutig und dankbar voran.

1. Verstehst Du, was Haanel damit zum Ausdruck bringen will? Je mehr Du Deine Einheit mit dem allmächtigen Bewußtsein anerkennst und Dir zunutze machst, desto weniger Beschränkungen unterliegst Du, weil Du diese auflöst und als unwirklich ansiehst. Du findest immer häufiger und leichter Lösungen für vermeintliche Probleme. Dein zunehmendes Leistungsvermögen versetzt Dich in die Lage, Hindernisse auf Anhieb zu erkennen und gar nicht erst zur Entwicklung kommen zu lassen. Du wirst immer stärker, souveräner und machtvoller, wohl wissend, daß Gebrauch die Bedingung ist.

2. Beachte bitte den Umkehrschluß: Was uns nicht bewußt ist, können wir auch nicht in der äußeren Welt darstellen. Ohne ein entsprechendes Bewußtsein gibt es keine Wahrnehmung durch die fünf Sinne, somit keine Klassifizierung und letztendlich auch keinen Nutzen. Das erklärt, warum ein höheres Bewußtsein immer mächtiger ist als ein niedrigeres.

3. Dabei gilt natürlich zu jeder Zeit, daß das, was Du für unmöglich hältst, für Dich auch unmöglich bleiben wird. Die Betonung liegt hier auf ›für Dich‹, denn ›unmöglich‹ ist nicht absolut und für jedermann gültig, sondern allein Dein Bewußtseinskonstrukt, welches sich allein für Dich verwirklichen wird. Erinnere Dich: Es gibt niemanden, der Dir bewußt etwas zuteil werden läßt oder auch nicht. Deine Fähigkeit, wahrhaftig zu denken, ist Deine Fähigkeit, auf das Universelle einzuwirken, welches an sich nur Bewußtsein im Ruhezustand ist, also reines Potenzial.

4. Beim Lesen dieser Zeilen sollte Dich eine Energie durchfahren, die Dir Gänsehaut geben läßt. Es bedeutet die Abkehr von Beschränkungen, Mangel, Krankheit, Depression, Verlust und von widrigen Lebensumständen allgemein. Die in diesen Worten enthaltene Weisheit wird Dir von nun an gute Dienste leisten und Dir den Weg zum Erfolg ebnen. Es bedarf nur Deine Anerkennung und Inanspruchnahme dieser unendlichen Macht. Noch einmal: Gebrauch ist die Bedingung, um dieses grandiose Erbe anzutreten.

5. Du erkennst hier auf Anhieb, daß Haanels Gebrauch des Wortes ›Macht‹ wenig mit dem zu tun hat, wie dieses Wort in der

heutigen Gesellschaft bewertet wird. Es ist an dieser Stelle hilfreich, sich in Erinnerung zu rufen, daß viele Menschen genau zu diesen machtvollen Menschen aufschauen und sich deren Leben wünschen, ohne sich bewußt zu sein, was dazu gehört und welche Opfer sie täglich erbringen. Dazu führe ich immer folgendes Beispiel an.

Generell kann man sagen, daß diejenigen, die vor dem Fernseher sitzen, kein Geld haben, während diejenigen, die ,im Fernseher' sind, Geld haben. Letztere betätigen sich kreativ und werden dafür finanziell belohnt, während erstere lediglich konsumieren, was bekanntlich Geld kostet. Du kannst davon ausgehen, daß je mehr Geld die Menschen haben, um so weniger Zeit verbringen sie vor dem Fernseher. Das heißt, wenn Du mehr Geld haben willst, Du Deinen TV-Konsum auf nahezu Null schrauben solltest. In der Tat wirst Du das zwangsläufig tun, da Du mit Wichtigerem beschäftigt bist und keine Zeit mehr für solcherlei Aktivitäten hast.

6. All das bedarf Beharrlichkeit und Disziplin. *,Es ist noch kein Meister vom Himmel gefallen'* ist hier ebenso eindeutig wie mehrdeutig und beinhaltet sogar noch eine humorvolle Komponente. Weil es aber zu Beginn nahezu unmöglich ist, die Sinneswahrnehmung mit den neuen Gedanken in Übereinstimmung zu bringen, ist es angebracht, die Zeit in der Stille zu verbringen und die Ideen dort erst einmal reifen zu lassen. Gehe erst damit an die Öffentlichkeit, wenn Du stark genug bist, denn nur dann bist Du in der Lage, mögliche Kritik und die eigenen Restzweifel zu überwinden.

7. Wenn Du Dich an dieser Stelle fragst, was große Gedanken sind, dann ist die Antwort diese: Große Gedanken sind Gedanken über Ziele, die über Dich als Person hinausgehen und vielen anderen Menschen, Tieren, Pflanzen oder Mineralien dienlich sind. Das Stichwort hier: Dienst – Dienst am Nächsten. Erschaffe etwas, wofür es sich lohnt die Zeit aufzubringen, nicht unbedingt, um einen finanziellen Erfolg zu erzielen, sondern primär, um den Wesenheiten auf diesem Planeten zu helfen, sich weiterzuentwickeln.

8. Halte Dir stets vor Augen, daß es aus gutem Grund ,Unterbewußtsein' heißt, denn es findet unterhalb Deines bewußten Verstandes statt. Du nimmst über Deine Sinneswahrnehmung ausschließlich die Resultate des vom Unterbewußtsein erschaffenen wahr, trägst zur Umsetzung selbst bewußt allerdings nichts mehr bei.

9. Dein Leben muß zwangsläufig das Spiegelbild Deiner hauptsächlichen Gedanken sein, weil Gedanken Ursachen sind und Du nur für das empfänglich bist, wofür Deine Aufmerksamkeit eine Empfänglichkeit erschaffen hat.

Natürlich hat man als Teil der Menschenrasse bestimmte Grundprogramme mit auf den Weg bekommen, die nur schwerlich zu verändern sind, wenn sie überhaupt verändert werden sollen. Dennoch sind wir in der Lage, durch unser Denken unseren Verstand zu reinigen und unserem Körper neue Anweisungen zu geben. Es gilt zu beachten, daß Gesundheit der Normalzustand ist, nicht Krankheit; daß Wohlstand der Normalzustand ist, nicht Mangel; daß Liebe und Zuneigung der Normalzustand ist, nicht Haß, Neid, Mißgunst oder Eifersucht. All diese vermenschlichenden Konzepte wurden erst durch unser Vergessen erschaffen, unsere Abkehr von der Quelle, dem Ursprung allen Lebens. Nun aber erinnern wir uns wieder daran, und Dein Studium beschleunigt diesen Prozeß um ein Vielfaches.

10. Die Herausforderung besteht anfangs darin, neue Gedanken zu denken, Gedanken, für die Du noch keine synaptischen Verbindungen erstellt hast. Da helfen Dir aber Mittel wie eine Visionstafel oder das Aufschreiben Deiner Wünsche. Da Du Dich bereits an einem Punkt befindest, von dem Du weg willst, bist Du Dir des Gegenpols durchaus bewußt, weißt aber zunächst nicht, wie dieser zu erreichen ist. So machst Du Dir diese Hilfsmittel zunutze, um schrittweise ein Bewußtsein dafür aufzubauen.

Die Bilder des Gegenpols, die Du aus Magazinen ausschneidest und auf die Tafel klebst, geben Dir erste visuelle Anreize, welche Du dann mittels Deiner Vorstellungskraft mit weiteren Details versiehst. Dadurch bilden sich neue synaptische Verbindungen im Gehirn, und eine Idee, die anfangs noch fremd, weit entfernt oder gar unmöglich erschien, nimmt nun immer mehr Form und Gestalt an. Bevor Du Dich versiehst, bist Du mitten drin und dadurch auf dem Weg zur gesetzestreuen Erfüllung.

11. Weil das Thema der inneren gegenüber der äußeren Welt so wichtig ist, wird es von Haanel auch immer wieder erwähnt. Du mußt es zutiefst verinnerlichen, daß es in der inneren Welt ist, wo die wahren Ursachen gesetzt werden. Gleichzeitig mußt

Du lernen, Deine Sinneswahrnehmung zu ignorieren, da diese Dir auf absehbare Zeit immer noch die Resultate vergangenen Denkens vorspiegelt. Läßt Du Dich von ihnen verleiten, setzt Du damit wieder neue Ursachen, und das bereits Erhaltene bekommt neuen Auftrieb zur erneuten Verwirklichung.

12. Diese Aussage liest Du wahrlich nicht zum ersten Mal. Haanel wiederholt sie so oft, damit es wirklich einsinkt, daß Du nicht das Produkt von Launen oder Zufall, sondern von Gesetzmäßigkeiten bist. Als Schöpfer Deiner eigenen Gedanken übernimmst Du Verantwortung für Dein Leben, bist dankbar für die Gegenwart der Allmacht und freust Dich, daß Dir dadurch ein Zepter der Macht in die Hand gelegt wurde, das mit nichts vergleichbar ist. Der Master Key (Universalschlüssel) wird unter anderem so genannt, weil er Dir wirklich all die Türen öffnet, die Du für wertvoll genug betrachtest, geöffnet zu werden.

13. Gedanken, Geisteshaltung, Gewohnheit, Automatismen, Unterbewußtsein, Verwirklichung.

Gedanken, Schwingung, Resonanz, Macht, Lebenskraft.

Gedanken, Wahrheit, Prinzip, Ordnung, Struktur, Proportion, Schönheit, Liebe, Bestand, Genuß.

14. ‚Die Negative [zu] zerstören‘ ist eine Metapher für ‚Gedanken nicht zu denken‘. Gefällt Dir das Bild (die Auswirkung) nicht, siehe zu, daß Du das Negativ (den Gedanken als Ursache) nicht mehr denkst.

545

15. Im Englischen sagt man so schön: ‚*Winners never quit. Quitters never win.*‘ Gewinner geben niemals auf. Vorzeitige Aufgeber gewinnen nie. Es ist immer wieder die Beharrlichkeit, die Dich Ziele erreichen lassen wird. Diese ist aber nicht mit einem zähen Kampf gleichzusetzen, sondern mit einem freudvollen und von Dankbarkeit erfüllten Prozeß. Auf dem gibt es sicherlich Rückschläge, aber die führen nur dazu, daß man den Prozeß optimiert, ohne aber vom Ziel abzulassen. Wenn es zäh ist, bestehen dort Widerstände, die es zu erkennen und aufzulösen gilt. Wo Harmonie und Einklang bestehen, ist alles im Fluß!

16. Dr. John Demartini, ein bekannter amerikanischer Chiropraktor und weltweit anerkannter Sprecher, schrieb in seinem Buch ‚*Wie Visionen wahr werden*‘ über ein Erlebnis, das er als junger Mann hatte. Dort wurde ihm von einem Lehrer namens Paul Braggs eingetrichtert, daß er folgende Worte immer wieder wiederholen sollte: ‚*Ich bin ein Genie, und ich wende meine Weisheit an.*‘ Das ist eine äußerst machtvolle Aussage. Wiederhole auch Du sie, bis sie in Fleisch und Blut übergegangen ist. ‚*Ich bin ein Genie, und ich wende meine Weisheit an.*‘ ‚*Ich bin ein Genie, und ich wende meine Weisheit an.*‘ ‚*Ich bin ein Genie, und ich wende meine Weisheit an.*‘

In dem Buch geht es darum, daß man sein übergeordnetes Ziel im Leben erkennt, diese Vision dann glasklar formuliert und mit so viel Details wie möglich versieht. All das ist aber immer noch ohne wirkliche Macht und Kraft, wenn man nicht anerkennt, daß man ein Genie ist und seine Weisheit anwendet. Wenn Du Deine Lebensaufgabe noch nicht erkannt hast, dann ziehe Dich zurück in die Stille und mache Dir Gedanken darüber, was Du wirklich machen willst; was Du zu tun liebst; was Dich morgens aus dem Bett springen läßt und abends auch mal lange Stunden arbeiten läßt. Wenn Du da ein Bild hast, verfolge es konsequent und laß Dich durch nichts davon abbringen, denn das ist Deine Berufung! Eine astrologische und/ oder numerologische Analyse wird Dir hier weiteren Aufschluß bieten und für Klarheit und Richtung sorgen.

17. Du siehst, daß das Erkennen Deiner Berufung dann von geistigen Kräften unterstützt wird, Kräfte, auf die Du Dich verlassen kannst. Wenn Du etwas gefunden hast, was Du auf jeden Fall verwirklichen willst, werden sich Dir die Wege und Möglichkeiten auftun, um das auch zu erreichen. Das, was Du tust, unterliegt aber zu jeder Zeit Gesetzmäßigkeiten.

18. ‚*Das Gesetz rechnet uns jede Anstrengung und jeden Erfolg hoch an.*‘ Das sollte auch Dir Vertrauen geben, Neues anzugehen und Dich von Fehlschlägen nicht entmutigen zu lassen. Jeder noch so kleine Schritt voran wird entsprechende Auswirkungen haben. In den Worten von Johann-Wolfgang von Goethe:

Was immer Du tun kannst oder erträumst zu können, beginne es.

Kühnheit besitzt Genie, Macht, und magische Kraft!

Beginne es jetzt!

19. Immer wieder wird der Verweis auf das Betrachten des Ideals als bereits bestehende Tatsache gegeben. Das ist deswegen so wichtig, weil Du ja am Endresultat interessiert bist und weniger am Jetztzustand. Da das Endresultat aber auch nur eine Schwingungsform ist, die einer entsprechenden Ursache zugrunde liegt, muß eben auch der ursprüngliche Gedanke derselbe sein. Sonst gibt es kein *‚vibrational match‘*, wie Esther Hicks (‚Abraham‘) sagt, keine *schwingungstechnische Übereinstimmung*. Der Wunsch und Du müssen eins sein. Wenn nicht, wirst Du Dich weiterhin ‚auf dem Wege‘ befinden, Dein Ziel aber deswegen nicht erreichen, weil es schwingungstechnisch gar nicht möglich ist. Es gibt keine *Über-ein-stimmung*.

20. *‚Der schöpferische Gedanke wird von einem Ideal bestimmt.‘* Es ist dieses Ideal, welches auch Dich antreiben muß, wenn Du Großes erreichen willst. Es ist Dein Ideal. Es hat mit anderen nichts zu tun. Ganz gleich, was sie darüber denken und zum Ausdruck bringen, es ist weiterhin Dein Ideal, Deine Lebensaufgabe, Deine Berufung – nicht ihre!

21. Natürlich kann es nicht nur Häuptlinge geben, sondern es muß auch Indianer geben. Nicht jeder hat hohe Ambitionen und ist willens, die dafür erforderlichen Opfer zu erbringen. Viele sind schon mit weniger zufrieden. Doch auch in solchen Situationen ist das Wissen um den Master Key von übergeordneter Bedeutung, da Geist nicht nur auf höheren Ebenen tätig ist, sondern überall.

Vielleicht ist es dort, wo die schöpferische Kraft der Gedanken noch nicht verstanden wurde, daß dieses Wissen seine größten Wirkungen erzielt und somit auch zu einer Entspannung zwischen den beiden Ebenen führt. Das wiederum würde einen Nutzen für die gesamte Gesellschaft ausmachen, sowohl auf kultureller als auch auf wirtschaftlicher und politischer Ebene.

22. Im letzten Satz verweist Haanel ganz klar darauf, daß es für die Masse an Menschen nicht den Stillstand bzw. die Stabilität gibt, die sie sich erhoffen. Natürlich geben einem die Naturgesetze Rückhalt und Stabilität, aber es gibt über den Wunsch des Menschen hinaus noch eine andere Realität: Den Entwicklungstrieb der Schöpfung. Diesem unterliegen wir und haben dadurch die Möglichkeit, uns in Einklang mit ihm einzufinden oder uns gegen ihn aufzulehnen. In beiden Fällen sind die Ergebnisse ‚entsprechend‘.

23. Interessant, daß es damals auch schon so zuging. Heutzutage hat sich das ja noch einmal verstärkt, nur mit dem Unterschied, daß man heute nicht mehr in die Arme eines Retters flüchten muß, sondern gemeinschaftlich für sich selbst bestimmt. Dazu befähigt einen ja das Master Key System.

24. Hier hat die Geschichte leider gezeigt, daß diese ‚Gefahr‘ durch Rezessionen und Weltkriege immer wieder entschärft wurde. Auch heute befinden wir uns wieder in einer ähnlichen Situation. Geldentwertung, Kriege und zahlreiche Manipulationen deuten darauf hin, daß der vom Menschen gemachte Fortschritt durch andere Kanäle bewußt zunichte gemacht wird. Andererseits ist es auch eine Segnung, denn die Menschheit kann dieses Mal zeigen, daß

sie aus der Geschichte sehr wohl gelernt hat und diese nicht wiederholen wird.

Es ist letzten Endes eine Frage von Macht. Bleibt das gegenwärtige Machtgefüge bestehen, ist die Wahrscheinlichkeit hoch, daß sich die Geschichte wiederholt, denn die Absichten sind noch dieselben. Ermächtigt sich aber das Individuum auf einer breiten Ebene und erkennt seine Einheit mit allem, was ist, wird es sich auch entsprechend verhalten, ungeachtet der Angst- und Panikmache, des Kriegstreibens und der Polarisierung von Bevölkerungs- und Religionsgruppen.

25. Es wird für Dich nicht schwer zu erkennen sein, daß das Studium des Master Key Systems und die Anwendung der darin gelehrten Wahrheiten dazu führt, daß Du Dir Deine eigenen Privilegien erschaffst. Du entziehst anderen aber keine, sondern bist schöpferisch tätig. Durch den Master Key kommen einfach nur mehr Menschen in den Genuß dessen, was wir mit ‚Privileg‘ bezeichnen. So erhebt sich die gesamte Menschheit auf eine höhere Ebene.

26. Ich denke, damit ist bezüglich der gegenwärtigen Machtstrukturen und ihrer momentanen Auswirkungen alles gesagt.

27. Ich habe schon mehrmals geäußert, daß es ‚Gott‘ egal ist, was Du denkst, es *Dir* aber nicht egal sein sollte. Das stieß bei einigen auf Unverständnis, aber diese Passage rückt meine Aussage ins rechte Licht. ‚Gott‘ ist es deswegen gleichgültig, weil ‚Er‘ keine Vorzüge verteilt – es fehlt dazu an der Absicht. ‚Gott‘ ist das Universelle Bewußtsein, welches sich durch uns als Kanal Ausdruck verschafft. Wenn es

so etwas wie eine übergeordnete Absicht geben sollte, dann ist es die von uns erkannte Vorwärtsbewegung des Großen Ganzen, die immer wieder neue und bessere Formen hervorbringt, während sie sich durch alle Geschöpfe erfährt.

Das Universelle Bewußtsein ist einfach nur – es ist reines Potenzial. Es ist absolute Stille. Stille und Potenzial vertragen sich aber gar nicht mit Launen, Vorzügen etc. Es ist lediglich der höhere Grad an Intelligenz, der dazu führt, daß manche mehr Macht haben, sprich: Mehr Kontrolle über ihre Umgebung. Da Du nun weißt, wie auch Du auf diese Universelle Substanz einwirken kannst, steht Dir der Verwirklichung Deiner Ideen und Vorhaben nichts mehr im Wege.

28. Diese Übung ist so bedeutsam, weil das Wissen um die Wahrheit der Master Key ist. Die Wahrheit ist der Pfeiler, auf dem die gesamte Lehre aufgebaut ist. Die Wahrheit beruht auf den sieben Hermetischen Prinzipien und wird durch sie bewerkstelligt. Dein Studium hat Dich zu einem tiefen Verständnis dieser Prinzipien geführt. Nun müssen sie von Dir lediglich angewandt werden. Das verrichtest du mit großer Freude und Genugtuung.

22

Neues Denken, neuer Mensch

In Teil 22 wirst Du finden, daß Gedanken geistiges Saatgut sind, welches, sobald im Unterbewußtsein eingepflanzt, den Hang zum Sprießen und Wachsen hat. Unglücklicherweise gefällt uns aber oft die Ernte nicht.

Die verschiedenen Formen von Entzündung, Lähmung, Nervosität und allgemeinen Krankheitszuständen sind die Darstellung von Angst, Sorge, Vorsicht, Ängstlichkeit, Eifersucht, Haß und ähnlichen Gedanken.

Die Lebensvorgänge werden durch zwei bestimmte Methoden weitergeführt. Erstens: Die Aufnahme und der Gebrauch von nahrhaftem Material, welches für den Aufbau der Zellen notwendig ist. Zweitens: Das Abbauen und Ausscheiden von Abfallmaterial.

Alles Leben basiert auf diesen aufbauenden und abbauenden Aktivitäten. Da Nahrung, Wasser und Luft die einzigen Bedürfnisse zum Aufbau der Zellen sind, scheint das Problem, das Leben uneingeschränkt zu verlängern, kein besonders schwieriges zu sein.

Es mag befremdlich erscheinen, aber es ist mit wenigen Ausnahmen die zweite oder abbauende Aktivität, welche die Ursache aller Krankheiten ist. Das Abfallmaterial sammelt sich im Gewebe an und durchsetzt es, was eine Art von Selbstvergiftung hervorruft. Anfänglich wird die Störung lokal sein; in der Folge wird sie aber den gesamten Organismus beeinträchtigen.

Das Problem, vor dem wir dann bei der Heilung von Krankheiten stehen, besteht darin, den Einfluß und die Verteilung von Lebensenergie ans gesamte System zu erhöhen. Das kann nur durch das Abschalten von Gedanken der Angst, Sorge, Kummer, Ängstlichkeit, Eifersucht, Haß und jedem anderen zerstörerischen Gedanken geschehen. Diese neigen nämlich dazu, Nerven und Drüsen, welche die Ausscheidung und Eliminierung von giftigem und Abfallmaterial steuern, anzugreifen und zu zerstören.

‚Nahrhaftes Essen und stärkendes Elixier‘ können kein Leben schenken, weil sie nur sekundäre Manifestationen des Leben sind. Die primäre Manifestation des Lebens, und wie man mit ihr in Kontakt treten kann, ist in diesem Teil erklärt, von dem ich die Ehre habe, ihn Dir hiermit zu überreichen.

NEUES DENKEN, NEUER MENSCH

1. Wissen ist von unschätzbarem Wert, weil wir uns die Zukunft durch die Anwendung von Wissen so gestalten können, wie wir sie uns wünschen. Erst wenn uns klar wird, daß unser gegenwärtiger Charakter, unsere Umwelt, unsere Fähigkeiten und unser gegenwärtiger körperlicher Zustand die Ergebnisse vergangener Denkmethoden sind, beginnen wir uns eine Vorstellung von dem Wert dieses Wissens zu machen.

2. Wenn unser Gesundheitszustand nicht dem entspricht, den wir uns wünschen, laß uns unsere Denkmethode untersuchen. Laß uns daran erinnern, daß jeder Gedanke **einen Eindruck im Bewußtsein** hinterläßt; daß jeder Eindruck eine Saat ist, die ins Unterbewußtsein einsinkt und dort eine Neigung hervorruft. Die Neigung wird die sein, **ähnliche Gedanken** anzuziehen, und bevor wir es wissen, haben wir eine Ernte, die eingebracht werden muß.

3. Wenn diese Gedanken Krankheitserreger enthalten, wird die Ernte Krankheit, Zerfall, Schwäche und Versagen sein. Die Fragen sind: Was denken wir? Was erschaffen wir? Was wird die Ernte sein?

4. Wenn es einen körperlichen Zustand gibt, der geändert werden muß, wird das die Visualisierung regelnde Gesetz hilfreich sein. Schaffe Dir ein geistiges Bild körperlicher Vollkommenheit; halte es im (bewußten) Verstand, bis es vom (Unter-)Bewußtsein aufgenommen wurde. Viele haben durch diese Methode innerhalb weniger Wochen chronische Krankheiten beseitigt; Tausende haben innerhalb weniger Tage durch diese Methode alle Arten gewöhnlicher körperlicher Störungen überwunden und zerstört, manchmal sogar innerhalb weniger Minuten.

5. Es ist durch das Gesetz der Schwingung, daß der Verstand Kontrolle über den Körper ausübt. Wir wissen, daß jede geistige Tat eine Schwingung ist, und wir wissen, daß alle Formen lediglich Bewegungsmodi, also Schwingungsraten sind. Somit verändert eine gegebene Schwingung umgehend jedes Atom im Körper. Jede Zelle ist davon betroffen, und es findet eine vollständige chemische Veränderung in jeder Ansammlung von lebendigen Zellen statt.

6. Alles im Universum wird durch seine Schwingungsrate bestimmt. Ändere die Schwingungsrate, und Du änderst die Natur, Qualität und Form. Das breite Panorama der Natur, sowohl sichtbar als auch unsichtbar, wird durch einen Wechsel in der Schwingungsrate kontinuierlich verändert, und da das Denken auch eine Schwingung ist, können auch wir selbst diese Macht ausüben. Wir ändern die Schwingung und produzieren somit jegliche Umstände, von denen wir wünschen, daß sie sich in unserem Körper verwirklichen.

7. Wir alle benutzen diese Kraft zu jeder Minute. Das Gefährliche dabei ist, daß die meisten von uns sie unbewußt benutzen und somit unerwünschte Ergebnisse produzieren. Die Aufgabe besteht darin, sie intelligent zu benutzen und nur wünschenswerte

Alles im Universum wird durch seine Schwingungsrate bestimmt. Ändere die Schwingungsrate, und Du änderst die Natur, Qualität und Form.

Ergebnisse herbeizuführen. Das sollte nicht schwierig sein, weil wir alle ausreichend Erfahrung gesammelt haben, um zu wissen, was angenehme Schwingungen im Körper hervorruft; ebenso kennen wir auch die Ursachen, die unangenehme und nicht übereinstimmende Empfindungen hervorrufen.

8. Es ist lediglich notwendig, auf seine eigene Erfahrung zurückzugreifen. Wenn unser Gedanke ermutigend, fortschrittlich, aufbauend, nobel, freundlich und auf jede andere Weise wünschenswert war, haben wir Schwingungen in Bewegung gesetzt, die zu gewissen Ergebnissen geführt haben. Wenn unser Gedanke mit Neid, Haß, Eifersucht, Kritik oder jeder anderen der 1001 Formen von Unstimmigkeit geschwängert war, wurden Schwingungen in Bewegung gesetzt, die zu Ergebnissen einer verschiedenartigen Natur geführt haben. Jede dieser Schwingungsraten – wenn aufrechterhalten – hat sich anschließend in Form ausgedrückt. Im ersten Fall war das Ergebnis geistige, moralische und körperliche Gesundheit, im zweiten Fall Unstimmigkeit, Dissonanz und Krankheit.

9. Wir können also etwas von der Macht verstehen, die der Verstand über den Körper besitzt.

10. Das objektive Bewußtsein hat bestimmte Wirkungen auf den Körper, welche umgehend ersichtlich werden. Jemand erzählt Dir etwas, was Du als albern empfindest, und Du lachst, vielleicht bis sich Dein ganzer Körper schüttelt, was bedeutet, daß Gedanken Kontrolle über die Muskeln Deines Körpers haben; oder jemand erzählt Dir etwas, was Dein Mitgefühl erregt und Deine Augen mit Tränen füllt, was bedeutet, daß Gedanken die Drüsen Deines

Körpers kontrollieren; oder jemand erzählt Dir etwas, was Dich verärgert und Dir das Blut in die Wangen steigen läßt, was bedeutet, daß Gedanken den Blutkreislauf kontrollieren. Da diese Erfahrungen aber Ergebnisse der Auswirkungen des Objektiven Bewußtseins auf Deinen Körper sind, sind diese Ergebnisse **nicht von dauerhafter Natur**. Sie vergehen schnell wieder und hinterlassen die Situation so, wie sie vorher war.

11. Laß uns sehen, wie sich die körperlichen Auswirkungen des Unterbewußtseins vom eben genannten unterscheiden. Du hast z.B. eine Wunde; Tausende von Zellen beginnen unverzüglich mit der Heilung; in einigen Tagen oder einigen Wochen ist die Arbeit verrichtet. Du magst Dir selbst einen Knochen brechen; kein Chirurg der Welt kann die Teile zusammenschweißen (ich verweise nicht auf das Einsetzen von Nägeln oder Platten oder anderen Geräten, welche die Knochen stärken oder ersetzen). Er kann den Knochen für Dich richten, und das Subjektive Bewußtsein wird sofort mit dem Vorgang beginnen, die Teile zusammenzuschweißen, und in kurzer Zeit wird der Knochen wieder so fest sein wie zuvor. Du magst Gift geschluckt haben; das Subjektive Bewußtsein wird sofort die Gefahr erkennen und heftige Anstrengungen unternehmen, dieses zu entfernen. Du magst mit einem gefährlichen Erreger infiziert worden sein; das Subjektive Bewußtsein wird sofort damit anfangen, eine Wand um die infizierte Stelle zu ziehen und die Entzündung dadurch zerstören, daß es die Erreger in die weißen Blutkörperchen absorbiert, die zu diesem Zweck zur Verfügung stehen.

12. Die Vorgänge des Unterbewußtseins gehen gewöhnlich ohne unser persönliches Wissen oder unsere Anleitung voran, und solange wir nicht einschreiten, wird das Ergebnis **perfekt** sein. Da die Millionen von Reparaturzellen aber intelligent sind und auf unsere Gedanken ansprechen, werden sie oft durch Furcht, Zweifel und Ängstlichkeit gelähmt oder wirkungslos. Sie sind wie eine Armee von Arbeitern, die bereit sind, mit einem wichtigen Stück Arbeit zu beginnen, aber jedes Mal, wenn sie loslegen wollen, wird ein Streik ausgerufen oder der Plan geändert, bis sie schließlich entmutigt aufgeben.

Das Gesetz der Schwingung ist das zweite der sieben hermetischen Prinzipien. Du wirst mittlerweile erkannt haben, daß das Master Key System eine praktische Hülle ist, die sich um die Hermetik legt und ihr eine praktische und einfach nachvollziehbare Bedeutung gibt.

13. Der Weg zur Gesundheit basiert auf dem **Gesetz der Schwingung**, welches die Basis aller Wissenschaften ist, und dieses Gesetz wird durch das Bewußtsein – die innere Welt – funktionstüchtig gemacht. Es ist eine Angelegenheit von individueller Anstrengung und Übung. Unsere Welt der Macht und Kraft liegt in uns. Wenn wir weise genug sind, werden wir weder Zeit noch Aufwand verschwenden, uns mit den Wirkungen zu befassen, die wir in der äußeren Welt vorfinden; die nur extern sind; die nur ein Abbild sind.

14. Wir werden die Ursache jederzeit in der ‚inneren Welt' finden. Indem wir die Ursache ändern, ändern wir die Wirkung.

15. Jede Zelle unseres Körper ist intelligent und wird auf Deine Anweisung reagieren. Die Zellen sind Schöpfer und werden genau das Muster schaffen, welches Du ihnen vorgibst.

16. Werden dem Unterbewußtsein perfekte Bilder vorgelegt, bilden die schöpferischen Energien einen perfekten Körper.

17. Gehirnzellen sind auf dieselbe Art aufgebaut. Die Qualität des Gehirns wird vom Geisteszustand – oder der Geisteshaltung – geregelt, so daß – wenn unerwünschte Geisteshaltungen an das Unterbewußtsein übertragen werden – sie wiederum an den Körper weitergeleitet werden. Wir erkennen also, daß wir für einen gesunden, starken und lebenskräftigen Körper eine entsprechende Denkweise (Geisteshaltung) benötigen.

18. Daraus erkennen wir, daß jedes Element im menschlichen Körper das Ergebnis einer Schwingungsrate ist.

19. Wir wissen, daß geistige Handlung eine Schwingungsrate ist.

20. Wir wissen, daß eine höhere Schwingungsrate eine niedrigere regelt, ändert, kontrolliert oder zerstört.

21. Wir wissen, daß die Schwingungsrate durch den Charakter der Gehirnzellen bestimmt wird, und schließlich …

Heilung durch Gedanken kann von dem Patienten selbst angeleitet werden, indem er das rastlose Bewußtsein zur Ruhe bringt und Gefühle von Freude, Hoffnung, Glaube und Liebe erweckt.

22. ... wissen wir, wie wir diese Gehirnzellen erschaffen können, demnach ...

23. ... wissen wir, wie wir jede von uns erwünschte, körperliche Veränderung hervorbringen können. Nun, wo wir uns in diesem Ausmaß ein praktisches Wissen der Macht des Bewußtseins gesichert haben, ist uns klar geworden, daß es praktisch keinerlei Einschränkung gibt, die unserer Fähigkeit auferlegt werden kann, uns mit dem allmächtigen Natürlichen Gesetz in Harmonie zu bringen.

24. Der Einfluß oder die Kontrolle des Bewußtseins über den Körper wird allgemein mehr und mehr verstanden, und viele Ärzte schenken dieser Angelegenheit nun ernsthafte Aufmerksamkeit. Dr. Albert T. Schofield, der zahlreiche bedeutsame Bücher zu dem Thema geschrieben hat, sagte einst: *„Das Thema der Heilung durch Gedanken wird im Bereich der Medizin allgemein ignoriert. In unseren Büchern gibt es keinen Verweis auf die zentrale, kontrollierende Macht, die den Körper zu seinem Guten beherrscht, und die Macht des Bewußtseins über den Körper wird selten angesprochen."*

25. Es besteht kein Zweifel daran, daß viele Ärzte Nervenkrankheiten weise und wohl behandeln; wir bemängeln lediglich, daß ihr dargestelltes Wissen an keiner Schule gelehrt wurde, in keinem Buch auftaucht, es aber intuitiv und empirisch ist.

26. So soll es aber nicht sein. Die Kraft der Heilung durch Gedanken sollte in jeder Schule der Medizin das Thema gründlicher, aufmerksamer und wissenschaftlicher Lehre sein. Wir könnten das Thema der Fehlbehandlung oder einer mangelhaften

Behandlung weiter im Detail verfolgen und die verheerenden Resultate vernachlässigter Fälle beschreiben; die Aufgabe ist jedoch keine beneidenswerte.

27. Es besteht kein Zweifel daran, daß sich nur wenige Patienten bewußt sind, wie viel sie für sich selbst tun können. Was der Patient für sich selbst tun kann, die Kräfte, die er in Bewegung setzen kann, sie sind bislang unbekannt. Wir neigen dazu, zu glauben, daß sie viel größer sind, als die meisten sich vorstellen können, und sie zweifelsohne mehr und mehr eingesetzt werden. Heilung durch Gedanken kann von dem Patienten selbst angeleitet werden, indem er das rastlose Bewußtsein zur Ruhe bringt; indem er Gefühle von Freude, Hoffnung, Glaube und Liebe erweckt; indem er sich anstrengt, Beweggründe vorzuschlagen; durch regelmäßige Bewußtseinsarbeit; durch das Ablenken der Gedanken von der Krankheit.

28. Als Übung dieser Woche konzentriere Dich auf Tennysons wunderschöne Worte: *„Sprich zu Ihm, Du, da Er Dich hört, auf daß Sein Geist und Dein Geist zusammenkommen können. Näher ist Er als der Atem, und näher als Hände und Füße"*. Versuche Dir vorzustellen, daß Du **in Verbindung mit der Allmacht selbst** bist, wenn Du ,mit Ihm sprichst'.

Lord Alfred Tennyson
(1809 – 1892)

29. Die Wahrnehmung und Anerkennung dieser allgegenwärtigen Macht wird umgehend jede Form von Krankheit und Leid zerstören und sie durch Harmonie und Perfektion ersetzen. Dann erinnere Dich daran, daß es die gibt, die glauben, daß Krankheit und Leid von Gott gesandt wurden. Sollte dem so sein, widersetzte sich jeder Arzt, jeder Chirurg und jede Rot-Kreuz-Schwester dem Willen Gottes, und Krankenhäuser und Sanatorien wären Plätze der Rebellion anstatt Häuser der Barmherzigkeit. Natürlich wird das schnell als Absurdität erkannt, aber es gibt viele, die diese Idee immer noch aufrechterhalten.

30. Lasse den Gedanken anschließend auf der Tatsache weilen, daß die Theologie bis vor kurzem versucht hat, einen unmöglichen Schöpfer zu vermitteln, einer, der Wesen erschafft, die der Sünde

fähig wären und es diesen dann vergönnt war, auf ewig für ihre Sünden bestraft zu werden. Natürlich war der Ausgang dieser außergewöhnlichen Ignoranz das Schaffen von Angst anstatt von Liebe, und so ist die Theologie nach 2000 Jahren dieser Art von Propaganda nun mehr als damit beschäftigt, Abbitte für das Christentum zu leisten.

31. Du wirst somit leichter den Idealmenschen zu schätzen wissen, den Menschen, der im **Abbild und der Ähnlichkeit Gottes** erschaffen wurde, und Du wirst ebenso einfach das alles hervorrufende Bewußtsein wertschätzen, das formt, aufrechterhält, nährt, verursacht und alles erschafft.

*Gelegenheit folgt auf Wahrnehmung, Handlung
folgt auf Eingebung,
Wachstum folgt auf Wissen,
Ansehen folgt auf Fortschritt.
Das Spirituelle immer zuerst,
dann die Umwandlung in die unendlichen
und unbeschränkten Möglichkeiten
des Triumphs.*
— UNBEKANNT

FRAGEN UND ANTWORTEN

211. *Wie kann Krankheit beseitigt werden?*
Dadurch, daß wir uns in Einklang mit Natürlichem Gesetz einfinden, welches allmächtig ist.

212. *Woraus besteht der Vorgang?*
Aus der Erkenntnis, daß der Mensch ein bewußtes Wesen ist und daß dieses Bewußtsein notwendigerweise perfekt sein muß.

213. *Was ist das Ergebnis?*
Eine bewußte Anerkennung der Perfektion – zunächst intellektuell, dann emotional – erwirkt ihre Darstellung.

214. *Warum ist das so?*
Weil Denken geistig und dadurch schöpferisch ist, mit seinem Objekt in Beziehung steht und es somit zur Darstellung bringt.

215. *Welches Natürliche Gesetz wird angewandt?*
Das Gesetz der Schwingung.

216. *Warum kommt es zur Anwendung?*
Weil eine höhere Schwingungsrate eine niedrigere regelt, modifiziert, steuert, ändert oder zerstört.

217. *Ist das System der Heilung durch Gedanken allgemein anerkannt?*
Ja, und es gibt Millionen von Menschen in diesem Land (den USA, Anm. d. Ü.), die von ihm in der einen oder anderen Form Gebrauch machen (und natürlich gibt es weltweit viele mehr).

218. *Was ist das Ergebnis dieses Gedankensystems?*
Zum ersten Mal in der Weltgeschichte kann des Menschen höchste Beurteilungsfähigkeit durch eine darstellbare Wahrheit befriedigt werden, welche nun schnell die ganze Welt erreicht.

219.   *Ist dieses System auf andere Formen von Bedürfnissen anwendbar?*
Es wird jedes menschliche Bedürfnis oder jede Notwendigkeit befriedigen.

220.   *Ist dieses System wissenschaftlich oder religiös?*
Beides. Wahre Wissenschaft und wahre Religion sind Zwillingsgeschwister; wo die eine hingeht, folgt die andere.

22

Neues Denken, neuer Mensch

Der Titel dieses Kapitels ist nach nunmehr fünf Monaten kaum überraschend. In der Stille bist Du herangereift und gewachsen, hast Dein Potenzial schrittweise zur Entfaltung gebracht und bist im Begriff, zu einer herausragenden Persönlichkeit zu werden. Du bist *vollkommen, perfekt, stark, mächtig, liebevoll, harmonisch und glücklich*!

Vorbei sind die Zeiten der Launen, der Emotionalität, des unkontrollierten Hin-und-Herschwingens, der Niedergeschlagenheit, der Enttäuschung, der Unberechenbarkeit, der Abhängigkeit von anderen Menschen oder äußeren Umständen. Du setzt neue Ursachen in Bewegung. Diese sind in Übereinstimmung mit Deinen Fähigkeiten des Ausdrucks und immer zum Wohle aller Beteiligten. Deine körperliche und geistige Kraft reflektiert Deinen Einsatz über die letzten Monate hinweg und bringt sich durch das ins-Leben-rufen von Schönem und Wohltuendem zum Ausdruck. Du erfüllst Deine Aufgabe als bewußter Mitschöpfer, und die Schöpfung beschenkt Dich reichhaltig.

Durch Dein Denken definierst Du Dich kontinuierlich aufs Neue. Dieses Kapitel handelt von Deiner Gesundheit. Es erinnert Dich, daß negative Emotionen Krankheiten verursachen. Negative Gedanken haben die Tendenz, das Nerven- und das Drüsensystem anzugreifen und anschließend zu zerstören. So wird umgehend klar, daß Du nur positive und harmonische Gedanken hegen darfst. Du mußt Dir ein Bild körperlicher Perfektion schaffen und es so lange im Bewußtsein halten, bis es dem Unterbewußtsein aufgeprägt wurde. Es ist immer wieder derselbe Vorgang: Vom Glauben zum Wissen, vom Verstand zum Unterbewußtsein, vom Gehirn zum Solarplexus, der Verteilungsstelle aller Energien an den Körper, und von dort zu Fleisch und Blut.

Ohne eine ausreichende Gesundheit nützt Dir auch das liebe Geld nichts, um das es sich im 23. Kapitel dreht. Somit bereitest Du Dir mit dem Wissen dieses Teils eine Grundlage für den Genuß Deines finanziellen Wohlstands.

Das Gesetz der Schwingung führt Dich auf den Weg der Gesundheit. Die Schwingung kommt vor der Materialisierung, und wenn Du mit der Materialisierung (der Auswirkung) nicht zufrieden bist, kommst Du nicht umhin, die Schwingung (die Ursache) zu ändern.

Es geht also darum, Dir bewußt zu werden, wann Du negative Emotionen an den Tag legst, damit Du dich fangen und aufs Neue entscheiden kannst, in welche Richtung Du gehen magst. Du hast stets die Wahl – zu jeder Zeit. Das bedarf Mut, Zuversicht und Vertrauen, denn ohne diese bliebest Du durch Deine Zweifel gelähmt, außer Stande, nach vorn zu schreiten. Auch hier führt die Wiederholung zur Meisterschaft. Hier darfst Du nicht schlappmachen, sondern bleibe dran, ermächtige Dich und meistere schließlich auch diese Aufgabe. Am Ende nimmt all das sogar humorvolle Züge an, wenn man sich mal wieder im Moment ertappt hat, wo eine negative Emotion oder Äußerung kurzzeitig Oberhand gewonnen hat.

In diesem Zusammenhang möchte ich nochmals auf ‚*Ein Buch über Dich*‘ aufmerksam machen. Wenn Du weißt, welche planetarischen Schwingungseinflüsse Dich erreichen, dann weißt Du auch, wie Du Dich darauf einstellen kannst. So bewahrst Du Dich vor eventuellen negativen Einflüssen. Darüber hinaus empfehle ich Dir das Buch von Playfair/Hill, ‚*Die Zyklen des Himmels - Die kosmischen Kräfte und wir*‘.

ÜBUNG

In der Übung geht es um Tenneysons Zitat; Du bist in Verbindung mit der Allmacht, wenn Du mit Ihm sprichst. Er ist so nahe, daß Dir nun wirklich bewußt wird, daß Er Du bist und zwar mit und in jeder einzelnen Zelle Deines Körpers. Diese Übung bitte nicht vernachlässigen, denn Deine Anerkennung

Deiner Einheit mit der Allmacht befähigt Dich ‚*die Abgründe des Zweifels zu überspringen, mutig zu planen und furchtlos durchzuführen.*'

AUFGABEN

1. Schreibe auf, durch welche beiden Vorgänge Lebensvorgänge aufrecht erhalten werden.

   ....

   ....

   ....

2. Beantworte Dir so oft wie möglich die folgenden Fragen:

   ✓ Was habe ich heute gemacht?
   ✓ Was kann ich daran verbessern?
   ✓ Wer kann mir dabei helfen?
   ✓ Wann werde ich es vollenden?

3. Was ist die Ursache aller Krankheiten?

   ....

4. Worauf beruht unsere momentane körperliche Verfassung?

   ....

5. Was muß zum Erreichen körperlicher Perfektion getan werden, damit sie sich verwirklichen kann?

   ....

   ....

   ....

   ....

6. Was ändern wir, wenn wir die Schwingungsfrequenz ändern?

   ....

   ....

   ....

7. Durch welches Gesetz übt der Geist Kontrolle über seinen Körper aus?

   ....

8. Durch welches Gesetz kommen wir zu perfekter Gesundheit?

   ....

9. Was wird aktiviert, wenn wir fortschrittliche, mutige, edle, aufbauende und freundliche Gedanken hegen, und wie drücken sie sich in Form aus?

   ....

   ....

10. Warum dürfen dem Unterbewußtsein nur perfekte Bilder vorgelegt werden?

    ....

    ....

11. Wie wirkt sich eine höhere Schwingungsfrequenz auf eine niedrigere aus?

    ....

    ....

    ....

12. Kreuze an, welche der untenstehenden Aussagen auf Dich zutreffen.
    ☐ Mein Leben hat sich in den vergangenen 22 Wochen vollkommen geändert.
    ☐ Ich bin diszipliniert.
    ☐ Ich kann mir große Ziele vorstellen und weiß auch, wie ich sie erreichen kann.
    ☐ Meine Mitmenschen arbeiten mir zu.
    ☐ Synchronizitäten fallen mir heutzutage viel häufiger auf als in der Vergangenheit.
    ☐ Ich habe mein Idealgewicht.
    ☐ Ich bin viel stärker als noch bei Beginn meines Studiums.
    ☐ Ich bin mir etlicher alter Muster und Programmierungen bewußt

geworden und weiß nun, wie ich sie allesamt auflösen und zurück ins Licht schicken kann.

☐ Ich umgebe mich mit Menschen, die auf derselben Wellenlänge sind wie ich.

LITERATURHINWEIS

Charles Haanels *„Ein Buch über Dich"* verbindet auf eindrucksvolle Weise das Wissen des Altertums und bindet die verschiedensten Formen von Schwingungen in unser Leben ein. Er erklärt, wie Planeten auf uns wirken und welchen Chakras sie zugeordnet sind, ebenso wie die Manifestationen anderer Arten von Schwingungen. Es kostet 22,00 Euro und ist über *www.mrmasterkey.com* erhältlich.

Wer noch mehr über bewußte Atemtechniken wissen möchte, der sollte Charles Haanels letztes Buch, *„Die erstaunlichen Geheimnisse der Yogis"* lesen. Dort gibt es viel darüber zu lernen und gleich praktisch anzuwenden, wie z.B. eine Übung zum Überwinden der Angst. Das mag für Dich nicht mehr zutreffen, kann aber auch anderen Menschen helfen. Der Preis ist derselbe wie beim oben genannten Buch.

DU HAST DIESEN TEIL GEMEISTERT...

wenn Du Deine Ernährungsgewohnheiten Deinen neuen geistigen Anforderungen angepaßt hast.

wenn Du Dir vorgenommen hast, Dich regelmäßig von körperlichen Giften und Schlackestoffen zu befreien – oder es bereits in Dein Leben integriert hast.

wenn Du in der Lage bist, durch Konzentration neue Neigungen im Unterbewußtsein hervorzurufen.

wenn Du verstanden hast, in welchem Bezug das Gesetz der Schwingung zu Deinem Körper steht.

wenn Du ermutigende, fortschrittliche, erhabene, aufbauende, noble, freundliche und wünschenswerte Gedanken hegst und dabei bist, dieses zu Deiner vorherrschenden Geisteshaltung zu machen.

- wenn Du verinnerlicht hast, daß jede Zelle Deines Körpers Intelligenz besitzt.
- wenn Du wirklich verstanden hast, daß es die Aufgabe des Unterbewußtseins ist, Leben auszudrücken und Zustände allgemein zu verbessern.

NOTIZEN

KOMMENTAR

Für den normal denkenden Menschen wird es schwer zu verstehen sein, daß das Abstellen zerstörerischer Gedanken solch profunde Auswirkungen auf den gesamten Körper hat. Als Master Key System Student hast Du aber mittlerweile ein sehr viel umfangreicheres Verständnis über die Verbindung von Geist und Körper erlangt. Du achtest verstärkt darauf, Deine Gedanken zu kontrollieren. Dazu gehören letztlich aber auch Dinge wie Sorge, Kummer und Ängstlichkeit. Du wirst Dich mehr und mehr damit befassen, Gedanken des Mutes, der Heilung, der Segnung, des Friedens und des Mitgefühls einzusetzen, anstatt die erstgenannten weiterhin zu hegen.

Du wirst feststellen, wie sich Dein Körper teils sanft, aber auch drastisch umstellt. Das allein führt zu einer bedeutenden Erhöhung der Lebensqualität. Es versetzt Dich aber auch in die Lage, ganz andere Projekte in Deinem Leben anzugehen und auch die erwünschte Ruhe zu finden, um in Dich zu kehren und so zu neuen Erkenntnissen zu gelangen.

1. Die Betonung hier liegt eindeutig auf ,von unschätzbarem Wert'. Angewandtes Wissen wird sich immer vorteilhaft darstellen, wenn die Ursache sich im Einklang mit der Vorwärtsbewegung des Großen Ganzen befindet. Ist es nicht so, wird die Erfahrung als ,fehlerhaft' notiert und ein weiterer Versuch gestartet, durch Erfahrung zur Wahrheit und somit zur Garantie des Fortbestands zu kommen.

2. Daß jeder Gedanke einen Eindruck im Bewußtsein hinterläßt, sagt noch nichts über die Tiefe aus. Daher verwirklichen sich Gedanken auch nicht automatisch, sondern nur dann, wenn sie zur Gewohnheit geworden sind und im Unterbewußtsein einen entsprechend tiefen Eindruck hinterlassen haben.

3. Die Antwort darauf ist einfach: Das, was wir denken, erschaffen wir. Das, was wir erschaffen, ist die Ernte, die wir einbringen.

4. Der französische Doktor Emile Coué hat schon vor vielen Jahren Erstaunliches durch Affirmationen und Autosuggestionen erreicht. Er hat sich der schöpferischen Kraft der Gedanken bedient, um körperliche Leiden zu mildern oder ganz aufzulösen. Es mußten beim Patienten aber erst einmal die entsprechenden Bilder geschaffen werden, um sich anschließend zu verwirklichen. Hier der Anspruch, da das Resultat.

5. Hier wird die wahre Macht und Kraft deutlich, die Dir gegeben wurde, um von Dir entsprechend eingesetzt zu werden. Die Macht der Gedanken über die Materie ist mittlerweile eine anerkannte Tatsache und wird auch Dir in dieser fortgeschrittenen Phase des Studiums keine Probleme mehr bereiten.

6. Durch unsere Beobachtung sind wir in der Lage, bestimmte Dinge zu messen, auch Schwingungsraten. Das, was nicht beobachtet wird, kann auch nicht gemessen werden, und das was nicht gemessen werden kann, besteht auch nicht als solches. Als geistiges Konstrukt – als Glaube – besteht es durchaus, aber das allein besagt rein gar nichts.

7. Wenn man sich seiner Macht und Kraft noch nicht bewußt geworden ist und in einer Situation festzustecken scheint, ist

es hilfreich, sich der Tatsache bewußt zu werden, daß der gegenwärtige Zustand kein Dauerzustand ist. Er ist durch irgendetwas entstanden, kann so aber durch etwas anderes auch wieder aufgelöst werden. Dadurch entsteht sogleich ein Gegenpol und somit auch eine Alternative.

Die Erfahrungen, von denen Haanel hier spricht, deuten auf selbiges hin: Daß jeder von uns weiß, wie sich gute Gefühle anfühlen, was sie in uns auslösen etc. Es bedarf eines Einstimmens auf diese Situation, um sich von der gegenwärtigen zu entfernen und den Umschwung einzuleiten. Das kannst Du Dir durch schlichtes Bewußtwerden – ein Fangen im Moment – vergegenwärtigen und die Macht wieder an Dich reißen.

8. Beachte genau die Aussage, *Jede dieser Schwingungsraten, wenn aufrechterhalten, hat sich dann in Form ausgedrückt'*. Einfache Schwingungen sind jedoch zu schwach, um sich auf Materie auszuwirken. Werden diese Raten aber aufrechterhalten, verstärken sie sich durch Resonanz und bekommen dadurch die notwendige Stärke und Struktur, um Einfluß zu üben. Deswegen verwirklicht sich auch nicht jeder einzelne Gedanke, falls das an diesem Punkt noch zur Debatte stehen sollte.

9. Über den Körper hinaus kann der Verstand seine Kraft noch in ganz andere Richtungen lenken – Richtungen, denen Du Dich in Zukunft noch vermehrt widmen wirst. Diese Kräfte sind es, die es uns als Menschen erlauben werden, auf dem Planeten Erde in Einklang mit der Schöpfung zu leben, anstatt mit allem und jedem

sinnlos Krieg zu führen oder in Unfrieden zu leben.

10. Rein schwingungstechnisch betrachtet kannst Du es auch so sehen: Der wache Verstand schwingt schnell auf und ab. Das Unterbewußtsein dagegen hat eine viel längere Wellenlänge. Es wird nicht so schnell erregt wie der Verstand und arbeitet auch entsprechend sorgfältiger und zuverlässiger.

11. Das bedeutet – wie schon zuvor erwähnt – nichts anderes, als daß Du Dich auf das Wirken des Unterbewußtseins verlassen kannst. Erinnere Dich, daß das Unterbewußtsein u.a. zur Aufgabe hat, *Leben auszudrücken und Zustände allgemein zu verbessern'*.

12. Sie sind deshalb gelähmt oder wirkungslos, weil die Schwingungen, denen sie durch den fehlgeleiteten Verstand ausgesetzt sind, ihren eigenen gegenüberstehen und sie dadurch im wahrsten Sinne des Wortes *entkräften*. Zerfall muß an dieser Stelle zwangsläufig entstehen, weil die Lebenskraft der Zellen – ihre innewohnende Intelligenz – gestört wurde. Das geschieht natürlich nicht auf Anhieb, sondern – wie Haanel zu Beginn des Studiums erwähnte – nur durch einen sorgfältigen Unterminierungsprozeß.

13. Das Ignorieren der Bekundungen der äußeren Welt wird Dich vor eine große Probe stellen, sind doch Deine fünf Sinne untrennbar damit verbunden. Es ist aus diesem Grund so wichtig, regelmäßig die Stille aufzusuchen und sich auch von Menschen fernzuhalten, deren geistige Haltung der eigenen abträglich ist.

14. ... und je öfter Du es macht, desto leichter fällt es Dir, bis es aus Deinem Wachbewußtsein entschwunden und gänzlich unterbewußt geworden ist.

15. Hier möchte ich auf Bruce Liptons Buch ‚*Intelligente Zellen*‘ verweisen, welches zu diesem Thema umfangreiche Hintergrundinformationen und wissenschaftliche Darlegungen liefert. Dadurch unterstützt es in gewisser Hinsicht das Master Key System und macht den Leser auf sein wahres Potenzial aufmerksam. Selbst genetische Defekte sind nicht mehr das, für die wir sie einmal hielten. ‚Der Geist ist stärker als die Gene.‘ Nicht die Gene steuern uns, sondern unsere Gedanken beeinflussen unsere Gene.

16. Es ist wahrlich kein Rätsel, wer dafür verantwortlich ist, daß dem Unterbewußtsein perfekte Bilder vorgesetzt werden. Es ist auch kein Rätsel mehr, wie der Vorgang aussieht, dem Unterbewußtsein neue Bilder aufzuprägen. Es ist also alles da, was Du benötigst, um einen Wesenswandel zu vollziehen.

17. Nur zur Erinnerung: Das Unterbewußtsein nimmt an der Beweisführung nicht mehr teil. Es führt mit Schweizer Präzision aus und setzt ohne Fehl und Tadel um.

18. Jedes Element, nicht nur im menschlichen Körper, wird durch seine Schwingungsrate bestimmt. Durch deren Klassifizierung ist der Mensch in der Lage, diesen bestimmten Schwingungsraten Namen und Charakter zuzuordnen.

19. Das ist wahr, weil wir bereits seit vielen Jahren Gehirnströme messen können.

Die verschiedenen Frequenzbereiche der Hirnwellen wurden mit *Beta, Alpha, Theta, Delta* und *Gamma* bezeichnet. Dieses Wissen wird u.a. bereits zum schnelleren Lernen und zur Heilung eingesetzt. In der Zukunft werden sich dort noch ganz andere Einsatzgebiete auftun, und auch diese werden uns alleinig durch geistige Inanspruchnahme und eine sorgfältige Beobachtung unterhalb der Oberfläche geöffnet.

20. Das bedeutet, daß eine höhere Form von Bewußtsein stets über eine niedrigere herrscht. Das erklärt es auch, warum sich Millionen von Menschen in Situationen wiederfinden, die sie für nicht wünschenswert halten. Sie sind noch nicht zu einem Bewußtsein für Macht und Kraft erwacht, welches in ihnen steckt. Somit ist es entsprechend leicht, sie von anderer Stelle zu steuern. Sie *werden* gedacht – sie denken nicht selbst. Es wird sich für sie also so lange nichts ändern, wie sich ihr Denken nicht ändert.

21. Nicht nur den Charakter der Gehirnzellen, sondern den Charakter von allem, was existiert. Alles wird ja bekanntlich durch dessen Schwingungsrate bestimmt.

22. Durch das gleichzeitige Wirken der sieben Hermetischen Prinzipien bilden sich durch lebensrichtiges Denken in Deinem Gehirn neue synaptische Verbindungen. Dadurch bist Du in der Lage, Neues aufzunehmen und Altes bei Bedarf anders zu interpretieren.

23. Dafür gibt es doch nur ein Wort für, oder? *Geil*! Also nicht grandios oder fantastisch oder toll, sondern *geil*! Da werden alle

Körperzellen in freudige Erregung versetzt, weil der Verstand nach all den Jahren endlich mal was begriffen hat und zur Wahrheit erwacht ist. Endlich besteht die Chance, daß sich dieses Erwachen auch in entsprechenden Worten, Gefühlen und Taten Ausdruck verschafft – Worte, Gefühle und Taten, die bewußt, systematisch, konstruktiv, also harmonisch, schön, liebevoll und voller Lebenskraft sind.

24. Wie Charles Haanel war auch Dr. Schofield seiner Zeit um Längen voraus. Es sollte viele Jahrzehnte dauern, bis Heilung durch Bewußtsein zu einer gewissen Anerkennung führte. Mit dem Master Key System wird dem aber noch die Krone aufgesetzt, denn damit kann jeder Mensch lernen, sich selbst zu heilen, ganz gleich, welcher Art das Gebrechen sein sollte.

25. Auch durch Methoden wie Quantenheilung und Matrix Energie kommt diesem Thema heute immer mehr Aufmerksamkeit und Bedeutung zu. Es wird nicht mehr lange dauern, bis sich dieses Wissen in den Köpfen der Allgemeinheit festgesetzt hat und das göttliche Potenzial der Heilung und des Erreichens von immer mehr Menschen erkannt und genutzt wird.

26. Noch sind wir nicht soweit, daß dieses Thema in der Schule behandelt wird, aber es bekommt immer mehr Aufmerksamkeit. Auch hartgesottene Skeptiker werden langsam weich, spätestens dann, wenn ihnen bei eigenen Krankheiten auf traditionelle Weise nicht mehr geholfen werden konnte und sie sich zwangsläufig der Gegenseite öffnen müssen.

27. Hier nochmals kurz der Verweis auf Emile Coué, aber auch auf Koryphäen wie Florence Scovel-Shinn, Catherine Ponder oder Louise Hay, die allesamt keine Doktoren sind, aber eine Vielzahl von Affirmationen ausgearbeitet haben, die der Patient benutzen kann, um sich gedanklich umzuorientieren.

28. Auch wenn es anfangs etwas Überwindung kosten sollte, sich mit dieser Macht und Kraft zu verbinden, gibt es dazu letztlich keine Alternative. Diejenigen, die es nicht tun, werden sich immer größeren Herausforderungen ausgesetzt sehen, weil ‚die Natur uns alle dazu zwingt, uns vorwärts durchs Leben zu bewegen‘, wie Frederick Burgess, ehemaliger Verleger des Master Key Systems in Großbritannien, es einmal ausdrückte.

29. Hier wird noch einmal verdeutlicht, daß das, was wir ‚Gott‘ nennen, außer der Selbsterfahrung keinen besonderen oder gar persönlichen Willen hat und Krankheit und Leid keine Normalzustände sind. Viele Menschen halten sich durch Ausreden und Entschuldigungen für ihr eigenes Versagen weiterhin in der Opferrolle, anstatt sich durch richtiges Denken zu korrigieren und sich wieder im Einklang mit der Vorwärtsbewegung des Großen Ganzen einzufinden. In Kapitel 22 wirst Du – falls es auf Dich zutrifft – dem bereits entkommen sein oder Dich auf dem Weg dorthin befinden.

30. Du erkennst hier, daß Haanel sehr klar zwischen Theologie und Christentum unterscheidet. Das wahre Christentum – das Erkennen Deines göttlichen Kerns und Deiner Verbundenheit mit allem

was ist – hat rein gar nichts mit dem zu tun, was über die Jahrhunderte daraus gemacht worden ist. Ganz gleich, ob durch Absicht einiger weniger Menschen oder durch Unterlassung der Masse, das Resultat ist dasselbe.

Von großer Bedeutung ist in diesem Zusammenhang die Tatsache, daß Haanel als einziger die freimaurerischen Aspekte des *Meißelns am eigenen Stein'* mit der christlichen Nächstenliebe – Dienst – verbindet und somit die Perfektion herstellt, die den Einzelteilen auf ewig versagt bleiben wird.

Wenn man die Geschichte betrachtet, gibt es zwischen der römischen Kirche und den Tempelrittern – aus denen die Freimaurer hervorgegangen sind – seit Anbeginn einen Konflikt. Die einen gaben vor, an Gott zu glauben, predigten Nächstenliebe, verhielten sich aber alles andere als ‚christlich'. Die anderen waren mehr daran interessiert, ihre Verbindung zu Gott dadurch zum Ausdruck zu bringen, daß sie ein Verständnis der geistigen Prinzipien (Hermetik) erlangten, Naturphänomene genau beobachteten und anschließend klassifizierten und so zu einem Wissen um die Wahrheit kamen, was sie letztendlich zu Selbsterkenntnis, Selbstbefähigung und Selbstverwirklichung führte.

31. *„... der im Abbild oder der Ähnlichkeit Gottes erschaffen wurde'*. Na, das ist doch mal ein schöner Schlußsatz für dieses 22. Kapitel. Da er ja Teil der Übung ist, wirst Du zu entsprechenden Erkenntnissen kommen, wenn Du gedanklich für einige Zeit auf ihm verweilst.

23

Das Geldbewußtsein
im Dienste der Menschheit

In dem Teil, von dem ich die Ehre habe, ihn Dir hiermit zu überreichen, findest Du, daß sich das Geld durch das gesamte Muster unserer Existenz webt; daß das Gesetz des Erfolges Dienst ist; daß wir das erhalten, was wir geben, und es aus diesem Grund als großes Privileg anzusehen ist, in der Lage zu sein, zu geben.

Wir haben herausgefunden, daß das Denken die schöpferische Tätigkeit hinter jedem konstruktiven Unterfangen ist. Wir können somit nichts von praktischerem Wert geben als unsere Gedanken.

Schöpferisches Denken erfordert Aufmerksamkeit. Wie wir herausgefunden haben, ist die Macht der Aufmerksamkeit das Werkzeug des spirituell entwickelten Menschen. Aufmerksamkeit entwickelt Konzentration; Konzentration entwickelt geistige Kraft, und **geistige Kraft ist die mächtigste Kraft, die es gibt**.

Es ist die Wissenschaft, die alle Wissenschaften umschließt. Es ist die Kunst, die über alle Künste hinweg für das menschliche Leben von Bedeutung ist. Im Meistern dieser Wissenschaft und dieser Kunst gibt es eine Möglichkeit unendlichen Fortschritts. Perfektion darin wird weder in sechs Tagen noch in sechs Wochen oder sechs Monaten erlangt. Es ist die Arbeit des Lebens. Nicht vorwärts zu schreiten bedeutet, zurückzufallen.

Es ist unabdingbar, daß das Hegen positiver, aufbauender und selbstloser Gedanken weitreichende Auswirkungen auf das Gute hat. Ausgleich ist das Leitmotiv des Universums. Die Natur neigt stets dazu, ein Gleichgewicht zu halten. Wo etwas ausgesendet wird, muß etwas erhalten werden; andernfalls würde sich ein Vakuum bilden.

Durch das Beachten dieses Grundsatzes wirst Du in entsprechendem Maße profitieren, was wiederum Deine Anstrengungen entlang dieser Linie mehr als rechtfertigt.

DAS GELDBEWUSSTSEIN IM DIENSTE DER MENSCHHEIT

1. Das Geldbewußtsein ist eine **Geisteshaltung**; es ist die offene Tür zu den Arterien des Handels; es ist die aufgeschlossene Einstellung. Der Wunsch ist die anziehende Kraft, die den Strom in Bewegung setzt, und Angst ist das große Hindernis, durch den der Strom zum Erliegen gebracht oder vollständig umgekehrt und von uns abgewendet wird.

2. Angst ist das Gegenteil von Geldbewußtsein. Es ist ein Armutsbewußtsein. Da das Gesetz unveränderlich ist, erhalten wir genau das, was wir geben. Wenn wir Angst haben, erhalten wir das, wovor wir Angst haben. Geld webt sich in das gesamte Muster unserer Existenz; es verpflichtet die besten Gedanken der besten Denker.

3. Wir erhalten Geld, indem wir Freunde machen, und wir vergrößern unseren Freundeskreis, indem wir Geld für sie machen; indem wir ihnen helfen; indem wir ihnen zu Diensten stehen. Das erste Gesetz des Erfolges liegt somit im Dienst, und dieser wiederum baut auf **Integrität** und **Gerechtigkeit** auf. Der Mensch, der nicht zumindest in seiner Absicht fair ist, ist schlicht und ergreifend unwissend. Er hat das grundlegende Gesetz allen Austauschs verpaßt. Er ist unfähig. Er wird mit Gewißheit verlieren.

Dieser Satz kann in seiner Bedeutung nicht hoch genug geschätzt werden. Diese Art von Geisteshaltung ist besonders dann wichtig, wenn Dinge im Außen scheinbar schief gehen. Es ist genau dann, daß man sich nicht von seinen Sinnen blenden läßt, sondern weiterhin positive, aufbauende und selbstlose Gedanken hegt. Hier zeigt sich die praktische Anwendung dessen, was im Master Key System gelehrt wird.

Er mag es nicht wissen; er mag annehmen, daß er gewinnt, aber er ist zu einer bestimmten Niederlage verurteilt. Er kann das Unendliche nicht betrügen. Das Gesetz des Ausgleichs wird von ihm ein Auge für ein Auge und einen Zahn für einen Zahn verlangen.

4. Die Kräfte des Lebens sind vergänglich; sie bestehen aus unseren Gedanken und Idealen, und diesen wird wiederum Form gegeben. Unsere Aufgabe ist es, eine offene Einstellung zu bewahren, kontinuierlich dem Neuen entgegenzustreben, Gelegenheiten zu erkennen, mehr am Wettbewerb als am Ziel interessiert zu sein, denn **das wahre Vergnügen liegt im Bestreben und nicht im Besitz.**

5. Du kannst aus Dir einen Geldmagneten formen, aber um das zu tun, mußt Du zunächst überlegen, wie Du für andere Menschen Geld schöpfen kannst. Wenn Du die notwendige Erkenntnis erlangt hast, sowohl Gelegenheiten und günstige Umstände wahrzunehmen und auszunutzen, als auch Werte zu erkennen, kannst Du Dich in eine Position bringen, in der Du einen Vorteil daraus ziehen kannst. Der größte Erfolg wird aber dann kommen, **wenn Du in der Lage bist, anderen zu helfen.** Was einem nutzt, muß allen nutzen.

6. Ein großzügiger Gedanke ist gefüllt mit Stärke und Lebenskraft. Ein eigennütziger Gedanke enthält den Keim der Niederlage; er wird zusammenfallen und sich auflösen. Große Finanziers sind Vertriebskanäle für Wohlstand. Enorme Summen kommen und gehen, aber es wäre gefährlich, sowohl den Einlaß als auch den Auslaß zu blockieren. Beide Enden müssen offen bleiben, und somit wird unser größter Erfolg dann kommen, wenn wir erkennen, daß es genau so wichtig ist zu geben, wie zu empfangen.

Du kannst aus Dir einen Geldmagneten formen, aber um das zu tun, mußt Du zunächst überlegen, wie Du für andere Menschen Geld schöpfen kannst.

*Alle haben etwas zu geben, aber je mehr Geld sie geben,
desto mehr erhalten sie, und je mehr sie erhalten,
desto mehr sind sie in der Lage zu geben.*

7. Wenn wir die allmächtige Kraft erkennen, welche die Quelle allen Angebots ist, werden wir unser Bewußtsein diesem Angebot auf solch eine Art und Weise anpassen, daß es andauernd all das anzieht, was es benötigt. Wir werden sehen, daß je mehr wir geben, um so mehr wir erhalten werden. Der Bankier gibt sein Geld; der Händler gibt seine Ware; der Autor gibt seine Gedanken; der Arbeiter gibt seine Geschicke. Alle haben etwas zu geben, aber je mehr Geld sie geben, desto mehr erhalten sie, und je mehr sie erhalten, um so mehr sind sie in der Lage, zu geben.

8. Der Finanzier erhält viel, weil er viel gibt. Er denkt. Er ist kaum ein Mensch, der anderen sein Denken überläßt. Er will wissen, wie Resultate gesichert werden. Du mußt es ihm zeigen. Wenn Du das kannst, wird er Dir die Mittel zur Verfügung stellen, durch die Hunderte oder Tausende profitieren können. Im Verhältnis zu dem, wie erfolgreich sie sind, wird er erfolgreich sein. Morgan, Rockefeller, Carnegie und andere wurden nicht dadurch reich, daß sie für andere Geld verloren haben. Im Gegenteil, sie sind zu den reichsten Männern in dem reichsten Land der Welt geworden, weil sie **für andere Leute Geld geschöpft haben**.

9. Die durchschnittliche Person ist sich tiefen Denkens völlig unbewußt. Sie akzeptiert die Ideen anderer und wiederholt sie so ziemlich auf die gleiche Art und Weise wie ein Papagei. Das kann man problemlos erkennen, wenn man die Methoden versteht, die benutzt werden, um die öffentliche Meinung zu bilden. Die fügsame Einstellung seitens der großen Mehrheit, die vollkommen willens scheint, einigen wenigen das Denken zu überlassen, hat es einer kleinen Anzahl von Menschen in vielen Ländern ermöglicht, all die Kanäle der Macht an sich zu reißen

und Millionen in Knechtschaft zu halten. Schöpferisches Denken bedarf Aufmerksamkeit.

10. Die Kraft der Aufmerksamkeit heißt **Konzentration**. Diese Kraft wird durch den Willen geleitet. Aus diesem Grund müssen wir es ablehnen, uns auf irgendwas zu konzentrieren oder an irgendetwas zu denken, es sei denn, es sind Dinge, die wir uns wünschen. Viele konzentrieren sich andauernd auf Leid, Verlust und Unstimmigkeit jeglicher Art. Weil Denken schöpferisch ist, folgt daraus, daß diese Konzentration unweigerlich zu mehr Verlust, mehr Sorge und mehr Unstimmigkeit führt. Wie könnte es auch anders sein? Wenn wir hingegen auf Erfolg, Zugewinn oder jeden anderen wünschenswerten Umstand treffen, konzentrieren wir uns natürlich auf die Wirkungen dieser Dinge und schaffen dadurch mehr. Daraus folgt, daß viel zu noch mehr führt.

11. Wie ein Verständnis des Prinzips in der Geschäftswelt angewendet werden kann, wird durch einen Kollegen von mir, Mr. Atkinson, in der Zeitschrift *Zukunftsweisendes Denken* gut aufgezeigt:

12. *„Der Verstand, was immer er sein mag oder auch nicht, muß als* **die Essenz des Bewußtseins** *angesehen werden; als Substanz des Verstandes; als die Wirklichkeit, die dem Denken unterliegt. Da alle Ideen Phasen der Aktivität des Bewußtseins, Verstandes oder Denkens sind, folgt daraus, daß im Geist – und nur in ihm allein – die ultimative Tatsache, die wahre Sache oder Idee gefunden wird."*

13. Wenn wir das akzeptieren, scheint es da nicht angemessen, daß ein wahres Verständnis vom Geist und seiner Gesetze der Manifestation so ziemlich die ‚praktischste' Sache ist, die eine ‚praktische' Person zu finden hoffen kann? Scheint es da nicht

William Walker Atkinson ist der Verfasser des „Kybalion". Dieses wird zwar den „Drei Eingeweihten" zugeordnet, aber der Schreibstil weist eindeutig auf Herrn Atkinson hin. Im „Kybalion" werden die sieben hermetischen Prinzipien erklärt und dargelegt, wenn auch auf eine recht abstrakte und wenig praktische Art und Weise. Das „Kybalion" ist als Download über meine Webseite verfügbar und sei dir ans Herz gelegt, da das MKS darauf aufbaut.

Wir müssen es ablehnen, uns auf irgendwas zu konzentrieren oder an irgendetwas zu denken, es sei denn, es sind Dinge, die wir uns wünschen.

gewiß, daß, wenn die ‚praktischsten' Menschen dieser Welt diese Tatsache erkennen würden, übereinander herfallen würden, nur um an den Ort zu gelangen, an dem sie das Wissen dieser geistigen Dinge und Gesetze erlangen können? Die Menschen sind keine Dummköpfe; sie müssen nur **diese grundlegende Tatsache** begreifen, um sich in die neue Richtung dessen zu bewegen, was die Essenz allen Erlangens ist.

14. Laß mich Dir ein konkretes Beispiel schildern: Ich kenne einen Mann in Chicago, den ich immer als recht materialistisch angesehen habe. Er hatte mehrere Erfolge im Leben und auch mehrere Mißerfolge. Das letzte Mal, als ich mit ihm gesprochen habe, war er, verglichen mit seiner vorherigen Geschäftslage, so ziemlich am Ende, denn er war schon im fortgeschrittenen Lebensalter, und neue Ideen kamen langsamer und nicht mehr so oft wie in früheren Jahren.

15. Er sagte zu mir: „*Ich weiß, daß all die Dinge, die im Geschäftsleben funktionieren, das Ergebnis des Denkens sind; jeder Dummkopf weiß das. Gerade eben scheint es mir an Gedanken und guten Ideen zu mangeln. Wenn aber diese „Alles ist Bewußtsein" Lehre richtig ist, sollte es dem Einzelnen möglich sein, eine direkte Verbindung zu dem Unendlichen Bewußtsein herzustellen. Im Unendlichen Bewußtsein muß es dann die Möglichkeit für alle Arten guter Ideen geben, die ein Mensch mit meinem Mut und meiner Erfahrung zum praktischen Nutzen in die Geschäftswelt einbringen und daraus einen großen Erfolg machen kann. Sie (die Lehre) schaut gut aus; ich werde mich damit beschäftigen.*"

16. Das war vor einigen Jahren. Vor einigen Tagen habe ich von diesem Mann wieder gehört. Ich sprach mit einem Freund, und fragte: „*Was ist aus unserem guten alten Freund X geworden? Ist er jemals wieder auf die Beine gekommen?*" Der Freund schaute mich erstaunt an. „*Warum*", fragte er, „*hast Du nichts von dem großem Erfolg von X gehört? Er ist der große Mann in der ‚_____ Company' (einen Konzern nennend, der in den letzten 18 Monaten einen phänomenalen Erfolg hatte und jetzt aufgrund ihrer Werbung, die von einem Ende des Landes zum anderen und auch in Übersee*

gezeigt wird, sehr bekannt ist). Er ist der Mann, der dieser Firma die große Idee geliefert hat. Warum, er ist eine halbe Million im Gewinn und bewegt sich schnell auf die Millionenmarke zu, und all das innerhalb von nur 18 Monaten." Ich hatte den Mann nicht mit der erwähnten Firma in Verbindung gebracht, obwohl ich um den wunderbaren Erfolg dieser Konzerns wußte. Eine Nachforschung hat gezeigt, daß die Geschichte wahr ist und daß die oben genannten Tatsachen nicht im geringsten übertrieben sind.

17. Nun, was hältst Du davon? Für mich bedeutet das, daß dieser Mann die ‚direkte Verbindung' mit dem Unendlichen Bewußtsein eingegangen ist, und nachdem er es gefunden hat, hat er es für sich arbeiten lassen. Er hat es ‚für sein Geschäft benutzt'.

18. Klingt das frevelhaft oder gar gotteslästerlich? Ich hoffe nicht; ich habe es nicht so gemeint. Nimm das Element der Persönlichkeit oder der ‚vergrößerten menschlichen Natur' aus dem Konzept des Unbegrenzten heraus; was übrig bleibt, ist das Konzept einer unendlichen Allgegenwartsmacht, dessen Quintessenz Bewußtsein ist – in der Tat ist es in letzter Konsequenz ausschließlich Geist. Da dieser Mann letzten Endes auch als Darstellung des Bewußtseins angesehen werden muß, ist in der Idee kein Frevel zu finden, daß er, der Bewußtsein ist, sich auf diese Weise mit seinem Ursprung und seiner Quelle im Einklang bringt, daß er wenigstens einen kleinen Grad seiner Macht darstellen kann. Alle von uns tun das mehr oder weniger, wenn wir unseren Verstand in Richtung des schöpferischen Denkens benutzen. Dieser Mann tat mehr; er ging es auf eine verstärkt ‚praktische' Art und Weise an.

19. Ich habe ihn über seine Methode noch nicht konsultiert, obwohl ich beabsichtige, es bei nächster Gelegenheit zu tun. Dennoch hat er nicht nur von dem unendlichen Angebot Gebrauch gemacht, das er für die Ideen benötigte (und das die Saat für seinen Erfolg bildete), sondern er hat auch die schöpferische Kraft des Denkens benutzt, um sich ein idealistisches Muster aufzubauen, von dem er hoffte, daß es sich in materieller Form zeigen würde, indem er hinzufügte, veränderte und seine Einzelaspekte verbesserte.

Spiritualität ist die ‚praktischste' Sache in der Welt – die einzig wirklich und absolut ‚praktische' Sache, die es gibt!

Somit ist er über die Zeit hinweg vom groben Umriß zum abgeschlossenen Detail vorangeschritten. Ich gehe davon aus, daß es sich dabei um Tatsachen handelt, nicht nur aufgrund meiner Erinnerung an die Unterhaltung von vor einigen Jahren, sondern auch, weil ich dasselbe in den Fällen anderer prominenter Menschen gefunden habe, die ähnliche Manifestationen des schöpferischen Denkens aufgezeigt haben.

20. Diejenigen, die vor der Idee zurückschrecken, die Unendliche Macht bei ihrer Arbeit in der materiellen Welt einzusetzen, sollten sich daran erinnern, daß, wenn das Unendliche auch nur irgendeinen Einwand gegen diesen Vorgang hätte, die Sache nie passieren könnte. Das Unendliche ist durchaus fähig, auf sich selbst aufzupassen.

21. ‚Spiritualität' ist recht ‚praktisch', sehr ‚praktisch', verstärkt ‚praktisch' sogar. Sie lehrt uns, daß Bewußtsein die großartige, wahre Sache ist – die ganze Sache. Materie ist lediglich formbarer Stoff, den das Bewußtsein in der Lage ist zu erschaffen, zu formen, zu verändern und dem Willen entsprechend zu gestalten. Spiritualität ist die ‚praktischste' Sache in der Welt – die einzig wirklich und absolut ‚praktische' Sache, die es gibt!

22. Diese Woche konzentriere Dich auf die Tatsache, daß der Mensch kein Körper mit einem Bewußtsein ist, sondern ein Bewußtsein mit einem Körper, und daß aus diesem Grund seine Wünsche keine dauerhafte Zufriedenheit in dem finden, was nicht spirituell ist. Geld hat somit keinen Wert, außer die von uns erwünschten Umstände herbeizuführen, und diese Umstände sind notwendigerweise harmonisch. Harmonische Umstände bedürfen eines ausreichenden Angebots, so daß, wenn ein Mangel aufzutauchen scheint, uns klar werden sollte, daß die Idee oder Seele des Geldes Dienst ist, und sobald dieser Gedanke Form annimmt, sich Versorgungskanäle öffnen und Du

die Zufriedenheit des Wissens erlangst, daß spirituelle Methoden
vollkommen praktikabel sind.

> *Wir haben entdeckt, daß vorsätzliches,*
> *geordnetes und zweckbezogenes Denken*
> *dieses Ziel in eine beständige Form wachsen läßt,*
> *so daß wir uns dem Ergebnis unseres dynamischen*
> *Experiments vollkommen sicher sein können.*
> — FRANCIS LARIMER WARNER

FRAGEN UND ANTWORTEN

221. *Was ist das erste Gesetz des Erfolges?*
Der Dienst.

222. *Wie können wir am besten dienen?*
Habe eine offene Einstellung, sei am Wettbewerb und nicht am Ziel interessiert. Widme Dein Interesse dem Bestreben und nicht dem Besitz.

223. *Was ist das Ergebnis eigensinnigen Denkens?*
Es enthält die Keime der Niederlage.

224. *Wie wird unser größter Erfolg erreicht?*
Durch eine Anerkennung der Tatsache, daß es ebenso wichtig ist zu geben wie zu empfangen.

225. *Warum haben Finanziers oft so großen Erfolg?*
Weil sie selbständig denken.

226. *Warum bleibt die große Mehrheit in jedem Land das fügsame und scheinbar willige Werkzeug der Wenigen?*
Weil sie es einigen wenigen überläßt, für sie zu denken.

227. *Was ist das Ergebnis der Konzentration auf Sorgen und Verlust?*
Mehr Sorgen und mehr Verlust.

228. *Was ist das Ergebnis der Konzentration auf Gewinn?*
Mehr Gewinn.

229. *Wird dieses Prinzip in der Geschäftswelt benutzt?*
Es ist das einzige Prinzip, daß jemals benutzt wurde oder jemals benutzt werden kann; es gibt kein anderes Prinzip. Die Tatsache, daß es unterbewußt benutzt werden kann, ändert nichts an der Situation.

230. *Was ist die praktische Anwendung dieses Prinzips?*
Die Tatsache, daß Erfolg eine Wirkung und keine Ursache ist. Wenn wir uns wünschen, die Wirkung zu sichern, müssen wir uns der Ursache, der Idee oder des Gedankens vergewissern, durch den die Wirkung erzeugt wird.

> *Pflege Deinen Geist mit großartigen Gedanken; ans Heldenhafte zu glauben, erschafft Helden.*
> — BENJAMIN DISRAELI

23

Das Geldbewußtsein
im Dienste der Menschheit

Wie Du vielleicht weißt, gab es für die 24 Kapitel ursprünglich keine Kapitelüberschriften. Diese habe ich erst mit der Übersetzung eingeführt, um dem Studenten eine Idee zu geben, worum es sich beim Master Key System handelt. Einige Teile können vom bewußten Verstand nicht so einfach aufgenommen und auf ihre Essenz reduziert werden. So habe ich auch dieses Kapitel bewußt benannt, und es wird offensichtlich, daß das liebe Geld, dem wir so viel Beachtung schenken, im Master Key System erst ganz am Ende behandelt wird. Das geschieht aus gutem Grund: Es wäre nämlich sinnlos, dieses Thema, das so viele Menschen berührt, gleich am Anfang durchzunehmen, wo es weder ein Verständnis Deiner Selbst noch der universellen Gesetzmäßigkeiten gab. Erst jetzt, wo diese in Dir stärker verankert sind, wirst Du ‚aufs Geld losgelassen‘, denn jetzt verstehst Du noch viel besser, was es damit auf sich hat.

Geld durchzieht das gesamte Muster unserer Existenz. Du lernst diese Woche, daß es lediglich ein Hilfsmittel ist, um die Umstände herbeizuführen, die Du Dir wünschst, daß Du aber schlußendlich erkennst, daß lediglich das Spirituelle Bestand hat und daß das Materielle Dir auf Dauer keine Befriedigung geben kann und wird.

Um in der Zwischenzeit die von Dir gewünschten Umstände herbeizuführen, muß das Geld fließen. Damit das der Fall sein kann, mußt Du ein Geldbewußtsein entwickeln, ein Gespür für Macht und Kraft. Durch den Gebrauch davon kommt Dir so immer mehr davon zu. Der Gebrauch ist gleichzusetzen mit Dienst am Nächsten. Charles Haanel schreibt diesen Dienst sehr hoch, und auch Dir ist es klar geworden, daß Selbstsucht nicht zum Ziel führt, weil die Natur nicht selbstsüchtig handelt, sondern immer im Überfluß.

Du lernst auch, daß Du erst geben mußt, bevor Du erhalten kannst. Als mir klar wurde, daß Geben ein geistiger Vorgang ist, fiel mir ein riesiges Gewicht von den Schultern, und ich denke, Dir wird es ähnlich ergehen. Auf einmal macht das Geben nicht nur Sinn des Herzens, sondern auch vom Verstand. Vom Geistigen bekommst Du durch den Gebrauch immer mehr, und das Materielle ist nichts anderes als das Resultat des Zusammenkommens von ,vielem Geistigen'. Energie folgt der Aufmerksamkeit, und Materie ist ja verdichtete Energie – verdichteter Geist.

Wenn Du das Material dieses 23. Kapitels beherzigst und mit dem verbindest, was Du in den vergangenen fünfeinhalb Monaten gelernt hast, wird es Dir leichter fallen, mehr Geld für Dich und andere anzuziehen und daraus einen Nutzen zu erwirken. Mit diesem Wissen sollte niemand mehr – wirklich niemand mehr – Mangel leiden. Du hast nun den Master Key und damit die Befähigung, zu einem Geldmagneten zu werden. Du bereicherst durch Deinen Dienst gleichzeitig andere Menschen, da Dein Lohn immer ein Teil höherer Wertschöpfung ist. Setze das auf jedem einzelnen Schritt um, denn dann steht einer wunderbaren Zukunft nichts mehr im Wege. Zeiten von Mangel oder Beschränkung sind für immer vergangen. Großes Denken und großes Handeln führt immer zu großen Erträgen.

ÜBUNG

Die Übung dieser Woche besteht aus Deiner Konzentration auf Geld als Hilfsmittel, auf spirituelle anstatt materielle Dinge. Wenn Du Dir dadurch im Klaren bist, daß Du ein Vielfaches von dem an Wert schöpfen mußt, was Du am Ende erhalten möchtest, ruft das natürlich das vorherige Kapitel mit dem Denken großer Gedanken in Erinnerung. Du kannst im Prinzip davon ausgehen, daß Du 6 bis 7-fache an Werten schöpfen mußt als das, was nachher als Ertrag für Dich übrig bleibt. Das sind in etwa 13-17%, und das auch nur, wenn du alleine tätig bist. Als Chef eines Großunternehmens wird dieser Betrag sicherlich geringer ausfallen.

Richte deine Gedanken auch in dieser Woche entsprechend aus, so daß Dir bewußt wird, daß die Anhäufung von Geld nicht der Zweck Deines Lebens ist, sondern durch seinen bewußten Gebrauch und den natürlichen Gesetzmäßigkeiten durch Dich fließt. Je stärker die Ursache, desto stärker wird auch die Auswirkung sein und desto kräftiger wird der Strom fließen.

Genieße Deinen neu gewonnenen Reichtum. Ich selber freue mich auf den Tag, wo jemand zu mir kommt und sagt: ,*Helmar, weißt Du noch damals, das Master Key System... Dadurch habe ich mir eine Yacht gekauft (oder eine Alm oder ein Kinderdorf) und ich möchte Dich als Dank herzlich einladen.*' Vielleicht bist Du es ja, der mir das sagt oder schreibt.

AUFGABEN

1. Schreibe auf, was der ,Hauptgedanke' des Universums ist, und welche Auswirkungen das auf Dein Leben hat.

    ....
    ....
    ....

2. Beantworte Dir so oft wie möglich die folgenden Fragen:

    ✓ Was habe ich heute gemacht?
    ✓ Was kann ich daran verbessern?
    ✓ Wer kann mir dabei helfen?
    ✓ Wann werde ich es vollenden?

3. Was ist das Gegenteil vom Armutsbewußtsein?

    ....

4. Was ist das erste Erfolgsgesetz und worauf baut es auf?
    1. ....
    2. ....

5. Was ist unsere Herausforderung, was die unbeständigen Kräfte des Lebens anbelangt?

    ....
    ....
    ....
    ....

6. Was ist der erste Schritt, aus Dir einen Geldmagneten zu machen?

    ....
    ....
    ....
    ....

7. *„Was für einen von Nutzen ist, muß für alle von Nutzen sein."* Warum?

    ....
    ....

8. Warum ist es so wichtig, daß wir ausschließlich selbständig denken und es auf keinen Fall anderen überlassen?

    ....
    ....
    ....
    ....

9. Was ist die praktischste Sache überhaupt, die eine Person nur hoffen kann, zu finden?

    ....
    ....
    ....

10. Warum hat das Universelle keinen Einspruch gegen Deine Inanspruchnahme spiritueller Gesetzmäßigkeiten?

    ....
    ....
    ....

11. Erkläre die Bedeutung von Geld im Bezug auf die von uns gewünschten Umstände.

    ....

......

......

TIPP

Wenn finanzieller Wohlstand für Dich immer noch ein Thema ist, nimm Dir Zeit für Dich und überlege, was Du wirklich dafür getan hast, um mehr Geld zu erhalten. Du erhältst immer nur einen Teil dessen, was Du für andere an Werten geschaffen hast. Wenn Du also €10.000 auf Deinem Konto sehen willst, überlege Dir, *wie* Du Werte in Höhe von ca €80-100.000 schaffen kannst. Darauf muß Deine Aufmerksamkeit gerichtet sein und *nicht* auf das Endresultat. Die 10.000 sind nur die Auswirkung Deiner großen Gedanken und Deines Dienstes. Die €100.000 stehen für eine Wertschöpfungskette, die Du erschaffen hast und an der Du verdient teil habst.

DU HAST DIESEN TEIL GEMEISTERT...

- wenn Du verstanden und wirklich verinnerlicht hast, daß das Gesetz des Erfolges Dienst ist.
- wenn Du verstanden hast, daß Ausgleich das Leitmotiv des Universums ist.
- wenn Dein Leben – falls erforderlich – von Integrität und Gerechtigkeit gekennzeichnet ist.
- wenn Du in der Lage bist, anderen zu helfen.
- wenn Du in der Lage bist, andere um Hilfe zu bitten, wenn es die Situation erforderlich macht.
- wenn Du in der Lage bist, durch Deine Tätigkeiten für andere Menschen Geld zu machen.
- wenn Du verstanden hast, warum der Verstand die Essenz des Bewußtseins ist.
- wenn Du verstanden hast, warum Spiritualität die einzig praktische Sache ist.
- wenn Du in der Lage bist, Dich darauf zu konzentrieren, daß Du ein Bewußtsein mit einem Körper bist.

KOMMENTAR

Charles Haanel hat das Thema Geld bewußt ans Ende des Studiums gelegt, damit Du Dir vorher ein solides Fundament aufbaust und auch wirklich verstehst, was es mit dem Geld als Tauschmittel auf sich hat. Anders als bei Lehren, die das Materielle – insbesondere Geld – ablehnen, geht es im Master Key System um die Erkenntnis, daß sich das Geld durch die gesamte menschliche Existenz zieht. Wenn Du erkennst, daß es eben nur ein Mittel und kein Zweck ist, ändert sich auch Deine Einstellung dazu.

1. Wenn Haanel schreibt, daß ,*das Geldbewußtsein die offene Tür zu den Arterien des Handels ist*', meint er damit: Wenn Du Dir finanziellen Reichtum im Leben wünschst, mußt Du durch diese Tür schreiten und am Handel teilnehmen. Jeder Handel hat eine Spanne, eine Profitmarge, eine Belohnung für geleistete Dienste oder Mehrwerte. Das mag selbstredend erscheinen, ist aber zumindest bei der Teilnahme am heutigen Handelssystem von grundlegender Bedeutung.

   Finanzielle Belohnung entsteht niemals aus sich selbst heraus, sondern ist ein integraler Teil einer Wertschöpfungskette – einer Kette, bei der Werte geschöpft werden. Eine Ausnahme mag da die Börse sein, wo es sich ausschließlich um den Handel mit Wertpapieren dreht. So sollte auch nicht die Belohnung das Ideal darstellen, sondern der Dienst, durch den neue Werte geschöpft werden, durch den etwas hervorgebracht wird, für das andere Menschen bereit sind, etwas zu zahlen. Das Augenmerk muß auf den Dienst ausgerichtet sein. Die eigene Belohnung kommt dann automatisch als Teil des Prozesses. Das ist wichtig zu verstehen, denn viele wünschen sich mehr Geld, wissen aber nicht, daß das Geld ein Resultat eines Vorgangs ist. Es ist dieser Vorgang, auf den man sich konzentrieren sollte, damit dieser so optimal wie möglich abläuft, was sich auch in der eigenen Belohnung widerspiegelt.

2. Wenn Du Kapitel 4 wirklich verstanden und verinnerlicht hast, weißt Du, daß es nichts gibt, vor dem Du Angst haben müßtest. Dein ,Ich' ist perfekt und vollkommen. Ihm stehen unendliche Ressourcen zur Verfügung und somit auch passende Antworten auf bestimmte Befürchtungen oder Ängste. Bedenke hier auch, das Angst die Abwesenheit von Mut ist. Angst, so real wie sie zeitweise erscheinen mag, kommt von nichts, ist nichts und wird zu nichts.

3. Diese Passage lohnt es mehrmals zu lesen, denn in ihr stecken zahlreiche wertvolle Aussagen. Es geht im Leben natürlich nicht primär ums Geld, aber Du kannst davon ausgehen, daß sich jemand von Dir fernhalten wird, wenn Du ihm Verlust zufügst. Wenn Du ihn bereicherst, wird er sich Dir hingezogen fühlen.

   Geld hat auch nichts mit Bereicherung zu tun, sondern mit Dienst. Die Absicht sollte also immer die sein, Dienst zu leisten. Geld ist ein Resultat davon. Integrität und Gerechtigkeit treten dabei in den Vordergrund. Kein wahrlich rechtmäßig denkender Mensch würde irgendetwas unternehmen, das anderen Schaden zufügen könnte. Da das in der heutigen Gesellschaft aber immer noch der Fall ist, wird es deutlich, wie wichtig es ist, diese neue Denk- und Herangehensweise bezüglich Handel und Kommerz einzuführen und zu verbreiten. Sie ist ein integraler Teil des gesellschaftlichen Wandels, der im Kleinen bereits überall begonnen hat, schrittweise nun aber ganz andere Dimensionen annimmt.

4. Neuem gegenüber offen zu sein bedeutet auch, Raum zu schaffen für neue Gelegenheiten. Wenn Du stur an dem festhältst, was Du bereits hast oder bist, kann Neues nicht eintreten. In der Praxis ist es deshalb auch immer gut, sich systematisch von alten oder nutzlos gewordenen Dingen zu trennen und sie denen zukommen zu lassen, die daran eine Freude haben.

Auch das mit dem Bestreben mag Dir neu vorkommen. Wir alle wurden darauf getrimmt, zu besitzen anstatt anzustreben. Hier kommt noch ein weiterer Aspekt hinzu: Am Ende des Tages ist es ja wieder der Gebrauch, an dem wir interessiert sind. Ob wir eine Sache besitzen, ist dabei eher nebensächlich. Solange wir sie gebrauchen können, ist unser Ziel erreicht.

5. Hier wird erneut deutlich, daß das Ideal über Dich als Person hinausgehen muß, wenn Du Dir eine Rendite versprichst. Es sind die großen Gedanken, die Gedanken des Dienstes, die Dich oftmals lange Stunden arbeiten lassen. Stunden, die Du in stiller Konzentration und dennoch höchster Verzückung und Zufriedenheit verbringst und dabei Gefühle entwickelst, die dem bewußt gestalteten Schöpfungsprozeß inne sind und ihm entsprechen.

Für viele Menschen wird das ein gänzlich neuer Gedankenansatz sein. Sie dachten immer nur an sich und wie sie für sich Geld machen können. Hier aber wird klar, daß

man für andere Geld machen muß, um es durch das Gesetz des Ausgleichs wieder zu empfangen. Erinnere Dich: Wenn wir vom Leben etwas erhalten wollen, müssen wir es ihm zuerst geben. Dieser Prozeß ist hauptsächlich ein geistiger, der sich dann in Worten und Taten Ausdruck verschafft, so wie diese Zeilen Dir gerade dienen, das Master Key System noch besser zu verstehen.

6. Wisse, daß es beim Reichtum nicht darum geht, große Summen zu horten, sondern sie einzusetzen, sie zu gebrauchen. Nur dann können sie wachsen. So mußt auch Du Deine Einnahmen wieder produktiv einsetzen, um sie zu vermehren. Dieses ‚Einsetzen' von Kapital sollte von Gefühlen der Großzügigkeit begleitet werden. So hilfst Du anderen, nach oben zu streben und sich zu verbessern. Am Ende des Tages haben alle etwas davon, weil so die schöpferische Kraft der Menschheit bestmöglich zum Einsatz kommt, ohne daß dabei auch nur irgendeiner übervorteilt oder ausgebeutet wird.

7. Auch hier geht es primär um ein Bewußtsein, und zwar das des Überflusses, bzw. das des Mangels. Wenn man das Geldsystem als ein System des Mangels betrachtet, werden natürlich entsprechende Gedanken erschaffen, die wiederum entsprechende Auswirkungen haben. Mehr Mangel wird die Folge sein. Das geschieht nicht aus Böswilligkeit, sondern deshalb, weil es rein gesetzmäßig gar nicht anders geht. Derjenige aber, der das Geldsystem als eines des Überflusses ansieht, wird sich ihm auch entsprechend anpassen und immer genug für sich haben. Auch das ist Gesetz. Es ist immer Deine vorherrschende

Geisteshaltung, die am Ende über Deine Lebensumstände bestimmt.

Frage Dich an dieser Stelle einmal, wie Du zum Thema Geld stehst. Hast Du negative Gedanken darüber? Irgendwelche Vorurteile, die Du vielleicht von jemand anderem übernommen hast? Überlege hier genau, was Deines ist und was von außen an Dich herangetragen und von Dir kritiklos übernommen wurde. Es geht hier ja um eigenständiges Denken; um induktives Denken; um die Wahrheit, also das, was Prinzip und dadurch Bestand hat. Es lohnt sich, mit diesem Thema mehr Zeit zu verbringen. Es ,lohnt‘ sich im wahrsten Sinne des Wortes.

8. Es sei mal dahingestellt, ob Morgan, Rockefeller und Carnegie sich in allen Situationen sauber verhalten oder auch zu großem Leid beigetragen haben könnten. Entscheidend ist, daß sie eigenständig dachten, auch wenn es mal fehlerhaft war. Sie lassen sich nicht vorschreiben, was sie zu denken haben. Genauso wenig solltest Du es Dir vorschreiben lassen. Denke Deine eigenen Gedanken und gehe den Dingen auf den Grund, bevor Du Entscheidungen triffst. Achte aber immer wieder genau auf Deine Intuition – Dein Bauchgefühl.

9. Genau das ist der Punkt. Die Masse denkt nicht, sondern wird gelenkt. Sie be-schwert sich dann über die Auswirkungen, die sie auch ganz anders hätte haben können. Sie hätte nur denken müssen. Nie war es so einfach wie heute, die Wahrheit zu erfahren. Auch das Master Key System trägt seinen Teil dazu bei, daß der Mensch wissend, fähig und weise wird. Es bedarf aber immer der individuellen Inanspruch-

nahme, denn es ist Gesetz, daß nur das zu Dir kommt, was Dir entspricht. Ah, wieder einmal diese geniale deutsche Sprache... ,was Dir ent-spricht.‘ Wir müssen erst ,sein‘ bevor wir ,haben‘ können, und was wir ,sind‘, hängt davon ab, was wir ,denken‘ – das nur noch einmal zur Erinnerung.

10. Unsere Sinneswahrnehmung tut uns da wahrlich keinen Gefallen, zeigt sie uns doch das an, was wir in der Vergangenheit gedacht haben. Daher ist es von so überaus großer Bedeutung, in die Stille zu gehen, zu meditieren, sich zu konzentrieren und somit seine eigenen Gedanken zu denken. Dort ist es, wo neue Realitäten erschaffen werden – nicht durch ein blindes Verlassen auf unsere Sinnesorgane.

11. Um das folgende Zitat in Bezug zu setzen: William Walker Atkinson (1862-1932) war ein amerikanischer Anwalt, der über 100 Werke zum Thema ,New Thought‘ verfaßte. Er wird als einer der Autoren des Kybalion – einer aus dem Anfang des 20. Jahrhunderts stammenden Erklärung der sieben hermetischen Prinzipien – genannt, wenn nicht gar aller drei, da Atkinson zahlreiche Pseudonyme hatte und sein Schreibstil dem des Kybalion sehr ähnelt.

12. Es ist Deine Aufgabe, das so sehr zu verinnerlichen, bis es zu einem Teil von Dir geworden ist. Dann wirst Du in den Vollbegriff Deiner Macht und Kraft kommen und mutig voranschreiten, Altes zurücklassen und Dir neue, wunderschöne Realitäten schaffen. Du wirst Deinen Geist genau dazu benutzen, wozu er da ist, und Dein Leben wird ein einziger Lobgesang sein.

13. Kannst Du diese grundlegende Tatsache begreifen? Ergibt es nun wirklich Sinn für Dich, daß das Spirituelle – Geist oder Bewußtsein – das einzig Wahre ist? Daß es auch die Antwort auf jegliche Form finanzieller Probleme ist? Es geht hier um Schöpfung, nicht um Evolution. Es geht hier um das Schaffen von etwas Neuem, und Du bist der Meisterschöpfer. Hier sei noch einmal an Kapitel 5 erinnert, wo es um körperliche, geistige und moralische Reinheit geht. Es gilt Hausputz zu betreiben und wirklich nur die Informationen zuzulassen, die Dir auch dienlich sind – die Du Dir wünschst. Im täglichen Leben mußt Du da besonders auf der Hut sein, vor allem dann, wenn Du Dich mit Menschen umgibst, für die das Glas halb leer ist, oder die an allem etwas auszusetzen haben.

14. Auch hier wird nochmals deutlich, welchen Beitrag das Master Key System zur Geschäftsentwicklung leistet und wie wertvoll es im unternehmerischen Bereich ist. Das Wissen ist universell anwendbar, aber dafür muß es natürlich anerkannt und genutzt werden. In dem folgenden Beispiel wird das auf eindrucksvolle Weise dargelegt, auch wenn ich persönlich gerne weitere Details zu dieser Geschichte erhalten hätte.

15. Es ist genau diese ‚*direkte Verbindung zum Unendlichen Bewußtsein*‘, die Du für Dich herzustellen hast. Es ist in absoluter Stille, daß Du Kontakt zur Allmacht hast. Dazu bedarf es körperlicher und gedanklicher Kontrolle sowie körperlicher und gedanklicher Entspannung – allesamt Fähigkeiten, die Du bereits am Anfang des Studiums erworben hast. So gibt es auch keine Situation mehr, auf die Du keine Antwort hättest. Es gibt kein Problem mehr, das Du nicht zu lösen in der Lage wärst. Geist (oder Bewußtsein) ist überall verfügbar und wartet darauf, von Dir in Anspruch genommen zu werden. Wenn Du die Absicht hast, das zu tun, wird Deine Aufmerksamkeit dem folgen.

16. ‚*Er ist der Mann, der dieser Firma die große Idee geliefert hat.*‘ Siehst Du, das war sein Dienst, und dafür wurde er belohnt. Er hat genau hingeschaut und eine Lücke gefüllt, wo er sie erspäht hatte. Dem gewöhnlichen Menschen mit einer nur oberflächlichen Beobachtungsgabe und beschränkter Aufmerksamkeit ist dies nicht möglich. Er ist Gelegenheiten blind gegenüber, während derjenige, dessen Sinne scharf sind (*Scharfsinn!*), diese wahrnimmt und auch für sich einen Profit daraus schlagen kann.

17. Du wirst es diesem Mann gleich tun und auch das Universelle Bewußtsein für Dich arbeiten lassen. Erinnere Dich: Du machst Dir hier die gewaltige Domäne des Unterbewußtseins zunutze, denn dieses ist mit dem Universellen Bewußtsein verbunden. Es ist nicht der Verstand, da dieser relativ ist, während das Universelle Bewußtsein absolut ist. Es kann also bewußt gar nicht wahrgenommen werden – sich selbst aber auch nicht wahrnehmen.

18. Solange der Mensch das persönliche Element aufgrund seiner beschränkten Auffassungsgabe aber noch beibehält und dabei vielleicht auch der Meinung ist, daß ihm ‚von oben‘ etwas zuteil wird, ohne daß er etwas dafür tun mußte, wird er starken Einschränkungen unterliegen.

Derjenige aber, der diese Allgegenwarts-macht im Bewußtsein und somit in sich selbst ausmacht, wird überall Wege zum Erreichen des Ziels finden.

19. Hier wird der gesamte schöpferische Prozeß noch einmal gut zusammengefaßt. Hier ein Bedürfnis, dort die Stille, dann das Ideal, an dem festgehalten und welches verfeinert wurde, dann die mutige Hand-lung und als Ergebnis genau das, was man sich – Achtung! – (im Geiste) *vor-gestellt* hat. Der gesamte Prozeß wurde dann noch von Synchronizitäten und Gelegenheiten begleitet, die ihn verbessert und beschleu-nigt haben. All das geschah zu keiner Zeit aufgrund göttlicher Zuordnung, sondern allein durch die eigene Inanspruchnahme – die eigene Geisteshaltung.

20. Das Universelle mag sehr wohl auf sich selbst aufpassen können. Das bedeutet für Dich aber nicht, daß Du andere mißbrau-chen oder übervorteilen solltest. Auch hier kommt das Gesetz des Ausgleichs zum Tragen. Das Große Ganze ist sehr wohl das Lagerhaus all dessen, was Du Dir wünschst. Du bist aber zu jedem Zeitpunkt eine vollständige Gedankeneinheit, und nur das wird zu Dir kommen, was Du von Dir gegeben hast. Das kann gar nicht oft genug betont werden.

21. Diese Passage sollte besonders gut beachtet werden, denn wie Du in den letzten Monaten herausgefunden hast, geht es hier ausschließlich um ein Verständnis von natürlichen Gesetzen und deren Anwendung. Spiritualität ist nichts anderes als dieses Verständnis, und da Geist schöpferisch ist, ist Spiritualität auch die praktischste Sache, die es gibt. Auch wenn

Du immer wieder Hilfsmittel verwendest, ist es doch Dein Denken – Dein geistiges Vermögen – welches über Liebe, Gesund-heit und Wohlstand entscheidet. Das trifft in diesem Kapitel natürlich besonders auf das Geld zu, über dessen Schöpfungs- und Verteilprozeß Du nun viel mehr Klarheit hast als je zuvor.

22. ‚*Geld hat somit keinen Wert, außer die von uns erwünschten Umstände herbei-zuführen.*‘ ‚*Die Seele von Geld ist Dienst*‘. Wenn Du bislang noch ein gestörtes Verhältnis zum Geld hattest, helfen Dir vielleicht diese beiden Aussagen. Bedenke, daß Geld dazu da ist, um als Tauschmittel im Fluß gehalten zu werden; um Dinge zu verbessern und nicht um gehortet und aus dem Verkehr gezogen zu werden. Wer den Auslaß verschließt, macht so letzten Endes auch den Einlaß zu und schadet sich selbst sowie allen Beteiligten.

Viele Menschen, denen es an Geld mangelt, haben ihm gegenüber eine ablehnende Haltung oder zumindest eine mangelnde *Wert-schätzung*. Oft ist es ihnen sogar vollkommen gleichgültig. Das steht einer Zunahme natürlich völlig im Wege. Das hat nichts mit Gelassenheit oder Zuver-sicht zu tun – bitte das an dieser Stelle nicht verwechseln! Es geht darum, eine wertschätzende Haltung aufzubauen, ungeachtet des Tauschmittels. Es spielt keine Rolle, ob es offizielle oder alternative Währungen sind – hier geht es allein um die Wertschätzung.

Wichtig an dieser Stelle ist auch, diese Haltung auch beim Bezahlen einzusetzen, nämlich daß man mit Freude seine Rech-nungen bezahlt. Die Energie, die dort hineingeht, hilft Dir, Dich vom Geld zu trennen, und den anderen, es mit der richtigen Energie aufzunehmen.

In Kürze: Es gilt daher eine wertschätzende Haltung zum Geld zu entwickeln, sowohl auf der empfangenden als auch der gebenden Seite. Geld ist ein Mittel, kein Zweck. Es hilft Dir, immer höher zu streben sowie anderen Menschen nützlich zu sein.

24

Die Wahrheit, die Dich frei macht

Hier findest Du nun Teil 24, die abschließende Lektion dieses Lehrgangs.

Wenn Du wie angeraten jede der Übungen jeden Tag für einige Minuten praktiziert hast, wirst Du festgestellt haben, daß Du vom Leben genau das bekommen kannst, was Du Dir wünschst, **indem Du dem Leben zuerst das gibst, was Du Dir wünschst**. Du würdest wohl auch dem Schüler zustimmen, der sagte: *„Der Gedanke ist geradezu überwältigend, so großartig, so greifbar, so eindeutig, so einleuchtend und so brauchbar."*

Die Früchte dieses Wissens sind in gewisser Hinsicht ein Geschenk Gottes. Es ist die ‚Wahrheit', die den Menschen frei macht, nicht nur frei von jeglichem Mangel und Beschränkung, sondern auch frei von Trauer, Sorge und Kummer.

Ist es nicht wunderbar festzustellen, daß dieses Gesetz keinen Menschen bevorzugt; daß es keinen Unterschied macht, was die Gewohnheit Deiner Gedanken auch sein mögen; daß Dir der Weg vorbereitet wurde?

Solltest Du einen Hang zur Religiosität haben: der größte religiöse Lehrer, den die Welt jemals gekannt hat, macht den Weg so einfach, daß alle folgen können. Wenn Deine geistige Einstellung den Naturwissenschaften zugeneigt ist: das Gesetz funktioniert mit mathematischer Gewißheit. Wenn Du einen Hang zur Philosophie hast, könnten Plato oder Emerson Deine Lehrer sein, aber in jedem Fall kannst Du einen Grad von Macht erreichen, dem man **unmöglich eine Beschränkung zuweisen kann**.

Ich glaube, daß ein Verständnis dieses Prinzips das Geheimnis ist, das die alten Alchimisten vergeblich suchten, weil es erklärt, wie Gold im Verstand zu Gold im Herzen und schließlich in der Hand verwandelt werden kann.

DIE WAHRHEIT, DIE DICH FREI MACHT

1. Als die Wissenschaftler zum ersten Mal die Sonne ins Zentrum des Sonnensystems gerückt haben und die Erde um sie wandern ließen, führte das zu einer großen Überraschung und Bestürzung. Die ganze Idee war natürlich falsch; nichts war gewisser als die Bewegung der Sonne am Himmel entlang, und jeder konnte sie hinter den westlichen Hügeln untergehen oder ins Meer sinken sehen. Gelehrte waren rasend, und Wissenschaftler lehnten die Idee als absurd ab, doch der Beweis hat schließlich die Überzeugung in die Köpfe aller tragen lassen.

2. Wir sprechen von einer Glocke als ‚Klangkörper‘. Dennoch wissen wir, daß eine Glocke lediglich Schwingungen in der Luft erzeugen kann. Wenn diese Schwingungen mit einer Rate von 16 Hz (16 Schwingungen pro Sekunde) kommen, verursachen sie einen Ton, der vom Bewußtsein wahrgenommen werden kann. Es ist dem Bewußtsein auch möglich, Schwingungen bis zu 38.000 Hz zu hören. Wenn die Anzahl darüber hinausgeht, ist alles wieder still. Somit wissen wir, daß der Ton nicht in der Glocke, **sondern in unserem eigenen Bewußtsein entsteht**.

3. Wir sprechen und denken von der Sonne als ‚Licht spendend‘. Dennoch wissen wir, daß sie lediglich Energie abstrahlt, die Schwingungen im Äther von 405 bis 790 Billionen Hertz erzeugt und sogenannte Lichtwellen verursacht, so daß das, was wir Licht nennen, lediglich eine Form der Energie ist, und daß das einzige Licht, was es gibt, **das Gefühl im Bewußtsein ist**, welches

durch die Bewegung dieser Wellen verursacht wird. Wenn sich die Anzahl erhöht, ändert das Licht die Farbe; jeder Farbwechsel wird durch kürzere und schnellere Schwingungen verursacht. Wenn wir somit die Rose als rot, das Gras als grün oder den Himmel als blau bezeichnen, wissen wir, daß die Farben nur in unserem Bewußtsein existieren und die von uns erfahrenen Gefühle das Ergebnis der Schwingungen von Lichtwellen sind. Wenn die Schwingungen unter 405 Billionen pro Sekunde sinken, empfinden wir sie nicht mehr als Licht, sondern als Wärme. Es ist somit offensichtlich, daß wir uns – was die Informationen bezüglich der Realität der Dinge anbelangt – nicht auf die Hinweise unserer Sinne verlassen können. Wenn wir es dennoch tun, sollten wir auch glauben, daß sich die Sonne bewegt, daß die Erde flach und nicht rund ist und daß die Sterne kleine Lichtpunkte anstatt riesiger Sonnensysteme sind.

4. Die gesamte Bandbreite der Theorie und Praxis eines jeden Systems der Metaphysik besteht aus dem Wissen um die Wahrheit bezüglich Dir selbst und der Welt, in der Du lebst; aus dem Wissen, daß man Harmonie denken muß, wenn man Harmonie ausdrücken will; daß man Gesundheit denken muß, wenn man Gesundheit ausdrücken will; und daß man Fülle denken muß, wenn man Fülle ausdrücken will. Um dies zu tun, mußt Du die Bekundungen Deiner Sinne umkehren.

5. Wenn Du verstehst, daß jede Form von Krankheit, Mangel und Beschränkung **lediglich das Ergebnis falschen Denkens** ist, wirst Du Dir ‚*der Wahrheit, die Dich frei macht*‘, bewußt werden. Du wirst sehen, wie Berge versetzt werden. Wenn diese Berge nur aus Zweifel, Angst, Mißtrauen oder anderen Formen der Entmutigung bestehen, sind sie nichtsdestotrotz wirklich, und sie müssen nicht nur versetzt, sondern entfernt werden.

6. Die wahre Arbeit besteht darin, sich von der Wahrheit dieser Aussagen zu überzeugen. Wenn Du darin erfolgreich bist, wirst Du keine Schwierigkeiten haben, die Wahrheit zu denken. Wie aufgezeigt wurde, enthält die Wahrheit ein lebensnotwendiges Prinzip und wird sich somit zur Darstellung bringen.

„Die Wahrheit, die Dich frei macht" ist ein Verweis auf Johannes 8,32. Wenn Du Johannes 8 und 9 weiterliest, wirst Du ein perfektes Beispiel von Mißkommunikation finden. Sender und Empfänger waren nicht auf derselben Wellenlänge. Auch hier griffen die hermetischen Prinzipien, denn die Juden verstanden nicht, was Jesus ihnen mitteilte. Obwohl er die Wahrheit sprach, hätte er mehr erreicht, wenn er sich auf ihre Ebene begeben hätte. Das ist nur eines von vielen Beispielen in der Geschichte der Menschheit, wo Konflikt durch ein fehlendes Verständnis füreinander entstand. Möge das unsere Lektion sein und wir immer den richtigen Ton anschlagen, so daß andere auch verstehen, was wir zum Ausdruck bringen.

7. Diejenigen, die Kranke durch geistige Methoden heilen, sind sich dieser Wahrheit bewußt. Sie zeigen es täglich in ihrem Leben und dem Leben anderer. Sie wissen, daß Leben, Gesundheit und Fülle allgegenwärtig sind – jeglichen Raum ausfüllen. Sie wissen auch, daß diejenigen, die es Krankheit und Mangel jeglicher Art erlauben, sich darzustellen, bisher noch nicht zu einem Verständnis dieses großartigen Gesetzes gekommen sind.

8. Da alle Umstände bloße Gedankenschöpfungen und somit vollkommen geistig sind, sind Krankheit und Mangel durchweg geistige Umstände, in denen die Person nicht die Wahrheit wahrnehmen kann. Sobald der Fehler behoben wurde, ist auch der Umstand entfernt.

9. Die Methode, diesen Fehler zu entfernen, besteht darin, in die Stille zu gehen und die Wahrheit kennenzulernen. Da alles Bewußtsein eins ist, kannst Du das für Dich selbst oder auch alle anderen tun. Wenn Du gelernt hast, geistige Bilder der erwünschten Umstände zu formen, wird dieses der schnellste und einfachste Weg sein, Ergebnisse zu erzielen. Wenn nicht, können Ergebnisse durch Argumentation erreicht werden, durch den Vorgang, Dich selbst vollkommen von der Wahrheit Deiner Aussagen zu überzeugen.

10. Erinnere Dich — und das ist sowohl eine der schwierigsten als auch wunderbarsten Aussagen, die es zu verstehen gilt; erinnere Dich, daß ganz gleich, wie schwierig es ist, ganz gleich, wo es ist, ganz gleich, wer davon berührt ist, **Du keinen Patienten außer Dir selbst hast**. Du hast nichts zu tun, außer Dich selbst von der Wahrheit zu überzeugen, die Du verwirklicht und somit zu erleben wünschst.

11. Das ist eine genaue wissenschaftliche Aussage in Übereinstimmung mit jedem bestehenden System der Metaphysik. Keine dauerhaften Ergebnisse können jemals auf eine andere Weise erzielt werden.

Erinnere Dich, daß ganz gleich, wie schwierig es ist, ganz gleich, wo es ist, ganz gleich, wer davon berührt ist, Du keinen Patienten außer Dir selbst hast.

12. **Jede Form von Konzentration, dem Formen geistiger Bilder, der Argumentation und der Autosuggestion sind Methoden, durch die Du befähigt wirst, die Wahrheit zu erkennen.**

13. Wenn Du wünschst, jemand anderem zu helfen oder eine Form von Mangel, Beschränkung oder Fehler zu zerstören, dann ist die richtige Methode nicht die, Dir über die Person, der Du helfen möchtest, Gedanken zu machen. **Die Absicht, ihr zu helfen, ist vollkommen ausreichend, weil Dich dieses in geistige Verbindung mit der Person bringt.** Dann entferne aus **Deinem eigenen Bewußtsein** jeglichen Glauben an Mangel, Beschränkung, Krankheit, Gefahr, Schwierigkeiten oder was auch immer das Problem sein mag. Sobald Du damit erfolgreich warst, wird das Ergebnis erreicht und die Person befreit sein.

14. Erinnere Dich aber daran, daß Denken schöpferisch ist und daß jedes Mal, wenn Du Deinem Gedanken erlaubst, auf einem unharmonischen Umstand zu ruhen, Du verstehen mußt, daß solche Umstände nur scheinbar bestehen; daß sie keine Wirklichkeit haben; daß **Bewußtsein die einzige Wirklichkeit ist und somit niemals weniger als vollkommen sein kann.**

15. Jeder Gedanke ist eine Form von Energie – eine Schwingungs– rate – aber ein Gedanke der Wahrheit ist die höchste bekannte Schwingungsrate und zerstört somit jegliche Form von Fehler auf dieselbe Art und Weise wie Licht Dunkelheit zerstört. **Keine Form von Fehler kann in der Gegenwart von Wahrheit bestehen**, so daß Deine gesamte geistige Arbeit darin liegt, zu einem Verständnis der Wahrheit zu kommen. Das wird Dich befähigen, jegliche Form von Mangel, Beschränkung oder Krankheit irgendeiner Art zu überwinden.

601

Keine Form von Fehler kann in der Gegenwart von Wahrheit bestehen,
so daß Deine gesamte geistige Arbeit darin liegt,
zu einem Verständnis über die Wahrheit zu kommen.

16. Wir können von der ‚äußeren Welt' kein Verständnis der Wahrheit erlangen; **die äußere Welt ist nur relativ**; Wahrheit ist absolut. Wir müssen sie somit in der ‚inneren Welt' finden.

17. Um den Verstand darin zu trainieren, nur Wahrheit zu erkennen, dürfen nur wahre Umstände ausgedrückt werden. Unsere Fähigkeit, dies zu tun, wird ein Anzeichen für den von uns gemachten Fortschritt sein.

18. Die absolute Wahrheit ist die, daß das ‚Ich' perfekt und vollständig ist. **Das wahre ‚Ich' ist geistig und kann somit nicht weniger als perfekt sein.** Es kann niemals auch nur irgendeinen Mangel, eine Beschränkung oder Krankheit haben. Der Gedankenblitz des Genies hat seinen Ursprung nicht in der Molekularbewegung des Gehirns. Es wird durch das Ego inspiriert, dem spirituellen ‚Ich', welches eins ist mit dem Universellen Bewußtsein. Es ist unsere Fähigkeit, diese Einheit zu erkennen, welche die Ursache aller Eingebung und aller Genialitäten ist. Die Folgen sind weitreichend und haben Auswirkungen auf kommende Generationen. Sie sind die Feuersäulen, die den Weg aufzeigen, dem Millionen folgen werden.

19. Wahrheit ist nicht das Produkt logischen Trainings oder von Experimenten, nicht einmal von Beobachtung. Es ist **das Produkt eines entwickelten Bewußtseins**. Die Wahrheit in Caesar zeigt sich in Caesars Verhalten, in seinem Leben und seinen Taten – seinem Einfluß auf soziale Formen und Fortschritt. Dein Leben, Deine Taten und Dein Einfluß in der Welt hängen vom Grad der Wahrheit ab, den Du in der Lage bist wahrzunehmen, da sich Wahrheit **nicht in Glaubensbekenntnissen, sondern im Verhalten äußert**.

20. Wahrheit äußert sich im Charakter, und der Charakter eines Menschen sollte die Interpretation seiner Religion sein, oder was immer Wahrheit für ihn bedeutet. Dieses wiederum wird sich im Charakter seiner Besitztümer zeigen. Wenn sich ein Mensch über den Verlust seines Vermögens beklagt, tut er sich nicht nur selbst Unrecht, sondern verleugnet auch die rationale Wahrheit, mag sie auch offenkundig und unwiderlegbar sein.

21. Unsere Umwelt und die unzähligen Umstände und Zufälle unseres Lebens bestehen bereits in der unterbewußten Persönlichkeit, welche das geistige und körperliche Material anzieht, das mit seiner Natur verwandt ist. Somit wird unsere Zukunft durch unsere Gegenwart bestimmt, und sollte es eine scheinbare Ungerechtigkeit in einem Bereich oder einer Phase unseres persönlichen Lebens geben, müssen wir die Ursache in uns suchen und die geistige Tatsache entdecken, die sich für die äußere Darstellung verantwortlich zeichnen.

22. Es ist diese Wahrheit, die Dich frei machen wird, und es ist das bewußte Wissen dieser Wahrheit, das Dich befähigen wird, jegliche Schwierigkeiten zu überwinden.

23. Die Umstände, auf die Du in der äußeren Welt triffst, sind unweigerlich die Ergebnisse der in der inneren Welt erlangten Umstände. Somit folgt mit wissenschaftlicher Genauigkeit, **daß Du durch das Festhalten eines perfekten Ideals im Verstand die idealen Umstände in Deiner Umgebung herbeibringen kannst.**

24. Wenn Du nur das Unvollständige, das Unvollkommene, Relative und Beschränkte siehst, werden sich diese Umstände in Deinem Leben darstellen. Wenn Du Dein Bewußtsein darauf hin trainiert hast, das geistige Ego oder ‚ewige Ich' zu sehen und zu verwirklichen, das für immer vollkommen und vollständig ist, werden sich ausschließlich harmonische, ganzheitliche und gesunde Umstände einstellen.

25. Da Denken schöpferisch und die Wahrheit der höchste und vollkommenste Gedanke ist, den man denken kann, ist es

offensichtlich, **daß die Wahrheit zu denken bedeutet, das zu erschaffen, was wahr ist**, und es ist abermals offensichtlich, daß das Falsche nicht mehr bestehen kann, wenn sich die Wahrheit verwirklicht.

26. Das Universelle Bewußtsein ist die Gesamtheit allen bestehenden Bewußtseins. Bewußtsein ist Verstand (im Englischen „Mind"), weil Bewußtsein intelligent ist. Die Worte sind somit übereinstimmend.

27. Die Herausforderung, mit der Du Dich zu befassen hast, ist, zu begreifen, daß Bewußtsein nicht individuell ist. Es ist allgegenwärtig. Es besteht überall. In anderen Worten: Es gibt keinen Ort, wo es nicht vorhanden ist. Es ist somit universell.

28. Die Menschen haben allgemein das Wort „Gott" dazu benutzt, das Universelle, das schöpferische Prinzip zu beschreiben, aber das Wort Gott überträgt nicht die wahre Bedeutung. Die meisten Menschen verstehen unter diesem Wort etwas, was außerhalb von ihnen liegt, während das genaue Gegenteil der Fall ist. **Es ist unser gesamtes Leben.** Ohne dieses wären wir tot; wir würden aufhören zu bestehen. In der Minute, in der das Bewußtsein den Körper verläßt, werden wir zu nichts. Demnach ist das Bewußtsein wirklich alles, aus dem wir bestehen.

29. Nun, die einzige Tätigkeit, die das Bewußtsein besitzt, ist die Kraft zu denken. **Demnach muß Denken schöpferisch sein, denn Bewußtsein ist schöpferisch.** Diese schöpferische Kraft ist unpersönlich, und Deine Fähigkeit, zu denken, ist Deine Fähigkeit, sie zu kontrollieren und sie zu Deinem Wohl und dem anderer einzusetzen.

30. Wenn die Wahrheit dieser Aussage klar, verstanden und geschätzt wird, wirst Du in den Besitz des **Master Key** gekommen sein, aber bedenke, daß nur diejenigen, die **weise genug sind zu verstehen, offen genug, den Beweis abzuwägen, beständig genug, ihrem eigenen Urteilsvermögen zu folgen**, und **stark**

genug, die verlangten Opfer zu erbringen, eintreten und daran teilhaben dürfen.

31. Versuche Dir diese Woche klar zu machen, daß es wirklich eine wundervolle Welt ist, in der wir leben; daß Du ein wundervolles Wesen bist; daß viele zu dem Wissen der Wahrheit erwachen, und je schneller sie erwachen und zu einem Verständnis ,*der Dinge, die für sie vorbereitet wurden*', kommen, auch sie begreifen werden, daß ,*das Auge sie nicht gesehen, das Ohr sie nicht gehört, noch sie ins Herz des Menschen vorgedrungen ist*', jene Pracht, die für diejenigen bestimmt ist, die sich im versprochenen Land einfinden. Sie haben den Fluß des Urteilens überquert und sind an einem Punkt der Trennung zwischen dem Wahren und dem Falschen angelangt; sie haben herausgefunden, daß all das, was sie jemals gewollt oder geträumt haben, lediglich eine blasse Vorstellung einer viel überwältigenderen Wirklichkeit war.

Tempel haben ihre heiligen Bilder, und wir sehen, welchen Einfluß sie auf einen großen Teil der Menschheit gehabt haben. In Wahrheit aber sind die Ideen und Bilder im Bewußtsein der Menschen die unsichtbaren Mächte und Kräfte, die sie ständig steuern und welchen sie sich im Allgemeinen allesamt unterordnen.
— JONATHAN EDWARDS

FRAGEN UND ANTWORTEN

231. *Von welchem Prinzip hängt die Theorie und Praxis eines jeden bestehenden Systems der Metaphysik ab?*
Von einem Wissen der „Wahrheit" bezüglich Dir selbst und der Welt, in der Du lebst.

232. *Was ist die „Wahrheit" bezüglich Dir selbst?*
Das wahre ‚Ich' oder Ego ist geistig und kann somit niemals weniger als perfekt sein.

233. *Was ist die Methode des Zerstörens jeglicher Form von Fehler?*
Dich vollkommen von der Wahrheit bezüglich der Umstände, die Du für Dich dargestellt zu sehen wünschst, zu überzeugen.

234. *Können wir das für andere tun?*
Das Universelle Bewußtsein, in dem ‚wir leben, uns bewegen und unser Wesen haben', ist eins und unteilbar. Es ist somit genauso möglich, anderen zu helfen wie uns selbst.

235. *Was ist das Universelle Bewußtsein?*
Die Gesamtheit aller bestehenden Bewußtseinseinheiten.

236. *Wo ist das Universelle Bewußtsein?*
Das Universelle Bewußtsein ist allgegenwärtig; es existiert überall. Es gibt keinen Ort, an dem es nicht ist. Es ist somit in uns. Es ist die ‚innere Welt'. Es ist unser Geist – unser Leben.

237. *Was ist die Natur des Universellen Bewußtseins?*
Sie ist geistig und somit schöpferisch. Sie ist bestrebt, sich in Form auszudrücken.

238. *Wie können wir auf das Universelle Bewußtsein einwirken?*
Unsere Fähigkeit, zu denken, ist unsere Fähigkeit, auf das Universelle Bewußtsein einzuwirken und es zu unserem Wohlwollen und dem Wohlwollen anderer zur Darstellung zu bringen.

239. *Was ist mit Denken gemeint?*

Klarer, entschiedener, ruhiger, besonnener und nachhaltiger Gedanke mit einem bestimmten Ende in Sicht.

240. *Was wird das Ergebnis sein?*

Auch Du wirst in der Lage sein zu sagen: „Nicht ich bin es, der die Arbeit verrichtet, sondern der Vater, der in mir weilt. Er verrichtet die Arbeit." Du wirst zu dem Verständnis kommen, daß der ‚Vater‘ das Universelle Bewußtsein ist und daß Er wirklich und wahrhaftig in Dir weilt. Mit anderen Worten: Du wirst zu dem Verständnis kommen, daß die wunderbaren Versprechungen der Bibel Tatsache sind und nicht Fiktion und von jedem aufgezeigt werden können, der ein ausreichendes Verständnis davon erlangt hat.

> *„Obwohl ein Erbe von Land vermacht werden kann, mit einem Erbe von Wissen und Weisheit ist das nicht möglich. Der wohlhabende Mann mag andere bezahlen, um seine Arbeit für ihn zu verrichten, aber es ist ihm unmöglich, sein Denken durch jemand anderen verrichten zu lassen oder jegliche Art von „Selbst-Kultur" zu erwerben."*
> — S. SMILES

24

Die Wahrheit, die Dich frei macht

Zunächst einmal ein Kompliment und meinen allerherzlichsten Dank dafür, daß Du die gesamte Zeit dabei warst und auch mir das Vertrauen entgegengebracht hast. So hast Du das Master Key System nicht nur kennengelernt, sondern auch verinnerlicht und durch die Übungen und die Anwendung im täglichen Leben zur gelebten Wahrheit gebracht. Ein schöner Ausdruck, dieses *,zur gelebten Wahrheit gebracht'*.

Auch wenn Du von nun an immer weiter nach vorn und nach oben schreiten wirst, hast Du jetzt schon denjenigen gegenüber, die dieses Wissen und diese Einsicht noch nicht erlangt, geschweige denn erfahren haben, einen Riesenvorteil. Sei aber behutsam mit ihnen – hilf ihnen da auf den Weg, wo es paßt und angebracht ist, und zwar dadurch, daß Du es ihnen vorlebst. Es muß niemand überzeugt werden, und ein Vorbild zu sein ist immer noch das Beste für alle.

Du lernst in diesem Kapitel, daß es die Wahrheit ist, die Dich frei macht. Diesen Spruch hast Du bestimmt vorher schon irgendwo gehört, aber nun wird er vielleicht zum ersten Mal überhaupt Sinn ergeben.

Du lernst auch, daß es keinen Patienten außer Dir selbst gibt und daß letztendlich alles nur Bewußtseinszustände sind, die in Dir und durch Dich wirken. Befasse Dich also nicht mit Auswirkungen, die sich ja bekanntlich ausgewirkt haben, sondern setze in Deinem Bewußtsein neue und der Wahrheit entsprechende Ursachen, damit sich diese ihrer Natur entsprechend auswirken können.

Da, wo Dir Ablehnung entgegen schlägt, erinnere Dich an Deine Verbindung mit der Allmacht und Deinen dazu gewonnenen Fähigkeiten, wie auch an die obigen Zeilen. Eine Ablehnung im Außen wird von Dir nur dann registriert, wenn es diese Ablehnung in Deinem Innen noch gibt – wenn Du dafür aufnahmefähig bist. Wie sehr sie sich aber dann auf Dich auswirkt, das liegt allein bei Dir, denn diese Ablehnung ist auch nur eine Bewertung Deinerseits. Du hast in den letzten Monaten gelernt, nicht mehr zu bewerten und den Sinn in allem zu erkennen. Auch wenn er Dich nur daran erinnern möchte, daß Du so nicht mehr bist oder sein willst.

Dadurch wirst Du von nun an auch in jeder Situation die richtige Antwort parat haben. Dein Leben hat sich in den letzten sechs Monaten stark verändert. Warum? Weil Du Dich verändert hast. Weil Du neues Wissen dazu gewonnen hast und es tagtäglich anwendest. Du bist bewußter, ruhiger, abgeklärter – souveräner – geworden und hast ein viel höheres Energieniveau.

Wir sind in eine fantastische Zeit aufgebrochen. Vieles um uns herum ändert sich mit rasanter Geschwindigkeit. Das ist auch notwendig, denn wir sind mit dem Planeten Erde und der Menschheit ein wenig in Verzug geraten. Nun wird der Gasfuß der Evolution ein wenig mehr herunter getreten, und wir entwickeln uns entsprechend schneller. Es ist wirklich aufregend, dabei zu sein.

Durchtränke Dein weiteres Tun mit Liebe, Vertrauen, Mut und Zuversicht und stehe in Dankbarkeit dem Mann gegenüber, der Dir dieses geniale Wissen auf eine Art und Weise vermittelt hat, die nützlich, einprägsam und praktisch war – zu Deinem Wohl und dem der gesamten Menschheit! Zum Abschluß hier noch einmal meine Anmerkungen zum Inhalt und der Übung dieses letzten Kapitels.

ÜBUNG

Da zitiere ich einfach, denn zur letzten Übung muß nicht viel angemerkt werden, außer daß es ein ellenlanger Satz ist.

,Versuche Dir diese Woche klar zu machen, daß es wirklich eine wundervolle Welt ist, in der wir leben; daß Du ein wundervolles Wesen bist; daß viele zum Wissen der Wahrheit erwachen. Je schneller sie erwachen und zu einem Verständnis „der Dinge, die für sie vorbereitet wurden" kommen, auch sie begreifen werden, daß „das Auge sie nicht gesehen, das Ohr sie nicht gehört, noch sie ins Herz des Menschen vorgedrungen ist", jene Pracht, die für diejenigen bestimmt ist, die sich im versprochenen Land einfinden. Sie haben den Fluß des Urteilens überquert und sind an einem Punkt der Trennung zwischen dem Wahren und dem Falschen angelangt; sie haben herausgefunden, daß all das, was sie jemals gewollt oder geträumt haben, lediglich eine blasse Vorstellung einer viel umwerfenderen Wirklichkeit war.'

AUFGABEN

1. Schreibe auf, warum Du dem Leben erst geben mußt, was Du möchtest, bevor Du das erhalten kannst, was Du Dir wünschst.

2. Beantworte Dir so oft wie möglich die folgenden Fragen:

   - ✓ Was habe ich heute gemacht?
   - ✓ Was kann ich daran verbessern?
   - ✓ Wer kann mir dabei helfen?
   - ✓ Wann werde ich es vollenden?

3. Warum können wir uns nicht auf die Hinweise unserer Sinne verlassen?

4. Warum ist jede Form von Leiden, Krankheit, Mangel und Beschränkung eine Form falschen Denkens?

5. Was unterscheidet diejenigen, die Gesundheit, Liebe und Reichtum besitzen, von denjenigen, die nicht im Besitz dieser Qualitäten sind?

....

....

....

....

6. Welche ist die passende Methode, jegliche Art von Fehler zu beheben?

....

7. Was ist die richtige Methode, anderen zu helfen?

....

....

....

8. Warum haben Umstände keine Wirklichkeit?

....

....

9. Was deutet auf den Fortschritt hin, den wir machen?

....

10. Was ist das Produkt logischen Trainings?

....

11. Was bedeutet, die Wahrheit zu denken?

....

12. Kreuze an, welche der untenstehenden Taten oder Handlungen Du diese Woche unternommen hast oder welche eingetreten sind:
    - ☐ Andere Personen erfüllen immer mehr die Wünsche, die ich ihnen auftrage. Diese Wünsche sind harmonisch.
    - ☐ Es gibt keine unerwünschten Situationen mehr. Sie sind einfach nur noch. Ich lerne aus allem.

- ☐ Ich muß mir immer weniger überlegen, was ich zu denken habe, weil es Teil meines Unterbewußtseins geworden ist.

- ☐ Die Meinung anderer Menschen ist mir wichtig, doch ich überlasse niemandem die Entscheidungen.

- ☐ Mein Unterbewußtsein wird von mir dort aktiv gelenkt, wo es noch nötig ist.

- ☐ Ich bereite anderen Menschen zunehmend Freude, oft auch völlig unerwartet. Das wiederum macht mir viel Freude.

- ☐ Meine Atmung ist harmonisch, tief und rhythmisch.

- ☐ Ich suche regelmäßig die Stille auf und finde dort Eingebung und Einsicht.

- ☐ Meine Ess- und Trinkgewohnheiten sind harmonisch und lebensrichtig. Ich passe sie meinen persönlichen Erfordernissen an und achte auf ein ausgeglichene Säure-Basen Verhältnis.

- ☐ Meine körperliche Verfassung ist zu meiner vollsten Zufriedenheit. Ich strotze vor Kraft, Dynamik und Beweglichkeit.

- ☐ Mein Tatendrang kennt keine Grenzen. Die Ideen oder Ideale, die ich mir erschaffe, setze ich konsequent um.

- ☐ Ich erfreue mich an meinen Schöpfungen – ich habe sie wahrlich verdient.

- ☐ Ich zeige still, aber auch öffentlich meine stetig zunehmende Dankbarkeit für das, was mir widerfahren ist oder was ich erschaffen habe.

- ☐ Ich bin erfüllt von Liebe und zeige dieses im Außen durch meine Worte, Gefühle und Handlungen.

- ☐ Ich bin mutig, frei von Angst oder Befürchtungen.

- ☐ Ich genieße meinen Wohlstand. Ich bereichere andere Menschen durch meine schöpferischen Tätigkeiten. Sie wiederum bereichern mich. Ich erkenne den Bezug dieser Dinge.

- ☐ Ich bin mir meiner göttlichen Natur bewußt und freue mich auf all die Aufgaben, die sich mir noch stellen werden.

13. Ich habe den Master Key, wenn ich verinnerlicht habe, daß:

- ✓ Gedanken schöpferisch sind, da Geist schöpferisch ist;
- ✓ Ich einen starken, oft wiederholten Gegenvorschlag unterbreiten, Affirmationen einsetzen und mir der Wahrheit gewahr werden

muß, um alte Denkmuster und Verhaltensweisen zu durchbrechen und durch neue zu ersetzen;

✓ Diese Macht unpersönlich ist und sie mich befähigt, Gedanken zu meinem Nutzen und dem anderer Wesenheiten einzusetzen;

✓ Mir unendliche Ressourcen zur Verfügung stehen und auf meine geistige Inanspruchnahme warten und reagieren;

✓ Ich erst geben muß, bevor ich erhalten kann;

✓ Mein geistiges und körperliches Haus rein sein muß;

✓ Macht durch Gebrauch kommt;

✓ Die Wahrheit das ist, was Prinzip und somit Bestand hat.

DU HAST DIESEN TEIL GEMEISTERT...

- wenn Du in der Lage bist, dem Leben das zu geben, was Du von ihm wünschst oder erwartest.
- wenn Du in Deinem Bewußtsein Gefühle der Liebe hervorrufen kannst und somit das Gesetz der Anziehung und das Gesetz des Wachstums zum Tragen bringst.
- wenn Du verstanden hast, warum es in Gegenwart der Wahrheit keinen Fehler geben kann.
- wenn Du verstanden hast, warum sich die Wahrheit nicht in Glaubensbekenntnissen, sondern im Verhalten äußert.
- wenn Du erkannt hast, daß nur Du es bist, in dessen Bewußtsein das entsteht, was Du Leben nennst.
- wenn Du verstanden hast, warum Du Dein einziger Patient bist und somit ‚an Deinem Stein meißeln‘ mußt.
- wenn Du in der Lage bist, Umstände zu Deinem Gunsten zu ändern.
- wenn du Gelegenheiten nicht nur erkennst, sondern sie auch konsequent nutzt.
- wenn Du Dich in der Fülle bewegst, weil Du Fülle bist.
- wenn Du bedingungslos geben und lieben kannst, weil Du es kannst.
- wenn sich Deine Präsenz auf Deine Mitmenschen wohltuend und heilend auswirkt.
- wenn Du weise genug bist, zu verstehen; beständig genug, Deinem eigenen Urteilsvermögen zu folgen; offen, die Beweise abzuwägen, und stark genug, die von Dir verlangten Opfer zu erbringen.

KOMMENTAR

Du bist hier im 24. und letzten Kapitel angelangt. Du hast mindestens sechs Monate Studium hinter Dich gebracht und bist zu vielen neuen Erkenntnissen und Einsichten gekommen. Deine Fähigkeiten haben sich erweitert, und so bist Du zu einem neuen Menschen geworden: Souverän, mit Mut, Tatenkraft und viel mehr Freude und Gelassenheit. Die wunderschöne Welt, in der wir leben, ist die, die Du Dir erschaffst. Du kannst und willst es gar nicht anders. Das von Dir Erschaffene ist eine Reflexion Deines Inneren und das ist zunehmend schöner, liebevoller, wohlwollender, unterstützender und vor allem positiv schöpferisch.

Du hast gesehen, daß es keinerlei Rolle spielt, aus welchem Kultur-, Gesellschafts- oder Religionskreis Du stammst. Das im Master Key System vermittelte Wissen steht allen offen, ist für alle da und sollte auch so behandelt werden.

In diesem Kapitel lernst Du auch, daß Du keinen Patienten außer Dir selbst hast. Es gibt keinen anderen, kein Außen. Alles ist eine Reflexion dessen, was Du in verschiedenem Maße in Dir trägst. Wahrnehmung heißt dennoch nicht ‚Sein‘. Du kannst also sehr wohl etwas wahrnehmen oder beobachten, ohne Dir die gewöhnliche Qualität dessen zu eigen zu machen. Heilung jeglicher Art findet aber immer nur in Dir selbst statt, denn außerhalb Deines Bewußtseins gibt es rein gar nichts, also auch nichts, was geheilt werden müßte oder könnte.

1. Am Anfang stand purer Glaube, ohne jeglichen Beweis. Dann wurde genau beobachtet und der Beweis erbracht – in diesem Fall wurde das Gegenteil bewiesen. Daß dieses zunächst abgelehnt oder der Überbringer gar verfolgt wurde, ist dem niedrigen Bewußtsein der damaligen Machthaber zuzuschreiben. Du solltest weiter fortgeschritten sein und neue Entdeckungen oder Erkenntnisse nicht ohne weiteres abtun oder ins Lächerliche ziehen, sondern Notiz nehmen und dann für Dich herausfinden, ob sie der Wahrheit entsprechen. So kommst auch Du vom Glauben zum Wissen, also zur Gewißheit und der damit verbundenen Verläßlichkeit.

2. Ob der gewöhnliche Mensch heute noch 38.000 Hz hören kann, sei dahin gestellt, aber Tatsache bleibt, daß er lediglich Schwingungen gemäß seiner eigenen Fähigkeiten interpretiert.

3. Diese Aussage ist von ganz besonderer Bedeutung, da wir uns nach unseren äußeren Sinnen orientieren. Das, was wir über sie wahrnehmen, ist für uns real. Das Problem hierbei ist aber bekanntermaßen, daß Gedanken schöpferisch sind und erst mit Verzögerung von den Sinnen registriert werden können. Es ist genau hier, wo Du Vertrauen und Zuversicht benötigst und an Deinem Ideal festhältst und arbeitest, bis es sich verwirklicht hat.

Für den westlich orientierten und rational denkenden Menschen ist das eine große Herausforderung, da seine Sinne ihm auf absehbare Zeit noch etwas anderes vorgaukeln, was in Konflikt zu den im Innen gesetzten Impulsen steht. Da Du Dich aber durch Erscheinungen nicht mehr täuschen läßt und mittlerweile weißt, das Bewußtsein das einzig Wahre ist, wird es für Dich auch kein Hindernis mehr darstellen. Es bedarf halt neben Vertrauen und Zuversicht auch Übung.

4.   *„... die Bekundungen Deiner Sinne umkehren'.* Deine Vorstellungskraft ist Deine Werkstatt. Dort erschaffst Du Dir die neuen Bilder, die dann schrittweise im Außen Form annehmen. Daher ist es so wichtig, daß Du Dir Zeit und Raum verschaffst, um diese Bilder zu erstellen und wachsen zu lassen. Gib nichts auf äußere Umstände, denn sie sind trügerisch. Erinnere Dich auch, daß Dein Endziel das Schaffen von Bewußtseinszuständen ist. Dadurch sollte klar werden, daß die Reise das Ziel ist und es keine wirkliche Endstation gibt, wo Du aussteigen mußt und der Schaffner sagt: ‚Es ist nun wirklich alles getan und geschafft.' Es sind alles nur Zwischenstationen, wobei Dir jede davon größte Freude und Verzückung bereiten sollte, weil Du dem nachgehst, was Du wirklich liebst.

5.   Wenn sie von Dir nicht entfernt werden, werden sie sich weiterhin verwirklichen. Sie zu entfernen bedeutet nicht, sie zu bekämpfen. Ganz im Gegenteil: Du beseitigst sie, indem Du der Gegenseite mehr Aufmerksamkeit und somit Energie verleihst. Das, was nicht mehr beachtet und gebraucht wird, wird letzten Endes durch etwas Neues ersetzt. Dabei gilt es natürlich zu beachten, daß viele Vorgänge unterbewußt sind. Diese mußt Du Dir zunächst ins Bewußtsein rufen, um dann ihren Gegenpol zu erkennen und diesem dann entgegenzustreben.

Die Wahrheit wird Dich genau dann freimachen, wenn Du erkennst, daß das eine Prinzip hat, das andere aber nicht. Eines davon besitzt Lebenskraft, weil es Ordnung, Struktur, Proportion etc beinhaltet, während das sich andere dadurch auszeichnet, daß es diese Ordnung stört, Strukturen auflöst und Proportion zunichte macht. Das eine besitzt Stärke; dem andere fehlt sie. Wenn Du das erkennst, bist Du in der Lage, jeglichen widrigen Umstand zu transformieren, transmutieren oder transzendieren. Du bist dann Meister Deines Lebens und nicht länger ein Opfer Deiner Umstände.

6.   Du überzeugst Dich dadurch von der Wahrheit dieser Aussage, daß Du Dich gedanklich mit ihr befaßt; daß Du in die Stille gehst und induktiv denkst.

7.   Du siehst, daß sich bestimmte, unerwünschte Zustände durch Unterlassung verwirklichen konnten. Nun aber hast Du die Zügel fest in der Hand und die Kontrolle über diese Zustände. Dein Verständnis der Wahrheit und Dein unablässiges Wirken im Bereich des Lebensrichtigen werden sich für Dich auch genauso darstellen. Du verläßt Dich dabei auf Gesetze, die legitim sind und von jedem überall beobachtet werden können, der es für Wert hält, auch genau hinzuschauen.

8.   Natürlich fühlt sich Krankheit wirklich an. *‚Ich habe doch den Schnupfen'* oder *‚Schau, meine Haut ist so entzündet und mein Bein geschwollen; das ist doch alles real.'* Klar, es kann ja auch von jedem als solches vernommen werden. Worum es hier aber geht, ist folgendes: Dieser Zustand ist *nicht* der Normalzustand. Der Normalzustand ist Gesundheit. Die Entzündung oder die Überfettung sind abnormale Zustände, die sich allesamt dadurch auszeichnen, daß sie Dir Lebenskraft rauben, anstatt sie Dir zuzuführen. Mache Dir das noch einmal klar. All das, was schwach, krank, fehlerhaftet, arm

etc. ist, zeichnet sich dadurch aus, daß es keine Ursprungszustände sind, sondern welche, die durch falsches Denken oder das kritiklose Übernehmen von Informationen aus zweiter Hand entstanden sind. Nun aber bist Du durch das Master Key System zu einem völlig neuen Verständnis über die Realität der Dinge gekommen und hast Dich gleichzeitig auch über alle Maße selbst erkannt, ermächtigt und befähigt. Du bist nun in der Lage, ganz andere Dinge zum Ausdruck zu bringen als noch vor wenigen Monaten. Darum und nur darum ging es. Wissen folgt Verständnis und führt zur Anwendung. Anwendung führt zum Erleben. Erleben wiederum führt zum Beschreiben, welches Dir ermöglicht, Dinge einzuordnen und Dir Gewißheit und innere Ruhe zu verschaffen.

9. Ein ganz besonderer Punkt: Man kann es für sich selbst, aber auch für andere tun. Dadurch hilfst Du aber nicht nur ihnen, sondern auch Dir selbst. Das, was Du aussendest, kommt wieder zu Dir zurück. In der Tat ging es nie von Dir weg, weil Du es ja bist. Durch den Gebrauch aber stärkst Du es, was sich für Dich so anfühlt, als würde es zu Dir zurückkommen. Es findet aber nichts anders statt als eine Energieverdichtung, die aus groben Gedanken schließlich feine Strukturen erschafft, die auch über die Sinne wahrzunehmen sind. Der Kreis ist dann komplett.

10. Jetzt ergeben auch Aussagen wie ‚wir sind alle eins‘ oder ‚es gibt keinen anderen‘ einen Sinn. Die Arbeit muß an Dir selbst verrichtet werden, da außerhalb Deines Bewußtseins nichts vorhanden ist. Du bist die Gesamtheit Deiner Gedanken, die stetig danach streben, sich in Form auszu-

drücken. Es ist stets Deine Interpretation von äußeren Ereignissen oder Umständen, welche Deine Lebensqualität bestimmt. Wenn Du aber die Einheit allen Bewußtseins anerkennst, bist Du auch nicht mehr in der Lage, andere verantwortlich zu machen, zu übervorteilen, zu kritisieren, zu erniedrigen, zu beleidigen oder ihnen weh zu tun. Du weißt, daß es Dir entstammt und zuerst in Dir Schaden anrichtet, um dann durch das Gesetz der Anziehung auch noch verstärkt in dir zu wirken. Du machst Gebrauch von fehlerhaften und lebenswidrigen Denkstrukturen. Dadurch wachsen sie und bringen Dir die entsprechende Ernte ein.

11. Der Fokus hier liegt auf ‚dauerhaft‘. Es geht nicht darum, spontan ein paar Verbesserungen oder Linderungen zu erzielen, sondern durch ein vollständiges Verständnis seiner selbst und seiner Umgebung zu einem neuen, machtvollen und weisen Wesen zu werden, das sich so verhält, daß es überall heilt, segnet oder liebt.

12. Es gibt also mehrere Methoden, sich von der Wahrheit zu überzeugen. All diese Methoden wurden im Master Key System ausführlich behandelt.

13. Der Fokus liegt hier ganz eindeutig auf ‚aus Deinem eigenen Bewußtsein‘, denn nur das unterliegt Deiner Kontrolle. Da ist diese fehlerhafte Annahme ja auch entstanden. Erinnere Dich: Das Licht oder der Klang entsteht nicht in der Sonne oder in der Glocke, sondern in Dir selbst. Das ist eine profunde Tatsache, die alles in Deinem Leben in einem neuen Licht erscheinen läßt. Du bist in Art und Qualität gleich dem

Universellen – der einzige Unterschied besteht in der Ausprägung. Du hast die Macht und Kraft, das Verständnis und die Weisheit, von nun an Dinge ganz anders anzugehen und Dir und Deiner Welt eine ganz andere Lebensqualität zu bescheren.

14. Diese Logik mag nicht einfach nachvollziehbar sein. Bewußtsein ist die einzige Wirklichkeit, aber Bewußtsein kann auch unerwünschte Zustände herbeiführen. Gedanken sind in jegliche Richtung schöpferisch, aber nur eine Richtung hat Prinzip, hat Lebenskraft, macht Freude, ist liebevoll, fühlt sich gut an und lädt ein zu mehr. Das ist die Richtung, die der Wahrheit ent-spricht.

Etwas Unharmonisches zeichnet sich dadurch aus, daß genau das oben erwähnte zerstört und zersetzt wird. Da es aber nicht außerhalb von Dir besteht, sondern in Dir, zerstörst und zersetzt Du Dich dadurch selbst.

Verstehst Du, was hier zum Ausdruck gebracht wird? Es geht hier um das Verständnis Deiner selbst und Deines Lebens. Du kannst zu jeder Zeit frei entscheiden, in welche Richtung Du Dich entwickelst, aber die Ergebnisse unterliegen absoluten, unveränderlichen Gesetzmäßigkeiten.

15. Warum sollte Wahrheit die höchste bekannte Schwingungsrate sein? Weil die gesamte Schöpfung darauf aufgebaut ist! Alles entsteht aus der Wahrheit heraus. Fehler erschaffen von selbst rein gar nichts, sondern leben auf Kosten der Wahrheit. Daher haben sie auch kein Prinzip.

16. Es ginge auch gar nicht anders, da die äußere Welt eine Welt der Auswirkungen ist. Auch hier ist der Name wieder stellvertretend für den Charakter oder die Qualität: Außen, geäußert, Auswirkung. Konzentration ist die nach innen gerichtete, zusammenziehende Aktivität, die sich dann in nach außen gerichteten Handlungen darstellt. Hier werden das Prinzip des ,innen wie außen' und auch das allgemeine Wirkungsprinzip des Universums noch einmal auf menschlicher Ebene verdeutlicht. Es zeigt sich wieder einmal, daß alles eins ist – es bedarf halt des Erkennens und der anschließenden Anerkennung, um daraus auch einen Nutzen zu ziehen.

17. Was hiermit zum Ausdruck gebracht werden soll, ist folgendes: Verstand kommt von Verstehen. Bevor Du aber verstehst, mußt Du es zunächst tun. Daher darfst Du nur wahre Umstände ausdrücken, weil sich Dein Verstand nur dann ein wirkliches(!) Bild davon machen kann. In anderen Worten: Tue so, als ob Du es bereits bist, oder auf Englisch: *fake it until you make it*! Dazu bedarf es besagten Mutes und Vertrauens, denn Deine Sinneswahrnehmung wird sich erst mit der Zeit den neuen Umständen anpassen, womit es dann auch für den Verstand Sinn ergibt.

18. Erinnere Dich daran, daß Du lediglich der Kanal bist, durch den sich das Universelle Ausdruck verschafft. Du selbst mußt nicht die Intelligenz aufbringen, denn diese ist im Universellen bereits zur Genüge vorhanden. Du mußt Dich lediglich richtig einstimmen – in Einklang bringen – und nur wahre Umstände ausdrücken. Wahrheit in Form von Fülle, Liebe, Gesundheit

und allem Schönen wird dann durch Dich fließen, da Du zu jeder Zeit eine vollständige Gedankeneinheit bist. Siehst Du, wie hier alles zusammenkommt und einen perfekten Sinn ergibt?

19. Charles Haanel bringt zum Ausdruck, daß die Handlung letztendlich der Gradmesser für jeglichen Erfolg ist. Es bringt nichts, allein darüber zu meditieren oder sich darauf zu konzentrieren, wenn die dadurch gewonnenen Erkenntnisse nicht in praktische Werte zum Wohle aller umgesetzt werden. Gerade weil Du von nun an viel tatkräftiger und bestimmter zur Sache gehst, ist es unabdingbar, daß Du auch körperlich und emotional stark und ausgeglichen bist. Die für die neuen Taten benötigte Energie muß ja irgendwie bereitgestellt werden. Erinnere Dich an dieser Stelle aber bitte auch an die Tatsache, daß ein aktives Gehirn ein wahrer Energieschlucker ist und entsprechend genährt werden will. Möchte jemand Walnüsse?

20. Wenn Du Dich über den Verlust Deines Vermögens beklagst, gibst Du etwas Raum, was weder Kraft noch Prinzip hat, sondern nur die Abwesenheit von etwas Wirklichem darstellt. Daher richte Dich auf, korrigiere Dich umgehend und bewirke Wunder!

21. Hier wirst Du bei der Suche auf einige ‚Skelette in Deinen Schränken' stoßen, die ans Licht gebracht werden wollen. Anders als zuvor bist Du nun aber bewußt und bestärkt. Du kannst mit ihnen also entsprechend umgehen, und sie wirken sich nur noch schwach, wenn überhaupt auf Dich aus. Das versetzt Dich in die Lage, sie liebevoll als das anzuerkennen, was sie sind, nämlich nur Illusionen, die Dir dazu dienen, Dein wahres ‚Ich' zu erkennen. So kannst Du sie umgehend auflösen, indem Du neue Ursachen setzt, denen dann wiederum die notwendige Energie zufließt.

22. Hier macht Charles Haanel noch einmal deutlich, daß Schwierigkeiten aus Deinem Leben nicht verschwinden werden. Du bist aber durch das Erkennen der Wahrheit befähigt, sie zu überwinden. Das ist ein kleiner, aber entscheidender Unterschied! Erinnere Dich an Haanels Aussage aus Kapitel 2. Der bewußte Verstand ist gar nicht dazu in der Lage, die Gesamtheit aller Existenz zu erfassen – und daher bedarf es vor allem zu Beginn auch den Glauben und das Vertrauen. Daher wirst Du im Leben als Teil Deines Wachstumsprozesses immer wieder auf Umstände stoßen, die Dich auf die Probe stellen. Genau da ist es, wo Du dann dieses neu gewonnene Wissen anwenden wirst. Das ist wahre Meisterschaft: Das Erkennen der Dualität des bewußten Verstandes und das Überwinden der Dualität durch angewandtes Wissen, durch das zum Ausdruck bringen der Wahrheit.

23. Erinnere Dich, daß Du Dich von nichts und niemandem davon abbringen läßt, sobald Du Dir ein Ideal gesetzt hast. Die Entscheidung ist getroffen; nun werden die Wege und Möglichkeiten aufgetan und verfolgt, dieses Ideal auch zu erreichen. Natürlich ist es leichter, vorzeitig aufzugeben und sich neuen Dingen zuzuwenden, aber erreichen wirst Du dadurch nichts. Daher ist es auch so wichtig zu wissen, was Du wirklich willst, wofür Du brennst und was Du so sehr liebst, daß die dafür aufgebrachten Opfer auch nicht wirklich ins Gewicht fallen.

24. Es ist doch alles Gesetz! Wie und warum sollte man eine andere Frucht ernten, als es der Saat entsprechen würde? Es ist doch ein Schwingungsuniversum, in dem wir leben und welches auf genau das reagiert, was wir aussenden. Warum solltest Du Dich glücklich fühlen, wenn Du sagst, daß Du mies drauf bist? Die Worte haben doch alle eine Bedeutung und eine Entsprechung. Diese Entsprechung – diese Quelle – ist der Gedanke. Das, was Du denkst, hängt von Deinem Verständnis der hier gelehrten Schöpfungsprinzipien oder ‚Natürlichen Gesetzmäßigkeiten‘ ab.

25. Das mag am Anfang noch schwer nachvollziehbar sein, aber Du weißt ja, daß zwei Dinge nicht zur selben Zeit am selben Ort sein können, und wo Wahrheit ist, kann demnach kein Fehler sein, weil ein Fehler die Abwesenheit von Wahrheit darstellt.

26. Noch einmal zur Erinnerung: Bewußtsein ist solange statisch, bis es durch Denken angeregt wird und durch einen systematischen Prozeß in wahrnehmbare Ebene umgewandelt wird.

27. Somit mußt Du Dir auch keine Gedanken über Deine Intelligenz machen, denn es reicht aus, ein Verständnis des Ganzen zu erlangen und Dich in Einklang mit ihm einzufinden, d.h. Dich harmonisch und wahrheitsgetreu auszudrücken. Der Rest folgt dann wieder den Universellen Gesetzmäßigkeiten. Du wirst sehen, daß es nicht wirklich großer Intelligenz bedarf, um das System zu verstehen und den richtigen Haftungsmechanismus zu benutzen, der dann die entsprechenden Auswirkungen hervorbringt. Erinnere Dich: ‚*Der Vater und Ich sind eins.*‘

Hättest Du gedacht, daß es so einfach ist? Alles was es weiterhin bedarf ist die konsequente Anwendung und Umsetzung Deinerseits, denn Deine Handlungen zeigen sich nicht nur in Deinem Charakter, sondern schlußendlich auch in Deinen Besitztümern.

28. Diese Aussage mußte zwangsläufig folgen. Das, was wir Gott nennen, ist unsere gesamte Existenz, unser Wesen, unser Leben. Doch nur die wenigsten haben dieses Lebensprinzip für sich bewußt anerkannt. Die meisten wähnen Gott als ein Konstrukt außerhalb von ihnen, während die anderen ihn aufgrund eines ähnlich gearteten Unverständnisses komplett ablehnen. Doch derjenige, der genau hinschaut, durchschaut und erkennt, macht sich diese Erkenntnisse zunutze, während die anderen meist weit unterhalb ihres wahren Potentials agieren – dabei könnte alles so schön sein.

29. Geist, Bewußtsein, Intelligenz, Denken, Kontrolle, Schöpfung, Nutzen, Harmonie, Schönheit, Freude, Überfluß, Liebe.

30. Das ist einer der schönsten Sätze im gesamten Master Key System und so klar, daß er keines weiteren Kommentars bedarf.

31. Natürlich ist es eine schöne Welt – was denn sonst? Du hast sechs oder mehr Monate mit Deinem Master Key System Studium verbracht, hast tiefgreifende Einsichten erworben und bist zu vielen neuen Erkenntnissen gekommen. Durch die Übungen hast Du Dir die Grundlage für ein bewußtes Mitschöpfen gelegt. Sie haben Dich befähigt und gestärkt. In der Zwischenzeit hast Du all das auch schritt-

weise in die Praxis umgesetzt. Dadurch hast Du erkannt, daß das, was im Master Key System gelehrt wird, gültig ist und somit der Wahrheit entspricht.

Nun wünsche ich Dir viel Freude beim Erschaffen einer noch viel umwerfenderen Wirklichkeit. Du hast sie Dir wahrlich verdient! Belasse es aber nicht mit diesem einmaligen Durchgang, denn in es dauert ca. 4-5 Jahre, bis aus den ersten Schritten eine neue Persönlichkeit entstanden ist. Numerologisch steht die 4 für Ordnung und Struktur, während die 5 für die Quintessenz steht, für das Erkennen des Ganzen und ein Durchdringen zum Kern.

Mache also weiter und wende die hier erlernten Schöpfungsprinzipien so lange an, bis Du Dir keine Gedanken mehr über sie machen mußt. Erst dann sind sie zu einem integralen Teil von Dir geworden. Dann aber bist Du auch zu der herausragenden Persönlichkeit geworden, von der Charles Haanel in der Einführung spricht. Die Schöpfung freut sich und belohnt Dich über alle Maße.

So sei es!

BEGRIFFSERKLÄRUNGEN

Ablehnung — Aversion, Abneigung oder Ablehnung (von lat. *aversatio* zu *aversio*, „Ekel") bezeichnet die Neigung eines Organismus, auf bestimmte Reize mit Unlust zu reagieren. Eine Aversion kann gegenüber jeder Art von Reizen oder Objekten bestehen, zum Beispiel gegenüber bestimmten Menschen, Handlungen, Dingen (Nahrungsmitteln) oder Situationen und Erinnerungen.

Absicht — Der grundlegende Ausgangspunkt einer jeden geistigen oder körperlichen Folgehandlung.

Affirmation — Ein Polaritätswechsel fürs Bewußtsein mittels Worten oder Sätzen, die positiv und aufbauend sind, und die Geisteshaltung entwickelt und stärkt.

Aktiv — Eigenschaft des Männlichen. Ein vererbter Wunsch oder Antrieb, zu bewegen, zu verändern, zu handeln, Dinge anzugehen und zu verbessern. Gewöhnlich mit Materie in Verbindung gebracht.

Allmacht — Das, was alle Macht und alle Möglichkeiten zur Entwicklung und Ausdehnung beinhaltet. Allgegenwärtig und allwissend.

Anerkennung — Das bewußte Bemerken und Wertschätzen einer jeden Gedankeneinheit. Die Identifizierung von etwas, was man vormals gesehen, gehört oder gewußt hat.

Angebot — Das Resultat von Nachfrage. Unbegrenzt in seiner Art, da in direkter Verbindung zu Spirit oder Geist.

Anpassung — Das, was wir tun, um etwas durch etwas Besseres zu ersetzen. Die aktive Handlung, passiv und somit empfänglich zu sein.

Anwendung — Das, was Theorie in die Praxis umsetzt und somit zu Erfahrungen und letztendlich Wissen führt.

Anziehung — Die Kraft, die durch Gedanken in Bewegung gesetzt wird. Siehe auch Liebe.

Atmung — Der Prozeß, pranischen Äther (Lebenskraft) in den Körper aufzunehmen, sowie dem Körper Sauerstoff und Stickstoff hinzuzufügen, um Leben aufrecht zu erhalten und zum Ausdruck zu bringen.

Aufmerksamkeit — Das, was der Absicht folgt. Die Bündelung von Geisteskräften, ausgerichtet auf ein bestimmtes Ziel.

Aufrichtigkeit — Das, was wahr, ehrlich oder offenherzig ist.

Ausgleich — Das, was Dinge zum Zweck der Dauerhaftigkeit im Gleichgewicht hält.

Ausscheidung — Der Vorgang des Entledigen dessen, was nicht länger gebraucht wird.

Äußere Welt — Die mit den Sinnen wahrnehmbare Umgebung aus Materie, Erscheinungen und Dingen – die der Auswirkungen.

Auto-Suggestion — Der Vorgang, seinem Bewußtsein durch Bejahungen neue Muster aufzuprägen.

Autorität — Das Resultat von Stärke, Kraft und Bestimmtheit. Die Fähigkeit, andere Elemente oder Einheiten unterzuordnen und anzuweisen.

Begrenzung — Das, was ein Ende hat und dadurch nicht über sich hinauswachsen oder entwickeln kann.

Beharrlichkeit — Das, was einen auf einem vorgegebenen Pfad hält, um ein bestimmtes Ziel zu erreichen.

Beobachtung — Das was einen auf Erscheinungen aufmerksam macht und das Bewußtsein entwickelt.

Bewußter Verstand — Das, was es einem ermöglicht, Dinge im Außen wahrzunehmen, Konstrukte zu unterscheiden und sich gedanklich in eine selbstbestimmte Richtung zu bewegen.

Bewußtsein — Das, was durch eine Kombination von Absicht, Interesse, Aufmerksamkeit und Gefühlen entwickelt wird.

Brauch — Das, was durch gesellschaftliche und kulturelle Informationen zur Gewohnheit geworden ist, wenn auch oft nicht mehr von Nutzen oder anwendbar.

Chakras — Energiewirbel , bzw. -punkte entlang der Wirbelsäule und außerhalb des Körpers, die dazu dienen, kosmische Intelligenz und Energie auf ein für den Menschen nützliches Niveau herunter zu transformieren.

Dankbarkeit — Die Qualität oder das Gefühl, daß sich durch Erkennung und Anerkennung, aber auch durch wertgeschätzten Nutzen und Gebrauch entwickelt.

Darstellungen — Das, was mittels der Sinne wahrgenommen und als wirklich angesehen wird; ohne Prinzip und somit ohne Lebenskraft.

Dauerhaftigkeit — Abgeleitet von Prinzip. Ohne Dauerhaftigkeit kann es keine Lebensdarstellungen geben.

Demut — Das unausweichliche Resultat von Weisheit. Die Art und Weise, auf die man sich im Angesicht von Wertschätzung und Weisheit gegenüber anderen Wesenheiten verhält.

Denken — Die systematisch, bewußt und konstruktiv geleiteten geistigen Handlungen mit dem Ziel des Erreichens oder Erlangens.

Details — Das, was durch Beobachtung, Visualisierung und Konzentration in Erscheinung tritt, wenn auch erstmal nur geistig.

Dienst — Das, was wir anderen leisten, so daß ihr Leben verbessert und bereichert wird.

Ehrlichkeit — Eine Qualität, die auf Wahrheit, Offenheit, Vertrauen und Treue beruht, mit dem Zweck des Weiterbestandes wahrhafter Dinge.

Eindruck — Das Resultat einer dauerhaften geistigen Handlung, versehen mit den entsprechenden Gefühlen.

Eingebung — Auch Intuition oder Erkenntnis genannt; ein unmittelbares inneres Wissen, das sich durch Konzentration und Meditation ergibt, ohne vom bewußten Verstand vorher abgewägt, analysiert oder erfaßt zu werden.

Einheit — Das, was durch den Menschen nicht beschrieben, sondern nur erfahren werden kann.

Einklang — Der Vorgang, sich in einer harmonischen Einheit mit einem anderen Wesen einzufinden, um daraus einen Nutzen zu ziehen, für dieses Wesen nützlich zu sein, oder um sich gegenseitig zu bereichern.

Emotionen — Ein Bewußtseinszustand, in dem Freude, Trauer, Angst, Haß oder ähnliches erfahren wird, im Gegensatz zu kognitiven und freiwilligen Bewußtseinszuständen.

Empfangen — Der Vorgang, geistige Informationen oder Einsichten oder materielle Güter entgegen zu nehmen oder sich zu eigen zu machen, um daraus einen Nutzen zu ziehen. Direkter Bezug auf Geben und Dienst.

Ende — Das, was nicht länger entwickelt werden kann, weil es sein vorbestimmtes Ziel oder seinen Zweck erreicht hat.

Endokrine Drüsen — Körperliche Gebilde mit dem Ziel, bestimmte Sekrete oder Hormone ins Blut oder die Lymphe abzusondern, mit dem Ziel des energetischen Ausgleichs auf körperlicher Ebene.

Energie — Das, was IST; Gedanken in Aktion.

Entscheidung — Das, was sicherstellt, daß ein bestimmtes Ziel erreicht wird, ungeachtet äußerer Faktoren.

Entsprechung — Das, was Ursache und Wirkung miteinander verbindet. Das Prinzip, welches einem erlaubt, ein bestimmtes Ende vorherzusagen.

Erbe — Das, was uns durch eine andere Wesenheit, geistig oder materiell, vermacht wird und von dem wir durch Gebrauch Besitz ergreifen.

Erfolg — Das Resultat einer bestimmten Folge von Ereignissen, die mit einer geistigen Ursache in Bewegung gesetzt wurden. In seiner bevorzugten Form das Ergebnis von Dienst, Beharrlichkeit, großen Gedanken, Wunsch, Mut und konsequenter Handlung.

Erkenntnis — Das Ergebnis von tiefer Konzentration. Die Fähigkeit, Dinge umgehend einzuordnen und zum eigenen Nutzen zu gebrauchen. Direkter Bezug zu Weitsicht.

Ernährung — Das, was der Mensch in guter Qualität benötigt, um die entsprechenden Information zwecks harmonischer Weiterführung des Lebens aufzunehmen.

Ewigkeit — Das, was man mit dem bewußten Verstand nicht nachvollziehen kann. Alles, was weder Anfang noch Ende hat.

Fähigkeit — Das Resultat von Übung. Die Möglichkeit, Dinge zum Ausdruck zu bringen.

Fairneß — Das, was sicherstellt, daß niemand übervorteilt wird. Das Resultat eines erwachsenen Charakters.

Fibonacci — Die spiralförmige Ziffernfolge von 1,1,2,3, 5,8,13,21,34, 55,89... deren Divisionsschema im Goldenen Schnitt (ca. 1,6181) resultiert und die überall in der Schöpfung der Natur ersichtlich ist.

Flexibilität — Die Qualität, sich an eine Sache anzupassen, um ein Ereignis oder Ergebnis bewußt hervorzurufen.

Form — Energie in ihrem dichtesten und strukturiertesten Ausmaß. Das Maß aller Dinge im ursprünglichen Sinne.

Fortschritt — Das, was das Alte durch das Neue ersetzt, das Gute mit dem Besseren. Gleichzeitig die Rückerinnerung an die unendliche Weisheit.

Fraktale — Sich selbst ähnliches Wachstum oder Struktur. Grundkonzept des Schöpfungsvorgangs.

Freiheit — Das, was angewandtes Wissen mit sich bringt. Die Fähigkeit, ohne Zwang oder äußere Auswirkung das zu wählen, was einem beliebt oder behagt.

Freude — Ein Bewußtseinszustand, der aus harmonischen Umständen und einer angenehmen Umgebung hervorgeht. Energiezuführend. Lebensbejahend und somit lebensrichtig.

Freunde — Wesenheiten, die einen eine Zeitlang im Leben begleiten und die zur gegenseitigen Bereicherung beitragen.

Frieden — Das Resultat von Gewißheit und einem harmonischen und freudvollen Zustand, aus dem intelligente Entscheidungen hervorgehen können.

Fühlen — Der allgemeine Zustand des Bewußtseins, der unabhängig von Gedanken auftritt und meist durch Hormonausschüttungen hervorgerufen wird. Direkter Bezug zu Empfindsamkeit und Nervensystem.

Führung — Die Qualität, eine bestimmte Richtung einzunehmen und dabei andere Wesenheiten mit einzuschließen.

Geben — Der Vorgang, jemand anderem etwas zu überreichen, ohne daß einem oder anderen dabei etwas weggenommen wird.

Gebrauch — Das, was erforderlich ist, damit Wissen einen Praxisbezug hat; der Vorgang des Anwendens von Wissen.

Geduld — Das, was uns passiv, abwartend und empfänglich sein läßt, damit sich externe Elemente darstellen oder ausspielen können, über die wir keinen Einfluß oder Kontrolle ausüben wollen oder auch können.

Gegenargument — Ein geistiges Konstrukt, daß der momentanen Sinneswahrnehmung entgegengestellt ist, mit dem Ziel, neue Ursachen zu setzen und somit neue Wirkungen zu erreichen. Muß oft wiederholt werden und stark sein.

Gehirn — Der Sitz unseres Bewußten Verstandes und das Zentrum holografischer Informationsverarbeitung.

Geisteshaltung — Das, was durch die gebündelten Gedankenkräfte erworben wird und letztlich zu der individuellen Realität führt; das, was andauernd gedacht und gedanklich gehegt wird.

Geistigkeit — Das erste der 7 Hermetischen Prinzipien. Aller Geist ist ein Geist. Alles entspringt einer geistigen Ursache.

Gelassenheit — Ein Zustand des Entspanntseins aufgrund von Zentriertheit und Mustererkennung; die Fähigkeit, auch auf negative Ereignisse entspannt zu reagieren.

Gerechtigkeit — Das, was sicherstellt, daß ein Ausgleich zwischen der gebenden und empfangenden Seite hergestellt und aufrechterhalten wird.

Geschäft — Das, was Fortschritt und eine materielle Darstellung menschlicher Gedanken darstellt, mit dem Ziel, das Leben zu verbessern und die Schöpfung zu beschleunigen; Handel; Austausch.

Geschlecht — Die Trennung in zwei von Natur aus gegensätzliche, aber dennoch in Übereinstimmung zu bringende und aufeinander angewiesener Teile einer Einheit. Untrennbar.

Gesetz — Das, was in einem jeden System Struktur und Harmonie aufrechterhält.

Gesundheit — Ein Zustand geistigen, emotionalen und körperlichen Wohlbefindens; ein Zustand energetischer Harmonie.

Gewahrsein — Der Zustand nicht-urteilender Informationsaufnahme.

Gewißheit — Das, was ganz natürlich geschieht, wenn man Muster erkennt; Vorreiter der inneren Ruhe oder des Friedens; die Fähigkeit, bestimmte Ereignisse vorherzusagen, da man die Muster erkannt hat.

Gewohnheit — Ein erworbenes Verhaltensmuster, das durch Wiederholung und Nichthinterfragung unterbewußt wird.

Glaube — Das Resultat von Vererbung und von nicht begründeten Annahmen. Oftmals falsch oder lebenswidrig. Gleichzeitig der Beweis der noch nicht sichtbaren Dinge.

Glückseligkeit — Ein Bewußtseinszustand, der sich aus der Wertschätzung aller Dinge ergibt; direkter Bezug zu Anerkennung und Freude.

Gnade — Die Fähigkeit, sowohl aktiv als auch passiv bestimmte Zustände zu akzeptieren und zu schätzen. Vergebung. Nachsichtigkeit. Eleganz oder Schönheit von Form, Darstellung, Bewegung oder Aktion.

Goldener Schnitt — Eine endlose Zahl, die sich 1.6181 annähert. Das Verhältnis zweier Längeneinheiten zueinander, welches als schön oder harmonisch angesehen wird und überall in der Natur vorkommt.

Gott — Der von Menschen geschaffene Begriff, das Allmächtige, Allwissende und Allgegenwärtige zu beschreiben; das leitende Prinzip, daß Gesetzmäßigkeiten erschuf, auf denen Dinge bestehen können. In der letzten Instanz mit Liebe gleichzusetzen.

Göttlichkeit — Das, was Gerechtigkeit und Ausgleich sicherstellt und die Schöpfung mit unendlichen Möglichkeiten des Ausdrucks versieht. Höhere Intelligenz.

Große Gedanken — Der Vorreiter großartiger Resultate und die Konsequenz einer mutigen und bestimmten Geisteshaltung.

Großzügigkeit — Das intelligente Resultat von Fülle (Überfluß) und Wohlstand. Der Wille, anderen am eigenen Überfluß teilhaben zu lassen.

Güte — Der Ausdruck von Freundlichkeit und Hilfsbereitschaft.

Haltung — Ein würdevoller, selbst-bewußter Auftritt; das Resultat körperlicher Kontrolle durch Gedankenkraft.

Handlung — Der Vorgang, Gedankenformen in brauchbare Werte umzuwandeln; die unabdingbare Folge des Denkens.

Harmonie — Eine beständige, geordnete oder angenehme Anordnung von Teilen. Das, was ausgeglichen, in Proportion und frei von Widerstand ist.

Heilung — Das, was den ursprünglich vorhergesehenen, harmonischen Körper- und Geisteszustand wiederherstellt.

Hermetische Prinzipien — Sieben universelle Gesetzmäßigkeiten oder Prinzipien, die durch Hermes Trismegistus (der Dreifach-Große)niedergeschrieben wurden.

Herz — Ein Organ im Brustbereich, welches sich das Vortex Prinzip zunutze macht und dadurch über den Blutkreislauf den Körper mit Lebenskraft versieht. Starke magnetische Ausstrahlung.

Höflichkeit — Die Höflichkeit ist eine Tugend, deren Folge eine rücksichtsvolle Verhaltensweise ist, die den Respekt vor dem Gegenüber zum Ausdruck bringen soll.

Höhere Ordnung — Das, was zu solch einem Grad entwickelt ist, daß es niedere Ebenen steuert, beherrscht, kontrolliert, leitet oder führt; das Fortbestehungsprinzip des Universums; eine verläßliche Quelle von Weisheit.

Hologramm — Ein 3-dimensionales Überlagerungsmuster (Interferenzmuster), das durch zwei unterschiedliche Wellenbewegungen hervorgerufen wird, und welches in seiner Dreidimensionalität in jedem einzelnen Teil einen Abdruck des Gesamtbildes enthält.

Ich — Eine spirituelles Konstrukt, welches sich zwecks Erfahrung auf menschlicher Ebene des Verstandes und des Körpers als Hilfsmittel bedient.

Idealisierung — Das Schaffen eines zu verwirklichenden geistiges Bildes, das in seinem Kern göttlich ist, d.h. gut, schön, liebevoll und harmonisch.

Inanspruchnahme — Der Akt, sich mit einem beliebigen Objekt geistiger Natur in Verbindung zu setzen, mit dem Ziel, es im eigenen Leben darzustellen.

Induktion — Herleitung. Das, was es uns ermöglicht, vom Besonderen aufs Allgemeine zu schließen und somit Gesetzmäßigkeiten und Strukturen zu erkennen.

Information — Etwas, das im Begriff ist, sich zu formieren, d.h. Gestalt anzunehmen. Das Resultat von Aufmerksamkeit, Beobachtung und Konzentration.

Innere Einkehr — Die Kombination von Meditation und Konzentration; Kontemplation; Nachsinnen; die Fähigkeit, Dinge oder Konstrukte zu beobachten und ihre Weisheit aufzunehmen, ohne aber zu beurteilen.

Innere Welt — Der ‚Ort' der Manifestierung; das, was unendliche Möglichkeiten besitzt; der Ursprung; die Quelle; Gott; das, was sich dann in Worten und Handlungen ausdrückt.

Inspiration — Die Fähigkeit, mit neuen Informationen beatmet zu werden.

Instinktives Verlangen — Der unterbewußte Trieb, Dinge zu erreichen. Das, was der Materialisierung zugrunde liegt, da diese aufgrund des fehlerlosen Handelns unterbewußt abläuft.

Intelligenz — Die geistige Fähigkeit, zu unterscheiden, die Aufmerksamkeit auf das gewünschte Objekt zu legen, und jene Lebensformen zu steuern oder anzuweisen, die diese Stufe der Evolution noch nicht erreicht haben.

Interesse — Die Folge von Absicht. Das geistige Konstrukt, welches zur Informationsaufnahme, d.h. Aufmerksamkeit führt; das, was Dinge in Bewegung hält.

Jugend — Ein Zustand, den Gesundheit zu erreichen oder aufrecht zu erhalten versucht. Charakterisiert durch straffe Haut, Beweglichkeit, geistige Frische, Freude und Tatendrang.

Kanal — Das Konstrukt, durch den sich das Universelle Ausdruck verschafft und deren Auslaß das Individuum ist.

Klarheit — Das Resultat von Erkenntnis; ein wichtiger Bestandteil von Frieden und Harmonie.

Kontrolle — Die Fähigkeit, Elemente in eine gewünschte Richtung zu steuern oder sie so zu handhaben, daß das Resultat den eigenen Vorstellungen entspricht; Herrschaft.

Konzentration — Ein aktiver Prozeß der Gedankenbündelung mit dem Ziel der Bewußtwerdung.

Körperlich — Materiell. Anfaßbar. Ohne Prinzip. Ewig Veränderungen unterworfen.

Kreativität — Das, was Dinge erschafft; die Fähigkeit, neue Gedankenkonstrukte zu entwerfen, und daraus Dienste oder Sachen zu schaffen.

Leben — Der Herzschlag des Universums. Der Weg des Geistes (Gottes), sich zu erfahren.

Leichtigkeit — Das, was durch Wiederholung und Übung erworben wird. Direkter Bezug zu Perfektion.

Licht — Die erste Aussendung des Geistes; die Grundlage jeglichen Lebens.

Liebe — Die Anziehung, die zwei oder mehr Elemente aufeinander ausüben, mit dem Ziel, Leben weiterzuführen oder Umstände allgemein zu verbessern.

Loslassen — Die Fähigkeit, sich gedanklich und somit energetisch in Liebe und Anerkennung von etwas zu verabschieden, ganz gleich welche Wertigkeit es für einen hat.

Macht — Das Resultat von angewandtem Wissen; die Kraft, die sicherstellt, daß kontinuierlicher Wechsel stattfindet.

Manifestierung — Das Resultat einer Umwandlung von Energie vom feinstofflichen zum grobstofflichen und somit wahrnehmbaren Bereich.

Männlich — Aktive, dynamische, zielgerichtete Kraft, die passive Einheiten dazu bringt, sich anzupassen und Anweisungen auszuführen.

Materialisierung — Das Resultat eines geistigen Vorgangs mit dem Ziel der Formgebung, des Ausdrucks.

Meditation — Ein Zustand körperlicher und geistiger Entspannung, mit dem Ziel zusätzliche Informationen aufzunehmen, und daraus neues Wissen zu entnehmen; der Zustand, in dem man Eingebungen erhält.

Meisterschaft — Das ‚Ziel' des geistigen Menschen; Christusbewußtsein; die Fähigkeit, niedere

Ebenen der Existenz zu steuern und sein Leben somit selbst zu bestimmen und zu gestalten.

Methoden — Das, was sich durch Konzentration entwickelt und ergibt; Strukturen, durch die man zur Erfüllung des Wunsches kommt.

Mitgefühl — Die Fähigkeit, einer Person oder Sache Sympathie auszudrücken, ohne aber mitzuleiden.

Mittel — Ein Agent, ein Instrument oder eine Methode, die zwecks Erreichens eines Ziele benutzt wird.

Moral — Das Resultat eines entwickelten Bewußtseins, und das, was jedem Ziel zugrunde liegen sollte.

Muster — Das, was durch Beobachtung entsteht und Bestimmtheit und Klarheit über die beobachtete Sache verschafft. Direkter Bezug zu Wiederholung und Induktion / Herleitung.

Mut — Das, was aus Antrieb und Bestimmtheit und Klarheit entsteht, aus Gebrauch und Handlung, aus ersten Erfolgen; das, was einen zwecks eines bestimmten Ziels in unbekannte Gebiete vordringen läßt.

Nachdenklichkeit — Die Fähigkeit, die Aufmerksamkeit auf sich selbst zu richten und dadurch zu weiseren Einsichten und Erkenntnissen zu kommen.

Nachdrücklichkeit — Die Dauerhaftigkeit einer Wirkung, nachdem die Ursache entfernt wurde. Das, was zu Beharrlichkeit und letztendlich Erfüllung oder Erreichen führt.

Nachfrage — Der Vorgang geistiger Inanspruchnahme, des Fragestellens oder der Bestellung beim Universum.

Naturbelassen — Das, was unbearbeitet, roh und natürlich und somit in seinem ursprünglichen Kraftzustand ist.

Naturgesetze — Universelle Gesetzmäßigkeiten geistiger Art, die jegliche Darstellung im Universum regeln und bestimmen und dem Menschen Sicherheit in Handlungen geben.

Ordnung — Übergeordnetes Prinzip von System und Struktur. Harmonische Anordnung von Elementen zum Zwecke des Ausdrucks von Leben. Direkter Bezug zu Vorhersehbarkeit oder Sehen.

Passiv — Für äußere Impulse empfänglich sein; das schöpferische Prinzip.

Perfektion — Das, was nicht mehr verbessert werden kann, oder was im Auge des Betrachters vollkommen ist.

Platonische Körper — 5 Arten gleichseitiger, dreidimensionaler geometrischer Formen, die die Basis jeglicher Materie bilden.

Polarität — Die scheinbaren zwei Seiten oder Qualitäten einer Einheit, die letztlich eins ist; die Gegenüberstellung zweier Elemente, die dennoch in Übereinstimmung gebracht werden können.

Prinzip — Das, was wahr ist und somit Dauerhaftigkeit und Nachhaltigkeit garantiert; das, was auf die Probe gestellt und als lebendige Wahrheit aufgezeigt werden kann; das, was aus sich heraus bestehen kann.

Proportion — Das, was dem menschlichen Auge angenehm erscheint. Mathematischer Bezug zweier Dimensionen. Direkter Bezug zu Phi, Goldener Schnitt, Stärke, Fortbestand.

Reinheit — Ein harmonischer und natürlicher Zustand; eine Vorbedingung für Wachstum, Anhäufung und Fortschritt.

Resultate — Die Folge von Handlungen jeglicher Art. Als Qualität vorherbestimmbar durch die Qualität der Gedanken und Handlungen.

Rhythmus — Das, was Ausgleich ins Leben bringt, weil es Extreme umkehrt und somit zur Fortführung und Meßbarkeit einer Sache beiträgt.

Sanftheit — Die Verbindung von Würde, Gelassenheit und Zuneigung.

Scharfsinn — Die Fähigkeit zu unterscheiden, das Wahre vom Falschen zu trennen, das Reale vom Unwirklichen; die Fähigkeit, zu intelligenten Schlußfolgerungen zu kommen.

Schönheit — Eine individuelle Interpretation basierend auf den Proportionen eines Objekts; das, was die Entwicklung des Lebens im Universum sicherstellt.

Schwingung — Eine rhythmische, wellenförmige Bewegung, gleichartig in Wellenhöhe wie auch Wellenlänge. Synonym mit Frequenz oder Schwingungsrate.

Sehen — Die Fähigkeit, eine Wirklichkeit wahrzunehmen oder vorauszusehen, die nicht notwendigerweise mit dem menschlichen Auge sichtbar ist.

Sein — Ein Zustand friedvoller Einheit und Verzückung; vollkommene Akzeptanz.

Solar Plexus — Ein Nervengeflecht auf der Rückseite des Magens; das Verteilungszentrum für Energie an den gesamten Körper. Das innere Sonnensystem und die Verbindung zum Unendlichen.

Solfeggio — Eine antike Musiklehre, die oft in gregorianischen Gesängen benutzt wird. Heute wird sie unter anderem zur Heilung und Harmonisierung verwendet. Z.B wird die Frequenz von 528 Hz zur Reparatur beschädigter DNA eingesetzt.

Spirit — Die nicht-materielle Einheit dessen, was allgegenwärtig, allwissend und allmächtig ist. Nicht zu verwechseln mit Spiritualismus oder Spiritismus.

Spirituell — Feinstofflich; hochfrequent; nicht mit den normalen Sinnen wahrnehmbar; übersinnlich; endlos; allmächtig.

Stabilität — Das was durch Struktur und Ordnung erreicht wird. Ein harmonischer Ausgleich und Rhythmus.

Stärke — Das, was durch Gebrauch und Anwendung und letztlich auch Intelligenz erschaffen wurde; das Hinzufügen von Energie zwecks Gebrauch dieser.

Stille — Das, aus dem alles entspringt; wo alles geboren wird. Ein ‚Ort‘, den der Mensch zwecks Inspiration häufig aufsuchen sollte.

Struktur — Die Bausteine des Lebens und das Endresultat jeglicher Form von Organisation mit dem Zweck, Stärke zu entwickeln.

Takt — Das, was einen rechtens und angemessen ruhig verhalten laßt, ungeachtet der Situation; die Fähigkeit, sich unter Kontrolle zu halten und somit den ‚Takt‘ vorzugeben.

Tatendrang — Der Trieb, der zwischen Gedanke und Handlung steht und dafür sorgt, daß Dinge geschehen; das, was einen morgens aus dem Bett holt und Dinge angehen laßt.

Täuschung — Das, was den Menschen in der Annahme oder Vorspiegelung wahr zu sein, fehlleitet. Das Gegenteil von Wahrheit oder Prinzip; eine Sackgasse.

Toleranz — Eine gerechte, objektive und erlaubende Haltung gegenüber den Meinungen und dem Verhalten anderer, welche von den eigenen abweichen.

Tradition — Das, was alt und etabliert, teilweise aber nicht mehr angebracht ist.

Treue — Der moralische Halt für Schöpfung, Gemeinschaft, Freundschaft und Fortschritt.

Überfluß — Ein Zustand, in dem es an nichts mangelt; das geistige Konstrukt, durch das Dinge erschaffen werden, Wünsche erfüllt und Mangel ausgeglichen werden kann.

Überzeugung — Das, wovon wir meinen, daß es wahr ist, aber gegenwärtig keinen Beweis in Form von Wissen darbringen können.

Übung — Die kontinuierliche Anstrengung oder das dauerhafte Befassen mit einer Sache, um sie zu beherrschen oder Meisterschaft zu erreichen.

Umgebung — Das, was sich um einen herum befindet in Form von Personen, Umständen, Dingen oder gesellschaftlichen und umweltlichen Konstrukten.

Umstände — Das, was durch Verursachungsketten hervorgerufen wird; das Resultat der vorherrschenden Geisteshaltung des Menschen zu sich selbst und dem Leben allgemein.

Unendlichkeit — Das, was niemals endet und somit auch nicht wirklich beschrieben werden kann, weil ihm auch ein nachvollziehbarer Anfang und somit eine Ursache fehlt.

Unmittelbarkeit — Die zeit- und raumlose Präsenz eines Wissensobjekts für das Bewußtsein, ohne jegliche Verzerrung, Interferenz oder Interpretationen, und ohne Eingreifen von Agenten.

Unterbewußtsein — Das unpersönliche Konstrukt, welches auf Anweisungen des bewußten Verstandes reagiert, so diese mit Gefühl und Nachdruck versehen worden sind; die Verbindung des Individuums mit dem Universellen. Direkter Bezug zum Solarplexus.

Unterscheidung — Die Fähigkeit, Dinge oder Konstrukte gedanklich zu trennen und ihnen zwecks Klassifizierung bestimmte Qualitäten zuzuordnen.

Ursache — Das, was Gedanken und Visualisierung hervorbringen; ein bestimmter Beginn oder Anfangspunkt, der entsprechende Wirkungen nach sich zieht; Kausalprinzip.

Urteilender Wille — Das, was dem Wunsch folgt und der Handlung vorausgeht. Direkter Bezug zu Mut, Vertrauen, Glauben und Überzeugung.

Vagusnerv — Die Nervenbahn, die das Gehirn und den Solarplexus verbindet und sicherstellt, daß Gedanken im Unterbewußtsein Einlaß finden können.

Verständnis — Das Resultat des Erkennens von Mustern, die durch eine höhere Informationsaufnahme und das bewußte Durchleuchten entstanden sind.

Vertrauen — Das, was aus Wissen entsteht. Ein Zustand der Souveränität und des festen Glaubens an den Ausgang.

Visualisierung — Das Schaffen geistiger Bilder mittels der Vorstellungskraft (Phantasie); das Anzapfen der ‚Quellexistenzebene‘.

Vitalität — Das, was das Individuum für die Fortsetzung des Lebens benötigt; Lebenskraft; ein harmonischer und kraftvoller Zustand des Seins.

Vorstellungskraft — Die Fähigkeit, neue geistige Bilder zu erschaffen und durch Übung zu verfeinern, mit dem Ziel der Transformation des geistigen Bildes in brauchbare Werte.

Vorteil — Das Resultat von Weisheit in Aktion.

Vortex — Ein zwei- oder dreidimensionaler, trichterförmiger, mathematisch genauer Bewegungsablauf, der je nach Drehrichtung verdichtet oder ausdehnt. Der grundlegende Vorgang der Erschaffung.

Wachstum — Die Entwicklung zu einer anderen aber verwandten Form. Das unvermeidbare Resultat von Bewußtsein in Bewegung – von Denken.

Wächter vor dem Tor — Das, was entscheidet, ob ein Gedankenelement weiterhin gehegt oder abgelehnt wird. Die Einheit, die letztlich darüber entscheidet, wie sich etwas für das Individuum darstellt.

Wahl — Das, was durch das Aufnehmen von Informationen entsteht. Die Fähigkeit, sich in eine gewünschte Richtung zu bewegen – geistig, mental, emotional und körperlich.

Wahrheit — Das grundlegende Prinzip der gesamten Schöpfung. Das, was frei macht und von Bestand ist. Das, worauf man sich verlassen kann.

Wahrnehmung — Das, was durch unsere fünf Sinne als Realität interpretiert wird, dadurch aber nicht unbedingt auch der Wahrheit entspricht.

Weiblich — Das Gegenteil von männlich. Das, was intuitiv, empfänglich und somit schöpferisch ist. Von Natur aus passiv.

Weigerung — Der Vorgang, Interesse und somit Lebenskraft von einem bestimmten Element abzuziehen, mit dem Ziel, seine Darstellung im Leben zu vermindern oder zu vermeiden.

Weisheit — Das Resultat von angewandtem Wissen.

Weitsicht — Die Fähigkeit, Dinge aus der Distanz zu erkennen und entsprechend einzuordnen.

Wertschätzung — Das, was erscheint, wenn man die Schönheit und den Zweck eines jeden Wesens oder Objekts (an)erkennt.

Wiederholung — Das, was erforderlich ist, um zu lernen. In direkter Verbindung zu Gebrauch und Anwendung.

Wirkung — Das, was durch eine Ursache in Erfahrung gebracht wird, mental oder auch materiell.

Wissen — Das Einordnen unstrukturierter Daten, die durch Beobachtung und Erfahrung aufgenommen wurden mit dem Ziel eines erhöhten Verständnisses von Zusammenhängen, ultimativ aber der Schöpfung selbst.

Wohlstand — Das unausweichliche Resultat von Dienst an anderen.

Wunsch — Das nach innen gerichtete Verlangen, etwas zu erreichen.

Yoga — Die östliche Philosophie der Gedanken-, Körper-, und Atemkontrolle zwecks Verlängerung des Lebens und der Verbesserung der Lebensqualität.

Zentriertheit — Das Resultat von Gewißheit. Führt zu Besonnenheit und innerer Ruhe.

Ziel — Das Resultat oder Erreichen dessen, zu dem Anstrengungen unternommen werden.

Zuversicht — Das Vertrauen in sich selbst und seine eigenen Fähigkeiten; Selbstbewußtsein; Selbstversorgung.

Weitere Angebote
aus dem Verlag

DAS MASTER KEY SYSTEM (TASCHENBUCH)

ISBN: 978-3-945688-13-7
Umfang: 298 Seiten, Softcover
Format: 19,4 x 13,4 x 1,8 cm
Preis: 14,00 Euro
Ersch.: 2016

Wer möchte sein Master Key System Buch nicht immer dabei haben? Diese große Ausgabe ist dafür nicht wirklich geeignet – und auch gar nicht gedacht. Nur was tun, wenn man auf Reisen, unterwegs oder auf dem Weg zur Arbeit ist? Genau dafür gibt es diese handliche Taschenbuchausgabe. Sie begleitet Dich und gibt Dir die Möglichkeit, die Weisheiten des Master Key Systems auch außer Haus aufzunehmen.

Dieses Buch beinhaltet das reine Master Key System, ohne jegliche Beigaben. Es ist auch ein prima Geschenk oder idealer Einstieg für diejenigen, die noch neu beim Thema sind und noch genau nicht wissen, ob es auch was für sie ist.

Handlich, praktisch, gut – einfach überall mit dabei!

DAS MASTER KEY SYSTEM HÖRBUCH

Wer der Hausarbeit verschrieben, viel unterwegs oder mehr auditiv veranlagt ist, dem sei dieses Produkt ans Herz gelegt. Es ist zweifelsohne eines der hochwertigsten deutschen Hörbücher, die es derzeit zu kaufen gibt. Von dem aus Funk und Fernsehen bekannten Sprecher Wolf Frass einfühlsam aufgenommen, ist das Master Key System Hörbuch ein ganz besonderer Genuß. Es vermittelt das Wissen um den Master Key auf effektive Weise und trägt somit zum besseren Verständnis bei.

Dieses Hörbuch beinhaltet die ungekürzte Ausgabe der Originalübersetzung aus dem Jahr 2008. Einzig die in diesem Buch hinzugefügten Passagen des Vorworts sind nicht eingeschlossen. Dieses Produkt gibt es auch im MP3 Format als Download, komplett oder monatsweise zu erwerben.

ISBN: 978-3-945688-02-1
Umfang: 8 CDs
Format: CD Digipack
Preis: 97,00 Euro
Ersch.: 2008/2014

ALLES. EINFACH. JETZT.

ISBN: 978-3-945688-03-8
Umfang: 120 Seiten, Softover
Format: 15,24 x 22,86 x 0,7 cm
Preis: 15,00 Euro
Ersch.:   2013

Die Einführung schlechthin zum Thema Erfolg! *Alles* ist *einfach* und *jetzt* vorhanden – es muß nur in Anspruch genommen werden. Wie das geht, das zeige ich Dir mit diesem Buch. Ich schreibe klar und deutlich und ohne Umschweife, hebe Wörter hervor und trenne sie nach Silben, um ihren tieferen Sinn zu verdeutlichen. Ich gebe zahlreiche praktische Tips zur bewußten Lebensgestaltung, zur Gesundheit und zum Wohlbefinden, zum finanziellen als auch zum partnerschaftlichen Erfolg.

Wer nach einem kompakten Einstieg ins Master Key System sucht, ist mit diesem Buch bestens bedient. Auch als Ergänzung ist es hervorragend geeignet.

Auch als eBook und Kindle Version erhältlich.

SVETA UND DIE MACHT DES MEISTERSCHLÜSSELS

Das erste Master Key System Kinderbuch überhaupt! In diesem Buch für Jugendliche ab ca 11 Jahren vermischen sich auf natürliche Art die Weisheiten des Master Key Systems mit den Angelegenheiten des täglichen Lebens. „Sveta und die Macht des Meisterschlüssels" ist eine tolle Geschichte – frisch aus dem Leben gegriffen, in der Fiktion und meine eigenen Erlebnisse Hand in Hand gehen. Es vermittelt wertvolles Wissen auf eine kompakte und effektive Art und macht dabei nicht nur Jugendlichen, sondern auch Erwachsenen Spaß.

Jedes Kapitel schließt mit einer Übung ab, so daß das neu erlernte Wissen von den jungen LeserInnen sogleich praktisch angewandt werden kann.

Das Buch gibt es auch als Hörbuch, eBook und Kindle Version.

ISBN: 978-3-945688-04-5
Umfang: 122 Seiten, Softover
Format: 15,2 x 22,8 x 0,8 cm
Preis: 12,00 Euro
Ersch.: 2012
Hinweis: Auch auf Russisch!

EIN BUCH ÜBER DICH

ISBN: 978-3-945688-06-9
Umfang: 320 Seiten, gebunden
Format: 19,1 x 13,1 x 3,4 cm
Preis: 22,00 Euro
Ersch.:   2009

‚Ein Buch über Dich' hat es in sich. Von mir gleich im Anschluß an das Master Key System übersetzt, ist es ist eine hervorragende Ergänzung dazu, da es die Thematik der Schwingungen nur am Rande behandelt, während sich dieses Buch intensiv damit befaßt und dem interessierten Leser Eintritt auch in diese Welt gewährt.

Dieses Buch liefert eine wissenschaftliche Einführung in sowohl Astrologie als auch Astronomie. Es taucht auch in den Ursprung des Lebens ein, erklärt Magnetismus, beleuchtet die Vorsehung und geht auf das wichtige Thema der Emotionen ein. Es ist im wahrsten Sinne des Wortes „Ein Buch über Dich"!

Auch erhältlich als Taschenbuch, eBook und Kindle Version.

DIE ERSTAUNLICHEN GEHEIMNISSE DER YOGIS

Lerne von den Meistern des fernen Ostens und werde zum Herrscher über Deinen Atem und somit Dein Leben. Charles Haanels letztes Werk, wie gewohnt mit tiefen Einsichten und praktischen Anleitungen. Hier wird aufgezeigt, welche Möglichkeiten uns mit der Anwendung der richtigen Atemtechnik gegeben sind und wie wir dadurch genug Prana (*Pra* = vor und *ana* = Atem) speichern können, um Leben auszudrücken. Wenn wir den Atem im physischen Körper anhalten, strömen die Gedanken nicht mehr in den mentalen Körper hinein. Dieses Prinzip machen sich Pranayama und die Yoga-Philosophie zunutze. Somit sind diese Anleitungen der bewußten Atemtechnik ein prächtiges Juwel im Zepter der Macht des sich selbst gestaltenden Menschen.

Auch erhältlich als Taschenbuch, eBook und Kindle Version.

ISBN: 978-3-945688-05-2
Umfang: 232 Seiten, gebunden
Format: 19,1 x 13,1 x 2 cm
Preis: 22,00 Euro
Ersch.:   2009

DIE MASTER KEY QUINTESSENZ

ISBN: 978-3-945688-12-0
Umfang: 1 Audio CD
Laufzeit: 46 Minuten
UVP: 25,00 Euro
Ersch.:   2011

Erfasse die Essenz des Master Key Systems in weniger als einer Stunde – und das in völliger Entspannung. Ein Produkt sowohl für Anfänger als auch für fortgeschrittene Studenten.

Diese Audio CD wurde von mir selbst aufgenommen und mit einem Alpha-Gehirnwellen-Musikstück von Jandy Rainbow (*Unisonic Ascension*) unterlegt. Dabei wurden die Kernaussagen mit zusätzlichen Anmerkungen versehen, damit sich das Verständnis um den Master Key noch schneller und einprägsamer einstellt. Die CD benutzt eine besondere Technik zur Synchronisation der Gehirnhälften; es ist daher empfohlen, sie mit hochwertigen Kopfhörern zu genießen. Das erleichtert und unterstützt das reguläre Studium auf vielfältige Weise.

DAS GEHEIMNIS DES LEBENS

Drei Stunden geballtes Wissen, tiefe Einsichten und bedeutende Zusammenhänge, sowie praktische Ratschläge zur täglichen Umsetzung des Master Key Systems. In diesem Vortrag zeige ich auf, welchen Ursprungs wir sind und welchen Weg wir als spirituelle Wesen gehen. Auf der ersten DVD verbinde ich hochaktuelle Themen, darunter die Chakralehre, den Maya Kalender, die Quantenphysik, die Holografie und die Schumann Frequenz. Auf der zweite DVD erkläre ich anhand der sieben Hermetischen Prinzipien, wie Du Dir das Leben Deiner Träume auch verwirklichen kannst.

Die DVD ist ein Muß für jeden Master Key System Studenten. Sie ist aber auch für diejenigen geeignet, die gerade erst beginnen, sich mit dem Thema Geisteswissenschaft zu befassen.

ISBN: 978-3-945688-00-7
Umfang: 2 DVD
Laufzeit: 180 Minuten
UVP: 29,00 Euro
Ersch.:   2009

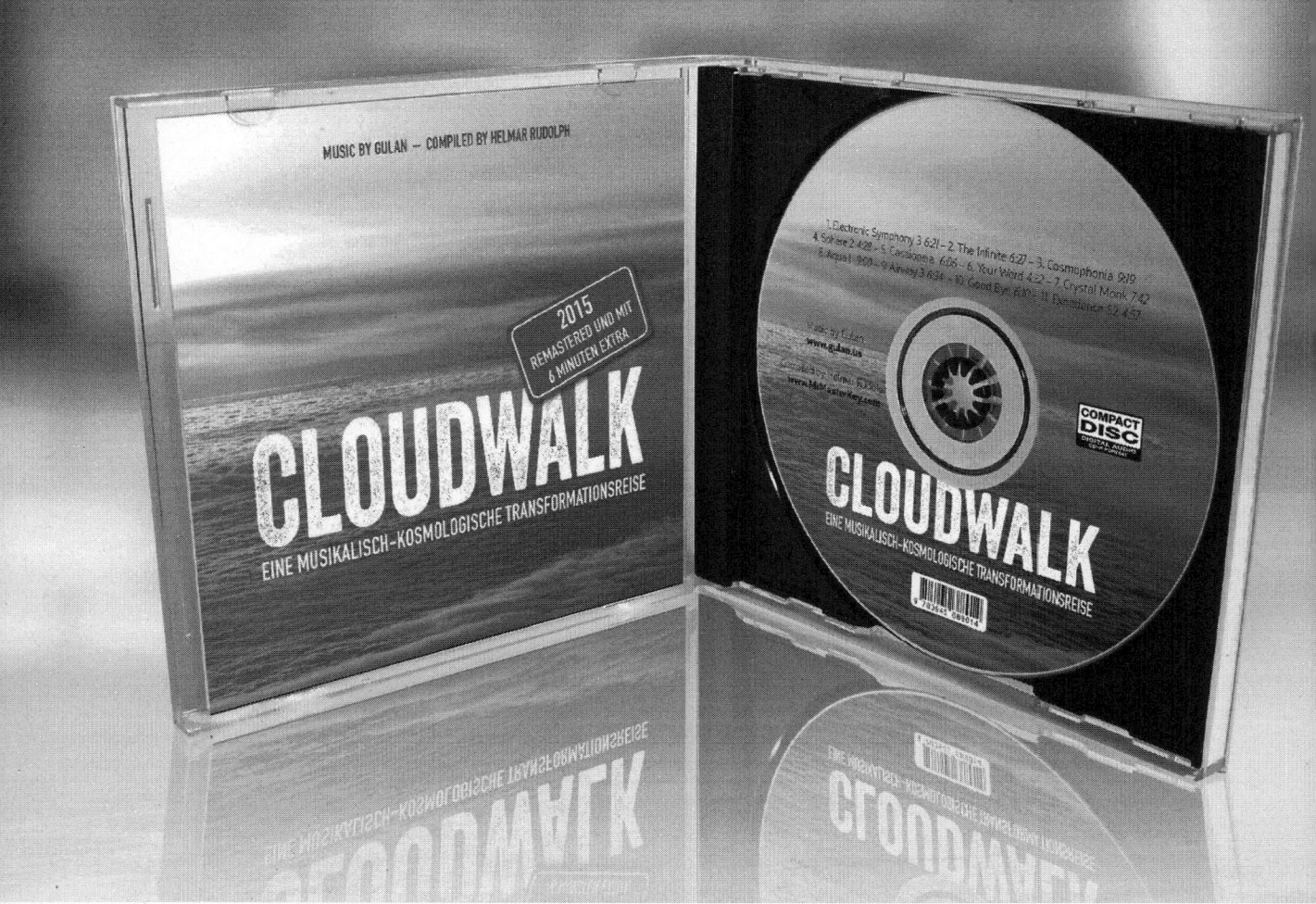

CLOUDWALK

ISBN: 978-3-945688-01-4
Umfang: 1 Audio CD
Laufzeit: 78 Minuten
UVP: 19,00 Euro
Ersch.:   2015

Eine Weltneuheit! Mit „*Cloudwalk*" gibt es zum ersten Mal überhaupt es eine musikalische Interpretation eines geisteswissenschaftlichen Lehrbuches.

Seit langem war es mir ein Anliegen, das Wissen um den Master Key auch musikalisch zu vermitteln. Es sollte ein Produkt entstehen, das an keine besondere Sprache gebunden ist, sondern von jedermann in entspannter Atmosphäre genutzt werden kann.

Anfang 2012 stieß ich auf den lettischen Komponisten und Musiker Andrei Gulaikin („Gulan"). Daraus entstand diese Kompilation von 11 Titeln, die den Hörer in zwei Wellen vom Anbeginn der Schöpfung bis hin zur schlußendlichen Erkenntnis und Erleuchtung trägt.

DER VISUELLE MASTER KEY™

Eine Weltneuheit! Das Master Key System zum Anschauen – ein 360° zylindrisches, frei zu navigierendes Panorama. Ein machtvolles Werkzeug zum beschleunigten Lernen, lateralen Denken und zur Blockadenauflösung.

Zum ersten Mal überhaupt gibt es das Master Key System als Online Anwendung. Dazu habe ich über 200 Stichworte ausgewählt und logisch angeordnet, sie mit verwandten Begriffen verknüpft und mit Erklärungen und Affirmationen versehen. Darüber hinaus wurden zwei Meditationsmodi und ein Autorotationsmodus integriert. Ebenso verfügbar sind über ein Dutzend Audio-Touren, die Dich einfühlsam durch die Anwendung führen und bestimmte Begriffe und Konzepte hinterleuchten und erklären.

ISBN: N/V
Format: Online Anwendung
Inhalt: Inkl. Audio-Touren
Preis: 79,00 Euro
Ersch.: 2011

LITERATUREMPFEHLUNGEN

Zum Abschluß möchte ich noch einige Literaturempfehlungen aussprechen. Möge Dir die folgenden Titel helfen, Dein Verständnis von der Welt, dem Universum und Dir selbst zu erweitern und zu vertiefen.

- Bentov, Ithzak: *Auf der Spur des wilden Pendels*
- Braden, Gregg: *Im Einklang mit der göttlichen Matrix*
- Dammann, Erik: *Erkenntnisse jenseits von Zeit und Raum*
- Demartini, Dr. John: *Wie Visionen wahr werden*
- Die Drei Eingeweihten: *Das Kybalion*
- Haid, Josef: *Lebensrichtig*
- Hartmann, Franz: *Mysterien, Symbole und magisch wirkende Kräfte*
- Kenyon, Tom: *Die Hathor-Zivilisation*
- Lipton, Bruce: *Intelligente Zellen*
- Livio, Mario: *Der Goldene Schnitt*
- McTaggart, Lynne: *Das Nullpunktfeld*
- Megre, Wladimir: *Anastasia – Die klingenden Zedern von Russland*
- Melchizedek, Drunvalo: *Die Blume des Lebens*
- Playfair/Hill: *Die Zyklen des Himmels*
- Ponder, Catherine: *Die Heilungsgeheimnisse der Jahrhunderte*
- Ponder, Catherine: *Die dynamischen Gesetze des Reichtums*
- Scovel-Shinn, Florence: *Das Spiel des Lebens und seine Regeln*
- Spalding, Baird T.: *Leben und Lehren der Meister im Fernen Osten*
- St. Germain: *Enthüllte Geheimnisse*
- Szepes, Maria: *Die geheimen Lehren des Abendlandes*
- Talbot, Michael: *Das holographische Universum*
- Tompkins, Peter: *Das geheime Leben von Pflanzen*
- Warnke, Ulrich: *Quantenphilosophie und Spiritualität*
- Warnke, Ulrich: *Quantenphilosophie und Interwelt*
- Watson, Lyall: *Geheimes Wissen – Das Natürliche des Übernatürlichen*
- Woltersdorf, Hans-Werner: *Denn der Geist ist's, der den Körper baut*